Fjodor M. Dostojewski
Tagebuch eines Schriftstellers

Zu diesem Buch

»Man nennt mich einen Psychologen. Das ist nicht richtig. Ich bin nur ein Realist im höheren Sinne, das heißt: ich zeige alle Tiefen der Menschenseele.«

Dostojewskis berühmtes Diktum steht unter dem Stichwort *Ich* am Ende seiner »Notierten Gedanken«, mit denen dieser Band schließt. In seinem »Tagebuch eines Schriftstellers« hat der Autor eine Fülle von Anekdoten, Berichten, Reflexionen, Aufsätzen und aktuellen Zeitschriftenartikeln versammelt, die Zeugnis von seinen vielseitigen Interessen und Fähigkeiten ablegen und erkennen lassen, wie sich die Themen seiner großen Romane aus der unmittelbaren Anschauung der Realität entwickelt haben.

Fjodor M. Dostojewski

Tagebuch eines Schriftstellers

Notierte Gedanken

Aus dem Russischen
von E. K. Rahsin

Piper
München Zürich

Originaltitel: Dnevnik pisatelja

Mit einem Nachwort von Aleksandar Flaker,
Anmerkungen, Auswahlbibliographie und
biographischen Daten

Die Werke Dostojewskis erschienen in der Übertragung von E. K. Rahsin
im R. Piper & Co. Verlag erstmals in den Jahren 1906–1919.
Der Text dieser Ausgabe folgt – mit Ausnahme des Anhangs –
seitengleich der 1952 von
E. K. Rahsin neu durchgesehenen Ausgabe.
ISBN 3-492-04010-1
9. Auflage 1999

Umschlaggestaltung: Büro Hamburg, Susanne Schmitt
Abbildung: »Die Welle«
(Ausschnitt) von Edvard Munch

Gesamtherstellung Clausen & Bosse, Leck

Printed in Germany

INHALT

Tagebuch eines Schriftstellers

Tagebuch eines Schriftstellers
Veröffentlicht in der
Wochenschrift „Der Staatsbürger“

Jahrgang 1873

I

ZUR EINFÜHRUNG

Am 20. Dezember erfuhr ich, daß alles bereits entschieden ist und ich nunmehr Schriftleiter des Wochenblattes „Der Staatsbürger" bin. Dieses hochbedeutsame Ereignis – das heißt hochbedeutsam nur für mich (ich will niemanden verletzen) – hat sich indes auf eine ganz einfache Weise vollzogen. An demselben zwanzigsten Dezember las ich darauf in den „Moskauer Nachrichten" einen Bericht über die Hochzeit des Kaisers von China; der machte auf mich einen starken Eindruck. Dieses großartige und allem Anschein nach überaus komplizierte Ereignis hat sich nämlich gleichfalls auf eine erstaunlich einfache Weise abgespielt: Es war da alles schon seit tausend Jahren vorgesehen und festgesetzt, alles bis in die kleinste Einzelheit, in den fast zweihundert Bänden des Zeremonials. Als ich die Größe dieses chinesischen Ereignisses mit meiner Ernennung zum Redakteur verglich, empfand ich plötzlich Undank gegen die vaterländischen Institutionen, obschon man mich ohne Schwierigkeiten bestätigt hatte, und dachte bei mir, daß es für uns, das heißt: für mich und den Fürsten Meschtschérskij[1], ganz unvergleichlich vorteilhafter wäre, den „Staatsbürger" in China herauszugeben und nicht hier. Dort ist alles so klar. Wir würden uns beide an dem bestimmten Tag auf dem dortigen Hauptamt für Presseangelegenheiten einfinden und vortreten. Nachdem wir mit der Stirn auf den Fußboden gestoßen und diesen mit der Zunge geleckt, würden wir aufstehen, die Zeigefinger vor uns in die Höhe heben und zugleich ehrfurchtsvoll die Köpfe neigen. Der Hauptmachthaber in Sachen der Presse würde natürlich keine Miene verziehen und tun, als schenke er uns nicht die geringste Beachtung, wie etwa zwei hereingeflogenen Fliegen. Doch der dritte Gehilfe seines dritten Sekretärs würde sich hierauf erheben und, die Urkunde über meine Ernennung zum Redakteur in der Hand, mit eindringlicher, jedoch freundlicher Stimme die vom Zeremonial hierfür bestimmte Belehrung vortragen, – eine an sich so klare und so verständliche Belehrung, daß uns beiden das Anhören derselben unsagbar angenehm wäre. Und im Falle ich in China so dumm und so naiv-ahnungslos wäre, daß ich, der Schwäche meiner Fähigkeiten mir wohl bewußt, nun, wo ich mich zur Übernahme einer Schriftleitung anschickte, Angst und Gewissensbisse verspürte, so würde mir sofort bewiesen werden, daß ich doppelt dumm sei, wenn ich solche Empfindungen hegte; daß ich vielmehr von diesem Augenblick an überhaupt keinen Verstand mehr brauchte, selbst wenn ich einen hätte; daß es, im Gegenteil, sogar unvergleichlich zuverlässiger sei, wenn ich gar keinen besäße. So etwas aber wäre doch ganz zweifellos höchst angenehm zu hören. Und nachdem der dritte Gehilfe des dritten Sekretärs mit den schönen Worten die Rede geschlossen: »Ziehe hin, Redakteur, von nun an kannst du mit neuer Gewissensruhe deinen Reis essen und Tee trinken«, würde er mir ein schönes Diplom, das auf rotem Atlas mit goldenen Lettern gedruckt ist, überreichen, Fürst Meschtschérskij würde eine schwerwiegende Sportel aus seiner Hand gleiten lassen, und dann würden wir beide, nach Hause zurückgekehrt, sogleich eine großartige Nummer des „Staatsbürger“ herausgeben, eine, wie wir sie hier niemals herausgeben werden. In China würde es uns vortrefflich gelingen.

Allein ich argwöhne, daß in China Fürst Meschtschérskij mich unbedingt mit einem Hintergedanken aufgefordert hätte, Redakteur zu werden, nämlich hauptsächlich zu dem Zweck, um sich von mir auf dem Hauptamt für Presseangelegenheiten stets dann vertreten zu lassen, wenn er ersucht wird, sich dort einzufinden, um Schläge mit Bambusstöcken auf die Fußsohlen in Empfang zu nehmen. Doch ich würde ihn dort schnell überlisten: ich würde sofort aufhören, seinen „Bismarck“[2] weiter zu drucken, dafür aber selbst vorzügliche Artikel schreiben, – so daß man mich höchstens nach jeder zweiten Nummer zu den besagten Bambusstöcken hinbeordern würde. Dafür würde ich aber zu schreiben lernen.

Dort in China würde ich vorzügliche Artikel schreiben; hier ist das bedeutend schwieriger. Dort ist alles vorgesehen und alles vorausberechnet schon auf tausend Jahre; hier dagegen geht alles noch auf tausend Jahre drunter und drüber. Dort würde ich sogar unwillkürlich verständlich schreiben; so daß ich eigentlich nicht weiß, wer meine Artikel überhaupt lesen würde. Hier dagegen ist es, wenn man gelesen werden will, sogar weit ratsamer, unverständlich zu schreiben. Nur in den „Moskauer Nachrichten“ sind die Leitartikel bloß anderthalb Spalten lang und dabei seltsamerweise verständlich; allerdings nur dann, wenn sie von der bekannten Feder herrühren.[3] In der „Stimme“ dagegen werden sie in einer Länge von acht, von neun, von zwölf und selbst von dreizehn Spalten geschrieben. Daraus ersieht man, wieviel Spalten man hier verschwenden muß, um Achtung zu erzwingen.

Mit anderen zu sprechen, dazu gehört bei uns eine ganze Wissenschaft. Das heißt, auf den ersten Blick mag es ja scheinen, daß es hier dasselbe sei wie in China: ganz wie dort gibt es auch bei uns einzelne sehr vereinfachte und rein wissenschaftliche Bräuche. Früher, zum Beispiel, bedeuteten die Worte »davon verstehe ich nichts« nur, daß der Betreffende, der sie aussprach, dumm war; hingegen jetzt – jetzt bringen sie einem die größte Ehre ein. Man braucht neuerdings nur mit offener Miene und stolz zu sagen: »Ich verstehe nichts von Religion, ich verstehe nichts von Rußland, ich verstehe so gut wie nichts von Kunst« – und man stellt sich damit sogleich auf eine ganz außergewöhnliche Höhe. Und das ist besonders vorteilhaft, wenn man von diesen Dingen tatsächlich nichts versteht.

Doch diese vereinfachte Manier beweist ja noch nichts.

Im Grunde verdächtigt bei uns ein jeder den anderen der Dummheit, ohne jedes Nachdenken und ohne die Frage auch an sich selbst zu richten: »Oder sollte, in der Tat, nicht vielmehr *ich* der Dumme sein?« Also ein Zustand allgemeiner Selbstzufriedenheit, und doch, siehe da, ist niemand zufrieden, sondern alle ärgern sich. Aber Nachdenken in unserer Zeit ist ja auch fast unmöglich: es kostet zuviel. Man kann allerdings auch fertige Ideen kaufen. Die werden ja überall feilgeboten, sogar unentgeltlich; doch gerade unentgeltlich kommen sie noch teurer zu stehen, und das beginnt man schon zu ahnen. Das Ergebnis ist also, daß niemand einen Gewinn hat und nach wie vor Unordnung herrscht.

Freilich, auch wir sind ein China, bloß ohne seine Ordnung. Wir fangen kaum erst mit dem an, was in China schon beendet wird. Zweifellos werden auch wir einmal zu demselben Ende kommen, aber wann? Um tausend Bände des „Zeremonials" hervorzubringen, zwecks endgültiger Erwerbung des Rechts, über nichts mehr nachdenken zu müssen, – dazu müssen wir noch mindestens ein Jahrtausend mit Nachdenken durchleben. Und was sehen wir? – Niemand will den Ablauf der Frist beschleunigen, denn niemand will nachdenken.

Hinwiederum: wenn niemand nachdenken will, so muß doch, sollte man meinen, der russische Literat es um so leichter haben. Ja, das ist allerdings der Fall; wehe dem Schriftsteller wie dem Herausgeber, der in unserer Zeit nachdenklich wird. Doppelt wehe dem, der selber lernen und begreifen möchte. Doch am schlimmsten ist der daran, der das aufrichtig selbst eingesteht; wenn er dann gar noch erklärt, daß er manches schon ein wenig begriffen habe und seinen Gedanken nun aussprechen wolle, so wird er im Handumdrehen von allen verlassen. Ihm bleibt dann nichts anderes übrig, als sich irgendein passendes Menschlein herauszusuchen oder ein solches womöglich zu mieten und sich nur mit diesem Menschen zu unterhalten; oder gar nur für ihn allein die Zeitschrift herauszugeben. Eine höchst widerwärtige

Lage, denn das ist doch ebensogut wie mit sich selbst sprechen und die Zeitschrift nur zum eigenen Vergnügen herausgeben. Ich vermute stark, daß der „Staatsbürger" noch lange mit sich allein zum eigenen Vergnügen wird sprechen müssen. Und da bedenke man meinetwegen nur dies Eine, daß nach der medizinischen Wissenschaft Gespräche mit sich selbst Anlage zum Irrsinn bedeuten. Der „Staatsbürger" muß aber doch unbedingt zu Staatsbürgern sprechen, und eben darin besteht sein ganzes Unglück!

Nun wohl, einem solchen Unternehmen habe ich mich jetzt angeschlossen. Meine Lage ist im höchsten Grade unbestimmt. Ich werde also mit mir selbst sprechen und nur zu meinem Vergnügen – in der Form dieses „Tagebuchs", gleichgültig was dabei herauskommt. Wovon ich sprechen werde? Von allem, was mir auffällt oder was mich nachdenklich macht. Sollte ich aber einen Leser finden oder – Gott behüte! – gar einen Opponenten, so weiß ich doch, daß man eine Unterhaltung zu führen verstehen und stets wissen muß, mit wem und wie man spricht. Das zu erlernen, werde ich mir Mühe geben, denn bei uns ist das ja am schwierigsten, das heißt in der Literatur. Zudem gibt es ja verschiedene Opponenten: nicht mit jedem kann man sich in ein Gespräch einlassen. Ich will hierzu eine Fabel erzählen, die ich vor ein paar Tagen hörte. Man sagte mir, es sei eine uralte Fabel, womöglich indischen Ursprungs, was überaus beruhigend ist.

„Einmal geriet ein Schwein mit einem Löwen in Streit und forderte ihn zum Duell. Nach Hause zurückgekehrt, besann es sich und bekam Angst. Die ganze Herde versammelte sich, man dachte nach und beschloß also:

‚Siehst du, Schwein, hier in der Nähe ist eine Jauchegrube; geh hin, wälze dich in ihr herum und erscheine dann so auf dem Kampfplatz. Dann wirst du schon sehen.'

Das Schwein tat, wie ihm geheißen. Der Löwe kam, schnupperte, zog die Nase kraus und ging weg. Noch lange nachher rühmte sich das Schwein, daß der Löwe Angst bekommen hätte und vom Kampfplatz weggelaufen sei."

Dies die Fabel. Natürlich, Löwen gibt es bei uns nicht, – das Klima ist nicht danach, und sie wären für uns auch zu großartig. Aber setzen Sie an die Stelle des Löwen einen anständigen Menschen, wie es ein jeder von uns sein sollte, und die Moral ist dieselbe.

Übrigens will ich hier noch ein kleines Erlebnis erzählen.

Einmal, während eines Gesprächs mit dem seligen Herzen, äußerte ich mich mit größtem Beifall über eines seiner Werke – über das Buch „Vom anderen Ufer". Über dieses Buch hat sich zu meiner aufrichtigen Freude auch Micháil Petrówitsch Pogódin in einem ausgezeichneten und interessanten Artikel über seine Zusammenkunft mit Herzen im Auslande durchaus lobend geäußert.[4] Dieses Buch ist in der Form eines Gesprächs zwischen dem Autor und seinem Widerpart geschrieben.

»Und besonders gefällt mir daran«, bemerkte ich unter anderem, »daß Ihr Opponent gleichfalls sehr klug ist. Sie müssen doch zugeben, daß er Sie in vielen Fällen an die Wand drückt.«

»Darin liegt ja der ganze Witz«, sagte Herzen lachend. »Warten Sie, ich werde Ihnen eine Anekdote erzählen: Einmal, als ich in Petersburg war, schleppte mich Belinskij zu sich, ich mußte mich hinsetzen und einen Artikel anhören, an dem er gerade mit Eifer schrieb: „Ein Gespräch zwischen Herrn A. und Herrn B." (Später in die Gesamtausgabe seiner Werke aufgenommen.) In diesem Artikel ist Herr A., natürlich Belinskij, als sehr kluger Mensch gezeichnet, Herr B. dagegen, sein Opponent, als viel weniger klug. Als er geendet hatte, fragte er mich in fieberhafter Erwartung:

‚Nun, was, wie findest du's?'

‚Tja, gut, ganz gut, und man sieht natürlich, daß du sehr klug bist, nur – was macht dir denn das für einen Spaß, mit einem solchen Dummkopf deine Zeit zu vergeuden?'

Belinskij warf sich auf den Diwan, mit dem Gesicht aufs Kissen, und schrie, fast erstickend vor Lachen:

‚Erledigt! Erledigt!'«

II

MENSCHEN VON DAMALS

Diese Anekdote, die den Menschen Belinskij so gut charakterisiert, hat mich jetzt wieder mal an jene Zeit erinnert, als ich meine literarische Laufbahn erst begann, vor Gott weiß wieviel Jahren. Es war eine traurige, für mich schicksalträchtige Zeit. Namentlich an Belinskij muß ich jetzt denken, wie er damals war, als ich ihn zum erstenmal sah, und wie er mich bei sich empfing. Ich muß jetzt oft an Menschen von damals denken, natürlich vor allem deshalb, weil ich jetzt neue Menschen kennen lerne. Belinskij war der begeisterungsfähigste Mensch von allen, die mir in meinem Leben je begegnet sind. Herzen dagegen war etwas ganz Anderes: der war ein Produkt unserer Herrenkaste, war vor allen Dingen *gentilhomme russe et citoyen du monde* – ein Typ, der nur in Rußland erschienen ist und der auch außer in Rußland nirgendwo hätte erscheinen können. Herzen ist nicht emigriert, hat nicht den Anstoß zur russischen Emigration gegeben, – nein, er war einfach schon so als Emigrant geboren. Sie sind ja alle, alle die von seiner Art und seines Standes, ganz einfach schon als Emigranten erschaffen, wenn auch die Mehrzahl von ihnen nie aus Rußland hinausgekommen ist. In den letzten hundertfünfzig Jahren des verflossenen Lebens unserer russischen Herrenschicht sind, mit sehr wenigen Ausnahmen, auch die letzten Wurzeln verfault, die letzten Verbindungen gerissen, die diese Schicht mit der russischen Erde und mit der russischen Wahrheit verbanden. Herzen ward gleichsam von der Geschichte selbst dazu ausersehen, diesen Bruch der ungeheuren Mehrheit unserer gebildeten Schicht mit dem Volk in seiner Person wie in einem grellsten Typ darzustellen. In diesem Sinne war er ein historischer Typ. Indem sie sich vom Volk absonderten, verloren sie natürlicherweise auch Gott. Die Unruhigen unter ihnen wurden Atheisten; die Schlaffen und Ruhigen wurden Indifferente. Für das russische Volk empfanden sie einzig und allein Verachtung, bildeten sich aber gleichzeitig ein und glaubten selbst daran, daß sie es liebten und nur sein Bestes wollten. Aber sie liebten es negativ, nämlich indem sie sich statt seiner, wie es wirklich ist, irgendein Idealvolk dachten, wie nach ihren Vorstellungen das russische Volk hätte sein sollen. Dieses Idealvolk nahm damals in der Phantasie mancher führenden Vertreter dieser Mehrheit unwillkürlich die Gestalt des Pariser Pöbels vom Jahre 1793 an. Damals war dieser das bezauberndste Ideal eines Volkes. Natürlich mußte Herzen Sozialist werden, und zwar gerade so, wie ein echter russischer Junker, das heißt: ohne jede Not und ohne ein bestimmtes Ziel, eben nur und einzig aus dem „logischen Fluß der Ideen“ und infolge ihrer eigenen geistigen Leere in der Heimat. Er sagte sich von den Grundlagen der bisherigen Gesellschaft los, verneinte das Familienprinzip und war dabei, wenn ich nicht irre, ein guter Vater und Gatte. Er verneinte das Eigentum, doch vorläufig wußte er sein Vermögen sicherzustellen und empfand im Ausland mit Vergnügen seine materielle Unabhängigkeit. Er stiftete Revolutionen an, spornte auch andere dazu an, und gleichzeitig liebte er Komfort und Ruhe im eigenen Heim. Er war ein Künstler, ein Denker, ein glänzender Schriftsteller, ein außergewöhnlich belesener Mensch, geistreich, schlagfertig, ein bewundernswerter Unterhalter und Gesellschafter (er sprach sogar noch besser als er schrieb) und ein prachtvoller „refléteur“. Ich meine damit die Fähigkeit, aus dem eigenen tiefsten Empfinden ein Objekt zu machen, es vor sich hinzustellen, sich anbetend davor zu verneigen und sich gleich darauf über dasselbe womöglich lustig zu machen – diese Fähigkeit war in ihm bis zum höchsten Grade entwickelt. Zweifellos war er ein außergewöhnlicher Mensch; aber was er auch sein mochte – ob er da seine Aufzeichnungen schrieb oder mit Proudhon eine Zeitschrift herausgab, oder in Paris auf die Barrikaden stieg (was er in seinen Aufzeichnungen so launig geschildert hat); ob er litt, sich freute oder zweifelte, ob er 1863 den Polen den Gefallen tat und jenen Aufruf an die russischen Revolutionäre schrieb, obschon er gleichzeitig den Polen mißtraute und sogar wußte, daß sie ihn betrogen, und wußte, daß er mit seinem Aufruf Hunderte dieser unglücklichen jungen Menschen ins Verderben schickte; ob er das alles später in einem seiner letzten Artikel mit unerhörter Naivität selbst eingestand, ohne auch nur zu argwöhnen, in welch ein Licht er sich mit einem solchen Geständnis selbst stellte – immer und überall und in seinem ganzen Leben war und blieb er vor allen Dingen *gentilhomme russe et citoyen du monde,* schlechthin ein Produkt der früheren Leibeigenschaft, die er haßte und zu der er doch gehörte, nicht nur durch seinen Vater, den Grandseigneur aus der Leibeigenschaftszeit, sondern eben durch die Entzweiung mit dem Heimatboden und dessen Idealen. Belinskij dagegen, oh, Belinskij war keineswegs *gentilhomme,* o nein! (Er stammte von Gott weiß wem ab. Sein Vater war, wenn ich nicht irre, Militärarzt.)

Belinskij war vor allen Dingen keine reflektive Natur, war geradezu eine schrankenlos begeisterungsfähige Persönlichkeit, war und blieb das sein ganzes Leben lang. Meine erste Erzählung „Arme Leute“ entzückte ihn (später, fast ein Jahr darauf, gingen wir auseinander – aus verschiedenen Gründen, übrigens aus sehr unwichtigen, in jeder Hinsicht). Damals aber, in den ersten Tagen unserer Bekanntschaft, schloß er sich mir gleich mit ganzem Herzen an und beeilte sich sofort, und zwar mit der treuherzigsten Hast, mich zu seinem Glauben zu bekehren. Ich übertreibe seinen glühenden Anschluß an mich, wenigstens in den ersten Monaten unserer Bekanntschaft, nicht im geringsten. Als ich ihn kennenlernte, war er leidenschaftlicher Sozialist, und er begann mit mir sogleich vom Atheismus zu sprechen. Darin sehe ich viel Bezeichnendes – nämlich seinen erstaunlichen Spürsinn und seine ungewöhnliche Fähigkeit, sich aufs tiefste von einer Idee durchdringen zu lassen. Die Internationale hat ja auch einen ihrer Aufrufe – vor etwa zwei Jahren – unmittelbar mit der bezeichnenden Erklärung begonnen: „Wir sind vor allen Dingen eine atheistische Gesellschaft", das heißt: sie begann sogleich mit dem Kern der Sache, mit dem Wesentlichen; damit begann damals auch Belinskij. Er, der Vernunft, Wissenschaft und Realismus am höchsten schätzte, begriff doch zu gleicher Zeit tiefer als alle anderen, daß Vernunft, Wissenschaft und Realismus *allein* – bloß einen Ameisenhaufen erschaffen können, nicht aber eine soziale „Harmonie", in der sich ein Mensch einleben könnte. Er wußte, daß die Grundlage zu allem – sittliche Grundsätze sind. An die neuen sittlichen Grundlagen des Sozialismus (der übrigens bisher noch keine einzige neue aufgewiesen, sondern nur widerliche Entstellungen der Natur und des gesunden Verstandes hervorgebracht hat) glaubte Belinskij bis zum Wahnsinn und ohne jede Reflexion; das war bei ihm nichts als eine einzige Begeisterung. Doch als Sozialist mußte er natürlich als erstes das Christentum niederwerfen. Er wußte, daß die Revolution unbedingt mit dem Atheismus beginnen müsse. Es galt für ihn also, zunächst die Religion niederzureißen, aus der die sittlichen Grundlagen der von ihm bekämpften Gesellschaft hervorgegangen waren. Familie, Eigentum, sittliche Verantwortlichkeit des Einzelnen – all das wurde von ihm radikal verneint. (Ich bemerke hierzu, daß er gleichfalls ein guter Gatte und Vater war, ganz wie Herzen.) Zweifellos begriff er, daß er, indem er die sittliche Verantwortung der Persönlichkeit verneinte, eben damit auch ihre Freiheit verneinte; aber er glaubte mit seinem ganzen Wesen (viel blinder als Herzen, der zum Schluß anscheinend doch zu zweifeln begann), daß der Sozialismus die Freiheit der Persönlichkeit nicht nur nicht zerstöre, sondern im Gegenteil diese Freiheit in noch nie dagewesener Größe wiederherstelle, jedoch auf neuen und bereits unerschütterlich festen Fundamenten.

Aber da gab es nun noch die strahlende Persönlichkeit Christi selbst, gegen die am schwersten zu kämpfen war. Als Sozialist mußte er die Lehre Christi unbedingt zerstören, sie eine falsche und ungebildete Menschenliebe nennen, die von der heutigen Wissenschaft und den heutigen ökonomischen Grundlagen schon verurteilt sei; aber – immerhin – es blieb das lichte Bild des Gottmenschen, seine sittliche Unerreichbarkeit, seine wunderbare und wunderwirkende Schönheit. Doch Belinskij blieb in seiner ununterbrochenen, unerlöschlichen Begeisterung selbst vor diesem unüberwindlichen Hindernis nicht stehen, wie Renan es noch tut, der in seinem von Unglauben erfüllten Buch „*Vie de Jésus*" dennoch sagt, daß Christus immerhin das Ideal der menschlichen Schönheit sei, ein unerreichbarer Typ, der selbst in Zukunft sich schon nicht mehr wiederholen könne.

»Ja, wissen Sie auch«, rief Belinskij eines Abends mit seiner heiseren Stimme mir zu (er konnte manchmal eigentümlich kreischen, besonders wenn ihn irgend etwas sehr erregte), »wissen Sie auch, daß man dem Menschen nicht seine Sünden anrechnen und ihn mit Schulden und hingehaltenen Backen belasten darf, wenn die Gesellschaft so gemein eingerichtet ist, daß sie es dem Menschen unmöglich macht, keine Verbrechen zu begehen, wenn er ökonomisch zum Verbrechen gezwungen wird, und daß es sinnlos und grausam ist, vom Menschen etwas zu verlangen, was er schon auf Grund der Naturgesetze gar nicht erfüllen könnte, selbst wenn er es wollte ...«

An jenem Abend waren wir nicht allein; einer seiner Freunde, den er überaus achtete und auf dessen Urteil er viel gab, war gleichfalls bei ihm; außer diesem war noch ein ganz junger Schriftsteller zugegen, der erst später in der Literatur bekannt geworden ist.

»Eigentlich rührt es mich geradezu, wenn ich ihn so vor mir sehe«, unterbrach Belinskij plötzlich seinen wütenden Ausbruch, indem er sich zu seinem Freunde wandte und dabei auf mich wies; »jedesmal, wenn ich so wie jetzt von

Christus rede, verändert sich sein ganzes Gesicht, als wollte er gleich zu weinen anfangen... Aber so glauben Sie mir doch, Sie naiver Mensch«, fiel er wieder über mich her, »so glauben Sie es doch, daß Ihr Christus, wenn er in unserer Zeit geboren wäre, sich als der unauffälligste und gewöhnlichste Mensch erweisen würde; er verschwände nur so angesichts der heutigen Wissenschaft und der heutigen Beweger der Menschheit.«

»N-n-nein, nicht doch!« bemerkte da Belinskijs Freund. (Ich weiß noch, wir anderen saßen, er aber ging im Zimmer auf und ab.) »N-n-nein: wenn Christus jetzt erschiene, würde er sich der Bewegung anschließen und sich an ihre Spitze stellen.«

»Nun ja, nun ja«, stimmte Belinskij ihm plötzlich und mit erstaunlicher Bereitwilligkeit bei. »Er würde sich eben den Sozialisten anschließen und ihnen folgen.«

Unter jenen »Bewegern der Menschheit«, denen Christus sich anzuschließen hätte, verstand man damals lauter Franzosen: vor allen anderen George Sand, dann den jetzt vollkommen vergessenen Cabet, Pierre Leroux und Proudhon, der gerade erst bekannt zu werden begann. Diese vier wurden von Belinskij, soweit mir erinnerlich ist, damals am meisten verehrt. Fourier wurde schon längst nicht mehr so geschätzt. Von diesen sprach man bei ihm ganze Abende lang. Und dann gab es da noch einen Deutschen, den er in jener Zeit auch sehr verehrte: Feuerbach. (Belinskij, der in seinem ganzen Leben keine einzige fremde Sprache zu erlernen vermochte, sagte statt Feuerbach immer »Fijerbach«.) Von Strauß wurde mit Ehrfurcht gesprochen.

Bei einem so warmen Glauben an seine Idee war er natürlich der glücklichste der Menschen. Oh, grundlos hat man später geschrieben, daß Belinskij, wenn er länger gelebt hätte, zum Slawophilentum übergegangen wäre. Niemals hätte er mit dem Slawophilentum geendet. Belinskij hätte vielleicht als Emigrant geendet, wenn er länger gelebt und die Möglichkeit gehabt hätte, zu emigrieren; jetzt würde er sich als kleiner und begeisterter alter Herr mit demselben warmen Glauben, der nicht die geringsten Zweifel zuläßt, irgendwo auf den Kongressen in Deutschland und in der Schweiz herumtreiben, oder sich irgendeiner deutschen Madame Goegg[5] als Adjutant anschließen und für irgendeine Frauenfrage den Laufburschen spielen.

Dieser glückselige Mensch, der eine so bewundernswerte Gewissensruhe besaß, war übrigens mitunter sehr traurig, doch diese Trauer war von besonderer Art: sie war nicht etwa eine Folge von Zweifeln, nicht von Enttäuschungen, o nein – sondern ihre Ursache war die Frage: Warum nicht schon heute, warum nicht morgen? Er war der ungeduldigste Mensch in ganz Rußland. Einmal traf ich ihn gegen drei Uhr nachmittags bei der Snamenskijkirche. Er sagte mir, er sei spazieren gegangen und gehe nun nach Hause.

»Ich komme oft hierher, um zu sehen, wie der Bau fortschreitet« (der Bau des Bahnhofs der Nikolaibahn, die damals gebaut wurde). »Ich erleichtere mir damit wenigstens das Herz, daß ich hier eine Weile stehe und der Arbeit zusehe: Endlich wird es auch bei uns wenigstens eine Eisenbahn geben. Sie glauben nicht, wie dieser Gedanke mich manchmal aufatmen läßt!«

Das war heiß und schön gesagt; Belinskij war nie pathetisch. Wir gingen zusammen weiter. Ich weiß noch, unterwegs sagte er zu mir:

»Ja, erst wenn ich verscharrt sein werde« (er wußte, daß er schwindsüchtig war), »wird man sich besinnen und gewahr werden, wen man verloren hat.«

In seinem letzten Lebensjahr ging ich bereits nicht mehr zu ihm. Er mochte mich nicht mehr; aber ich hatte damals mit Leidenschaft seine ganze Lehre aufgenommen. Und wieder ein Jahr später, es war in Tobolsk, als wir in Erwartung unseres ferneren Schicksals im Gefängnis saßen, bis man uns von dort weiter transportierte, gelang es den Frauen der Dekabristen[6], den Aufseher des Gefängnisses durch Bitten zu bewegen, ihnen eine heimliche Zusammenkunft mit uns in seiner Wohnung zu gestatten. Wir sahen diese großen Märtyrerinnen, die freiwillig ihren Männern nach Sibirien gefolgt waren. Sie hatten alles hingegeben: Adel, Reichtum, Verbindungen und Verwandte, hatten alles geopfert für die höchste sittliche Pflicht, für die freieste Pflicht, die es überhaupt gibt. Sie, die selbst in nichts schuldig waren, ertrugen in langen fünfundzwanzig Jahren alles mit, was ihre verurteilten Männer zu tragen hatten. Unser Zusammensein währte eine Stunde. Sie segneten uns auf den Weg, bekreuzten uns und schenkten einem jeden das Neue Testament – das einzige Buch, das im Zuchthaus erlaubt ist. Vier Jahre lang lag es im Zuchthause unter meinem Kopfkissen. Ich las manchmal darin und las auch anderen daraus vor. Nach diesem Buch lehrte ich einen jungen Zuchthäusler lesen. Um mich herum waren dort gerade die Menschen, die nach Belinskijs Glauben ihre Verbrechen nicht hatten unterlassen *können,* die also im Recht und nur unglücklicher als die anderen waren. Ich wußte, daß auch das ganze russische Volk uns „Unglückliche" nannte, und habe diese Benennung selbst unzählige Male von vielen Menschen gehört. Aber es ging da immer um etwas anderes, gar nicht um das, wovon Belinskij sprach, und was jetzt zum Beispiel aus manchen Urteilssprüchen unserer Geschworenen hervorklingt. In jenem Worte „Unglückliche", in jenem Urteilsspruch des Volkes klang ein anderer Gedanke. Vier Jahre Zuchthaus waren eine lange Schule; ich hatte Zeit, mich zu überzeugen ... Gerade darüber würde ich jetzt gerne einmal sprechen.

III

DAS MILIEU

Mir scheint, daß alle Geschworenen der ganzen Welt, besonders aber die unseren, eine Empfindung gemeinsam haben müssen (abgesehen natürlich von den übrigen Empfindungen), und zwar: das Empfinden der Macht, oder besser gesagt, der Autorität. Ein mitunter abscheuliches Gefühl, das heißt: wenn es die anderen überwiegt. Aber mag es auch nicht in bemerkbarer Gestalt erscheinen, mag es auch von der ganzen Masse anderer, edelster Empfindungen unterdrückt werden, es wird sich dennoch in jeder Geschworenenseele behaupten, selbst bei höchster Auffassung von der eigenen Bürgerpflicht. Ich denke, daß sich dies aus den Naturgesetzen von selbst so ergibt, und daher war ich denn, wie ich mich noch erinnere, in dieser Hinsicht so gespannt, als in den letzten Jahren auch bei uns das neue (gerechtere) Geschworenengericht eingeführt wurde und sich nun bewähren sollte. Ich stellte mir in der Phantasie Sitzungen vor, in denen zum Beispiel fast lauter Bauern, die Leibeigenen von gestern, als Geschworene sitzen werden. Der Staatsanwalt, die Rechtsanwälte werden sich an sie wenden, sie umschmeicheln und ihnen schöntun, unsere Bäuerlein aber werden dasitzen und schweigend bei sich denken: ‚Also so ist das jetzt: wenn ich mag, sprech ich frei, mag ich aber nicht, geht's schlankweg nach Sibirien.'

Indessen sehen wir nun, daß sie merkwürdigerweise fast keinen schuldig sprechen, sondern ausnahmslos freisprechen. Freilich ist auch das ein Gebrauch ihrer Macht, fast sogar ein übertriebener Gebrauch, aber immer nur in einer bestimmten, anscheinend sentimentalen Richtung, aus der nicht recht klug zu werden ist, – die jedoch allgemein eingehalten wird, als hätten sich alle verabredet. Die Gleichheit der „Tendenz“ unterliegt keinem Zweifel. Das ist aber das Rätselhafte, daß die Manie, um jeden Preis freizusprechen, nicht nur die Bauern unter den Geschworenen, die gestern noch Erniedrigten und Beleidigten, ergriffen hat, sondern ausnahmslos alle russischen Geschworenen, selbst Angehörige der höchsten Stände, Edelleute und Universitätsprofessoren. Schon diese Einmütigkeit in der Tendenz ist ein überaus interessantes Thema zum Nachdenken; sie kann einen zu den verschiedensten und manchmal vielleicht auch seltsamsten Mutmaßungen verführen.

Erst unlängst brachte eine unserer einflußreichsten Zeitungen einen sehr bescheidenen und sehr wohlmeinenden kleinen Artikel, in dem flüchtig die Annahme erwähnt wurde: ob nicht unsere Geschworenen als Menschen, denen plötzlich und ganz unverhofft so viel Macht zugefallen ist (wie vom Himmel in den Schoß gefallen), und das überdies noch nach solch hundertjähriger Erniedrigung und Einschüchterung – ob sie daher nicht geneigt sein könnten, bei sich bietender Gelegenheit ganz allgemein den Behörden, der „Obrigkeit“, die Suppe zu versalzen, sei es spaßeshalber oder sozusagen als Kontrast zur Vergangenheit, zum Beispiel dem Herrn Staatsanwalt jetzt ihrerseits ein Schnippchen zu schlagen. Ein nicht übler Deutungsversuch und auch nicht ohne Sinn für Spaß erdacht, aber natürlich kann man damit nicht alles erklären.

»Es tut ihnen einfach leid, ein fremdes Leben zu verderben. Ist doch auch ein Mensch. Das russische Volk ist mitleidig«, meinen hierzu manche, wie ich es auch selbst gehört habe.

Allerdings war ich immer der Meinung, daß auch das Volk, beispielsweise in England, mitleidig sei; wenn in ihm auch nicht so viel sogenannte Weichherzigkeit sein mag wie in unserem russischen Volk, so weiß es doch immerhin, was Humanität ist. Es kennt bewußt das Gefühl der Christenpflicht gegen den Nächsten, und dieses Gefühl ist in ihm vielleicht in hohem Maße entwickelt, ist zu einer starken und selbständigen Überzeugung geworden, die vielleicht sogar stärker ist als bei uns, wenn man die dortige Bildung und jahrhundertelange Selbständigkeit in Betracht zieht. Dort ist ihnen doch nicht „plötzlich vom Himmel herab" so viel Macht zugefallen. Und außerdem haben sie auch dieses ganze Gerichtsverfahren mit den Geschworenen sich selbst ausgedacht, haben es von niemandem übernommen, in Jahrhunderten geübt und gefestigt, aus dem Leben hervorgebracht, haben es nicht als Geschenk erhalten.

Und doch weiß der englische Geschworene dort, sobald er seinen Platz im Gerichtssaal einnimmt, daß er nicht nur ein gefühlvoller Mensch mit einem zartfühlenden Herzen ist, sondern hier vor allem ein Staatsbürger zu sein hat. Er ist sogar der Meinung (ob mit Recht oder nicht), daß die Erfüllung seiner Bürgerpflicht vielleicht sogar doch höher zu bewerten ist als die private Heldentat eines Herzens. Noch kürzlich ging ein Getöse durchs ganze englische Königreich, weil die Geschworenen einen überführten Dieb freigesprochen hatten. Diese allgemeine Reaktion des Landes bewies, daß solche Freisprüche, wenn sie auch dort ebenso möglich sind wie bei uns, immerhin selten vorkommen, eben wie Ausnahmefälle, und unverzüglich die öffentliche Meinung empören. Dort weiß der Geschworene vor allem andern dies, daß er das Panier ganz Englands in seinen Händen hält, daß er aufhört, eine Privatperson zu sein und verpflichtet ist, die Anschauung des ganzen Landes zu „verkörpern". Die Fähigkeit, Staatsbürger zu sein, ist eben die Fähigkeit, sich bis zur Höhe der Anschauung des ganzen Landes zu erheben. Oh, auch dort spricht das „Mitleid" beim Urteil mit, auch dort wird der Einfluß des „zersetzenden Milieus" berücksichtigt (eine Lehre, die bei uns jetzt besonders beliebt zu sein scheint), aber doch nur bis zu einer gewissen Grenze, soweit dies das gesunde Urteil des Landes zuläßt und der Grad seiner Erziehung durch die christliche Moral (und dieser Grad scheint dort recht hoch zu sein). Dafür aber kommt es dort auch ziemlich oft vor, daß ein Geschworener sein Herz bezwingt und den Angeklagten schuldig spricht, da er begreift, daß er mit seinem Urteil allen seinen Mitbürgern zu bezeugen hat, daß im alten England, für das ein jeder von ihnen sein Blut hinzugeben bereit ist, das Laster immer noch Laster genannt wird und Verbrechen nach wie vor Verbrechen, und daß die sittlichen Grundlagen des Landes immer noch dieselben sind, daß sie sich nicht verändert haben und noch genauso dastehen wie sie seit jeher dastanden.

»Selbst wenn wir annehmen«, höre ich eine Stimme einwenden, »daß Ihre unerschütterlichen Grundlagen (Sie meinen wohl die christlichen) immer noch dieselben seien und daß man tatsächlich vor allen Dingen Staatsbürger zu sein, das Panier hochzuhalten habe, und so weiter, und so weiter, was Sie da alles soeben vorgebracht, – selbst wenn wir das alles vorerst ohne Widerspruch annehmen, so bedenken Sie doch nur: Woher soll es denn bei uns plötzlich Staatsbürger geben? Bedenken Sie doch nur, was hier gestern noch war! Die Bürgerrechte (und noch dazu was für welche!) sind doch auf unser Volk wie eine Lawine herabgerollt, sie haben es zu Boden gedrückt, sind doch vorläufig nur eine Last, eine Bürde!«

»Gewiß, in Ihrer Bemerkung steckt etwas Wahres«, antworte ich ein wenig kleinlaut, »aber andererseits ist das russische Volk ...«

»Das russische Volk? Erlauben Sie«, höre ich eine andere Stimme. »Da hören wir soeben sagen, alle diese Gaben seien auf das russische Volk wie vom Himmel herab oder wie von einem Berge herabgerollt und hätten es vorerst nur zu Boden gedrückt. Aber vielleicht empfindet es nicht nur, daß es soviel Macht geschenkt bekommen hat, sondern auch noch, daß es sie umsonst bekommen hat, das heißt: daß es diese Gaben vorläufig noch gar nicht verdient hat. Damit soll nicht gesagt sein, wohlgemerkt, daß es diese Geschenke tatsächlich gar nicht verdiene und daß es *unnötig* oder *zu früh* gewesen sei, es so zu beschenken, – nein, sogar ganz im Gegenteil! Dieses Volk ist sich in seinem demütigen Gewissen wohl dessen bewußt, daß es solcher Geschenke noch unwürdig sei, und diese demütige und doch so hochwertige Selbsterkenntnis des Volkes ist wie ein Unterpfand: daß es ihrer würdig *ist.* Vorderhand ist es in seiner Bescheidenheit nur bestürzt. Wer hat auch schon je Einblick erhalten in die geheimsten Schlupfwinkel seines Herzens? Darf bei uns auch nur einer sagen, daß er das russische Volk vollkommen kenne? Nein, es ist hierbei nicht bloß Mitleid und Weichherzigkeit im Spiel, wie Sie zu spotten beliebten. Hier ist es diese Macht selbst, die als unheimlich empfunden wird! Diese schreckliche Macht über das Menschenschicksal, über das Schicksal unserer leiblichen Brüder hat uns erschreckt, und bevor wir zu unserem Staatsbürgertum heranreifen, üben wir eben Gnade. Aus Angst üben wir Gnade. Wir sitzen als Geschworene da und denken vielleicht: ‚Sind wir denn selbst besser als der Angeklagte? Wir sind reich, versorgt, sollte es aber geschehen, daß wir in dieselbe Lage gerieten wie er, so würden wir vielleicht noch Schlimmeres tun als er. Darum üben wir Gnade.‘ So könnte es sich denn vielleicht noch herausstellen, daß dieses Ergriffensein des Herzens, das uns abhält, zu verurteilen, etwas Gutes ist. Vielleicht ist es ein Unterpfand für irgend etwas höher Christliches in der Zukunft, wovon die Welt bisher noch nichts weiß!«

‚Das ist eine teilweise slawophile Stimme‘, denke ich bei mir. Der Gedanke ist tatsächlich tröstend, und die Hypothese von der Demut des Volkes vor der umsonst erhaltenen und einem vorläufig „Unwürdigen“ verliehenen Macht ist natürlich sauberer als die Hypothese vom Wunsch, „dem Staatsanwalt ein Schnippchen zu schlagen“, obschon mir auch diese Deutungsmöglichkeit zu gefallen fortfährt, weil sie so realistisch ist (natürlich betrachte ich sie mehr als eine private Äußerung, wie sie übrigens auch von dem, der sie vorbrachte, gemeint war); aber ... trotzdem ist noch etwas dabei, was mich vor allem stutzig macht: warum hat denn unser Volk plötzlich solche Angst bekommen vor seinem

Mitleid? »Es ist doch sehr schmerzhaft, einen Menschen schuldig sprechen zu müssen«, wendet man ein. Nun, und? – so nehmt diesen Schmerz doch zu euch mit. Die Wahrheit ist wichtiger als euer Schmerz.

»In der Tat, wenn wir schon annehmen, daß wir selbst manchmal schlimmer sind als der Verbrecher, so gestehen wir damit auch ein, daß wir zur Hälfte mitschuldig sind an seinem Verbrechen. Wenn er das Gesetz übertreten hat, das ihm von der Erde vorgeschrieben ist, so sind wir selbst schuld daran, daß er jetzt hier vor uns steht. Denn wenn wir alle besser wären, so wäre auch er besser und stünde jetzt nicht vor uns ...«

»Also soll man ihn eben deshalb freisprechen?«

Nein, im Gegenteil: eben deshalb muß man die Wahrheit sagen und das Böse ohne Scheu das Böse nennen, dafür aber die Hälfte der Bürde des Urteils auf sich nehmen. Betreten wir den Gerichtssaal mit dem Gedanken, daß wir mitschuldig sind! Dieser Schmerz im Herzen, den jetzt alle so sehr fürchten und mit dem wir den Gerichtssaal verlassen, wird dann unsere Strafe sein. Wenn dieser Schmerz echt und stark ist, dann wird er uns läutern und bessern. Denn es ist doch so, daß wir, indem wir selbst besser werden, auch das Milieu verbessern. Und nur auf diese Weise ist das doch zu bewerkstelligen. Dagegen: vor dem Mitleid fliehen und, um sich eigenen Schmerz zu ersparen, alle freisprechen, das ist ja leicht. So könnten wir ja allmählich zu der Schlußfolgerung kommen, daß es Verbrechen gar nicht gäbe, sondern an allem nur „das Milieu schuld" sei, und schließlich, wenn wir nach dem Faden dieses Knäuels weitergehen, können wir auch zu dem Schluß gelangen, daß wir Verbrechen sogar für Pflicht erklären, für einen edlen Protest gegen „das Milieu".

»Da die Gesellschaft schlecht konstruiert ist, kann man in ihr gar nicht ohne Protest und ohne Verbrechen leben.« Oder: »Da die Gesellschaft so gemein eingerichtet ist, so kann man sich gar nicht ohne Messer in der Hand aus ihr befreien.« – So spricht doch die Lehre vom Milieu, im Gegensatz zum Christentum, das zwar die Bedrückung durch das Milieu vollkommen einsieht und Erbarmen mit dem Sünder predigt, dennoch dem Menschen den Kampf gegen das Milieu zur sittlichen Pflicht macht und die Grenze kennt, wo das Milieu aufzuhören und die Pflicht zu beginnen hat.

Indem das Christentum den Menschen verantwortlich macht, erkennt es damit auch seine Freiheit an. Wenn man aber den Menschen von jedem Fehler in der Einrichtung der Gesellschaft für abhängig erklärt, wie es die Lehre vom Milieu tut, so führt man den Menschen zur vollständigen Unpersönlichkeit und entbindet ihn von jeder persönlichen sittlichen Pflicht, von jeder Selbständigkeit und führt ihn weiter auf diesem Wege bis zur ekelhaftesten Sklaverei, die überhaupt nur denkbar ist. Demnach dürfte ja ein Mensch, der rauchen will, aber kein Geld hat, um sich Tabak zu kaufen, einfach einen anderen erschlagen, um in den Besitz von Tabak zu gelangen. Erlauben Sie: »Ein gebildeter Mensch, der unter der Nichtbefriedigung seiner Bedürfnisse empfindlicher leidet als ein ungebildeter, benötigt Geld, um seine Bedürfnisse zu befriedigen; warum soll er da nicht den Ungebildeten umbringen, wenn er sich anders nicht das Geld verschaffen kann?« Haben Sie denn noch nie die Advokatenstimmen reden hören: »Gewiß, das Gesetz ist verletzt, gewiß, es ist ein Verbrechen, daß er den Ungebildeten umgebracht hat, aber, meine Herren Geschworenen, berücksichtigen Sie doch auch das«, und so weiter. Solche Stimmen haben wir doch beinahe schon zu hören bekommen, oder vielmehr nicht nur beinahe ...

»Aber Sie scheinen ja, wie ich sehe«, höre ich jemandes gehässige Stimme bemerken, »dem einfachen Volk die neueste Milieutheorie andichten zu wollen! Woher sollte die ihm wohl bekannt sein? Diese zwölf Geschworenen sind doch mitunter lauter Bauern, die es für eine Todsünde halten, an einem Fasttag verbotene Speisen zu essen. Dann beschuldigen Sie sie doch lieber gleich sozialer Tendenzen.«

‚Freilich, freilich, wie sollten sie von der Milieutheorie etwas gehört haben, das heißt: sie alle durch die Bank', sage ich mir nachdenklich. »Aber wissen Sie, Ideen liegen doch in der Luft, vor Ideen gibt es keinen Schutz, die dringen durch alles durch, und manche Idee ...«

»Was nicht noch!« lacht die gehässige Stimme.

»Aber wie, wenn gerade unser Volk für die Lehre vom Milieu besonders empfänglich sein sollte, sogar schon seinem Wesen nach, oder sagen wir meinethalben: infolge seiner slawischen Veranlagungen? Wie, wenn gerade unser Volk in ganz Europa das allerbeste Material für eine gewisse Propaganda abgibt?«

Die gehässige Stimme lacht noch lauter, aber es klingt doch irgendwie gezwungen.

Nein, diese Vermutung bezüglich des Volkes scheint mir vorläufig doch nur ein Trugschluß zu sein und keine „Philosophie des Milieus" zu verdecken. Hier steckt noch ein Fehler, im Selbstbetrug, und in diesem liegt eine große Versuchung.

Diese Versuchung könnte man allerdings noch erklären, sei es auch nur mit Hilfe eines Beispiels.

Zugegeben, unser Volk nennt die Verurteilten „Unglückliche", steckt ihnen Kupfermünzen und Semmeln zu. Was will es damit ausdrücken, und das vielleicht schon seit Jahrhunderten? – die christliche Auffassung oder die Auffassung des „Milieus"? Gerade in dieser Frage liegt der Stein des Anstoßes, gerade hier verbirgt sich die Stelle, an der der Propagator der Milieutheorie den Hebel mit Erfolg ansetzen könnte.

Es gibt unausgesprochene, unbewußte und nur stark empfundene Ideen; von solchen Ideen sind viele mit der Menschenseele gleichsam verschmolzen. Sie existieren sowohl in der Gesamtheit eines ganzen Volkes wie auch in der gesamten Menschheit, wenn man diese gleichfalls als ein Ganzes nimmt. Solange diese Ideen nur unbewußt dem Volksleben zugrundeliegen und nur stark und sicher empfunden werden, nur so lange kann das Volk ein starkes lebendiges Leben leben. In den Anstrengungen, diese in sich verborgenen Ideen zum Ausdruck zu bringen, liegt ja die ganze Energie seines Lebens. Je unbeirrbarer ein Volk an diesem seinem Inhalt festhält, je weniger es fähig ist, seinem ursprünglichen Gefühl untreu zu werden, je weniger geneigt, sich verschiedenen und falschen Auslegungen dieser Ideen unterzuordnen, um so machtvoller, stärker, glücklicher wird es sein. Zu solchen im russischen Volke verborgenen Ideen – den Ideen des russischen Volkes – gehört auch dies, daß es das Verbrechen ein Unglück nennt, die Verbrecher – Unglückliche.

Diese Idee ist rein russisch. In keinem einzigen anderen europäischen Volk ist sie je bemerkt worden. Im Westen wird sie erst jetzt von einzelnen Philosophen und Auslegern proklamiert. Unser Volk aber hat sie schon lange vor seinen Philosophen und Auslegern ausgesprochen. Aber daraus folgt noch nicht, daß es durch eine falsche Entwicklung dieser Idee durch die Ausleger nicht irregeführt werden könnte, wenn auch nur zeitweilig, nur so am Rande ein wenig. Der endgültige Sinn und das letzte Wort jedoch werden zweifellos immer beim Volk verbleiben, aber *zeitweilig* könnte es auch anders sein.

Kurzum: mit diesem Wort „Unglückliche“ will das Volk den Unglücklichen etwa sagen: »Ihr habt gesündigt und leidet jetzt, aber auch wir sind doch Sünder. Wären wir an eurer Stelle gewesen, so hätten wir vielleicht noch Schlimmeres getan. Wären wir selbst besser, dann brauchtet ihr vielleicht nicht in Zuchthäusern zu sitzen. Mit der Vergeltung für eure Vergehen habt ihr die Last auch für die allgemeine Ungerechtigkeit auf euch genommen. Betet für uns wie wir für euch beten. Vorläufig aber nehmt, ihr Unglücklichen, unser Almosen; wir geben es euch, damit ihr wißt, daß wir an euch denken und das brüderliche Verbundensein mit euch nicht zerrissen haben.«

Sie werden doch zugeben, daß nichts leichter ist, als eine solche Auffassung mit der Lehre vom Milieu zu verknüpfen: »Die Gesellschaft ist schlecht, deshalb sind auch wir schlecht; aber wir sind reich, wir sind versorgt, wir sind nur zufällig von dem verschont geblieben, womit ihr zusammengestoßen seid. Wäre das uns widerfahren, so hätten wir dasselbe getan, was ihr getan habt. Wer ist schuld? Das Milieu ist schuld. Also gibt es nur die gemeine Einrichtung des Milieus, Verbrechen aber gibt es überhaupt nicht.«

In dieser sophistischen Folgerung besteht dieser Trugschluß, von dem ich sprach.

Nein, das Volk leugnet das Verbrechen nicht und weiß, daß der Verbrecher schuldig ist. Das Volk weiß nur, daß es auch selbst mit jedem Verbrecher mitschuldig ist. Indem es sich aber selbst anklagt, beweist es, daß es nicht an die Lehre vom Milieu glaubt; im Gegenteil, es glaubt, daß das Milieu vollkommen von ihm selbst abhänge, von seiner ununterbrochenen Selbstkritik und Selbstzucht. Nur durch Energie, Arbeit und Kampf kann das Milieu verändert werden. Nur durch Arbeit und Kampf ist Selbständigkeit und das Gefühl der eigenen Würde zu erlangen. »Wenn wir dies erreichen, werden wir selbst besser sein, und mit uns wird auch das Milieu besser werden.« Das ist es, was das russische Volk bei seiner geheimen Idee vom Unglück des Verbrechers unausgesprochen, aber stark empfindet.

Man stelle sich nun vor, daß auch der Verbrecher selbst sich bloß für einen „Unglücklichen" halten könnte, wenn er sich so nennen hört, und nicht mehr für einen Verbrecher. Dann aber wird das Volk vor einem solchen Mißverständnis sofort zurückweichen und diese falsche Auslegung einen Verrat an der Wahrheit und am Glauben des Volkes nennen.

Ich könnte auch dafür Beispiele anführen, möchte das aber vorläufig aufschieben und zunächst nur folgendes sagen:

Ein Verbrecher und einer, der ein Verbrechen zu begehen beabsichtigt, sind zwei verschiedene Personen, wenn auch der gleichen Kategorie. Wie nun, wenn der Verbrecher, der bewußt ein Verbrechen vorbereitet, sich sagte: »Es gibt kein Verbrechen!« Wie, wird das Volk auch ihn einen Unglücklichen nennen?

Vielleicht wird es ihn so nennen, es wird das sogar zweifellos tun; und wer ist auch unglücklicher als so ein Verbrecher, der sogar aufgehört hat, sich für einen Verbrecher zu halten? Er ist ein Tier, ein wildes, reißendes Tier. Was besagt das schon, daß er das selbst nicht weiß und das Gewissen in sich erstickt hat? Er ist nur doppelt so unglücklich. Doppelt so unglücklich, aber auch doppelt so verbrecherisch. Das Volk wird auch mit ihm Mitleid haben, wird aber nicht von seiner Wahrheit abrücken. Niemals hat das Volk aufgehört, ihn für einen Verbrecher zu halten, obschon es ihn einen Unglücklichen nennt. Und es gäbe auch kein größeres Unglück, als wenn das Volk mit ihm übereinstimmte und zu ihm sagte: »Nein, du bist unschuldig, denn es gibt kein Verbrechen!«

Das ist unser Glaube, unser gemeinsamer Glaube, möchte ich sagen; der Glaube aller Hoffenden und Harrenden. Lassen Sie mich noch ein paar Worte hinzufügen.

Ich war im Zuchthaus und habe viele Verbrecher gesehen. Wie gesagt, das war eine lange Lehrzeit. Keiner von ihnen hatte aufgehört, sich für einen Verbrecher zu halten. Dem Aussehen nach waren es schreckliche und grausame Menschen. Nur die Dummen und Neulinge prahlten mit ihren Verbrechen, und die wurden ausgelacht. Größtenteils waren es finstere, nachdenkliche Menschen. Niemand sprach von seinen Verbrechen. Niemals hörte ich Murren. Es war sogar unmöglich, von seinen Verbrechen laut zu sprechen. Wenn es zuweilen vorkam, daß jemand ein herausforderndes Wort großspurig hinwarf, dann geschah es, daß »das ganze Zuchthaus« wie ein Mann den Vorlauten zurechtwies. Es war eben nicht Sitte, *davon* zu sprechen. Es gab aber wohl keinen einzigen unter ihnen, kann ich versichern, dem ein langer seelischer Schmerz im Innern erspart geblieben wäre, ein läuternder und den Menschen innerlich festigender Schmerz. Ich habe sie gesehen, wie sie einsam in ihre Gedanken versunken waren, ich habe sie in der Kirche vor der Beichte beten gesehen; ich habe ihre vereinzelten plötzlichen Worte und Ausrufe vernommen; ich erinnere mich noch an ihre Gesichter, – oh, glauben Sie mir, nicht einer von ihnen hat sich in seiner Seele für schuldlos gehalten!

Ich möchte nicht, daß man meine Worte grausam fände. Und doch wage ich es auszusprechen. Ich will offen und ohne Umschweife sagen: Durch strenge Strafe, Zuchthaus und Zwangsarbeit könntet ihr vielleicht die Hälfte von ihnen retten. Ihr würdet sie damit erleichtern, nicht ihre Last erschweren. Die Selbstläuterung durch Leiden ist leichter, viel leichter, sage ich Ihnen, als jenes Los, das Sie vielen von ihnen bereiten, indem Sie alle ausnahmslos freisprechen. Sie flößen ihnen mit dem Freispruch vor Gericht nur Zynismus ein, lassen in ihrer Seele eine verführerische Frage offen und überlassen sie dem Spott über das ganze Gerichtsverfahren und Sie selbst. Sie wollen es mir nicht glauben? Ja, Spott über Sie und Ihr Gericht, über das Gericht des ganzen Landes! Sie flößen ihnen Unglauben ein, Unglauben an die Gotteswahrheit, und lassen sie verwirrt zurück ... Sie verlassen das Gericht und denken bei sich: ‚Aha, so ist das jetzt, es gibt keine Strenge mehr. Sie sind wohl klüger geworden, scheint's. Vielleicht haben sie Furcht. Also kann man's wohl noch mal machen. Versteh' schon, wenn ich doch in solcher Not war, wie hätt' ich denn da nicht stehlen sollen?'

Oder glauben Sie gar, daß Sie, wenn Sie allen ausnahmslos „der Nachsicht würdig" zubilligen – daß Sie ihnen damit eine Chance bieten, sich zu bessern? Das wird ihnen gerade einfallen! Was fehlt ihnen jetzt? »Also dann war ich sozusagen überhaupt nicht schuldig« – das ist es, was sie sich *zu guter Letzt* sagen werden. Sie bringen sie ja selbst zu dieser Schlußfolgerung. Das Wichtigste aber ist, daß der Glaube an das Gesetz und an das Rechtsempfinden des Volkes ins Wanken gerät.

Noch vor nicht langer Zeit habe ich ein paar Jahre im Ausland verlebt. Als ich Rußland verließ, wurde das neue Gerichtswesen bei uns gerade erst eingeführt. Mit welch einer Gier las ich dort in den Zeitungen alles, was die neuen Gerichte betraf. Dort im Auslande beobachtete ich auch mit Kummer unsere Absentisten und ihre Kinder, die ihre Muttersprache nicht kannten oder zu vergessen begannen. Es war mir klar, daß die Hälfte von ihnen mit der Zeit allein schon durch die Macht der Umstände zu Emigranten werden würde. Daran zu denken war für mich immer sehr schmerzhaft: So viele Kräfte, so viele vielleicht hervorragende Menschen gehen uns verloren, und bei uns werden doch Menschen so gebraucht! Aber zuweilen, wenn ich den Lesesaal nach der Lektüre unserer Zeitungen verließ, konnte ich – bei Gott, meine Herren – unsere Absentisten verstehen. Mein Herz krampfte sich zusammen, wenn ich las, wie dort eine Frau freigesprochen wurde, die ihren Mann erschlagen hatte. Das Verbrechen ist klar, eindeutig bewiesen; sie gesteht es auch selbst ein. Aber: »Nein, nicht schuldig«, lautet das Urteil der Geschworenen. Dort hat ein junger Mann eine Kasse erbrochen und Geld gestohlen. »Er war halt sehr verliebt«, heißt es, »er mußte sich unbedingt Geld verschaffen, um seiner Geliebten eine Freude machen zu können.« – »Nein, nicht schuldig.« Und wenn sich doch alle diese Fälle wenigstens durch Mitleid rechtfertigen ließen, durch Erbarmen! Das war es, weshalb ich die Gründe des Freispruchs nicht begreifen konnte, ganz konfus wurde. Der Eindruck, den man davontrug, war verworren und – nahezu beleidigend. In diesen bösen Augenblicken kam mir Rußland manchmal wie ein Sumpf vor, ein Morast, auf dem jemand sich's hat einfallen lassen, einen Palast erbauen zu wollen. Von oben gesehen war der Boden anscheinend fest, glatt, in Wirklichkeit aber ist es nur so etwas wie die Oberfläche eines Erbsbreis; tritt man darauf, so versinkt man nur so, mitten in eine bodenlose Tiefe. Ich machte mir heftige Vorwürfe wegen meines Kleinmuts; mich tröstete nur, daß ich mich aus der Ferne immerhin täuschen könne, daß ich vorläufig auch nur so ein Absentist war, nicht deutlich sehe, nicht klar höre ...

Aber nun bin ich lange schon wieder in der Heimat.

»Nein, in der Tat, sprechen sie denn überhaupt aus Mitleid frei?« – das ist doch noch die Frage! Lachen Sie nicht darüber, daß ich ihr solche Bedeutung beilege. „Mitleid" ist doch immerhin noch irgendwie zu erklären, es läßt doch wenigstens die eine oder andere Deutung zu. Wenn es aber nun nicht Mitleid ist? – Dann steht man vor einem Rätsel wie vor einer Finsternis, in der irgendein Wahnsinniger lebt.

Ein Bauer prügelt seine Frau, schlägt sie jahrelang zum Krüppel, behandelt sie schlimmer als einen Hund. Die Frau, die in ihrer Verzweiflung schon an Selbstmord denkt, geht wie eine Halbirrsinnige vors Dorfgericht. Dort schickt man sie weg mit dem gleichmütig gebrummten Rat: »Lebt einträchtiger!« Ist das Mitleid? Das ist das stumpfsinnige Gebabbel eines kaum aus seinem Rausch erwachenden Säufers, der kaum sieht, wer vor ihm steht, der blöd und nichtssagend nur mit der Hand abwinkt, damit man ihn in Ruhe lasse, dessen Zunge ihm noch nicht gehorcht, dessen Schädel noch brummt vom Besoffensein.

Die Geschichte dieser Frau ist übrigens allen bekannt; sie hat sich ja erst kürzlich zugetragen. Man konnte sie in allen Zeitungen lesen und vielleicht hat man sie noch nicht vergessen. Die Geschichte endete ganz einfach: Die Frau erhängte sich, um den Schlägen des Mannes zu entgehen; der Mann kam vors Gericht und man fand ihn „der Nachsicht würdig". Die übrigen Tatsachen wollen mir nicht aus dem Sinn, und auch jetzt sehe ich sie wie leibhaftig vor mir.

Ich stelle mir immer die Gestalt dieses Mannes vor: Es wurde gesagt, er sei groß gewachsen, sehr kräftig gebaut, stark, blond. Ich würde dem noch hinzufügen: Er hatte dünnes Haar. Sein Körper ist weiß, füllig, die Bewegungen sind langsam, würdevoll, der Blick konzentriert; er spricht wenig, sparsam, läßt die Worte wie wertvolle Perlen fallen und schätzt sie selbst am meisten. Die Zeugen sagten aus, er sei von Natur grausam: Manchmal, wenn er ein Huhn eingefangen hatte, habe er es an den Beinen aufgehängt, mit dem Kopf nach unten, und das nur so, zu seinem Vergnügen; das habe ihm Spaß gemacht: ein überaus charakteristischer Zug! Er schlug seine Frau schon jahrelang, schlug sie gleichgültig womit, was ihm gerade zur Hand war, schlug sie mit Strikken, mit Stöcken. Manchmal hob er das Ende eines lockeren Dielenbrettes an, steckte ihre Füße in die Öffnung, klemmte sie ein, und dann prügelte, prügelte er. Ich glaube, er hat selbst nicht gewußt, weshalb er sie schlägt, eben nur so, wahrscheinlich aus den gleichen Motiven, aus denen er auch das Huhn an den Beinen aufhängte. Er quälte sie auch mit Hunger, gab ihr manchmal drei Tage lang kein Brot. Dann pflegte er das Brot auf das Wandbrett zu legen, die Frau zu rufen und ihr zu sagen: »Untersteh dich nicht, das Brot anzurühren, es ist *mein* Brot!« Auch dies ist ein ungemein charakteristischer Zug! Sie brachte sich mit ihrem zehnjährigen Kinde so durch, indem sie bei den Nachbarn bettelte: Gaben die ihnen etwas Brot, so aßen sie, gaben die nichts, so hungerten sie. Natürlich verlangte er von ihr, daß sie arbeite, und sie tat stumm und gewissenhaft jede Arbeit und war schließlich wie eine Irre. Ich kann sie mir gut vorstellen: vermutlich war sie eine sehr kleine, abgezehrte Frau, dürr wie ein Span. Das kommt mitunter vor, daß sehr große und kräftige Männer mit weißem, fülligem Körper sehr kleine magere Frauen heiraten (wie ich bemerkt habe, tun sie das sogar mit Vorliebe), und man wundert sich, wenn man sie nebeneinander stehen oder gehen sieht. Mir scheint sogar, wenn sie von ihm in der allerletzten Zeit schwanger geworden wäre, so wäre damit noch ein kennzeichnender und unentbehrlicher Punkt hinzugefügt, um das Gesamtbild zu vervollständigen, an dem sonst gleichsam etwas fehlte. Haben Sie je gesehen, wie ein Bauer sein Weib prügelt? Ich habe es gesehen. Er beginnt mit einem Strick oder einem Riemen. Dem Leben eines Bauern fehlen ästhetische Genüsse – Musik, Theater, Zeitschriften; also möchte er es naturgemäß mit irgend etwas anreichern. Nachdem er sein Weib gefesselt oder ihre Füße unter dem Dielenbrett eingeklemmt hat, fängt er mit dem Prügeln an, zunächst wohl ganz methodisch, kaltblütig, sogar verschlafen, mit abgemessenen Hieben, ohne auf die Schreie und ihr Flehen zu hören, das heißt: er hört es sehr wohl, hört es mit Wonne, was wäre es denn sonst für ein Genuß für ihn, sie zu schlagen? ... Wissen Sie, meine Herrschaften, die Menschen kommen in verschiedenen Umgebungen zur Welt: Halten Sie es denn nicht für möglich, daß diese Frau in einer anderen Umgebung eine Julia oder Beatrice von Shakespeare oder ein Gretchen aus dem „Faust" hätte werden können? Ich sage ja nicht, daß sie es war – und es wäre auch lächerlich, so etwas zu behaupten –, aber sie hätte doch in ihrer Seele auch Keime von edelsten Eigenschaften haben können, womöglich nicht minder edle, als man sie im vornehmen Stande findet: ein liebefähiges, sogar heroisches Herz, einen Charakter von origineller Schönheit. Schon dies allein, daß sie so lange gezögert hat, Hand an sich zu legen, zeigt sie uns in einem so stillen, sanften, geduldigen, liebevollen Licht. Und diese Beatrice, dieses Gretchen wird wie ein Katze geprügelt! Die Schläge folgen einander immer schneller, immer schmerzhafter, zahlloser; er kommt in Hitze, findet Geschmack daran. Er gerät schon in tierische Lust und ist sich dessen auch selbst bewußt. Die röchelnden Schmerzensschreie seines Opfers berauschen ihn wie Branntwein. »Werde deine Füße waschen, das Wasser trinken!« schreit Beatrice mit entmenschter Stimme; schließlich kann sie nicht mehr schreien, kann nur noch röcheln, atemlos, als ersticke sie, aber die Schläge werden nun erst recht verdoppelt, erst recht verschärft ... Plötzlich wirft er den Riemen weg, greift wie besessen nach einem Stock, einem Ast, nach irgend etwas in seiner Griffweite, und zerbricht ihn mit den letzten drei fürchterlichen Schlägen auf ihrem Rücken – und damit basta! Er geht weg, setzt sich an den Tisch, beginnt Kwas zu trinken. Das kleine Mädchen, ihre Tochter (sie hatten ja auch ein Töchterchen!), sitzt auf dem Ofen, drückt sich in den Winkel, zittert: es hat gehört, wie die Mutter schrie. Er geht aus dem Hause. In der Morgendämmerung kommt die Mutter zu sich, erhebt sich, ächzend und aufschreiend bei jeder Bewegung, und geht die Kuh zu melken, Wasser herbeizuschleppen, die tägliche Arbeit zu verrichten.

Er aber hat ihr beim Weggehen mit seiner methodischen, langsamen und selbstbewußten Stimme noch gesagt: »Untersteh dich nicht, dieses Brot zu essen, das ist *mein* Brot.«

Schließlich gefiel es ihm, sie gleichfalls an den Beinen aufzuhängen, wie er das Huhn aufgehängt hatte. Wahrscheinlich hat er sich dann wieder an den Tisch gesetzt, um seine Grütze zu essen, danach aber greift er wieder nach dem Riemen, um die Hängende von neuem, von neuem ... Das kleine Mädchen aber zittert, auf dem Ofen zusammengekauert, lugt manchmal ängstlich hervor nach der an den Beinen hängenden Mutter und verkriecht sich wieder ...

Im Mai hat sich die Frau dann schließlich erhängt, gegen Morgen, vermutlich an einem klaren Frühlingstag. Am Vorabend hatte man sie in arg verprügeltem, schon völlig irrem Zustand gesehen. Zuvor war sie auf dem Dorfgericht gewesen, wo man ihr, wie berichtet wird, jenes »Lebt einträchtiger« zugebrummt hatte.

Als sie sich erhängte und nach Atem ringend zu würgen begann, rief ihr das Kind aus seinem Winkel zu: »Mámma, warum erhängst du dich denn?« Dann kam es bang herbei, rief die Hängende nochmals an, betrachtete sie mit aufgerissenen Augen, und so kam das Kind an diesem Morgen noch mehrmals aus seinem Winkel, um die Mutter zu betrachten, bis der Vater nach Hause zurückkehrte.

Und nun steht er vor Gericht, würdevoll, wohlgenährt, konzentriert. Er leugnet alles. »Wir lebten miteinander wie ein Herz und eine Seele«, läßt er seine sparsamen Worte wie kostbare Perlen fallen. Die Geschworenen ziehen sich zurück; „nach kurzer Beratung“ sprechen sie das Urteil:

„Schuldig, *aber der Nachsicht würdig.*"

Man beachte, daß das Kind gegen den Vater ausgesagt hat. Es erzählte alles und habe, sagt man, die Anwesenden bis zu Tränen erschüttert. Hätten die Geschworenen dem Angeklagten nicht dieses „der Nachsicht würdig" zugebilligt, so käme er nach Sibirien. Doch auf Grund der empfohlenen „Nachsicht" bekam er bloß acht Monate Gefängnis zudiktiert; danach wird er nach Hause zurückkehren und wird das Kind, das für die Mutter und gegen ihn ausgesagt hat, vornehmen. Und dann wird er wieder jemanden haben, den er an den Beinen aufhängen kann.

„Der Nachsicht würdig!" Und dieses Urteil ist doch mit Kenntnis aller Tatsachen gefällt worden. Man hat doch gewußt, was dieses Kind erwartete. Warum also, wozu hier diese Nachsicht? Man fühlt sich wie von einem Wirbelwind erfaßt, der sein Spiel mit einem treibt, wie er es gerade mag.

Warten Sie, ich werde Ihnen noch eine Anekdote erzählen.

Einmal, noch vor der Einführung der neuen Gerichte (übrigens nur kurz vorher), las ich in unseren Zeitungen einen Bericht über folgendes Vorkommnis: Eine Mutter trug ihr Kind, das ein Jahr oder vierzehn Monate alt war, auf den Armen herum. In diesem Alter beginnen die Kinder zu zahnen; sie sind halbkrank, weinen viel und quälen sich sehr. Die Mutter des Kindes bekam das satt, vielleicht hatte sie auch viel zu tun und konnte das Kind doch nicht dauernd auf den Armen herumschleppen und dazu noch sein herzzerreißendes Geschrei anhören. Sie wurde wütend. Übrigens, darf man denn ein so kleines Kindchen dafür schlagen? Es ist doch so zum Erbarmen, und was versteht es denn schon? Es ist doch so hilflos und hängt doch noch vom geringsten Stäubchen ab ... Und wenn man es schlägt, hört es deshalb doch nicht auf zu weinen; es brüllt nur noch mehr, greift mit den Ärmchen um unseren Hals, drückt sein tränenüberströmtes Gesichtchen an unser Gesicht und weint und weint. Aber jene Mutter schlug es auch nicht. Im Zimmer stand ein kochender Ssamowar. Da ging sie hin, hielt das Händchen des Kindes unter den Hahn und drehte diesen auf. Und an die zehn Sekunden hielt sie das Händchen unter den kochenden Wasserstrahl.

Das ist tatsächlich geschehen, ich habe es selbst gelesen. Man stelle sich nun vor, daß sich dies jetzt zugetragen und die Frau vom heutigen neuen Gericht vorgeladen worden sei. Die Geschworenen ziehen sich zurück und „nach kurzer Beratung" heißt es:

„Jeder Nachsicht würdig."

Man stelle sich das nur einmal vor; ich fordere wenigstens die Mütter auf, sich das vorzustellen. Und wie sich der Verteidiger wohl aufspielen würde!

»Meine Herren Geschworenen, diese Handlungsweise kann man wohl gewiß nicht human nennen, aber wenn Sie den Fall als Ganzes betrachten wollen, dann müssen Sie sich vor allem das Milieu vergegenwärtigen, die Lebensbedingungen, unter denen das geschah. Die Frau ist arm, ist die einzige und ewige Arbeiterin im Hause, hat Unannehmlichkeiten zu ertragen. Sie hat nicht einmal die Möglichkeit, sich ein Kindermädchen zu halten. Da ist es wohl natürlich, daß sie in einem solchen Augenblick, wo sich die vom Milieu verursachte Bitterkeit in ihr sozusagen nach innen schlägt, daß sie, in dieser ihrer Ausweglosigkeit, meine Herren, das Händchen des Kindes unter den Hahn des Ssamowars hält ... nun, und ... und ...«

Oh, ich sehe natürlich die Nützlichkeit und die ganze Erhabenheit des von allen geachteten Advokatenstandes vollkommen ein. Aber man darf es doch mitunter nicht unterlassen, die Sache auch von einem anderen, zugegeben, leichtfertigen, jedoch auch unwillkürlich sich aufdrängenden Standpunkt aus zu betrachten: nämlich, was für eine Sträflingsarbeit dieses Amt ihnen zuweilen aufbürdet, denkt man bei sich, wenn sie sich hin- und herschlängeln müssen wie eine Natter, wenn sie gegen ihr Gewissen lügen, gegen ihre eigene Überzeugung, gegen jede Moral, gegen alles Menschliche vorgehen müssen! Nein, wahrlich nicht umsonst lassen sie sich dafür bezahlen!

»Ach, gehen Sie!« ruft plötzlich die gehässige Stimme von vorhin dazwischen. »Das ist ja alles Unsinn und Ihre Phantasie. Die Geschworenen haben noch nie solche Urteile gefällt. Kein Advokat schlängelt sich hin und her. Das bilden Sie sich ja alles nur ein ...«

Und die Frau, die wie ein Huhn an den Beinen aufgehängt ist, und »Das ist *mein* Brot, unterstehe dich nicht, es zu essen«, und das kleine Mädchen, das zitternd auf dem Ofen hockt, die Schreie der Mutter hört und »Mámma, warum erhängst du dich denn?« fragt – ist das nicht dasselbe wie das Händchen unter dem Strahl von kochendem Wasser? Es ist doch *beinahe* dasselbe!

»Unbildung, Stumpfheit, haben Sie Erbarmen, das Milieu!« damit verteidigte der Advokat den Bauern. Es leben doch Millionen von Bauern, die nicht alle ihre Weiber an den Beinen aufhängen! Es muß hier doch immerhin eine Grenze geben ... Andererseits kann ja auch ein gebildeter Mensch ohne weiteres dasselbe tun. Hören Sie doch endlich auf, meine Herren Advokaten, mit Ihrem ewigen Gerede vom „Milieu“.

V

EIN BÜSSER

(„Wlaß“)[7]

In unseren russischen Klöstern gibt es, wie man hört, auch jetzt noch unter den Mönchen manche Asketen und Heilige, Beichtväter und Ratgeber. Ob das nun gut oder schlecht ist, ob man der Mönche bedarf oder nicht – diese Frage wollen wir hier nicht erörtern. Es soll zwar nicht zeitgemäß sein, von Mönchen zu reden, doch können wir nicht umhin, es hier trotzdem zu tun, da das Folgende ein Mönch erzählt hat. Diese Beichtväter und Ratgeber sind bisweilen hochgebildete Menschen, Menschen mit einem tiefen Verstand. Wenigstens wird so von ihnen berichtet, ich kenne sie nicht. Einige von ihnen, sagt man, seien in ganz Rußland bekannt, und aus den fernsten Gegenden kämen die Menschen zu ihnen, oft sogar zu Fuß aus Petersburg, aus Archangelsk, aus dem Kaukasus, aus Sibirien. Wer zu ihnen kommt, den treibt eine Verzweiflung, mit der die eigene Seele nicht mehr kämpfen kann, oder auf dem Gewissen dieser Menschen ruht eine so furchtbare Schuld, daß sie mit ihrem Geistlichen in der Heimat nicht darüber sprechen mögen – nicht aus Angst oder Mißtrauen, sondern weil die Verzweiflung ihnen jeden Glauben an die Möglichkeit einer Vergebung ihrer Sünde genommen hat. Hören sie dann zufällig von einem solchen fernen trostspendenden Beichtvater, dann machen sie sich auf und pilgern zu ihm.

So hat nun einer von diesen alten Mönchen, ein sogenannter „Staretz“, in einem freundschaftlichen Gespräch unter vier Augen seinem Zuhörer folgendes erzählt:

»Schon seit zwanzig Jahren höre ich Beichten, und, werden Sie es mir glauben, in zwanzig Jahren lernt man so viele verborgene und komplizierte Krankheiten der Menschenseele kennen, daß einen, wie man meinen sollte, nichts mehr wunder nehmen könnte. Und dennoch kommt es vor, daß man selbst nach zwanzig Jahren erschauert beim Anhören mancher Geheimnisse. Man verliert die Gemütsruhe, die erforderlich ist, um dem Verzweifelten Trost geben zu können, und man muß sich selber zu Demut und Ruhe zwingen.«

Und hierauf hat er folgende unglaubliche Geschichte aus dem Volksleben erzählt:

... Ich sehe, ein Bauer kommt auf den Knien zu mir gekrochen. Ich hatte schon aus dem Fenster gesehen, wie er draußen auf der Erde kriechend näher kam. Sein erstes Wort zu mir war:

»Für mich gibt es keine Rettung mehr: bin verdammt! Was du auch sagst, ich weiß: ich bin verdammt!«

Ich versuchte, ihn einigermaßen zu beruhigen. Ich sah, daß der Mensch weither gekommen war, weil es ihn nach Strafe und Leiden für sein Vergehen verlangte.

»Wir, mehrere Burschen, kamen im Dorf zusammen«, begann er, »und da fingen wir an unter uns zu streiten, wer den anderen an Dreistigkeit übertrumpfen könne? Ich prahlte, daß ich sie alle ausstechen werde. Da zog mich ein anderer Bursche beiseite und sagte mir unter vier Augen: ‚Hör mal, das kannst du nie und nimmer, was du da sagst. Du prahlst ja nur.'

Ich wollte schon schwören, aber er unterbrach mich: ‚Nein, wart', sagte er, ‚nicht so. Du schwöre mir *bei deinem Seelenheil* in jener Welt, daß du alles tun wirst, was ich dir sagen werde.'

Ich schwor.

‚Gut', sagte er. ‚Bald beginnt die Fastenzeit. Bereite dich zum Abendmahl vor. Die Hostie nimm, aber verschluck sie nicht. Wenn du dann aufstehst – tritt zur Seite, nimm sie aus dem Munde und behalte sie in der Hand. Das weitere werde ich dir sagen.'

So tat ich auch. Aus der Kirche führte er mich geradewegs in den Gemüsegarten. Nahm einen Pflock, stieß ihn in die Erde und sagte: ‚Leg' hin!' Ich legte die Hostie auf den Pflock. ‚Jetzt geh und hol eine Flinte', sagte er. Ich ging und holte sie. ‚Lad' sie', sagte er. Ich lud. ‚Ziele und schieß!' Ich erhob die Hand und zielte. Und da – wie der Schuß fiel, stand plötzlich vor mir das Kreuz mit dem Gekreuzigten. Da fiel ich bewußtlos hin ...«

Zugetragen hatte sich das schon mehrere Jahre vorher. Den Namen dieses Burschen wie auch die Buße, die er ihm auferlegt, hat der Mönch natürlich nicht gesagt. Wahrscheinlich hat er die Seele dieses Menschen mit einer furchtbaren Buße belastet, vielleicht sogar mit einer, die fast über menschliche Kraft geht, in der Erwägung, daß, je schwerer die Strafe, sie um so eher das Gewissen erleichtern werde. »Ist ja gekrochen gekommen, weil er nach Buße lechzte.«

Dieser Fall verdient es entschieden, näher betrachtet zu werden, ja er ist sogar äußerst charakteristisch, einerseits, und scheint mir andererseits schon vieles anzudeuten. Verweilen wir bei ihm. Ich bin immer der Meinung gewesen, daß das letzte Wort gerade *diese* Menschen aussprechen werden, diese reuigen oder auch nicht reuigen, bußfertigen oder unbußfertigen; sie werden es sagen und uns den neuen Weg weisen, den neuen Weg ins Freie aus allen unseren anscheinend vollkommen ausweglosen Schwierigkeiten. Es wird doch nicht Petersburg unser russisches Schicksal endgültig entscheiden. Deshalb aber ist jeder, ja sogar jeder geringste *neue* Zug dieser „neuen Menschen" unserer Aufmerksamkeit wert.

Erstens, was mich am meisten wundert, das ist der Anfang des Ganzen, die Möglichkeit eines solchen Streites und Wettkampfes in einem russischen Dorf: »Wer den anderen an Dreistigkeit übertrumpfen könne?« Das ist eine Tatsache, die auf furchtbar vieles hindeutet, und ich muß sagen, daß sie für mich eine sogar ganz unerwartete Erscheinung ist – und ich habe doch genug Menschen aus dem Volk gesehen, sogar die charakteristischsten Verbrecher und Sträflinge ...

Ferner ist die, sagen wir, krankhafte Seite des Vorfalls bemerkenswert. Halluzinationen sind eine vornehmlich krankhafte Erscheinung; zugleich hört man von dieser Krankheit nur sehr, sehr selten. Die Möglichkeit einer plötzlichen Halluzination bei einem, wenn auch sehr erregten, aber immerhin ganz gesunden Menschen ist an sich bisher vielleicht noch nicht vorgekommen. Doch das ist eine medizinische Frage, von der ich wenig verstehe.

Etwas ganz Anderes ist es mit der psychologischen Seite des Falles. Da erscheinen vor uns zwei Volkstypen, die in hohem Maße das russische Volk in seiner Gesamtheit charakterisieren. Dabei ist vor allen Dingen dieses Vergessen jeden Maßes bezeichnend (doch ist das, wohlgemerkt, fast immer nur eine zeitweilige Erscheinung, gleichsam eine vorübergehende Anfechtung). Es ist das Bedürfnis, über das Maß hinauszugreifen, das Bedürfnis nach herzbeklemmenden Empfindungen, das Verlangen, an einen Abgrund heranzugehen, sich mit dem halben Körper über den Rand zu beugen, in die schaudervolle Tiefe zu blicken und – in einzelnen, aber gar nicht so seltenen Fällen – sich wie ein Wahnsinniger mit dem Kopf voran in die Tiefe zu stürzen. Das ist das Verneinungsbedürfnis im russischen Menschen, bisweilen sogar in einem durchaus nicht verneinenden, sondern ehrfürchtig alles bejahenden Menschen – die Verneinung von allem, selbst des größten Heiligtums des eigenen Herzens, seines höchsten Ideals, des ganzen Volksheiligtums, vor dem er soeben noch ehrfurchtsvoll gekniet, das aber dann plötzlich gleichsam zu einer unerträglichen Last für ihn wird. Auffallend ist dabei namentlich jene Hast, jener unbezwingbare Drang, in dem der Russe sich in manchen Augenblicken seines eigenen oder des ganzen Volkslebens zu äußern beeilt, wenn der Augenblick einer von jenen ist, die den Charakter des Menschen herausfordern – gleichviel ob es dann in einer guten oder in einer ruchlosen Tat geschieht. Mitunter gibt es für ihn dann überhaupt keine Schranken mehr. Was es auch sei – Liebe Wein, Ehrgeiz, Neid oder die tolle Stimmung eines Gelages, – da gibt sich mancher Russe rückhaltlos dem Augenblick hin, ist imstande, alles zu zerreißen, zu vernichten, von allem sich loszusagen, von der Familie, von der Sitte, von Gott. Manch ein herzensguter Mensch kann plötzlich zum Tier und Verbrecher werden, wenn er einmal in diesen Wirbel hineingerät, in diesen für uns verhängnisvollen Wirbel momentaner, konvulsivischer Selbstverneinung und Selbstzerstörung, die dem russischen Volkscharakter seit jeher zu seinem Verhängnis eigen ist. Aber mit ebensolcher Kraft, mit ebenso großem Ungestüm im Verlangen nach Selbsterhaltung und Buße versteht es das ganze Volk, wie auch der einzelne Russe, sich selbst wieder zu retten, und er rettet sich gewöhnlich gerade in dem Augenblick, in dem er schon bei der letzten Grenze angelangt ist, das heißt: wenn er in keiner Richtung mehr weitergehen kann. Doch besonders bezeichnend ist es, daß der Rückschlag, der die Wiederherstellung, die Rettung zur Folge hat, immer ernster ist als der erste Stoß, der ihn zur Verneinung und Selbstvernichtung treibt. Jene erste Anwandlung ist eben immer eine Art kleinmütiger Erschlaffung, während der Rückschlag mit der Wiederherstellung und Rettung aus eigener Kraft immer etwas Großes ist, dem sich der russische Mensch mit der größten, gewaltigsten und ernstesten Anstrengung hingibt. Dann blickt er auf seine frühere Verneinung mit Selbstverachtung zurück.

Ich glaube, das wichtigste, das ursprünglichste geistige Bedürfnis des russischen Volkes ist das Bedürfnis zu leiden, ewig und unersättlich, überall und in allem. Dieses Lechzen nach Schmerz hat es, wie mir scheint, schon von jeher in sich gehabt. Wie ein leidtragender Strom zieht es durch seine ganze Geschichte, und zwar nicht nur in Gestalt äußeren Unglücks und verschiedener Heimsuchungen, vielmehr entspringt seine Quelle unmittelbar dem Herzen des Volkes. Sogar im Glück des Russen, sowohl des Einzelnen wie des ganzen Volkes, ist unbedingt ein Teil Schmerz enthalten, andernfalls ist für ihn das Glück nicht vollständig. Niemals, nicht einmal in den Stunden der größten Triumphe, die seine Geschichte kennt, hat das russische Volk ein stolzes oder triumphierendes Aussehen, sondern nur das eines bis zum Schmerz Ergriffenseins; es atmet wohl auf, aber den Ruhm schreibt es der Gnade Gottes zu. Im Leid findet das russische Volk gleichsam einen Genuß. Und was vom ganzen Volk gilt, gilt auch vom einzelnen Russen, natürlich nur allgemein gesprochen. Man betrachte zum Beispiel die zahlreichen Typen des randalierenden Russen. Es ist bei ihm nicht nur übermäßige Ausgelassenheit, deren Schrankenlosigkeit oder Frechheit einen wundernimmt oder einen durch die Tiefe des Falles einer Menschenseele anwidert. Dieser widerliche Mensch aber ist in erster Linie selber ein Märtyrer. Eine naiv triumphierende Selbstzufriedenheit ist einem Russen nie eigen, nicht einmal einem dummen. Man vergleiche einen russischen Betrunkenen mit – nun, meinetwegen mit einem deutschen: Der betrunkene Russe ist vielleicht gemeiner als der betrunkene Deutsche, doch ist dieser zweifellos dümmer und komischer als der Russe. Die Deutschen sind ein vornehmlich selbstzufriedenes, auf sich stolzes Volk. Im betrunkenen Deutschen pflegen nun diese Grundzüge des Volkscharakters an Ausgeprägtheit proportional dem Quantum des getrunkenen Bieres zuzunehmen. Der betrunkene Deutsche ist ein zweifellos glücklicher Mensch und denkt nicht daran, zu weinen; statt dessen singt er selbstgefällige Lieder und ist stolz. Er kommt stocksteif besoffen nach Haus, aber er ist dabei stolz! Der russische Trinker dagegen trinkt gewöhnlich aus Kummer und weint nachher. Oder wenn er auch großtut, so ist das doch kein Triumphieren, sondern nur ein Randalieren. In der Regel fällt ihm dann irgendeine ihm widerfahrene Kränkung ein, und er fängt an, dem Beleidiger, gleichviel, ob dieser zugegen ist oder nicht, bittere Vorwürfe zu machen. Schließlich beweist er ihm mit Nachdruck, daß er womöglich ein General sei, schimpft dabei fürchterlich, wenn man ihm nicht glaubt, bis er zu guter Letzt, um alle zu überzeugen, unbedingt nach der Polizei schreit. Aber er ist ja nur deshalb so, ruft auch nur deshalb nach der Polizei, weil er in den geheimsten Tiefen seiner betrunkenen Seele nur zu gut weiß, daß er ganz und gar kein General, sondern nur ein ekelhafter Säufer und tiefer gesunken ist als das niedrigste Vieh. Was wir hier im mikroskopischen Beispiel sehen, sehen wir auch im großen Ganzen. Selbst der größte Schandkerl, der fast schön ist in seiner Frechheit, in seiner eleganten Lasterhaftigkeit, so daß ihn die Dummköpfe sogar nachäffen, selbst dieser fühlt in den verborgenen Tiefen seiner verderbten Seele, daß er doch nur ein Nichtswürdiger ist. Er ist unzufrieden mit sich, die bittere Selbsterkenntnis nagt an seinem Herzen, und dafür rächt er sich an den anderen. Er quält sich, er tobt gegen seine ganze Umgebung, an der er seinen Unmut ausläßt, bis er, unter ständigem Kampf gegen den in seinem Herzen sich ansammelnden Schmerz, und doch zugleich wie sich berauschend an ihm, einen gewissen Höhepunkt erreicht, den Rand des Abgrunds. Wenn er sich aber dann doch noch zurückreißen, aus seiner Verneinung auferstehen kann, so straft er sich maßlos, straft sich selbst sogar noch mehr, als er im Rausch seiner Unzucht an den anderen dafür Rache nahm, daß er wegen seiner Unzufriedenheit mit sich selbst dermaßen litt.

Was trieb diese beiden Burschen in den Streit: »Wer den anderen an Dreistigkeit übertrumpfen könne?« – und aus welchen Gründen erwuchs die Möglichkeit eines solchen Wettkampfes? Das bleibt unbekannt; fest steht nur zweifellos, daß beide litten: der eine, indem er die Herausforderung annahm, der andere, indem er diese Herausforderung hinwarf. Selbstverständlich hatte es hier noch eine ganze Vorgeschichte gegeben: sei es heimlicher Neid aufeinander oder Haß von Kindheit an, ja, dieser Haß kann sogar ihnen selbst zuwider gewesen sein, und erst im Augenblick des Streites und der Herausforderung könnte er durchgebrochen sein. Dies ist wohl auch das Wahrscheinlichere; wahrscheinlich waren sie Freunde gewesen und hatten in Eintracht gelebt, die aber mit der Zeit immer unerträglicher geworden war; im Augenblick der Herausforderung muß die Spannung des gegenseitigen Hasses und des Neides von Seiten des Opfers auf seinen Mephistopheles bereits außergewöhnlich gewesen sein.

»Ich fürchte mich vor gar nichts, werde alles tun, was du angibst; mag meine Seele draufgehn, aber ich werde die Wette gegen dich gewinnen!«

»Prahlst ja nur, wirst wie eine Maus ins Loch davonlaufen, und ich werde dich auslachen, mag meine Seele draufgehen!«

Man hätte sich für diesen Wettkampf auch irgend etwas unerhört Dreistes von anderer Art ausdenken können – etwa einen Raubüberfall, Totschlag oder offenen Mord an einem Machthaber. Der Bursche hatte doch geschworen, daß er zu allem bereit sei, und sein Versucher wußte, daß es diesmal bitter ernst gesagt war, daß er tatsächlich alles auch ausführen würde.

Doch nein! Selbst die schlimmsten „Ruchlosigkeiten" erscheinen dem Versucher als gar zu gewöhnlich. So denkt er sich denn etwas ganz Unerhörtes aus, etwas Nochniedagewesenes, woran noch nie jemand gedacht hat! Daß er aber gerade in dieser Wahl das Vermessenste, Ruchloseste sah, gerade das bringt die ganze Weltanschauung unseres Volkes zum Ausdruck.

»Woran noch nie jemand gedacht hat?« Ist es so? Nein, denn schon dies allein, daß er gerade diesen Einfall bereit hatte, beweist doch wohl, daß er schon vorher an so etwas gedacht haben muß. Vielleicht hatte sich schon lange zuvor, schon in seiner Kindheit dieses Gedankenspiel in seine Seele eingeschlichen, hatte sie gruselig erschüttert, zugleich aber auch mit qualvoller Lust erfüllt. Daß er sich alles schon viel früher ausgedacht, auch die Flinte, den Pflock, die Hostie, und alles nur als tiefstes Geheimnis in sich trug, daran ist wohl kaum zu zweifeln. Natürlich hat er sich das nicht ausgedacht, um es selbst zu tun, und vielleicht hätte er es auch nie allein auszuführen gewagt. Aber diese Vorstellung gefiel ihm einfach, ab und zu tauchte sie in seiner Seele auf und lockte ihn; er aber, der zaghaft schon beinah bereit war, sich verführen zu lassen, nachzugeben, trat dann doch zurück, mit einem Kälteschauer vor Entsetzen im Rücken. Ein Augenblick unerhörtester Vermessenheit, und danach mag alles untergehn! Und natürlich glaubte er, daß ihm dafür ewige Verdammnis bevorstehe; aber – »Auch ich bin in einer solchen Höhe gewesen! ...«

Man kann vieles unbewußt wissen, indem man es nur fühlt, aber nicht weiß. Aber Sie werden wohl zugeben, daß dieser Verführer ein interessantes Seelenproblem darbietet, und nicht zu vergessen, daß er dabei ein Bauer war, unter Bauern lebte! Gerade das ist es ja, was am meisten überrascht. Es wäre auch sehr wissenswert, ob er sich selbst für schuldiger hielt als sein Opfer? Es ist anzunehmen, im Hinblick auf seine offensichtliche geistige Wachheit, daß er es tat, oder wenigstens wird er sich für ebenso schuldig betrachtet haben; so daß er, als er den anderen Burschen so herausforderte, zugleich sich selbst herausforderte.

Man sagt, das russische Volk kenne kaum das Evangelium, kenne nicht einmal die entscheidenden Dogmen seines Glaubens. Mag sein, doch dafür kennt es Christus und trägt ihn von jeher in seinem Herzen. Das unterliegt keinem Zweifel. Wie aber eine richtige Vorstellung von Christus ohne vorhergegangenen Unterricht in seiner Glaubenslehre möglich ist, das ist eine andere Frage. Doch das Kennen Christi mit dem Herzen und die richtige Vorstellung von ihm sind unbedingt vorhanden. Das hat sich von Generation zu Generation vererbt und ist gleichsam eins geworden mit seinem Herzen. Vielleicht ist Christus die einzige Liebe des russischen Volkes, das ihn eben auf seine Art liebt, das heißt: bis zum Schmerz. Deshalb ist ihm auch die liebste seiner Benennungen „das rechtgläubige Volk“, da es sich vor allen anderen Völkern auf die richtigste Weise zu Christus zu bekennen glaubt, worauf es in erster Linie stolz ist. Ich wiederhole, man kann sehr vieles unbewußt wissen.

Und nun: gerade dieses allerhöchste Volksheiligtum zu verhöhnen, mit der ganzen Umgebung der Erde, mit allen und allem zu brechen und sich selbst unrettbar, auf ewig ins Verderben zu stürzen für diesen einen kurzen Augenblick des Triumphes der Verneinung und des Stolzes – nein, eine noch hochmütigere Vermessenheit hätte der russische Mephisto wahrlich nicht ersinnen können! Schon die Möglichkeit einer solchen Steigerung der Leidenschaft, die Möglichkeit so finsterer und komplizierter Empfindungen in der Seele eines einfachen Bauernburschen ist bestürzend! Und beachten Sie wohl, daß sich dies alles in ihm fast bis zu bewußtem Denken entwickelt hatte.

Das Opfer jedoch hält stand, demütigt sich nicht, hat keine Angst. Wenigstens tut es so, als erschrecke es nicht. Der Bursche nimmt die Herausforderung an. Tage vergehen, aber er gibt nicht nach. Jetzt steht er nicht mehr vor dem Gedanken, sondern vor der Tat selbst: er geht in die Kirche, hört jeden Tag die Worte Christi und gibt es doch nicht auf. Es gibt schreckliche Mörder, die selbst der Anblick des von ihnen ermordeten Opfers nicht rührt. Ein solcher Mörder, den man auf frischer Tat ertappt hatte, dachte nicht daran, ein Geständnis abzulegen, und fuhr auch vor dem Untersuchungsrichter fort, die Tat zu leugnen. Als der Richter sich erhob und befahl, ihn ins Zuchthaus abzuführen, da bat er gerührt um die Gnade, sich von dem hierselbst liegenden Opfer verabschieden zu dürfen (Es war seine ehemalige Geliebte, die er aus Eifersucht ermordet hatte). Er kniete nieder, küßte die Tote gerührt, brach in Tränen aus, wiederholte aber mit erhobener Hand, daß er unschuldig sei. – Ich will damit nur bemerken, daß die Gefühllosigkeit in manchem Menschen bis zu dem Grade tierischer Gleichgültigkeit gehen kann.

Hier aber handelte es sich gar nicht um Gefühllosigkeit. Es war noch etwas ganz Anderes dabei – das mystische Grauen, das die größte Macht über die Menschenseele hat. Dieses war zweifellos mit im Spiel; das ist schon daraus zu ersehen, wie die Sache endete. Aber die starke Seele des Burschen konnte noch den Kampf gegen dieses Grauen aufnehmen; das bewies er auch. Übrigens: War das Kraft oder äußerster Kleinmut? Vermutlich dies und jenes zugleich, in einer Berührung der Gegensätze. Nichtsdestoweniger hat dieses mystische Grauen – den Kampf nicht nur nicht unterbrochen, sondern ihn noch verlängert; sicher war es dieses Gefühl, das den Kampf entschied, indem es vom Herzen des Sünders jedes fromme Gefühl verdrängte, und je mehr er dieses unterdrückte, um so unerträglicher wurde es. Das Empfinden der Angst ist ein grausames Gefühl, es trocknet das Herz aus und panzert es gegen jede weiche und hochherzige Regung. Deshalb konnte der Bursche auch den Augenblick vor dem Abendmahl überstehen, wenn auch vielleicht erstarrend vor Angst bis zur Erschöpfung. Ich glaube auch, daß der gegenseitige Haß zwischen dem Opfer und seinem Peiniger in diesen Tagen vollkommen vergangen war. Der Versuchte konnte wohl stoßweise mit einer krankhaften Wut sich selbst hassen, die Umgebung, die Betenden in der Kirche, doch am allerwenigsten seinen Mephisto. Sie fühlten wohl beide, daß sie einander brauchten, um die Sache gemeinsam zu vollbringen. Jeder von ihnen hielt sich wohl offenbar für unfähig, es allein zu tun. Warum aber gaben sie es nicht auf, warum setzten sie es fort, warum nahmen sie denn so viel Qual auf sich? Übrigens konnten sie das Bündnis wohl gar nicht mehr zerreißen. Wenn ihr Vertrag verletzt worden wäre, so wäre ihr gegenseitiger Haß sofort zehnfach verstärkt von neuem entflammt, und es wäre bestimmt ein Mord geschehen: der Gepeinigte hätte seinen Peiniger erschlagen.

Möglich. Aber selbst dies wäre nichts gegen das vom Opfer vorher ausgestandene Grauen gewesen. Das ist es ja, daß sowohl bei diesem wie bei jenem in der untersten Tiefe der Seele unbedingt eine gewisse höllische Lust am eigenen Verderben gewesen sein muß, ein atemraubendes Verlangen, sich über den Abgrund zu beugen und in ihn hinabzublikken, das erschütternde Entzücken vor der eigenen Verwegenheit. Es ist fast undenkbar, daß das Vorhaben ohne diese erregenden und leidenschaftlichen Empfindungen hätte zu Ende geführt werden können. Es waren doch keine stumpfsinnigen dummen Jungen, keine leeren, mutwilligen Bengel – angefangen mit dem Wettkampf in Vermessenheit bis zum Ende im Ausbruch der Verzweiflung vor dem Beichtvater im Kloster.

Man beachte auch noch, daß der Versucher seinem Opfer nicht sofort das ganze Geheimnis mitteilte: Beim Verlassen der Kirche wußte es noch gar nicht, was es nun mit der heiligen Hostie werde machen müssen, bis zu dem Befehl, die Flinte zu holen. So viele Tage einer solchen mystischen Ungewißheit beweisen doch die furchtbare Hartnäckigkeit des Sünders. Andererseits erweist sich auch der Dorfmephisto als großer Psychologe.

Vielleicht aber waren sie beide, als sie in den Gemüsegarten kamen, nicht mehr bei klarem Bewußtsein? Der Bursche erinnerte sich indes, wie er das Gewehr geladen und gezielt hatte. Vielleicht tat er das alles, wenn auch nicht bei vollem Bewußtsein, doch nur mechanisch, wie es manchmal im Zustand großer Angst geschieht? Das glaube ich nicht. Wenn er es wie eine Maschine nur mechanisch getan hätte, dann hätte er nicht die Erscheinung gesehen; er wäre nur bewußtlos hingefallen, nachdem sein Vorrat an Energie erschöpft war, und das nicht *vor*, sondern erst nach dem Schuß. Nein, das Wahrscheinlichste ist, daß sein Bewußtsein die ganze

Zeit, trotz der Todesangst, die mit jedem Augenblick zunahm, überaus klar blieb. Und schon daraus, daß das Opfer einem solchen anwachsenden Druck des Grauens standhalten konnte, ist zu ersehen, wiederhole ich, daß es zweifellos über ungewöhnliche seelische Kraft verfügte.

Beachten wir noch, daß das Laden eines Gewehrs immerhin eine gewisse Aufmerksamkeit erfordert. Meiner Ansicht nach ist in einem solchen Augenblick das Schwierigste und Unerträglichste die Fähigkeit, sich von seinem Grauen, von der erdrückenden Idee loszureißen. Gewöhnlich können die von einem Schreck Befallenen sich nicht mehr losreißen vom Anstarren dessen, was sie erschreckt: sie stehen davor wie gebannt und starrten ihm reglos in die Augen, wie von einem Zauber gelähmt. Der Bursche aber hatte das Gewehr aufmerksam laden können, dessen entsann er sich noch; entsann sich auch, wie er danach zu zielen begann, erinnerte sich an alles bis zum letzten Augenblick. Es ist auch möglich, daß der Vorgang des Ladens für ihn eine Erleichterung bedeutete, eine Ablenkung für seine gequälte Seele, und daß er froh war, sich auf irgend eine äußere Tätigkeit konzentrieren zu können, wenn auch nur auf eine kurze Zeit. So ergeht es den zum Tode Verurteilten auf der Guillotine, bevor das Messer ihnen den Kopf abhackt. Die Dubarry rief dem Scharfrichter zu: »Encore un moment, monsieur le bourreau, encore un moment!« In dieser erflehten Minute hätte sie, wenn sie ihr geschenkt worden wäre, wohl nur zwanzigmal größere Pein gelitten, und doch bettelte sie darum. Nimmt man aber an, daß das Laden des Gewehrs für unseren Sünder ungefähr dasselbe war, was für die Dubarry dieses »encore un moment«, so hätte er es nach diesem einen Augenblick nicht mehr fertig gebracht, sich wieder seinem Grauen zuzuwenden, von dem er sich einmal losgerissen, und die Sache fortzuführen, zu zielen und zu schießen. Seine Hände hätten ihm wohl einfach den Dienst versagt, das Gewehr wäre ihnen entfallen, selbst wenn er sein Bewußtsein und seinen Willen noch behalten hätte.

Und da, im allerletzten Augenblick, riß sich die ganze Lüge, die ganze Erbärmlichkeit der Tat, der ganze Kleinmut, den er für Stärke hielt, die ganze Schmach seines Falles, all das riß sich plötzlich los, in einem Augenblick, riß sich los aus seinem Herzen und erschien vor ihm in der Gestalt einer drohenden Anklage. Eine unglaubliche Vision stand vor ihm ... alles andere versank.

Das Urteil erdröhnte natürlich aus seinem eigenen Herzen. Sein Herz hatte ihn gerichtet. Warum erdröhnte es nicht in seinem Bewußtsein, in einer Erleuchtung seines Geistes und Gewissens, warum erblickte er das Gesicht in der Gestalt einer Erscheinung, die doch wie von außen vor ihn hintrat, gleichsam unabhängig von seinem Geist und Gewissen? Das zu erklären, wäre eine große psychologische Aufgabe, wie eben ein Werk Gottes. Für ihn, den Verbrecher, war es zweifellos ein Werk Gottes. Als Büßer kroch er über die Erde im Verlangen nach Strafe.

Und der andere, der zurückblieb, der Versucher? Die Legende berichtet von ihm nicht, daß auch er auf den Knien gekrochen wäre, im Verlangen nach Buße; sie erwähnt ihn überhaupt nicht mehr. Vielleicht ist auch er gekrochen, aber vielleicht ist er auch unangefochten im Dorf geblieben und lebt dort noch heute, trinkt und spottet grinsend an den Feiertagen nach wie vor: die Erscheinung war ja nicht ihm beschieden. Oder? Es wäre doch sehr wünschenswert, auch seine Geschichte zu erfahren, so ... als Studienmaterial.

Und wünschenswert wäre es deshalb, weil man sich doch unwillkürlich fragt: Wie aber, wenn dieser nun wirklich der einheimische, unverfälschte Dorfnihilist war, der Verneiner und Denker eigener Zucht, der Ungläubige, der sich mit hochmütigem Spottlächeln ein Versuchsobjekt aussucht, dem es gar nicht einfällt, zusammen mit seinem Opfer zu leiden, zu zittern, wie wir es in dieser Studie zunächst annahmen, sondern einer, der mit kalter Neugier das Zittern und die Krämpfe des Opfers beobachtet, einzig aus dem Verlangen heraus, fremde Qualen zu sehen, menschliche Erniedrigung zu sehen – weiß der Teufel, vielleicht sogar zu wissenschaftlicher Erforschung?

Wenn es in unserem Volkscharakter auch schon solche Züge gibt (und heute darf man wohl schon alles annehmen), und dazu noch in unserem Bauerndorf, so ist das schon eine neue Entdeckung, und zwar eine sogar reichlich überraschende. Früher hat man doch von ähnlichen Charakterzügen nie etwas gehört. Der Versucher in Ostrowskij's köstlicher Komödie „Leb nicht so wie's dir gefällt"[8] ist sogar recht jämmerlich geraten. Ja, es ist schade, daß man über diesen Versucher auf dem Dorf nichts Zuverlässiges erfahren kann.

Die Bedeutung dieser Geschichte liegt vor allem darin, daß sie nicht von einem Dichter erdacht, sondern eine „wahre Geschichte" ist, daß sich alles wirklich so zugetragen hat. Es dürfte aber heute kein müßiges Beginnen sein, einmal in die Seele unseres zeitgenössischen Büßers zu schauen. Unsere heutigen Büßer verändern sich schnell. Dort unten im Volk gärt es seit dem 19. Februar[9] ebenso wie bei uns oben. Der Riese ist erwacht und dehnt seine Glieder; vielleicht will er sich vorerst einmal austoben, über die Schnur hauen. Man sagt, er habe damit schon begonnen. Man erzählt und berichtet in den Zeitungen schlimme Dinge: von Trunksucht, Raub, betrunkenen Kindern, trunkenen Müttern; von Zynismus, Armut, Unehrlichkeit, Gottlosigkeit. Manche ernsthaften, wenn auch etwas voreiligen Leute schließen aus dieser Tatsache, daß die Folgen eines solchen „Sichaustobens", wenn es sich auch nur zehn Jahre fortsetzte, nicht auszudenken wären, allein schon in ökonomischer Hinsicht. Erinnern wir uns aber an Wlaß, den Büßer, und seien wir voll Zuversicht: Im letzten Augenblick wird doch die ganze Lüge, wenn überhaupt Lüge dabei ist, vom Herzen des Volkes ausgestoßen werden und sich mit unvorstellbarer Kraft der Anklage vor das Volk hinstellen. Dann wird Wlaß aufwachen und das Gotteswerk in Angriff nehmen. Jedenfalls wird er sich aus eigener Kraft retten, selbst wenn er vorher wirklich bis an den Rand des Verderbens gelangen sollte. Sich selbst und auch uns wird er retten, denn nochmals sei es gesagt: Das Licht und die Rettung werden von unten erstrahlen, (vielleicht in einer für unsere Liberalen vollkommen unerwarteten Weise, und hierbei wird dann vieles recht komisch wirken). Es gibt sogar jetzt schon Dinge, die diese Überraschung andeuten, und man stößt sogar jetzt schon auf manche Tatsachen ... Doch darüber kann man übrigens auch ein anderes Mal sprechen. Jedenfalls ist an unserem Bankrott als „junge Brut im Neste Peters" im gegenwärtigen Augenblick nicht mehr zu zweifeln. Aber mit dem 19. Februar ist doch die petrinische Periode der russischen Geschichte praktisch zu Ende gegangen, so daß wir uns schon lange in einer Zeit vollkommener Ungewißheit befinden.

VI

EINE DER ZEITGEMÄSSEN FÄLSCHUNGEN

Einige von unseren Kritikern haben in ihren Besprechungen bemerkt, daß ich in meinem letzten Roman „Die Dämonen" die Geschichte des bekannten Netschájeff-Prozesses[10] benutzt hätte; sie fügen aber gleich hinzu, daß eine Porträtähnlichkeit der Gestalten oder eine wortwörtliche Wiedergabe des Netschájeff-Falles bei mir nicht vorliege; ich hätte nur die Tatsachen übernommen und die Möglichkeit solcher Erscheinungen inmitten unserer Gesellschaft zu erklären versucht, und zwar lediglich im Sinne eines gesellschaftlichen Symptoms, nicht im Sinne eines Privatfalles, der sich in Moskau zugetragen hat. Dazu möchte ich von mir aus sagen, daß alle diese Bemerkungen durchaus richtig sind. Auf die Person des bekannten Netschajeff wie auf die seines Opfers Iwánoff habe ich in meinem Roman keinen Bezug genommen. Die Gestalt *meines* Netschajeff gleicht natürlich nicht dem wirklichen Netschajeff. Ich wollte nur die Frage aufstellen und dann in der Form eines Romans eine möglichst klare Antwort auf die Frage geben: wie in unserer, in einem Übergangszustand befindlichen und wunderlichen Gesellschaft nicht speziell dieser eine Netschajeff möglich war, sondern wie überhaupt *Netschajeffs* in ihr möglich sind, und auf welche Weise es geschehen kann, daß diese *Netschajeffs* schließlich Netschajeffzen um sich zu sammeln vermögen?

Nun habe ich unlängst – übrigens ist es doch schon einen Monat her – in der „Russischen Welt"[11] folgende merkwürdigen Zeilen gelesen:

„. . . Der Prozeß Netschajeff hat, wie uns scheint, einen jeden überzeugen können, daß die *studierende* Jugend bei uns in ähnliche Verrücktheiten nicht verwickelt zu sein pflegt. Ein idiotischer Fanatiker von der Art Netschajeffs konnte seine Proselyten nur unter der müßigen, unreifen und gar nicht studierenden Jugend finden."

Und weiter:

„... um so mehr, als noch vor ein paar Tagen der Minister für Volksaufklärung erklärt hat (in Kiew), er könne nach der Besichtigung der Unterrichtsanstalten in sieben Kreisen nur sagen, daß *‚in den letzten Jahren die Jugend sich unvergleichlich ernster zur Wissenschaft verhalte, viel mehr und unvergleichlich gründlicher arbeite als früher*‘."

An und für sich sind ja diese Zeilen, wenn man sie in ihrem Zusammenhang mit den vorhergehenden betrachtet, ziemlich nichtssagend (ich hoffe, der Verfasser wird mir verzeihen). Aber sie sind eine Ausrede und enthalten eine alte, schon so zuwider gewordene Lüge. Der ganze Grundgedanke besteht darin, daß, wenn bei uns manchmal auch Netschajeffs auftauchen, diese doch unbedingt alle nur Idioten und Fanatiker seien; und wenn es ihnen auch gelinge, Proselyten zu machen, so geschehe das unbedingt „*nur* unter der müßigen, unreifen und gar nicht studierenden Jugend". Ich weiß nicht, was der Verfasser dieses kleinen Artikels mit dieser Ausrede eigentlich hat beweisen wollen: Vielleicht wollte er der studierenden Jugend schmeicheln? Oder wollte er, im Gegenteil, mittels eines schlauen Manövers und sozusagen in der Form einer Schmeichelei die Jugend ein wenig überlisten, jedoch nur mit den achtbarsten Absichten, nämlich zu ihrem eigenen Besten, und da hat er es denn, um diesen Zweck zu erreichen, mit einem Mittel versucht, das Gouvernanten und Kinderfrauen ihren kleinen Pfleglingen gegenüber anzuwenden pflegen: »Seht, meine lieben Kinderchen, was jene dort für ungezogene Rangen sind, wie sie schreien und wie sie sich gegenseitig schlagen, und sicher werden sie dafür Ruten bekommen, weil sie so ‚unreif‘ sind; ihr aber seid so liebe, artige Kinderchen, sitzt bei Tische hübsch gerade, schlenkert nicht mit den Beinchen unter dem Tisch, und dafür werdet ihr auch bestimmt etwas Süßes bekommen.« Oder vielleicht hat der Verfasser unsere studierende Jugend vor der Regierung „in Schutz nehmen“ und zu dem Zweck einen Kunstgriff anwenden wollen, den er vielleicht selber für ungemein schlau und fein hält?

Doch ich sage offen: Obschon ich alle diese Fragen gestellt habe, erwecken die persönlichen Absichten des Verfassers doch nicht das geringste Interesse in mir. Und ich füge sogar hinzu, um die Entschuldigung gleich abzutun, daß ich geneigt bin, die Lüge und die alte faule Ausrede, die in jenem Artikel zum Ausdruck kommen, im vorliegenden Fall für etwas Unbeabsichtigtes und Zufälliges zu halten, das heißt: ich glaube, daß der Verfasser sich selbst von seinen Worten hat überzeugen lassen und sie für wahr hält – mit jener höheren Einfalt, die sonst so löblich und in jedem anderen Falle durch ihre Wehrlosigkeit sogar rührend ist. Doch abgesehen davon, daß eine Lüge, die für Wahrheit gehalten wird, immer in der gefährlichstenForm erscheint (selbst dann, wenn sie in der „Russischen Welt“ erscheint) –, es fällt einem außerdem sofort auch dies auf, daß sie noch nie in so nackter, bestimmter und unverblümter Gestalt aufgetreten ist wie in diesem kleinen Artikel. In der Tat, man sagt ja auch: Zwinge einen anderen Menschen zum Beten, und er schlägt sich die Stirn ein.[12] Gerade in dieser Gestalt aber ist es interessant, die Lüge zu untersuchen und nach Möglichkeit aufzudecken, und wer weiß, wie lange man wird warten müssen, bis man wieder einmal auf eine so unverblümte Aufrichtigkeit stößt!

Da ist es nun von der liberalen Presse schon seit unseren uralten pseudo-liberalen Zeiten zur Regel erhoben, „die Jugend in Schutz zu nehmen“. Gegen wen? gegen was? – das bleibt meist im Dunkel der Ungewißheit, und auf die Weise bekommt das ganze Vorgehen oft etwas überaus Sinnloses und sogar höchst Komisches, besonders bei Angriffen auf andere Organe der Presse in dem Sinne von: »Seht, wir sind liberaler, ihr aber fallt über die Jugend her, folglich seid ihr reaktionär.« Ich bemerke hierzu in Klammern, daß derselbe kleine Artikel der „Russischen Welt“ eine Anschuldigung enthält, die im besonderen gegen den „Staatsbürger“ gerichtet ist: angeblich weil in ihm unsere studierende Jugend in Petersburg, Moskau und Charkoff ohne Ausnahme angeklagt werde. Ich will mich nicht weiter dabei aufhalten, daß der Verfasser des Artikels selbst *ganz vorzüglich weiß*, daß es in unserem Blatt nichts, was einer allgemeinen und ausnahmslosen Anklage auch nur ähnlich wäre, gegeben hat noch gibt, sondern bitte unseren Ankläger nur zu erklären: Was heißt das: die Jugend ohne Ausnahme anklagen? Ich verstehe diesen Satz überhaupt nicht! Das soll natürlich heißen, daß wir aus irgendeinem Grunde die ganze Jugend ohne Ausnahme nicht lieben – und nicht einmal so sehr die Jugend überhaupt als gerade ein gewisses Alter unserer jungen Generation? Was ist das für ein Unsinn! Wer kann eine solche Anklage ernst nehmen? Es ist klar, daß sowohl die Anklage wie die Verteidigung mit größter Oberflächlichkeit geschrieben worden sind, ohne daß man sich viel dabei gedacht hätte. Ja, eben: »Lohnt es sich denn überhaupt, darüber nachzudenken? Ich habe gezeigt, daß ich selbst liberal bin, daß ich die Jugend lobe und diejenigen schelte, die sie nicht loben, na, und das genügt für die Abonnenten, damit ist der Artikel fertig und ist's abgetan!« Ja, eben: und ist's abgetan; denn nur der schlimmste Feind unserer Jugend könnte es fertigbringen, sie *auf eine solche Weise* zu verteidigen, und dabei auf eine so erstaunliche Ausrede verfallen (unwillkürlich, ungewollt – davon bin ich jetzt überzeugter denn je), wie der harmlose Verfasser dieses kleinen Artikels in der „Russischen Welt“.

Die ganze Wichtigkeit des Falles besteht nur darin, daß dieses Verfahren nicht eine Erfindung bloß der „Russischen Welt“ ist, sondern von vielen Organen unserer pseudoliberalen Presse angewandt wird, von diesen aber geschieht das vielleicht nicht mehr so sehr aus reiner Einfalt. Das Wesen dieses Verfahrens besteht *erstens:* im ausnahmslosen Lob der

Jugend, und zwar in jeder Beziehung und in jedem Fall; *zweitens:* in plumpen Angriffen auf alle anderen, die sich in dem einen oder andern Fall erlauben, sich auch zur Jugend kritisch zu verhalten. Dieses Verfahren beruht auf der lächerlichen Annahme, die Jugend sei noch so unreif und liebe Lob so sehr, daß sie nichts zu unterscheiden verstehe und alles für bare Münze nehme. Und in der Tat, man hat damit erreicht, daß schon sehr viele unter der Jugend (wir glauben fest, daß es bei weitem nicht alle sind) an plumpem Lob wirklich Geschmack gefunden haben, daß sie nun schon Schmeicheleien *verlangen* und bereit sind, alle diejenigen, die ihnen nicht ausnahmslos, auf Schritt und Tritt, besonders aber in gewissen Fällen, Beifall spenden, ohne Unterschied anzuklagen. Übrigens ist das vorläufig nur ein zeitweiliger Übelstand; mit zunehmender Erfahrung und zunehmendem Alter werden sich die Anschauungen auch dieser Jugend ändern. Aber diese Lüge hat auch noch eine andere Seite, die bereits unmittelbaren und wesentlichen Schaden stiftet.

Diese andere Seite der „Verteidigung unserer Jugend vor der Gesellschaft und vor der Regierung" nach besagtem Verfahren besteht in einfacher *Verneinung der Tatsache* – in einer bisweilen überaus plumpen und frechen Verleugnung: »Nein«, heißt es, »diese Tatsache gibt es nicht und hat es nie gegeben, ja, hat es gar nicht geben können; wer da sagt, es habe sie gegeben, verleumdet die Jugend, ist also ein Feind der Jugend!«

Dies die Manier. Ich wiederhole: selbst der schlimmste Feind unserer Jugend hätte nichts ersinnen können, was deren eigenen Interessen schädlicher wäre. Das möchte ich unbedingt beweisen.

Mit der *Verneinung der Tatsache* um jeden Preis kann man erstaunliche Ergebnisse erreichen.

Nun, was beweisen Sie damit, meine Herrschaften, und um was erleichtern Sie die Sache, wenn Sie zu versichern anfangen (und zwar, was sehr wichtig ist, zu Gott weiß welchem Zweck), daß die Jugend, die sich „hinreißen" läßt, das heißt jene, die sich von irgend etwas „hinreißen“ lassen kann (meinetwegen selbst von einem Netschajeff), unbedingt nur „müßige unreife“ junge Leute seien, die *keineswegs* studieren – mit einem Wort: das seien eben nur Taugenichtse mit den schlechtesten Neigungen. Auf diese Weise geschieht es, daß Sie, indem Sie das Symptom absondern, aus der Sphäre der Studierenden ausschließen und es ausschließlich auf die „Müßigen und Unreifen“ beschränken, eben damit schon im voraus diese Unglücklichen anklagen und sich von ihnen endgültig lossagen. »Es ist ihre eigene Schuld, sie waren Radaumacher und Faulenzer und verstanden nicht, artig bei Tisch zu sitzen.« Indem Sie den Fall also absondern und ihm das Recht nehmen, im Zusammenhang mit dem allgemeinen Ganzen untersucht zu werden (eben daraus aber ergibt sich die einzig mögliche Verteidigung der unglücklichen „Verirrten“!), unterschreiben Sie gewissermaßen nicht nur deren endgültige Verurteilung, sondern entfernen von ihnen sogar jedes Erbarmen. Denn Sie versichern doch unumwunden, daß die Verirrungen dieser Jugend einzig aus ihren abstoßenden Eigenschaften hervorgingen, und daß diese Jünglinge sogar ohne jedes begangene Verbrechen schon Verachtung und Abscheu erwecken müßten.

Und andererseits: wenn es nun geschähe, daß in einem solchen oder ähnlichen „Fall“ keineswegs nur unreife, ungezogene Jungen, die unter dem Tisch mit den Beinen schlenkern, keineswegs nur Faulenzer verwickelt sind, sondern, im Gegenteil, Jugend, die fleißig ist, voll Glut, die gerade eifrig studiert und sogar ein gutes, reines Herz hat, jedoch nur in eine schlechte Richtung eingestellt ist, was dann? (Beachten Sie und erfassen Sie diesen Ausdruck: *in eine Richtung eingestellt*. Wo, in welch einem Teil Europas finden Sie jetzt ein größeres Schwanken zwischen allen nur möglichen Richtungen als bei uns heute!) Ja, dann würden nach Ihrer Theorie, nach der es sich nur um „Unreife und Faulenzer“ handeln könnte, diese neuen „Unglücklichen“ dreimal schuldiger dastehen, denn: »Ihnen waren die Mittel und die

Möglichkeiten gegeben, sich richtiges Wissen anzueignen, sie haben den Kursus der Wissenschaften absolviert, sie haben alles von Grund auf durchgearbeitet, – für die gibt es keine Rechtfertigungen! Sie verdienen dreimal weniger Nachsicht als die müßige unreife Jugend!« Das wäre dann die folgerichtige Konsequenz Ihrer Theorie.

Erlauben Sie, meine Herrschaften – (ich spreche jetzt im allgemeinen, nicht nur zu dem einen Mitarbeiter der „Russischen Welt"), – Sie behaupten auf der Basis der „Verneinung der Tatsache", daß die „Netschajeffs" unbedingt Idioten, „idiotische Fanatiker" sein müssen. Stimmt das nun wieder? Ist das gerecht? Ich lasse nunmehr Netschajeff selbst ganz aus dem Spiel und spreche von den „Netschajeffs" im Plural. Ja, unter den Netschajeffs kann es überaus finstere, überaus unerfreuliche und entartete Geschöpfe geben, mit einer – hinsichtlich des Ursprungs sehr komplizierten, vielfach zusammengesetzten – großen Lust an Intrigen, mit Machtgier, mit einem leidenschaftlichen und krankhaft frühen Bedürfnis, sich als Persönlichkeit zu zeigen, aber – warum sollen sie deshalb „Idioten" sein? Im Gegenteil, sogar richtige Monstra unter ihnen können geistig sehr entwickelte, äußerst schlaue und sogar gebildete Menschen sein. Oder glauben Sie, das bestandene Examen, die „Gelehrtheit", das armselige Schulwissen, (ja selbst Universitätswissen) forme die Seele des Jünglings schon so endgültig, daß er mit dem Empfang des Diploms zugleich und für immer einen unerschütterlichen Talisman erhält, der ihn die Wahrheit sofort unfehlbar erkennen läßt und vor allen Versuchungen, Leidenschaften und Lastern schützt? Somit würden ja Ihrer Meinung nach alle diese Jünglinge mit dem bestandenen Schlußexamen zu einer Art unzähliger kleiner Päpste werden, die allesamt unfehlbar sind.

Und warum nehmen Sie an, daß die Netschajeffs unbedingt Fanatiker sein müssen? Sehr oft sind das einfach Spitzbuben. „Ich bin ein Spitzbube, aber kein Sozialist", sagt ein Netschajeff allerdings nur bei mir, in meinem Roman, aber ich versichere Ihnen, daß er das ebensogut in der Wirklichkeit sagen könnte. Es sind das Spitzbuben von großer Schlauheit, die gerade die großmütige Seite der Menschenseele, am häufigsten der jungen Seele, studiert haben, um dann auf ihr wie auf einem Musikinstrument zu spielen. Glauben Sie denn im Ernst, daß die Proselyten, die so ein Netschajeff bei uns machen könnte, unbedingt ausnahmslos Taugenichtse sein müssen? Ich glaube das nicht; nicht alle würden das sein; ich bin selbst ein alter „Netschajeffze", ich stand gleichfalls auf dem Schafott, zum Tode verurteilt, und ich versichere Ihnen, daß ich in einem Kreise von gebildeten Menschen dort stand. Die Angehörigen dieses Kreises hatten fast alle die ersten Hochschulen beendet. Einige von ihnen haben sich später, *als alles das schon der Vergangenheit angehörte*, durch besondere Spezialkenntnisse, durch Werke hervorgetan. Nein, mit Verlaub, die Netschajeffzen rekrutieren sich nicht immer nur aus Faulenzern, die überhaupt nichts gelernt haben.

Ich weiß, Sie werden mir nun zweifellos entgegenhalten, daß ich ja gar nicht ein Netschajeffze, sondern bloß ein „Petrascheffze" sei. Gut, meinetwegen ein Petrascheffze (obschon diese Bezeichnung meiner Ansicht nach unrichtig ist, denn eine unverhältnismäßig größere Anzahl von genau solchen Petrascheffzen wie wir blieb vollkommen unbehelligt und unberührt. Es ist wahr, Sie haben Petrascheffskij selbst nie gekannt, aber auf Petrascheffskij kam es ja in dieser ganzen längstvergangenen Geschichte gar nicht an – nur das wollte ich hiermit bemerkt haben).

Doch gut, mag ich nur einer von den Petrascheffzen gewesen sein. Aber woher wissen Sie denn, ob die Petrascheffzen nicht Netschajeffzen hätten werden können, ob sie nicht auch auf den „Netschajeffschen" Weg hätten geraten können, *im Falle die Sache eine solche Wendung genommen hätte?* Freilich, damals wäre es ganz unmöglich gewesen, sich auch nur vorzustellen, wie sich die Sache *so hätte wen-*

den können. Es waren ja ganz andere Zeiten. Doch erlauben Sie mir, von mir einzelnem zu sagen: ein *Netschajeff* hätte ich wahrscheinlich niemals werden können, aber ein *Netschajeffze* – dafür verbürge ich mich nicht, vielleicht hätte ich das auch gekonnt ... in den Tagen meiner Jugend.

Ich habe hier von mir zu sprechen begonnen, um von den anderen sprechen zu dürfen. Trotzdem werde ich von mir allein fortfahren, von den anderen dagegen werde ich, wenn ich sie einmal erwähne, nur im allgemeinen sprechen, also ganz unpersönlich und nur im abstrakten Sinne. Der *Prozeß* aber der Petrascheffzen – das ist doch eine so längstvergangene Sache und gehört einer so uralten Geschichte an, daß wohl kein Unglück daraus entstehen kann, wenn ich auf ihn zu sprechen komme, um so weniger, als ich ihn ja nur streife und ganz abstrakt davon rede.

„Ungeheuer" und „Spitzbuben" gab es unter uns, den „Petrascheffzen", nicht einen, weder unter denen, die auf dem Schafott standen, noch unter den anderen, die unbehelligt blieben. Ich glaube nicht, daß sich jemand finden wird, der diese meine Erklärung zu widerlegen versuchen wollte. Daß viele von uns, wie ich schon bemerkte, gebildete Menschen waren, das wird wohl auch niemand bestreiten. Doch mit dem bekannten Zyklus von Ideen und Begriffen, die sich damals in der jungen Gesellschaft stark verwurzelt hatten, den Kampf aufzunehmen, dazu war von uns zweifellos kaum jemand imstande. Wir waren mit den Ideen des damaligen theoretischen Sozialismus infiziert. Den politischen Sozialismus gab es damals noch nicht in Europa, und die europäischen Führer der Sozialisten verwarfen ihn sogar.

Louis Blanc ist von seinen Kollegen in der Nationalversammlung, den Abgeordneten der Rechten, ganz ungerechterweise geohrfeigt und an den Haaren gezerrt worden (an Haaren, die, wie dazu vorausbestimmt, lang, schwarz und üppig waren), bis ihn Arago (der Astronom, damals Mitglied der Regierung, jetzt schon lange tot) aus den Fängen der anderen herausriß – an jenem unseligen Vormittage im Mai 1848, als eine Horde ungeduldiger und hungriger Arbeiter in den Sitzungssaal hereinbrach. Der arme Louis Blanc, der eine Zeitlang Mitglied der provisorischen Regierung war, hatte diese Horde ja gar nicht dazu aufgehetzt: er hatte doch nur im Luxembourg-Palais diesen bedauernswerten und hungrigen Menschen, die infolge der Revolution und Ausrufung der Republik plötzlich arbeitslos geworden waren, einen Vortrag über ihr „Recht auf Arbeit" gehalten. Freilich, da er immerhin Mitglied der Regierung war, so waren seine Vorträge in gewissem Sinne schrecklich unpolitisch und – versteht sich – auch lächerlich. Die Zeitschrift von Considérant aber wie die Artikel und Broschüren von Proudhon hatten sich doch zur Aufgabe gemacht, in eben diesen hungrigen und überhaupt nichts besitzenden Arbeitern unter anderem auch einen tiefen Ekel vor dem Erbrecht zu verbreiten. Zweifellos ist aus alledem (das heißt: aus der Ungeduld der hungrigen, durch die Theorien von der zukünftigen Seligkeit aufgehetzten Menschen) in der Folge der politische Sozialismus hervorgegangen, dessen Wesen, trotz aller verkündeten Ziele, vorläufig nur in dem Wunsch der besitzlosen Klassen besteht, die Besitzer allerorts zu plündern, und dann: „Komme, was kommen mag." (Denn in Wirklichkeit ist doch bis heute noch nicht festgestellt, was nun in der zukünftigen Gesellschaft der Ersatz sein wird, sondern beschlossen ist einzig dies: daß das Gegenwärtige einstürzen muß, – und das ist bisher die ganze Formel des politischen Sozialismus.)

Doch damals wurde die Sache noch in rosigstem und paradiesisch sittlichem Licht aufgefaßt. Es ist wirklich wahr, daß der zu keimen beginnende Sozialismus damals sogar von manchen seiner Führer mit dem Christentum verglichen und nur für eine der Zeit und Zivilisation entsprechende Verbesserung und Vervollkommnung desselben gehalten wurde. Alle diese damaligen neuen Ideen gefielen uns in Petersburg ungeheuer, erschienen uns als im höchsten Grade heilig und sittlich und vor allem allmenschlich, erschienen uns als das zukünftige Gesetz der ganzen Menschheit ohne eine Ausnahme. Wir waren schon lange vor der Pariser Revolution im Jahre 1848 dem berauschenden Einfluß dieser Ideen verfallen. Schon im Jahre 1846 war ich in die ganze *Wahrheit* dieser kommenden „Welterneuerung" und in die ganze *Heiligkeit* der zukünftigen kommunistischen Gesellschaft noch von Belinskij eingeweiht worden. Alle diese Überzeugungen von der Unsittlichkeit schon der (christlichen) Grundlagen der gegenwärtigen Gesellschaft, von der Unsittlichkeit der Religion, der Familie; von der Unsittlichkeit des Rechtes auf Eigentum; alle diese Ideen von einer Aufhebung der Nationalitäten im Namen einer allgemeinen Brüderlichkeit der Menschen, von der Verachtung gegen das Vaterland als dem Hemmschuh in der allgemeinen Entwicklung usw. usw., alles das waren, wie gesagt, solche Einflüsse, die wir nicht bewältigen konnten, ja, die sich, im Gegenteil, unserer Herzen und Gehirne im Namen einer gewissen Großmut bemächtigten. Jedenfalls erschien uns der Grundgedanke großartig und hoch über dem Niveau der damals herrschenden Begriffe stehend – und gerade das war es, was verführte. Diejenigen von uns, das heißt: nicht nur von uns Petrascheffzen, sondern von allen damals *Angesteckten*, die jedoch in der Folge diese ganze verschwärmte Schädlichkeit radikal ablehnten, diese ganze Finsternis und dieses Gräßliche, das da für die Menschheit als ihre Erneuerung und Auferstehung vorbereitet wurde, – *die* von uns kannten damals noch nicht die Ursachen ihrer Krankheit, und deshalb konnten sie auch noch nicht gegen sie kämpfen. Also woraufhin glauben Sie, daß wir – wenigstens manche von uns – vor einer Tat wie meinetwegen selbst einem Mord à la Netschajeff zurückgeschreckt wären? – in jener glühenden Zeit, inmitten der Lehren, die die Seele ergriffen, und der erschütternden europäischen Ereignisse, die wir, während wir das Vaterland ganz vergaßen, mit fieberhafter Spannung verfolgten?

Die ungeheuerliche und widerliche Ermordung des Studenten Iwanoff ist von dem Mörder Netschajeff seinen Opfern, den „Netschajeffzen", ganz zweifellos als politische und für die zukünftige „allgemeine und große Sache" notwendige Tat hingestellt worden. Andernfalls wäre es ja nicht zu verstehen, wie eine Anzahl Jünglinge (gleichgültig, wer sie waren) sich zu einem so finsteren Verbrechen bereitfinden konnten. In meinem Roman „Die Dämonen" habe ich unter anderem auch versucht, jene vielfältigen und verschiedenartigen Beweggründe darzulegen, mit deren Hilfe sogar die treuherzigsten und lautersten Menschen zur Ausführung eines dermaßen ungeheuerlichen Verbrechens herangezogen werden können. Und gerade darin liegt ja das Entsetzen, daß man bei uns die schändlichste und abscheulichste Tat begehen kann, manchmal ohne überhaupt ein schändlicher Mensch zu sein! Das ist nicht nur bei uns so, sondern ist in Übergangszeiten in der ganzen Welt so, immer und seit Jahrtausenden – in Zeiten der Erschütterungen im Leben der Menschen, in Zeiten der Zweifel und Verneinungen, der Skepsis und des Schwankens in den grundlegenden sozialen Anschauungen. Bei uns aber ist das noch mehr als sonstwo möglich, und zwar gerade heutzutage, und dieser Zug ist der krankhafteste und traurigste Zug unserer gegenwärtigen Zeit. In der Möglichkeit, sich selbst nicht für einen schändlichen Menschen zu halten und manchmal sogar fast wirklich kein schändlicher Mensch zu sein, während man gleichzeitig eine ganz offenkundige, unbestreitbare Schändlichkeit begeht – sehen Sie, darin besteht unser gegenwärtiges Unglück!

Wodurch ist denn die Jugend im Vergleich mit den anderen Altersstufen so besonders geschützt oder gesichert, daß Sie, meine Herren Verteidiger der Jugend, von ihr, kaum daß sie gearbeitet und fleißig gelernt hat, schon gleich eine Festigkeit und eine Reife der Überzeugungen verlangen dürfen, wie sie ja nicht einmal die Väter dieser Jünglinge gehabt haben, jetzt aber noch weniger haben als je zuvor? Unsere jungen Menschen aus unseren intelligenten Ständen, die ihre Bildung in ihren Familien erhalten haben, wo man jetzt am häufigsten Unzufriedenheit, Ungeduld und die gröbste Unwissenheit findet (ungeachtet der Zugehörigkeit dieser Klassen zur Intelligenz), und wo fast überall an die Stelle der wirklichen Bildung nur nachgeplapperte freche Verneinung getreten ist; wo die materiellen Beweggründe die Oberherrschaft über eine höhere Idee haben; wo die Kinder ohne Erdboden außerhalb der natürlichen Wahrheit erzogen werden, in Nichtachtung oder Gleichgültigkeit gegen das Vaterland und in dieser spottenden Verachtung für das Volk, die sich in der letzten Zeit so besonders verbreitet hat, – ist das nun der Brunnen, aus dem unsere jungen Menschen die Wahrheit und Fehlerlosigkeit der Richtung ihrer ersten Schritte im Leben schöpfen könnten? Sehen Sie, hier liegt der Anfang des Übels: in der Überlieferung, in der Vererbung der Ideen, in der jahrhundertealten, nationalen Unterdrückung jedes unabhängigen Gedankens; in der Vorstellung von dem hohen Rang des Europäers unter der unerläßlichen Bedingung der Nichtachtung seiner selbst als russischem Menschen!

Doch Sie werden diesen gar zu allgemeinen Hinweisen wahrscheinlich keinen Glauben schenken. Sie kommen immer wieder mit Worten wie „Bildung“ und „Fleiß“; und Sie bleiben bei Ihrer Phrase von den müßigen „Unreifen“. Beachten Sie wohl, meine Herren, daß diese unsere höheren europäischen Lehrer, diese unsere Hoffnung und unser Licht, alle diese Mill, Darwin und Strauß, mitunter eine höchst wunderliche Auffassung von den sittlichen Pflichten des Menschen unserer Zeit haben. Und dabei sind das doch schon wirklich keine Faulenzer, die nichts gelernt haben, und keine ungezogenen Kinder, die mit den Beinen unterm Tisch schlenkern. Sie werden nun auflachen und mich fragen: warum es mir denn einfällt, gerade diese Namen anzuführen? Ganz einfach, weil, wenn man von unserer Jugend spricht, von der intelligenten, glühenden und lernenden Jugend, die Vorstellung fast undenkbar ist, daß diese Namen ihr nicht schon bei den ersten Schritten ins Leben begegnet wären. Kann denn ein russischer Jüngling gegen den Einfluß dieser und ähnlicher Führer des europäischen fortschrittlichen Gedankens, und besonders gegen die russische Seite ihrer Lehren, gleichgültig bleiben? Diesen komischen Ausdruck von der „russischen Seite ihrer Lehren“ verzeihe man mir schon deshalb, weil es diese russische Seite dieser Lehren tatsächlich gibt. Sie besteht aus jenen Schlußfolgerungen in Gestalt unerschütterlicher Axiome, wie sie nur in Rußland gezogen werden; in Europa dagegen wird selbst die Möglichkeit solcher Schlußfolgerungen, wie man hört, nicht einmal geahnt. Man wird mir nun vielleicht sagen, daß diese Herrschaften keineswegs Böses lehren; daß z. B. Strauß, wenn er Christum auch haßt und die Verspottung und Bespeiung des Christentums sich auch zum Lebensziel gesetzt hat, er doch gleichzeitig die Menschheit als Ganzes vergöttere, und daß seine Lehre so erhaben und edel sei wie nur denkbar. Es ist sehr gut möglich, daß alles das sich wirklich so verhält, und daß die Ziele aller gegenwärtigen Führer des europäischen fortschrittlichen Gedankens menschenfreundlich und erhaben sind. Doch dafür scheint mir folgendes unzweifelhaft zu sein: daß, wenn man allen diesen gegenwärtigen höheren Lehrern die volle Möglichkeit gäbe, die alte Gesellschaft zu zerstören und eine neue aufzubauen, – eine solche Finsternis entstünde, ein solches Chaos, etwas dermaßen Rohes, Blindes und Unmenschliches, daß das ganze Gebäude unter den Flüchen der Menschen zusammenbrechen würde, noch bevor es vollendet wäre. Wenn der Menschenverstand erst einmal Christus verworfen hat, kann er zu erstaunlichen Resultaten kommen. Das ist ein Axiom. Europa lehnt – wenigstens in den höheren Vertretern seines Gedankens – Christum ab: wir aber sind bekanntlich verpflichtet, Europa nachzuahmen.

Es gibt im Leben der Menschen historische Momente, in denen ein unzweifelhaft freches, rohestes Verbrechen nur als eine Tat von Seelengröße, nur als edle Mannhaftigkeit der Menschheit, die sich aus den Ketten reißt, aufgefaßt werden kann. Bedarf es hierfür noch der Anführung von Beispielen, gibt es deren nicht Tausende, nicht Zehn-, nicht Hunderttausende? ... Das ist natürlich ein verzwicktes und unumfaßbares Thema, und in einem Feuilletonartikel ist es sehr schwer, darauf einzugehen, aber immerhin kann man als Resultat, denke ich, auch meine Annahme zulassen: daß sogar ein ehrlicher, auch ein treuherziger Junge, sogar ein gut lernender, sich mitunter in einen Netschajeffzen verwandeln kann ... selbstverständlich: wenn er auf einen Netschajeff stößt; das ist schon die Bedingung *sine qua non* ...

Wir Petrascheffzen standen auf dem Schafott und hörten unser Todesurteil ohne die geringste Reue an. Selbstverständlich kann ich mich nicht für alle verbürgen; aber ich glaube, daß ich mich nicht irre, wenn ich sage, daß damals, in jenen Minuten, wenn auch nicht alle ohne Ausnahme, so doch mindestens die übergroße Mehrzahl von uns es für eine Ehrlosigkeit gehalten hätte, sich von unseren Überzeugungen loszusagen. Dieser ganze Prozeß gehört nun schon einer alten Vergangenheit an, und darum ist es vielleicht schon gestattet, zu fragen: Waren dieser Starrsinn und diese Reuelosigkeit wirklich nur die Anzeichen schlechter Naturen, waren sie das Kennzeichen unreifer Radaumacher? Nein, wir waren keine Radaumacher, ja, vielleicht waren wir nicht einmal schlechte junge Menschen. Die Verlesung des Urteils, das auf Tod durch Erschießen lautete, erfolgte durchaus nicht wie zum Scherz, sondern in allem Ernst; fast alle Verurteilten waren überzeugt, daß das Urteil unfehlbar vollstreckt werde, und durchlebten mindestens zehn furchtbare, maßlos schreckliche Minuten der Erwartung des Todes. In diesen letzten Minuten haben manche von uns (ich weiß das bestimmt), indem sie sich instinktiv in sich selbst versenkten und in einem Augenblick ihr ganzes noch so junges Leben durchprüften – vielleicht auch manch ein schweres Vergehen bereut (eines von jenen, die jeder Mensch sein ganzes Leben lang im geheimen auf seinem Gewissen liegen hat); aber die Angelegenheit, für die man uns verurteilte, die Gedanken, die Begriffe, die unseren Geist beherrschten, – die erschienen uns nicht nur nicht reueheischend, sondern geradezu als etwas uns Läuterndes, als ein Märtyrertum, für das uns vieles vergeben werden würde! Und das blieb so für eine lange Zeit. Weder Jahre der Verbannung noch Leiden brachen uns. Im Gegenteil, nichts beugte uns, und unsere Überzeugungen taten nur dies, daß sie unseren Geist durch das Bewußtsein der erfüllten Pflicht aufrecht erhielten. Nein, es war etwas anderes, was unsere Anschauungen, Überzeugungen und Herzen änderte (ich erlaube mir natürlich nur von jenen aus unserer Schar zu sprechen, von denen die Tatsache, daß sie ihre Überzeugungen geändert haben, bereits bekannt und in der einen oder anderen Form auch schon von ihnen selbst bestätigt ist). Dieses andere war: die unmittelbare Berührung mit dem Volk, die brüderliche Vereinigung mit ihm im gemeinsamen Unglück; die Einsicht, daß man selbst zu Volk geworden, somit gleichgestellt, ja, sogar auf seine niederste Stufe hinabgedrückt war.

Ich sage nochmals, diese Änderung vollzog sich nicht so schnell, sondern ganz allmählich und erst nach sehr, sehr langer Zeit. Es war nicht Stolz, nicht Eitelkeit, was dem Eingeständnis im Wege stand. Und dabei war ich vielleicht einer von jenen (ich spreche nun wieder von mir allein), denen die Rückkehr zur Volkswurzel, zum Erkennen der russischen Seele, zur Anerkennung des Volksgeistes von Hause aus am meisten erleichtert war. Ich stammte aus einer Familie, die russisch und gottesfürchtig war. Soweit ich überhaupt zurückdenken kann, erinnere ich mich der Liebe meiner Eltern zu mir. Mit dem Evangelium waren wir in unserer Familie bereits seit der frühesten Kindheit vertraut. Schon mit zehn

Jahren kannte ich alle wichtigeren Geschehnisse der russischen Geschichte aus dem Werk Karamsins, aus dem uns der Vater abends vorlas. Der Besuch des Kreml und der alten Moskauer Kirchen war für mich stets etwas Feierliches gewesen. Vielleicht hatten die anderen Petrascheffzen keine Erinnerungen solcher Art, wie ich sie hatte. Ich denke jetzt sehr oft darüber nach und frage mich: Was für Eindrücke mag die Mehrzahl der heutigen Jugend aus ihrer Kindheit ins Leben mitnehmen? Und nun, wenn es sogar mir, der ich schon auf ganz natürliche Weise über jene verhängnisvolle neue Umgebung, in die das Unglück uns hineingeschleudert hatte, nicht hochmütig hinwegsehen konnte, wenn es sogar mir, der ich mich zu der Offenbarung des Volksgeistes vor meinen Augen nicht herablassend verhalten oder sie nur mit einem flüchtigen Blick streifen konnte, – wenn es also auch mir, sage ich, so schwer war, mich schließlich von der Lüge und Unwahrheit fast alles dessen, was wir zu Hause für Licht und Wahrheit gehalten hatten, zu überzeugen, so frage ich mich: wie schwer muß es dann erst den anderen gefallen sein, allen denen, die viel tiefer dem Volk entfremdet waren, die aus Familien stammten, in denen die Entzweiung mit dem Volke ererbt war und schon von den Vätern und Großvätern übernommen wurde?

Es würde mir sehr schwer fallen, die Geschichte der Wandlung meiner Überzeugungen zu erzählen, um so mehr, als sie vielleicht auch gar nicht so interessant ist; überdies paßt es auch irgendwie nicht zu einem Feuilletonartikel . . .

Meine Herren Verteidiger unserer Jugend, prüfen Sie doch schließlich auch das Milieu, prüfen Sie die Gesellschaft, in der diese Jugend aufwächst, und fragen Sie sich dann: Gibt es in unserer Zeit überhaupt etwas, das gegen *gewisse Einflüsse* noch weniger geschützt ist als diese Jugend?

Stellen Sie sich zunächst die Frage: Wenn selbst die Väter dieser Jünglinge in ihren Überzeugungen nicht besser, nicht fester, nicht gesünder sind; wenn diese Kinder in ihren Familien schon von kleinauf nur Zynismus und hochmütige, gleichgültige (meistenteils gleichgültige) Verneinung erlebt haben; wenn das Wort „Vaterland" vor ihnen nie anders als mit einem spöttischen Zug um den Mund ausgesprochen worden ist; wenn alle, die sie erzogen, sich zu der Sache Rußlands nur mit Verachtung oder Gleichgültigkeit verhalten haben; wenn die großmütigsten unter ihren Vätern und Erziehern ihnen immer nur „allmenschliche" Ideen gepredigt haben; wenn schon ihre Kinderwärterinnen davongejagt wurden, weil sie an ihren Wiegen trotz des Verbots das Gebet zur Gottesmutter sprachen, – so sagen Sie doch: was kann man danach von diesen Kindern verlangen, und ist es dann noch human, bei einer Verteidigung der Jugend, wenn sie einer solchen bedarf, das Ganze für sich selbst mit einfacher Leugnung der Tatsache abzutun?

Vor kurzem fiel mir in unserer Tagespresse folgendes Entrefilet auf:

„Die ‚Kama- und Wolga-Zeitung' berichtet, daß in diesen Tagen drei *Gymnasiasten* des Zweiten Gymnasiums in Kasan, *Quintaner, zur Verantwortung gezogen worden sind wegen eines Vergehens, das mit ihrer geplanten Flucht nach Amerika* in Verbindung stand ..." („St. Petersburger Nachrichten" vom 13. November.)

Vor zwanzig Jahren wäre mir die Nachricht, ein paar Gymnasiasten, Quintaner, hätten nach Amerika zu fliehen beschlossen, als unsinniges Geschwätz erschienen. Doch schon in dem einen Umstand, daß eine solche Nachricht mir *jetzt* nicht mehr als Unsinn erscheint, sondern als eine Sache, die ich, im Gegenteil, *verstehe,* – ja, schon in diesem einen Umstande sehe ich bereits ihre Rechtfertigung!

Ihre Rechtfertigung! Mein Gott, darf man denn das so sagen!

Ich weiß, das sind nicht die ersten Gymnasiasten, auch andere sind schon vor ihnen geflohen, und zwar, weil wiederum ihre älteren Brüder oder ihre Väter geflohen waren.

Erinnern Sie sich der Erzählung Kélssijeffs von dem armen kleinen Offizier, der *zu Fuß* über Torneo und Stockholm zu Herzen nach London floh, wo dieser ihn in seiner Druckkerei als Setzer anstellte?[13] Und erinnern Sie sich der Erzählung Herzens von dem jungen *Kadetten*, der, wenn ich nicht irre, nach den Philippinen auswanderte, um dort die Kommune einzuführen, und Herzen 20 000 Franken für die zukünftigen Emigranten übergab?[14] Und solche Fälle gab es schon in einer Zeit, die heute für uns doch bereits längst historisch ist! Und wer ist seitdem nicht schon ausgewandert, um in Amerika „freie Arbeit in einem freien Staate" zu erproben: Greise, Väter, Brüder, Jungfrauen, Gardeoffiziere . . . höchstens Seminaristen hat es unter ihnen vielleicht noch nicht gegeben. Sind nun diese kleinen Kinder anzuklagen, diese drei Gymnasiasten aus der Quinta, wenn die *großen Ideen* von der „freien Arbeit im freien Staate" und von der Kommune und vom alleuropäischen Menschen auch ihre schwachen Köpfchen überwältigt haben? Sind sie anzuklagen, weil dieses ganze Geschwätz ihnen als Religion und der Absentismus und der Verrat am Vaterlande als lobenswerte Tat erschienen? Wenn man sie aber anklagt, dann stelle man doch fest, inwieweit man die Anklage gegen sie richten darf? – das ist doch noch die Frage.

Der Verfasser des kleinen Artikels in der „Russischen Welt" führt zur Bekräftigung seiner Auffassung, daß an „ähnlichen Verrücktheiten" *nur* müßige, unreife Faulenzer beteiligt seien, die schon bekannten und so erfreulichen Worte des Ministers der Volksaufklärung an, die der Minister in Kiew nach der Besichtigung der Unterrichtsanstalten in sieben Kreisen geäußert hat: daß *„in den letzten Jahren die Jugend sich unvergleichlich ernster zur Wissenschaft verhalte, viel mehr und unvergleichlich gründlicher arbeite"*.

Ja, das sind natürlich erfreuliche Worte, Worte, auf die sich vielleicht unsere *einzige* Hoffnung stützt. In der Unterrichtsreform der gegenwärtigen Regierung liegt fast unsere *ganze* Zukunft, und wir wissen das. Aber derselbe Minister hat in derselben Rede, wie ich mich erinnere, auch erklärt, daß man auf die definitiven Früchte der Reform noch lange wird warten müssen. Wir haben immer daran geglaubt, daß unsere Jugend mehr als nur befähigt ist, sich ernster zur Wissenschaft zu verhalten. Doch vorläufig ist rings um uns noch ein solcher Nebel von falschen Ideen, umgeben so viele Vorspiegelungen und Vorurteile sowohl uns wie auch unsere Jugend, und nimmt unser ganzes gesellschaftliches Leben, das Leben der Väter und Mütter dieser Jugend, immer mehr eine so sonderbare Gestalt an, daß man manchmal unwillkürlich nach allen nur möglichen Mitteln sucht, um aus diesen Sorgen herauszukommen. Eines von solchen Mitteln ist: selbst etwas weniger herzlos zu sein, sich wenigstens manchmal nicht dessen zu schämen, daß irgend jemand einen deshalb einen Bürger nennt, und ... wenigstens manchmal die Wahrheit zu sagen – selbst wenn diese nach Ihrer Meinung, meine Herren, nicht liberal genug sein sollte.

Jahrgang 1876

JANUAR

ERSTES KAPITEL

I

Statt eines Vorworts einiges über die Sternbilder des Großen und des Kleinen Wagens, über das Gebet des großen Goethe und ganz allgemein über schlechte Angewohnheiten

Chlestakóff[1] log zwar, log als Gast des Polizeimeisters, aber immerhin fürchtete er doch ein klein wenig, daß man ihn gleich am Arm fassen und aus dem Gastzimmer hinausbefördern werde. Die heutigen Chlestakóffs dagegen fürchten gar nichts und schwindeln mit vollkommener Gewissensruhe.

Heutzutage lebt alles mit vollkommener Gewissensruhe. Man ist ruhig und vielleicht sogar glücklich. Es ist kaum anzunehmen, daß jemand sich über etwas Rechenschaft ablegt, ein jeder handelt „ganz einfach", das aber ist doch schon ein Anzeichen vollkommenen Glücklichseins. Heutzutage sind alle, ganz wie früher, mit Einbildung durchbeizt, aber die Einbildung von ehemals pflegte schüchtern einzutreten, sich fieberhaft umzublicken, jedes Gesicht daraufhin zu prüfen, »ob ich auch richtig eingetreten bin? Hab' ich's auch so gesagt, wie sich's gehört?« Heutzutage dagegen ist ein jeder, der irgendwo eintritt, im voraus überzeugt, daß alles ihm allein gehöre. Wenn es aber nicht ihm gehört, so ärgert er sich darüber nicht einmal, sondern erledigt die Sache im Nu. Haben Sie noch nicht von solchen Zettelchen gehört:

»Lieber Papa, ich bin dreiundzwanzig Jahre alt, habe aber noch nichts vollbracht. Da ich überzeugt bin, daß aus mir nichts wird, habe ich mich entschlossen, meinem Leben ein Ende zu machen . . .«

Und er erschießt sich. In diesem Fall ist freilich etwas

noch zu verstehen: „Wozu denn leben, wenn nicht für den Stolz?“ Ein anderer aber schaut, steht herum, geht hin und erschießt sich schweigend, einzig deshalb, weil er kein Geld hat, um sich eine Geliebte zu halten. Das ist schon vollkommene Schweinerei.

In der Presse wird versichert, das käme daher, daß sie zu viel dächten. »Er denkt und denkt bei sich, und dann stößt er plötzlich zu, und das gerade gegen die Stelle, die ihn im Augenblick reizt.« Ich bin jedoch überzeugt, daß er sich gar nichts denkt, daß er überhaupt nicht fähig ist, sich irgendwelche Begriffe zu bilden, daß er geistig entsetzlich unentwickelt ist, und wenn er etwas will, dann doch nur sozusagen mit dem Eingeweide und keineswegs mit dem Bewußtsein; es ist einfach vollkommene Schweinerei und nichts Liberales dahinter.

Und bei alledem ist da auch keine Spur von wenigstens einer der Hamlet-Fragen, wie:

„Nur daß die Furcht vor etwas nach dem Tode ...“

Und das verrät doch erschreckend viel Seltsames. Liegt denn eine solche Gedankenlosigkeit etwa in der russischen Natur? Ich sage Gedankenlosigkeit und nicht Sinnlosigkeit. Nun gut, also glaube meinethalben nicht, aber so denke doch wenigstens nach. In unserem Selbstmörder aber pflegt nicht einmal der Schatten einer Vermutung vorhanden zu sein, daß er ein Ich und ein unsterbliches Wesen ist. Es ist sogar, als hätte er nie etwas davon gehört. Dabei ist er durchaus kein Atheist. Man erinnere sich nur an die ehemaligen Atheisten: kaum hatten sie den Glauben an etwas verloren, begannen sie sofort, an etwas anderes zu glauben. Man denke nur an den leidenschaftlichen Glauben eines Diderot, eines Voltaire ... Bei den unsrigen dagegen ist nichts als vollständige Tabula rasa, und was geht sie Voltaire an: Sie haben einfach kein Geld, um sich eine Geliebte zu halten, und das ist alles.

Der Selbstmörder Werther bedauert in seinen letzten hinterlassenen Zeilen, daß er nicht mehr das wunderbare

„Sternbild des Großen Wagen" sehen werde, und nimmt Abschied von ihm. Oh, wie verrät sich schon in diesem einen kleinen Zug der damals erst beginnende Goethe! Warum war denn dieses Sternbild dem jungen Werther so teuer? Weil er, so oft er es sah, immer wieder erkannte, daß er vor ihm durchaus kein Atom und kein Nichts war, daß diese ganze unermeßliche Tiefe der geheimnisvollen Wunder Gottes durchaus nicht mehr bedeute als sein Denken, als seine Erkenntnis, nichts Höheres ist als das in seiner Seele enthaltene Schönheitsideal, und folglich ihm gleich ist und ihn mit der Unendlichkeit des Seins verbindet, ihre Verwandtschaft durch den gemeinschaftlichen Ursprung bezeugt ... und daß er für das ganze Glück, diesen großen Gedanken empfinden zu können, der ihm offenbart, wer er ist – daß er dies alles *einzig seinem Menschsein* zu verdanken hat.

„Großer Geist, ich danke dir für das Menschsein, das du mir verliehen hast."

So hätte das Gebet des großen Goethe sein ganzes Leben lang lauten müssen. Bei uns aber wird dieses verliehene Menschenbild ganz einfach vernichtet, ganz ohne alle deutsche Umstandskrämerei, und vom Sternbilde des Großen Wagen, oder auch nur vom kleinen Wagen Abschied zu nehmen, fällt niemandem ein, oder selbst wenn es einem einfiele, würde er es doch nicht sagen: er würde sich doch gar zu sehr genieren.

»Worauf wollen Sie eigentlich zu sprechen kommen?« fragt mich der erstaunte Leser.

»Ich wollte eigentlich ein Vorwort schreiben, denn ganz ohne Vorwort geht es doch nicht.«

»In dem Fall erklären Sie uns lieber Ihre Richtung, Ihre Überzeugungen; sagen Sie uns, was Sie für ein Mensch sind und wie Sie darauf kommen, ein „Tagebuch eines Schriftstellers" anzukündigen?«

Das ist aber sehr schwierig zu erklären, und ich sehe ein, daß ich kein Meister im Schreiben von Vorworten bin. Vielleicht ist ein Vorwort ebenso schwierig zu schreiben wie ein Brief. Was aber den Liberalismus betrifft (statt des Wortes „Richtung“ will ich lieber gleich das Wort „Liberalismus“ gebrauchen), was den Liberalismus betrifft, so hat doch der allen bekannte „Unbekannte“ in einem seiner letzten Feuilletons unter anderem über die Begrüßung des neuen Jahres 1876 durch die Presse nicht ohne Bissigkeit erwähnt, daß alles „hinreichend liberal“ abgelaufen sei. Es freut mich, daß er hierbei hat Bissigkeit durchblicken lassen. In der Tat, unser Liberalismus hat sich in letzter Zeit überall entweder in ein Gewerbe oder in eine üble Angewohnheit verwandelt. Das heißt, an sich wäre er noch durchaus keine üble Angewohnheit, aber bei uns hat sich das irgendwie von selbst so ergeben. Und das ist sogar merkwürdig: denn unser Liberalismus gehört doch, sollte man meinen, in die Kategorie der beruhigten Liberalismen; der beruhigten und der sich zur Ruhe gesetzt habenden, was meiner Ansicht nach sehr schlimm ist, da doch Quietismus sich am allerwenigsten mit Liberalismus vertragen dürfte, sollte man meinen. Und was sehen wir? Trotz dieser großen Ruhe machen sich nun überall unmißverständliche Anzeichen bemerkbar, daß in unserer Gesellschaft allmählich das Verständnis dafür schwindet, was liberal ist und was nicht, und in dieser Beziehung kann man die Zunahme einer großen Unsicherheit wahrnehmen. Es gibt sogar Beispiele außergewöhnlicher Verwirrung der Begriffe. Kurz, unsere Liberalen haben sich, statt freier zu werden, mit gewissen liberalen Begriffen wie mit Stricken gefesselt, und deshalb werde ich, als Nutznießer dieser interessanten Situation, über die Einzelheiten meines Liberalismus vorerst schweigen. Nur so im allgemeinen kann ich sagen, daß ich mich für liberaler als alle halte, wenn auch nur aus dem Grunde, weil ich mich keineswegs zu beruhigen wünsche. Nun, und das mag genügen. Was aber die Frage betrifft, was für ein Mensch ich bin, so könnte ich von mir etwa sagen: »Je suis un homme heureux qui n'a pas l'air content«, oder übersetzt: »Ich bin ein glücklicher Mensch, der aber – mit manchem unzufrieden ist . . .«

Und damit beende ich das Vorwort. Ich habe es ja auch nur der Form wegen geschrieben.

II

Ein zukünftiger Roman

Im Künstlerklub gab es eine Weihnachtsfeier und einen Kinderball, und ich ging hin, um mir die Kinder anzusehen. Ich habe mir auch früher immer schon die Kinder angesehen, jetzt aber beobachte ich sie besonders. Es ist schon lange mein Ideal, einen Roman von den jetzigen russischen Kindern zu schreiben, und, nun ja, natürlich auch von deren jetzigen Vätern, in ihrem jetzigen gegenseitigen Verhalten zueinander. Die Fabel ist fertig und als erstes entstanden, wie es sich ja auch gehört bei einem Romanschriftsteller. Ich will die Eltern und die Kinder nach Möglichkeit aus allen Gesellschaftsschichten nehmen und die Kinder von ihrer frühesten Kindheit an verfolgen.

Als Nikolai Alexéjewitsch Nekrássoff[2] mich vor anderthalb Jahren aufforderte, einen Roman für die „Vaterländischen Annalen" zu schreiben, hätte ich beinahe damals schon meine „Väter und Söhne" angefangen, beherrschte mich aber und danke jetzt Gott dafür: ich war doch noch nicht genügend vorbereitet. Einstweilen aber schrieb ich nur den „Jüngling"[3], diese erste Probe meiner Idee. Hier hat aber das Kind die Kindheit schon hinter sich und tritt auf erst als unfertiger Mensch, schüchtern und zugleich waghalsig getrieben, möglichst schnell seinen ersten Schritt ins Leben hinaus zu unternehmen. Ich nahm eine sündlose Seele, die aber schon angeschmutzt ist von der schrecklichen Möglichkeit der Unzucht und von dem frühen Haß wegen der eigenen Unbedeutendheit und „Zufälligkeit" seiner Existenz, sowie durch die breite Hemmungslosigkeit, mit der die noch keusche Seele in ihren Gedanken immerhin schon bewußt das Laster zuläßt, in ihrem Herzen es schon hegt, in ihren noch verschämten, aber schon dreisten und stürmischen Phantasiebildern ihre Lust an ihm hat, – wobei sie ausschließlich den eigenen Kräften, dem eigenen Verständnis, und allerdings auch noch der Obhut Gottes überlassen bleibt. Das sind ja lauter Fehlgeburten der Gesellschaft, „zufällige“ Mitglieder „zufälliger“ Familien ...

III

Die Weihnachtsfeier im Künstlerklub

... Zuerst tanzten die Kinder, alle in reizenden Kleidchen. Es war sehr interessant zu beobachten, wie die kompliziertesten Begriffe einem Kinde ganz unmerklich eingeimpft werden und wie es, noch bevor es zwei Gedanken zu verbinden vermag, bereits wunderbar manche tiefsten Lebensdinge erfaßt. Ein deutscher Gelehrter hat einmal gesagt, jedes Kind eigne sich schon in den ersten drei Lebensjahren ein ganzes Drittel jener Ideen und Kenntnisse an, mit denen es sich zu guter Letzt als Greis ins Grab legt. Es waren hier sogar Sechsjährige dabei, aber ich weiß bestimmt, daß sie schon bis zur Vollkommenheit wußten, warum und wozu sie so herausgeputzt in teuren Kleidern hergefahren worden waren, während sie zu Hause als Schmutzfinken herumliefen (bei dem heutigen Einkommen der mittleren Gesellschaftsklassen unbedingt als Schmutzfinkchen). Und nicht nur das; nein, sie begreifen bestimmt auch schon, daß es gerade so sein muß, daß es durchaus keine Verzerrung, sondern das normale Naturgesetz selbst sei. Natürlich würden sie das nicht in Worten ausdrücken können, aber sie wissen es innerlich, und doch ist das ein überaus komplizierter Gedanke.

Von den Kindern gefielen mir besonders die allerkleinsten; die waren furchtbar nett und ganz ungeniert. Bei den etwas älteren war die Ungeniertheit schon mit einer gewissen Frechheit verbunden. Am ungezwungensten und lustigsten war selbstverständlich der zukünftige Durchschnitt und die Talentlosigkeit, das ist schon so ein allgemeines Gesetz: der Durchschnitt ist immer ungezwungen, sowohl bei den Kindern wie bei den Eltern. Die begabteren und schüchterneren unter den Kindern sind immer zurückhaltender, oder wenn sie schon lebhaft sind, dann bekunden sie unbedingt die Neigung, die anderen anzuführen und zu kommandieren.

Es ist bedauerlich, daß man den Kindern heute alles erleichtern will, nicht nur jedes Lernen, jede Aneignung von Kenntnissen, sondern selbst das Spiel und die Spielsachen sollen dazu beitragen. Kaum beginnt das Kind die ersten Worte zu lallen, da ist man schon bemüht, ihm alles zu erleichtern. Die ganze Pädagogik kennt jetzt nur noch die Sorge um die Erleichterung. Eine solche Erleichterung ist aber mitunter keineswegs eine Förderung der Entwicklung, sondern im Gegenteil eine Verleitung zu Oberflächlichkeit, gewissermaßen eine Abstumpfung. Ein paar Gedanken, ein paar Eindrücke, die der Mensch in der Kindheit aus eigener Kraft (ja, meinetwegen auch unter Schmerzen) tiefer erlebt hat, werden das Kind viel tiefer mit dem Leben vertraut machen, als es jede erleichterte Schule tun könnte, aus der denn auch in der Regel nichts Persönliches hervorgeht, weder dies noch das, weder Gutes noch Böses, selbst im Laster nichts Lasterhaftes und auch in der Tugend nichts Tugendhaftes.

„‚Schon eingetroffen sind die Austern?
Wie herrlich!‘
Und die gefräßige Jugend eilt herbei,
um sie zu schlürfen.“

Aber eben diese „gefräßige Jugend“ kommt doch irgendwo her! (Übrigens ist dies der einzige nichtsnutzige Vers von Puschkin, da er ganz ohne Ironie gemeint ist, ja, fast sogar beifällig!)

Es ist eine schändliche und unerwünschte Jugend, und ich

bin überzeugt, daß gar zu leicht gemachte Erziehung ihrer Entstehung Vorschub leistet; gerade von der Sorte haben wir doch ohnehin schon genug!

Die kleinen Mädchen sind immerhin verständlicher als die Knaben. Warum sind oder scheinen kleine Mädchen, und zwar bis zur Volljährigkeit (aber nicht länger), immer entwickelter zu sein als die gleichaltrigen Jungen? Besonders verständlich sind die kleinen Mädchen beim Tanzen: da erkennt man in manch einer schon sofort die zukünftige „Wuika“, die es trotz allen Wollens nie fertigbringt, zu heiraten. Ich nenne sie „Wuiki“, weil sie womöglich bis zu ihrem dreißigsten Lebensjahr einem stets französisch mit oui oder non antworten. Dafür gibt es auch solche, denen man es gleich ansieht, daß sie sehr bald heiraten werden, sobald sie es nur wollen.

Aber es war meiner Meinung nach doch reichlich zynisch, fast schon erwachsene Mädchen in Kinderkleidchen tanzen zu lassen. Einige von diesen blieben auch nach Mitternacht noch auf dem Ball und tanzten in ihren kurzen Kleidchen, kurzen Strümpfen und nackten Beinchen auch noch mit den Erwachsenen, als der Kinderball zu Ende war und der Ball der Eltern begann.

Dennoch gefiel mir alles ausgezeichnet, und das Vergnügen wäre völlig ungetrübt gewesen, wenn nur die Jünglinge mich nicht so oft gestoßen hätten. In der Tat, die Erwachsenen waren alle von einer so festlichen und geschmackvollen Höflichkeit, aber die Jünglinge (nicht die Kinder, sondern die angehenden jungen Leute in den verschiedensten Uniformen, von denen es dort unzählige gab) stoßen einen wirklich unstatthaft und gehen, ohne sich zu entschuldigen, an einem vorüber, als wäre das ihr gutes Recht. Ich bin wohl an die fünfzigmal so angeschubst worden, und ich fragte mich schon, ob man sie vielleicht absichtlich dazu anhält, damit sie sich ungehemmter bewegen lernen? Nichtsdestoweniger gefiel mir alles, zumal ich schon so lange auf keinem Fest mehr gewesen war, wunderbar, sogar trotz der unerträglich stickigen Luft, der elektrischen Sonnen und des rasenden Kommandogebrülls des Tanzordners vom Ballett.

Dieser Tage nahm ich eine Nummer der „Petersburger Zeitung“ zur Hand und las in ihr eine Korrespondenz aus Moskau, die u. a. von Skandalen auf den Festabenden im Adelsklub, im Künstlerverein, im Theater, auf einem Maskenball und so weiter berichtete. Wenn man dem Korrespondenten Glauben schenken darf (denn er kann ja auch, wenn er von Lastern berichtet, absichtlich die Tugenden verschweigen), so sei unsere Gesellschaft noch nie so zu Skandalen aufgelegt gewesen wie gerade jetzt. Merkwürdig: warum habe ich schon von Kindheit an und mein ganzes Leben lang, so oft ich in eine große Festversammlung von Russen geriet, immer den Eindruck gehabt, daß sie sich hier nur verstellten, plötzlich aber sich anders besinnen und einen Skandal provozieren würden, ganz wie bei sich zu Hause. Es ist ein dummer und phantastischer Gedanke, und wie habe ich mich schon als Kind seiner geschämt und mir deshalb Vorwürfe gemacht! Es ist doch ein Gedanke, der nicht der geringsten Kritik standhält. Oh, gewiß, solche Kaufleute und solche Offiziere bis zum Hauptmannsrang, von denen der wahrheitsliebende Korrespondent berichtet (ich glaube ihm aufs Wort), hat es auch früher und zu jeder Zeit gegeben, diese Typen sterben nie aus; aber früher hatten sie doch mehr Respekt und unterdrückten ihre Gefühle, jetzt jedoch fehlt es ihnen diesbezüglich an Ausdauer, und so kommt es jetzt öfter vor, daß so ein Herr sich schon völlig in einem neuen Recht wähnt und sich mitten im Saal ohne jede Rücksicht benimmt. Und es ist auch nicht zu bestreiten, daß in den letzten zwanzig Jahren sich schrecklich viele Russen, Gott weiß weshalb, einbilden, tatsächlich so etwas wie ein Recht auf Ehrlosigkeit erhalten zu haben, und daß dies bereits sehr schön sei und man sie dafür sogar loben, nicht aber hinauswerfen werde, wie ehedem. Andererseits verstehe ich aber auch, daß es vielen (oh, vielen, vielen!) überaus angenehm ist, sich inmitten einer Versammlung zu erheben, wo alle ringsum, Damen, Kavaliere und selbst die Vorgesetzten, so süß zu reden verstehen, sich so höflich und wie mit allen gleichstehend benehmen, als befände man sich wirklich und wahrhaftig in Europa – ja, sich gerade inmitten dieser Europäer zu erheben und plötzlich irgend einen Kraftausdruck in echtester einheimischer Mundart hinzuwerfen, jemandem eine Maulschelle herunterzuhauen, einem jungen Mädchen eine Unanständigkeit ins Gesicht zu sagen und überhaupt gerade hier mitten im Saal das brutale Gegenteil von aller anerkannten Wohlerzogenheit zu tun, sozusagen: »Da habt ihr's für euer zweihundertjähriges Europäertum! Wir aber sind immer noch dieselben allesamt, sind leibhaftig hier und nirgendwohin verschwunden!« Das ist doch angenehm. Und dennoch wird der wilde Urbewohner sich hierbei verrechnen: er wird nicht anerkannt und wird hinausgeworfen. Wer wirft ihn hinaus? Die Polizei? Nein, mit Verlaub, keineswegs die Polizei, sondern ausgerechnet haargenau die gleichen Urbewohner, wie er selber einer ist! Hierin äußert sich die Macht, die entscheidend ist. Ich will versuchen, deutlicher zu erklären, was ich meine.

Wissen Sie, wem dieses europäische und festliche Aussehen der auf europäische Art versammelten russischen Gesellschaft vielleicht am angenehmsten ist und von wem es als das Wertvollste am allerhöchsten geschätzt wird? Aber doch gerade von eben diesen Skwosník-Dmuchánowskijs,[4] Tschítschikoffs und vielleicht sogar Dershimórdas, das heißt: gerade von solchen Leuten, die bei sich zu Hause, in ihrem Privatleben, im höchsten Grade national sind. Oh, natürlich haben sie auch ihre eigenen Gesellschaften und Tanzabende dort bei sich zu Hause, aber diese Veranstaltungen werden von ihnen weder geschätzt noch geachtet. Was sie dagegen hochschätzen und hochhalten, das ist der Ball beim Gouverneur, der Ball der guten Gesellschaft, der höchsten Kreise, von dem ihnen Chlestakóff erzählt hat. Und warum? Eben darum, weil sie selbst so gar nicht das Aussehen einer guten

Gesellschaft haben. Darum sind ihm die europäischen Formen so teuer, obschon er genau weiß, daß er nichts bereuen und vom europäischen Ball als derselbe Faustkämpfer nach Hause zurückkehren wird, der er vorher war; er ist aber beruhigt, denn er hat der Tugend, wenn auch nur im Ideal, seine Achtung bezeugt. Oh, er weiß nur zu gut, daß das alles nur eine Fata morgana ist; aber dort auf dem Ball der guten Gesellschaft hat er sich immerhin vergewissert, daß diese Luftspiegelung auf irgend eine Weise immer noch fortdauert, dank irgend einer unsichtbaren, aber außergewöhnlichen Macht, und daß auch zum Beispiel er, er selbst, doch nicht gewagt hat, in die Mitte des Saales vorzutreten und irgend etwas in seiner Ursprache zu belfern – und der Gedanke, daß man ihm dies nicht erlaubt hat und ihm auch in Zukunft nicht erlauben wird, ist ihm ungemein angenehm. Sie werden es nicht glauben, bis zu welchem Maße der Barbar Europa lieben kann; immerhin beteiligt er sich damit gleichfalls am Kult. Zweifellos ist er oft gar nicht imstande zu definieren, worin dieser Kult besteht. Chlestakóff zum Beispiel glaubte, dieser Kult bestehe im Auftischen der Wassermelone zu hundert Rubeln, die auf den Bällen der höheren Kreise angeblich serviert werde. Und vielleicht glaubt Skwosník-Drnuchánowskij selbst heute noch an diese Wassermelone, obschon er den Chlestakóff durchschaut hat und ihn verachtet, aber es freut ihn, die Tugend meinetwegen in der Gestalt einer solchen Melone verehren zu dürfen. Und das ist durchaus keine Heuchelei, sondern vollkommenste Aufrichtigkeit, sogar noch mehr als das: es ist ein Bedürfnis. Und selbst Heuchelei wirkt sich hier wohltuend aus, denn was ist Heuchelei? – Heuchelei ist der Tribut, den das Laster der Tugend zollen muß – ein Gedanke, der unermeßlich beruhigend ist für einen Menschen, der praktisch lasterhaft bleiben will, dabei aber mit der Tugend wenigstens seelisch die Verbindung nicht aufgeben möchte. Oh, das Laster zahlt der Tugend furchtbar gern ihren Tribut, und das ist sehr gut so: Denn vorläufig genügt uns ja auch das, nicht wahr? Und deshalb ist auch der Hauptmann, der in Moskau mitten im Ballsaal sein Schimpfwort gebrüllt hat, immer noch nichts weiter als eine Ausnahme und ein voreiliger Mensch, nun ja, wenigstens vorläufig; aber auch dieses „vorläufig“ ist doch schon beruhigend in unserer schwankenden Zeit.

So ist denn ein die Form wahrender Ball eine entschieden konservative Angelegenheit, im besten Sinne des Wortes, und ich scherze durchaus nicht, indem ich das sage.

ZWEITES KAPITEL

I

Der Knabe mit dem Händchen

Kinder sind ein seltsames Volk, sie drängen sich in unser Träumen und Denken. In der Zeit vor Weihnachten und auch am Christabend selbst sah ich an einer bestimmten Straßenecke einen kleinen Knaben stehen, der bestimmt nicht älter als höchstens siebenjährig war. Trotz der grimmigen Kälte war er fast sommerlich gekleidet, aber um den Hals hatte man ihm irgend ein altes Stück Stoff gewickelt, – also gab es doch jemanden, der ihn ausrüstete, bevor er hinausgeschickt wurde. Er ging „mit dem Händchen"; das ist ein Fachausdruck, den die Jungen selbst erfunden haben, und bedeutet betteln. Solche wie er gibt es eine Menge, sie laufen einem überall in den Weg und leiern etwas Auswendiggelerntes; dieser aber leierte nicht und sprach gewissermaßen unschuldig und ungeübt, und er sah mir auch voll Vertrauen in die Augen, also mußte er noch ein Anfänger sein. Auf meine Fragen antwortete er, daß er eine Schwester habe, die sei aber arbeitslos und sei jetzt krank. Vielleicht sagte er die Wahrheit, nur erfuhr ich später, daß es unzählige solcher Bettelknaben gibt; sie werden „mit dem Händchen" auf die Straße geschickt, selbst bei größter Kälte, und wenn sie nichts erbetteln, dann setzt es Hiebe. Hat er aber ein paar Kopeken beisammen, dann kehrt er mit roten, frosterstarrten Händchen in irgendeinen Kellerraum heim, wo eine Bande von Lumpenkerlen zecht, eine von jenen, die in der Fabrik „am Sonnabend mit der Arbeit Schluß machen und nicht vor Mittwochabend zur Arbeit zurückkehren". Dort in den Kellerräumen saufen mit ihnen auch ihre hungrigen und verprügelten Weiber, und hier quäken und brüllen auch ihre hungrigen Säuglinge. Schnaps und Schmutz und Unzucht, aber vor allem Schnaps! Mit den erbettelten Kopeken wird der Kleine gleich in die nächste Schenke geschickt nach weiterem Schnaps. Zum Spaß wird manchmal auch ihm davon in den Mund gegossen, und man gröhlt vor Lachen, wenn es ihm den Atem verschlägt und er fast erstickt und besinnungslos zu Boden fällt.

„... Und in den Mund das Greuliche
Erbarmungslos mir goß ..."

Ist er ein wenig größer geworden, so wird er schleunigst in einer Fabrik untergebracht, aber alles, was er verdient, muß er wieder den Lumpenkerlen abliefern, und die setzen das Geld sofort in Branntwein um. Doch noch bevor diese Kinder in die Fabrik kommen, sind sie schon richtige kleine Verbrecher. Sie strolchen in der Stadt herum und kennen in den verschiedensten Kellern solche Schlupfwinkel, in die man hineingelangen und unbemerkt eine Nacht dort zubringen kann. Einer von ihnen hat sogar mehrere Nächte hintereinander bei einem Hausmeister in einem großen Korbe verbracht, ohne daß dieser ihn bemerkt hätte. Selbstverständlich werden sie schon bald zu kleinen Dieben. Das Stehlen wird bei manchen dieser Kinder, selbst bei Achtjährigen, zu einer Leidenschaft, und sie wissen überhaupt nicht, daß sie etwas Verbrecherisches tun. Zu guter Letzt lernen sie alles ertragen – Hunger, Kälte, Schläge – nur für dies eine: für ihre Freiheit, und sie laufen ihren versoffenen Aussaugern davon, um dann schon von sich aus, aus eigenem Antriebe zu vagabundieren. So ein wild aufwachsendes Geschöpf weiß oft so gut wie nichts, weder wo es lebt, noch welchem Volk es angehört, ob es einen Gott, ob es einen Kaiser gibt; ja, manchmal werden einem von ihrer Unwissenheit solche Dinge erzählt, daß man seinen Ohren nicht trauen will, dennoch sind es lauter Tatsachen.

III

Die Kolonie der minderjährigen Verbrecher

Am dritten Weihnachtsfeiertag sah ich dann alle diese „gefallenen" Engel, ganze fünfzig auf einmal. Man denke ja nicht, daß ich scherze, wenn ich sie so nenne, aber daß es „gekränkte" Kinder sind, daran besteht kein Zweifel. Von wem gekränkt? Wieso und wodurch, und wer ist schuld daran? – das sind vorerst lauter müßige Fragen, auf die es keine Antworten gibt, und darum lieber gleich zur Sache.

Ich besuchte die Kolonie für minderjährige Verbrecher, die hinter der Pulverfabrik liegt. Schon lange hatte ich sie besuchen wollen, war aber nie dazu gekommen; nun aber traf es sich, daß ich auf einmal freie Zeit hatte und gute Menschen sich erboten, mir alles zu zeigen. Wir machten uns an einem warmen, etwas trüben Tage auf den Weg und gerieten gleich hinter der Pulverfabrik in einen Wald; in diesem Walde befindet sich die Kolonie. Wie wunderbar ist so ein Wald im Winter, unter Schnee; wie frisch ist es, wie rein ist die Luft, und wie einsam ist es hier. Die Kolonie besitzt hier etwa fünfhundert Deßjatinen Wald, die man ihr geschenkt hat, und besteht aus mehreren hölzernen, hübsch gebauten Häusern, in einiger Entfernung voneinander. Alles ist aus geschenkten Mitteln errichtet, jedes Haus hat an die dreitausend Rubel gekostet, und in jedem Hause wohnt eine „Familie". Familie heißt hier eine Gruppe von zwölf bis siebzehn Jungen, und jede Familie hat einen Erzieher. Vorerst sollen hier, nach der Größe der Kolonie zu urteilen, bis zu siebzig Jungen aufgenommen werden, aber aus irgendeinem Grunde beträgt ihre Zahl augenblicklich weniger als fünfzig. Man muß zugeben, daß der Aufwand an Mitteln groß ist und daß jeder kleine Verbrecher im Jahr nicht wenig kostet. Sonderbar ist auch, daß der sanitäre Zustand der Kolonie, wie es vor kurzem die Zeitungen berichteten, nicht ganz zufriedenstellend ist; in der letzten Zeit gab es viele Kranke, obwohl die Luft und die Verpflegung so gut zu sein scheinen! Wir verbrachten in der Kolonie mehrere Stunden, von elf Uhr bis zur vollen Dämmerung, aber ich überzeugte mich, daß ein Besuch nicht genügt, um in alles einzudringen und alles zu verstehen. Der Direktor der Anstalt lud mich ein, zwei Tage bei ihnen zu verbleiben; das ist sehr verlockend.

Der Direktor P. A. R=skij ist in der Literatur bekannt; seine Aufsätze erscheinen manchmal im „Europäischen Boten". Ich fand bei ihm den liebenswürdigsten und zuvorkommendsten Empfang. Im Büro gibt es ein Buch, in das die Besucher, wenn sie wollen, ihre Namen eintragen können. Ich fand darin viele bekannte Namen; also ist die Kolonie bekannt, und man interessiert sich für sie. Der verehrte Direktor scheint aber bei all seiner Zuvorkommenheit sehr zurückhaltend zu sein, obwohl er uns fast mit Begeisterung die erfreulichen Einzelheiten der Kolonie vor Augen führte, zugleich aber alles Unangenehme und noch nicht Geordnete milderte. Ich beeile mich hinzuzufügen, daß diese Zurückhaltung auf der eifersüchtigen Liebe zur Kolonie und zum begonnenen Werk zu beruhen scheint.

Alle vier Erzieher (ich glaube, es sind ihrer vier, nach der Zahl der Familien) sind noch nicht alt, sind sogar jung; sie beziehen jährlich dreihundert Rubel Gehalt und kommen alle aus geistlichen Seminaren. Sie wohnen mit den Zöglingen zusammen und tragen sogar die gleiche Kleidung wie diese: eine Art Bluse mit Riemengürtel. Als wir durch die Stuben gingen, waren sie leer; es war ja Feiertag, und die Kinder spielten irgendwo; umso bequemer konnten wir die Räume besichtigen. Keinerlei unnötiger Luxus, nichts Überflüssiges, von übertriebener Güte und Humanität der Spender und Gründer der Anstalt Diktiertes; dies hätte aber sehr leicht passieren können und wäre ein großer Fehler. Die Bettstellen zum Beispiel sind höchst einfach, aus Eisen und zusammenklappbar; die Bettwäsche aus grober Leinwand; auch die Decken gar nicht elegant, dafür aber warm. Die Zöglinge stehen früh von selbst und alle zugleich auf, kleiden sich an, räumen die Stuben auf und scheuern, wenn es nötig ist, die

Fußböden. Bei einigen der Betten ließ sich ein gewisser Geruch wahrnehmen, und ich erfuhr die schier unglaubliche Tatsache, daß manche von den Zöglingen (nicht viele, aber immerhin acht oder neun), und nicht einmal die kleinsten, sogar solche von zwölf und dreizehn Jahren, ihre Notdurft im Schlaf verrichten, ohne vom Bette aufzustehen. Auf meine Frage, ob es nicht eine Krankheit sei, bekam ich zur Antwort, dies sei durchaus nicht der Fall; die Kinder seien einfach kleine „Wilde"; bei ihrem Eintritt seien sie so verwildert, daß sie nicht einmal verstehen können, wie man sich anders aufführen könne und müsse. Wo waren sie dann aber bisher, in was für Spelunken sind sie aufgewachsen, und wen haben sie gesehen? Es gibt ja fast keine noch so arme Bauernfamilie, wo man das Kind nicht lehrte, wie es sich in einem solchen Falle zu benehmen habe, und wo selbst der kleinste Junge dies nicht wüßte. Was waren es also für Menschen, mit denen das Kind bisher zu tun hatte, und mit welcher tierischen Gleichgültigkeit haben sie seine Existenz betrachtet! Diese Tatsache ist aber zuverlässig, und ich halte sie für außerordentlich wichtig; man lache nicht darüber, daß ich eine solche schmutzige Tatsache zu solchen Dimensionen aufblähe: sie ist viel ernster als sie auf den ersten Blick erscheint. Sie zeugt davon, daß es also so düstere und schreckliche Menschenexemplare gibt, in denen selbst jede Spur von Menschlichkeit und Zivilisation verschwindet. Nach alledem ist es ja auch verständlich, was schließlich aus so einer kleinen wilden Menschenseele bei solcher Verlassenheit und solchem Ausgestoßensein aus der Gesellschaft wird. Ja, diese Kinderseelen haben schreckliche Bilder gesehen und sind an starke Eindrücke gewöhnt, die in ihnen natürlich für immer bleiben und sie ihr Leben lang in schrecklichen Träumen verfolgen werden. Die Besserer und Erzieher dieser Kinder müssen also einen Kampf gegen diese schrecklichen Eindrücke beginnen, sie ausrotten und neue einpflanzen; das ist eine große Aufgabe.

»Sie werden nicht glauben, wie verwildert manche von

ihnen herkommen«, berichtete mir P. A. »Mancher weiß gar nichts von sich selbst und von seiner sozialen Lage. Er hat fast unbewußt vagabundiert, und das Einzige in der Welt, was er weiß und zu erfassen vermag, ist seine Freiheit, die Freiheit zu vagabundieren, vor Kälte und Hunger zu sterben, aber zu vagabundieren. Wir haben hier einen kleinen Jungen von höchstens zehn Jahren, der noch immer nicht leben kann, ohne zu stehlen. Er stiehlt sogar ohne jeden Zweck und Vorteil, einzig des Stehlens wegen, rein mechanisch.«

»Auf welche Weise hoffen Sie solche Kinder umzuerziehen?«

»Durch Arbeit, durch eine ganz andere Lebensweise und durch gerechte Behandlung; es bleibt uns die Hoffnung, daß sie mit der Zeit, in drei Jahren, ihre früheren Neigungen und Gewohnheiten von selbst vergessen werden.«

Ich erkundigte mich, ob es bei den Jungen nicht auch die bewußten anderen kindlichen Laster gäbe. Ich will betonen, daß es hier Jungen von zehn bis sogar siebzehn Jahren gibt, obwohl solche, die älter als vierzehn sind, nicht mehr zur Besserung aufgenommen werden.

»Oh, nein! Diese Angewohnheiten kann es hier überhaupt nicht geben!« beeilte sich P. A. zu antworten: »Die Erzieher sind ständig bei ihnen und beobachten sie unausgesetzt.«

Dies kam mir aber unwahrscheinlich vor. In der Kolonie gibt es einige Jungen aus der jetzt aufgehobenen Abteilung für jugendliche Verbrecher am Litowskij-Zuchthaus. Ich habe dieses vor zwei Jahren besucht und jene Jungen gesehen. Später erfuhr ich durchaus zuverlässig, daß unter ihnen im Gefängnis eine außergewöhnliche Unzucht herrsche, und daß die Vagabunden, die frisch ins Gefängnis kamen und von diesem Laster noch nicht angesteckt waren, sich ihm später fast gegen ihren Willen ergaben, infolge des Spottes der Kameraden über ihre Keuschheit.

»Haben Sie viele Rückfällige gehabt?« erkundigte ich mich.

»Nicht sehr viele: auf alle aus der Kolonie Entlassenen kommen höchstens acht Fälle.« (Diese Ziffer ist aber gar nicht so klein.)

Ich will bemerken, daß die Zöglinge meistens als Handwerker entlassen werden und daß man ihnen zunächst eine provisorische Unterkunft besorgt. Die Pässe, mit denen man sie früher aus der Kolonie zu entlassen pflegte, schadeten ihnen sehr. Jetzt hat man ein Mittel gefunden, ihnen Pässe auszustellen, denen man, wenigstens auf den ersten Blick, nicht ansehen kann, daß die Vorzeiger aus der Verbrecherkolonie kommen.

»Dafür haben wir«, fügte P. A. eilig hinzu, »auch solche Entlassene, die die Kolonie bis jetzt nicht vergessen können und uns an jedem Feiertag besuchen.«

Das stärkste Mittel zur Umerziehung, zur Umwandlung der verletzten und verdorbenen Seele in eine reine und ehrliche, ist also die Arbeit. Mit der Arbeit in der Stube, dem Aufräumen, beginnt der Tag, und dann gehen die Zöglinge in die Werkstätten: in einer Schlosserei und einer Tischlerei wurden mir ihre Erzeugnisse gezeigt. Diese Arbeiten sind, soweit es möglich ist, gut, werden aber natürlich noch viel besser sein, wenn die Sache einmal richtig funktioniert. Sie werden zugunsten der Zöglinge verkauft, und so hat ein jeder bei seinem Austritt aus der Kolonie einige Ersparnisse. Mit Arbeit sind die Kinder morgens und auch nachmittags beschäftigt, aber ohne Übermüdung, und die Arbeit scheint wirklich einen starken Einfluß in sittlicher Beziehung zu haben; ein jeder bemüht sich, den anderen zu übertreffen, und ist auf seine Erfolge stolz.

Das andere Mittel zu ihrer geistigen Bildung ist natürlich die eigene Gerichtsbarkeit. Jeder, der sich vergangen hat, kommt vor das Gericht der ganzen „Familie“, der er angehört, und die Jungen sprechen ihn entweder frei oder verurteilen ihn zu einer Strafe. Die einzige Strafe ist der Ausschluß von den Spielen. Diejenigen, die sich dem Gerichte der Kameraden nicht fügen wollen, werden mit Ausschluß aus der Kolonie bestraft. Zu diesem Zweck haben sie eine „Peter-Pauls-Festung" – so nennen die Jungen ein eigenes, von den anderen entferntes Haus mit Zellen für die zeitweise Ausgestoßenen. Die Verbannung in die „Peter-Pauls-Festung" scheint übrigens einzig vom Direktor abzuhängen. Wir begaben uns auch zu dieser „Peter-Pauls-Festung"; es waren nur zwei Häftlinge in Haft, und ich muß bemerken, daß man diese Strafe mit größter Vorsicht anwendet und nur für sehr wichtige und eingewurzelte Vergehen zudiktiert. Jeder der beiden Häftlinge saß in einer eigenen kleinen Zelle hinter Schloß und Riegel; wir bekamen sie jedoch nicht zu Gesicht.

Diese eigene Gerichtsbarkeit ist natürlich eine gute Sache, schmeckt jedoch ein wenig nach Theorie. Es gibt viele stolze, und zwar im guten Sinne stolze Kinder, denen diese republikanische Gewalt der anderen, die doch die gleichen Jungen und Verbrecher sind wie sie, verletzend erscheinen muß, so daß sie diese Gewalt nicht richtig auffassen werden. Es kann ja Individuen geben, die viel begabter und klüger als die anderen Mitglieder der Familie sind, und diese können durch ihren Ehrgeiz und Haß gegen den Beschluß der Allgemeinheit erbittert werden; die Allgemeinheit ist aber fast immer der Durchschnitt. Verstehen die zu Gericht sitzenden Jungen auch selbst ihre Sache? Müssen sich nicht vielmehr auch unter ihnen kindliche Parteien bilden, die Parteien einiger miteinander wetteifernder Jungen, die stärker und kühner als die anderen sind, die sich immer und unbedingt unter den Kindern an allen Schulen hervortun, den Ton angeben und die anderen wie an einem Strick nach sich ziehen? Es sind doch immerhin Kinder und keine Erwachsenen. Werden sich schließlich die Verurteilten und Bestraften gegen ihre früheren Richter nachher ebenso einfach und brüderlich verhalten, und wird durch diese Gerichtsbarkeit nicht die Kameradschaft zerstört? Diesem bildenden Erziehungsmittel liegt natürlich der Gedanke zugrunde, daß die vorher verbrecherischen Kinder dadurch gleichsam an Gesetzlichkeit, an Selbstzucht und an Recht gewöhnt werden, wovon sie früher keine Ahnung hatten, und in ihnen sich schließlich ein Pflichtbewußtsein entwickelt. Alle diese Erwägungen sind schön und fein, scheinen aber etwas zweischneidig zu sein. Was die Bestrafung betrifft, so ist natürlich die wirksamste von allen Präventivstrafen gewählt worden: die Freiheitsberaubung.

Ich will an dieser Stelle eine merkwürdige Beobachtung einfügen. Zufällig hörte ich dieser Tage eine höchst unerwartete Bemerkung über die an allen unseren Schulen erfolgte Abschaffung der Körperstrafe: »Man hat an allen Schulen die Körperstrafe abgeschafft, und das ist sehr schön; aber was hat man damit *unter anderem* erreicht? Daß es in unserer Jugend viel mehr Feiglinge gibt als früher. Sie fürchten jetzt den geringsten physischen Schmerz, jedes Leid, jede Entbehrung, sogar jede Kränkung, jede Verletzung ihres Ehrgeizes, und zwar in solchem Maße, daß manche von ihnen, wie die Beispiele zeigen, bei einer geringen drohenden Unannehmlichkeit, sogar aus Angst vor irgendwelchen schwierigen Schulaufgaben oder Prüfungen sich erhängen oder erschießen.« Einige derartige Fälle, die sich wirklich ereignet haben, lassen sich wirklich einzig mit der Feigheit der Jünglinge vor drohenden Unannehmlichkeiten erklären; es ist aber ein seltsamer Standpunkt, und die Wahrnehmung ist mindestens originell. Ich notiere das zur Erinnerung.

Ich sah sie alle beim Mittagessen; das Essen war sehr einfach, aber sättigend und ausgezeichnet zubereitet. Wir hatten es mit großem Vergnügen schon vor dem Erscheinen der Zöglinge gekostet; dabei kommt die Verpflegung eines jeden Jungen nur auf fünfzehn Kopeken täglich zu stehen. Es gibt Suppe oder Kohlsuppe mit Fleisch und als zweites Gericht Grütze oder Kartoffeln. Morgens nach dem Aufstehen gibt es Tee mit Brot und zwischen dem Mittag- und dem Abendessen – Brot und Kwas. Die Jungen sind sehr gut genährt. Bei Tisch bedienen sie selbst in einer bestimmten Reihenfolge. Als sie sich zu Tisch setzten, sangen sie alle vortrefflich das Gebet: „Deine Geburt, Christus, unser Gott ..." Das Singen der Gebete wird ihnen von einem Erzieher beigebracht.

Beim Essen, wo alle versammelt waren, interessierte es mich am meisten, ihre Gesichter zu studieren. Ich will nicht sagen, daß die Gesichter auffallend frech oder herausfordernd wären, sie drücken aber den Mangel jeder Scheu vor etwas aus. Fast kein einziges dummes Gesicht (obwohl es unter ihnen, wie man mir sagte, auch dumme gibt; besonders fallen in dieser Beziehung die ehemaligen Zöglinge des Findelhauses auf); im Gegenteil, es gibt sogar sehr intelligente Gesichter. Unangenehme Gesichter gibt es genug, sie sind aber nicht in physischer Beziehung unangenehm; was die Gesichtszüge betrifft, so sind fast alle gar nicht übel, aber viele Gesichter zeigen einen allzu entschlossenen Ausdruck. Lachende Gesichter gibt es auch wenig, dabei sind aber die Zöglinge gegen die Vorgesetzten und gegen alle Menschen sehr ungezwungen, wenn auch in anderem Sinne, als es andere Kinder mit offeneren Herzen sonst sind. Viele möchten wohl schrecklich gerne aus der Kolonie ausreißen. Viele von ihnen geben sich offenbar Mühe, sich nicht zu verplaudern, das sieht man den Gesichtern an.

Die humane und bis ins Feinste höfliche Behandlung der Zöglinge durch die Erzieher (obwohl diese, wenn es nötig ist, auch streng zu sein verstehen) scheint mir in einigen Fällen nicht ganz ins Herz und natürlich nicht ins Bewußtsein dieser Jungen zu dringen. Man sagt zu ihnen „Sie", selbst zu den Allerkleinsten. Dieses „Sie" erschien mir hier doch etwas übertrieben, ein wenig überflüssig. Vielleicht werden es die Jungen, die hergeraten sind, nur als eine Herrenlaune auffassen. Mit einem Wort: dieses „Sie" ist vielleicht ein Fehler und sogar ein nicht unbedeutender. Mir scheint, es trennt die Kinder vom Erzieher; in diesem „Sie" liegt etwas Offizielles, und es ist nicht gut, wenn mancher Junge es als einen Ausdruck der Verachtung auffaßt. Er wird doch wirklich nicht glauben, daß er, der so unglaubliche Dinge und die widernatürlichsten Schimpfworte gehört hat, der in einemfort gestohlen hat, bis er sich überhaupt nicht mehr beherrschen konnte, plötzlich diese herrschaftliche Behandlung verdiene. Mit einem Wort: in diesem Fall würde wohl das „Du“ den wirklichen Verhältnissen mehr entsprechen; das „Sie“ klingt aber ein wenig wie Verstellung. Es wäre doch viel besser, wenn die Kinder endlich in ihren Erziehern keine Hofmeister, sondern ihre Väter sähen, und wenn sie verstünden, daß sie selbst bloß schlechte Kinder sind, die man bessern muß. Dieses „Sie“ wird den Jungen vielleicht auch nicht verderben; wenn er aber später vor dem „Du“ oder vor dem Schimpfen, das er unbedingt am gleichen Tage hören wird, an dem er aus der Anstalt entlassen wird, Krämpfe bekommt, so wird er mit noch größerer Rührung an seine Kolonie zurückdenken.

Von den Sachen, die noch nicht richtig funktionieren, fällt am meisten die Lektüre auf. Man sagte mir, daß die Kinder gerne lesen, das heißt: zuhören, wenn man ihnen an Feiertagen oder in freien Stunden vorliest, und daß es unter ihnen gute Vorleser gibt; ich hörte nur einen dieser Vorleser, er las gut und liebte es, wie man mir sagte, daß ihm alle zuhörten; es gibt unter ihnen aber auch solche, die kaum oder gar nicht zu lesen verstehen. Aber was wird bei ihnen gelesen! Auf dem Tisch liegt, ich sah es in einer Familie nach dem Essen, ein Band irgendeines Autors, und sie lesen, wie ein Wladímir sich mit irgendeiner Olga über allerlei tiefe und seltsame Dinge unterhält, und wie dann das unausbleibliche Milieu ihre Existenz zerstört. Ich sah ihre Bibliothek, das heißt: den Schrank, in dem es die Werke Turgénjews, Ostrówskijs, Lérmontows, Púschkins, usw. und auch einige nützliche Reisewerke gibt. Dies alles ist zufällig zusammengewürfelt und gleichfalls gespendet. Das Lesen trägt, wenn es schon einmal gestattet ist, sehr viel zur geistigen Entwicklung bei. Aber ich weiß auch, daß, wenn alle unsere um die Aufklärung verdienten Körperschaften, mit allen pädagogischen Konferenzen an der Spitze, feststellen und angeben wollten, was solchen Kindern unter solchen Umständen als Lektüre zu empfehlen sei, sie gar nichts ausdenken würden, denn das ist eine überaus schwierige Sache und kann nicht in bloß einer Sitzung entschieden werden. Andererseits gibt es in unserer Literatur gar keine Bücher, die dem Volke verständlich wären. Weder Puschkin, noch die Sebastopoler Erzählungen von Tolstoi, noch die „Abende auf dem Vorwerke“ von Gogol, noch das „Lied von Kalaschnikow“ von Lérmontoff, noch Kolzoff (Kolzoff sogar am allerwenigsten) sind dem Volk verständlich. Diese Jungen sind natürlich kein Volk, sondern sozusagen eine Kategorie von Menschenwesen, von der es sich schwer sagen läßt, zu welcher Klasse und zu welchem Typus sie gehören. Selbst wenn sie einiges verständen, so doch jedenfalls ganz ohne es zu schätzen, denn dieser ganze Reichtum würde ihnen gleichsam vom Himmel in den Schoß gefallen sein; durch ihre bisherige geistige Entwicklung sind sie aber darauf gar nicht vorbereitet. Was aber die anklagenden und satirischen Schriftsteller betrifft, so fragt es sich, ob diese armen Kinder, die auch ohnehin schon so viel Schmutz gesehen haben, solche geistigen Eindrücke brauchen? Vielleicht haben diese kleinen Menschen gar keine Lust, über die anderen Menschen zu lachen. Vielleicht würden sich diese verfinsterten Seelen mit Freude und Rührung den allernaivsten, den primitivsten, ausgesprochen kindlichen und einfachen Eindrücken öffnen, über die ein heutiger Gymnasiast oder Zögling eines Lyzeums, Altersgenosse dieser verbrecherischen Kinder, hochmütig lächeln würde.

Auch die Schule befindet sich noch in einem recht primitiven Zustand, es wird aber beabsichtigt, sie in der allernächsten Zeit richtig in Gang zu bringen. Im Zeichnen werden die Kinder fast gar nicht unterrichtet. Der Religionsunterricht fehlt ganz: man hat keinen Geistlichen. Sie werden aber einen Geistlichen haben, sobald die Kirche einmal fertig ist. Diese hölzerne Kirche ist jetzt noch im Bau. Die Direktion und die Baumeister sind stolz auf sie. Die

Architektur ist tatsächlich nicht übel, obwohl sie den amtlichen, stark aufgetragenen Stil zeigt, dessen man schon überdrüssig wird. Ich will an dieser Stelle bemerken: mit dem Religionsunterricht an den Schulen für jugendliche Verbrecher wie auch an anderen unserer Primärschulen soll niemand anderes betraut werden als ein Geistlicher. Warum sollten aber nicht auch die anderen Schullehrer einfache Erzählungen aus der Biblischen Geschichte vortragen können? Unter den zahlreichen Volksschullehrern kann es natürlich auch schlechte Menschen geben; wenn aber so einer dem Kinde Atheismus beibringen will, so kann er es auch ohne die Biblische Geschichte machen, indem er einfach von der Ente und womit sie bekleidet ist, erzählt. Andererseits, was hören wir über unsere Geistlichkeit? Oh, ich will niemanden verletzen und bin überzeugt, daß an der Schule für jugendliche Verbrecher der beste von allen Geistlichen wirken wird; was haben aber in der letzten Zeit mit besonderem Eifer fast alle unsere Zeitungen berichtet? Wir lasen höchst unangenehme Berichte darüber, daß sich Religionslehrer fanden, die dutzendweise die Schulen verließen und ohne Gehaltserhöhung nicht weiter unterrichten wollten. „Jeder, der arbeitet, verdient Bezahlung", das steht außer jedem Zweifel, aber dieses ewige Jammern und Betteln um Gehaltserhöhung tut schließlich den Ohren weh und peinigt das Herz. Unsere Zeitungen nehmen für die Jammernden Partei, ich tue es natürlich auch; aber ich muß doch immer an die alten Glaubenseiferer und Prediger des Evangeliums denken, die barfuß umherzogen, Schläge und Verfolgungen litten und Christum auch ohne Gehaltserhöhung predigten. Oh, nein, ich bin kein Idealist, ich weiß zu gut, daß heute ganz andere Zeiten angebrochen sind; wäre es aber nicht erfreulich zu hören, daß unsere geistlichen Lehrer auch schon vor der Gehaltserhöhung ein bißchen mehr guten Geist zeigten? Ich wiederhole, sie möchten sich nicht verletzt fühlen; alle wissen ja sehr gut, daß in unserer Geistlichkeit der Geist nicht versiegen wird und daß es unter ihr glühende Eiferer gibt. Ich bin im voraus überzeugt, daß die Kolonie gerade einen solchen Geistlichen bekommen wird; das Beste wäre aber, wenn man den Kindern einfach aus der Biblischen Geschichte erzählen wollte, ohne irgend welche offizielle Moral, und der ganze Religionsunterricht zunächst darauf beschränkt bliebe. Eine Reihe schöner, reiner, heiliger Bilder könnte auf diese nach schönen Eindrücken lechzenden Seelen einen mächtigen Einfluß haben ...

Ich verließ übrigens die Kolonie mit einem höchst angenehmen Gesamteindruck. Wenn manches auch noch nicht richtig funktioniert, so ist das Ziel doch in vielen Fällen durchaus erreicht. Ich will mit zwei solchen erfreulichen Beispielen schließen. In der „Peter-Pauls-Festung" saß bei unserem Besuch ein schon fünfzehnjähriger Zögling; früher hat er einige Zeit im Litowskij-Gefängnis gesessen, als es dort noch eine Abteilung für jugendliche Verbrecher gab. Zur Internierung in der Kolonie verurteilt, floh er, wenn ich nicht irre, zweimal; beide Male wurde er wieder eingefangen, einmal außerhalb der Anstalt. Einmal erklärte er, daß er nicht mehr gehorchen wolle, und kam deswegen in Einzelhaft. Zu Weihnachten brachten ihm seine Verwandten Geschenke, er durfte sie aber als Häftling nicht bekommen, und die Geschenke wurden vom Erzieher konfisziert. Dies verletzte und erschütterte den Jungen ungemein, und als ihn einmal der Direktor besuchte, fing er an, sich bitter zu beklagen und den Erzieher wütend anzuklagen, daß er die Geschenke zu eigenem Nutzen konfisziert habe; dabei äußerte er sich mit Haß und Hohn über die Kolonie und seine Kameraden und klagte alle an. »Ich setzte mich zu ihm und sprach mit ihm sehr ernst«, erzählte mir P. A. »Er schwieg die ganze Zeit finster. Nach zwei Stunden schickte er plötzlich zu mir und ließ mich bitten, wieder zu ihm zu kommen; er stürzte mir mit Tränen in den Augen, tief erschüttert und ganz verwandelt entgegen, bereute seine Vergehen, klagte sich an, erzählte mir solche Dinge, die er bisher vor allen verheimlicht hatte, erzählte mir, daß er schon seit langer Zeit einem schändlichen Laster huldige, von dem er sich nicht befreien könne, daß dies ihn quäle, – mit einem Wort: es war eine richtige Beichte. Ich verbrachte mit ihm zwei Stunden«, fügte P. A. hinzu. »Wir besprachen alles; ich empfahl ihm einige Mittel, um gegen jene Gewohnheit anzukämpfen.«

P. A. wollte mir um nichts in der Welt sagen, worüber sie gesprochen hatten; man muß aber zugeben, daß hier die Fähigkeit vorliegt, in die krankhafte Seele eines erbitterten jungen Verbrechers einzudringen, der von der Wahrheit bisher nichts gewußt hat. Offen gestanden, ich hätte gerne dieses Gespräch mit allen Einzelheiten gehört. Hier ist eine andere Tatsache: jeder Erzieher in jeder „Familie" sieht nicht nur darauf, daß die Zöglinge selber ihre Stube aufräumen und scheuern, sondern beteiligt sich auch selbst an dieser Arbeit. Die Fußböden werden jeden Sonnabend gescheuert; der Erzieher zeigt nicht bloß, wie dies zu machen ist, sondern scheuert selbst mit. Dies ist schon eine sehr vollkommene Auffassung von seinem Berufe und seiner Menschenwürde. Wo findet man zum Beispiel in der Beamtenschaft eine solche Auffassung von ihrer Pflicht? Wenn diese Menschen wirklich entschlossen sind, die Aufgaben der Kolonie mit ihren eigenen Lebenszielen zu verbinden, so wird die Sache natürlich schon in Ordnung kommen, trotz aller theoretischen Fehler, wenn solche am Anfang auch vorkommen mögen. –

»Ja, die Helden! Ihr seid immer auf der Suche nach Helden, ihr Herren Romandichter«, sagte mir dieser Tage ein Mann, der in seinem Leben schon manches gesehen hat, »und da ihr bei uns keine Helden findet, zürnt ihr und schimpft auf ganz Rußland. Ich will Ihnen aber eine Anekdote erzählen. Vor langer Zeit, noch unter der Regierung des verstorbenen Kaisers, lebte ein gewisser Beamter; anfangs diente er in Petersburg, dann, glaube ich, in Kiew; dort starb er auch, und das ist anscheinend seine ganze Biographie. Nun denken Sie sich: dieser bescheidene und schweigsame Mensch litt sein Leben lang so furchtbar unter dem Gedanken, daß bei uns noch die Leibeigenschaft besteht und der Mensch, das Ebenbild Gottes, sklavisch von einem anderen Menschen abhängt – daß er von seinem äußerst bescheidenen Gehalt sich selbst, seiner Frau, seinen Kindern oft das Notwendigste versagend, gewisse Summen auf die Seite tat, um, sobald die Ersparnisse eine gewisse Höhe erreichten, irgendeinen Leibeigenen von irgendeinem Gutsbesitzer loszukaufen, natürlich alle zehn Jahre nur einen. Während seines ganzen Lebens hatte er auf diese Weise drei oder vier Mann losgekauft, und als er starb, hinterließ er seiner Familie nichts. Dies alles geschah in vollkommener Verschwiegenheit, niemand wußte etwas davon. Was ist er auch für ein Held: er ist einfach ein Idealist der vierziger Jahre, vielleicht auch noch ein lächerlicher und ungeschickter, denn er glaubte durch einen unbedeutenden Einzelfall das ganze Unglück bekämpfen zu können; aber ich glaube, unsere Potúgins[5] könnten sich etwas gütiger zu Rußland verhalten und es nicht für alles und jedes so mit Schmutz bewerfen.«

Ich bringe hier diese Anekdote (die mit dem übrigen anscheinend nichts zu tun hat) nur darum, weil ich keinen Grund habe, an ihrer Glaubwürdigkeit zu zweifeln.

Aber gerade solche Menschen könnten wir brauchen! Ich liebe furchtbar diesen komischen Typus kleiner Menschen, die sich ernsthaft einbilden, sie könnten durch ihr mikroskopisches Beginnen und ihren Eigensinn der allgemeinen Sache helfen, ohne erst den allgemeinen Aufschwung und Anfang abzuwarten. Ein Menschlein von diesem Typus wäre vielleicht gerade in so einer Kolonie für minderjährige Verbrecher sehr am Platze ... natürlich unter der Leitung aufgeklärterer und sozusagen höherer Anleiter ...

Ich habe übrigens in der Kolonie nur einige Stunden verbracht, und es ist wohl möglich, daß ich mir vieles nur eingebildet, vieles auch übersehen und falsch beurteilt habe. Jedenfalls halte ich die Mittel zur Umwandlung lasterhafter Seelen in lasterlose vorläufig für unzureichend.

DRITTES KAPITEL

I

Der Russische Tierschutzverein. Ein Feldjäger. Der Schnaps. Die Seuche der Sittenverderbnis und Worobjoff. Vom Anfang oder vom Ende?

In Nr. 359 der Zeitung „Die Stimme“ las ich zufällig von der Feier des zehnjährigen Jubiläums des Russischen Tierschutzvereins. Was für ein sympathischer und humaner Verein. Soviel ich verstehe, ist seine Grundidee vollständig in folgenden Worten der Rede des Fürsten A. A. Ssuwórow, des Vorsitzenden des Vereins, enthalten:

„Die Aufgabe unseres neuen Wohltätigkeitsvereins erschien anfangs in der Tat um so schwerer, als die Mehrheit nicht die moralischen und materiellen Vorteile erkennen wollte, die aus der nachsichtigen und vernünftigen Behandlung der Haustiere für die Menschen selbst resultieren.“

Und in der Tat, es sind doch nicht nur die Hündchen und Pferdchen dem Verein so lieb und wert, sondern auch der Mensch, der russische Mensch, dem man zu einem menschlichen Antlitz verhelfen muß, wozu der Tierschutzverein zweifellos beitragen kann. Wenn der Bauer einmal lernt, mit seinem Vieh Mitleid zu haben, wird er auch mit seinem Weibe Mitleid haben. Darum bin ich, obwohl ich die Tiere sehr liebe, doch froh, daß der hochverehrte Verein weniger an das Vieh als an die verrohten, unhumanen Menschen, an die nach Licht lechzenden Halbbarbaren denkt! Jedes Mittel zur Aufklärung ist wertvoll, und es ist nur zu wünschen, daß die Grundidee des Vereins tatsächlich zu einem aufklärenden Mittel werde. Unsere Kinder werden erzogen und wachsen heran, indem sie oft abstoßende Bilder sehen müssen. Sie sehen, wie der Bauer, der den Wagen viel zu schwer beladen hat, seine im Schlamm stecken gebliebene Mähre, seine Ernährerin, mit der Peitsche über die Augen schlägt, oder, was ich neulich selbst sah, wie ein Mann, der in einem großen Leiterwagen etwa zehn Kälber ins Schlachthaus fährt, selbst seelenruhig auf einem der Kälber sitzt. Er sitzt weich und bequem wie auf einem Sprungfederpolster, aber das Kalb mit der heraushängenden Zunge und den hervorquellenden Augen verreckt vielleicht, noch ehe es das Schlachthaus erreicht. Ich bin überzeugt, daß auf der Straße sich niemand über dieses Schauspiel empört hat. »Man führt sie doch sowieso zum Schlachten«; aber solche Bilder stumpfen den Menschen zweifellos ab und wirken besonders auf Kinder verrohend. Allerdings muß sich der verehrte Verein auch Angriffe gefallen lassen; ich hörte oft, wie man über ihn spottete. Man erzählte sich zum Beispiel, der Verein hätte vor fünf Jahren Anzeige gegen einen Droschkenkutscher erstattet, weil dieser sein Pferd schlecht behandelt habe, und der Kutscher sei zu einer Geldstrafe von 15 Rubeln verurteilt worden; dies war natürlich sehr ungeschickt, denn nach einem solchen Urteil wußten viele nicht, wer zu bemitleiden sei: der Droschkenkutscher oder das Pferd? Nach dem neuen Gesetz darf man allerdings einem solchen Droschkenkutscher nicht mehr als zehn Rubel abnehmen. Dann hörte ich von den angeblich übertriebenen Bemühungen der Gesellschaft, daß man die herrenlosen und folglich schädlichen Hunde mittels Chloroform umbringe. Darauf wurde eingewandt, daß, solange bei uns in gewissen Gouvernements die Menschen Hungers sterben, solche zärtliche Sorge für die Hündchen ein wenig verletzend sei. Aber alle solche Einwände halten keiner Kritik stand. Der Zweck des Vereins ist stetiger als jede vorübergehende Zufälligkeit. Es ist eine lichte und wahre Idee, die früher oder später überall Wurzel fassen und triumphieren muß. Vom anderen Standpunkt aus betrachtet, wäre es dagegen doch überaus wünschenswert, wenn die

Maßnahmen des Vereins und die oben erwähnten »vorübergehenden Zufälligkeiten« sich sozusagen die Waage hielten; dann würde auch deutlicher der rettende und wohltätige Weg hervortreten, auf dem der Verein zu reichlichen und, vor allen Dingen, praktischen Resultaten gelangen könnte, zu den Resultaten des wirklich erreichten Zieles ... Vielleicht drücke ich mich unklar aus; ich will daher ein Erlebnis erzählen, ein wirkliches Geschehnis, und hoffe, daß ich durch die anschauliche Darstellung das, was ich aussprechen möchte, verständlicher machen kann.

Dieses Geschehnis ereignete sich vor sehr langer Zeit, in meiner sozusagen prähistorischen Jugend, und zwar im Jahre 1837, als ich erst fünfzehn Jahre alt war, auf der Reise von Moskau nach Petersburg. Mein verstorbener älterer Bruder und ich fuhren mit unserem seligen Vater nach Petersburg, um dort in die Hauptingenieurschule einzutreten. Es war im Mai, und es war schon sehr heiß. Wir fuhren mit der Post, beinahe im Schritt und hielten uns auf den Stationen gegen zwei und drei Stunden auf. Ich erinnere mich, wie wir dieser Reise, die fast eine ganze Woche dauerte, schließlich überdrüssig waren. Mein Bruder und ich sahen voll Erwartung einem neuen Leben entgegen, träumten von allem Schönen und Erhabenen – dieses Wort war damals noch frisch und wurde ohne jede Ironie gebraucht. Wieviel schöne Worte dieser Art waren damals in Umlauf! Wir glaubten leidenschaftlich an etwas; wir wußten zwar ausgezeichnet alles, was für die Prüfung in der Mathematik verlangt wurde, aber wir dachten nur an die Poesie und die Dichter. Mein Bruder schrieb Verse, täglich an die drei Gedichte, selbst unterwegs, ich aber arbeitete im Geiste an einem Roman aus dem venezianischen Leben. Kaum zwei Monate vorher war Puschkin gestorben, und wir beschlossen unterwegs, gleich nach der Ankunft in Petersburg den Ort des Duells aufzusuchen und in die ehemalige Wohnung Puschkins einzudringen, um das Zimmer zu sehen, in dem er seine Seele ausgehaucht hat. Eines Abends machten wir Station in einem Wirtshaus, ich weiß nicht mehr, in welchem Dorf, ich glaube, im Gouvernement Twer; es war ein großes und wohlhabendes Kirchdorf. In einer halben Stunde sollten wir weiterfahren. Inzwischen schaute ich zum Fenster hinaus und erblickte folgendes Bild:

Direkt dem Wirtshaus gegenüber, auf der anderen Straßenseite, befand sich das Stationsgebäude. Plötzlich kam eine Kuriertroika herangesaust und hielt vor der Station. Ein Kurier sprang aus dem Wagen, ein sogenannter Feldjäger in voller Uniform, mit schmalen Frackschößen hinten, wie sie damals vorgeschrieben waren, und einem großen Dreimaster mit weißen, gelben und, wenn ich nicht irre, auch grünen Federn (dieses Detail habe ich vergessen; ich könnte mich wohl erkundigen, aber ich glaube, auch grüne Federn gesehen zu haben). Der Feldjäger war ein großer, außergewöhnlich massiver und kräftiger Kerl mit rotem Gesicht. Er lief ins Stationsgebäude und stürzte daselbst sicher ein Glas Schnaps hinunter. Ich erinnere mich, daß unser Kutscher uns damals sagte, so ein Feldjäger müßte auf jeder Station einen Schnaps trinken, sonst würde er diese Schinderei nicht aushalten können. Und schon rollte vor das Stationsgebäude eine neue prachtvolle Troika heran. Der Kutscher, ein etwa zwanzigjähriger Bursche in rotem Hemd, den Rock in der Hand, sprang auf den Bock. Im gleichen Augenblick stürzte auch der Feldjäger aus dem Hause, lief die Stufen hinunter und setzte sich in den Wagen. Der Kutscher zog die Zügel an, aber die Troika war noch nicht richtig in Bewegung gekommen, als der Feldjäger sich plötzlich erhob, schweigend, ohne ein einziges Wort, mit seiner kräftigen rechten Faust ausholte und sie von oben schmerzhaft auf den Nacken des Kutschers niedersausen ließ. Dieser erzitterte, beugte sich vor, hob die Peitsche und hieb aus Leibeskräften auf das Mittelpferd ein. Die Pferde stürmten vorwärts, aber dies vermochte den Feldjäger nicht zu besänftigen. Es war eine Methode dabei und keine Erbostheit, es war etwas Vorbestimmtes und auf langjähriger Erfahrung Begründetes; die schreckliche Faust hob sich und sauste wieder auf den Nacken hinab. Dann wieder und wieder, und das dauerte, bis die Troika den Blicken entschwand. Selbstverständlich hieb der Kutscher, der sich unter den Faustschlägen kaum halten konnte, ununterbrochen und jede Sekunde wie wahnsinnig auf die Pferde ein und erreichte damit, daß sie wie rasend dahinsausten. Unser Kutscher erklärte mir, daß alle Feldjäger so zu fahren pflegen, dieser aber ganz besonders, und man kenne ihn schon; nachdem er Schnaps getrunken und in den Wagen gestiegen, fange er immer sofort mit dem Schlagen an und schlage auf diese selbe Weise, ohne jede Schuld seitens des Kutschers, gleichmäßig die Faust hebend und senkend; so behandelt er den Postkutscher eine Werst lang mit der Faust und hört dann auf. Wenn es ihm aber langweilig wird, fängt er unterwegs manchmal von neuem an; manchmal hat Gott auch Erbarmen mit dem Kutscher. Dafür fängt er, wenn er sich einer Station nähert, unbedingt von neuem an, ungefähr eine Werst vor der Station, bis er vor dem Stationsgebäude hält, damit alle über ihn staunen; der Nacken schmerzt dann noch einen ganzen Monat danach. Wenn der Bursche zurückgekehrt ist, lachen alle über ihn: »Schön hat dir der Feldjäger den Buckel vollgehauen!« Der Bursche aber verprügelt vielleicht am gleichen Tage seine junge Frau: »Ich will es wenigstens an dir auslassen«; vielleicht auch, »weil sie zugesehen hat ...«

Es ist seitens des Kutschers zweifellos grausam, die Pferde so zu peitschen; sie erreichen die nächste Station halbtot gehetzt. Welches Mitglied des Tierschutzvereins würde sich aber entschließen, dieses Bäuerlein wegen der grausamen Behandlung seiner Pferde zur Verantwortung zu ziehen? So ist es doch?

Dieses widerliche Bild blieb mir für mein ganzes Leben unvergeßlich in der Erinnerung. Niemals konnte ich diesen Feldjäger und vieles andere Schändliche und Grausame im russischen Volke vergessen und war dann später unwillkürlich lange Zeit geneigt, dies alles natürlich viel zu einseitig zu erklären. Man wird verstehen, daß hier die Rede von einer längst vergangenen Zeit ist. Dieses Bild erschien mir sozusagen als ein Emblem, als etwas, was den Zusammenhang der Ursachen mit den Folgen höchst anschaulich vor Augen führt. Jeder Schlag, den das Tier bekam, entsprang sozusagen automatisch jedem Schlage, der den Menschen traf. Ende der vierziger Jahre, in der Periode meiner uferlosesten und leidenschaftlichsten Phantasien, kam mir einmal der Gedanke, daß, wenn ich Gelegenheit hätte, einen philanthropischen Verein zu gründen, ich unbedingt diese Kuriertroika im Siegel des Vereins als ein Emblem und einen Hinweis anbringen lassen würde.

Gewiß, jetzt ist eine andere Zeit als vor vierzig Jahren, und die Kuriere schlagen nicht mehr das Volk; das Volk, das in seinen Dorfgerichten die Rutenstrafe beibehalten hat, schlägt sich selbst. Es handelt sich aber nicht darum, sondern um die Ursachen, die diese Folgen nach sich ziehen. Es gibt keinen Feldjäger mehr, dafür gibt es den Schnaps. Welche Ähnlichkeit hat der Schnaps mit dem Feldjäger? Eine sehr große. Er vertiert den Menschen ebenso, macht ihn zum Vieh, verstockt ihn, erbittert ihn, lenkt ihn von allen guten Gedanken ab und macht ihn stumpf gegen jede gute Propaganda. Der Betrunkene denkt nicht an Mitleid mit Tieren, der Betrunkene läßt Frau und Kinder im Stich. Ein betrunkener Mann kam zu seiner Frau, die er vor vielen Monaten verlassen und, ebenso wie die Kinder, nicht ernährt hatte, und forderte Schnaps; er fing an, sie zu schlagen, um noch mehr Schnaps zu erpressen; die arme Zwangsarbeiterin (man bedenke, wie bei uns die Frauenarbeit eingeschätzt wird), die nicht wußte, wie ihre Kinder ernähren, ergriff ein Messer und stach nach ihm. Das ist vor kurzem passiert, und die Frau kommt vors Gericht. Ich bedaure schon, daß ich von ihr erzählt habe, denn es gibt Hunderte und Tausende solcher Fälle, man sehe bloß eine Zeitung durch. Die größte Ähnlichkeit des Schnapses mit dem Feldjäger liegt aber zweifellos darin, daß er ebenso zwingend und unwiderstehlich den menschlichen Willen beherrscht.

Der verehrte Tierschutzverein hat siebenhundertfünfzig Mitglieder, die wohl Einfluß haben könnten. Wenn er doch nur den Wunsch hätte, wenigstens etwas zur Verminderung der Trunksucht im Volke und der Vergiftung einer ganzen Generation mit Schnaps beizutragen! Die Volkskraft, die Quelle der künftigen Güter, versiegt, Geist und Bildung verkommen, – was werden in ihren Seelen die heutigen Kinder des Volkes bewahren, die in den Greueln ihrer Väter aufgewachsen sind? Ein Dorf brennt, auch die Kirche hat Feuer gefangen; da tritt der Schankwirt vor und ruft den Leuten zu, daß sie von ihm, wenn sie die Rettung der Kirche aufgeben, dafür aber seine Schenke retten, ein Faß Schnaps bekommen. Die Kirche verbrannte, aber die Schenke wurde gerettet. Diese Beispiele sind angesichts der unübersehbaren kommenden Schrecken noch unbedeutend. Wenn der verehrte Tierschutzverein wenigstens etwas zur Beseitigung der primären Ursachen beitragen wollte, so würde er sich damit zweifellos auch seine schöne Propaganda erleichtern. Wie kann man denn sonst den Menschen zum Mitleid zwingen, wenn die Ordnung der Dinge selbst gleichsam nur den Zweck hat, jede Menschlichkeit im Menschen auszurotten? Ist es denn auch bloß der Schnaps, was in unserer ausgefallenen Zeit so wütet und das Volk verdirbt? Es ist, als schwebe aller Orten ein giftiger Hauch in der Luft, als herrsche die Sittenverderbnis wie eine Art Seuche. Im Volk macht sich eine unerhörte Ideenverdrehung, von einem Kult des Materialismus begleitet, bemerkbar. Materialismus nenne ich in diesem Falle den Respekt des Volkes vor dem Gelde, vor der Macht des Goldes. Ins Volk scheint plötzlich der Gedanke eingedrungen zu sein, daß der Geldsack jetzt alles sei, daß auf ihm jede Gewalt beruhe und daß alles, was die Väter dem Volke bisher gesagt und gepredigt haben, lauter Unsinn sei. Wehe, wenn dieser Gedanke sich im Volke festsetzt; warum sollte es auch anders denken? Glaubt ihr vielleicht, daß die Katastrophe auf der Odessaer Eisenbahn, die sich kürzlich ereignet hat und bei der an die hundert Rekruten des Zaren umgekommen sind, daß der Gedanke an diese Macht keinen verderblichen Einfluß auf das Volk haben wird? Das Volk sieht es und staunt über eine solche Macht: »Sie tun, was sie wollen!« – und es kommen ihm unwillkürlich solche Gedanken: »Hier ist also die echte Macht, immer war sie hier: werde reich, und alles gehört dir, und du darfst alles.« Es gibt keinen verderblicheren Gedanken als diesen. Er schwebt in der Luft und dringt allmählich ins Volk ein. Das Volk ist aber vor solchen Gedanken durch nichts geschützt, durch keinerlei Bildung, durch keinerlei Predigt anderer, entgegengesetzter Ideen. Über ganz Rußland ziehen sich jetzt beinahe zwanzigtausend Werst Eisenbahnlinien hin, und selbst der kleinste Eisenbahnbeamte steht überall als Prediger dieser Idee da und sieht euch so an, als hätte er eine grenzenlose Gewalt über euch und euer Schicksal, über eure Familie und eure Ehre, wenn ihr nur zu ihm auf die Eisenbahn geratet. Neulich hat ein Stationschef eigenmächtig und eigenhändig eine Dame aus dem Eisenbahnwagen gezerrt, um sie irgend einem Herrn auszuliefern, der sich beim Stationschef beschwert hatte, daß diese Dame seine durchgebrannte Frau sei – und dies ohne Gericht, ohne den leisesten Zweifel, ob er zu einem solchen Vorgehen berechtigt sei. Es ist klar, daß dieser Stationschef, wenn er überhaupt bei klarem Verstand war, von seinem eigenen Machtbewußtsein gleichsam berauscht war. Alle solche Fälle und Beispiele dringen ins Volk als ein dauerndes Ärgernis ein, das Volk sieht sie jeden Tag und zieht aus ihnen zwingende Schlüsse. Ich habe früher einmal Herrn Ssuwórin seinen von ihm erzählten Zwischenfall mit einem Herrn Golubjóff vorgeworfen. Ich glaubte damals, man dürfe nicht einen ganz unschuldigen Menschen auf diese Weise dem allgemeinen Spott ausliefern, dazu noch mit der Schilderung aller seiner Seelenregungen. Jetzt habe ich aber meine Stellungnahme zu diesem Fall geändert. Was geht es mich an, daß Herr Golubjóff unschuldig ist? Herr Golubjoff mag so rein wie eine Träne sein, dafür hat Worobjóff Schuld. Wer ist Worobjóff? Ich weiß es nicht, ich bin sogar überzeugt, daß es ihn gar nicht gibt, es ist aber derselbe Worobjóff, der jetzt auf allen Eisenbahnlinien wütet, der eigenmächtig Gebühren erhebt, der die Passagiere gewaltsam aus den Wagen zerrt, der die Eisenbahnkatastrophen veranstaltet, der die Waren monatelang auf den Stationen zurückhält, bis sie verfaulen, der unerbittlich ganze Städte, Gouvernements und das ganze Reich schädigt und mit wilder Stimme schreit: »Weg frei, jetzt komme ich!« Die Hauptschuld dieses verderblichen Eindringlings besteht aber darin, daß er als ein Ärgernis und als eine verderbliche Idee über dem Volke steht. Warum wettere ich übrigens so gegen Worobjóff; — ist er denn der einzige Träger der verderblichen Idee? Ich wiederhole, es schwebt etwas in der Luft, das mit Materialismus und Skeptizismus durchtränkt ist; man sieht die Vergötterung der mühelosen Bereicherung, des Genusses ohne Arbeit; jeder Betrug, jedes Verbrechen werden ganz kaltblütig verübt; man mordet, bloß um einen Rubel dem anderen aus der Tasche zu stehlen. Ich weiß, es hat auch früher viel Schlimmes gegeben, heute aber hat es sich zweifellos verzehnfacht. Vor allen Dingen schwebt eine solche Anschauung wie eine Lehre oder wie ein Glaube in der Luft. Vor zwei oder drei Wochen fuhr in Petersburg ein blutjunger, ein kaum volljähriger Droschkenkutscher nachts einen alten Mann und eine alte Frau; als er sah, daß der Mann sinnlos betrunken war, holte er ein Federmesser hervor und versuchte, die Alte zu ermorden. Er wurde gefaßt und bekannte: »Ich weiß selbst nicht, wie es so kam und wie mir das Messer in die Hände geraten ist.« Er hat es auch in der Tat nicht gewußt. Hier liegt wirklich der Einfluß des Milieus vor. Es hatte ihn ergriffen und in die Seuche der Sittenverderbnis, in die heutige Geistesrichtung des Volkes wie in eine Maschine hineingezogen; mühelose Bereicherung, wie soll man da nicht einen Versuch machen, und wenn auch nur mit einem Federmesser?!

»Nein, heutzutage kommt es nicht mehr auf die Propaganda für den Tierschutz an: das ist auch so eine Spielerei für Herrschaften«, – diesen Ausspruch habe ich selbst gehört, weise ihn aber energisch zurück. Obwohl ich kein Mitglied des Tierschutzvereins bin, bin ich doch bereit, ihm zu dienen, und glaube sogar, daß ich es auch schon tue. Ich weiß nicht, ob ich meinen soeben geäußerten Wunsch, daß die »Handlungen des Tierschutzvereins und die vorübergehenden Zufälligkeiten sich die Waage halten mögen«, klar genug ausgesprochen habe; da ich aber die menschlichen und erzieherischen Ziele des Vereins anerkenne, bin ich ihm von Herzen zugetan. Ich habe niemals die Ansicht begreifen können, daß nur ein Zehntel aller Menschen die höhere Bildung erhalten dürfe, während die übrigen neun Zehntel nur als Material und Mittel dazu zu dienen hätten, dabei aber selbst im Finstern bleiben müßten. Ich will anders nicht leben und denken als mit dem Glauben, daß alle unsere neunzig Millionen Russen (oder wieviel ihrer noch zur Welt kommen) einmal alle aufgeklärt, zu Menschen erzogen und glücklich sein werden. Ich weiß und glaube fest, daß die allgemeine Aufklärung bei uns niemandem schaden kann. Ich glaube auch, daß die Herrschaft der Idee und des Lichts bei uns, in unserem Rußland, vielleicht noch schneller anbrechen kann als anderswo in der Welt, denn bei uns gibt es auch jetzt niemand, der für die Idee der Notwendigkeit, einen Teil der Menschen zu Tieren zu machen, damit der andere Teil im Wohlstand lebe, eintreten wollte, – für die Idee, die jetzt in ganz Europa der Ausdruck der Zivilisation ist. Bei uns haben doch die oberen Stände mit dem Willen des Monarchen an der Spitze freiwillig die Leibeigenschaft gebrochen! Darum begrüße ich noch einmal den Tierschutzverein aus vollem Herzen; ich wollte aber nur den Gedanken aussprechen, daß es gut wäre, nicht beim Ende, sondern wenigstens teilweise am Anfang zu beginnen.

II

Der Spiritismus. Einiges über die Teufel. Die außergewöhnliche List der Teufel, wenn das nur Teufel sind

Nun habe ich das ganze Papier der Januar-Nummer verbraucht und wollte doch noch über den Krieg, über unsere Grenzgebiete, über die Literatur, die Dekabristen und mindestens fünfzehn weitere Gegenstände sprechen. Ich sehe, daß ich gedrängter schreiben und mich beschränken muß – das sei ein Vorsatz für die Zukunft. Damit ich es nicht vergesse, will ich gleich einige Worte über die Dekabristen[6] einfügen: Anläßlich der Todesnachricht eines von ihnen wurde in unseren Zeitschriften die Bemerkung gemacht, daß der Verstorbene wohl einer unserer letzten Dekabristen sei; dies stimmt nicht ganz. Von den Dekabristen ist noch Iwán Alexándrowitsch Ánnenkoff am Leben, derselbe, dessen Geschichte der verstorbene Alexandre Dumas père in seinem bekannten Roman „Les Mémoires d'un maître d'armes" entstellt hat. Am Leben ist auch Matwéi Iwánowitsch Murawjóff-Apóstol, der leibliche Bruder des Hingerichteten. Am Leben sind Swistúnoff und Nasímoff und vielleicht noch viele andere.

Mit einem Wort, vieles muß ich noch für die Februar-Nummer aufheben. Aber mein Januar-Tagebuch möchte ich doch mit etwas Heiterem abschließen. Und da gibt es nun ein so lustiges, vor allem zeitgemäßes Thema: das sind die Teufel, das Thema von den Geistern, vom Spiritismus. Es geht in der Tat etwas höchst Seltsames vor: Ein junger Mann setzt sich zum Beispiel, wie man mir berichtet, mit untergeschlagenen Beinen in einen Sessel, und der Sessel fängt an, durchs Zimmer zu hopsen; das in der Residenz Sankt Petersburg! Warum ist aber der Mensch bisher nicht mit untergeschlagenen Beinen auf einem Sessel herumgehopst, sondern hat gedient und bescheiden auf Beförderung gewartet? Es wird behauptet, eine Dame in der Provinz habe in ihrem Haus doppelt so viele Teufel als es ihrer in der

Hütte des Onkels Eddy gab. Wie sollte es bei uns auch keine Teufel geben! Gogol berichtet aus dem Jenseits nach Moskau ganz positiv, daß es Teufel seien. Ich las den Brief, es ist wirklich sein Stil. Er beschwört, die Teufel nicht zu zitieren, sich nicht mit Tischrücken zu befassen, sich mit diesen Mächten nicht einzulassen: „Neckt die Teufel nicht, laßt euch auf diese Dinge nicht ein, es ist Sünde, die Teufel zu necken . . ." – „Wenn dich nachts nervöse Schlaflosigkeit quält, so ärgere dich nicht, sondern bete, denn es sind die Teufel; bekreuze dein Hemd und sprich ein Gebet." Auch die geistlichen Hirten erheben ihre Stimmen und geben sogar der Wissenschaft den Rat, sich mit dem Spuk nicht abzugeben und »diesen Zauber« nicht erforschen zu wollen. Wenn sogar die geistlichen Hirten ihre Stimmen erhoben haben, so nimmt die Sache wohl schon bedrohliche Dimensionen an. Die ganze Frage ist aber, ob das wirklich Teufel sind? Die in Petersburg gebildete Kommission zur Untersuchung des Spiritismus hätte doch diese Frage entscheiden sollen! Wenn die Kommission endgültig beschließt, daß es keine Teufel sind, sondern irgendeine Art Elektrizität, eine neue Form der weltbewegenden Kraft, so wird sofort eine allgemeine Enttäuschung eintreten: »Wie abgedroschen!« wird man sagen, »wie langweilig!« und sofort werden alle den Spiritismus aufgeben und vergessen und sich wieder wie früher ihren Geschäften zuwenden. Um aber festzustellen, ob es wirklich Teufel sind, müßte wenigstens einer von den an der Kommission teilnehmenden Gelehrten imstande sein und die Möglichkeit haben, die Existenz der Teufel wenigstens als Hypothese gelten zu lassen. Es wird sich aber unter ihnen wohl kaum einer finden, der an den Teufel glaubt, obwohl furchtbar viele Menschen, die an Gott nicht glauben, freudig und bereitwillig an den Teufel glauben. Darum ist die Kommission in dieser Frage gar nicht kompetent. Mein ganzes Unglück ist, daß ich unmöglich an solche Teufel glauben kann, und das ist sehr schade, denn ich habe selbst eine sehr klare und wunderbare Theorie des Spiritismus ausgedacht, die aber einzig auf der Existenz der Teufel begründet ist: ohne die Teufel fällt meine ganze Theorie in sich zusammen. Diese Theorie möchte ich nun zum Schluß den Lesern mitteilen. Ich will nämlich die Teufel in Schutz nehmen: diesmal werden sie unverschuldet angegriffen und für Dummköpfe gehalten. Man braucht sich aber keine Sorgen zu machen: die Teufel verstehen ihre Sache; eben dies will ich beweisen.

Erstens wird behauptet, die Geister (das heißt, die Teufel, die unsaubere Macht: was könnten denn hier für Geister sein, wenn nicht Teufel?) seien dumm; wenn man sie zitiere und frage (mittels Tischrückens), so geben sie lauter Unsinn zur Antwort, verstehen nichts von Grammatik und haben noch keinen einzigen neuen Gedanken, keine einzige Entdeckung mitgeteilt. Ein solches Urteil ist durchaus irrig. Was würde geschehen, wenn die Teufel zum Beispiel auf einmal ihre ganze Macht zeigen und den Menschen mit ihren Entdeckungen erdrücken wollten? Wenn sie zum Beispiel den elektrischen Telegraphen erfänden (gesetzt den Fall, daß er noch nicht erfunden wäre) oder dem Menschen allerlei Geheimnisse mitteilten: »Grabe an der und der Stelle, und du findest einen Schatz oder ein Steinkohlenlager« (à propos, das Brennholz ist ja so teuer geworden), – aber das wäre noch gar nichts! – Ihr versteht natürlich, daß die menschliche Wissenschaft sich noch im Säuglingsalter befindet und ihre ersten Schritte macht, und, wenn sie überhaupt etwas Sicheres erreicht hat, so doch nur, daß sie fest auf ihren Beinen steht; wenn es also plötzlich eine ganze Reihe von Entdeckungen regnete, zum Beispiel daß die Sonne stillstehe und die Erde sich um sie drehe (denn es gibt natürlich sicher eine Menge Entdeckungen von gleicher Wichtigkeit, die noch nicht gemacht worden sind und die sich unsere Weisen noch nicht einmal träumen lassen); wenn nun alle diese Kenntnisse plötzlich der Menschheit in den Schoß fielen und zwar vollkommen unentgeltlich, als Geschenk? Ich frage: was würde dann mit den Menschen geschehen? Oh, zuerst würden sie natürlich entzückt sein. Die Menschen würden einander begeistert um den Hals fallen, würden alle die Entdeckungen studieren (dies würde aber einige Zeit erfordern); sie würden sich plötzlich sozusagen von Glück überschüttet, in materiellen Gütern vergraben sehen; sie würden vielleicht in der Luft gehen oder fliegen, unglaublich große Strecken zehnmal so schnell als mit der Eisenbahn zurücklegen, aus dem Boden fabelhafte Ernten herausholen, vielleicht auf chemischem Wege organische Wesen herstellen, so daß auf jeden Menschen drei Pfund Fleisch kämen, wie es die russischen Sozialisten ersehnen – mit einem Wort: Iß, trink und genieße. »Jetzt erst, wo der Mensch versorgt ist«, würden alle Philanthropen schreien, »jetzt erst wird er sich ganz entfalten können!« Es gibt keine materiellen Entbehrungen mehr, kein den Menschen verschlingendes „Milieu", das die Ursache aller Laster war, und der Mensch wird von jetzt ab schön und tugendhaft sein! Es gibt keine ununterbrochene Arbeit mehr, wie der Mensch sie bisher leistete, um sich irgendwie zu ernähren, jetzt werden sich alle den höchsten und tiefsten Gedanken und den allgemeinen Erscheinungen zuwenden. »Jetzt, erst jetzt ist das höhere Leben angebrochen!« Selbst die klügsten und besten Menschen würden dies einstimmig ausrufen, das Ungewohnte würde vielleicht alle mitreißen, und alle würden den allgemeinen Hymnus anstimmen: »Wer ist dem Tier gleich? Ehre sei ihm, es hat uns das Feuer vom Himmel gebracht!«

Aber diese ganze Begeisterung würde kaum auch nur für eine Menschengeneration vorhalten! Die Menschen würden plötzlich merken, daß sie kein Leben mehr haben, keine Freiheit des Geistes, keinen Willen und keine Persönlichkeit, daß ihnen jemand dies alles gestohlen hat; daß das menschliche Antlitz verschwunden ist und an seine Stelle das tierische Angesicht des Sklaven getreten ist, bloß mit dem Unterschied, daß das Rind nicht weiß, daß es ein Rind ist, der Mensch aber wissen würde, daß er ein Vieh geworden ist. Und die Menschheit würde verfaulen; die Menschen würden mit Eiterbeulen bedeckt sein, sie würden vor Schmerz auf ihre Zungen beißen, wenn sie sähen, daß man ihnen für das Brot, für „die in Brote verwandelten Steine" das Leben genommen hat. Die Menschen würden verstehen, daß es in der Untätigkeit kein Glück gibt, daß das mühelose Denken erlöschen muß, daß man seinen Nächsten nicht lieben kann, wenn man ihm nicht von seiner Hände Arbeit spendet, daß es gemein ist, umsonst zu leben, und *daß das Glück nicht im Glück, sondern im Streben nach dem Glück liegt.* Es würde eine große Langeweile und eine Zeit der Unlust anbrechen: alles ist getan, und es gibt nichts mehr zu tun; alles ist bekannt, und es ist nichts mehr zu erforschen. Die Selbstmörder würden scharenweise auftreten und nicht mehr vereinzelt wie jetzt; die Menschen würden in Massen zusammenströmen, sich an den Händen fassen und einander auf einmal durch irgendein neues Mittel, das sie zugleich mit allen anderen Errungenschaften gefunden hätten, zu Tausenden ausrotten. Und dann würden vielleicht die Übriggebliebenen zu Gott schreien: »Recht hast du, Herr, der Mensch lebt nicht vom Brot allein!« Dann würden sie sich gegen die Teufel erheben und die Zauberkünste aufgeben ... Oh, Gott möge der Menschheit niemals eine solche Qual schikken! Und das Reich der Teufel würde versinken! Nein, die Teufel werden niemals einen so groben politischen Fehler machen. Sie sind feine Politiker und gehen auf einem fein durchdachten und gesunden Wege zu ihrem Ziel (wiederum: wenn hier wirklich Teufel im Spiel sind!).

Die Grundidee ihres Reiches ist die Zwietracht, das heißt: sie wollen ihr Reich auf Zwietracht gründen. Wozu brauchen sie die gerade hier? – Wieso, das ist doch klar: man bedenke nur, daß die Zwietracht an sich eine große Macht darstellt; nach einem langen Frieden führt sie die Menschen zur Dummheit, zur Verfinsterung und Entartung des Verstandes und der Gefühle. Wenn Zwietracht herrscht, geht der Mensch, der seinen Nächsten beleidigt hat, nicht zum Beleidigten, um sich mit ihm auszusöhnen, sondern sagt: »Ich habe ihn beleidigt, also muß ich mich an ihm rächen.« Das Wichtigste aber ist, daß die Teufel ausgezeichnet die Weltgeschichte kennen und sich besonders gut alles gemerkt haben, was auf der Zwietracht aufgebaut ist. Es ist ihnen zum Beispiel bekannt, daß die vom Katholizismus abgesplitterten europäischen Sekten nur darum noch als Religionen bestehen, weil ihretwegen seinerzeit Blut vergossen worden ist. Erreicht zum Beispiel der Katholizismus sein Ende, so stürzen auch alle protestantischen Sekten zusammen: wogegen sollten sie dann noch protestieren? Sie sind fast alle auch jetzt schon geneigt, zu irgend so einer „Humanität" überzugehen oder sogar einfach zum Atheismus; diese Neigung konnte man an ihnen übrigens schon längst wahrnehmen, und wenn sie immer noch als Religionen weiterleben, so doch nur, weil sie noch immer protestieren. Sie haben noch im vorigen Jahre protestiert, und wie: sie haben sogar den Papst selber angegriffen.

Die Teufel werden natürlich schließlich das ihrige erreichen und den Menschen mit den „in Brote verwandelten Steinen" wie eine Fliege erdrücken: das ist ihr Hauptziel; aber sie werden sich dazu nur dann entschließen, wenn sie zuvor ihr künftiges Reich gegen die menschliche Auflehnung gesichert und ihm auf diese Weise eine lange Dauer gewährleistet haben. Wie bezähmt man aber den Menschen? Natürlich nach dem Grundsatze: „divide et impera" ... Dazu braucht man aber die Zwietracht. Andererseits werden aber die Menschen die in Brote verwandelten Steine bald satt haben, und darum muß man ihnen eine Beschäftigung geben, damit sie sich nicht langweilen. Gibt es aber für die Menschen eine bessere Beschäftigung als die Zwietracht!

Man beachte nun, wie die Teufel bei uns die Zwietracht einführen und den Spiritismus sozusagen gleich beim ersten Schritt damit beginnen. Unsere unruhige Zeit begünstigt es ganz besonders. Wieviel Menschen hat man bei uns schon beleidigt, weil sie an den Spiritismus glauben. Man schreit sie an, man lacht sie aus, weil sie an das Tischrücken glauben, als hätten sie etwas Ehrloses unternommen; jene fahren aber trotzdem fort, ihre Sache zu studieren. Wie sollten sie auch aufhören, zu studieren: die Teufel fangen die Sache am äußersten Ende an, sie erregen die Neugier, verwirren aber nur, statt zu erklären, führen den Menschen irre und lachen ihn ganz unverhohlen aus. Der kluge Mensch, der jede Achtung der Außenwelt verdient, steht mit gerunzelter Stirne da und bemüht sich lange, dahinter zu kommen, was es eigentlich sei. Schließlich winkt er ab und will die Sache schon aufgeben, aber das Publikum lacht noch lauter, und die Sache nimmt solche Dimensionen an, daß der Adept nun schon aus bloßem Ehrgeiz bei seinem Vorhaben verharrt.

Wir haben vor uns die mit allen Waffen der Wissenschaft ausgerüstete Kommission, die den Spiritismus erforschen soll. Das Publikum wartet, aber die Teufel denken gar nicht daran, Widerstand zu leisten; im Gegenteil, sie blamieren sich auf die schändlichste Weise: die Séancen mißlingen, Betrug und Taschenspielereien kommen zum Vorschein. Von allen Seiten erschallt boshaftes Lachen; die Kommission zieht sich mit verächtlichen Blicken zurück, die Adepten des Spiritismus versinken in Scham, und der Durst nach Rache schleicht sich in die Herzen beider Parteien ein. Die Teufel müßten eigentlich zugrunde gehen, aber das fällt ihnen gar nicht ein. Kaum wenden sich die Gelehrten und die strengen Männer weg, so zeigen die Teufel ihren früheren Adepten sofort irgendein möglichst übernatürliches Kunststück, und diese sind fester als je überzeugt. Wieder gibt es Ärgernis und Zwietracht. In Paris stand im letzten Sommer ein Photograph wegen spiritistischer Schwindeleien vor Gericht: er zitierte die Verstorbenen und photographierte sie; er bekam massenhaft Aufträge. Man hatte ihn aber überführt, und er gestand vor Gericht alles, führte sogar die Dame vor, die ihm geholfen und die die zitierten Geister dargestellt hatte. Was glaubt ihr: Haben die, die der Photograph beschwindelt hat, daran geglaubt? Keine Spur! Der eine von ihnen soll gesagt haben: »Mir sind drei Kinder gestorben, und ich habe keine Bilder von ihnen gehabt. Der Photograph hat sie mir photographiert, die Bilder sind sehr ähnlich, ich habe sie alle sofort erkannt. Was geht es mich an, daß er euch seine Schwindeleien eingestanden hat? Er hat wohl seine Berechnung dabei gehabt, ich aber habe die Tatsache in Händen, und nun laßt mich in Ruh!« So stand es in den Zeitungen; ich weiß nicht, ob ich die Details genau wiedergegeben habe, aber das Wesentliche stimmt. Wenn sich nun auch bei uns so etwas ereignet: sobald die gelehrte Kommission mit ihren Arbeiten fertig ist, die elenden Taschenspielerkünste aufgedeckt und sich weggewandt hat, packen die Teufel eines der energischsten Mitglieder der Kommission, zum Beispiel Herrn Mendeléjeff[7] selbst, der gegen den Spiritismus in öffentlichen Vorträgen aufgetreten ist, und fangen ihn auf einmal in ihre Netze, wie sie seinerzeit Crookes und Olkott eingefangen haben: Sie nehmen ihn auf die Seite, heben ihn für fünf Minuten in die Luft, materialisieren ihm seine verstorbenen Bekannten und machen alles so, daß ein Zweifel unmöglich ist – was dann? Als echter Gelehrter wird er die geschehene Tatsache anerkennen müssen, er, der öffentliche Vorträge gehalten hat! Welch ein Bild, welch eine Schande, welch ein Skandal, welche Schreie der Entrüstung! Das ist natürlich nur ein Scherz, und ich bin überzeugt, daß Herr Mendeléjeff nichts dergleichen zustoßen wird, obwohl in Amerika und in England die Teufel gerade nach diesem Plan vorgegangen sind. Wenn aber die Teufel, nachdem sie den Boden vorbereitet und genügend Zwietracht gesät haben, plötzlich den Wunsch haben, ihre Tätigkeit unermeßlich zu erweitern, und dann zu echten und ernsthaften Handlungen übergehen? Sie sind eine spöttische und unberechenbare Gesellschaft, und das sähe ihnen ähnlich. Wenn sie etwa plötzlich ins Volk eindringen, zugleich mit der Aufklärung? Unser Volk ist aber so schutzlos, so sehr der Finsternis und dem Laster ergeben und scheint so wenig Führer zu haben! Es kann an die neuen

Erscheinungen mit großer Leidenschaft glauben (glaubt es doch an alle die Iwan Filíppowitsche![8]) – was für ein Stillstand in der geistigen Entwicklung des Volkes tritt dann ein, was für eine Verderbnis und für wie lange! Was für eine abgöttische Verehrung des Materialismus, und was für eine Zwietracht: hundert- und tausendmal mehr als bisher, und das ist es, was die Teufel wollen. Die Zwietracht wird aber zweifellos beginnen, besonders wenn der Spiritismus Verfolgungen und Bedrückungen erlebt (dies muß aber unbedingt seitens der übrigen Bevölkerung kommen, die an den Spiritismus nicht glaubt), dann wird sie wie brennendes Petroleum um sich greifen, und alles wird brennen. Die mystischen Ideen lechzen nach Verfolgungen, sie verdanken ihnen ihre Entstehung. Denn jeder den Verfolgungen ausgesetzte Gedanke gleicht dem Petroleum, mit dem die Brandstifter die Fußböden und Wände der Tuilerien begossen haben, und wird den Brand in dem zu schützenden Gebäude nur noch vergrößern. Ja, die Teufel kennen die Macht der verbotenen Glaubenslehren, vielleicht haben sie schon seit vielen Jahrhunderten darauf gelauert, daß die Menschheit einmal über die Tische stolpert! An ihrer Spitze steht natürlich irgendein riesengroßer unreiner Geist von großer Macht, viel klüger als Mephistopheles, der, wie Jákow Petrówitsch Polónskij[9] versichert, Goethes Ruhm begründet hat.

Natürlich habe ich vom ersten bis zum letzten Wort nur gescherzt, zum Schluß möchte ich aber folgendes sagen: Wenn man den Spiritismus als etwas, was einen neuen Glauben in sich trägt, ansieht, (fast alle Spiritisten, selbst die nüchternsten unter ihnen, neigen ein wenig zu dieser Ansicht), so könnte manches vom Obengesagten auch nicht als Scherz aufgefaßt werden. Darum gebe Gott recht bald Erfolg der freien Forschung auf beiden Seiten; nur dies allein könnte den um sich greifenden schlechten Geist schnell ausrotten, vielleicht aber auch die Wissenschaft durch eine neue Entdeckung bereichern. Einander anschreien, beschämen und wegen des Spiritismus aus der Gesellschaft ausschließen, heißt meiner Ansicht nach nur, die Idee des Spiritismus in ihrem schlimmsten Sinne festigen und verbreiten. Das ist der Anfang der Unduldsamkeit und der Verfolgungen. Gerade das aber ist es ja, was die Teufel brauchen!

FEBRUAR

ERSTES KAPITEL

I

Davon, daß wir alle gute Menschen sind. Die Ähnlichkeit der russischen Gesellschaft mit dem Marschall Mac-Mahon

... In der Tat: wir sind doch alle gute Menschen – natürlich ausgenommen die schlechten. Ich füge sogar noch hinzu: Es gibt bei uns überhaupt keine schlechten Menschen, sondern nur wertlose. An die wirklich Schlechten reichen wir gar nicht heran. Denken Sie nach, lachen Sie nicht über mich: Aus Mangel an bösen Menschen waren wir seinerzeit sehr bereit, verschiedene wirklich böse Menschen hochzuschätzen, wie es gewisse Typen in unserer Literatur beweisen, die größtenteils der ausländischen entlehnt worden sind. Oh, nicht genug damit, daß wir sie schätzten, nein, sklavisch versuchten wir, sie im wirklichen Leben zu kopieren. Beinahe waren wir schon nicht mehr wir selbst, nicht mehr Russen! Erinnern Sie sich nur dieser vielen Petschorins, die es bei uns gab, die, angeregt durch die Lektüre von Lérmontows „Helden unserer Zeit“, in Wirklichkeit Schlechtigkeiten begingen. Der Ahnherr all dieser bösen Menschlein in unserer Literatur ist wohl der Typ Silvio in der Novelle „Der Schuß“, den unser naiver und herrlicher Puschkin dem Engländer Byron entlehnt hat.

Wenn wir diese schlechten Menschen so achteten, so geschah es nur deshalb, weil diese Menschen eines andauernden Hasses fähig waren, im Gegensatz zu uns Russen, die wir nun einmal nicht richtig hassen können und uns darum nicht wenig selbst verachteten. Der russische Mensch ist in der Tat nicht imstande, ernstlich und lange zu hassen, weder

Menschen noch Laster, weder Unwissenheit noch Despotismus, noch tiefsten Obskurantismus. Bei uns ist man sofort bereit, sich zu versöhnen, womöglich schon gleich bei der ersten Gelegenheit. Oder ist das nicht wahr? In der Tat, warum sollte einer den andern hassen? Wegen schlechter Handlungen etwa? Nun, lassen wir dieses Thema lieber, es ist zu zweischneidig. Und der Haß der Überzeugung? An *den* Haß glaube ich bei uns schon gar nicht. Früher einmal, gewiß, gab es bei uns Slawophile und Westler, und die haßten sich sehr; aber dann, als es mit der Aufhebung der Leibeigenschaft auch mit der Reform Peters des Großen zu Ende ging und ein allgemeines sauve qui peut eintrat, da waren Slawophile und Westler einig in demselben Gedanken, daß man jetzt alles vom Volke selbst erwarten müsse, daß es auferstehen werde, und daß nur das Volk allein uns in allem das letzte Wort sagen könne. Darüber hätten sich die Slawophilen und Westler ja nun versöhnen können, aber das ging auch wieder nicht an, denn die Slawophilen glauben an das Volk, weil sie das Eigene und Eigenartige seiner Anlagen anerkennen. Die Westler dagegen lassen sich nur unter der Bedingung herbei, an das Volk zu glauben, daß man ihm alles Eigene und Eigenartige nimmt. Und siehe da, der Kampf dauert fort. Doch an diesen Haß: Kampf gegen Kampf und Haß gegen Haß, an den glaube ich, wie gesagt, *nicht.* Warum können sich die Streitenden nicht auch zu gleicher Zeit liebhaben? Das geschieht bei uns nur zu oft in den Fällen, in denen sich gute, allzu gute Menschen streiten. Und warum sollten wir nicht gute Menschen sein? Auch streiten wir uns doch hauptsächlich nur, weil jetzt eine Zeit angebrochen ist, die von uns nicht mehr Theorien und Kritik, sondern Taten und praktische Entschlüsse verlangt. Plötzlich hatte man bei uns das Bedürfnis nach grundlegenden Worten über Pädagogik, Eisenbahnen, Semstwo, Hygiene und hundert andere Themata. Und alles wollte man *sofort* wissen, möglichst schnell, um nicht die Arbeit aufzuhalten. Da wir aber alle, nach hundertjähriger Entwöhnung von jeglicher Arbeit, sogar von der kleinsten, uns als dazu unfähig erwiesen, so war es nur natürlich, daß wir uns gegenseitig in die Haare gerieten – und zwar stritt im allgemeinen derjenige am meisten, der sich zur Arbeit am allerunfähigsten erwies. Was ist dabei Schlechtes? frage ich Sie. Das ist doch bloß rührend und sonst nichts. Sehen Sie die Kinder an: die streiten sich nur dann, wenn sie noch nicht gelernt haben, ihre Gedanken auszudrücken; genauso machen wir es. Und es ist auch gar nichts Unerfreuliches dabei, im Gegenteil, es zeugt ja nur von unserer Frische und Unberührtheit und Jugend. In unserer Literatur beispielsweise beschimpft man sich aus Mangel an Gedanken buchstäblich mit allen Schimpfwörtern zugleich: ein äußerst naives Verfahren, das man sonst nur bei den Urvölkern findet. Doch auch darin liegt beinahe etwas Rührendes, diese Unerfahrenheit, dieses kindliche Unvermögen sogar, sich tüchtig auszuschimpfen. Ich scherze durchaus nicht, und ich spotte über niemanden. Es ist aber bei uns jetzt allerorten ein ehrliches Wünschen und Erwarten des Guten vorhanden. Das ist gewiß wahr. Der Wunsch nach gemeinsamer Arbeit und gemeinsamem Wohlergehen steht über jeglichem Egoismus. Die naivsten Wünsche werden wach, und alles ist voller Glauben bei uns. Es gibt bei uns keinen Kastengeist, oder höchstens nur in ganz kleinen und seltenen Erscheinungen, die kaum bemerkt werden. Das ist sehr wichtig! Doch genug davon. Weshalb sollte also noch von einem wirklichen Haß die Rede sein? Die Ehrlichkeit und Aufrichtigkeit unserer Gesellschaft unterliegt nicht nur keinem Zweifel, sondern fällt geradezu auf. Beobachten Sie doch nur, und Sie werden bemerken, daß der Glaube an die Idee, an das Ideal, allem persönlichen, materiellen Wohlergehen vorangeht. Oh, natürlich, den schlechten Menschen gelingt es auch bei uns, ihre Geschäftchen abzuwickeln, Geschäftchen gerade im eigennützigsten Sinne, und in unserer Zeit, scheint es, mehr denn je. Doch dafür beherrschen diese wertlosen Menschen niemals die Meinung, gehen nie der Gesellschaft irgendwie voran, sondern sind selbst dann, wenn sie auf der sogenannten Höhe des Lebens stehen, überhäuft mit allen Ehren, – selbst dann sind sie noch genötigt, sich dem Ton der Idealisten, der Jungen und Abstrakten, diesen in ihren Augen nur lächerlichen Menschen, irgendwie anzupassen. In diesem Sinne gleicht unsere Gesellschaft durchaus unserem einfachen Volk, darin liegt der Hauptpunkt ihrer Einheit mit dem Volke, das ja auch seinen Glauben und seine Ideale höher schätzt als alles Materielle und Vergängliche. Der Idealismus ist ihm lieb, hier wie dort: ist der Idealismus *verloren,* so kann man ihn mit keinem Gelde zurückkaufen. Wenn unser Volk auch von seinen Lastern geknechtet wird, jetzt vielleicht mehr denn je, und wenn es auch noch in einer richtigen Anarchie lebt, so hat doch selbst der letzte Schurke bei uns noch niemals gesagt: »Nur so, wie ich es mache, ist es richtig.« Im Gegenteil, immer weiß er und seufzt selbst darüber, daß er schlecht ist, und daß es ein Gutes in der Welt gibt, das besser ist als er und alles, was er tut. Der Gedanke an die Ideale ist in unserem Volk unerschütterlich. Verbessert seine Lage, verringert die Lasterhaftigkeit, und das Volk wird sich aufrichten! Die Ideale aber stehen dann noch unerschütterlicher und heiliger da als je vorher. Unsere Jugend lechzt nach Heldentaten und Selbstopfern. Unser zeitgenössischer russischer Jüngling, von dem so viel in verschiedenem Sinne gesprochen wird, vergöttert oft das allersimpelste Paradox und weiht ihm sein Leben und sein Schicksal, nur, weil er das Paradox für eine Wahrheit hält. Es fehlt ihm bloß noch an Aufklärung, aber das Licht wird sich schon verbreiten, und andere Anschauungen werden dann ganz von selbst auftauchen, und die Paradoxa werden verschwinden. Die Reinheit seines Herzens jedoch bleibt und damit auch der Durst in ihm nach Taten und Opfern: das aber ist das Gute daran. Nichtsdestoweniger gibt es eine Frage, die bei uns bis jetzt noch nicht beantwortet ist. Alle nämlich, die wir das Wohl aller und die Besserung der allgemeinen Lage in unserem Lande und unserem Volke wünschen, –

worin sehen wir nun die Mittel zu diesem Wohl und zu dieser Besserung? Man muß leider gestehen, daß bei uns in dieser Hinsicht noch wenig geschehen ist und daß unsere Gesellschaft in diesem Sinne dem Marschall Mac-Mahon sehr ähnlich sieht. Auf einer seiner Reisen durch Frankreich erklärte der ehrenwerte Marschall unlängst in einer feierlichen Rede, als Antwort auf eine Ansprache irgendeines Maires (die Franzosen sind ja solche Liebhaber von feierlichen Reden und Ansprachen), daß nach seiner Meinung die ganze Politik in dem einen Worte enthalten sei: „Liebe zum Vaterlande". Ein sehr sinniger Ausspruch, meine ich, in einem Augenblicke, da ganz Frankreich gespannt darauf wartet, was er sagen werde. Eine wichtige Behauptung, unbestreitbar lobenswert, aber – sonderbar unbestimmt. Der Maire hätte seiner Exzellenz antworten können, daß man mit derselben Liebe auch das Vaterland zugrunde richten könne. Aber der Maire erwiderte nichts, vielleicht aus Angst, die Antwort zu erhalten: „J'y suis et j'y reste", eine Phrase, über die der ehrenwerte Marschall nun einmal nicht hinauskommt. Nun, und gerade so steht es mit unserer Gesellschaft: wir alle verstehen uns in der Liebe zum Vaterlande oder zur „gemeinsamen Sache" – Worte tun's nicht! Worin aber besteht die allgemeine Sache? Darüber herrscht bei uns, meines Erachtens, im Grunde dieselbe Unklarheit wie bei dem Marschall Mac-Mahon. Und darum sehe ich, obschon die erste Nummer meines „Tagebuchs" von manchen beifällig aufgenommen worden ist, und obschon ich es zu schätzen weiß, sogar sehr zu schätzen weiß, daß man mir die Hand entgegenstreckt, – so sehe ich doch in den weiteren Einzelheiten unabsehbare Meinungsverschiedenheiten voraus, denn ich kann doch nicht in allem mit allen einer Meinung sein, mag ich auch sonst ein noch so verträglicher Mensch sein wollen.

II

Von der Liebe zum Volk. Der notwendige Vertrag der Gesellschaft mit dem Volk

Vor kurzem schrieb ich, daß unser Volk noch roh und unwissend sei und dem Laster ergeben: „ein Barbar, der auf das Licht wartet“, wie ich mich ausdrückte! Bald darauf habe ich in der „Bruderhilfe“ einen Artikel Konstantin Akssákoffs, unseres unvergeßlichen und allen Russen teuren Verstorbenen, gelesen, nach welchem unser russisches Volk schon lange aufgeklärt und gebildet sei. Ist nun dieser augenscheinliche Gegensatz meiner Meinung und derjenigen Konstantin Akssákoffs ein Widerspruch? Nicht im geringsten: ich teile seine Ansicht vollständig und fühle ihre Wahrheit schon lange. Trotzdem aber bleibt doch der Widerspruch? Gewiß – darin besteht gerade mein Geheimnis: während nach der Meinung anderer diese beiden Behauptungen unvereinbar scheinen, behaupte ich das Gegenteil. Im russischen Menschen, im Volk muß man eben die Schönheit dieser Barbarei zu sehen verstehen. Der ganzen russischen Geschichte zufolge war unser Volk so dem Laster ergeben und dermaßen verdorben, verirrt und ständig gequält und gepeinigt, daß es ein Wunder ist, wie es überhaupt noch sein menschliches Aussehen hat bewahren können, und nicht nur das allein, sondern auch noch seine volkliche Schönheit. Die aber hat es sich wirklich bewahrt. Wer ein aufrichtiger Freund des Volkes ist, wem das Herz nur einmal für die Leiden des Volkes geschlagen hat, der versteht es und wird auch den Schmutz entschuldigen, in den unser Volk gesunken ist, und die Perlen trotzdem zu finden wissen. Ich wiederhole es: Richtet das russische Volk nicht nach seinen Fehlern und Lastern, sondern beurteilt es nach seinen großen und heiligen Idealen, nach denen es in seinem Schmutze lechzt. Und es gibt in unserem Volk nicht nur Schurken und Verbrecher, sondern auch Heilige, die uns voranleuchten und unser Dunkel erhellen! Und ich glaube tief und fest, daß es bei uns keinen Schurken gibt, der nicht wüßte, daß er schlecht und gemein ist. Bei den anderen Völkern ist es anders: wenn dort jemand eine Gemeinheit vollführt, so erhebt er sie zum Prinzip, bejaht sie, behauptet, daß in ihr die Ordnung und das Licht der Zivilisation läge, – und der Unglückliche kommt schließlich so weit, daß er blind und sogar ehrlich selbst daran glaubt. Nein, beurteilen Sie unser Volk nicht danach, wie es ist, sondern danach, wie es sein möchte. Seine Ideale sind stark und heilig, und nur sie haben das Volk in all diesen Jahrhunderten vor dem Elend und dem völligen Untergang bewahrt. Sie sind mit seiner Seele zusammengewachsen und haben ihr für alle Ewigkeit Einfachheit, Gutmütigkeit, Aufrichtigkeit und einen weiten, offenen Verstand verliehen – und alles das in einer anziehenden, harmonischen, einer schönen Vereinigung. Und wenn trotzdem so viel Schmutz im russischen Menschen ist, so leidet er darunter selbst am meisten: er glaubt und hofft, daß das nur zeitlich und eine teuflische Versuchung sei, daß die Dunkelheit, die ihn umgibt, einmal aufhören und das ewige Licht dann auch auf ihn herniederscheinen werde. Ich will noch nicht einmal von seinen historischen Idealgestalten reden, von Feodóssij Petschérskij oder Tíchon Sadónskij.[10] Übrigens: wie viele von uns kennen denn überhaupt einen Tíchon Sadónskij? Warum liest man nie etwas von ihm? Glauben Sie mir, Sie würden zu Ihrem Erstaunen wunderbare Sachen erfahren. Und abgesehen von diesen Volksheiligen: Wie steht es mit unserer Literatur? Alles, was in ihr wahrhaft schön ist, das ist aus dem Volk genommen. Der Typ Belkin von Puschkin zum Beispiel! Bei uns ist alles von Puschkin. Seine Umkehr zum Volk, schon in der frühesten Zeit seiner Tätigkeit, ist so beispiellos und Erstaunen erregend und bedeutet einen für die damalige Zeit so unerwarteten und neuen Schritt, daß sie sich, wenn nicht durch ein Wunder, dann eben nur durch seine geniale Größe erklären läßt, die wir nur, füge ich hinzu, bis jetzt noch nicht die Kraft hatten, richtig zu werten. Erinnern Sie sich an den „Oblómoff“ von Gontscharóff, an das „Adelsnest“ von Turgénjeff? In denen ist freilich nicht vom Volk die Rede, aber alles, was in den Typen Turgenjeffs und Gontscharóffs Ewiges und Schönes ist, das liegt dort, wo sie aus dem Volksgeist schöpfen. Nur die Berührung mit dem Volk gibt ihnen diese ungewöhnliche Kraft. Diese Typen haben seine Gutmütigkeit, Reinheit und Bescheidenheit, die Weite seines Geistes und seiner Güte, im Gegensatz zu allem Unnatürlichen und Falschen, Fremden und sklavisch Übernommenen oder Kopierten. Wundern Sie sich bitte nicht, daß ich plötzlich von unserer Literatur spreche; aber ihr gebührt das Verdienst, daß sie in ihren besten Vertretern und früher als unsere ganze Intelligenz, bemerken Sie das wohl, sich vor der Wahrheit des Volkes gebeugt und die Ideale des Volkes als die wahrhaft schönen anerkannt hat. Es ist wahr, daß unsere Dichter zum Teil dazu genötigt waren und es wohl mehr aus künstlerischem Instinkt als aus gutem vaterländischem Willen taten. Doch vorläufig genug von der Literatur, – ich bin ja auf sie auch nur anläßlich der Frage der russischen Volklichkeit zu sprechen gekommen.

Diese Frage und ihr richtiges Verständnis ist für uns jetzt das Wichtigste: von ihr hängt unsere ganze, auch die sozusagen praktische Zukunft ab. Aber das Volk ist für uns alle noch immer Theorie und ein Rätsel. Wir alle, wir Freunde des Volkes, sehen auf das Volk wie auf eine Theorie, und niemand liebt daher dasselbe so, wie es in der Tat ist, sondern so, wie er es sich vorstellt. Wenn das russische Volk in der Folge sich nicht als dasjenige erweisen sollte, als was ein jeder von uns es sich vorstellt, so würden wir, ungeachtet unserer vermeintlichen Liebe zu ihm, uns sofort und ohne jegliches Bedauern von ihm abwenden. Ich behaupte das von allen, die Slawophilen nicht ausgenommen: ja, die würden es vielleicht sogar noch früher tun als alle anderen. Was mich anbelangt, so verhehle ich nicht meine Überzeugung, und um Mißverständnissen vorzubeugen, weise ich geradezu auf sie hin: ich glaube nämlich, daß wir Intellektuellen kaum so gut und vortrefflich sind, um uns als Ideal vor das Volk hinstellen und von ihm ohne weiteres verlangen zu können, daß es gerade so werde, wie wir sind. Wundern Sie sich nicht über die Frage (man ist ihr noch nie bei uns begegnet): »Wer ist besser – wir oder das Volk? Sollen wir uns nach dem Volke richten oder das Volk sich nach uns?« Das ist die Frage, die uns jetzt alle beschäftigt, wenigstens diejenigen unter uns, die nicht aller Gedanken bar sind und die Sache des russischen Volkes in ihrem Herzen tragen. Denen kann ich auch aufrichtig antworten: daß wir uns vor dem Volke beugen müssen und von ihm alles zu erwarten haben, unsere Gedanken und Vorstellungen, daß wir uns vor der Wahrheit des Volkes beugen und sie als *unsere* Wahrheit anerkennen müssen, selbst in dem Fall, wenn sie zum Teil aus dem Leben der Volksheiligen käme. Mit einem Wort, wir sind die verirrten Kinder, die zweihundert Jahre nicht zu Hause waren, aber doch als Russen zurückkehrten, was unser einziges Verdienst ist. Aber wir können uns nur unter einer Bedingung vor dem Volke beugen und das sine qua non: daß das Volk auch das von *uns* annimmt, was wir ihm Gutes mitgebracht haben. Ganz vernichten und aufgeben können wir uns doch nicht, selbst vor gleichviel welcher Wahrheit des Volkes nicht; sonst behalten wir lieber das Unserige für uns, und müßten wir auch im äußersten Falle auf das Glück einer Vereinigung mit dem Volk verzichten. Dann mögen wir eben beide untergehen. Aber zu diesem Äußersten wird es nie kommen. Ich bin überzeugt, daß auch das Unserige, das wir mitbringen, in der Tat etwas ist: nicht ein Hirngespinst etwa, sondern daß es Bild, Form und Gewicht hat. Nichtsdestoweniger bleibt vor uns das Rätsel bestehen, das uns auf seine Lösung warten läßt – und es ist angstvoll, dieses Warten. Zweifel an der Zivilisation tauchen auf. Man behauptet, daß die Zivilisation das Volk verderbe. Der Gang der Dinge wäre demnach der, daß neben der Erlösung und dem Licht auch viel Falsches und Unwahres und eine große Unruhe heraufzöge. Nur den zukünftigen Geschlechtern würde ihr guter Same aufgehen, aber uns und unseren Kindern drohe Verderben. Ist das auch Ihre Meinung, die Sie dieses lesen? Ist es unserem Volke bestimmt, noch eine neue Phase von Lüge und Verderbnis durchzumachen, wie wir sie mit dem europäischen Pfropfreis von Zivilisation schon durchgemacht haben? Ich glaube, niemand wird es bestreiten, daß bei uns die Zivilisation zunächst mit der Sittenverderbnis anfing. Doch ich glaube auch, daß unser Volk von einer so ungeheuren Größe und Tiefe ist, daß alle neuen trüben und unreinen Ströme, die es aufnimmt, in ihm verschwinden werden, und sie nur rein und klar wiederausströmen werden. Lassen Sie uns zusammenwirken, reichen Sie mir dazu die Hand, auf daß ein jeder mit seiner kleinen Arbeit das Seinige beisteuere, auf daß die Dinge sich gerade und immer fehlerloser entwickeln! Wir selbst verstehen davon wenig: wir „lieben nur unser Vaterland". In den Mitteln, ihm zu helfen, stimmen wir nicht überein und werden nicht aufhören, uns darüber zu streiten. Aber nun ist doch wenigstens schon einmal ausgemacht, daß wir alle gute Menschen sind, und schließlich muß doch alles zu einer Ordnung kommen. Daran glaube ich, und ich wiederhole es, daß es nur die zweihundertjährige Entwöhnung von jeglichem Tun ist und weiter nichts. So, wie es jetzt ist, schließen wir unsere „Kulturperiode" damit ab, daß wir allgemein aufhören, uns gegenseitig zu verstehen. Ich spreche nur von den aufrichtigen und ernsten Menschen – nur sie allein verstehen einander nicht. Spekulanten sind eine andere Sache; die pflegen einander immer zu verstehen . . .

III

Der Bauer Marei

Doch alle diese Glaubensbekenntnisse sind, fürchte ich, recht langweilig zu lesen, und deshalb möchte ich jetzt eine kleine Geschichte erzählen. Das heißt: eigentlich kann man das nicht recht eine Geschichte nennen; es ist nur eine alte Erinnerung. Ich war damals neun Jahre alt ... Oder nein: ich werde lieber damit beginnen, was ich zwanzig Jahre später erlebte.

Es war am zweiten Osterfeiertag. Die Luft war warm, der Himmel blau, die Sonne stand hoch und schien grell. In meiner Seele aber war es sehr finster. Ich schlenderte hinter den Kasernen umher, betrachtete den Palisadenzaun, der unser Gefängnis umgab, und zählte die einzelnen Pfähle. Doch selbst das Zählen wurde langweilig, wenn ich's auch nur ganz mechanisch, aus Gewohnheit, tat. Es war schon der zweite Tag, daß im Gefängnis „gefeiert" wurde: die Sträflinge brauchten nicht zu arbeiten, und so waren denn viele betrunken. Jeden Augenblick entstand ein neuer Streit, der mit Schimpfwörtern begann und mit Schlägen endete. Gemeine Lieder, Spielhöllen unter den Pritschen, mehrere für besonderen Unfug von den Kameraden halbtot geprügelte Sträflinge, die man mit ihrem Pelz bedeckt hatte und ruhig liegen ließ, bis sie wieder zu sich kommen und aufwachen würden; oft schon waren die Messer gezogen worden; all das hatte mich an den zwei Feiertagen nahezu krank gemacht.

Niemals habe ich betrunkenes Volk ohne Ekel sehen können; hier aber, an diesem Ort, war es mir ganz besonders widerlich. An solchen Feiertagen kamen nicht einmal die Vorgesetzten ins Gefängnis, um zu inspizieren oder nach dem verbotenen Branntwein zu suchen. Sie sahen wohl ein, daß man auch diesen Verstoßenen doch wenigstens einmal im Jahr etwas Freiheit lassen mußte, um Schlimmerem vorzubeugen.

Plötzlich ertrug ich die Qual nicht mehr. Heiße Wut packte mich. Da begegnete mir der Pole M-tzky, auch einer von den Politischen; er sah mich wütend an, mit zuckenden Lippen. »Je hais ces brigands!« stieß er halblaut durch die Zähne hervor und ging an mir vorüber. Ich kehrte in die Kaserne zurück, obgleich ich erst vor einer Viertelstunde halb wahnsinnig aus ihr hinausgelaufen war, als sechs kräftige Kerle sich zugleich auf den betrunkenen Tataren Gasin gestürzt hatten, um ihn mit den Fäusten „zu zähmen", wie sie das nannten. Sie schlugen ihn unsinnig (ein Kamel hätte solche Schläge nicht überlebt), wußten aber, daß dieser tatarische Herkules viel aushalten konnte. Als ich nun zurückkam, sah ich in einer Ecke den schändlich zugerichteten Gasin ohne jedes Lebenszeichen auf seiner Pritsche liegen. Man hatte ihn mit einem Pelz zugedeckt. Die anderen gingen schweigend im Bogen an seinem Platz vorüber. Wenn sie auch überzeugt waren, daß er am nächsten Tage wiedererwachen werde, so meinte doch einer von ihnen etwas besorgt: »Aber ... Weiß Gott ... ist die Stunde vertrackt, so stirbt 'n Mensch wie nichts von solchen Schlägen.« Ich ging zu meiner Pritsche am vergitterten Fenster, legte mich auf den Rücken, schob die Hände unter den Kopf und schloß die Augen. So lag ich immer gern: die Schlafenden werden gewöhnlich in Ruhe gelassen, und so kann man denken und träumen. Diesmal wollte es jedoch mit dem Träumen nicht gehen: mein Herz schlug unruhig, und in den Ohren klang mir noch das Wort: »Je hais ces brigands!« Jetzt noch träumt mir in mancher Nacht von jener Zeit; ich kenne keine qualvolleren Träume ...

Vielleicht wird es manchen schon aufgefallen sein, daß ich bis heute so gut wie nie öffentlich auf mein Leben im Zuchthaus zu sprechen gekommen bin; die „Aufzeichnungen aus einem Totenhaus" habe ich vor fünfzehn Jahren geschrieben, aber im Namen einer erfundenen Person, eines Sträflings, der angeblich seine Frau ermordet hatte. Hier sei nur gleich erwähnt, daß seitdem viele von mir glauben und selbst heute noch behaupten, ich wäre wegen Ermordung meiner Frau verschickt gewesen.[11]

Allmählich vergaß ich die Gegenwart und verlor mich unmerklich in Erinnerungen. In den vier Jahren, die ich dort verbrachte, erinnerte ich mich meines ganzen früheren Lebens: ich glaube, ich habe es so von Anfang an nochmals durchlebt. Diese Erinnerungen kamen, ohne daß ich selbst wußte, wie; nur selten habe ich sie gerufen. Gewöhnlich fingen sie mit irgendeinem Punkt, einem kleinen Zug an, dem sich dann immer mehr Züge anfügten, bis das Vergangene zum großen Bilde wurde. Ich analysierte dann die alten Eindrücke, fügte dem längst Erlebten neue Seiten hinzu und (die Hauptsache) korrigierte es ununterbrochen: darin bestand ja mein einziger Zeitvertreib, meine Unterhaltung und Zerstreuung. An jenem zweiten Osterfeiertag nun stand mir plötzlich, ich weiß nicht warum, eine Stunde aus meiner Kindheit vor der Seele, eine Begegnung des Neunjährigen, die ich schon längst vergessen zu haben glaubte; und ich liebte doch damals Erinnerungen aus meiner Kindheit ganz besonders.

Mir fiel der Augustmonat auf unserem Landgut ein. Ein trockener klarer Tag; ein wenig kühl und windig; der Sommer neigt sich dem Ende zu, und bald muß man wieder nach Moskau fahren, wieder den ganzen Winter über in französischen Stunden sich langweilen; und ich verlasse das Landgut doch so ungern! Ich ging hinter die Tenne und weiter in die Schlucht, von der sich auf der anderen Seite ein dichtes Gestrüpp bis zum Wald hinzog. Weiter und immer weiter drang ich in das Buschwerk ein und ich höre noch, wie, vielleicht dreißig Schritt von mir entfernt, auf dem Neubruch einsam ein Bauer pflügt. Ich weiß: er muß steil den Abhang hinaufpflügen, das Pferd hat es schwer, und manchmal tönt bis zu mir sein ermunternder Zuruf: »Nu, nu! Hü!« Ich kenne fast alle unsere Bauern, weiß aber nicht, welcher von ihnen da gerade pflügt; ist mir auch einerlei. Ich bin ganz und gar in meine eigene Arbeit vertieft; denn auch ich bin beschäftigt: von einem Haselnußstrauch breche ich mir eine gute Gerte, um mit ihr Frösche zu jagen. Diese Gerten sind so hübsch gerade gewachsen, aber gar nicht haltbar, nicht zu vergleichen mit den Birkenruten. Auch Insekten und Käfer nehmen mich in Anspruch, ich sammele sie, und es gibt unter ihnen welche, die wie festlich bunt herausgeputzt aussehen. Ich liebe auch die kleinen rotgelben Eidechsen mit den schwarzen Tüpfelchen; doch vor Schlangen habe ich Angst. Aber Schlangen trifft man viel seltener als Eidechsen. Pilze gibt es hier wenig. Pilze muß man im Birkenwäldchen suchen. Und ich mache mich auf, weiter durch das Gestrüpp in den Wald zu gehen. In meinem ganzen Leben habe ich nichts so geliebt wie den Wald mit seinen Pilzen und wilden Beeren, mit seinen Käfern und Vögeln, Igeln und Eichkätzchen, mit dem mich immer wieder entzückenden feuchten Duft faulender Blätter. Und noch jetzt, während ich dieses schreibe, rieche ich geradezu, atme ich den Duft unseres Birkenwaldes: solche Eindrücke haften fürs ganze Leben.

Da, plötzlich, inmitten der tiefen Stille, hörte ich laut und deutlich den Ruf: »Ein Wolf kommt!« Ich schrie auf vor Schreck und lief schreiend auf das Feld hinaus, geradeaus zu dem pflügenden Bauern.

Es war unser Bauer Marei. Ich weiß nicht, ob es den Namen gibt; aber bei uns nannten ihn alle Marei. Er war ein etwa fünfzigjähriger, stämmiger, ziemlich großer Mann, mit langem, schon stark ergrautem dunkelblondem Bart. Ich kannte ihn, hatte aber noch nie mit ihm gesprochen. Als er jetzt meinen Schrei hörte, hielt er das Pferd an und blieb stehen. Ich raste den Abhang hinab auf ihn zu und ergriff, um im vollen Lauf nicht zu fallen, hastig mit einer Hand die Pflugstange und mit der anderen seinen Ärmel: er beugte sich zu mir nieder; da erst gewahrte er meinen Schreck.

»Ein Wolf kommt!« keuchte ich atemlos.

Er hob schnell den Kopf und blickte sich unwillig um; einen Augenblick glaubte er mir.

»Es schrie ... Jemand schrie: Ein Wolf kommt! ...« stammelte ich zitternd.

»Geh doch! Wo denn? Was für 'n Wolf soll denn — ... Ist dir ja nur so vorgekommen! Wo soll denn hier ein Wolf herkommen ...«, sprach er halblaut in den Bart, wie um mich zu beruhigen.

Ich aber zitterte noch immer am ganzen Leibe, klammerte mich noch fester an seinen Bauernkittel und war wohl sehr bleich. Er betrachtete mich mit unruhigem Lächeln; offenbar war er um mich besorgt.

»Sieh mal an! Hast du dich aber erschreckt! Ai — ai!« sagte er und schüttelte den Kopf. »Genug schon, Jungchen, nun, laß gut sein!« Er streckte die Hand aus und streichelte plötzlich meine Wange. »Nun, schon gut, Jungchen! Christus ist mit dir; mach 'n Kreuz!«

Doch ich bekreuzte mich nicht. Meine Mundwinkel zuckten. Das schien ihn besonders zu wundern: langsam erhob er seinen dicken, mit Erde beschmutzten Mittelfinger und berührte vorsichtig meine zitternden Lippen. »Sieh mal an! So was! Ai — ai!« sagte er lächelnd (es war ein ganz besonderes, mütterlich zärtliches Lächeln). »Herrgott! Das ist doch ...«

Endlich begriff ich, daß der Schrei: »Ein Wolf kommt!« in meiner Phantasie entstanden war. Der Schrei hatte so hell und deutlich geklungen, daß ein Zweifel ausgeschlossen schien; doch ich wußte, daß ich schon früher manchmal so einen Schrei (nicht bloß von Wölfen) zu hören geglaubt hatte, während in Wirklichkeit alles still gewesen war. (Später vergingen diese Halluzinationen der Kinderjahre).

»Jetzt werde ich gehen«, sagte ich endlich, nachdem ich etwas Mut gefaßt hatte; doch blickte ich Marei noch fragend und schüchtern an.

»Na, jetzt geh nur; und ich werde Dir nachsehen. Ich werde schon aufpassen, daß der Wolf dich nicht kriegt!« fügte er mit demselben mütterlichen Lächeln hinzu. »Nun, Christus sei mit dir, jetzt kannst du ruhig gehen!« Und er bekreuzte mich mit seiner Hand und bekreuzte auch sich selbst.

Ich ging, schaute mich aber fast alle zehn Schritte nach ihm um. Marei stand mit seinem Stutchen und sah mir nach, und jedesmal nickte er mir zu, wenn ich mich nach ihm umsah. Ich muß gestehen, daß ich mich ein wenig vor ihm schämte, weil ich so erschrocken war, aber ich fürchtete mich noch immer sehr vor dem Wolf, während ich den ganzen Abhang der Schlucht hinaufstieg bis zur ersten Scheune; hier verließ mich plötzlich die ganze Angst, wie auf einmal weggeblasen, und da kam mir auch noch unser Hofhund Woltschók entgegengelaufen. Mit Woltschók an meiner Seite wurde ich nun schon vollends mutig und wandte mich noch zum letztenmal nach Marei um; sein Gesicht konnte ich nicht mehr klar erkennen, aber ich fühlte, daß er mir immer noch freundlich zulächelte und zunickte. Ich winkte ihm mit der Hand, und er winkte mir gleichfalls zu und trieb dann wieder seine Stute an.

»Nu, nu! hü!« hörte ich noch von fern seinen antreibenden Zuruf, und das Stutchen zog wieder den Pflug.

Ich weiß nicht, warum mir dies alles auf einmal eingefallen war, und noch dazu mit so wunderbarer Klarheit in allen Einzelheiten. Ich kam plötzlich zu mir, setzte mich auf und blieb dort sitzen auf der Pritsche, und wie ich mich erinnere, spürte ich noch das stille Lächeln der Erinnerung in meinem Gesicht. Eine Weile fuhr ich noch fort, mich an damals zu erinnern.

Als ich danach von Marei nach Hause gekommen war, hatte ich niemandem von meinem „Abenteuer“ erzählt. Und was war es denn auch für ein Abenteuer? Und auch den Marei hatte ich bald ganz vergessen. Wenn ich ihn nachher auch ab und zu traf, kam es doch nie zu einem Gespräch zwischen uns, nicht nur nicht über den Wolf, sondern überhaupt nicht; aber nachdem inzwischen zwanzig Jahre darüber vergangen waren, erinnerte ich mich plötzlich hier in Sibirien dieser ganzen Begegnung mit einer solchen Deutlichkeit bis in die kleinste Einzelheit. Also hatte sich diese Begegnung ganz von selbst und ohne meinen Willen in meiner Seele aufbewahrt und war dann in meinem Gedächtnis in einem Augenblick aufgetaucht, als es nottat; ich erinnerte mich an das zärtliche, mütterliche Lächeln des armen leibeigenen Bauern, an das Bekreuzen mit seiner Hand ... Und wie er vór Verwunderung den Kopf wiegte: »Sieh mal an! Du hast dich aber erschreckt, Jungchen!« Und besonders an seinen dicken erdbeschmutzten Finger erinnerte ich mich, mit dem er leise, wie mit schüchterner Zärtlichkeit meine zuckenden Lippen berührte. Natürlich hätte auch jeder andere ein erschrockenes Kind beruhigt, aber hier bei dieser einsamen Begegnung geschah gleichsam noch etwas ganz Anderes; selbst wenn ich sein eigener Sohn gewesen wäre, hätte er mich nicht mit innigerer Liebe und wärmerem Blick ansehen können, wer aber hieß ihn das tun? Er war unser leibeigener Bauer und ich doch immerhin der Sohn seines Besitzers; niemand würde es erfahren, daß er so mütterlich zu mir gewesen war, niemand ihn dafür belohnen. Oder liebte er vielleicht so sehr kleine Kinder? Das gibt es. Die Begegnung geschah in der Einsamkeit, auf freiem Felde, und nur Gott allein hat vielleicht von oben zugesehen, mit wie tiefem und allwissendem Menschengefühl, mit wie spürsinniger, nahezu weiblicher Zärtlichkeit das Herz manch eines tierisch unwissenden leibeigenen russischen Bauern erfüllt sein kann, eines Bauern, der doch damals von seiner Befreiung noch nicht einmal träumen konnte. Sagt, war es nicht vielleicht das, was Konstantin Akssákoff[12] meinte, als er von der hochgradigen Bildung unseres Volkes sprach?

Als ich danach von der Pritsche aufstand und um mich schaute, fühlte ich plötzlich, ich weiß es noch, daß ich diese Unglücklichen mit ganz anderem Blick betrachten konnte, und daß auf einmal wie durch ein Wunder jeder Haß und jede Wut aus meinem Herzen verschwunden waren. Ich ging und beobachtete aufmerksam die Gesichter, denen ich begegnete. Dieser Kerl mit dem rasierten Schädel und dem gebrandmarkten Gesicht, der betrunken mit heiserer Stimme sein Lied gröhlt, kann doch vielleicht auch so ein Marei sein; ich kann ihm ja nicht ins Herz sehen. Am gleichen Abend begegnete mir noch einmal M-tzsky. Der Unglückliche! Der konnte schon keine Erinnerungen an irgendwelche Mareis haben und auch keine andere Ansicht über alle diese Menschen als: »Je hais ces brigands!« Nein, diese Polen haben damals doch viel mehr auszustehen gehabt als wir!

ZWEITES KAPITEL

I

Anläßlich des Prozesses Kroneberg

Ich glaube, alle wissen vom Prozeß Kroneberg, der vor einem Monat am Sankt Petersburger Kreisgericht zur Verhandlung kam, und alle haben die Berichte und Meinungsäußerungen in den Zeitungen gelesen. Der Prozeß war doch gar zu interessant und die Berichte dementsprechend ungewöhnlich temperamentvoll! Da ich um einen ganzen Monat zu spät komme, werde ich nicht alle Einzelheiten zur Sprache bringen, aber ich fühle das Bedürfnis, auch mein Wort zu dieser Angelegenheit zu sagen. Ich bin durchaus kein Jurist, aber hier ist von allen Seiten soviel Falsches, Verlogenes vorgebracht worden, daß es auch einem Nicht-Juristen auffallen muß. Solche Prozesse pflegen gleichsam ungewollt aufzutauchen und bringen dann die Gesellschaft und, wie es scheint, selbst die Richter in Verwirrung. Da sie aber noch dazu ein allgemeines und sogar ein allerwichtigstes Interesse berühren, so ist es verständlich, daß sie unseren empfindlichsten Nerv treffen. Dann aber kann man es manchmal nicht unterlassen, davon zu sprechen, mag auch inzwischen ein ganzer Monat, das heißt: eine Ewigkeit, darüber vergangen sein.

Ich will an den Tatbestand erinnern: Ein Vater hat sein Kind gezüchtigt, sein siebenjähriges Töchterchen, und zwar allzu grausam: mit Ruten. Der Anklage zufolge hat er es auch früher schon grausam behandelt. Eine fremde Frau von einfachem Stande konnte das Geschrei des mißhandelten kleinen Mädchens, das (der Anklage zufolge) unter den Ruten eine Viertelstunde lang »Papa! Papa!« schrie, nicht mehr ertragen, ging hin und zeigte den Vater an. Die Ruten erwiesen sich aber nach Aussage eines der Sachverständigen nicht als gewöhnliche Ruten, sondern als „Spitzruten", somit als für ein siebenjähriges Kind durchaus unzulässig. Diese Ruten lagen übrigens mit den anderen Beweismitteln auf dem Richtertisch, und alle konnten sie sehen, sogar Herr Spassówitsch selbst. Die Anklage hatte u. a. erwähnt, der Vater habe vor der Exekution auf die Bemerkung, die jemand gemacht hatte, daß man dieses Ästchen da abbrechen müsse, gesagt: »Nein, das wird die Wirkung noch verstärken!« Es ist auch bekannt, daß der Vater selbst nach der Exekution beinahe in Ohnmacht gefallen war.

Ich erinnere mich noch, welchen Eindruck auf mich die Nummer der Zeitung machte, in der ich den Anfang des Prozesses, seine erste Darstellung, las. Dies geschah in der zehnten Abendstunde ganz zufällig. Ich hatte den ganzen Tag in der Druckerei verbracht und „Die Stimme" nicht früher durchsehen können; auch wußte ich nichts vom Beginn des Prozesses. Als ich es gelesen hatte, wollte ich unbedingt, trotz der späten Stunde, noch am gleichen Abend etwas über den Verlauf des Prozesses erfahren, in der Annahme, daß die Verhandlung vielleicht schon am gleichen Tage zu Ende geführt worden sei, und da ich wußte, daß die Zeitungsberichte oft verspätet erscheinen. Ich entschloß mich, sofort einen allgemein bekannten, wenn auch mit mir kaum bekannten Menschen aufzusuchen, weil ich gewisse Gründe zur Annahme hatte, daß er in diesem Augenblick vielleicht besser als alle meine persönlichen Bekannten über das Ende des Prozesses unterrichtet sein werde; daß er vielleicht selbst der Verhandlung beigewohnt habe. Ich hatte mich nicht geirrt, er war im Gericht gewesen und soeben heimgekommen; ich traf ihn gegen elf Uhr abends zu Hause an und erfuhr von ihm, daß der Angeklagte freigesprochen worden war. Ich war empört über das Gericht, über die Geschworenen und den Verteidiger. Seitdem sind nun drei

Wochen vergangen, und ich habe in vielem meine Meinung geändert, nachdem ich selbst die Zeitungsberichte gelesen und einige höchst gewichtige fremde Ansichten gehört habe. Ich bin sehr froh, daß ich den Vater, der vor Gericht stand, nicht mehr für einen Verbrecher, für einen Liebhaber kindlicher Qualen (denn es gibt auch solche Typen) halten darf, daß alles von den »Nerven« kam und daß er bloß ein »schlechter Pädagoge«, wie sich sein Verteidiger ausdrückte, war. Vor allen Dingen möchte ich jetzt mit einigen Einzelheiten auf die Verteidigungsrede des Advokaten vor Gericht hinweisen, um festzustellen, in was für eine falsche und unsinnige Situation mancher talentierte und ehrliche Mensch kommen kann, nur weil man gegenüber der ganzen Sache von vornherein eine falsche Einstellung hatte.

Worin liegt nun hier die Lüge? Erstens haben wir ein kleines Mädchen vor uns, man hat es »gequält und mißhandelt«, und die Richter wollen es in Schutz nehmen: das scheint ja eine heilige Sache zu sein, aber was kommt dabei heraus? Sie hätten das Kind um ein Haar für sein ganzes Leben unglücklich gemacht; vielleicht ist das auch schon wirklich geschehen. In der Tat, was wäre, wenn man den Vater verurteilt hätte? Die Anklage war so formuliert, daß der Vater, im Falle ihn die Geschworenen schuldig gesprochen hätten, nach Sibirien hätte verschickt werden müssen. Nun frage ich, was wäre dann in der Seele dieser Tochter, dieses jetzt noch gar nichts verstehenden Kindes, für sein ganzes Leben zurückgeblieben, selbst wenn es später reich und glücklich geworden wäre? Wäre die Familie nicht vom Gericht selbst, das bekanntlich über das Heiligtum der Familie wacht, zerstört worden? Man bedenke auch dieses: das Kind ist jetzt sieben Jahre alt – welchen Eindruck macht in einem solchen Alter diese Geschichte! Man hat den Vater nicht verschickt, sondern ihn freigesprochen, und das ist gut so. Obwohl ich der Ansicht bin, daß das Publikum keinen Grund hatte, nach dem Schiedsspruch der Geschworenen zu applaudieren (man sagt nämlich, das Publikum hätte applaudiert); das Kind war aber immerhin vor das Gericht zitiert worden, es ist im Gerichtssaal aufgetreten, es hat alles gesehen, alles gehört, hat selbst von sich gesagt: »Je suis voleuse, menteuse.« Erwachsene und ernsthafte, sogar humane Menschen haben öffentlich vor dem ganzen Publikum die heimlichen Laster des Kindes (des siebenjährigen Kindes!) aufgedeckt – wie ungeheuerlich! Mais il en reste toujours quelque chose, für das ganze Leben, man begreife das doch! Und das wird nicht nur in der Seele des Kindes bleiben, sondern vielleicht auch sein ganzes Schicksal beeinflussen. In dieser Gerichtsverhandlung ist es von etwas Häßlichem, Gemeinem berührt worden, und so etwas läßt seine Spur für immer zurück. Wer weiß, vielleicht wird ihm jemand nach zwanzig Jahren sagen: »Du bist als Kind in einem Kriminalprozeß aufgetreten.« Ich sehe wieder, daß ich kein Jurist bin und dies alles nicht auszusprechen verstehe; darum will ich mich lieber gleich der Rede des Verteidigers zuwenden: Alle diese Mißverständnisse treten in ihr besonders klar von selbst hervor. Der Verteidiger des Angeklagten war Herr Spassowitsch: ein großes Talent. Wo man auch auf Herrn Spassowitsch zu sprechen kommt, heißt es gleich: »Ein großes Talent.« Ich freue mich darüber. Ich will bemerken, daß Herr Spassowitsch als Verteidiger vom Gericht beigestellt war, folglich unter einem gewissen Zwange verteidigte ... Ich bin übrigens auch darin nicht kompetent und verstumme. Aber bevor ich auf die obenerwähnte bemerkenswerte Rede zu sprechen komme, möchte ich einige Worte über die Advokaten im allgemeinen und die Talente im besonderen einfügen, dem Leser sozusagen einige Eindrücke und Zweifel mitteilen, die in den Augen kompetenter Menschen vielleicht gar nicht ernst zu nehmen sind; aber ich schreibe ja mein „Tagebuch" für mich selbst, und diese Gedanken haben sich in mir festgesetzt. Ich gestehe übrigens, daß es sogar nicht einmal richtige Gedanken sind, sondern bloß so irgendwelche Gefühle ...

II

Von den Advokaten im allgemeinen. Meine naiven und ungebildeten Mutmaßungen. Einiges über die Talente im allgemeinen und im besonderen

Von den Advokaten speziell übrigens nur zwei Worte. Kaum habe ich die Feder ergriffen, da überfällt mich schon Angst. Ich erröte im voraus wegen der Naivität meiner Fragen und Mutmaßungen. Es wäre doch allzu naiv und harmlos von mir, wenn ich mich etwa darüber verbreiten wollte, was für eine nützliche und angenehme Institution die Advokatur ist. Ein Mensch hat ein Verbrechen verübt, kennt aber die Gesetze nicht; er will alles gestehen, aber da kommt ein Advokat und beweist ihm, daß er nicht nur recht hat, sondern auch heilig ist. Er zitiert die entsprechenden Gesetze, er findet eine Entscheidung des Kassationshofes des Senats, die das Aussehen der ganzen Sache ändert, und zieht schließlich den Unglücklichen aus der Grube heraus. Eine sehr angenehme Sache! Allerdings könnte man darüber noch streiten und schließlich einwenden, daß es zum Teil unmoralisch sei. – Da haben wir aber einen unschuldigen, wirklich unschuldigen, einfältigen Menschen vor uns, und die Indizien sind vom Staatsanwalt so geschickt gruppiert, daß der Mensch wegen eines Verbrechens, das er gar nicht verübt hat, wohl zugrunde gehen muß. Außerdem ist er ein ganz ungebildeter Mensch, der keine Ahnung von den Gesetzen hat und bloß das eine stammelt: »Ich weiß von nichts, von gar nichts!« womit er zu guter Letzt die Geschworenen und die Richter nur nervös macht. Da tritt aber der Advokat auf, der alle Gesetze aus dem Effeff kennt; er findet einen Paragraphen des Gesetzes, er findet eine Entscheidung des Kassationshofes des Senates, bringt den Staatsanwalt aus dem Konzept, und der Unschuldige wird freigesprochen. Das ist natürlich nützlich. Was hätte der Unschuldige ohne den Advokaten tun können?

Ich wiederhole, es sind lauter naive und allgemein bekannte Betrachtungen. Aber es ist doch außerordentlich angenehm, einen Advokaten zu haben. Ich habe diese Empfindung selbst gekostet, als ich einmal als Redakteur einer gewissen Zeitschrift zufällig, aus Unachtsamkeit (was doch jedem passieren kann), eine Notiz durchließ, die nur mit Genehmigung des Herrn Ministers des kaiserlichen Hofes gebracht werden durfte. So wurde mir plötzlich eröffnet, daß ich angeklagt sei.[13] Ich wollte mich gar nicht verteidigen, mein „Vergehen" war mir sogar klar: ich hatte ein klar formuliertes Gesetz übertreten, und ein *juristischer* Streit darüber war ausgeschlossen. Das Gericht stellte mir aber einen Advokaten bei (einen Mann, den ich einigermaßen kannte und mit dem ich früher in einem Verein zusammengearbeitet hatte). Dieser erklärte mir plötzlich, daß ich nicht nur nicht schuldig sei, sondern durchaus Recht hätte und daß er mich unter Aufwand seiner ganzen Kraft freibekommen wolle. Ich hörte dies natürlich mit Vergnügen an; als aber die Gerichtsverhandlung begann, gewann ich, offengestanden, einen ganz unerwarteten Eindruck: ich sah und hörte, wie mein Advokat redete, und der Gedanke, daß ich, der ich doch absolut schuldig war, plötzlich als absolut unschuldig dastehe, war so amüsant und zugleich so angenehm, daß ich jene halbe Stunde vor Gericht zu den lustigsten Stunden meines Lebens zähle; aber ich war kein Jurist und konnte deshalb nicht begreifen, daß ich absolut unschuldig war. Natürlich wurde ich schuldig gesprochen: die Literaten werden ja streng behandelt; ich mußte fünfundzwanzig Rubel bezahlen und außerdem zwei Tage auf der Hauptwache am Heumarkt absitzen, wo ich die Zeit sehr nett und sogar mit gewissem Nutzen verbrachte und manchen Menschen und manche Dinge kennen lernte. Ich sehe übrigens, daß ich weit abgeschweift bin; ich will wieder zum Ernst zurückkehren.

Es ist in hohem Grade moralisch und rührend, wenn der Advokat seine Mühe und sein Talent auf die Verteidigung von Unglücklichen verwendet; so einer ist ein Freund der Menschheit. Da kommt uns aber der Gedanke, daß er ja wissentlich auch einen Schuldigen verteidigt und freispricht, und noch mehr als das: daß er es gar nicht anders machen kann, selbst wenn er wollte. Man wird mir darauf entgegnen, daß das Gericht doch keinen Verbrecher der Rechtshilfe berauben dürfe und daß ein ehrlicher Advokat auch in einem solchen Fall immer ehrlich bleiben werde, da er immer den wirklichen Grad der Schuld seines Klienten finden und bestimmen, dabei aber nicht zulassen würde, daß jener übermäßig bestraft werde usw. Es ist so, auch wenn diese Annahme nach einem grenzenlosen Idealismus aussieht. Mir scheint, daß es für einen Advokaten ebenso schwer ist, der Lüge aus dem Wege zu gehen und seine Ehrlichkeit und sein Gewissen zu bewahren, wie für jeden Menschen, den paradiesischen Zustand zu erreichen. Wir haben ja schon gehört, wie mancher Advokat vor Gericht, an die Geschworenen gewandt, beteuerte, daß er die Verteidigung seines Klienten nur deshalb übernommen habe, weil er von dessen Unschuld überzeugt sei. Wenn man so einen Schwur hört, kommt einem gleich und unwiderstehlich ein schlimmer Verdacht: »Wenn er aber lügt und sich bloß ordentlich bezahlen läßt?« Und es hat sich später ja oft herausgestellt, daß die mit solchem Feuer verteidigten Klienten absolut und zweifellos schuldig waren. Ich weiß nicht, ob es bei uns schon vorgekommen ist, daß ein Advokat, der bis ans Ende die Rolle eines von der Unschuld seines Klienten völlig überzeugten Menschen spielen wollte, in Ohnmacht gefallen ist, wenn die Geschworenen den Angeklagten schuldig sprachen. Aber daß ein Advokat Tränen vergoß, ist in unserem noch so jungen Gerichtswesen, glaube ich, doch schon vorgekommen. Man mag sagen, was man will, aber in diesem ganzen Institut steckt neben all dem zweifellos Schönen auch etwas Trauriges. Man denkt an „Rechtsverdreher, Federfuchser“, man denkt an den volkstümlichen Ausspruch: „Der Advokat ist ein gedungenes Gewissen“; vor allen Dingen kommt man auf das unsinnigste Paradox, daß ein Advokat überhaupt nicht imstande sei, nach seinem Gewissen zu handeln, daß er immer mit seinem Gewissen spielen müsse, selbst wenn er es nicht wollte, daß er ein zu Gewissenlosigkeit verdammter Mensch sei, und schließlich: daß das Wichtigste und Bedenklichste daran sei, daß diese traurige Sachlage durch jemand oder durch etwas legalisiert sei und so durchaus nicht als eine Verirrung, sondern, im Gegenteil, als der normalste Zustand angesehen werde ...

Wollen wir das übrigens auf sich beruhen lassen; ich fühle allzu deutlich, daß ich auf ein mir fremdes Thema zu sprechen gekommen bin. Ich bin sogar überzeugt, daß die juristische Wissenschaft alle diese Zweifel zur völligen Beruhigung aller und eines jeden schon längst gelöst hat und nur ich allein nichts davon weiß. Ich will lieber vom Talent sprechen; diesbezüglich bin ich doch ein bißchen kompetenter.

Was ist ein Talent? Ein Talent ist vor allen Dingen eine überaus nützliche Sache. Ein literarisches Talent zum Beispiel hat die Fähigkeit, etwas gut auszusprechen und auszudrücken, was ein talentloser Mensch schlecht aussprechen und ausdrücken würde. Man wird mir darauf einwenden, daß das Wichtigste doch die Tendenz sei und das Talent erst an zweiter Stelle komme. Gut, einverstanden, ich wollte auch nicht vom Künstlerischen sprechen, sondern nur von einigen Eigenschaften des Talents im allgemeinen. Die Eigenschaften des Talents können, allgemein betrachtet, ungemein mannigfaltig und oft einfach unerträglich sein. Erstens „talent oblige", „Talent verpflichtet" – wozu zum Beispiel? Oft zu den schlimmsten Dingen. Man steht vor einer unlösbaren Frage: Hat das Talent den Menschen in seiner Gewalt, oder der Mensch sein Talent? Soviel ich die lebenden und toten Talente beobachtet und studiert habe, glaube ich, daß der Mensch sehr selten die Fähigkeit hat, mit seinem Talent fertig zu werden, und daß das Talent vielmehr fast immer seinen Träger knechtet, indem es ihn sozusagen am Kragen packt (ja, oft gerade in dieser erniedrigenden Form) und sehr weit vom richtigen Wege fortträgt. Bei Gogol (ich weiß nicht mehr, an welcher Stelle) beginnt ein Lügner etwas zu erzählen; er hätte vielleicht die Wahrheit gesagt, „aber es boten sich ihm ganz von selbst solche Einzelheiten", daß er unmöglich bei der Wahrheit bleiben konnte. Das führe ich natürlich nur zum Vergleich an, obwohl es tatsächlich besondere Talente im Lügen gibt. Der Romancier Thackeray erzählt von einem solchen Salonlügner und Spaßvogel, der übrigens der anständigen Gesellschaft angehörte und sich bei Lords herumtrieb, daß er, wenn er sich von einer Gesellschaft verabschiedete, gerne eine Lachsalve hinterließ, das heißt: den besten Streich oder Witz zum Schluß aufzusparen pflegte. Wissen Sie was: ich glaube, es ist sehr schwer, ein ehrlicher Mensch zu bleiben und seine Ehrlichkeit zu bewahren, wenn man das treffendste Wort für den Schluß aufzusparen sucht, um eine Lachsalve zu hinterlassen. Diese Sorge ist so kleinlich, daß sie aus dem Menschen schließlich alles Ernsthafte verdrängen muß. Wenn man außerdem das treffende Wort noch nicht vorbereitet hat, muß man es doch ausdenken; einem guten Wort zuliebe opfert man aber, wie es im Sprichwort heißt, Vater und Mutter.

Man wird mir einwenden, daß man, wenn man solche Forderungen stellen wollte, überhaupt nicht leben könnte. Das stimmt. Aber in jedem Talent steckt doch, das müssen Sie zugeben, eine gewisse fast unedle, übertriebene „Resonanzfähigkeit", die auch den nüchternsten Menschen stets vom Wege abzulenken sucht.

„Ob tief im Wald von einem Tier ein Schrei erschallt ..."[14] oder was es auch sei, der Mensch gerät gleich in Ekstase. Belinskij hat einmal in einem Gespräch mit mir diese übertriebene „Resonanzfähigkeit" mit „Prostitution des Talents" verglichen; er hat sie sehr verachtet, wobei er natürlich in der Antithese eine gewisse Geisteskraft voraussetzte, die selbst in einer starken poetischen Stimmung die Resonanzfähigkeit bändigen könnte. Belinskij sagte das von den Dichtern; aber fast alle Talente sind auch ein bißchen Dichter, selbst Tischler, wenn sie talentiert sind. Die Poesie ist sozusagen das innere Feuer eines jeden Talents. Wenn auch ein Tischler Dichter sein kann, dann sicher auch ein Advokat, wenn er nur ebenfalls talentiert ist. Ich bestreite nicht, daß auch der Advokat, wenn er eine streng ehrliche Gesinnung hat und über große seelische Kraft verfügt, seine „Resonanzfähigkeit“ zu bemeistern vermag; es gibt aber Fälle und Umstände, wo der Mensch es nicht aushalten kann: „es bieten sich ganz von selbst solche Einzelheiten“, daß er sich hinreißen lassen muß. Meine Herrschaften, alles, fast alles, was ich hier von dieser Resonanzfähigkeit sage, ist keine Bagatelle; wie einfach es auch erscheint, es ist doch eine außerordentlich wichtige Sache, sogar in jedem Leben, selbst für Sie und mich: Man versuche nur, tiefer hineinzublicken und sich Rechenschaft darüber zu geben, und man wird sehen, daß es oft furchtbar schwer ist, ein ehrlicher Mensch zu bleiben, gerade infolge dieser übertriebenen und großgezogenen „Resonanzfähigkeit“, die den Menschen zwingt, ununterbrochen zu lügen. Das Wort „ehrlicher Mensch“ gebrauche ich hier nur in einem höheren Sinne, so daß man durchaus ruhig und unbesorgt sein darf. Ich bin auch überzeugt, daß meine Worte niemand beunruhigen werden. Ich fahre fort. Erinnert sich noch jemand von Ihnen an Alphonse Lamartine, den ehemaligen Führer der Provisorischen Regierung während der Februar-Revolution des Achtundvierziger Jahres? Man sagt, es hätte für ihn nichts Angenehmeres und Schöneres gegeben, als unendliche Reden an das Volk und an die verschiedenen Deputationen zu richten, die damals in den beiden ersten Monaten nach der Ausrufung der Republik aus ganz Frankreich, aus allen Städten und Nestern kamen, um sich der Provisorischen Regierung vorzustellen. Um jene Zeit hielt er wohl mehrere tausend Reden. Er war ein Dichter und ein Talent. Sein ganzes Leben war keusch und voller Unschuld, dabei war er eine schöne und respektgebietende, eine sozusagen für Stahlstiche geschaffene Erscheinung. Ich vergleiche diesen historischen Menschen durchaus nicht mit jenen Typen resonanzfähiger, poetischer Menschen, die sozusagen mit einem an der Nase hängenden Tropfen zur Welt kommen, obwohl er übrigens die „Harmonies poétiques et réligieuses“ geschrieben hat, einen ungewöhnlichen Band unendlich langatmiger Gedichte, in denen drei Generationen junger Mädchen, die ihre Ausbildung in den Instituten genossen haben, stecken geblieben sind. Dafür schrieb er später die außergewöhnlich talentvolle „Geschichte der Girondisten“, die ihm seine Popularität und schließlich auch den Posten des Chefs der Provisorischen Republikanischen Regierung verschaffte – um eben diese Zeit schwang er seine zahllosen Reden, an denen er sich selbst, in ewiger Verzückung schwebend, als erster berauschte. Ein talentvoller Witzling rief damals, auf ihn weisend, aus: »Ce n'est pas l'homme, c'est une lyre!«

Das war wohl ein Lob, aber mit listigem Hintergedanken gesagt: Was ist auch komischer als der Vergleich eines Menschen mit einer Lyra? Man braucht sie nur zu berühren, und sie fängt sofort zu klingen an! Selbstverständlich darf man Lamartine, diesen Menschen, der ewig in Versen sprach, diese Leier von einem Redner, nicht mit einem unserer geschickten Advokaten vergleichen, die in ihrer Unschuld so verschlagen sind, sich immer beherrschen, sich aus jeder Klemme herauszuwinden und sich immer zu bereichern verstehen. Diese sollten ihre Leiern nicht in ihrer Gewalt haben? Stimmt das auch? Verhält es sich wirklich so, meine Herrschaften? Der Mensch fällt auf Lob leicht herein, auch wenn er noch so verschlagen ist! Manchem unserer talentierten Advokaten kann statt der „Leier“ im allegorischen Sinne dasselbe zustoßen, was einem gewissen jungen Moskauer Kaufmann zugestoßen ist. Sein Herr Papa war gestorben und hatte ihm ein Kapital hinterlassen. Seine Frau Mama betrieb aber auf ihren Namen ein eigenes Geschäft und geriet in Schwierigkeiten. Es galt, die Frau Mama zu retten, das heißt: viel Geld zu zahlen. Der junge Kaufmann liebte seine Mama sehr, konnte sich aber dazu doch nicht entschließen: »Ich kann doch unmöglich auf mein Kapital verzichten! Mein Kapital verlieren – das geht wirklich nicht, denn ich kann nicht ohne Kapital bleiben!« So gab er keinen Pfennig her, und die Mama mußte ins Loch. Man fasse es als eine Allegorie auf und verstehe unter Kapital – Talent; es besteht ja auch eine Ähnlichkeit zwischen diesen Dingen; die Rede wird nun so lauten: »Ich kann doch unmöglich auf Glanz und Effekt verzichten, denn ich kann doch nicht ganz ohne Glanz und Effekt reden!« Dies kann aber selbst dem ernstesten und ehrlichsten talentierten Advokaten passieren, sogar wenn er die Verteidigung einer Sache übernimmt, die seinem Gewissen zuwiderläuft. Ich las einmal, daß in Frankreich vor vielen Jahren ein Advokat, der sich während der Gerichtsverhandlung von der Schuld seines Klienten überzeugt hatte, in dem Augenblick, als er mit seiner Verteidigungsrede beginnen sollte, aufstand, sich vor dem Gericht verbeugte und sich dann schweigend wieder hinsetzte. Ich glaube, bei uns kann so etwas nicht passieren:

»Wie kann ich diesen Prozeß nicht gewinnen, wenn ich ein Talent bin? Darf ich denn meine Reputation zugrunde richten?« Dem Advokaten ist also *nicht nur das Geld* als Versuchung gefährlich (zumal er das Geld niemals scheut), sondern auch die Macht des eigenen Talents.

Ich bereue übrigens, dies alles geschrieben zu haben: es ist ja bekannt, daß auch Herr Spassowitsch ein außergewöhnlich talentierter Advokat ist. Seine Rede ist meiner Ansicht nach in der Tat der Gipfel der Kunst; doch hinterließ sie in meiner Seele einen fast widerlichen Eindruck. Sie sehen, ich fange mit den aufrichtigsten Worten an. Schuld daran hat aber die ganze Verlogenheit aller Umstände, die sich in diesem Prozeß um Herrn Spassowitsch herumgruppiert haben, und es ist in der Natur der Dinge begründet, daß er sich aus dieser Lüge überhaupt nicht herausreißen konnte; das ist meine Ansicht. Darum hat alles Unnatürliche und Gekünstelte seiner Lage als eines Verteidigers ganz von selbst auch seine Rede beeinflußt. Die Sache stand so, daß sein Klient, im Falle er schuldig gesprochen worden wäre, eine außergewöhnliche und zu seiner Schuld in keinem Verhältnis stehende Strafe zudiktiert bekommen hätte. Und dann hätte es ein Unglück gegeben: die Familie wäre vernichtet, niemand wäre geschützt, und alle wären unglücklich gewesen. Die Anklage lautete auf „Mißhandlungen" – diese Formulierung war eben schrecklich. Herr Spassowitsch fing gleich damit an, daß er jeden Gedanken an eine Mißhandlung ablehnte. »Das Kind ist gar nicht mißhandelt worden, man hat ihm nichts zu Leide getan!« Er leugnete alles: die Spitzruten, die blauen Flecke, die Schläge, das Blut, die Ehrlichkeit der Zeugen der Gegenpartei, alles, alles – ein außerordentlich kühnes Vorgehen, sozusagen eine Überrumpelung des Gewissens der Geschworenen; Herr Spassowitsch kennt aber seine Kraft. Er leugnete sogar das Kind selbst und dessen kindliches Alter, er vernichtete in den Herzen seiner Zuhörer selbst jedes Mitleid mit dem Kind, er riß es förmlich mit der Wurzel aus. Die Schreie »Papa! Papa!«, die unter den Rutenschlägen eine Viertelstunde (und wenn auch bloß fünf Minuten) andauerten, – alles verschwand, und im Vordergrunde erschien »ein keckes, flinkes kleines Mädchen, mit rosigem, lachendem Gesicht, verschlagen, verdorben, mit heimlichen Lastern.« Die Zuhörer vergaßen fast ganz, daß das Kind bloß sieben Jahre alt war; Herr Spassowitsch hatte das Alter, als eine für ihn höchst gefährliche Angelegenheit, sehr geschickt unterschlagen. Nachdem er dies alles vernichtet hatte, erreichte er natürlich ein freisprechendes Urteil. Was hätte er aber auch tun sollen: »Was wäre, wenn die Geschworenen meinen Klienten schuldig sprächen?« Er durfte also natürlich vor keinen Mitteln stehen bleiben und nicht allzu heikel sein. »Alle Mittel sind gut, wenn sie zu einem schönen Ziel führen.« Wir wollen aber diese merkwürdige Rede genauer untersuchen; es lohnt sich wirklich, wie Sie sehen werden.

III

Die Rede des Herrn Spassowitsch
Geschickte Kunstgriffe

Man merkt schon bei den ersten Worten der Rede, daß man ein außergewöhnlich starkes Talent vor sich hat. Herr Spassowitsch enthüllt sofort alles und macht die Geschworenen selbst auf die schwache Seite der von ihm übernommenen Verteidigung aufmerksam, zeigt seine schwächste Stelle, das, was er selbst am meisten befürchtet. (Ich zitiere die Rede übrigens nach ihrer Veröffentlichung in der Zeitung „Die Stimme". Die verfügt über so reiche Mittel, daß sie wohl die Möglichkeit hat, sich einen guten Stenographen zu halten).

»Ich fürchte, meine Herren Geschworenen«, sagt Herr Spassowitsch, »nicht den Beschluß des Gerichtshofs, nicht die Anklage des Staatsanwalts ... ich fürchte eine abstrakte Idee, ein Phantom, ich fürchte den Umstand, daß das sogenannte Verbrechen ein schwaches, schutzloses Wesen zum Objekt hat. Das Wort „Kindesmißhandlung" selbst erregt erstens ein tiefes Mitleid mit dem Kind und zweitens eine ebenso tiefe Empörung gegen den, der sein Peiniger war.«

Sehr geschickt. Die Aufrichtigkeit ist ungewöhnlich. Der Zuhörer, der mit gerunzelter Stirne etwas Schlaues, Kniffeliges und Schwindelhaftes zu hören erwartet und der sich soeben gesagt hat: »Wir wollen mal sehen, Bruder, wie du mich jetzt anschwindelst!« – , ist über die Schutzlosigkeit dieses Menschen beinahe erstaunt. Der vermeintliche Schwindler sucht selbst Schutz, dazu noch bei denen, die er anschwindeln will! Mit diesem Kunstgriff zerbricht Herr Spassowitsch mit einem Schlag das Eis des Mißtrauens und dringt, wenn auch nur als ein Tröpfchen, in die Herzen ein. Allerdings spricht er von einem *Phantom*, er sagt, daß er ein „Phantom", das heißt: fast ein Vorurteil befürchte: man hat das Weitere noch nicht gehört, aber man schämt sich schon, daß man für einen Menschen mit Vorurteilen gehalten werden kann, – nicht wahr? Sehr geschickt.

»Ich bin kein Anhänger der Rute«, fährt Herr Spassowitsch fort. »Ich verstehe vollkommen, daß ein Erziehungssystem durchgeführt werden kann (man sei unbesorgt: es sind lauter neue Redensarten, die verschiedenen pädagogischen Vorträgen entnommen sind), in dem die Rute ausgeschlossen ist; doch hoffe ich auf die absolute und vollkommene Abschaffung der Körperstrafe ebenso wenig wie darauf, daß Sie Ihre Tätigkeit bei Gericht aufgeben könnten infolge des Aufhörens von Verbrechen und von Vergehen gegen das Recht, das wie in der Familie so auch im Staate herrschen muß.«

Es handelt sich also bloß um die Rute und nicht um einen Rutenbund, nicht um „Spitzruten". Man sieht aufmerksam hin, man hört zu, – nein, der Mensch spricht ganz ernst und scherzt nicht. Der ganze Skandal entstand also nur infolge eines Rütleins: ob man es im Kindesalter anwenden solle oder nicht. Lohnte es sich überhaupt, sich deswegen zu versammeln! Er ist allerdings kein Anhänger der Rute, er verkündet es selbst, aber:

»Unter normalen Umständen wendet man auch normale Mittel an. Im gegebenen Fall wurde ein zweifellos unnormales Mittel angewandt. Wenn Sie aber in die Umstände tiefer eindringen, die die Anwendung eines solchen Mittels erheischten, wenn Sie die Natur des Kindes, das Temperament des Vaters und die Ziele, die er mit der Bestrafung verfolgte, berücksichtigen, so werden Sie in diesem Falle vieles verstehen; und wenn Sie es verstanden haben, so werden Sie ihn auch freisprechen, denn ein *tiefes* Verstehen der Sache wird unbedingt dazu führen, daß vieles verständlich und als etwas Natürliches erscheinen wird, das keine strafgerichtlichen Gegenmittel erheischt. Darin besteht meine Aufgabe: den Fall zu erklären.«

Er spricht also von „Bestrafung" des Kindes und nicht von dessen „Mißhandlung"; man richtet also nur den leiblichen Vater dafür, daß er sein Kind empfindlich bestraft hat. Was ist das für eine sonderbare Zeit! »Wenn man aber tiefer eindringt ...«, das ist eben die Sache, daß weder der Gerichtshof noch der Staatsanwalt tiefer einzudringen verstehen. Wenn wir aber, meine Herren Geschworenen, tiefer eindringen, so werden wir ihn freisprechen, denn »ein *tiefes* Verstehen führt zum Freispruch«, das sagt er selbst; dieses Verstehen ist aber nur bei uns, auf unserer Bank vorhanden! »Wie lange hat er wohl auf uns gewartet, der Ärmste; hat er sich mit dem Gerichtshof und den Staatsanwälten so abplagen müssen!« Mit einem Wort: „Schmeichle, schmeichle!" – ein alterprobter, höchst zuverlässiger Kunstgriff.

Dann geht Herr Spassowitsch zum historischen Teil des Falles über und beginnt ab ovo. Wir werden das natürlich nicht wörtlich wiedergeben. Er erzählt die ganze Lebensgeschichte seines Klienten. Herr Kroneberg hat die Schule absolviert; dann auf der Warschauer, später auf der Brüsseler Universität studiert; in Brüssel hat er die Franzosen liebgewonnen; dann kam er wieder nach Warschau, wo er die Hochschule mit dem Grade eines Magisters der Rechte absolvierte. In Warschau lernte er eine Dame kennen, die älter war als er, mit der er ein Verhältnis anfing und die er später verließ, weil eine Heirat unmöglich war; bei der Trennung wußte er gar nicht, daß sie von ihm in anderen Umständen war. Herr Kroneberg war betrübt und suchte Zerstreuung. Als der Deutsch-Französische Krieg ausbrach, trat er in die französische Armee ein, beteiligte sich an dreiundzwanzig Schlachten, bekam den Orden der Ehrenlegion und nahm als Leutnant seinen Abschied. Wir Russen wünschten damals sämtlich den Franzosen Erfolg; mit unserem Herzen lieben wir die Deutschen nicht, obwohl wir mit dem Verstand bereit sind, sie zu achten. Nach Warschau zurückgekehrt, traf er wieder jene Dame, die er so geliebt hatte; sie war bereits verheiratet und teilte ihm zum erstenmal mit, daß er ein Kind habe, das sich in Genf befinde. Die Mutter war damals eigens nach Genf gereist, um dort niederzukommen, und hatte das Kind bei dortigen Bauern gegen Bezahlung zurückgelassen. Als Herr Kroneberg von der Existenz des Kindes erfuhr, faßte er den Entschluß, dessen Zukunft sicherzustellen. An dieser Stelle sagte Herr Spassowitsch einige strenge und liberale Worte über unsere Gesetzgebung, die gegen die unehelichen Kinder so streng sei, tröstete uns aber gleich darauf mit der Mitteilung, daß es »in unserm Reiche ein Land gebe, nämlich das Königreich Polen, das eigene Gesetze habe«. Mit einem Wort, in diesem Lande sei es leichter und bequemer, ein uneheliches Kind zu legitimieren. Herr Kroneberg »wollte für das Kind das Höchste tun, was er nach dem Gesetz überhaupt tun konnte, obwohl er damals noch kein eigenes Vermögen besaß. Aber er war überzeugt, daß seine Verwandten, im Falle seines Todes, für das Mädchen, das den Namen Kroneberg trug, sorgen würden, und daß es im äußersten Falle als Tochter eines Ritters der Ehrenlegion in eine der staatlichen Erziehungsanstalten Frankreichs aufgenommen werden könnte.« Herr Kroneberg nahm das Kind von den Genfer Bauern und brachte es bei einem Pastor de Combat in Genf zur Erziehung unter; die Frau des Pastors war die Taufpatin des Kindes. So vergingen die Jahre 1872, 73 und 74 bis Anfang 1875, als Herr Kroneberg wieder nach Genf reiste und das Kind zu sich nach Petersburg mitnahm.

Herr Spassowitsch eröffnet uns unter anderem, daß sein Klient ein Mensch sei, der sich nach Familienleben sehne. Er hatte schon einmal heiraten wollen, aber die Heirat kam nicht zustande, und eines der wichtigsten Hindernisse war dabei, daß er die Existenz seiner „natürlichen Tochter" nicht verheimlicht hatte. Das ist nur der erste Tropfen. Herr Spassowitsch fügt nichts hinzu. Aber es ist auch klar, daß Herr Kroneberg ein Opfer seiner edlen Tat wurde, da er seine Tochter anerkannte, die er auch nicht hätte anerkennen und für immer bei den Bauern hätte lassen können. Folglich durfte er schon mit dem unschuldigen Geschöpf unzufrieden sein; man hat wenigstens diesen Eindruck. Aber Herr Spassowitsch ist in solchen kleinen, feinen, gleichsam flüchtigen, aber ununterbrochenen Andeutungen ein großer Meister; er kennt darin keinen Konkurrenten, wovon Sie sich bald werden überzeugen können.

Dann bringt Herr Spassowitsch plötzlich die Rede auf ein Fräulein Gesingue. Herr Kroneberg habe in Paris das Fräulein Gesingue kennen gelernt und es im Jahre 1874 nach Petersburg mitgebracht.

»Sie konnten sich selbst überzeugen (erklärt plötzlich Herr Spassowitsch), inwiefern Fräulein Gesingue den Damen der Halbwelt gleicht, mit denen man nur flüchtige Verhältnisse anknüpft. Sie ist zwar natürlich nicht die Gattin des Herrn Kroneberg, aber ihre Beziehung zueinander schließt weder Liebe noch Achtung aus.«

Nun, das ist eine subjektive Sache, die die Beteiligten allein angeht, uns ist es aber ganz gleich. Doch Herr Spassowitsch muß für sie unbedingt auch „Achtung" erringen.

»Sie können jetzt selbst beurteilen, ob diese Frau gegen das Kind herzlos gewesen ist und ob das Kind sie liebt oder nicht. Sie wollte dem Kinde alles Gute tun ...«

Die ganze Sache ist die, daß das Kind diese Dame „Maman" nannte und aus ihrem Koffer die Backpflaumen stahl, wofür es die Rutenstrafe bekam. Das sagt man uns, damit wir nicht glauben, daß die Gesingue dem Kinde feindlich gesinnt gewesen sei, daß sie es verleumdete und Herrn Kroneberg gegen die Kleine aufgehetzt habe. Nun, das glauben wir ja gar nicht; uns scheint sogar, daß diese Dame gar keinen Grund hat, das Kind zu hassen: man hat dem Kinde beigebracht, ihr die Hand zu küssen und sie „Maman" zu nennen. Die Verhandlung zeigte, daß diese Dame vor den „Spitzruten" erschrak und vor der Züchtigung (wenn auch vergebens) bat, man möchte ein gefährliches Ästchen abbrechen. Nach Zeugnis des Herrn Spassowitsch war es die Gesingue, die Kroneberg den Gedanken eingab, das Kind von de Combat in Genf abzuholen.

»Kroneberg hatte damals noch nicht die bestimmte Absicht, das Kind zu sich zu nehmen, entschloß sich aber, nach Genf zu reisen, um es sich anzusehen.«

Diese Mitteilung ist sehr charakteristisch, man muß sie sich merken. Es folgt daraus, daß Herr Kroneberg um jene Zeit nicht allzuviel an das Kind dachte und durchaus nicht das Herzensbedürfnis hatte, es bei sich zu haben.

»In Genf war er erstaunt: das Kind, das er unerwartet, zu einer nicht festgesetzten Zeit besuchte, zeigte sich als verwildert und *erkannte seinen Vater nicht.*«

Merken Sie sich besonders dieses Wort: »es erkannte seinen Vater nicht«. Ich sagte schon, daß Herr Spassowitsch ein großer Meister im Gebrauch solcher Nebenbemerkungen sei; man hat den Eindruck, er hätte sie so ganz nebenbei fallen lassen, aber am Ende seiner Rede zeigt diese Methode bestimmte Resultate und bringt ihre Früchte. Wenn das Kind »seinen Vater nicht erkannte«, so will er damit sagen, daß das Kind nicht nur verwildert, sondern auch verdorben war. Das braucht er alles für das Fernere. Weiter werden wir sehen, daß Herr Spassowitsch, indem er bald hier, bald dort so ein Wort einstreut, uns schließlich dahin bringt, daß wir für das Kind nichts mehr übrig haben. Vor uns steht plötzlich statt eines siebenjährigen Kindes, statt eines Engels, ein »geriebenes«, verschlagenes Mädchen da, ein Schreihals mit schlechtem Charakter, ein Kind, das gleich zu brüllen anfängt, wenn man es in die Ecke stellt, eine Lügnerin, Diebin, ein Schmierfink mit einem schlimmen heimlichen Laster. Seine ganze Aufgabe ist, unsere Sympathie für das Kind zu vernichten. So ist nun einmal die menschliche Natur: wenn man einen nicht mag, wenn man gegen einen Ekel verspürt, so fühlt man mit ihm kein Mitleid; unser Mitleid fürchtet aber Herr Spassowitsch vor allem: Wenn Sie mit dem Kinde Mitleid haben, werden Sie den Vater vielleicht schuldig sprechen. Darin liegt eben die ganze Lüge der Situation! Diese ganze Gruppierung der Tatsachen, die er über dem Kopf des Kindes angesammelt hat, ist natürlich, eine jede für sich, kein ausgeblasenes Ei wert; das werden Sie später selbst merken. Es gibt zum Beispiel keinen Menschen, der nicht wüßte, daß ein Kind von drei und sogar von vier Jahren, wenn es von jemand für drei Jahre verlassen wird, diese Person unbedingt vergessen muß, daß es alle Details über diese Person und die betreffende Zeit vergessen wird und daß das Gedächtnis der Kinder in diesem Alter sich nicht mehr als über ein Jahr oder sogar neun Monate erstreckt. Das wird Ihnen jeder Arzt und jeder Vater bestätigen. Schuld daran hat der Mensch, der das Kind für so viele Jahre verlassen hat, und nicht die verdorbene Natur des Kindes; der Geschworene wird das natürlich auch begreifen, wenn er nur Zeit und Lust hat, darüber nachzudenken; er hat aber keine Zeit zum Nachdenken, er steht ganz unter dem Eindruck des unwiderstehlichen Druckes des Talents; auf ihm lastet die Gruppierung: es handelt sich nicht um jede einzelne Tatsache, sondern um die Gesamtheit, um das Bündel der Tatsachen, – ob man will oder nicht, müssen alle diese unbedeutenden Tatsachen in ihrer Gesamtheit schließlich zu einem feindseligen Gefühl gegen das Kind führen. Il en reste toujours quelque chose, eine altbekannte Sache, besonders wenn die Gruppierung geschickt und von einem erfahrenen Menschen besorgt wird.

Ich will vorauseilen und noch ein ähnliches Beispiel der Kunst des Herrn Spassowitsch anführen. Mit einem ähnlichen Kunstgriff erledigt er am Ende seiner Rede auf einen Schlag die gewichtigste Zeugin gegen seinen Klienten, Agraféna Títowa. Hier ist es sogar nicht einmal eine Gruppierung, hier hat er bloß ein einziges Wort aufgefangen und es ausgenützt. Agraféna Títowa ist das ehemalige Dienstmädchen des Herrn Kroneberg. Sie war es, die zugleich mit Uljána Bíbina, der Hausmeistersfrau in der Sommerwohnung zu Ljessnój, wo Herr Kroneberg damals wohnte, die Anzeige wegen Kindesmißhandlung erstattete. Bei dieser Gelegenheit will ich sagen, daß diese Titowa und besonders die Bibina mir als die beinahe sympathischsten Personen in diesem Prozeß erscheinen. Beide lieben das Kind. Das Kind langweilte sich. Soeben erst aus der Schweiz hergebracht, bekam es den Vater fast nie zu Gesicht. Der Vater führte die

Geschäfte einer Eisenbahnverwaltung und pflegte das Haus am Morgen zu verlassen und erst spät am Abend heimzukommen. Wenn er, am Abend heimgekehrt, von irgendeinem Streich des Kindes erfuhr, so züchtigte er es mit Ruten und schlug es ins Gesicht (diese Tatsachen wurden bestätigt und werden auch von Herrn Spassowitsch selbst nicht geleugnet); das arme Kind verwilderte bei diesem freudlosen Leben und grämte sich immer mehr. »Jetzt sitzt das Kind immer allein und spricht mit niemandem«, – sagte die Titowa aus, als sie die Anzeige erstattete. In diesen Worten fühlt man nicht nur eine tiefe Sympathie, sondern auch den Blick einer feinen Beobachterin, einen inneren Schmerz ob der Leiden des mißhandelten kleinen Gottesgeschöpfes. Nach alledem ist es natürlich, daß das Kind das Dienstmädchen liebgewann, von dem es nur Liebe und Freundlichkeit erfuhr, und daß es zuweilen auch zu der Hausmeistersfrau hinunterlief. Herr Spassowitsch macht dies dem Kinde zum Vorwurf und schreibt dessen Laster »dem verderblichen Einflusse der Dienstboten« zu. Man merke sich, daß das Kind nur Französisch sprach und daß die Hausmeisterin Uljana Bibina es gar nicht ordentlich verstehen konnte, das Kind folglich nur aus Mitleid, aus Sympathie, die unserem einfachen Volke eigen sind, liebgewonnen hatte.

»Eines Abends (heißt es in der Anklage), im Juli fing Kroneberg wieder an, das Kind mit Ruten zu schlagen; diesmal schlug er es so lange, und das Kind schrie so entsetzlich, daß die Bibina erschrak, er könnte das Kind zu Tode schlagen; darum sprang sie aus dem Bett, lief im bloßen Hemd zu Kronebergs Fenster und schrie, er solle doch aufhören, das Kind zu schlagen, sonst würde sie die Polizei holen; *dann hörten die Schläge und das Geschrei sofort auf ...*«

Seht ihr diese Glucke, diese Bruthenne, die sich vor ihren Küken mit gespreizten Flügeln aufgestellt hat, um sie zu beschützen? Solche armseligen Hennen sind, wenn sie ihre Küken verteidigen, manchmal furchteinflößend. In meiner

Kindheit kannte ich auf dem Lande einen leibeigenen Jungen, der furchtbar gern Tiere quälte und mit besonderer Vorliebe Hühner schlachtete, wenn man sie für den herrschaftlichen Tisch brauchte. Ich erinnere mich noch, wie er auf dem Strohdach einer Scheune herumkletterte und nach Spatzennestern suchte: wenn er so ein Nest fand, riß er sofort den Spatzen die Köpfe ab. Und denken Sie sich nur: dieser selbe Peiniger hatte furchtbare Angst vor den Hennen; wenn eine solche, ihre Küken verteidigend, wütend, mit gespreizten Flügeln ihm entgegentrat, versteckte er sich immer hinter meinem Rücken. Diese arme Henne, die Hausmeisterin, hielt es nach drei Tagen wieder nicht aus und lief mit dem Rutenbund und der blutigen Wäsche des Kindes auf die Polizei. Man ziehe dabei die Abneigung unseres einfachen Volkes gegen das Gericht in Betracht und seine Scheu, sich mit dem Gericht einzulassen, wenn man nicht gerade selbst vors Gericht zitiert wird. Sie ging aber doch hin, um sich zu beschweren; sie tat es einem fremden Kinde zuliebe, wobei sie wußte, daß sie in jedem Falle nur Unannehmlichkeiten erleben und keinen Lohn, sondern nur Scherereien haben werde. Von diesen beiden Frauen behauptet nun Herr Spassowitsch, daß sie »einen verderblichen Einfluß auf das Kind gehabt« hätten. Und noch mehr als das; er macht sich auch folgende kleine Tatsache zunutze: das Kind wurde, wie man es später sehen wird, des Diebstahls angeklagt. (Sie werden später sehen, wie geschickt Herr Spassowitsch die Backpflaume, die das Kind ohne Erlaubnis genommen, in einen Diebstahl von Banknoten verwandelt hat). Das Kind wollte aber *den Diebstahl* nicht eingestehen und sagte sogar, »es habe nichts genommen«.

»Das Mädchen antwortete mit hartnäckigem Schweigen (sagt Herr Spassowitsch); einige Monate später erzählte es, *es habe das Geld für die Agrafena nehmen wollen.* Wenn er (der Vater des Kindes) die Umstände des Diebstahls näher untersucht hätte, so wäre er vielleicht zur Überzeugung gekommen, daß die Verdorbenheit des Kindes dem

Einflusse der Menschen, mit denen es verkehrte, zuzuschreiben sei. Das Schweigen des Mädchens selbst zeigte, daß es diejenigen, mit denen es gute Beziehungen unterhielt, nicht hat verraten wollen.«

»Sie wollte das Geld für die Agrafena nehmen.« Das ist doch ein Wort. »Nach einigen Monaten« hat das Kind natürlich *erfunden*, daß es das Geld für die Agrafena habe nehmen wollen; das erfand es aus Phantasie oder weil es ihm suggeriert worden war. Sagte es doch vor Gericht: »Je suis voleuse, menteuse«, während es doch außer der einen Backpflaume gar nichts gestohlen hatte; man hatte aber dem verantwortungslosen Kinde während dieser Monate eingeredet, daß es gestohlen habe; man hatte es ihm vielleicht nicht wörtlich eingeredet, sondern bloß auf die Weise suggeriert, daß man ununterbrochen in seiner Umgebunng wiederholte, es sei eine Diebin. Und selbst wenn das wahr wäre, daß das Kind das Geld für die Agrafena Titowa hatte nehmen wollen, so folgte daraus noch gar nicht, daß die Titowa es überredet habe, das Geld für sie zu stehlen. Herr Spassowitsch ist ja sehr geschickt, er wird so etwas nicht direkt sagen; er wird eine solche Beleidigung gegen die Titowa nicht aussprechen, da er keinerlei direkte und bestimmte Beweise hat; dafür läßt er aber gleich nach den Worten des Mädchens, daß es »das Geld für die Agrafena hatte nehmen wollen«, die Bemerkung fallen, daß »die Verdorbenheit des Kindes dem Einflusse der Menschen, mit denen es verkehrte, zuzuschreiben sei«. Das genügt aber schon. Ins Herz des Geschworenen dringt natürlich der Gedanke ein: »So sind also die beiden Hauptzeuginnen: für sie hat das Kind gestohlen, sie haben dem Kinde das Stehlen beigebracht; was für einen Wert haben dann noch ihre Aussagen?« Dieser Gedanke muß unbedingt in den Geist der Zuhörer eindringen, wenn man ihn einmal unter solchen Umständen gehört hat. So ist die gefährliche Aussage vernichtet, erdrückt, gerade so wie es Herr Spassowitsch am Ende seiner Rede zur letzten Beeinflussung und zum Effekt braucht. Ja, das ist sehr geschickt. Schwer ist die Pflicht eines Advokaten, der sich in einer solchen Klemme befindet; aber was soll er anderes tun: er muß doch seinen Klienten retten. Das sind aber erst die Blüten; die Früchte kommen noch.

IV
Die Früchte

Ich sagte schon, daß Herr Spassowitsch jede Mißhandlung des Kindes leugnet und sich über diese Annahme sogar lustig macht. Wie er nun auf »die Katastrophe vom 25. Juli« zu sprechen kommt, fängt er sofort an, jeden Striemen, jeden blauen Fleck, jede Schramme, jede Eiterkruste, jedes abgerissene Stückchen Haut aufzuzählen, und legt das alles auf die Waage: »Es sind so und so viel Lot, also liegt eine Mißhandlung nicht vor!« – das ist seine Methode. Man hat Herrn Spassowitsch in der Presse schon darauf hingewiesen, daß diese Aufzählung von Striemen und Schrammen mit der Sache nichts zu tun hat und sogar lächerlich ist. Aber ich meine, daß diese Buchführung auf das Publikum und auf die Geschworenen einen großen Eindruck hat machen müssen: »Welch eine Genauigkeit, welche Gewissenhaftigkeit!« Ich bin überzeugt, daß es unter den Zuhörern auch solche gab, denen es ein besonderes Vergnügen war, zu erfahren, daß man sich wegen einer bestimmten Strieme an Herrn de Combat nach Genf gewandt hatte. Herr Spassowitsch erklärt triumphierend, daß keinerlei Zerreißungen der Haut vorliegen:

»Wie ungünstig für Herrn Kroneberg das Gutachten des Herrn Landsberg (des Arztes, der das gezüchtigte Kind am 29. Juli untersucht hat und dessen Aussage Herr Spassowitsch sehr bissig verspottet) auch ist, will ich für die Verteidigung doch mehrere Daten seinem Attest vom 29. Juli entnehmen. Herr Dr. Landsberg bezeugt positiv, daß auf den hinteren Körperpartien des Kindes keinerlei Zerreißungen der Haut vorhanden waren, sondern *nur* dunkelrote subkutane Flecken und ebensolche rote Streifen ...«

Nur? Man merke sich dieses Wort. Und das fünf Tage nach der Mißhandlung! Ich könnte Herrn Spassowitsch bezeugen, daß solche dunkelroten subkutanen Flecken sehr schnell und ohne die geringste Lebensgefahr vergehen; stellen sie aber keine Qual, keine Mißhandlung dar?

»Die meisten dieser Flecke befanden sich auf der linken Hälfte des Gesäßes und auf der linken Hüfte. Herr Landsberg fand keinerlei traumatische Zeichen, nicht einmal Schrammen vor und bezeugte, daß die Streifen und Flecken *keinerlei Lebensgefahr* bedeuteten. Sechs Tage später, als die Kleine von Professor Florinskij untersucht wurde, fand dieser keine Flecken vor, sondern bloß Streifen, die einen größer, die anderen kleiner, aber er behauptete durchaus nicht, daß diese Streifen eine irgendwie erhebliche Verletzung darstellten, obwohl er auch zugab, daß die Züchtigung eine schwere Züchtigung gewesen war, besonders in Anbetracht des Werkzeuges, mit dem das Kind bestraft wurde.«

Ich kann Herrn Spassowitsch mitteilen, daß ich in Sibirien, in der Sträflingsabteilung des Spitals, Rücken von Arrestanten unmittelbar nach dem Spießrutenlaufen, nach fünfhundert, tausend und zweitausend Hieben gesehen habe. Dies habe ich einige dutzendmal gesehen. Mancher Rücken, glauben Sie es mir, Herr Spassowitsch, war auf ganze vier bis fünf Zentimeter (buchstäblich) angeschwollen, und dabei hat der Mensch doch nur sehr wenig Fleisch am Rücken. Diese Rücken waren eben dunkelrot und wiesen nur wenige Hautrisse auf, aus denen Blut sickerte. Seien Sie überzeugt, daß keiner von unseren ärztlichen Sachverständigen etwas ähnliches gesehen hat (wo sollten wir auch in unserer Zeit dergleichen sehen?). Diese Sträflinge kamen, wenn sie nicht mehr als tausend Stockhiebe bekommen hatten, immer in einem recht rüstigen Zustand ins Spital, wenn sie auch eine nervöse Erregung zeigten, aber nur in den ersten zwei Stunden. Soviel ich mich erinnere, legte oder setzte sich niemand von ihnen in diesen ersten zwei Stunden hin; er ging im Krankensaal, mit einem nassen Lappen auf dem Rücken, nur immer auf und ab und zuckte zuweilen mit dem ganzen Körper. Die ganze Behandlung bestand darin, daß man ihm einen Eimer Wasser brachte, in das er das Laken eintauchte, wenn es auf seinem Rücken trocken geworden war. Sie alle, soviel ich mich ihrer erinnere, wollten so schnell als möglich aus dem Spital entlassen werden (weil sie vorher, vor der Gerichtsverhandlung sehr lange eingesperrt gewesen waren und manche schon an einen neuen Fluchtversuch dachten). Hier haben Sie eine Tatsache: Die auf diese Weise Bestraften wurden am sechsten, spätestens am siebenten Tage aus dem Spital entlassen, weil der Rücken in dieser Zeit *fast immer verheilt war,* abgesehen von einigen verhältnismäßig schwachen Spuren; aber nach beiläufig zehn Tagen war alles spurlos vergangen. Die Spießrutenstrafe (das heißt in Wirklichkeit waren es immer Stöcke) stellte, wenn sie nicht in einer allzugroßen Portion verabreicht wurde, nicht mehr als zweitausend Schläge auf einmal, nicht die geringste Lebensgefahr dar. Im Gegenteil, alle Zuchthäusler und Militärsträflinge (die schon alles erlebt hatten), behaupteten oft in meiner Gegenwart, daß die Ruten viel qualvoller, »tiefer gehend«, und unvergleichlich gefährlicher seien, weil man sogar mehr als zweitausend Stockhiebe ohne Lebensgefahr ertragen könne, während man nach vierhundert Rutenschlägen leicht sterben könne; fünf- oder sechshundert Rutenschläge *auf einmal* bedeuteten aber den sicheren Tod, und niemand könne das überleben. Nun frage ich Sie, Herr Verteidiger: Obwohl die Stockhiebe keine Lebensgefahr bedeuteten und nicht die geringste Schädigung verursachten, kann man denn sagen, daß diese Strafe nicht qualvoll gewesen sei und keine Mißhandlung bedeutete? Hat denn die Kleine, als sie eine Viertelstunde mit den schrecklichen Ruten, die dann auf dem Gerichtstisch lagen, geschlagen wurde und schrie, keine Qual empfunden? Warum leugnen Sie, daß es eine Quälerei und eine Mißhandlung gewesen ist?

Ich habe aber schon oben gesagt, woher dieses Durcheinander kommt; ich wiederhole es noch einmal: In unserem Strafgesetzbuch herrscht, nach Aussage des Herrn Spassowitsch, in bezug auf den Begriff und die Definition dessen, was man unter Mißhandlung zu verstehen habe, »Unklarheit, Unvollständigkeit, Lückenhaftigkeit«.

»... Darum hat der Regierende Senat in denselben Entscheidungen, auf die sich die Anklage beruft, andererseits erklärt, daß man unter Mißhandlung und Quälerei solche Angriffe auf die Person oder die persönliche Unantastbarkeit des Menschen zu verstehen habe, die von Quälerei und Grausamkeit begleitet werden. Bei Mißhandlungen und Quälereien müssen die physischen Leiden, nach Ansicht des Senats, einen höheren und anhaltenderen Grad von Schmerz darstellen als bei gewöhnlichen, wenn auch schweren Schlägen. Wenn die Schläge nicht als schwer bezeichnet werden dürfen und die Mißhandlung schwerer sein muß als schwere Schläge, und wenn keiner der Sachverständigen sie als schwer bezeichnet hat, mit Ausnahme des Herrn Landsberg, der seine Aussage später widerrufen hat, *so frage ich, auf welche Weise man dieses Delikt als eine Mißhandlung und Quälerei qualifizieren darf? Ich halte es für undenkbar.«*

Das ist eben die Sache: Im Strafgesetzbuch herrscht Unklarheit, und der Klient des Herrn Spassowitsch könnte, der Mißhandlung angeklagt, unter einen der strengsten und jedenfalls seinem Vergehen nicht entsprechenden Gesetzesparagraphen kommen, der ihn mit einer außerordentlich strengen und mit seiner „Tat“ in keinem Verhältnis stehenden Strafe bedrohte. Man müßte meinen, daß Herr Spassowitsch uns dieses Mißverständnis einfach aufklären sollte: »Ja, es liegt wohl eine Mißhandlung vor, aber nicht in dem Grade, wie es das Gesetz verlangt, das heißt: eine, die nicht *schwerer ist als die schwersten Schläge;* deshalb darf mein Klient nicht der Mißhandlung angeklagt werden.« Aber Herr Spassowitsch will nichts zugeben; er will beweisen, daß gar keine Mißhandlung, weder eine gesetzliche, noch eine ungesetzliche, vorliegt, daß man von keinerlei Quälerei sprechen darf! Aber was geht es uns an, daß die Mißhandlung und Peinigung des Kindes nicht buchstäblich der Definition dieses Begriffes im Strafgesetzbuch entsprechen? Im Gesetz ist dort eine Lücke, wie Sie selbst gesagt haben. Das Kind hat doch immerhin gelitten; oder hat es denn nicht gelitten, wurde es wirklich gar nicht mißhandelt, muß man uns denn so Sand in die Augen streuen? Ja, Herr Spassowitsch hat eben diese Absicht, er will uns unbedingt Sand in die Augen streuen: Das Kind, sagt er, hat schon am anderen Tag »gespielt« und »seine Aufgaben gemacht«. Ich glaube kaum, daß es gespielt hat. Die Bibina sagt dagegen aus, das Kind hätte, als sie es untersuchte, bevor sie die Anzeige erstattete, »bitter geweint und immer wieder: Papa! Papa! geschrieen«. Ach, mein Gott, diese kleinen Kinder sind oft so empfindlich und für Eindrücke empfänglich! Was folgt denn daraus, daß die Kleine am nächsten Tag, mit den blauroten Flecken am Körper, vielleicht wirklich gespielt hat?! Ich sah einen fünfjährigen Jungen, der an Scharlach beinahe starb und völlig erschöpft dalag, dabei aber stammelte, daß man ihm das versprochene Hündchen kaufen werde, und bat, daß man ihm alle seine Spielsachen vor sein Bettchen hinstellen möchte: »Ich will sie wenigstens anschauen.« Der Gipfel der Kunst ist aber, daß Herr Spassowitsch das Alter des Kindes vollständig konfisziert hat! Er redet immer von einem verdorbenen und lasterhaften Mädchen, das man mehrere Male bei Diebstählen ertappt hätte, mit einem heimlichen Laster in der Seele, hat aber dabei völlig vergessen (und auch wir haben es vergessen), daß die Rede bloß von einem siebenjährigen Kinde ist und daß die eine ganze Viertelstunde dauernde Züchtigung mit diesen neuen „Spitzruten“ aus Ebereschenzweigen nicht nur für einen Erwachsenen, sondern auch für einen Vierzehnjährigen mindestens zehnmal leichter gewesen wäre als für diesen unglücklichen Wurm! Man fragt sich unwillkürlich: Wozu braucht Herr Spassowitsch dies alles? Warum leugnet er so hartnäckig die Qual des Kindes, verwendet darauf fast seine ganze Kunst und windet sich so, um uns Sand in die Augen zu streuen? Tut er das denn nur aus seinem Advokatenehrgeiz: »Ich will nicht nur meinen Klienten retten, ich will auch beweisen, daß die ganze Sache unsinnig und lächerlich ist und daß man den Vater bloß deswegen anklagt, weil er das schlimme Kind einmal mit der Rute bestraft hat«? Aber ich habe schon gesagt, daß er in Ihnen jede Sympathie für das Kind vernichten muß. Er hat zwar zu diesem Zweck reichliche Mittel im Vorrat, aber er fürchtet immerhin, daß die Leiden des Kindes, Gott behüte, menschliche Gefühle wachrufen könnten. Eure menschlichen Gefühle sind ihm eben gefährlich: Vielleicht werdet ihr seinem Klienten böse werden; er muß sie rechtzeitig unterdrücken, entstellen und verspotten – mit einem Worte, eine scheinbar unmögliche Sache unternehmen, unmöglich schon aus dem Grund, weil uns eine klare, genaue und durchaus aufrichtige Aussage des Vaters vorliegt, der die Mißhandlung des Kindes auf das Bestimmteste bestätigt:

»Am 25. Juli habe ich, durch meine Tochter gereizt (sagt der Vater), sie mit diesem Rutenbund ordentlich gezüchtigt; diesmal *schlug ich sie lange, ganz außer mir, ohne Überlegung, aufs Geratewohl.* Ob die Ruten bei dieser letzten Züchtigung entzweibrachen, weiß ich nicht; aber ich erinnere mich, daß sie, als ich zu schlagen anfing, länger waren.«

Allerdings hat sich der Vater in der Voruntersuchung trotz dieser Aussage nicht als schuldig bekannt, sein Kind mißhandelt zu haben, und erklärt, daß er es vor dem 25. Juli immer sehr mild bestraft habe. Ich will nebenbei bemerken, daß die Anschauung darüber, ob die Bestrafung mild oder schwer gewesen sei, eine persönliche Sache ist: die Schläge ins Gesicht, bei denen dem siebenjährigen Kinde Blut aus der Nase kommt und die Herr Kroneberg und sein Verteidiger gar nicht leugnen, werden von den beiden offenbar als eine milde Strafe angesehen. Herr Spassowitsch macht auf diesem Gebiete noch andere wertvolle Ausfälle, zum Beispiel:

»Sie haben gehört, daß die Flecken an den Ellenbogen fast zweifellos bloß deshalb entstanden sind, weil man das Kind bei der Bestrafung *an den Armen festgehalten hat.«*

Hören Sie es: *»bloß deshalb!«* Dann hat man das Kind wohl gut festgehalten, wenn es zu blauen Flecken gekommen ist! Herr Spassowitsch behauptet allerdings nicht ausdrücklich, daß dies alles schön und wohlriechend sei; hier ist zum Beispiel noch so eine kleine Betrachtung seinerseits:

»Es wird behauptet, daß diese Bestrafung das normale Maß überschritten habe. Diese Feststellung wäre sehr schön, wenn wir feststellen könnten, was eine normale Bestrafung eigentlich ist; *aber da es eine solche Feststellung nicht gibt,* ist es schwer zu sagen, ob die Strafe das normale Maß überschritten hat (das sagt er nach der Aussage des Vaters, daß er *lange, ohne Überlegung und außer sich geschlagen habe!!!).* Nehmen wir an, daß dem wirklich so ist; was folgt daraus? Daß diese Strafe in den meisten Fällen für Kinder ungeeignet ist. Aber auch bei Kindern sind außergewöhnliche Fälle möglich. Gebt ihr es denn nicht zu, daß die väterliche Gewalt in Ausnahmefällen in einer solchen Lage sein kann, daß der Vater ein strengeres Maß als gewöhnlich anwenden muß, also eine Maßregel, die von den gewöhnlichen Maßregeln, die er alle Tage anwendet, verschieden ist.«

Das ist aber auch alles, was Herr Spassowitsch zugeben will. Die ganze Mißhandlung reduziert er auf »eine das übliche Maß überschreitende Maßregel« – aber er bereut auch diese Konzession; am Ende seiner Verteidigungsrede widerruft er dies alles und sagt:

»Der Vater steht vor Gericht; was wird ihm zur Last gelegt? Der Mißbrauch seiner Gewalt? Nun fragt es sich, wo sind die Grenzen dieser Gewalt? Wer kann bestimmen, wieviel und in welchen Fällen der Vater Schläge verabfolgen darf, ohne durch diese Strafe den Organismus des Kindes zu schädigen?«

Das heißt: ohne ihm ein Bein zu brechen? Und wenn er ihm kein Bein bricht, ist sonst alles erlaubt? Meinen Sie das im Ernst, Herr Spassowitsch? Wissen Sie denn wirklich nicht, wo die Grenze dieser Gewalt ist und »wieviel und in welchen Fällen der Vater Schläge verabfolgen darf?« Wenn Sie es nicht wissen, so will ich Ihnen sagen, wo diese Grenze ist! Die Grenze dieser Gewalt ist, daß man einen siebenjährigen Wurm, der für alle seine „Laster" (die man auf eine andere Weise beheben muß) in keiner Weise verantwortlich ist, daß man dieses engelgleiche Geschöpf, das unvergleichlich reiner und sündloser ist als wir beide, Herr Spassowitsch, und als alle, die sich im Gerichtssaale befanden und dieses Kind richteten und verurteilten, – daß man es nicht mit den neun Ebereschenruten züchtigen darf, eine Viertelstunde lang, ohne auf seine Schreie »Papa! Papa!« zu hören, vor denen ein einfaches Bauernweib, eine Hausmeistersfrau fast wahnsinnig geworden ist, – daß man nicht sagen darf: »Ich habe sie lange geschlagen, ganz außer mir, ohne Überlegung, aufs Geratewohl!« – daß man nicht *außer sich* sein darf, da es doch für jeden Zorn eine Grenze gibt, sogar für den Zorn auf ein siebenjähriges, verantwortungsloses Kind, weil es eine Backpflaume gestohlen und eine Häkelnadel zerbrochen hat! Ja, Sie kunstreicher Verteidiger, alles hat seine Grenzen, und wenn ich nicht wüßte, daß Sie das alles absichtlich sagen, daß Sie sich bloß verstellen, um Ihren Klienten zu retten, so würde ich eigens für Sie noch hinzufügen, daß es auch eine Grenze gibt für allerlei „Leiern", für jede „Advokaten-Resonanzfähigkeit", und daß diese Grenze darin besteht, daß man sich nicht zu solchen Herkulessäulen versteigen darf, zu denen Sie, Herr Verteidiger, sich verstiegen haben! Aber Sie haben sich nur Ihrem Klienten zum Opfer gebracht, und ich habe kein Recht mehr, zu Ihnen von den Grenzen zu sprechen, und wundere mich nur über die Größe Ihres Opfers!

V

Die Herkulessäulen[15]

Aber die Säulen, die richtigen Herkulessäulen, beginnen erst dort, wo Herr Spassowitsch sich bis zum »gerechten Zorn des Vaters« hinaufsteigert.

»Als das Kind jene schlechte Angewohnheit (das heißt: die Gewohnheit zu lügen) zeigte«, sagt Herr Spassowitsch, »die sich zu den anderen Lastern des Kindes gesellte, als der Vater erfuhr, daß die Kleine *stiehlt,* geriet er tatsächlich in großen Zorn. Ich glaube, daß *jeder von Ihnen in den gleichen Zorn geraten wäre,* und ich glaube auch, daß, wenn man einen Vater dafür verfolgt, weil er sein Kind zwar schmerzhaft, aber *verdienterweise* bestraft, man damit der Familie und dem Staate einen schlechten Dienst erweist, denn der Staat ist nur dann gefestigt, wenn er sich auf einer festen Familie gründet... Wenn der Vater in Zorn geriet, so war er durchaus in seinem Recht...«

Warten Sie, Herr Verteidiger, ich will mich zunächst noch nicht beim Wort »stiehlt« aufhalten, das Sie gebraucht haben; aber wir wollen uns über »den gerechten Zorn« des Vaters unterhalten. Und die Erziehung, die das Kind von seinem dritten Lebensjahre an in der Schweiz, bei de Combat genossen hat, wo es, wie Sie selbst bezeugen, verdorben worden ist und seine schlechten Neigungen erworben hat? Wie kann das Kind in diesem Alter für seine schlechten Angewohnheiten verantwortlich gemacht werden, und wo ist hier die Gerechtigkeit des väterlichen Zorns? Ich trete für die völlige Verantwortungslosigkeit des Kindes in dieser Sache ein, selbst wenn man zugibt, daß es schlechte Angewohnheiten gehabt hat; man mag sagen, was man will, aber diese Verantwortungslosigkeit des siebenjährigen Kindes läßt sich nicht leugnen. Es hat noch nicht so viel Verstand und kann ihn auch noch nicht haben, um seine schlechten Eigenschaften zu erkennen. Wir alle, und vielleicht auch Sie, Herr Spassowitsch, sind doch keine Heiligen, obwohl wir so viel mehr Verstand haben als das siebenjährige Kind. Wie können Sie nur einem solchen Wurm ein so schweres Joch der Verantwortung auferlegen, das Sie vielleicht auch selbst nicht tragen könnten? »Sie binden schwere und unerträgliche Bürden und legen sie den Menschen auf den Hals«, gedenken Sie dieser Worte. Sie werden wohl sagen, daß wir doch unsere Kinder bessern müssen. Hören Sie: wir dürfen uns nicht über die Kinder stellen, wir sind schlimmer als sie. Wenn wir sie etwas lehren, um sie besser zu machen, so lehren auch sie uns vieles und machen uns besser, bloß durch unsere Berührung mit ihnen. Sie vermenschlichen unsere Seele schon durch ihr bloßes Erscheinen unter uns. Darum müssen wir sie ehren und ihnen mit Achtung vor ihrem engelhaften Antlitz begegnen (wenn wir sie auch manches lehren könnten), mit Achtung vor ihrer Unschuld, selbst wenn sie irgendeine lasterhafte Angewohnheit haben, – vor ihrer Verantwortungslosigkeit und rührenden Schutzlosigkeit. Sie behaupten dagegen, daß wenn der Vater dem Kind ins Gesicht schlägt, so daß es blutet, dies gerecht und gar nicht, gar nicht verletzend sei. Das Kind hat irgendeine Eiterkruste in der Nase, und Sie sagen:

»Die Ohrfeigen haben vielleicht den Bluterguß aus der skrophulösen Eiterkruste in der Nase beschleunigt, aber dies ist noch keine Verletzung: *das Blut hätte auch ohne eine Verwundung oder Schläge etwas später kommen können.* Das Blut bedeutet also nichts, was gegen Herrn Kroneberg sprechen könnte. In dem Augenblick, als er den Schlag führte, *konnte er sich auch nicht erinnern, konnte sogar nicht einmal wissen, daß das Kind öfters Nasenbluten hat.*«

»Er konnte sich auch nicht erinnern, konnte nicht wissen!« Wollen Sie denn annehmen, daß Herr Kroneberg wissentlich auf eine kranke Stelle geschlagen habe? Natürlich wußte er es nicht. Sie bezeugen also selbst, daß der Vater nichts von der Krankheit seines Kindes wußte, räumen ihm aber das Recht ein, sein Kind zu schlagen. Sie behaupten, daß die vom Vater verabfolgten Schläge ins Gesicht nicht verletzend seien. Ja, für einen siebenjährigen Wurm sind sie vielleicht harmlos, aber die Beleidigung? Von der moralischen Beleidigung, der Beleidigung des Herzens, sagen Sie in Ihrer ganzen Rede kein Wort, Herr Verteidiger; Sie sprechen nur vom physischen Schmerz. Wofür wurde es ins Gesicht geschlagen? Wo ist die Ursache eines so schrecklichen Zorns? Ist denn das Kind ein wirklicher Verbrecher? Dieses kleine Mädchen, diese Verbrecherin wird ja gleich hinlaufen, um mit den Jungen Räuber zu spielen. Sie ist ja sieben Jahre alt, nur sieben Jahre, daran muß man in diesem Prozeß ununterbrochen denken; es ist ja lauter Blendwerk, was Sie da sagen! Wissen Sie auch, was es heißt, ein Kind zu beleidigen? Ein kindliches Herz ist voll unschuldiger, fast unbewußter Liebe, solche Schläge rufen aber darin stets ein schmerzliches Erstaunen hervor und Tränen. Gott sieht und zählt diese Tränen. Der kindliche Verstand ist ja oft noch gar nicht imstande, die ganze Schuld einzusehen. Haben Sie einmal ein mißhandeltes kleines Kind gesehen, oder von einem solchen gehört, etwa von einem Waisenkind in einer fremden bösen Familie? Haben Sie gesehen, wie sich so ein Kind in eine Ecke verkriecht, damit man es nicht sehe, wie es dort weint und die Hände ringt (ja, es ringt die Hände, ich habe das selbst gesehen) – *und sich mit der winzigen Faust vor die Brust schlägt*, ohne selbst zu wissen, was es tut, ohne zu begreifen, worin seine Schuld besteht und wofür es so gequält wird, aber sich allzu gut dessen bewußt ist, daß man es nicht liebt? Ich weiß nichts über die Person des Herrn Kroneberg, ich will und kann ihm nicht ins Herz, in die Seele schauen, auch nicht in die Seele seiner Angehörigen, denn ich kann eine große Ungerechtigkeit ihm gegenüber begehen, wenn ich ihn doch gar nicht kenne; darum urteile ich ausschließlich nach Ihren Worten und Hinweisen, Herr Verteidiger. Sie haben von ihm in Ihrer Rede gesagt, er sei »ein schlechter Pädagoge«; meiner Ansicht nach ist das dasselbe wie ein unerfahrener Vater, oder, genauer gesagt, wie ein Vater, der keine Übung im Umgang mit Kindern hat. Ich will es erläutern: Diese Geschöpfe dringen nur dann in unsere Seele ein und verwachsen mit unserem Herzen, wenn wir, nachdem wir sie gezeugt, sie während ihrer ganzen Kindheit beobachten, ohne uns von ihnen zu trennen, von ihrem ersten Lächeln an, und dann jeden Tag, jede Stunde, während unseres ganzen Lebens mit ihnen seelisch verkehren. Das ist die Familie, das ist ein Heiligtum! Die Familie wird doch auch *geschaffen* und ist nicht im fertigen Zustand gegeben, und es liegen hier keinerlei fertige Rechte und Pflichten vor, sondern sie entspringen einander ganz von selbst. Nur dann ist das alles dauerhaft und heilig. Geschaffen wird aber die Familie durch die ununterbrochene Bemühung der Liebe. Sie gestehen übrigens, Herr Verteidiger, daß Ihr Klient zwei *logische Fehler* gemacht habe (sind es nur logische Fehler?) und daß einer von ihnen darin bestehe, daß er,

»... allzu temperamentvoll vorging und glaubte, daß man auf einen Schlag *alles* Böse ausrotten könne, was in die Seele des Kindes seit Jahren eingeimpft worden war. Aber das ist unmöglich; man muß langsam vorgehen und Geduld haben.«

Ich schwöre, es wäre sehr wenig Geduld erforderlich, denn die Kleine ist ja bloß sieben Jahre alt! Diese sieben Jahre verschwinden aber überall in Ihrer Rede und in Ihren Betrachtungen, Herr Verteidiger! »Sie hat stibitzt«, rufen Sie aus, »sie hat gestohlen!«

»Am 25. Juli kommt der Vater in die Sommerfrische und erfährt zu seiner Überraschung zum erstenmal, daß die Kleine im Koffer der Gesingue herumgekramt, dabei einen Haken (d. h. eine Häkelnadel, und nicht etwa einen Verschluß) zerbrochen hat und auf Geld ausgegangen ist. Ich weiß nicht, meine Herren Geschworenen, ob man solche Handlungen seiner Tochter gleichgültig hinnehmen darf. Manche sagen: ‚Darf man denn ein Kind wegen einiger Backpflaumen und eines Stückchens Zucker so streng bestrafen?' Ich meine, daß von den Backpflaumen zum Zucker, vom Zucker zum Geld, vom Geld zu Banknoten ein gerader, offener Weg führt!«

Ich will Ihnen ein kleines Erlebnis erzählen, Herr Verteidiger. Am Tische sitzt ein Vater, der sein Geld durch schwere Arbeit verdient. Er ist Schriftsteller genau wie ich. Er hat seine Feder weggelegt, und auf ihn geht sein sechsjähriges Töchterchen zu und beginnt davon zu reden, daß er ihr doch eine neue Puppe und dann einen Wagen kaufen solle, einen wirklichen Wagen mit Pferden; sie werde sich mit der Puppe und mit ihrer Kinderfrau in den Wagen setzen und zu Sascha, der Enkelin der Kinderfrau, fahren. »Und, Papa, dann kaufe mir noch . . .« usw. usw., die Käufe wollen kein Ende nehmen. Dies alles hat sie sich soeben erst ausgedacht, während sie in ihrem Winkel mit der Puppe spielte. Solche sechsjährigen Kinder haben eine ungewöhnliche Phantasie, und das ist sehr gut, denn darin zeigt sich eben die geistige Entwicklung. Der Vater hört ihr mit einem Lächeln zu.

»Ach, Lilja, Lilja«, sagt er schließlich halb im Scherz und halb traurig, »gerne würde ich dir alles kaufen, aber wo soll ich das Geld hernehmen? Du weißt gar nicht, wie schwer es ist, welches zu verdienen.«

»Weißt du was, Papa?« fällt ihm Lilja mit einer sehr ernsten und vertraulichen Miene ins Wort: »Nimm ein Töpfchen und eine Schaufel, geh in den Wald und grabe unter einem Sträuchlein, dort wirst du Geld finden; das tust du ins Töpfchen und bringst es nach Hause.«

Ich versichere Sie, dieses Kind ist gar nicht dumm, aber es hat eben eine solche Vorstellung davon, wie man Geld verdient. Glauben Sie denn, daß die Siebenjährige in ihrer Vorstellung vom Geld der Sechsjährigen weit voraus ist? Sie hat vielleicht schon erfahren, daß man sich kein Geld unter einem Sträuchlein hervorgraben kann, aber wie man es sich in Wirklichkeit verschafft, nach welchen Gesetzen, und was Banknoten, Aktien, Konzessionen bedeuten, das weiß sie wohl kaum. Erlauben Sie, Herr Spassowitsch, darf man denn von einem solchen Kinde sagen, daß es auf Geld *ausgegangen sei?* Dieser Ausdruck und der damit verbundene Begriff sind nur auf einen erwachsenen Dieb anwendbar, welcher weiß, was Geld ist und wie man damit umgeht. Und selbst wenn so ein Kind sich das Geld wirklich angeeignet hätte, so wäre es noch kein Diebstahl, sondern nur ein kindlicher Streich, dasselbe wie eine stibitzte Backpflaume, denn das Kind weiß noch gar nicht, was Geld ist. Sie haben uns aber schon erklärt, daß sie nicht mehr weit vom Banknotendiebstahl sei und daß dies »den Staat bedrohe!« Darf man denn nach alledem den Gedanken aufkommen lassen, daß die Züchtigung, der das Kind wegen dieses Streiches unterzogen wurde, verdient sei und gerechtfertigt werden könne?! Aber sie hat gar nicht im Gelde herumgekramt, sie hat es gar nicht genommen. Sie hat nur im Koffer gekramt, wo das Geld lag, und dabei eine Häkelnadel zerbrochen; sonst hat sie aber nichts genommen. Wozu braucht sie auch Geld: etwa um damit nach Amerika durchzubrennen oder eine Eisenbahnkonzession zu erwerben? Sie sagen aber von den Banknoten: »vom Zucker ist es nicht mehr weit zu Banknoten« ... Warum dann vor den Eisenbahnkonzessionen Halt machen?

Sind das etwa keine Herkulessäulen, Herr Verteidiger?

»Sie hat ein Laster, ein schlimmes, heimliches Laster ...«

Wartet, wartet, ihr Ankläger! Hat sich denn niemand gefunden, der die ganze Unmöglichkeit, die ganze Ungeheuerlichkeit dieses Schauspiels fühlte?! Man stellt ein kleines Mädchen öffentlich hin, und ernsthafte, humane Menschen schmähen das Kind und sprechen laut von seinen »heimlichen Lastern!« ... Was besagt das schon, daß die Kleine diese Schmach noch nicht begreift und selbst sagt: »Je suis voleuse, menteuse«? Das ist unmöglich, das ist unerträglich, das ist eine unausstehliche Heuchelei. Und wer konnte, wer war imstande, von ihr zu sagen, sie habe »gestohlen«, sie sei auf Geld »ausgegangen«? Kann man denn solche Worte von einem solchen Kind sagen? Warum schmäht man es laut im Gerichtsstand mit den »heimlichen Lastern«? Warum bewirft man es mit soviel Schmutz, dessen Spuren für immer bleiben? Sprechen Sie doch recht schnell Ihren Klienten frei, Herr Verteidiger, und wenn auch bloß, damit der Vorhang schneller falle und wir von diesem Schauspiel erlöst werden. Aber lassen Sie uns wenigstens unser Mitleid mit diesem Kinde: richten Sie es nicht mit solch ernster Miene, als glaubten Sie selbst an seine Schuld. Dieses Mitleid ist unser kostbarer Besitz, und es wäre schrecklich, es in der Gesellschaft auszurotten. Wenn eine Gesellschaft aufhört, mit den Schwachen und Unterdrückten Mitleid zu haben, dann wird es auch ihr selbst schlecht ergehen: sie wird verdorren und erstarren, wird sittenlos und unfruchtbar werden...

»Ja, aber, wenn ich euch das Mitleid ließe, könntet ihr ja womöglich noch aus Mitleid mit der Kleinen meinen Klienten schuldig sprechen.«

Das ist die Situation!

VI

Die Familie und unsere Heiligtümer. Ein Schlußwort über eine junge Schule

Zum Abschluß sagt Herr Spassowitsch ein treffendes Wort:

»Zum Schluß erlaube ich mir zu sagen, daß die ganze Anklage gegen Kroneberg meiner Ansicht nach falsch formuliert ist, das heißt so, daß die Fragen, die man Ihnen vorlegen wird, überhaupt nicht zu beantworten sind.«

Das ist klug; das ist der Kern der Sache, und darauf beruht die ganze Lüge; Herr Spassowitsch fügt aber noch einige ziemlich feierliche Worte hinzu: »Ich glaube, Sie erkennen alle an, daß es die Familie, die väterliche Gewalt gibt...« Früher hat er verkündet, »der Staat sei nur dann gefestigt, wenn er sich auf einer gefestigten Familie gründe«.

Darauf erlaube ich mir einige Worte einzuwenden.

Wir Russen sind ein junges Volk; wir fangen soeben erst an zu leben, obgleich wir schon tausend Jahre da sind; aber zu einem großen Schiff gehört auch eine große Fahrt. Wir sind ein frisches Volk und haben keine Heiligtümer quand même. Wir lieben unsere Heiligtümer, aber doch nur darum, weil sie wirklich heilig sind. Wir stehen nicht nur deshalb für sie ein, um die bestehende Ordnung zu schützen. Unsere Heiligtümer stehen nicht um ihrer Nützlichkeit willen da, sondern um unseres Glaubens willen. Wir würden auch gar nicht anfangen, Heiligtümer zu verteidigen, an die wir selbst schon aufhören zu glauben, wie die Priester des Altertums, die in ihrer Endzeit, als das Heidentum schon zusammenbrach, immer noch ihre Götzen verteidigten, die sie schon längst nicht mehr für Götter hielten. Kein einziges unserer Heiligtümer wird die freie Forschung scheuen, und das geschieht nur, weil sie wirklich stark sind. Wir lieben das Heiligtum der Familie, wenn sie wirklich heilig ist, nicht aber bloß aus dem Grund, weil der Staat fest auf ihr steht. Indem wir aber an die Festigkeit unserer Familie glauben, werden wir nicht ängstlich werden, wenn sie ab und zu von der Spreu gereinigt, das Unkraut gejätet wird, und wir werden nicht erschrecken, wenn der Mißbrauch selbst der elterlichen Gewalt aufgedeckt und sogar bestraft wird. Wir werden diese Gewalt nicht quand même zu verteidigen suchen. Das Heiligtum einer wahrhaft heiligen Familie ist so stark, daß es davon niemals ins Schwanken kommen könnte, sondern nur noch heiliger werden würde. Aber alles hat seine Grenze und sein Maß, und auch das sind wir bereit einzusehen. Ich bin kein Jurist, aber in der Angelegenheit Kroneberg kann ich nicht umhin, eine gewisse tiefe Verfälschung zu erkennen. Hier stimmt etwas nicht, hier drehte es sich um etwas ganz Anderes, ganz abgesehen von der tatsächlichen Schuld. Herr Spassowitsch hat wohl aus tiefstem Grunde recht, wenn er von der falschen Fragestellung in dieser Sache spricht, indes – damit allein ist noch nichts getan. Vielleicht ist eine tiefe und *selbständige* Revision unserer Gesetze in diesem Punkt nötig, um die Lücken auszufüllen und das Gesetz mit dem Charakter unserer Gesellschaft in Einklang zu bringen. Ich kann nicht entscheiden, was hier nötig ist, ich bin kein Jurist...

Und dennoch rufe ich unwillkürlich aus: Ja, die Advokatur ist eine glänzende, aber auch irgendwarum traurige Einrichtung. Das habe ich schon am Anfang gesagt und sage es jetzt nochmals. Jedenfalls erscheint sie mir so, und das sicher nur deshalb, weil ich kein Jurist bin; das ist mein ganzes Unglück. Ich glaube immer so etwas wie eine junge Schule der Geschicklichkeit des Geistes und der Austrocknung des Herzens vor mir zu sehen, eine Schule der Verdrehung jedes gesunden Gefühls je nach Bedarf, eine Schule aller möglichen Anschläge, die furchtlos und straflos unternommen werden können, beharrlich und unermüdlich, entsprechend dem Bedarf und den Anforderungen, zu einer Art Prinzip erhoben, wenn nicht gar, da es für uns noch so neu ist, zu einer Art mutigem Turnier, dem alle applaudieren. Wie, greife ich etwa die Advokatur an, das neueingeführte Gerichtswesen? Gott behüte mich davor, ich wünschte ja nur, daß wir alle ein bißchen besser würden. Das ist doch nur ein sehr bescheidener Wunsch, aber leider auch ein überaus idealer. Ich bin ein unverbesserlicher Idealist; ich suche Heiligtümer, ich liebe sie, mein Herz lechzt nach ihnen, da ich so beschaffen bin, daß ich ohne Heiligtümer gar nicht leben könnte, nur sollten diese doch ein wenig heiliger sein; denn sonst lohnte es sich ja gar nicht, sie anzubeten! Aber wie dem auch sei, jedenfalls habe ich die Februar-Nummer meines „Tagebuches" verdorben, indem ich mich hier maßlos über ein garstiges Thema verbreitet habe, bloß weil es mich gar zu sehr erschüttert hat. Aber: „il faut avoir le courage de son opinion"; und dieser kluge französische Ausspruch könnte vielen, die in unserer verwirrenden Zeit nach Antworten auf ihre Fragen suchen, als Anleitung dienen.

APRIL

ZWEITES KAPITEL

I

Einiges über politische Fragen

Alle Welt redet jetzt von den aktuellen politischen Fragen, und man ist außergewöhnlich interessiert an ihnen; wie sollte man auch nicht interessiert sein? Und dieser Tage fragte mich furchtbar ernsthaft ein sehr ernster Mensch, als wir uns zufällig begegneten: »Nun, was meinen Sie, wird es zum Kriege kommen oder nicht?« Ich war nicht wenig erstaunt: obschon ich, wie wir jetzt alle, die Ereignisse mit dem größten Interesse verfolge, war mir diese Frage überhaupt noch nicht in den Sinn gekommen. Und ich glaube, ich hatte recht. Heute berichten die Zeitungen schon von der bevorstehenden Zusammenkunft der drei Kanzler in Berlin, und so wird denn diese endlose herzegowinische Angelegenheit dort wohl bald in Ordnung gebracht werden, und das höchstwahrscheinlich sogar in einer das russische Gefühl befriedigenden Weise ...[16]

II

Der Paradoxist

Bei dieser Gelegenheit ein paar Worte über den Krieg und die Gerüchte von kriegerischen Möglichkeiten. Ich habe einen Bekannten, der sich durch paradoxe Ansichten auszeichnet. Ich kenne ihn schon lange. Er ist ein Mensch, den niemand kennt und der einen sonderbaren Charakter hat: er ist ein *Träumer.* Ich werde unbedingt noch ausführlicher von ihm sprechen, aber ein anderes Mal. Jetzt ist mir nur zufällig eingefallen, wie er einmal, übrigens schon vor ein paar Jahren, mit mir über den Krieg stritt. Er verteidigte den Krieg überhaupt, und tat das vielleicht einzig aus Neigung zum Spiel mit Paradoxen. Ich will noch erwähnen, daß er „Zivilist" und der friedfertigste und sanftmütigste Mensch ist, den es in der Welt und bei uns in Petersburg überhaupt geben kann.

»Toller Gedanke«, sagte er mir unter anderem, »daß der Krieg eine Geißel für die Menschheit sei! Im Gegenteil, er ist das nützlichste Ding, das man sich nur denken kann. Nur eine Art Krieg ist verabscheuenswert und allerdings verderblich: das ist der innere Krieg im Lande, der Bruderkrieg. Der lähmt und zersetzt den Staat, dauert immer viel zu lange und entmenscht das Volk auf Jahrhunderte. Dagegen ist der politische Krieg, der zwischen verschiedenen Völkern ausgetragen wird, nur nützlich, sogar in jeder Hinsicht, und daher ist er auch vollkommen unentbehrlich.«

»Aber hören Sie mal! Ein Volk geht aufs andere los, Menschen schlagen sich gegenseitig tot, – was ist hier unentbehrlich?«

»Alles, und zwar im höchsten Grade. Doch erstens ist es nicht wahr, daß die Menschen in den Krieg gehen, um sich gegenseitig totzuschlagen. Das ist nie der Beweggrund gewesen, sondern sie gehen, um ihr eigenes Leben zu opfern – das aber ist denn doch etwas ganz Anderes. Es gibt keine höhere Idee als die, sein eigenes Leben zu opfern, indem man seine Brüder und sein Vaterland beschützt, oder einfach, indem man die Interessen seines Vaterlandes verteidigt. Die Menschheit kann nicht ohne hochherzige Ideen leben, und ich vermute sogar, daß die Menschheit gerade deswegen den Krieg liebt, weil sie sich an einer hochherzigen Idee beteiligen will. Es ist ein Bedürfnis.«

»Wieso, liebt denn die Menschheit den Krieg?«

»Ja, wieso denn nicht? Wer ist zur Zeit eines Krieges noch kopfhängerisch? Alle sind sofort munter und in gehobener

Stimmung, und von der gewöhnlichen Apathie und Langeweile der Friedenszeiten ist nichts mehr zu sehen und zu hören. Und nachher, wenn der Krieg beendet ist, mit welcher Hingabe denken sie an ihn zurück, selbst wenn sie geschlagen worden sind! Glauben Sie den Leuten nicht, wenn sie sich beim ersten Wiedersehen nach der Kriegserklärung kopfschüttelnd sagen: ‚Ach, welch ein Unglück! Ach, daß wir das noch erleben mußten!' Sie tun es ja nur des Anstands wegen. Glauben Sie mir, jeder hat dann hohen Festtag im Herzen. Wissen Sie, es ist furchtbar schwer, sich zu gewissen Ideen zu bekennen, gleich ist das Geschrei groß: Tier! Reaktionär! schreien sie sofort und sind zum Verurteilen bereit. Das aber fürchtet man, und so zieht man vor, den Krieg lieber nicht zu loben.«

»Aber Sie sprechen von hochherzigen Ideen, von Menschlicherwerden. Lassen sich denn hochherzige Ideen nicht auch ohne Krieg finden? Ich glaube vielmehr, daß sie sich in Friedenszeiten doch leichter entwickeln können.«

»Im Gegenteil, ganz im Gegenteil! Die Hochherzigkeit verkommt in der Zeit eines langen Friedens, und an ihre Stelle treten Zynismus, Gleichgültigkeit, Langeweile, höchstens noch boshafter Spott, und der noch dazu nur zum müßigen Zeitvertreib, nicht um der Sache willen. Man kann geradezu behaupten, daß ein langer Friede die Menschen gefühllos macht. Das soziale Übergewicht geht dann immer auf die Seite alles dessen über, was in der Menschheit schlecht und roh ist – hauptsächlich zum Reichtum, zum Kapital. Ehre, Nächstenliebe, Selbstlosigkeit werden in der ersten Zeit nach dem Kriege noch geachtet, werden noch hoch eingeschätzt; doch je länger der Friede dauert, desto mehr sieht man diese schönen und großen Tugenden verblassen, verdorren, absterben, und den Reichtum, die Sucht nach Erwerb alles ergreifen. Schließlich bleibt nur noch Heuchelei übrig – geheuchelte Ehre, geheuchelte Selbstverleugnung um der Scheinheiligkeit willen. Und wenn man trotz des ganzen Zynismus auch noch fortfährt, die großen Begriffe zu achten, so geschieht es dann doch nur in schönen Worten und bloß der Form halber. Die wirkliche Ehre gibt es nicht mehr, es bleiben nur Formeln übrig. Formeln der Ehre aber sind der Tod der Ehre. Ein langer Friede erzeugt Apathie, niedrige Gedanken, bringt Sittenverderbnis und Abstumpfung der Gefühle. Die Vergnügungen werden nicht feiner, sondern roher. Der plumpe Reichtum kann sich nicht an Großmut erquicken und verlangt nach anspruchsloseren, mehr „auf die Sache" gehenden Genüssen, das heißt: nach unmittelbarster Befriedigung des Fleisches. Die Vergnügungen werden rein sinnlich. Sinnlichkeit ruft Wollust hervor, und Wollust immer Grausamkeit. Alles das werden Sie unmöglich leugnen können, denn Sie können die erste Tatsache nicht bestreiten: daß das soziale Übergewicht in der Zeit eines langen Friedens zum Schluß immer auf die Seite des plumpen Reichtums übergeht.«

»Aber die Wissenschaft, die Künste – können die sich denn während eines Krieges entwickeln? Und das sind doch auch große und hochherzige Ideen!«

»Warten Sie, gerade hiermit fange ich Sie! Die Wissenschaft und die Künste entwickeln sich immer und gerade in der ersten Periode nach einem Kriege. Der Krieg erneut sie, erfrischt sie, ruft sie hervor, stärkt die Gedanken und gibt den neuen Antrieb. In einem langen Frieden dagegen verkümmert auch die Wissenschaft. Zweifellos fordert die Beschäftigung mit der Wissenschaft Mut und sogar Selbstaufopferung. Doch wie viele Gelehrte widerstehen denn der Seuche des Friedens? Geheuchelte Ehrbegriffe, Ehrgeiz und Genußsucht erfassen auch sie. Versuchen Sie es nur einmal, mit solch einer Leidenschaft fertig zu werden, wie es beispielsweise der Neid ist: Er ist roh und gemein, aber er kann trotzdem auch in die edelste Seele eines Gelehrten eindringen. Auch er will schließlich an dem allgemeinen Prunk und Glanz teilhaben. Was bedeutet vor dem Triumph des Reichtums der Triumph irgendeiner wissenschaftlichen Entdekkung, wenn sie nicht gerade so effektvoll ist wie die Entdeckung etwa des neuen Planeten Neptun? Was meinen Sie wohl, ob unter solchen Umständen noch viele wirkliche Diener der Wissenschaft übrigbleiben? Im Gegenteil, man sucht den Ruhm, und so kommt es denn zu Scharlatanerie, zur Jagd nach dem Effekt und, vor allen Dingen, zum Utilitarismus – denn man will doch zu gleicher Zeit auch reich werden. Und in der Kunst ist es genau so: dieselbe Jagd nach dem Effekt, nach irgendeiner Verfeinerung. Einfache, klare, hochherzige und gesunde Ideen kommen aus der Mode; man verlangt nach etwas Schmackhafterem, man sucht bereits die Künstlichkeit der Leidenschaften. Allmählich verliert sich dann das Gefühl für das Maß und die Harmonie, und man bekommt dafür die Entstellung der Gefühle und Leidenschaften, die sogenannte Differenzierung der Gefühle, die in Wirklichkeit nur ihre Verrohung ist. Sehen Sie, zu all dem entartet die Kunst in einem langen Frieden. Wenn es in der Welt keinen Krieg gäbe, so würde die Kunst endgültig verkümmern. Alle besten Ideen der Kunst sind vom Kriege, vom Kampf geschaffen worden. Lesen Sie eine Tragödie, sehen Sie sich die Statuen an, da haben Sie den „Horace" von Corneille und da haben Sie den Apollo von Belvedere[17], der selbst ein Ungeheuer zu zähmen vermag ...«

»Aber die Madonnen, das Christentum?«

»Das Christentum erkennt das Faktum des Krieges vollkommen an und weissagt bekanntlich, daß das Schwert nicht vergehen werde solange die Welt steht: das ist sehr bemerkenswert und sollte einem zu denken geben. Oh, natürlich im höheren, im moralischen Sinne verwirft es den Krieg und verlangt Bruderliebe. Ich werde selbst der erste ein, der sich freut, wenn man die Schwerter in Pflugschare umschmiedet. Doch fragt es sich: wann wird das möglich sein? Und lohnte es sich überhaupt, die Schwerter jetzt schon in Pflugschare zu verwandeln? Der jetzige Friede ist immer und überall schlimmer als der Krieg, sogar so viel schlimmer, daß es zum Schluß geradezu unmoralisch wird, ihn noch aufrechtzuerhalten: er ist es gar nicht wert, sein Fortbestand wird sinnlos, es ist sogar gewissenlos und gemein, ihn aufrecht zu erhalten. Der Reichtum und die Roheit der Vergnügungen machen faul, und die Faulheit gebiert Sklaven. Um die Sklaven in der Sklaverei zu erhalten, muß man ihnen den freien Willen und die Möglichkeit der Aufklärung nehmen. Wer Sie auch sein mögen, selbst wenn Sie der humanste Mensch sind, aber ohne einen Sklaven werden auch Sie sich nicht behelfen können. Ich bemerke noch, daß in der Periode des Friedens Feigheit und Unehrlichkeit gute Wurzeln schlagen. Der Mensch ist naturgemäß stark zu Feigheit und Schamlosigkeit geneigt, und das weiß er selbst von sich ganz genau; vielleicht sehnt er sich deshalb auch so nach dem Kriege, liebt er ihn darum so sehr: er ahnt in ihm das Heilmittel. Der Krieg entwickelt in ihm die Bruderliebe und verbindet die Völker.«

»Wieso, verbindet ...«

»Indem er sie lehrt, einander zu achten. Der Krieg erfrischt die Menschen. Die Menschenliebe entwickelt sich am besten erst auf dem Schlachtfeld. Es ist eine offenbar merkwürdige Tatsache, daß der Krieg weniger erbittert und aufreizt als der Frieden. Irgendeine politische Beleidigung in der Friedenszeit, irgendeine herausfordernde Konvention, ein politischer Druck, anmaßende Forderungen – in der Art etwa, wie Europa sie uns 1863 stellte[18] – erbittern weit mehr als ein offener Kampf. Erinnern Sie sich: haßten Sie etwa die Franzosen oder Engländer zur Zeit des Krimkrieges? Im Gegenteil, man kam sich näher, trat geradezu in Freundschaft miteinander. Wir interessierten uns für die Ansicht unserer Feinde über unsere Tapferkeit und hätschelten die Gefangenen. Unsere Soldaten und Offiziere gingen während des Waffenstillstandes zu den feindlichen Vorposten, verbrüderten sich fast mit ihnen, tranken Wodka zusammen, und ganz Rußland las es schmunzelnd in den Zeitungen, was jedoch nicht hinderte, daß man sich hinterher wieder prächtig schlug. Es entwickelte sich der Geist der Ritterlichkeit ... Und über die materiellen Schäden des Krieges lohnt es sich nicht einmal zu sprechen: wer kennt nicht das Gesetz, daß nach einem Kriege alles wie mit neuen Kräften aufersteht? Die ökonomischen Kräfte des Landes treten zehnmal mehr hervor, ganz als ob eine Gewitterwolke Regen auf trockenen Boden niedergesandt hätte. Denen, die durch den Krieg gelitten haben, wird sofort und von allen Seiten geholfen, während in Friedenszeiten ganze Distrikte eher Hungers sterben können, bevor wir uns zur Hilfe rühren oder drei Rubel spenden.«

»Aber leidet denn das Volk nicht am meisten unter dem Kriege, muß es nicht Verheerungen und Bürden ertragen, die unvergleichlich größer sind als die der höheren Gesellschaftsschichten?«

»Vielleicht; jedoch immer nur zeitweilig, dafür aber gewinnt das Volk weit mehr als es verliert. Gerade für das Volk hat der Krieg die besten und schönsten Folgen. Selbst wenn Sie der humanste Mensch sind, werden Sie sich doch für mehr als den Bauern halten. Wer mißt in unserer Zeit noch Seele mit Seele, mit dem christlichen Maß? Man mißt mit dem Geldbeutel, der Macht, der Kraft, und der einfache Mann, der weiß das nur zu gut. Nicht daß hierbei Neid wäre, aber es entsteht das unerträgliche Gefühl einer moralischen Ungleichheit, die viel verletzender für ihn ist als wir ahnen. Wie Sie die Menschen auch befreien oder welche Gesetze Sie ihnen auch geben mögen, diese Ungleichkeit der Menschen wird in der jetzigen Gesellschaft doch nicht aufgehoben werden. Das einzige Heilmittel dagegen ist: der Krieg. Ein Palliativmittel vielleicht, das augenblicklich wirkt, doch ein tröstendes für das Volk. Der Krieg hebt den Geist des Volkes und die Erkenntnis des eigenen Wertes. Der Krieg macht in der Stunde des Kampfes alle gleich und versöhnt den Herrn mit dem Knecht in der allerhöchsten Erscheinung der menschlichen Würde – im Opfer des Lebens für die gemeinsame Sache, für alle, für das Vaterland! Glauben Sie denn wirklich, daß die Masse, selbst die ganz unwissende Masse der Bauern und Bettler, nicht auch der *aktiven* Offenbarung hochherziger Gefühle bedarf? Worin kann nun die Masse in Friedenszeiten ihre Hochherzigkeit und ihre menschliche Würde beweisen? Auf die einzelnen Durchbrüche derselben sehen wir, wenn wir sie überhaupt zu beachten geruhen, mit verwundertem Lächeln, ja, selbst mit ungläubigem Lachen, und zuweilen sogar mit unverhülltem Mißtrauen. Glauben wir aber einmal dem Heldentum eines Einzelnen, so schlagen wir darob solch einen Lärm, als ob es etwas schier Unmögliches wäre; was kommt dabei heraus? Unsere Verwunderung und unser Lob kommen beinahe der Verachtung gleich. In Kriegszeiten verschwindet all das ganz von selbst, und es tritt die volle Gleichheit im Heldentum an seine Stelle. Vergossenes Blut ist eine wichtige Sache. Die gemeinsame Heldentat erzeugt die stärkste Bindung zwischen den ungleichen Ständen. Der Gutsbesitzer und der Muschik standen sich im Jahre 1812, als sie gemeinsam fürs Vaterland kämpften, näher als in Friedenszeiten zu Haus auf dem Gut. Der Krieg ist der Masse ein Anlaß, sich selbst zu achten, und darum liebt das Volk den Krieg: Es dichtet über ihn Lieder und kann sich nicht satthören an den Geschichten und Erzählungen aus dem Kriege ... Noch einmal: Vergossenes Blut ist eine wichtige Sache! Nein, der Krieg ist *in unserer Zeit* unentbehrlich; ohne Krieg würde die Welt untergehen oder wenigstens sich in einen widrigen Schleim verwandeln, in irgendeinen gemeinen Schmutz mit faulenden Wunden ...«

Ich widersprach ihm natürlich nicht weiter. Mit Träumern kann man nicht streiten. Aber es ist doch eine höchst sonderbare Tatsache: Man fängt jetzt an, über Dinge zu streiten und zu diskutieren, die anscheinend doch schon längst entschieden und als abgetan ins Archiv weggeräumt worden sind. Jetzt wird das alles wieder ausgegraben. Das Auffallendste aber ist daran, daß dies heutzutage überall geschieht.

JUNI

ERSTES KAPITEL

I

George Sands Tod

Das vorige Heft des „Tagebuches“ – die Mai-Nummer – war schon gesetzt und wurde bereits gedruckt, als ich in den Zeitungen die Nachricht vom Tode George Sands las (am 27. Mai alten oder 8. Juni neuen Stils). So war es mir nicht mehr möglich, ein Wort über diesen Tod zu sagen. Aber es wurde mir im Augenblick, als ich die Nachricht las, ganz klar, was dieser Name in meinem Leben bedeutet, wieviel gerade diese Dichterin seinerzeit Entzücken und Verehrung in mir erweckt und auf ihren Namen vereint hat, und wieviel Freuden, ja, Glück sie mir einst gegeben! Ich schreibe dreist jedes dieser Worte hin, denn alles das war buchstäblich so. Das war eine unserer (ja, *unserer*) Zeitgenossinnen im vollen Sinne des Wortes, diese Idealistin der dreißiger und vierziger Jahre. Es ist das einer jener Namen unseres mächtigen, selbstgewissen und gleichzeitig kranken Jahrhunderts, das voll ist von noch ungeklärtesten Idealen und unerfüllbarsten Wünschen – einer jener Namen, die, sobald sie dort bei sich „im Lande der heiligen Wunder“ auftauchten, von uns, aus unserem ewig erst erstehenden Rußland gar zu viel Denken, Liebe, heilige und edle Aufschwungskraft, lebendiges Leben und teure Überzeugungen zu sich hinübergezogen haben. Doch darüber wollen wir uns nicht beklagen: indem hier solche Namen erhöht und verehrt wurden, erfüllten und erfüllen die Russen nur ihre unmittelbare Bestimmung. Möge man sich nicht über diese meine Worte wundern, im besonderen über ihre Verbindung mit

George Sand, über die man ja auch heute noch streiten kann, und die man bei uns jetzt zur Hälfte, wenn nicht gar zu neun Zehnteln, schon vergessen hat. Aber ihre Aufgabe hat sie bei uns zu ihrer Zeit doch erfüllt, und darum: Wer sollte sich nun an ihrem Grabe versammeln und ihrer gedenken, wenn nicht wir, ihre Zeitgenossen aus der ganzen Welt? Wir Russen haben doch zwei Vaterländer: unser Rußland und Europa, und das selbst in dem Fall, wenn wir uns Slawophile nennen (mögen diese sich deshalb nicht über mich ärgern). Dagegen zu streiten, ist nicht nötig. Die größte von ihren großen zukünftigen Bestimmungen, die von den Russen vorausschauend bereits erkannt sind, ist die allmenschliche Bestimmung, ist das Dienen für die *Menschheit*, – nicht für Rußland allein, nicht für den Panslawismus allein, sondern für die Allmenschheit. Denken Sie nach, und Sie werden zugeben, daß die Slawophilen dasselbe bekannt haben, und gerade deshalb rief man uns auf, strenge, feste und verantwortungsbewußte Russen zu sein; indem man dies so versteht, daß Allmenschlichkeit die wichtigste persönliche Note und Bestimmung des Russen ist. Übrigens bedarf alles das noch vielfacher Erläuterung: so schon dies allein, daß jenes Dienen für die allmenschliche Idee und das leichtsinnige Herumtreiben in Europa, nachdem man freiwillig und launisch dem Vaterland den Rücken gekehrt hat, zwei ganz verschiedene und entgegengesetzte Dinge sind, die aber bisher immer noch miteinander verwechselt werden. Im Gegenteil, vieles, sehr vieles von dem, was von uns aus Europa genommen und zu uns verpflanzt worden ist, haben wir nicht einfach kopiert, wie Knechte ihre Herren kopieren, und wie das von den Potugins unbedingt gefordert wird, sondern wir haben es unserem Organismus, unserem Fleisch und Blut eingeimpft; manches aber haben wir ganz *selbständig* erlebt und sogar durchlitten, ganz wie jene dort im Westen, für die alles das etwas bluthaft Eigenes war. Die Europäer werden uns das zwar um keinen Preis glauben wollen; sie kennen uns nicht, und vorläufig ist es auch besser so. Um so unmerklicher und ruhiger wird sich der notwendige Prozeß vollziehen, der in der Folge die ganze Welt in Erstaunen setzen wird. Gerade diesen Prozeß aber kann man am klarsten und greifbarsten auch an unserem Verhältnis zu den Literaturen der anderen Völker verfolgen. Ihre Dichter stehen uns, wenigstens der Mehrzahl unserer gebildeten Menschen, genauso nah wie jenen dort in ihrer Heimat, im Westen. Ich behaupte und wiederhole, daß jeder europäische Dichter, Denker, Philanthrop außerhalb seines Landes auf der ganzen übrigen Welt am tiefsten und innigsten nur noch in Rußland verstanden und aufgenommen wird. Shakespeare, Byron, Walter Scott, Dickens sind den Russen verwandter und verständlicher als zum Beispiel den Deutschen, obschon natürlich von den Übersetzungen dieser Schriftsteller bei uns nicht einmal ein Zehntel der Exemplare verkauft wird wie in dem bücherreichen Deutschland. Der französische Konvent, der im Jahre 1793 ein Patent auf das Bürgerrecht au poète allemand Schiller, l'ami de l'humanité schickte, vollbrachte damit zwar eine sehr schöne, großartige und prophetische Tat, nur ahnte er nicht einmal, daß am anderen Ende Europas, im barbarischen Rußland, derselbe Schiller viel nationaler war, den russischen Barbaren viel näher stand, als viel verwandter, eigener empfunden wurde, als dies in Frankreich von seiten der Franzosen geschah, und das war nicht nur damals so, sondern auch später, in unserem ganzen Jahrhundert, in dem diesen Schiller, den französischen Bürger und ami de l'humanité, in Frankreich nur die Professoren der Literatur kannten, und selbst von diesen nicht alle und auch die nur kaum-kaum. Bei uns aber hat er sich, zugleich mit Shukowskij[19], in die russische Seele hineingesogen, einen Stempel in ihr hinterlassen, hat in der Geschichte unserer Entwicklung fast eine ganze Periode bezeichnet. Dieses russische Verhältnis zur Weltliteratur ist eine Erscheinung, die in der ganzen Weltgeschichte bei den anderen Völkern in einem solchen Maße fast nirgends zu finden ist. Und wenn diese Eigenschaft nun wirklich unsere nationale russische Besonderheit bedeutet, welcher empfindliche Patriotismus, welcher Chauvinismus hätte dann noch das Recht, gleichviel was gegen diese Erscheinung zu sagen, und würde nicht, im Gegenteil, gerade darin vor allen Dingen die vielversprechendste und prophetischste Tatsache in den Mutmaßungen über unsere Zukunft sehen? Oh, natürlich, viele werden vielleicht lächeln, wenn sie in dem oben Geschriebenen lesen, was für eine Bedeutung ich George Sand beilege; aber die Lachenden werden unrecht haben. Es ist über all diesen vergangenen Dingen jetzt schon mehr als genug Zeit vergangen, und auch George Sand selbst ist nun als siebzigjährige Greisin gestorben, nachdem sie vielleicht schon längst ihren Ruhm überlebt hatte. Doch alles das, was in der Erscheinung dieser Dichterin das „neue Wort" ausmachte, alles, was in ihr „Allmenschliches" war, alles das fand seinerzeit bei uns, in unserem Rußland, einen mächtigen Widerhall, hinterließ einen starken und tiefen Eindruck, verfehlte uns nicht und bewies damit, daß jeder Dichter, jeder Novator Europas, jeder, der dort mit einem neuen Gedanken und einer neuen Kraft vorübergegangen ist, sofort auch zu einem russischen Dichter wird, dem russischen Denken nicht zu entgehen vermag, ja, nicht umhin kann, fast zu einer russischen Kraft zu werden. Doch übrigens will ich keineswegs eine literarische Kritik über George Sand schreiben, sondern ich wollte bloß der Toten, die uns verlassen hat, ein paar Geleitworte an ihrem frischen Grabe sagen.

II

Ein paar Worte über George Sand

Das Auftreten George Sands in der Literatur fällt zeitlich mit den Jahren meiner ersten Jugend zusammen. Es freut mich sehr, gerade jetzt, daß dies schon so lange her ist, denn nun darf man doch wohl, nach guten dreißig Jahren, nahezu ganz offen darüber sprechen. Es sei hier vorausgeschickt, daß damals nur in der Literatur so etwas erlaubt war, — das heißt: nur Romane, alles übrige, fast jeder Gedanke, besonders wenn er aus Frankreich kam, war strengstens verboten. Oh, versteht sich, sehr oft verstand man nicht zu unterscheiden, aber von wem hätten sie denn das auch lernen sollen: verstand doch selbst Metternich nicht zu unterscheiden, wie sollten es da unsere Nachahmer verstehen. Und deshalb schlüpften denn auch „schreckliche Dinge" durch (zum Beispiel der ganze Belinskij). Dafür wurde dann, gleichsam um das wettzumachen, besonders zum Ende hin und um Versehen auszuschließen, so gut wie alles verboten, so daß es zu guter Letzt, wie man weiß, bei den Transparenten endete. Aber Romane waren erlaubt, sowohl zu Anfang, wie in der Mitte und sogar ganz zuletzt[20], und gerade auf diesem Gebiet, und zwar speziell hinsichtlich George Sands, schossen die Beschützer damals einen großen Bock. Erinnern Sie sich des Gedichts:

„Die Werke von Thiers und Rabeau
kennt auswendig unser Mann,
Und wie der feurige Mirabeau
preist er die Freiheit an."

Dieses Gedicht ist ungemein talentvoll, sogar selten talentvoll, und es ist natürlich unvergänglich, denn es ist historisch; aber gerade das erhöht ja seinen Wert, sintemal es von Denis Dawydoff[21] stammt, somit von einem Dichter, Schriftsteller und ehrlichsten Russen. Doch wenn selbst Denis Dawydoff, und zwar wen? — einen Thiers (wegen seiner „Geschichte der Revolution", selbstredend) damals für gefährlich hielt und in diesem Gedicht erwähnte, nebst irgendeinem Rabeau (also hat es auch so einen gegeben; ich weiß es übrigens nicht), so muß damals doch wohl gar zu wenig offiziell erlaubt gewesen sein. Und was dabei herauskam, war: daß das, was damals in der Form von Romanen bei uns eindrang, nicht nur genauso der Sache zustatten kam, sondern vielleicht noch in der „gefährlichsten Form“ erschien, wenigstens zu dieser Zeit, denn für einen Rabeau hätten sich dazumal wohl schwerlich so viele Liebhaber gefunden, für George Sand dagegen fanden sie sich zu Tausenden. Hier muß bemerkt werden, daß bei uns ungeachtet aller Magnitzkijs und Liprandis[22] schon seit dem vorigen Jahrhundert jede intellektuelle Bewegung in Europa immer sofort bekannt wurde und die Kunde davon aus den höheren Schichten unserer Intelligenz sofort in die Masse aller auch nur ein wenig sich dafür interessierenden und denkenden Menschen drang. Genauso geschah es mit der europäischen Bewegung in den dreißiger Jahren. Von dieser riesigen Bewegung der europäischen Literaturen, bereits ganz zu Anfang der dreißiger Jahre, bekam man bei uns schon sehr bald einen Begriff. Man kannte auch schon die Namen von vielen neuen Rednern, Historikern, Tribunen und Professoren. Es wurde sogar, wenn auch nur teilweise, wenn auch nur annähernd, sogar das bekannt, welche Richtung diese ganze Bewegung einschlug. Besonders deutlich aber kam diese Bewegung in der Kunst zum Ausdruck, in Romanen, hauptsächlich aber bei – George Sand. Allerdings wurde das Publikum bei uns schon vor dem Erscheinen ihrer Romane in russischer Sprache von Ssenkówskij und Bulgárin[23] gewarnt. Vornehmlich schreckte man die russischen Damen damit, daß sie in Pantalons gehe: man wollte mit ihrem ausschweifenden Leben die Leser abschrecken, man wollte sie lächerlich machen. Ssenkowskij, der sich ja selbst daranmachte, George Sand zu übersetzen und sie in seiner Zeitschrift „Bibliothek für Lektüre“ zu veröffentlichen, begann sie „Frau Jegor Sand“ zu nennen und er blieb, wie's scheint, sehr zufrieden mit seinem Witz. Später, im Jahre 1848, schrieb Bulgarin in seiner „Nordischen Biene“, daß sie sich mit Pierre Leroux tagtäglich an der Barrière betrinke und an den Attischen Abenden teilnehme, im Ministerium des Innern, bei diesem Banditen und Minister des Innern, Ledru-Rollin.[24] Ich habe das selbst gelesen und erinnere mich dessen noch sehr gut. Doch damals, im Jahre 1848, war George Sand bei uns bereits so gut wie dem ganzen lesenden Publikum bekannt, und niemand glaubte den Berichten Bulgarins. Zum erstenmal aber erschienen ihre Werke in russischer Sprache ungefähr um die Mitte der dreißiger Jahre; schade, daß ich mich nicht mehr entsinnen kann, welches ihrer Werke zuerst übersetzt wurde und wann es erschien; doch um so wunderbarer wird wohl der Eindruck gewesen sein. Ich denke, alle Leser wird, ganz wie mich, der ich damals noch ein Jüngling war, diese keusche, hohe Reinheit der Typen und Ideale und die schlichte Schönheit des strengen, zurückhaltenden Tons ihrer Erzählung betroffen gemacht haben, — und eine solche Frau ging in Hosen und führte ein ausschweifendes Leben! Ich war, wenn ich nicht irre, sechzehn Jahre alt, als ich zum erstenmal ihre Novelle „L'Uscoque" las — eines ihrer schönsten ersten Werke. Ich weiß noch, ich fieberte nachher die ganze Nacht. Ich glaube mich nicht zu täuschen, wenn ich sage, daß George Sand, wenigstens nach meinen Erinnerungen, bei uns alsbald fast den ersten Platz einnahm in der Reihe jener ganzen Plejade neuer Schriftsteller, die damals plötzlich berühmt wurden und deren Ruhm ganz Europa durchflog. Selbst Dickens, der bei uns ungefähr um dieselbe Zeit erschien, stand ihr in der Aufmerksamkeit unseres Publikums vielleicht nach. Ich rede schon gar nicht von Balzac, der schon vor ihr erschienen war, aber in den dreißiger Jahren doch solche Werke gab wie „Eugénie Grandet" und „Père Goriot" (und den Belinskij so ungerecht beurteilte, da er seine Bedeutung für die französische Literatur ganz übersah). Übrigens sage ich das alles nicht vom Standpunkt irgendeiner kritischen Abschätzung, nein, ich spreche nur aus der Erinnerung von dem Geschmack der damaligen Masse der russischen Leser, von dem unmittelbar auf sie ausgeübten Eindruck. Die Hauptsache war, daß der Leser alles das, wovor er damals so behütet und beschützt wurde, aus diesen Romanen herauszulesen verstand. Wenigstens war bei uns Mitte der vierziger Jahre selbst der Masse der Leser schon bekannt, wenn auch nur so im allgemeinen, daß George Sand eine der hervorragendsten, strengsten und folgerichtigsten Vertreterinnen jener Kategorie der damaligen neuen Menschen des Westens war, die mit der einfachen Ablehnung jener „positiven" Errungenschaften auftraten und begannen, mit denen die blutige französische (oder richtiger europäische) Revolution vom Ende des vorigen Jahrhunderts ihre Tätigkeit abschloß. Nach dem Abschluß der Revolution (nach Napoleon I.) zeigten sich neue Versuche, die neuen Wünsche und neuen Ideale auszudrücken. Die Geister der Avantgarde begriffen nur zu gut, daß sich nur der Despotismus erneuert, daß sich nur „ôte-toi de là que je m'y mette" vollzogen hatte, daß die neuen Besieger der Welt (die Bourgeois) vielleicht schlimmer als die früheren Despoten (die Adligen) waren, und daß Freiheit, Gleichheit, Brüderlichkeit sich nur als laute Phrasen und nichts weiter erwiesen hatten. Damit aber noch nicht genug: es kamen Lehren auf, nach denen sie aus lauten Phrasen auch schon zu unmöglichen Phrasen wurden. Die Sieger sprachen von diesen drei sakramentalen Worten oder richtiger: zitierten sie bereits nur noch spöttisch; sogar die Wissenschaft (die Nationalökonomie) erschien in ihren glänzenden Vertretern, die damals auch gleichsam mit einem neuen Wort kamen, quasi als Hilfstruppe zu dieser Verspottung, sowie zu der Verurteilung der utopischen Bedeutung dieser drei Worte, für die soviel Blut vergossen worden war. So kam es, daß neben den triumphierenden Siegern bereits trostlose und traurige Gesichter, die die Triumphierenden schreckten, zu erscheinen begannen. Und siehe, gerade in diesem Zeitraum tauchte plötzlich wirklich ein neues Wort auf und begannen sich neue Hoffnungen zu verbreiten: es erschienen Menschen, die geradeheraus erklärten, daß die Sache unrechterweise und an der falschen Stelle zum Stehen gekommen sei, daß mit einem politischen Wechsel der Sieger nichts erreicht sei, daß man die Sache fortsetzen müsse, daß die Erneuerung der Menschheit eine radikale, eine soziale sein müsse. Oh, natürlich, neben diesen Ausrufen ließ sich auch eine Menge der verderblichsten und ungeheuerlichsten Folgerungen vernehmen, aber das Wichtigste war dabei, daß wieder Hoffnung zu leuchten und erstorbener Glaube aufzuleben begann. Die Geschichte dieser Bewegung ist bekannt; sie setzt sich bis heute fort und hat, wie es scheint, durchaus nicht die Absicht, stehen zu bleiben. Ich will hier weder für noch gegen diese Bewegung sprechen, ich wollte nur George Sands eigentlichen Platz innerhalb dieser Bewegung bezeichnen. Diesen Platz muß man ganz im Anfang der Bewegung suchen. Damals, als man sie in Europa begrüßte, hieß es, sie predige eine neue Stellung der Frauen und prophezeie „die Rechte der freien Frau“ (so drückte sich Ssenkowskij über sie aus); aber das stimmte nicht ganz, denn sie predigte keineswegs nur von der Frau allein und erfand überhaupt keine „freie Frau“. George Sand gehörte der ganzen Bewegung an, nicht bloß einer Bewegung für Frauenrechte. Allerdings, da sie selbst Frau war, stellte sie natürlicherweise lieber *Heldinnen* auf als *Helden,* und selbstverständlich müßten jetzt die Frauen der ganzen Welt Trauer um sie tragen, denn mit ihr ist nicht nur eine der höchsten und herrlichsten Vertreterinnen ihres Geschlechts gestorben, sondern außerdem eine Frau von fast beispiellosem Geist und Talent – ein Name, der schon historisch geworden ist, ein Name, dem es nicht bestimmt ist, vergessen zu werden und innerhalb der europäischen Menschheit zu verschwinden.

Was nun ihre Heldinnen anbelangt, so war ich, ich wiederhole, schon beim erstenmal, als ich sie las, noch als Sechzehnjähriger, erstaunt über die Seltsamkeit des Widerspruchs zwischen dem, was man über sie schrieb und sprach, und dem, was ich nun selbst in ihren Büchern fand. In dieser Wirklichkeit waren viele oder zum mindesten manche ihrer Heldinnen Typen einer so hohen sittlichen Reinheit, wie sie überhaupt nicht denkbar wäre, ohne eine ungeheure sittliche Anforderung in der Seele des Dichters selbst, ohne das

Bekenntnis zum höchsten Pflichtbegriff, ohne Erkenntnis und ohne Anerkennung der höchsten Schönheit im Erbarmen, in der Geduld und Gerechtigkeit. Allerdings, zwischen dem Erbarmen, der Geduld und der Anerkennung der Pflicht trat auch ein ganz außergewöhnlicher Stolz in den Ansprüchen und im Protest hervor, aber dieser Stolz war ja gerade deshalb kostbar, weil er aus jener höheren Wahrheit hervorging, ohne die die Menschheit sich niemals auf ihrer sittlichen Höhe hätte halten können. Dieser Stolz ist nicht Feindschaft quand même auf Grund dessen, daß ich sozusagen besser bin als du, und du schlechter bist als ich, sondern ist einzig und allein das Gefühl der keuschesten Unfähigkeit, sich mit Unwahrheit und Laster auszusöhnen, obschon dieses Gefühl, ich sage das nochmals, weder Allverzeihen noch Erbarmen ausschließt; ja, nicht nur das, sondern diesem Stolz entsprechend wurde freiwillig auch eine ungeheure Pflicht sich selbst auferlegt. Diese ihre Heldinnen sehnten sich nach Selbstopfer, nach einer großen Tat. Besonders gefielen mir damals in ihren ersten Werken ein paar Typen junger Mädchen, zum Beispiel in ihren damals sogenannten Venezianischen Novellen (zu denen auch „L'Uscoque" und „La dernière Aldini" gehören), Typen, die später in dem Roman „Jeanne" ihre Vollendung fanden, in diesem bereits genialen Werk, das eine hellklare und vielleicht unbestreitbare Lösung der historischen Frage der Jeanne d'Arc gibt. In einem Bauernmädchen unserer Zeit läßt sie plötzlich die Gestalt der historischen Jeanne d'Arc vor uns erstehen und rechtfertigt anschaulich die wirkliche Möglichkeit dieser großartigen und wunderbaren historischen Erscheinung – eine durchaus George Sandsche Aufgabe, denn außer ihr hat von allen anderen Dichtern ihrer Zeit wohl niemand ein so reines Ideal des unschuldigen Mädchens in seiner Seele getragen –, ein so reines und durch seine Unschuld so machtvolles Ideal. Alle diese Typen junger Mädchen, von denen ich eben sprach, erfüllen in einer Reihe aufeinanderfolgender Werke eine ganz bestimmte Aufgabe;

sie haben dasselbe Thema (übrigens haben das nicht die Mädchen allein: dasselbe Thema wiederholt sich später in ihrer prachtvollen Novelle „La Marquise“, die gleichfalls noch zu ihren früheren Werken gehört). Es ist der gerade, ehrliche, doch unerfahrene Charakter eines jungen weiblichen Wesens von jener stolzen Keuschheit, die sich nicht fürchtet, beschmutzt zu werden, und die gar nicht beschmutzt werden kann, auch nicht von der Berührung mit dem Laster, ja selbst dann nicht, wenn dieses Wesen durch einen Zufall plötzlich unmittelbar in eine Höhle des Lasters gerät. Das Bedürfnis, sich hochherzig zu opfern (im Glauben, dieses Opfer werde gerade von ihr erwartet), erschüttert das Herz des jungen Mädchens, und ohne zu zögern, ohne mit sich zu geizen, tut sie plötzlich uneigennützig, ohne an sich zu denken und furchtlos den gefährlichsten und verhängnisvollsten Schritt. Das, was sie sieht und was ihr begegnet, verwirrt und ängstigt sie nachher nicht im geringsten, – im Gegenteil, es erhöht sofort nur den Mut im jungen Herzen, das sich jetzt erst zum erstenmal aller seiner Kräfte bewußt wird – der Kräfte der Unschuld, der Ehrlichkeit, der Reinheit –; es verdoppelt nur ihre Energie und weist ihrem bis dahin sich selbst noch nicht kennenden, doch mutigen und frischen Verstande, der sich mit Konzessionen an das Leben noch nicht beschmutzt hat, neue Wege und neue Horizonte. Dazu alles in der fehlerlosesten und reizendsten Form eines Poems! George Sand ließ ihre Dichtungen damals mit Vorliebe *glücklich* enden, mit dem Triumph der Unschuld, Aufrichtigkeit und des jungen furchtlosen Vertrauens. Und solche Gestalten hätten die Gesellschaft empören, Zweifel und Befürchtungen erwecken können? Ganz gewiß nicht; vielmehr geschah das Gegenteil, und selbst die strengsten Väter und Mütter begannen in ihren Familien die Lektüre der Werke George Sands zu erlauben und wunderten sich bloß: »Was reden die Menschen nur so von ihr?« Und erst auf diese Verwunderung hin wurden dann warnende Stimmen laut, die darauf hinwiesen, daß »in eben diesem Stolz der weiblichen Anforderung, in eben dieser Unversöhnlichkeit der Keuschheit mit dem Laster, in eben dieser Weigerung, dem Laster auch nur irgendwelche Konzessionen zu machen, in eben dieser Furchtlosigkeit, mit der die Unschuld sich zum Kampf erhebt und dem Unrecht klar in die Augen sieht, das Gift liege, das zukünftige Gift des weiblichen Protestes, der weiblichen Emanzipation«. Nun wohl! vielleicht hatte das, was man da vom Gift sagte, seine Richtigkeit. Es entstand tatsächlich ein Gift, doch was dieses Gift vertilgen wollte, was durch dieses Gift umkommen und was sich durch dasselbe retten sollte – das war nun sofort die neue Frage, und die wurde lange nicht beantwortet.

Jetzt sind diese Fragen schon längst beantwortet (so scheint es). Hier muß bemerkt werden, daß in der Mitte der vierziger Jahre der Ruhm George Sands und der Glaube an die Kraft ihres Genies so hoch standen, daß wir, ihre Zeitgenossen, alle noch etwas unvergleichlich Größeres in der Zukunft von ihr erwarteten, irgendein unerhörtes neues Wort, sogar etwas Entscheidendes und bereits Endgültiges. Diese Hoffnungen erfüllten sich nicht: es zeigte sich, daß sie zu dieser Zeit, also gegen Ende der vierziger Jahre, bereits alles gesagt hatte, was auszusprechen ihr oblag und vorherbestimmt war. Jetzt aber, an ihrem frischen Grab, kann man über sie schon durchaus das letzte Wort sagen.

George Sand ist keine Denkerin, aber sie ist eine der hellsichtigsten Vorfühlerinnen (wenn es nur erlaubt ist, sich in einer so krausen Form auszudrücken) einer glücklicheren Zukunft, die die Menschheit erwartet, an deren Erreichung der Ideale sie mutig und hochherzig ihr ganzes Leben lang glaubte, weil sie selbst fähig war, in ihrer Seele ein Ideal aufzurichten. Die Bewahrung dieses Glaubens bis zum Ende ist gewöhnlich das Los aller hohen Seelen, aller, die die Menschen wirklich lieben. George Sand starb als Deistin, in festem Glauben an Gott und an ihr unsterbliches Leben. Doch von ihr nur das zu sagen, ist zu wenig: Sie war überdies vielleicht auch die größte Christin unter allen ihren Zeitgenossen, den französischen Schriftstellern, obgleich sie sich formell (als Katholikin) nicht zu Christum bekannte. Natürlich, als Französin konnte sich George Sand, der Anschauung ihrer Landsleute gemäß, nicht bewußt zu der Idee bekennen, daß es „in der ganzen Welt keinen Namen außer dem Seinen gibt, durch den man selig werden kann" – die Hauptidee der Orthodoxie. Doch ungeachtet des scheinbaren und formalen Widerspruchs war George Sand, ich sage das nochmals, vielleicht eine der größten Bekennerinnen Christi, ohne daß sie es selbst wußte. Sie baute ihren Sozialismus, ihre Überzeugungen, Hoffnungen und Ideale auf dem sittlichen Gefühl des Menschen auf, auf dem geistigen Durst der Menschheit, auf dem Streben dieser Menschheit zur Vollkommenheit und zur Reinheit, nicht aber auf den Bedürfnissen der Ameisen. Sie glaubte an die menschliche Persönlichkeit ohne Vorbehalt (sogar bis an die Unsterblichkeit des Einzelnen), sie erhöhte und erweiterte die Vorstellung von der Persönlichkeit ihr Leben lang, in jedem ihrer Werke, und eben dadurch stimmte sie sowohl gedanklich wie gefühlsmäßig mit einer der ersten Grundideen des Christentums, das heißt: mit der Anerkennung der menschlichen Persönlichkeit und ihrer Freiheit (also folglich auch ihrer Verantwortlichkeit) überein. Hieraus ergab sich dann auch die Anerkennung der Pflicht sowie das strenge sittliche Verlangen danach und die vollkommene Anerkennung der menschlichen Verantwortlichkeit. Und vielleicht gab es zu ihrer Zeit nicht einen Denker, nicht einen Schriftsteller, der in einem solchen Maße begriff, daß „der Mensch nicht lebt von Brot allein". Was aber den Stolz ihrer Forderungen und ihres Protestes anbelangt, so schloß, ich wiederhole es nochmals, dieser Stolz niemals Barmherzigkeit aus oder Verzeihen eines Unrechts, ja, nicht einmal unbegrenzte Geduld – einfach aus Mitleid mit dem Beleidiger; im Gegenteil, George Sand hat sich in ihren Werken nicht nur einmal von der Schönheit dieser Wahrheiten einnehmen lassen und hat nicht nur einmal Typen der aufrichtigsten Vergebung und Liebe geschaffen. Man berichtet von ihr, daß sie eine prachtvolle Mutter gewesen sei, daß sie bis an ihr Lebensende gearbeitet habe; gestorben sei sie als Freund aller Bauern der Umgebung, grenzenlos geliebt von ihren Freunden. Es scheint, daß sie zum Teil geneigt war, viel auf ihre aristokratische Abstammung zu geben (sie stammte mütterlicherseits vom sächsischen Königshause ab).[25] Doch immerhin kann man mit Sicherheit sagen, daß, wenn sie auch den Aristokratismus in den Menschen schätzte, er für sie doch nur auf der Vollkommenheit der Menschenseele beruhte: Es war ihr bestimmt, das Große zu lieben, sie konnte sich nicht mit Niedrigem abfinden, konnte nicht in Fragen der Idee nachgeben – ja, in diesem Sinne war sie vielleicht auch ein wenig gar zu stolz. Freilich liebte sie auch nicht, in ihren Romanen erniedrigte Menschen darzustellen, gerechte, doch nachgiebige, närrische und eingeschüchterte, wie sie in fast jedem Roman des großen Christen Dickens zu finden sind; im Gegenteil, sie zeichnete ihre Heldinnen vor allem stolz, stellte geradezu Königinnen hin. Das liebte sie, und diese Besonderheit darf nicht übersehen werden; sie ist doch recht charakteristisch.

ZWEITES KAPITEL

I

Mein Paradox

Wieder ein Zusammenstoß mit Europa (oh, noch kein Krieg: vom Krieg, sagt man, seien wir, das heißt Rußland, noch weit entfernt); wieder ist die endlose Orientfrage in Szene gesetzt, wieder schaut man in Europa mißtrauisch auf uns Russen. Aber schließlich, wozu sollen wir um das Vertrauen Europas werben? Hat denn Europa jemals vertrauensvoll auf die Russen geblickt, kann es das überhaupt: vertrauensvoll und nicht feindselig auf uns blicken? Wird es das jemals können? Oh, selbstverständlich wird sich dieser Blick *irgendeinmal* ändern, einmal wird Europa auch uns besser erkennen und begreifen, und von diesem *Irgendeinmal* zu sprechen lohnte es sich sogar sehr, gar sehr, vorläufig aber ... vorläufig ist mir eine anscheinend ganz abseitsliegende oder danebenstehende Frage eingefallen, und deren Lösung hat mich kürzlich sehr in Anspruch genommen. Mag auch niemand mit mir übereinstimmen, aber mir scheint, daß ich wenigstens zum Teil dennoch recht habe.

Ich sagte, in Europa liebe man die Russen nicht. Daß man sie nicht liebt, das wird, glaube ich, niemand bestreiten, aber unter anderem wirft man in Europa allen Russen, fast ausnahmslos allen vor, wir seien furchtbar liberal, ja, sogar revolutionär und immer und sogar seltsam liebevoll geneigt, uns eher den zerstörenden als den konservativen Elementen Europas anzuschließen. Deshalb sähen viele Europäer spöttisch von oben auf uns herab, hochmütig-gehässig: Es ist ihnen unverständlich, wie wir dazu kommen, in einer *fremden*

Angelegenheit Verneiner zu sein? Sie sprechen uns kurzerhand das Recht ab, in Europa nach europäischer Art etwas zu verneinen, und das tun sie auf Grund dessen, daß sie unsere Zugehörigkeit zur „Zivilisation" nicht anerkennen. Sie sehen in uns eher Barbaren, die sich in Europa herumtreiben und sich freuen, wenn es irgendwo etwas zu zerstören gibt, – zu zerstören bloß um der Zerstörung willen, um des Vergnügens willen, zuzusehen, wie das alles zusammenkracht, gleich einer Horde Wilder, gleich den Hunnen, die bereit sind, Europa wie das alte Rom zu überschwemmen und ein Heiligtum zu zerstören, ohne auch nur zu ahnen, welch eine Kostbarkeit sie vernichten.

Daß die Russen sich in ihrer Mehrheit in Europa tatsächlich als Liberale erwiesen haben, das ist wahr und ist sogar merkwürdig. Hat sich aber schon jemand die Frage gestellt, warum das merkwürdig ist? Warum haben sich beinahe neun Zehntel aller Russen, die in unserem Jahrhundert in Europa ihre Kultur erhielten, immer jener Schicht der Europäer angeschlossen, die liberal war, der sogenannten „Linken", das heißt: immer jener Seite, die ihre eigene Kultur, ihre eigene Zivilisation kritisierte und ablehnte, natürlich mehr oder weniger? (Das, was Thiers an der Zivilisation verneint, und das, was die Pariser Kommune an ihr 1871 verneinte, sind sehr verschiedene Dinge.) Ebenso „mehr oder weniger" liberal und ebenso verschieden liberal sind auch die Russen in Europa; doch immer sind sie, ich wiederhole es, geneigter als die Europäer, sich sofort der äußersten Linken anzuschließen, statt sich zunächst noch auf den unteren Stufen des Liberalismus aufzuhalten. Mit einem Wort, man findet unter den Russen weit weniger Thieristen als Kommunarden. Und man beachte wohl: das sind keineswegs irgendwelche Windbeutel, jedenfalls durchaus nicht lauter solche, sondern Leute, die sogar ein überaus solides und zivilisiertes Aussehen haben, mitunter sogar nahezu Minister sind. Die Europäer jedoch trauen diesem Aussehen nicht. „Grattez le Russe et vous verrez le Tartare", sagen sie.

Das kann ja vielleicht alles stimmen, aber da kommt mir nun folgendes in den Sinn: Schließt sich der Russe in seinem Umgang mit Europa deshalb in der Mehrzahl der äußersten Linken an, weil er Tatar ist und als Wilder die Zerstörung liebt, oder bewegen ihn vielleicht andere Gründe dazu? Das ist die Frage! ... Und man wird mir wohl zugeben, daß sie doch recht interssant ist. Unsere Zusammenstöße mit Europa nähern sich ihrem Ende; das in Petersburg seinerzeit von Peter durchgehauene Fenster nach Europa hat seine Rolle ausgespielt, und es beginnt etwas Neues, muß jedenfalls beginnen, wenigstens sieht das jetzt selbst ein jeder ein, der auch nur ein wenig imstande ist, selbst zu denken. Mit einem Wort, wir fangen an, mehr und mehr zu fühlen, daß wir auf irgend etwas vorbereitet sein müssen, auf irgend eine neue und bereits weit originellere Begegnung mit Europa als es die bisherigen waren, ob das nun in der Orientfrage geschehen wird oder sonstwo, wer kann das wissen! ... Darum aber können alle ähnlichen Fragen, Untersuchungen, selbst nur vage Vermutungen, ja sogar Paradoxe schon deshalb interessant sein, weil sie auf einen Gedanken bringen könnten. Wie aber soll einem da nicht eine so auffallende Erscheinung zu denken geben, wie die, daß gerade diejenigen Russen, die sich am meisten für Europäer halten und bei uns „Westler“ genannt werden, die auf diesen Namen stolz sind und auch heute noch die andere Hälfte der Russen als Kwastrinker und bäurische Kittelträger verhöhnen, – wie sollte das nicht interessant sein, frage ich, daß gerade diese sich am schnellsten den Verneinern der Zivilisation, den Zerstörern der Kultur, der „äußersten Linken“ anschließen, und daß dies in Rußland niemanden wundert, ja nicht einmal zum Nachdenken bringt? Wie soll einem denn das nicht merkwürdig erscheinen?

Ich habe schon eine Antwort auf diese Frage gefunden, doch werde ich meine Idee nicht beweisen, werde sie nur ein wenig zu erklären versuchen. Und man kann sie auch schon deshalb nicht beweisen, weil nicht alles zu beweisen ist.

Mir scheint nun folgendes: Zeigt sich nicht in dieser Tatsache (d. h. im Anschluß unserer eifrigsten Westler an jene äußerste Linke, in Wirklichkeit an die verneinenden Elemente Europas, an die Verneiner Europas geradezu) – zeigt sich darin nicht die protestierende russische Seele, der die europäische Kultur von jeher, von Peter dem Großen an, verhaßt gewesen ist, und ihr Protest gegen diese Kultur, die sich in vielem, in allzu vielem, der russischen Seele als fremd erwiesen hat? Geradeso scheint es mir zu sein. Oh, versteht sich, dieser Protest ist fast die ganze Zeit nur unbewußt geschehen, doch wertvoll an ihm ist, daß er zeigt, wie gerade der russische Instinkt nicht erstorben ist: die russische Seele hat, wenn auch unbewußt, gerade im Namen ihres Russentums protestiert, im Namen ihres echt russischen, ursprünglichen, eigenen und dann unterdrückten Kulturversuchs. Natürlich wird man sagen, es sei noch kein Grund vorhanden, sich zu freuen, wenn dem auch so wäre: »Immerhin bist du ein Verneiner – Hunne, Barbar, Tatar –, der nicht im Namen eines Höheren verneint, sondern im Namen seiner eigenen Niedrigkeit, da er ja nicht einmal in ganzen zwei Jahrhunderten die europäische Höhe zu begreifen vermocht hat.«

Zweifellos wird man das sagen. Ich gebe zu, daß das eine offene Frage ist, doch werde ich nicht versuchen, sie zu beantworten. Ich sage nur, daß ich diesen Einwand aus allen Kräften verneine – eine Begründung würde zu weit führen. Oh, wer wird jetzt noch von uns Russen, und besonders, nachdem das alles vergangen ist (denn diese Periode ist jetzt tatsächlich vergangen), wer wird jetzt noch gegen die Tat Peters sein, sich gegen das durchgehauene Fenster auflehnen und vom alten Zarenreich Moskau träumen? Doch nicht davon spreche ich jetzt; ich meine nur: Wie schön und gut auch alles gewesen sein mag, was wir durch das Fenster erblickt haben, so war doch auch so viel Häßliches und Schädliches darunter, daß der russische Instinkt nicht aufgehört hat, sich dagegen aufzulehnen und zu protestieren, ... wenn er sich auch vielleicht so weit verloren haben mag, daß er selbst nicht mehr wußte, was er mit diesem Protest eigentlich tat. Und er hat nicht aus seinem Tatarentum heraus protestiert, sondern in der Tat vielleicht deswegen, weil er in sich etwas Höheres und Besseres fühlte als das, was er durch das Fenster erblickte ... (Versteht sich, der Instinkt hat ja nicht gleich gegen alles protestiert: Wir haben viel Gutes und Schönes bekommen, und wollen nicht undankbar sein; nun, aber gegen die Hälfte zum mindesten hat er, glaube ich, doch protestieren können.)

Ich wiederhole, daß dieses ungemein sonderbar vor sich gegangen ist: gerade unsere feurigsten Westler, gerade unsere Kämpfer für die Reform wurden zu gleicher Zeit zu Verneinern Europas und stellten sich in die Reihen der äußersten Linken. Nun, und so geschah es, daß sie sich selbst gerade dadurch zu den eifrigsten Russen machten, zu Kämpfern für Rußland und den russischen Geist. Hätte man ihnen das seinerzeit erklärt, dann würden sie entweder – gelacht haben oder sie wären entsetzt gewesen. Es kann darüber kein Zweifel bestehen, daß sie nicht im geringsten die Höhe und eigentliche Bedeutung ihres Protestes erkannt haben. Im Gegenteil: sie haben ja die ganzen zwei Jahrhunderte hindurch ihren eigensten Wert fortgesetzt verleugnet, und nicht nur den allein, sondern sogar die Achtung vor sich selbst (es gab ja auch solche Schwärmer unter ihnen!), und das in einem Grade, der ganz Europa mit Recht wundergenommen hat. Und nun stellt es sich heraus, daß gerade sie sich als die wahren Russen erwiesen haben. Ebendiese meine Deutung aber nenne ich mein Paradox.

Belinskij, zum Beispiel, ein von Natur leicht und leidenschaftlich begeisterter Mensch, ist fast als erster von allen Russen direkt zu den europäischen Sozialisten, die schon die ganze Form der europäischen Zivilisation verneinten, übergetreten, und zu gleicher Zeit hat er bei uns, in der russischen Literatur, bis zum Schluß gegen die Slawophilen gekämpft, anscheinend für das ganz Entgegengesetzte. Wie erstaunt wäre er gewesen, wenn ihm diese selben Slawophilen damals gesagt hätten, daß gerade er der fanatischste Kämpfer für die russische Wahrheit, für die russische Eigenart, für das russische Element sei, eben für alles das, was er um Europas willen in Rußland ablehnte, für eine Fabel hielt, und wenn man ihm überdies noch bewiesen hätte, daß im gewissen Sinne gerade er der russische Konservative sei – und das ausschließlich, weil er in Europa Sozialist und Revolutionär war? Und so war es ja beinahe auch wirklich. Es wurde von beiden Seiten ein großer Fehler begangen, nämlich der, daß alle damaligen Westler Rußland mit Europa verwechselten, im Ernst für Europa hielten und, Europa samt seinen Formen verneinend, ernstlich glaubten, dieselbe Verneinung gälte auch für Rußland, während Rußland durchaus nicht Europa war, sondern nur eine europäische Uniform trug, unter ihr aber ein vollkommen anderes Wesen barg. Davon sich zu überzeugen, forderten die Slawophilen auf, indem sie direkt auf die Tatsache hinwiesen, daß die Westler Unvergleichbares verglichen oder gar für identisch hielten, und daß die Folgerung, die für Europa paßte, sich keineswegs auch auf Rußland anwenden ließ: teilweise schon deshalb nicht, weil all das, was sie in Europa wünschten, in Rußland schon längst vorhanden war und ist, jedenfalls wenigstens im Keim und in der Möglichkeit, und sogar sein Wesen ausmacht, nur nicht in revolutionärer Form, sondern gerade in derjenigen, in welcher diese Ideen der universalen Erneuerung der Menschheit erscheinen müssen: in der Gestalt der göttlichen Wahrheit, der Wahrheit Christi, die sich irgend einmal auf der Erde doch verwirklichen wird, und die sich unversehrt allein in unserem Glauben erhalten hat. Sie forderten auf, zuvor Rußland kennen zu lernen und dann erst Folgerungen zu ziehen. Doch damals waren – um die Wahrheit zu sagen – keine Möglichkeiten vorhanden, Rußland etwas eingehender kennen zu lernen. Und wer konnte denn damals etwas von Rußland wissen? Die Slawophilen wußten, natürlich, hundertmal mehr als die Westler (und selbst das war noch das Minimum); doch auch sie handelten fast nur tastend und tappend, apriorisch und abstrakt, indem sie sich mehr auf ihren bloßen Instinkt verließen. Irgend etwas kennen zu lernen ist erst in den letzten zwanzig Jahren möglich geworden; aber wie viele wissen heute selbst etwas von Rußland? Es ist viel, sehr viel, daß schon ein Anfang damit gemacht worden ist. Trotzdem: kaum erhebt sich bei uns eine wichtige Frage, und alle sind sofort verschiedener Meinung. Nun, und jetzt erhebt sich von neuem die Orientfrage. Hand aufs Herz, wie viele sind ihrer und wer sind sie, die fähig wären, in dieser Angelegenheit übereinzustimmen, und wenn es sich auch nur um einen einzigen Entschluß handelt? Und das noch in einer so wichtigen, großen, in einer so verhängnisvollen und nationalen Frage! Doch was rede ich von der Orientfrage! Man denke doch bloß an unsere Hunderte, unsere Tausende von ganz gewöhnlichen inneren Tagesfragen – was für ein allgemeines Schwanken, was für unbeständige Anschauungen, welch eine Ungewohntheit zu handeln! Rußland wird inzwischen entwaldet, die Gutsbesitzer und Bauern rotten mit wahrer Verbissenheit ihre Wälder aus. Es ist nicht übertrieben, wenn man sagt, daß sie das Holz für ein Zehntel des wahren Wertes verkaufen. Wie lange wird der Vorrat reichen? Noch bevor unsere Kinder groß werden, wird schon zehnmal weniger Holz auf dem Markt sein. Was daraus folgt, ist vielleicht unser Verderben. Doch versucht man einmal, etwas von der Einschränkung der Rechte des Waldfällens zu sagen, was bekommt man dann zu hören? Von der einen Seite „staatliche und nationale Notwendigkeit“ und von der anderen „Verletzung der Eigentumsrechte“, zwei entgegengesetzte Begründungen. Sofort bilden sich zwei Lager, und noch weiß man nicht, in welches die liberale, alles entscheidende Meinung treten wird. Und sind es wirklich nur zwei Lager? So wird denn diese Frage noch lange unentschieden bleiben. Einer der heutigen Liberalen hat versucht, einen Witz zu reißen: Jedes Übel, meinte er, habe auch sein Gutes, und so müsse hinfort, wenn der ganze russische Wald abgeholzt sei, wenigstens endgültig die Körperstrafe aufhören, denn woher wollen die Dorfgerichte Ruten hernehmen, wenn keine Wälder mehr da sind? Natürlich ist das eine kleine Beruhigung, doch traut man auch ihr nicht allzusehr: sind keine Bäume mehr vorhanden, so bleiben doch noch Sträucher, oder man kann ja Ruten aus dem Ausland beziehen. Neuerdings werden die Juden Gutsbesitzer, und überall schreibt und schreit man, daß sie den Boden Rußlands ruinieren, daß der Jude sofort, nachdem er das Gut gekauft, alle Kräfte und Reichtümer des gekauften Landes aussaugt, um das Kapital mit den Prozenten zurückzugewinnen. Versucht jemand, etwas dagegen zu sagen, so wird sofort von allen Seiten losgeschrien, man verletze das Prinzip der wirtschaftlichen Freiheit und der staatsbürgerlichen Gleichberechtigung! Man möge doch wenigstens hierbei die Gleichberechtigung aus dem Spiel lassen, da es sich in erster Linie um den ausgesprochensten Talmudstatus in statu handelt; wenn hier nicht nur Aussaugung des Bodens, sondern auch die Aussaugung unseres Bauern droht, der nun, befreit vom Gutsbesitzer, in die Sklaverei dieser neuen „Herren" gerät, derselben, die aus dem westrussischen Bauern schon alles herausgezogen, was aus ihm noch herauszuziehen war, die jetzt nicht nur Güter und Bauern kaufen, sondern auch die liberale Meinung, und zwar mit gutem Erfolg. Warum aber ist das alles so bei uns? Warum diese Unentschlossenheit und diese Uneinigkeit bei jedem Entschluß? Meiner Meinung nach kommt das durchaus nicht von irgendeiner Unbegabtheit und Unfähigkeit zur Tat, sondern von unserer fortdauernden Unkenntnis Rußlands, seines Wesens, Sinnes und Geistes, obgleich seit Belinskij und den Slawophilen schon zwanzig Jahre vergangen sind. Und es gibt sogar noch einen anderen Grund: In diesen zwanzig Jahren ist die Kenntnis Rußlands in Tatsachen und Einzelheiten weit, weit fortgeschritten, der russische Instinkt aber hat sich verringert im Verhältnis zu früher. Der

Grund hierfür? Wenn nun die Slawophilen durch ihren russischen Instinkt gerettet worden sind, so muß doch dieser Instinkt auch in Belinskij gewesen sein und sogar so stark, daß die Slawophilen ihn für ihren besten Freund gehalten haben! Hier lag aber ein großes Mißverständnis von beiden Seiten vor. Nicht umsonst hat Apollón Grigórjeff[26] einmal von Belinskij gesagt: „Wenn er länger gelebt hätte, so hätte er sich bestimmt den Slawophilen angeschlossen.“ In diesen Worten war ein Gedanke.

II

Die Folgerung aus dem Paradox

»Sie behaupten also«, wird man mir nun sagen, »daß jeder Russe, der sich in einen europäischen Kommunarden verwandelt, allein schon dadurch sofort zum russischen Konservativen wird?« – Ach nein, das zu folgern, wäre denn doch etwas zu gewagt. Ich wollte nur bemerken, daß in dieser Idee, selbst wenn man sie wörtlich nimmt, etwas Wahres liegt. Es ist vor allen Dingen viel Unbewußtes dabei und meinerseits vielleicht ein zu starker Glaube an den unvergänglichen russischen Instinkt und an die Lebenszähheit des russischen Geistes. Doch schön, schön, mag ich auch selbst wissen, daß es ein Paradox ist, so will ich doch eine Folgerung aus ihm ziehen: das ist gleichfalls eine Tatsache und eine Folgerung aus einer Tatsache. Ich habe vorhin gesagt, daß die Russen sich in Europa durch Liberalismus auszeichnen, und daß sich wenigstens neun Zehntel von ihnen der Linken und äußersten Linken anschließen, sobald sie nur mit Europa in Berührung kommen ... vielleicht sind es auch nicht neun Zehntel; auf der Zahl will ich nicht bestehen. Ich bestehe nur darauf, daß es unvergleichlich mehr liberale Russen gibt als unliberale. Doch haben wir natürlich auch solche. Tatsächlich gibt es und hat es immer Russen gegeben (die Namen vieler von ihnen sind bekannt), die nicht nur die europäische Kultur nicht verneint, sondern, im Gegenteil, sie dermaßen angebetet haben, daß sie schon ihren letzten russischen Instinkt verloren, ihre russische Persönlichkeit und ihre Muttersprache aufgaben, Russen, die ihre Heimat gewechselt und, wenn sie auch nicht zu fremden Völkern übertraten, so doch ganze Generationen hindurch in Europa blieben. Tatsache ist nun, daß alle diese Russen, im Gegensatz zu den liberalen, im Gegensatz zu deren Atheismus und Kommunismus, sich alsbald zur Rechten und äußersten Rechten geschlagen haben und echte europäische Konservative geworden sind.

Viele von ihnen haben ihren Glauben gewechselt und sind zum Katholizismus übergetreten. Sind das nicht echte Konservative, ist das nicht schon die äußerste Rechte? Sie sind Konservative in Europa und umgekehrt – die vollkommensten Verneiner Rußlands geworden. Sie wurden zu Zerstörern, zu Feinden Rußlands! Da sieht man, was das heißt: sich aus einem Russen in einen Europäer, sich zum echten Sohn der Zivilisation verwandeln – eine bemerkenswerte Tatsache, die zweihundert Jahre Experiment uns gegeben haben. Daraus folgt, daß der Russe, der wirklich Europäer wird, nicht anders kann, als zu gleicher Zeit auch der natürliche Feind Rußlands werden: War es das, was die wollten, die das Fenster durchbrachen? Hatten sie das im Auge? Und so bekamen wir zwei Typen des zivilisierten Russen: den Europäer Belinskij, der zu gleicher Zeit Europa verneinte und sich im höchsten Grade als Russe erwies, und den echten, altadligen russischen Fürsten Gagárin, der es, nachdem er Europäer geworden, für notwendig befand, nicht nur zum Katholizismus überzutreten, sondern auch noch gleich unter die Jesuiten zu gehen. Wer ist von beiden der größere Feind Rußlands? Wer ist mehr Russe geblieben? Und bekräftigt nicht dieses zweite Beispiel von der äußersten Rechten mein voriges Paradox, daß die russischen europäischen Sozialisten und Kommunarden – vor allen Dingen keine Europäer sind und zum

Schluß echte, prächtige Russen werden, sobald das Mißverständnis sich aufklärt und sie ihr Land richtig kennenlernen. Und zweitens, daß kein einziger Russe ernstlich Europäer wird, wenn er auch nur ein wenig Russe bleibt! Ist dem aber so, – dann muß folglich auch Rußland etwas vollkommen Selbständiges und Besonderes sein, etwas, das Europa nicht im geringsten gleicht. Ja, und Europa selbst ist vielleicht gar nicht im Unrecht, wenn es die Russen tadelt und über ihr Revolutionärtum lacht. Also sind wir Revolutionäre nicht bloß um der Zerstörung willen dort, wo nicht wir gebaut haben, nicht wie die Hunnen und Tataren, sondern sind Revolutionäre für etwas anderes, das wir bis jetzt selbst noch nicht wissen (die aber, die es wissen, behalten es für sich). Kurz, wir sind – Revolutionäre sozusagen aus einer eigenen Notwendigkeit heraus, sozusagen Revolutionäre aus Konservativismus ... Aber das ist ja alles nur ein Übergang, ist, wie ich schon gesagt habe, nebensächlich und abseits liegend, heute wenigstens, da sich die ewig unbeantwortete Orientfrage wieder erhoben hat.

III

Die Orientfrage

Die Orientfrage! Wer von uns hat in diesem Monat nicht recht ungewöhnliche Empfindungen durchlebt, und wieviel ist darüber in den Zeitungen räsoniert worden! Und welch eine Verwirrung gab es in manchen Köpfen, welch einen Zynismus in manchen Urteilen, welch ein gutes, ehrliches Zittern in manchen Herzen, welch ein Geschrei bei manchen Juden! Eines ist richtig: Wir brauchen nichts zu fürchten, obschon es so viele gab, die uns bange machen wollten. Es ist auch schwer einzusehen, warum es in Rußland jetzt so viele Feiglinge geben sollte. Es gibt hier zwar *mit Absicht* Feige, das ist wahr, aber wie mir scheint, haben diese sich in der Zeit verrechnet, und jetzt ist es selbst für sie schon zu spät und zu unvorteilhaft, zur Feigheit zu raten: sie werden keinen Erfolg damit haben. Aber auch die mit Absicht Feigen kennen ihre Grenzen und werden von Rußland keine Ehrlosigkeit verlangen, wie es etwa in alter Zeit einmal geschah, als Zar Iwan der Grausame von seinen Gesandten, die er zu König Stephan Báthori schickte, verlangte, sich notfalls sogar Schläge gefallen zu lassen, wenn nur so der Friede zu erwirken wäre. Um es kurz zu sagen: Die öffentliche Meinung scheint sich nun schon entschieden zu haben und wird um keines Friedens willen Schläge in Kauf zu nehmen einwilligen.

Fürst Milan von Serbien und Fürst Nikita von Montenegro haben sich, im Vertrauen auf Gott und ihr Recht, gegen den Sultan erhoben, und wenn diese Zeilen gelesen werden, wird vielleicht schon irgend ein bedeutsamer Zusammenstoß oder gar schon eine entscheidende Schlacht stattgefunden haben. Die Sache kann jetzt einen schnellen Verlauf nehmen. Die Unentschlossenheit und Langsamkeit der Großmächte, die diplomatische Ausrede Englands, das sich weigert, die Beschlüsse der Berliner Konferenzen anzuerkennen, die danach plötzlich erfolgte Revolution in Konstantinopel und das Aufflammen des muselmännischen Fanatismus, schließlich die entsetzliche Niedermetzelung von sechzigtausend friedlichen Bulgaren: Greisen, Frauen und Kindern, durch die Baschi-Bozuks[27] und die Tscherkessen, – hat dort die Gemüter auf einmal entflammt und den Krieg zum Ausbruch gebracht. Die Slawen haben viele Hoffnungen. Wenn man alle ihre Kräfte zusammenzählt, verfügen sie über annähernd hundertfünfzigtausend Kämpfer, von denen mehr als drei Viertel ordentliche reguläre Truppen sind. Die Hauptsache aber ist der Geist, der sie beseelt: Sie ziehen in den Krieg mit dem Glauben an ihr Recht, dem Glauben an ihren Sieg, während bei den Türken, trotz ihres Fanatismus, eine große Anarchie und eine große Verwirrung herrschen, und es wäre gar kein Wunder, wenn diese Verwirrung sich schon nach den ersten Zusammenstößen in panische Angst verwandelte. Man darf wohl schon jetzt voraussagen, daß die Slawen, wenn keine Einmischung Europas erfolgt, sicher siegen werden. Anscheinend ist die Nichteinmischung Europas bereits beschlossen; aber wer könnte behaupten, daß in der europäischen Politik jetzt, in diesem Augenblick, irgend etwas feststünde und endgültig wäre. Angesichts der großen, umfassenden Frage, die sich da so plötzlich erhoben hat, ist es fast, als hätten alle bei sich beschlossen, vorerst abzuwarten und die entscheidenden Beschlüsse hinauszuschieben. Indessen verlautet, das Bündnis der drei großen Ostmächte dauere noch fort, und es fänden auch noch persönliche Zusammenkünfte der drei Monarchen statt, so daß die Nichteinmischung in den Kampf der Slawen von dieser Seite *vorläufig* wohl beschlossen sein dürfte. England sucht jetzt, nachdem es sich isoliert hat, Bundesgenossen; ob es sie finden wird, ist noch eine Frage. Wenn es sie findet, dann, wie mir scheint, gewiß nicht in Frankreich. Mit einem Wort: ganz Europa wird dem Kampf der Christen mit dem Sultan zuschauen, ohne sich einzumischen, aber ... nur vorläufig, bis es soweit ist ... bis zur Teilung der Erbschaft. Wird aber diese Teilung überhaupt möglich sein? Wird es eine Erbschaft noch geben? Wenn Gott den Slawen Erfolg verleiht, so fragt es sich, bis zu welcher Grenze Europa ihnen diesen Erfolg gönnen wird? Wird es ihnen erlauben, den kranken Mann endgültig aus seinem Bett zu werfen? Letzteres ist kaum anzunehmen. Oder wird man nicht statt dessen, nach einem neuen und feierlichen Konzilium, beschließen, ihn wieder zu kurieren? ... So könnten denn die Anstrengungen der Slawen, selbst im Falle eines sehr großen Erfolgs, nur mit schwachen Palliativmitteln belohnt werden. Serbien trat den Kampf an, indem es auf seine eigene Kraft hoffte, aber natürlich weiß es, daß sein endgültiges Schicksal ganz und gar von Rußland abhängt; es weiß, daß nur Rußland es im Fall eines großen Unglücks vor dem Untergang bewahren wird, und daß auch nur Rußland ihm durch seinen großen Einfluß wird helfen können, im Fall eines großen Erfolgs, das mögliche Maximum des Gewinns zu behalten. Das weiß Serbien und hofft deshalb auf Rußland, aber es weiß auch, daß ganz Europa jetzt Rußland mit heimlichem Mißtrauen beobachtet und daß die Lage Rußlands besorgniserregend ist. Kurzum, alles liegt noch im Schoß der Zukunft, aber immerhin, wie wird nun Rußland handeln?

Ist das noch eine Frage? Das darf und kann für keinen Russen noch eine Frage sein. Rußland wird *ehrlich* handeln, das ist die ganze Antwort auf diese Frage. Mag in England der Premierminister die Wahrheit vor dem Parlament aus Politik entstellen und ihm offiziell mitteilen, die Ausrottung der sechzigtausend Bulgaren sei nicht von den Türken, nicht von den Baschi-Bozuks, sondern von den slawischen Umsiedlern bewerkstelligt worden, und mag das ganze Parlament ihm aus Politik glauben und stillschweigend seine Lüge gutheißen: in Rußland kann und soll nichts derartiges geschehen. Manche werden sagen: Aber Rußland kann doch nicht in jedem Fall zu seinem eigenen offenbaren Nachteil handeln! – Erlauben Sie, worin bestünde der Vorteil für Rußland? – Eben dies wäre der Gewinn für Rußland: notfalls sogar zu seinem eigenen offenbaren Nachteil zu handeln, klarsehend Opfer zu bringen, nur damit die Gerechtigkeit nicht verletzt werde. Rußland kann nicht der großen Idee untreu werden, die ihm von einer Reihe von Jahrhunderten als Vermächtnis übertragen worden ist und der es bisher unbeirrt gefolgt ist. Diese Idee besteht unter anderem auch in der Vereinigung aller Slawen; aber diese Vereinigung soll nicht gewaltsame Aneignung sein, sondern Dienst an der Allmenschheit. Wann denn und wie oft hat denn Rußland in der Politik nur seiner eigenen Vorteile wegen gehandelt? Hat es nicht vielmehr während seiner ganzen Petersburger Geschichtsperiode öfter fremden Interessen gedient, und das mit einer Uneigennützigkeit, die Europa in Erstaunen setzen würde, wenn es uns nur klar sehen könnte, und uns nicht statt dessen mißtrauisch, argwöhnisch und gehässig betrachten würde? An Uneigennützigkeit wird aber in Europa sowieso kein Mensch glauben und auch in keinem Fall, geschweige denn an russische Uneigennützigkeit. Eher wird man dahinter wohl Betrug oder Dummheit vermuten. Wir aber brauchen uns doch vor ihren Urteilen nicht zu fürchten: In dieser selbstlosen Uneigennützigkeit Rußlands liegt seine ganze Kraft, sozusagen seine ganze Persönlichkeit und die ganze Zukunft der russischen Sendung. Es ist nur schade, daß diese Kraft manchmal doch recht falsch gelenkt worden ist.

IV

Utopische Geschichtsauffassung

Diese ganzen hundertfünfzig Jahre nach Peter dem Großen haben wir nichts anderes getan, als Berührung mit allen menschlichen Zivilisationen, Vertrautheit mit ihrer Geschichte und ihren Idealen zu erwerben. Wir haben gelernt und uns dazu erzogen, die Franzosen zu lieben, die Deutschen und alle anderen, so, als wären sie alle unsere Brüder, obgleich diese uns nie geliebt haben und wohl auch willens sind und beschlossen haben, uns niemals zu lieben. Aber gerade darin bestand ja unsere Reform, die ganze Tat Peters des Großen: Sie hat in anderthalb Jahrhunderten unseren Blick erweitert, – eine Tatsache, die vielleicht noch bei keinem Volk, weder in der alten noch in der neuen Geschichte, vorgekommen ist. Das vorpetrinische Rußland war tätig und festgefügt, wenn es sich auch politisch langsam entwickelte. Es hatte sich zur Einheit durchgekämpft und schickte sich an, seine Grenzgebiete zu befestigen, und bei sich wußte es, daß es einen Schatz in sich trug, wie es keinen zweiten in der Welt mehr gibt – die Rechtgläubigkeit; es wußte, daß es der Hüter der Wahrheit Christi ist, der echten Wahrheit, des echten Ebenbildes Christi, das sich in allen anderen Glaubensformen und bei allen anderen Völkern verdunkelt hat. Dieser Schatz, diese ewige, in Rußland gegenwärtige Wahrheit, deren Aufbewahrung uns als Aufgabe zugefallen, befreite geradezu das Gewissen der besten damaligen Russen (nach ihrer eigenen Meinung) von der Pflicht, sich um das Wissen anderer Völker zu kümmern. Ja, in Moskau kam man sogar zu der Überzeugung, daß jede engere Berührung mit Europa schädlich und demoralisierend auf das russische Gemüt und auf die russische *Idee* wirken, die Rechtgläubigkeit selbst entstellen und Rußland auf den Weg des Verderbens bringen könnte, „nach dem Beispiel aller anderen Völker". So schickte sich denn das alte Rußland in seiner Abgeschlossenheit an, *Unrecht zu tun*, Unrecht an der Menschheit, indem es sich dafür entschied, tatlos seine Kostbarkeit, die Orthodoxie für sich zu behalten und sich von Europa, das heißt: von der Menschheit, abzuschließen, in der Art mancher unserer Sektierer, die mit niemandem aus der gleichen Schüssel essen, sondern es für eine heilige Pflicht halten, daß ein jeder sich eine eigene Schüssel und einen eigenen Löffel anschafft. Dieser Vergleich stimmt buchstäblich, denn vor Peter waren unsere politischen wie geistigen Beziehungen zu Europa von derselben Art. Seit der Reform Peters jedoch gewannen wir die beispiellose Erweiterung des Blicks, und darin, wiederhole ich, besteht die ganze Größe der Tat unseres „Ehernen Reiters". Dieses ist die Kostbarkeit, die wir, die obere kultivierte Schicht Russen, nach einer anderthalb Jahrhunderte langen Abwesenheit aus unserem eigenen Land dem Volke bringen, und die das Volk, nachdem wir uns selber vor seiner Wahrheit gebeugt, von uns annehmen muß, als conditio sine qua non, widrigenfalls die Vereinigung beider Schichten sich als unmöglich erweisen und alles untergehen wird.

Was ist das nun für eine »Erweiterung des Blicks«, worin besteht sie und was für eine Bedeutung hat sie?

Das ist nicht die Aufklärung im eigentlichen Sinne des Wortes, auch nicht die Wissenschaft, es ist auch kein Verrat an den russischen moralischen Grundsätzen im Namen der europäischen Zivilisation. Nein, das ist etwas, was einzig dem russischen Volke eigen ist: denn eine ähnliche Reform hat es nirgends und noch niemals gegeben. Das ist unsere wirklich und in der Tat fast brüderliche Liebe zu den anderen Völkern, eine Liebe, die wir in anderthalb Jahrhunderten Berührung mit ihnen gewonnen haben; das ist unser Bedürfnis, der ganzen Menschheit zu dienen, zuweilen sogar zum Nachteil der eigenen, wichtigsten und nächsten, Interessen; das ist unsere Aussöhnung mit ihren Zivilisationen, unser Begreifen und *Entschuldigen* ihrer Ideale, selbst dann, wenn sie sich mit den unsrigen nicht vertragen. Das ist die von uns erworbene Fähigkeit, in jeder der europäischen Zivilisationen, oder richtiger: in jeder europäischen Persönlichkeit, die in ihr enthaltene Wahrheit zu entdecken, sogar ungeachtet alles dessen, womit wir grundsätzlich nicht übereinstimmen können. Das ist endlich das Bedürfnis, in erster Linie gerecht zu sein und nur die Wahrheit zu suchen. Mit einem Wort: das ist vielleicht gerade der Anfang, der erste Schritt dieser aktiven Anwendung unseres Schatzes, unserer Orthodoxie im Dienste an der ganzen Menschheit, wozu sie ja bestimmt ist und was ihr wirkliches Wesen ausmacht. Auf diese Weise hat die Reform Peters die Erweiterung unserer *früheren Idee* bewirkt. Wir bekamen ein vervielfachtes und verstärktes Verständnis für dieselbe: wir erkannten unsere Weltbestimmung, unsere Persönlichkeit und unsere Rolle in der Menschheit, und mußten einsehen, daß diese Bedeutung und diese Rolle grundverschieden sind von denen der anderen Völker; denn dort lebt jede nationale Persönlichkeit einzig für sich und in sich, wir aber werden, wenn unsere Zeit kommt, gerade damit beginnen, daß wir die Diener aller werden, um der allgemeinen Versöhnung willen. Das ist durchaus nicht schmählich für uns, im Gegenteil, es ist unsere Größe, denn es führt zur endgültigen Vereinigung der Menschheit. Wer der Höchste im Reiche Gottes sein will, der werde der Diener aller. So verstehe ich die russische Prädestination *in ihrem Ideal.*

Der erste Schritt unserer neuen Politik nach Peter spezifizierte sich denn auch ganz von selbst: dieser erste Schritt lag in dem Plan, das ganze Slawentum unter den Fittichen Rußlands zu vereinigen. Und diese Vereinigung nicht etwa zur Aneignung fremden Besitzes, nicht zur Vergewaltigung, nicht zur Vernichtung der einzelnen slawischen Völkerpersönlichkeiten durch den russischen Koloß, sondern um sie zu erneuern und in das ihnen zustehende Verhältnis zu Europa und zur Menschheit zu bringen, ihnen endlich die Möglichkeit zu geben, friedlich zu leben und sich nach ihren unzähligen, jahrhundertelangen Leiden zu erholen, um sich im gemeinsamen Geist zu versammeln und, nachdem man seine neue Kraft gefühlt, auch sein Scherflein in die Schatzkammer des menschlichen Geistes zu bringen, auch sein Wort in der Kultur zu sagen. Oh, natürlich, man kann ja über diese meine »Phantasie« von russischer Prädestination oder Sendung lachen soviel man will, aber nun sage man mir: Wünschen denn nicht alle Russen die Befreiung und Erhebung der Slawen gerade auf dieser Basis, gerade für deren volle persönliche Freiheit und die Auferstehung ihres Geistes, und durchaus *nicht*, um sie für Rußland *politisch* zu gewinnen und durch sie Rußland politisch zu verstärken, wie es einstweilen Europa argwöhnt? Das ist doch so, nicht wahr? Dann aber sind doch meine »Phantasien« zum Teil schon gerechtfertigt? Freilich versteht es sich von selbst, daß zu diesem selben Zweck Konstantinopel – früher oder später – doch unser werden muß ...

Herrgott, wie spöttisch ein Österreicher oder Engländer lächeln würde, wenn er diese ausgedachten *Phantasien* lesen könnte und plötzlich solch eine *positive* Folgerung fände! Konstantinopel, das Goldene Horn, der wichtigste politische Punkt der Welt! – und das soll keine politische Eroberung sein?

Jawohl, das Goldene Horn und Konstantinopel – all das wird dereinst unser sein, doch nicht zwecks Eroberung und um es zu vergewaltigen, antworte ich. Und vor allen Dingen: das wird ganz von selbst geschehen, wenn die Zeit dazu kommt. Und wenn sie auch jetzt noch nicht gekommen sein sollte, so ist sie doch jedenfalls schon nahe, nach allen Anzeichen zu schließen. Das wäre eben der natürlichste Ausgang, sozusagen die Stimme der Natur selbst.

In Europa glaubt man an irgendein „Testament Peters des Großen". Das ist nichts weiter als eine von Polen geschriebene, gefälschte Urkunde. Doch wenn Peter auch der Gedanke gekommen wäre, anstatt Petersburg zu gründen, Konstantinopel zu erobern, so hätte er diesen Gedanken doch aufgegeben – selbst dann, wenn er die Macht gehabt hätte, den Sultan zu stürzen, denn damals wäre das unzeitgemäß gewesen und hätte sogar Rußlands Verderben sein können.

Wenn wir schon im finnischen Petersburg dem Einfluß der benachbarten Deutschen nicht entronnen sind (denn wenn er auch nützlich gewesen ist, so hat er doch die russische Entwicklung, bevor sie ihren rechten Weg fand, ungemein gelähmt), wie hätten wir dann in Kontantinopel, der großen eigenartigen Stadt, mit den Resten der ältesten und mächtigsten Kultur, dem Einfluß der Griechen entrinnen können, dieser unvergleichlich subtileren Menschen, als es die derben, uns vollkommen unähnlichen Deutschen sind, dem Einfluß dieser Menschen, die bedeutend mehr Berührungspunkte mit uns haben, dieser zahlreichen höfischen Griechen, die sofort den Thron umringt hätten und viel früher als die Russen gelehrt und gebildet geworden wären, die unseren Peter selber, nicht nur seine nächsten Nachfolger, bezaubert hätten, schon allein durch ihre Kenntnis der Schiffahrt, seiner schwachen Seite? Kurz, sie hätten sich Rußlands politisch bemächtigt, hätten es alsbald auf irgendeinen neuen asiatischen Weg gelenkt, nun, und dem wäre natürlich das damalige Rußland nicht gewachsen gewesen. Seine russische Kraft und Eigenart wären in ihrer Entwicklung unterbrochen worden. Der mächtige Großrusse wäre abseits in seinem dunklen schneeigen Norden geblieben und hätte nur als

Material für die erneuerte Zarenstadt gedient, und vielleicht würde er es zum Schluß sogar überflüssig gefunden haben, ihr noch weiter zu folgen. Der Süden Rußlands aber wäre den Byzantinern anheimgefallen. Ja, vielleicht hätte sich sogar die Orthodoxie selber in zwei Welten geteilt: in die südlich-zaristische und die nördlich-altrussische ... Kurz, die Sache wäre im höchsten Grade unzeitgemäß gewesen. Jetzt aber ist es etwas ganz Anderes.

Jetzt ist Rußland schon in Europa gewesen und ist nicht mehr so unwissend wie damals. Die Hauptsache aber: Es hat seine ganze Kraft erkannt und ist wirklich stark geworden; außerdem erkennt es jetzt, wodurch es dereinst am stärksten sein wird. Jetzt weiß es, daß Konstantinopel uns gehören kann, auch ohne dabei die Hauptstadt Rußlands zu sein; vor zweihundert Jahren aber, da hätte Peter nach der Eroberung von Byzanz nicht umhingekonnt, dorthin seine Residenz zu verlegen, was das Verderben Rußlands gewesen wäre, denn Byzanz ist nicht Rußland und hätte auch niemals Rußland werden *können*. Angenommen aber, daß Peter diesen Fehler nicht begangen hätte, so wären doch bestimmt seine nächsten Nachfolger dorthin gezogen. Wenn aber Byzanz heute unser wird, so wird es deshalb noch nicht Rußlands Hauptstadt sein und somit auch nicht die Hauptstadt des Panslawismus, wie einige träumen. Der Panslawismus ohne Rußland wird sich im Kampf mit den Griechen aufreiben, selbst dann, wenn er aus seinen Teilen irgend etwas politisch Ganzes bilden könnte. Daß aber die Griechen allein Byzanz erben, ist jetzt schon unmöglich: einen so wichtigen Punkt der Erde kann man ihnen nicht abtreten, das wäre denn doch zuviel für sie. Der Panslawismus aber mit Rußland an der Spitze – oh, der wäre natürlich etwas ganz Anderes! Aber wäre dieses Andere auch etwas Gutes, fragt es sich? Und würde das nicht wie ein Einstecken der Slawen aussehen, was wir durchaus nicht nötig haben? Also im Namen wessen, im Namen welches *moralischen* Rechtes könnte denn Rußland Konstantinopel begehren? Auf welche höheren Ziele gestützt, könnte es Byzanz von Europa fordern? Nur als Führer der Orthodoxie, als deren Beschützer und Erhalter, in der Rolle, die ihm schon seit Iwan III.[28] zusteht: zum Zeichen dessen hat dieser den zweiköpfigen byzantinischen Adler über das alte Wappen Rußlands gestellt, obschon Rußland dieser Führer erst seit Peter dem Großen wirklich geworden ist, als es die Kraft in sich fühlte, seine Bestimmung zu erfüllen, und in der Tat der einzig wahrhafte Beschützer und Erhalter der Rechtgläubigkeit wie der ihr angehörigen Völker wurde. Dieser Grund, dieses *Recht* auf das alte Byzanz, wäre selbst den auf ihre Unabhängigkeit eifersüchtigsten Slawen und sogar den Griechen verständlich und hätte nichts Kränkendes für sie. Damit würde sich das wirkliche Wesen dieser politischen Beziehungen selbst zu erkennen geben, Beziehungen, die sich unfehlbar in Rußland zu allen übrigen rechtgläubigen Völkern herstellen müssen – ob Slawen oder Griechen, bleibt sich gleich. Rußland ist ihre Beschützerin und vielleicht sogar ihre Führerin, doch nicht ihre Beherrscherin. Sollte Rußland aber einmal ihre Zarin werden, so wird das nur auf ihre eigene Wahl hin geschehen können, mit der Aufrechterhaltung alles dessen, was sie selbst zur Sicherung ihrer Unabhängigkeit, Selbständigkeit und Eigenart bestimmen ... so daß zu solch einem Vaterland auch die nicht rechtgläubigen Slawen werden hinzutreten können. Denn sie würden selbst sehen, daß die Vereinigung unter dem Schutze Rußlands nur eine Sicherstellung der unabhängigen Persönlichkeit eines jeden ist, da sie ohne diese große vereinende Kraft sich vielleicht wieder in Streitigkeiten untereinander aufreiben würden, selbst wenn sie einmal von Muselmännern oder Europäern, denen sie jetzt gehören, politisch unabhängig werden sollten.

Wozu mit Worten spielen, wird man mir sagen: was ist das, diese Orthodoxie, diese „Rechtgläubigkeit"? Und worin soll hier eine so besondere Idee, ein besonderes Recht auf die Einigung der Völker liegen? Ist das nicht genau der gleiche politische Verband wie alle übrigen, wenn auch auf den breitesten Grundlagen, in der Art der Vereinigten Staaten Amerikas etwa, oder womöglich auf noch breiteren?

Ich werde diese Frage sofort beantworten.

Nein, es wird nicht dasselbe sein, und es ist auch kein Spiel mit Worten, sondern hierdurch wird *wirklich* etwas Besonderes und noch nicht Dagewesenes geschehen. Es wird nicht nur eine politische Vereinigung sein und noch weniger eine politische Aneignung oder Vergewaltigung – wie Europa es sich anders nicht denken kann; nicht im Namen von Krämerinteressen oder von persönlichen Vorteilen und den ewigen, immer gleichen vergötterten Lastern unter dem Schein des offiziellen Christentums, an das in Wirklichkeit niemand mehr außer dem *Pöbel* glaubt. Nein, hierdurch soll die Wahrheit Christi zur Wirklichkeit werden, diese Wahrheit, die einzig im Osten noch erhalten wird, die wirkliche, neue Herrschaft Christi und die Verkündigung des endgültigen Wortes der Orthodoxie, an deren Spitze schon längst Rußland steht. Das wird ja das Ärgernis sein für alle Starken dieser Welt, die bis jetzt hienieden triumphiert haben, die immer auf ähnliche „Erwartungen" mit Verachtung und Spott herabsehen und nicht einmal begreifen können, wie man ernstlich an die Brüderlichkeit der Menschen, an die Allversöhnung der Völkerschaften glauben kann, an einen Bund, der auf der Basis des umfassenden Dienstes an der Menschheit gegründet ist, und endlich selbst an die Erneuerung der Menschen auf Grund der wahrhaften Lehre Christi. Ist aber der Glaube an dieses „neue Wort", das Rußland als Haupt der vereinten Rechtgläubigkeit der Welt sagen kann, eine „Utopie", die nur des Spottes wert ist, so möge man auch mich zu diesen Utopisten rechnen, und den Fluch der Lächerlichkeit will ich dann gerne tragen.

»Schon das allein ist eine Utopie«, wird man vielleicht noch einwenden, »daß man Rußland irgendeinmal einfach *erlauben* werde, an die Spitze der Slawen zu treten und in Konstantinopel einzuziehen. Man kann ja nicht verbieten, zu phantasieren, aber es sind dann eben doch nur Phantasien!«

Ist das wirklich so? Doch abgesehen davon, daß Rußland stark ist und vielleicht noch viel stärker, als es selbst ahnt, ganz abgesehen davon, – waren es nicht unsere eigenen Augen, die noch in den letzten Jahrzehnten zwei riesige, Europa beherrschende Mächte sich aufrichten sahen, von denen die eine in Staub und Schutt zusammenbrach, in einem Tage vom Sturme Gottes hinweggefegt, und an deren Stelle sich ein neues Reich erhob, dem ein an Kraft ähnliches, sollte man meinen, die Erde noch nicht getragen hat? Und wer hätte das voraussehen können? Wenn aber solche Veränderungen möglich sind, schon in unseren Tagen und vor unseren Augen, wie kann dann der menschliche Verstand vollkommen und buchstäblich das Schicksal des Ostens weissagen wollen? Wer hat wirklich Ursache, in der Hoffnung auf die Auferstehung und die Einigung der Slawen zu verzagen? Wer von uns Menschen kennt die Wege Gottes?

JULI – AUGUST

ERSTES KAPITEL

II

Vom kriegerischen Geist der Deutschen

Kaum war unser Zug auf deutschem Boden, als alle sechs Deutschen unseres abgeschlossenen Coupés unter sich ein Gespräch über den Krieg am Balkan und über Rußland begannen. Dies erschien mir interessant: ich wußte zwar, daß in der deutschen Presse jetzt sehr viel über Rußland geschrieben wird, hätte aber doch nicht geglaubt, daß man darüber auch schon auf allen öffentlichen Plätzen spricht. Es waren durchaus keine „höheren" Deutschen: es war sicher kein einziger Baron und erst recht kein einziger deutscher Offizier unter ihnen. Sie sprachen auch nicht von „höherer" Politik, sondern nur von den gegenwärtigen, vorwiegend militärischen Mitteln Rußlands. Mit einer triumphierenden und sogar etwas hochmütigen Ruhe teilten sie einander mit, daß Rußland in punkto Bewaffnung noch nie so schwach gewesen sei wie jetzt u. a. m. Ein würdiger großer Deutscher, der aus Petersburg mitreiste, teilte in kompetentem Ton mit, wir hätten nicht mehr als zweihundertsiebzigtausend einigermaßen anständige schnellfeuernde Gewehre, der Rest sei aber nur aus den alten Gewehren umgearbeitet, und die Zahl aller schnellfeuernden Gewehre zusammen erreiche noch keine halbe Million. Bisher hätten wir nicht mehr als sechzig Millionen Metallpatronen, so daß nur sechzig Patronen auf jeden Soldaten kämen, wenn man die Kriegsstärke der Armee mit einer Million annehme; außerdem behauptete er, diese Patronen seien schlecht gemacht. Sie sprachen übrigens recht lustig. Wohlgemerkt, sie wußten von mir, daß ich Russe war, aber aus einigen Worten, die ich an den Schaffner richtete, hatten sie wohl geschlossen, ich verstünde kein Deutsch. Ich spreche zwar schlecht Deutsch, verstehe aber alles. Nach einiger Zeit hielt ich es für meine „patriotische Pflicht", ihnen zu entgegnen, doch möglichst ruhig, um mich ihrem Ton anzupassen: alle ihre Zahlen und Daten seien nach der schlechten Seite hin übertrieben, man habe die Bewaffnung unseres Heeres schon vor vier Jahren auf eine sehr befriedigende Höhe gebracht, sie aber inzwischen noch erhöht, da an der Bewaffnung dauernd gearbeitet werde, und wir würden jetzt niemandem nachgeben. Sie hörten mich, trotz meiner schlechten Ausdrucksweise, aufmerksam an, halfen mir nach, wenn ich irgendein deutsches Wort vergaß, und nickten ermunternd mit den Köpfen, um zu zeigen, daß sie mich verstehen. (NB. Wenn Sie schlecht Deutsch sprechen, so wird der Zuhörer, je gebildeter er ist, Sie um so leichter verstehen; ganz anders ist es mit Leuten auf der Straße oder etwa mit den Dienstboten: diese verstehen schwer, auch wenn Sie nur ein einziges Wort ausgelassen oder statt eines gebräuchlichen ein weniger übliches gebraucht haben; in diesem Falle verstehen sie Sie manchmal überhaupt nicht. Ich weiß nicht, wie es sich mit den Franzosen und Italienern verhält, aber von den russischen Soldaten in Sebastopol wurde erzählt und geschrieben, sie hätten sich mit den französischen Gefangenen im Krimkrieg unterhalten – natürlich durch Gebärden – und sich mit ihnen verständigen können; folglich würden sie den Franzosen vollständig verstanden haben, wenn sie nur die Hälfte der von ihm gebrauchten Worte gewußt hätten.) Die Deutschen machten keinen einzigen Einwand, sie lächelten nur über meine Worte, aber nicht hochmütig, sondern sogar ermunternd, vollkommen davon überzeugt, daß ich als Russe nur für Rußlands Ehre eintrete; in ihren Augen konnte ich aber lesen, daß sie mir kein Wort glaubten und bei ihrer Ansicht blieben. Vor fünf Jahren, im Jahre 1871, waren sie aber gar nicht so höflich. Ich lebte damals in

Dresden und erinnere mich, wie die sächsischen Truppen aus dem Kriege heimkehrten; die Stadt bereitete ihnen einen feierlichen Empfang. Ich erinnere mich übrigens auch, wie die gleichen Truppen ein Jahr vorher in den Krieg gezogen waren und wie an allen Straßenecken, in allen öffentlichen Lokalen Dresdens das mit großen Buchstaben gedruckte Plakat erschien: „Der Krieg ist erklärt!" Ich sah damals diese Truppen und mußte sie unwillkürlich bewundern: welch ein frischer Mut in den Gesichtern, welch ein heiterer, lustiger und zugleich stolzer Ausdruck in den Augen! Es waren lauter junge Menschen, und beim Anblick mancher vorbeimarschierenden Kompagnie konnte man nicht umhin, ihre wunderbare militärische Haltung, die strenge, gleichmäßige Ausrichtung und zugleich die ungewöhnliche Freiheit zu bewundern, wie ich sie noch nie an Soldaten wahrgenommen habe, auch die zielbewußte Entschlossenheit, die sich in jeder Geste, in jedem Schritt dieser tapferen Burschen zeigte. Man sah ihnen an, daß sie nicht von jemand getrieben, sondern von selbst gingen. Nichts Hölzernes, nichts, was an die Stockschläge eines Korporals erinnerte, und das bei denselben Deutschen, von denen wir, als wir unter Peter ein eigenes Heer schufen, den Korporal und den Stock übernommen haben! Nein, diese Deutschen gingen ohne Stock, wie ein Mann, vollkommen entschlossen und siegesgewiß. Der Krieg war ein Volkskrieg: aus jedem Soldaten strahlte der Bürger, und ich muß gestehen, ich begann für die Franzosen zu fürchten, obwohl ich noch fest überzeugt war, sie würden die Deutschen schlagen. Nach alledem kann man sich vorstellen, wie diese selben Soldaten ein Jahr darauf in Dresden einzogen, nachdem sie die Franzosen, von denen sie das ganze Jahrhundert lang soviele Erniedrigungen erduldet, besiegt hatten. Man denke sich dazu die allen Deutschen, dem ganzen Volke, im Fall eines Erfolgs eigene, grenzenlose Prahlsucht, die kleinlich und sogar kindisch ist, — diese recht unangenehme nationale Eigenschaft, die bei diesem Volk fast erstaunlich ist. Dieses Volk darf, selbst im Vergleich mit allen anderen Völkern, auf gar zu vieles stolz sein, um noch soviel Kleinlichkeit zu zeigen. Man könnte meinen, diese Ehre sei ihnen so neu, daß sie sie selbst gar nicht erwartet hätten. Sie triumphierten damals dermaßen, daß sie gleich anfingen, die Russen zu beleidigen. In Dresden gab es damals sehr viel Russen, und viele von ihnen teilten mir später mit, daß jeder Deutsche, selbst ein Krämer, wenn er mit einem Russen, der seinen Laden aufsuchte, ins Gespräch kam, sofort die Bemerkung fallen ließ: »Da sind wir mit den Franzosen fertig geworden und werden uns jetzt an euch machen.« Dieser Haß gegen die Russen war im Volk damals ganz von selbst zum Ausbruch gekommen, trotz allem, was die Zeitungen damals schrieben, die die Politik Rußlands während des Krieges verstanden, die Politik, ohne die sie vielleicht keine solchen Lorbeeren geerntet hätten. Freilich war es der erste Rausch des unerwarteten militärischen Sieges, aber Tatsache ist, daß sie in diesem Rausch sofort an die Russen dachten. Diese fast unwillkürlich zum Ausbruch gekommene Erbitterung gegen die Russen kam sogar mir erstaunlich vor, obwohl ich mein Leben lang wußte, daß der Deutsche immer und überall, schon seit den Tagen der „Deutschen Siedlung" zu Moskau, den Russen nicht leiden mag. Eine russische Dame, die damals in Dresden wohnte, die Fürstin K., saß während des feierlichen Einzugs der Truppen auf einem der für das Publikum reservierten Plätze, als einige begeisterte Deutsche hinter ihr anfingen, furchtbar auf Rußland zu schimpfen. »Ich wandte mich zu ihnen um und rief ihnen ein Schimpfwort zu, wie es im einfachen Volke gebraucht wird«, erzählte sie mir später. Jene erwiderten nichts: die Deutschen sind gegen Damen furchtbar höflich, aber von einem männlichen Russen hätten sie es sich wohl nicht gefallen lassen. Ich las damals selbst in unseren Zeitungen, daß bei uns in Petersburg die dortigen Deutschen um jene Zeit in ganzen betrunkenen Rudeln Streit und Schlägereien mit unseren Soldaten anfingen, und das nur aus „Patriotismus".

Übrigens sind jetzt die meisten deutschen Zeitungen voll von wütenden Ausfällen gegen Rußland. Unter Hinweis auf diese Wut der deutschen Presse, welche behauptet, die Russen wollten sich des Orients und der Slawen bemächtigen, um sich, auf diese Weise gestärkt, auf die europäische Zivilisation zu stürzen, bemerkte die Zeitung „Die Stimme" neulich in einem Leitartikel, dieser wütende Chor sei umso merkwürdiger, als er sich, wie absichtlich, gleich nach den freundschaftlichen Zusammenkünften der drei Kaiser erhoben habe, und das sei doch mindestens auffallend. Eine treffende Bemerkung.

III

Die Deutschen und die Arbeit. Unbegreifliche Kunststücke. Vom Scharfsinn

Schon bei meinem ersten Aufenthalt in Ems, vor drei Jahren, und zwar gleich am ersten Tag, interessierte mich ein Umstand, der, sooft ich herkomme, mein Interesse von neuem weckt. Die beiden gebräuchlichsten Quellen in Ems sind neben einigen anderen der Kränchen- und der Kesselbrunnen. Über den Quellen ist ein Bau errichtet, und die Quellen selbst sind vom Publikum durch eine Balustrade getrennt. Hinter dieser Balustrade stehen mehrere Mädchen, je drei bei jeder Quelle, und alle sind freundlich, jung und sauber gekleidet. Man reicht ihnen sein Glas, und sie füllen es sofort mit Wasser. Während der zwei Stunden, die für die Morgenkur bestimmt sind, kommen an dieser Balustrade Tausende von Kranken vorbei; jeder Kranke trinkt während dieser Stunden mehrere Glas, zwei, drei oder vier, soviel ihm eben verordnet sind; dasselbe wiederholt sich bei der Abendkur. So muß jedes der drei Mädchen während dieser zwei Stunden eine ganze Menge von Gläsern füllen und verteilen. Das geschieht aber nicht nur in vollkommener Ordnung, ohne Hast, ruhig, methodisch, so daß man keinen

Augenblick aufgehalten wird. Das Wunderbarste ist, daß jedes dieser Mädchen meiner Ansicht nach ein übernatürliches Gedächtnis haben muß. Man braucht ihr nur einmal, gleich nach der Ankunft, zu sagen: »Das ist mein Glas, ich bekomme soundso viel Unzen Kränchen und soundso viel Milch« – und sie wird sich während der ganzen, einen Monat dauernden Kur dann kein einziges Mal irren. Außerdem kennt sie Sie genau und unterscheidet Sie in der Menge. Das Publikum drängt sich in mehreren Reihen, und alle halten ihre Gläser hin; das Mädchen ergreift sechs und sieben zugleich, füllt sie alle zugleich in etwa einer Viertelminute, ohne zu verschütten, ohne auch nur ein einziges zu zerschlagen, und gibt jedem das richtige zurück. Sie reicht Ihnen selbst Ihr Glas, sie weiß, daß unter tausend Gläsern dieses das Ihrige ist, jenes aber wem anders gehört, und erinnert sich, wieviel Unzen Wasser und wieviel Milch Sie bekommen und wieviel Glas Ihnen vorgeschrieben sind. Niemals kommt nur der geringste Fehler vor; ich habe aufgepaßt und mich erkundigt. Dabei sind es einige Tausend Kurgäste. Möglicherweise ist es die gewöhnlichste Sache und nichts Erstaunliches daran, aber für mich ist es, schon seit Jahren, unfaßbar, und ich sehe es immer noch als ein unbegreifliches Kunststück an. Es ist zwar lächerlich, über alles zu staunen, aber dieses Problem kann ich unmöglich lösen. Man müßte annehmen, daß diesen deutschen Mädchen ein außergewöhnliches Gedächtnis und ein blitzschnelles Auffassungsvermögen eigen seien; vielleicht ist es aber nur Gewöhnung an die Arbeit, Erfassung der Arbeit von der frühesten Kindheit an, sozusagen *ein Sieg über die Arbeit*. Auch was die *eigentliche* Arbeit betrifft, so sieht der aufmerksam beobachtende Russe dort vieles, was er nicht begreifen kann. Ich wohnte einen Monat in einem Hotel (in keinem eigentlichen Hotel; jedes Haus nennt sich hier Hotel, und die meisten dieser Hotels sind, mit Ausnahme einiger ganz großer, einfach Wohnungen mit Bedienung und Verpflegung, je nach Vereinbarung) und mußte über das Dienstmädchen staunen. In meinem Hotel gab es zwölf Wohnungen, und alle waren besetzt, einige sogar von ganzen Familien. Ein jeder läutet, ein jeder will etwas haben; man muß alle bedienen, allen servieren, den ganzen Tag die Treppe hinauf- und herunterlaufen, – und dazu gab es im ganzen Hotel nur ein einziges Mädchen von neunzehn Jahren. Und überdies: sie muß auch für alle und für die Wirtin Besorgungen machen, dem einen Wein zum Mittagessen holen, für den andern in die Apotheke laufen, für den dritten zur Wäscherin, und dann für die Wirtin selbst in den Kaufladen. Die Wirtin ist Witwe und hat drei kleine Kinder; auf diese Kinder muß sie aufpassen, sie bedienen und morgens, bevor sie zur Schule gehen, anziehen. Jeden Sonnabend muß sie im ganzen Hause die Fußböden scheuern, jeden Tag jedes Zimmer aufräumen, jedem Mieter die Bett- und Tischwäsche wechseln und, sobald einer auszieht, sofort, ohne erst den Sonnabend abzuwarten, die ganze frei gewordene Wohnung putzen und scheuern. Das Mädchen kommt erst um halb zwölf Uhr nachts ins Bett, und die Wirtin weckt sie um Punkt fünf mit einer Schelle. Es ist buchstäblich so wie ich sage, ich übertreibe auch nicht ein bißchen. Man bedenke noch, daß sie einen sehr bescheidenen Lohn bekommt, wie er bei uns in Petersburg undenkbar wäre, und daß von ihr außerdem stets saubere Kleidung verlangt wird. Man beachte, daß an ihr nichts Gedrücktes, Erniedrigtes ist: Sie ist lustig, keck, gesund, sieht sehr zufrieden aus und zeigt eine unerschütterliche Ruhe. Nein, bei uns arbeitet man nicht so; bei uns wird sich keine Dienstmagd und für kein Geld zu einem solchen Galeerendienst hergeben; außerdem wird die alles falsch machen, hundertmal vergessen, verschütten, zerschlagen, sich irren, außer sich geraten, „grob werden“; hier konnte ich mich aber den ganzen Monat über nichts beklagen. Mir erscheint das erstaunlich, und ich weiß als Russe gar nicht, ob ich es loben oder tadeln soll. Ich will übrigens wagen, es zu loben, obwohl es auch manches zu denken gibt. Hier hat sich ein jeder mit seiner Lage, so wie sie ist, abgefunden und sich beruhigt, ohne jemand zu beneiden und wohl auch ohne etwas anderes zu ahnen – jedenfalls in den allermeisten Fällen. Aber die Arbeit hat immerhin einen Reiz, die Arbeit, die seit Jahrhunderten ihre endgültige Form angenommen hat, mit den feststehenden Kunstgriffen und Methoden, die jeder fast bei seiner Geburt mitbekommt; darum ist jeder imstande, seine Arbeit ohne weiteres anzupacken und ganz zu *beherrschen.* Hier kennt jeder seine Sache; übrigens kennt jeder nur *seine* Sache. Ich sage das, weil hier alle so arbeiten, nicht nur die Dienstmädchen, sondern auch ihre Wirtinnen.

Sehen Sie sich nur einen deutschen Beamten an, zum Beispiel einen Postbeamten. Jedermann weiß, was ein russischer Beamter ist, besonders einer, der täglich mit dem Publikum zu tun hat: Er ist etwas Böses und Gereiztes, und wenn die Gereiztheit manchmal auch nicht zutage tritt, so kann man sie doch immer im Gesicht lesen. Er ist hochmütig und stolz wie ein Jupiter. Das sieht man besonders bei den allerkleinsten Beamten, zum Beispiel solchen, die dem Publikum Auskünfte erteilen, Geld in Empfang nehmen, Fahrkarten ausfolgen usw. Sehen Sie ihn sich nur an, er ist gerade beschäftigt, ist „bei seiner Tätigkeit": Das Publikum drängt sich in einer Polonaise, ein jeder will möglichst schnell seine Auskunft, Antwort, Quittung, Fahrkarte bekommen. Er aber schenkt ihnen nicht die geringste Beachtung. Endlich kommen Sie dran, Sie stehen vor ihm, Sie sprechen zu ihm – er hört Ihnen gar nicht zu, er sieht Sie nicht an, er hat den Kopf weggewandt und spricht mit einem hinter ihm sitzenden Beamten; er nimmt irgendein Papier in die Hand und sieht etwas nach, obwohl sie den sicheren Verdacht haben, daß er bloß so tut und gar nichts nachzusehen braucht. Sie sind jedoch bereit zu warten, da erhebt er sich und geht weg. Plötzlich schlägt die Uhr, die Amtsstunden sind zu Ende. Publikum, scher dich! Unser Beamter hat im Vergleich mit dem deutschen viel weniger Stunden am Tage zu tun. Grobheit, Unaufmerksamkeit, Mißachtung, *Feindseligkeit* gegen das Publikum, nur weil es das Publikum ist, und vor allem ein kleinliches Jupitertum! Er muß Ihnen unbedingt zeigen, daß Sie von ihm abhängen: »So einer bin ich halt! Wenn ich hier hinter dieser Balustrade sitze, können Sie mir nichts tun; ich aber kann Ihnen alles antun, und wenn Sie böse werden, rufe ich den Diener und lasse Sie entfernen.« Er muß anscheinend an jemand Rache wegen einer Kränkung nehmen, sich an Ihnen wegen seiner Nichtigkeit rächen. Hier in Ems sitzen auf der Post gewöhnlich zwei, höchstens drei Beamte. In gewissen Monaten während der Saison (besonders im Juni und Juli), wenn die Fremden sich zu Tausenden ansammeln, wieviele Briefe laufen da täglich ein, und wieviel hat das Postamt zu tun! Mit einer Unterbrechung von etwa zwei Stunden zum Mittagessen usw. sind sie den ganzen Tag ununterbrochen beschäftigt. Sie müssen die Post in Empfang nehmen und abfertigen, tausend Menschen kommen, um postlagernde Briefe zu holen oder Erkundigungen einzuziehen. So ein Beamter sieht für jeden ganze Stöße von Briefen durch, hört einen jeden an, gibt einem jeden Auskunft und Antwort und macht das alles geduldig, freundlich, höflich, zugleich aber unter Wahrung seiner eigenen Würde. Er wird aus einem Wurm zu einem Menschen, und nicht aus einem Menschen zum Wurm ... Nach meiner Ankunft in Ems wartete ich lange Zeit vergebens und mit Ungeduld auf einen gewissen Brief und erkundigte mich jeden Tag am Schalter für postlagernde Briefe. Wie ich eines Morgens vom Brunnen heimkomme, finde ich diesen Brief auf meinem Tisch liegen. Er war soeben eingelaufen, und der Beamte, der sich meinen Namen gemerkt hatte, aber nicht wußte, wo ich wohnte, hatte eigens für mich die gedruckte Liste durchgesehen, in der die Fremden mit ihren Absteigquartieren verzeichnet sind, und hatte mir den Brief ins Haus geschickt, obwohl er postlagernd adressiert war. Das tat er aber einzig deshalb, weil er tags zuvor, als ich mich nach dem Brief erkundigte, meine große Unruhe bemerkt hatte. Wer von unseren Beamten würde das tun?

Was den Scharfsinn und die Auffassungsgabe der Deutschen betrifft, an die ich anläßlich der deutschen Arbeitsmethode und alles dessen, was ich oben gesagt habe, denken mußte, so gibt es darüber in der Welt mehrere Anschauungen. Die Franzosen, die die Deutschen auch früher niemals mochten, waren stets der Ansicht, die deutsche Denkweise sei etwas schwerfällig, aber nicht stumpf. Sie finden in der deutschen Denkweise die Tendenz, immer und in allen Fällen den geraden Weg zu umgehen, und das fortwährende Bestreben, Mittelglieder zu suchen, aus dem Einheitlichen etwas Zwiefaches, Zweigliederiges zu machen. Wir Russen hatten immer einige Anekdoten über die stumpfe und schwerfällige Auffassungsgabe der Deutschen, obwohl wir ihre Gelehrsamkeit immer aufrichtig verehrten. Die Deutschen haben aber, glaube ich, nur eine allzu starke Eigenart, einen allzu hartnäckigen, an Hochmut grenzenden Nationalcharakter, der einen zuweilen in Erstaunen setzt und empört und daher oft zu falschen Schlüssen über die Deutschen verleitet. Übrigens macht der Deutsche im täglichen Verkehr, besonders auf einen Fremden, der gerade erst nach Deutschland gekommen ist, anfangs wirklich einen sonderbaren Eindruck.

Auf der Reise von Berlin nach Ems blieb der Zug auf einer Station vier Minuten stehen. Es war in der Nacht; ich war vom Sitzen im Wagen müde geworden und wollte mir ein wenig Bewegung machen, in der frischen Luft eine Zigarette rauchen. In allen Coupés schlief man, und aus dem ganzen langen Zug war außer mir niemand ausgestiegen. Da ertönt plötzlich das Glockenzeichen, und ich merke, daß ich in meiner ständigen Zerstreutheit die Nummer des Wagens vergessen, die Türe aber beim Aussteigen zugeschlagen habe. Es blieben mir vielleicht nur noch wenige Sekunden, und ich wollte schon zum Schaffner gehen, der sich am anderen Ende des Zuges befand, als ich plötzlich hörte, wie mich jemand aus einem Coupéfenster rief: »Pst! Pst!« Ich denke mir: da ist endlich mein Wagen! Allerdings pflegen die Deutschen, die in ihren kleinen Coupés höchstens zu acht sitzen, einander unterwegs aufmerksam zu beobachten. Wenn der Zug auf einer größeren Station hält, wo man zu Mittag oder zu Abend essen kann, so vergißt der Deutsche, bevor er aussteigt, nie, seinen eingeschlafenen Nachbarn zu wekken, damit jener sich später nicht ärgere, daß er das Essen verschlafen habe. So glaubte ich, einer meiner Coupégenossen sei aufgewacht, hätte bemerkt, daß ich meinen Platz suche, und riefe mich. Ich ging auf ihn zu, im Fenster zeigte sich ein besorgtes deutsches Gesicht.

»Was suchen Sie?«

»Meinen Wagen. Sitze ich nicht in Ihrem Wagen?«

»Nein, es ist nicht Ihr Wagen, und Sie sitzen nicht hier. Wo ist aber Ihr Wagen?«

»Das ist es eben, daß ich ihn verloren habe!«

»Auch ich weiß nicht, wo Ihr Wagen ist.«

Erst der Schaffner, der im allerletzten Augenblick erschien, zeigte mir meinen Wagen. Nun fragt es sich, wozu hat mich jener Deutsche gerufen und ausgefragt? Wenn Sie aber eine Zeitlang in Deutschland gelebt haben, gewinnen Sie bald die Überzeugung, daß jeder Deutsche genau so ist und genau so handeln wird.

Vor etwa zehn Jahren kam ich nach Dresden und begab mich gleich am nächsten Tag direkt aus dem Hotel zur Gemäldegalerie. Nach dem Weg hatte ich mich nicht erkundigt: Die Dresdener Gemäldegalerie ist in der ganzen Welt so berühmt, daß mir sicher jeder gebildete Dresdener, dem ich begegne, den Weg zeigen können wird, dachte ich mir. Als ich ein Stück gegangen war, fragte ich einen Deutschen von höchst ernstem und gebildetem Aussehen:

»Gestatten Sie die Frage: Wo ist hier die Gemäldegalerie?«

»Die Gemäldegalerie?« Der Deutsche blieb nachdenklich stehen.

»Ja.«

»Die Königliche Gemäldegalerie?« (Er betonte besonders das Wort »Königliche«.)

»Ja.«
»Ich weiß es nicht, wo diese Galerie ist.«
»Gibt es denn hier noch irgendeine andere Galerie?«
»Nein, es gibt keine andere.«

OKTOBER

ERSTES KAPITEL

II

Einige Bemerkungen über Einfachheit und Vereinfachung

Jetzt möchte ich einiges über die Einfachheit im allgemeinen sagen. Mir fiel eine kleine Anekdote ein, die ich vor langer Zeit erlebt habe. Vor etwa dreißig Jahren, in unserer, für manchen Blick „trübsten" und für einen anderen Blick „geradlinigsten" Zeit[29] kam ich an einem Winterabend in eine Lesebibliothek nicht weit von mir in der Mjeschtschánskaja-Straße (so hieß sie damals noch): ich plante damals einen kritischen Aufsatz und brauchte einen bestimmten Roman von Thackeray, um daraus Zitate herauszuschreiben. In der Bibliothek empfing mich ein Fräulein (ein damals junges Fräulein). Ich verlangte den Roman; sie hörte mich mit strenger Miene an.

»Solchen Schund haben wir hier nicht«, sagte sie mir mit unbeschreiblicher Verachtung, die ich, bei Gott, nicht verdiente.

Ich wunderte mich natürlich nicht und begriff die Sache. Damals gab es viele ähnliche Erscheinungen, die irgendwie plötzlich einsetzten und vom Publikum mit Begeisterung aufgenommen wurden. Die Idee war auf die Straße geraten und hatte eine ausgesprochene Straßenform angenommen. Es war die Zeit, wo Puschkin die unangenehmsten Dinge zu hören bekam, und die „Stiefel" verherrlicht wurden.[30] Aber ich versuchte doch mit ihr zu sprechen:

»Halten Sie denn auch Thackeray für Schund?« fragte ich mit der bescheidensten Miene.

»Es ist beschämend genug, daß Sie es noch fragen. Die

früheren Zeiten sind vorbei, heute herrscht eine vernünftige Nachfrage . . .«

Mit dieser Antwort ging ich weg und ließ das Fräulein außerordentlich zufrieden mit dieser mir erteilten Lektion zurück. Aber die Einfachheit der Anschauung setzte mich in Erstaunen, und damals kamen mir auch die ersten Gedanken über die „Einfachheit" im allgemeinen und über unsere russische Neigung zu übereilten Verallgemeinerungen im besonderen. Es ist jedenfalls erstaunlich, wie sehr wir uns mit dem Einfachsten, Kleinsten und Nichtigsten begnügen. Man wird mir darauf einwenden, daß dieser Fall bedeutungslos und lächerlich sei, daß das junge Fräulein eine geistig unentwickelte und, vor allen Dingen, ungebildete Gans gewesen sei, daß es sich gar nicht lohne, auf diese Anekdote zurückzukommen, und daß dieses junge Geschöpf sehr leicht der Meinung gewesen sein könne, alle Menschen in Rußland seien vor ihrem Auftreten Dummköpfe gewesen, und erst jetzt seien plötzlich kluge Menschen aufgekommen, zu denen auch sie gehöre. Das alles weiß ich selbst, ich weiß auch, daß dieses Fräulein überhaupt nichts anderes zu sagen verstand als das von der »vernünftigen Nachfrage« und von Thackeray, was sie übrigens nur anderen nachplapperte, und das war schon ihrem Gesicht anzusehen. Und doch blieb mir diese Erfahrung im Gedächtnis als ein Beispiel, als ein Apolog, fast sogar als ein Emblem. Man sehe sich aufmerksamer die heutigen Urteile an, die heutige »vernünftige Nachfrage« und die heutigen Ansichten, und zwar nicht nur über Thackeray, sondern auch über das ganze russische Volk: was für eine Vereinfachung mitunter! Was für eine Geradlinigkeit, was für eine schnelle Zufriedenheit mit dem Kleinen und Nichtigen aufs erstbeste aufgeschnappte Wort hin, was für ein allgemeines Bestreben, sich schneller zu beruhigen, flink ein Urteil zu fällen, um sich nicht länger um die Sache kümmern zu müssen, und – glauben Sie mir, das wird bei uns noch sehr lange so bleiben. Man beachte nur: Alle glauben jetzt an die Aufrichtigkeit und Wirklichkeit der diesjährigen nationalen Bewegung; nun befriedigt sogar dieser bloße Glaube nicht mehr, man will etwas noch Einfacheres. Eines der Mitglieder einer gewissen Kommission erzählte in meiner Gegenwart, daß es ziemlich viele Briefe mit Fragen wie die folgenden erhalten habe: »Warum spricht man ausdrücklich von den Slawen? Warum helfen wir den Slawen als den Slawen? Hätten sich in der gleichen Lage die Skandinavier befunden, würden wir ihnen dann nicht genau so wie den Slawen helfen?« Mit einem Wort, wozu diese Rubrik von den Slawen (man erinnere sich an die Sorgen wegen der Rubrik von der Glaubenseinheit im „Europäischen Boten"). Auf den ersten Blick könnte man meinen, daß es gar keine Vereinfachung sei, nicht das Bestreben zu vereinfachen, sondern daß man aus diesen Fragen viel Unruhe heraushören könne; die Vereinfachung liegt aber in diesem Fall gerade in dem Bestreben, bis zum „nihil", bis zur „tabula rasa" zu gelangen, sich also doch eine Art Beruhigung zu verschaffen. Denn was ist einfacher und beruhigender als die Null? Man beachte auch, daß man aus diesen Fragen, wenn auch indirekt, die gleiche »vernünftige Nachfrage« und »es ist beschämend genug« heraushören kann.

Es besteht kein Zweifel, daß es unter unseren intelligentesten und sozusagen höheren Menschen sehr viele gibt, denen dieses nationale, stille und bescheidene, aber feste und starke Verhalten des Volkes im höchsten Grade mißfiel, und zwar nicht deshalb, weil sie es etwa nicht verstanden, sondern weil sie es sogar nur zu gut verstanden, so daß es sie sogar etwas stutzig machte. Jedenfalls machen sich jetzt die Anzeichen einer starken Reaktion bemerkbar. Ich spreche nicht von den unsichtbaren Stimmen, die sich auch schon früher vernehmen ließen als ein unwillkürliches Brummen und Protestieren aus den beliebten alten Prinzipien heraus über alte Themata, wie etwa» Man soll sich nicht voreilig von einer immerhin so rohen und ungebildeten Sache hinreißen lassen, wie die der Hilfe für die Slawen als Slawen, weil sie unsere Brüder seien« usw. Nein, ich spreche nicht von diesen vernünftig liberalen Greisen, die die alten Phrasen wiederkauen, sondern von der echten Reaktion gegen die Volksbewegung, die, nach allen Anzeichen zu schließen, sehr bald ihr Haupt erheben wird. Diese Reaktion sucht natürlich unwillkürlich bei den Herren Anschluß, die ihre Anschauung über Rußland schon längst bis zu den letzten Grenzen der Klarheit vereinfacht haben und zu sagen bereit sind: »Man sollte eigentlich diese ganze Erscheinung einfach verbieten, damit nur ja alles in seinem alten Zustand verbleibe.« Man beachte dabei, daß diesen Vereinfachern die »Erscheinung« gar nicht deswegen mißfällt, weil sie zu phantastisch ist, etwa in dem Sinne, daß eine bisher träge, geistlose, einfache Masse sich plötzlich erkühnt, ihre Stimme zu erheben, als wäre sie in der Tat etwas Bewußtes und Lebendiges. Diese Begründung wäre unverständlich: es ist für sie nur einfach kränkend und sonst nichts. Nein, im Gegenteil, diese ganze Erscheinung hat ihnen gerade deswegen mißfallen, weil sie aus einer phantastischen plötzlich zu einer allgemein verständlichen geworden ist: »Wie wagte sie, plötzlich allen verständlich zu sein? Wie wagte sie, eine so vereinfachte und vernünftige Gestalt anzunehmen?« Diese Entrüstung fand eben, wie ich schon sagte, Unterstützung bei unseren intelligenten Greisen, die sich alle Mühe geben, die Erscheinung zu vereinfachen und aus einer vernünftigen zu einer elementaren, ursprünglichen, wenn auch gutmütigen, aber doch ungebildeten und möglicherweise schädlichen zu degradieren. Mit einem Wort, die Reaktion strebt mit aller Kraft und auf allen Wegen zur Vereinfachung .. Dabei schadet diese übertriebene Vereinfachung der Anschauung über manche Erscheinungen oft der eigenen Sache. In manchen Fällen schadet die Einfachheit den Vereinfachern selbst. Die Einfachheit ändert sich nicht, die Einfachheit ist geradlinig und außerdem hochmütig. Die Einfachheit ist eine Feindin der Analyse. Es endet ja sehr oft damit, daß man in seiner Einfachheit aufhört, den Gegenstand zu verstehen, ihn sogar überhaupt nicht sieht, so daß das Gegenteil eintritt, das heißt:

daß die einfache Anschauung ganz von selbst und unwillkürlich zu einer phantastischen wird. Das kommt bei uns gerade von der gegenseitigen, immer stärker werdenden Losgerissenheit des einen Rußland vom anderen. Unsere Losgerissenheit hat eben mit der *Einfachheit der Anschauung des einen Rußland über das andere begonnen.* Angefangen hat es schon vor furchtbar langer Zeit, bekanntlich schon in der petrinischen Periode, als die ungewöhnliche Vereinfachung der Anschauung des höheren Rußland über das völkische Rußland aufkam, und diese Anschauung hat sich bei uns seitdem von Generation zu Generation immer nur noch mehr »vereinfacht«.

III

Zwei Selbstmorde

Neulich hatte ich zufällig Gelegenheit, mit einem unserer Schriftsteller (einem großen Künstler) über die Komik im Leben zu sprechen, und über die Schwierigkeit, diese Erscheinung zu definieren und mit dem richtigen Namen zu benennen. Ich hatte ihm nämlich vorher bemerkt, daß ich, der ich fast vierzig Jahre Gribojédoffs Lustspiel[31] kenne, erst in diesem Jahre eine der grellsten Gestalten dieses Werkes, Moltschálin, richtig verstanden habe, und zwar in dem Moment, als er, dieser Schriftsteller, mit dem ich sprach, mir diesen Moltschalin erklärte, indem er ihn in einer seiner satirischen Skizzen auftreten ließ. (Auf Moltschalin werde ich noch einmal zu sprechen kommen, es ist ein hochwichtiges Thema.)

»Wissen Sie auch«, sagte mir plötzlich mein Gesprächspartner, offensichtlich schon seit langem und tief von seiner eigenen Idee betroffen, »wissen Sie: was Sie auch schreiben, was Sie in einem Kunstwerk auch schildern und betonen – an die Wirklichkeit reichen Sie doch niemals heran. Was Sie auch schildern, es wird immer schwächer geraten, als es in der Wirklichkeit ist. Sie glauben zum Beispiel in einem Werk das Komischste an einer gewissen Lebenserscheinung erreicht und seine groteskeste Seite erfaßt zu haben, – keine Spur! Die Wirklichkeit wird Ihnen sofort eine solche Phase dieser Erscheinung bieten, die Sie niemals vermutet haben, und die alles übertrifft, was Ihre eigene Beobachtungsgabe und Phantasie zu schaffen vermocht hat!«

Das wußte ich schon seit dem Jahre 46, als ich zu schreiben anfing, vielleicht sogar länger, – und diese Tatsache setzte mich oft in Erstaunen und ließ mich an der Nützlichkeit der Kunst angesichts dieser ihrer anscheinenden Schwäche zweifeln. Und in der Tat: Verfolgen Sie nur manche auf den ersten Blick gar nicht besonders grelle Tatsache des wirklichen Lebens, und wenn Sie nur imstande dazu sind und den Blick dafür haben, so werden Sie darin eine Tiefe finden, wie Sie sie bei Shakespeare nicht finden. Aber das ist ja die ganze Frage: *auf wessen Blick, und wer ist dazu imstande!* Denn nicht nur das Schaffen und Schreiben von Kunstwerken, sondern auch das Sehen einer Tatsache erfordert einen Künstler in seiner Art. Für manchen Beobachter verlaufen alle Erscheinungen des Lebens in einer rührenden Einfachheit und sind dermaßen verständlich, daß man gar nicht nachzudenken braucht, und daß es sich auch gar nicht lohnt, sie anzuschauen. Einen anderen Beobachter aber versetzen die gleichen Erscheinungen manchmal in solche Sorge, daß er (was gar nicht selten vorkommt), außerstande, sie zu verallgemeinern, zu vereinfachen und zu einer geraden Linie zu strecken und sich dabei zu beruhigen, zu einer Vereinfachung ganz anderer Art greift und sich *ganz einfach* eine Kugel durch den Kopf schießt, um seinen müdegequälten Geist zugleich mit allen Fragen auszulöschen. Das sind nur zwei Gegensätze, aber zwischen ihnen liegt die ganze vorhandene menschliche Erkenntnis. Natürlich werden wir die ganze Erscheinung niemals erschöpfen und ihren Anfang und ihr Ende niemals erreichen können. Uns ist nur das Sichtbare und Augenblickliche bekannt, und auch das nur ganz flüchtig, aber die Anfänge und Enden sind für den Menschen noch immer phantastisch.

Einer meiner verehrten Korrespondenten hat mir übrigens schon im Sommer von einem seltsamen und unaufgeklärten Selbstmord geschrieben, und ich hatte immer die Absicht, darüber zu sprechen. In diesem Selbstmord ist alles, von innen wie von außen gesehen, ein Rätsel. Wie es der menschlichen Natur einmal eigen ist, habe ich natürlich versucht, dieses Rätsel zu lösen, um dabei irgendwie – stehen zu bleiben und mich zu beruhigen. Die Selbstmörderin ist ein junges Mädchen von dreiundzwanzig Jahren, die Tochter eines allzu bekannten russischen Emigranten, im Ausland geboren, eine Russin von Geblüt, aber fast keine Russin ihrer Erziehung nach. Die Zeitungen haben, glaube ich, den Fall seinerzeit flüchtig erwähnt, aber die Details sind sehr interessant:

„Sie tränkte Watte mit Chloroform, band sie sich aufs Gesicht und legte sich aufs Bett ... So starb sie auch. Vor dem Tode schrieb sie folgenden Zettel:

‚Je m'en vais entreprendre un long voyage. Si cela ne réussit pas qu'on se rassemble pour fêter ma ressurection avec du Cliquot. *Si cela reussit,* je prie qu'on ne me laisse enterrer que tout à fait morte, puisqu'il est tres désagreable de se réveiller dans un cercueuil sous terre. *Ce n'est pas chic.*'"

In diesem häßlichen und rohen „schick" klingt meiner Meinung nach eine Herausforderung durch, vielleicht sogar eine Entrüstung und ein Haß – aber gegen wen? Die einfach rohen Naturen vernichten sich mittels Selbstmord nur aus materiellen, sichtbaren, äußeren Ursachen; aber aus dem Ton des Zettels kann man schließen, daß bei ihr eine solche Ursache nicht vorlag. Worüber kann sie sich denn so entrüstet haben? ... über die Einfachheit des sich ihr Bietenden, über die Inhaltslosigkeit des Lebens? Gehörte sie zu den allzu bekannten Richtern und Verneinern des Lebens, die sich über die „Dummheit" der Erscheinung des Menschen auf Erden empören, über die sinnlose Zufälligkeit dieser Erscheinung, über die Tyrannei der blinden Ursache, mit der man sich nicht versöhnen kann? Hier spricht eine Seele, die sich gegen die „Geradlinigkeit" der Erscheinungen empört, die diese ihr schon in der Kindheit, im Hause ihres Vaters mitgeteilte Geradlinigkeit nicht ertragen hat. Am häßlichsten ist dabei, daß sie natürlich ohne einen einigermaßen bewußten Zweifel gestorben ist. Wahrscheinlich waren in ihrer Seele gar keine bewußten Zweifel, keine sogenannten Fragen; dies alles hatte man sie schon in ihrer Kindheit gelehrt und sie hat alles aufs Wort geglaubt; das wird wohl das Wahrscheinlichste sein. Sie ist also einfach „vor kalter Finsternis und Langeweile" gestorben, an einer Qual, die sozusagen animalisch und unter der Schwelle des Bewußtseins blieb, als hätte sie nicht genug Luft zum Atmen gehabt. Ein seelischer Erstickungstod. Ihre Seele hat die Geradlinigkeit unbewußt nicht ertragen und ebenso unbewußt nach etwas Kompliziertem verlangt ...

Vor etwa einem Monat erschien in allen Petersburger Zeitungen eine Notiz von einigen kurzen Zeilen in kleiner Schrift über einen Petersburger Selbstmord: Ein armes junges Mädchen, eine Näherin, hatte sich aus dem Fenster im vierten Stock gestürzt, „weil es ihr auf keine Weise gelang, Arbeit zu finden, um existieren zu können". Dem wurde noch hinzugefügt: „Sie stürzte sich aus dem Fenster, *ein Heiligenbild in den Armen haltend.*" Dieses Heiligenbild in den Armen ist ein sonderbares und bei Selbstmorden unerhörtes Detail! Das ist schon ein seltsam sanfter und demütiger Selbstmord. Es scheint hier sogar kein Murren und keinen Vorwurf gegeben zu haben: es war ihr einfach unmöglich geworden zu leben. »Gott hat es nicht gewollt«, und sie starb, nachdem sie gebetet hatte. An manche Dinge, wie *einfach* sie äußerlich auch erscheinen, muß man lange noch denken, sie schweben einem immer vor, und man fühlt sich für sie verantwortlich. Diese sanfte Seele, die sich vernichtet hat, sie peinigt unwillkürlich unser Denken. Dieser Tod brachte mir den schon im Sommer gemeldeten Selbstmord der Tochter des Emigranten in Erinnerung. Aber wie verschieden sind doch diese beiden Geschöpfe, als kämen sie von zwei verschiedenen Planeten! Und wie verschieden sind die beiden Tode! Welche von diesen beiden Seelen mag sich aber auf Erden mehr gequält haben, wenn eine so müßige Frage nur statthaft und geziemend ist?

IV

Ein Todesurteil

Aus diesem Anlaß bringe ich hier die Betrachtungen eines Selbstmörders, der sich *aus Langeweile* das Leben genommen hat, natürlich eines Materialisten.

»... In der Tat: welch ein Recht hatte diese Natur, mich in die Welt zu setzen, etwa infolge irgendwelcher ihrer ewigen Naturgesetze? Ich bin mit Erkenntnisfähigkeit erschaffen und habe diese Natur *erkannt:* Welches Recht hatte sie, mich ohne meinen Wunsch und Willen erkenntnisfähig zu erschaffen? Erkennend, folglich leidend, ich aber will nicht leiden – denn warum sollte ich einwilligen zu leiden? Die Natur spricht zu mir durch meine Erkenntnis von irgendeiner Harmonie des Ganzen. Die menschliche Erkenntnis hat aus dieser Verkündung unzählige Religionen gemacht. Sie sagt mir, daß ich – obschon ich genau weiß, daß ich an der „Harmonie des Ganzen“ nicht mitwirken kann und auch niemals mitwirken werde, ja überhaupt nicht begreifen werde, was sie denn nun eigentlich ist und bedeutet –, sagt mir, daß ich mich aber dennoch dieser Verkündung unterwerfen, mich bescheiden, das Leid im Hinblick auf die Harmonie des Ganzen auf mich nehmen und zu leben einwilligen soll. Wenn man dagegen selbst und bewußt wählen könnte, so würde ich doch selbstverständlich lieber nur in dem kurzen Augenblick, den mein Leben währt, das heißt, solange *ich* existiere, glücklich sein wollen, da doch das Ganze und seine Harmonie mich absolut nichts angehen, sobald ich aufhöre zu sein – gleichviel ob dieses Ganze nach meinem Tode mit seiner Harmonie erhalten bleibt oder ob es gleichzeitig mit mir zu existieren aufhört. Und wozu sollte ich mich so um seine Erhaltung nach meinem Tode sorgen? – das ist die Frage! Da wäre es doch besser, ich wäre wie alle Tiere erschaffen, das heißt als lebendes Geschöpf, jedoch ohne vernunftgemäße Erkenntnis; – gerade meine Erkenntnis ist ja nicht Harmonie, sondern ist Disharmonie, denn ich bin mit ihr unglücklich. Man betrachte nur einmal daraufhin die Menschen: wer ist denn glücklich in der Welt und was für Leute sind es denn, die *widerspruchslos* leben? – Gerade diejenigen, die den Tieren gleichen, die infolge der geringen Entwicklung ihres Bewußtseins dem Tier am nächsten stehen. Die sind gern einverstanden mit dem Leben, aber gerade unter der Bedingung, wie Tiere zu leben, nämlich fürs Essen, Trinken, Schlafen, Nesterbauen und Kinder-in-die-Welt-Setzen. Essen, Trinken und Schlafen nach Menschenart heißt im allgemeinen erwerben und rauben, ein Nest einrichten aber schon vorwiegend rauben. Man wird vielleicht einwenden, daß man sein Nest auch auf vernünftigen, wissenschaftlich einwandfreien sozialen Prinzipien aufbauen könne und durchaus nicht zu rauben brauche, wie es bisher der Fall war. Möglich, aber ich frage: Wozu? Wozu erwerben und bauen und sich soviel Mühe geben, um sich in der Gesellschaft der Menschen richtig, um sich vernünftig und sittlich, kurz – gerecht einzurichten? Darauf vermag mir natürlich niemand eine Antwort zu geben. Alles, was man mir darauf wohl antworten könnte, wäre: „um sich Genuß zu verschaffen". Ja, wenn ich eine Blume oder eine Kuh wäre, dann gäbe es für mich vielleicht auch einen Genuß. Indem ich mir aber, wie jetzt, unaufhörlich Fragen vorlege, kann ich nicht glücklich sein, nicht einmal im höchsten und *unmittelbarsten* Glück der Liebe zum Nächsten und der Liebe der Menschheit zu mir, denn ich weiß, daß morgen schon dies alles nicht mehr sein wird, sowohl ich wie dieses ganze Glück und die ganze Liebe und die ganze Menschheit, – daß wir uns in ein Nichts verwandeln werden oder wieder in das anfängliche Chaos. Unter einer solchen Bedingung aber kann ich keinerlei Glück annehmen, um keinen Preis, – nicht aus Unlust, es anzunehmen, nicht aus Eigensinn um eines Prinzips willen, sondern einfach deshalb, weil ich weder glücklich sein kann noch sein werde, solange ich weiß, daß mich morgen das Nichtsein erwartet. Das ist eine Gefühlssache, ein ganz unmittelbares Gefühl, das ich nicht bewältigen kann. Nun gut, wenn ich allein sterben, und wenn dafür die Menschheit an meiner Statt ewig weiterleben würde, dann wäre ich vielleicht immerhin getröstet. Aber unser Planet ist doch nicht ewig, und die Lebensdauer der ganzen Menschheit ist im Verhältnis zur Ewigkeit genau solch ein Augenblick wie mein Einzelleben. Und wie vernünftig, wie herrlich, wie gerecht und heilig die Menschheit auf Erden sich auch immer einrichtete – es wird morgen doch alles dieselbe Null sein. Und wenn das auch alles da aus irgendeinem Grunde notwendig ist, infolge irgendwelcher allmächtiger, ewiger und toter Naturgesetze, so ist doch, glauben Sie mir, in diesen Gedanken eine gewisse allertiefste Nichtachtung der Menschheit enthalten, die für mich tief beleidigend und um so unerträglicher ist, als es hier keinen Schuldigen gibt.

Und schließlich, wenn man dieses Märchen von der endlich mal nach vernünftigen und wissenschaftlichen Grundsätzen eingerichteten Menschheit auf Erden als möglich annimmt und an seine dereinstige Verwirklichung glaubt, also an das zukünftige Menschenglück auf Erden glaubt, so ist doch schon der bloße Gedanke, daß die Natur infolge irgendwelcher ihrer trägen Gesetze es nötig hatte, den Menschen Jahrtausende lang zu quälen, bevor sie ihn zu diesem Glück brachte, unerträglich und empörend. Jetzt füge man noch hinzu, daß dieselbe Natur, die dem Menschen endlich einmal ein Glück gewährt, all das morgen schon aus irgendeinem Grunde in eine Null verwandeln muß, ungeachtet aller Leiden, mit denen die Menschheit für dieses Glück gezahlt hat, und ohne mir und meiner Erkenntnis das zu verbergen, wie sie es einer Kuh verbirgt, – so kommt einem unwillkürlich ein überaus komischer, aber auch unerträglich trauriger Gedanke: ‚Nun, wie aber, wenn der Mensch nur so als ein unverschämter Versuch in die Welt gesetzt worden ist, nur um zu sehen, ob sich ein solches Geschöpf auf der Erde wird einleben können oder nicht?' Das Traurige dieses Gedankens besteht hauptsächlich darin, daß es wiederum keinen Schuldigen gibt, es ist niemand da, der den Versuch anstellt, somit kann man niemanden verfluchen, denn es ist alles infolge toter Naturgesetze entstanden, die für mich vollkommen unbegreiflich sind und mit denen sich meine Erkenntnis unter keinen Umständen abfinden kann. Ergo:

Da ich von der Natur auf meine Fragen nach dem Glück durch meine eigene Erkenntnis nur die Antwort erhalte, daß ich nicht anders als einzig in der Harmonie des Ganzen glücklich sein könne, ich aber diese Harmonie nicht verstehe und offenbar niemals zu verstehen imstande sein werde, –

da die Natur mir nicht nur nicht das Recht abspricht, von ihr Rechenschaft zu fordern, sondern mir sogar überhaupt nicht antwortet, – und das nicht deshalb, weil sie etwa nicht antworten will, sondern deshalb, weil sie auch gar nicht antworten kann, –

da ich mich überzeugt habe, daß die Natur mir zum Beantworten meiner Fragen *mich selber* bestimmt hat (mir unbewußt), und mir auf meine Fragen durch meine eigene Erkenntnis antwortet (denn ich sage mir das doch alles selbst), –

da ich schließlich bei einer solchen Einrichtung die Rolle sowohl des Klägers wie des Beklagten, des Richters wie des Angeklagten gleichzeitig auf mich nehme, diese Komödie aber von seiten der Natur so dumm finde und diese Komödie zu ertragen meinerseits sogar für erniedrigend halte, –

so verurteile ich in meiner fraglosen Eigenschaft als Kläger und Beklagter, als Richter und Angeklagter diese Natur, die mich so rücksichtslos und unverschämt zum Leiden erschaffen hat, zugleich mit mir zur Vernichtung ... Da ich aber die Natur nicht vernichten kann, so vernichte ich mich allein, einzig weil es mich langweilt, eine Tyrannei zu ertragen, bei der es keinen Schuldigen gibt.« N.N.

DEZEMBER

ERSTES KAPITEL

II
Verspätete Moral

Die Oktober-Nummer meines „Tagebuch“ hat mir auch außerdem Scherereien gemacht. Ich veröffentlichte dort einen kleinen Artikel „Ein Todesurteil“, der auch in mir selbst gewisse Zweifel hinterlassen hat. Dieses „Todesurteil“ ist die Beichte eines Selbstmörders, sein letztes Wort vor dem Tode, das er selbst zur Rechtfertigung seiner Tat und vielleicht auch zur Belehrung unmittelbar vor dem Griff nach dem Revolver geschrieben hat. Einige meiner Freunde, deren Kritik ich sehr schätze, äußerten sich sogar sehr beifällig über diese kleine Skizze, bestätigten aber auch meine Bedenken. Sie lobten daran, daß hier tatsächlich gleichsam die Formel für die Selbstmörder dieser Art gefunden und klar das Wesentliche ausgedrückt sei, zweifelten aber, ob auch die Absicht des kleinen Artikels von allen und jedem der Leser richtig verstanden werden würde? Ob man nicht eher das Gegenteil aus ihm herauslesen könne? Ja, ob nicht diejenigen, die schon vorher an einen Revolver oder eine Schlinge gedacht hatten, nach der Lektüre meines Artikels sich nicht versucht fühlen könnten, ihren unseligen Vorsatz nun erst recht auszuführen? Kurzum: es wurden wortwörtlich dieselben Zweifel geäußert, die auch mir selbst schon gekommen waren. Folglich hätte ich am Ende des Artikels klar und deutlich den von mir beabsichtigten Zweck erläutern, ihm also eine Moral anhängen sollen.

Ich gab ihnen recht; auch ich hatte das schon während des Schreibens befürchtet, aber ich schämte mich, offen gestanden, selbst beim einfältigsten der Leser so viel Naivität vorauszusetzen, daß er nicht von selbst die Absicht des Artikels, seinen Sinn und seine Moral durchschauen könne. Für mich war der Zweck so klar, daß ich unwillkürlich annahm, er müsse auch für jeden anderen ebenso klar sein. Es stellte sich aber heraus, daß ich mich geirrt habe ...

Kaum war diese Oktober-Nummer des „Tagebuchs" erschienen, als mich briefliche und mündliche Anfragen zu überfluten begannen: Was bedeutet denn Ihr „Todesurteil"? Was wollen Sie damit sagen, und ist es denn möglich, daß Sie den Selbstmord verteidigen? Manche aber, so schien mir, waren sogar über irgend etwas froh. Und nun erhielt ich dieser Tage noch von einem Autor, einem Herrn Enpe, einen kleinen, höflich schmähenden Artikel zugesandt, den er in Moskau in der Wochenschrift „Die Unterhaltung" veröffentlicht hat. Ich bin auf dieses Blatt nicht abonniert und ich glaube nicht, daß sein Herausgeber mir diese Nummer zugeschickt hat; deshalb schreibe ich diese Zusendung der Liebenswürdigkeit des Autors selbst zu. Er verurteilt meinen Artikel und macht sich über ihn lustig:

»Ich erhielt das Oktoberheft des „Tagebuchs eines Schriftstellers", las es durch und wurde nachdenklich; es stehen in diesem Heft viele gute, aber auch viele *sonderbare* Dinge. Wir wollen unser Befremden in der knappsten Form zum Ausdruck bringen. Wozu hat man in diesem Heft zum Beispiel die Betrachtungen eines Selbstmörders aus Langeweile gebracht? Ich verstehe absolut nicht, wozu. Diese Betrachtungen, wenn man das Fieberdelirium eines halbverrückten Menschen überhaupt so nennen darf, sind längst bekannt; selbstverständlich in einer etwas abweichenden Phraseologie, und zwar allen jenen, *denen es obliegt, hierin und hierüber Bescheid zu wissen,* und deshalb stellt das Erscheinen dieses Artikels *in unserer Zeit* im Tagebuch eines solchen Schriftstellers wie F. M. Dostojewski einen lächerlichen und erbarmungswürdigen Anachronismus dar. Wir leben jetzt in einem

Zeitalter *gußeiserner Begriffe*, im Zeitalter positiver Ansichten, im Zeitalter, das eine Fahne hochhält, auf der geschrieben steht: „Leben um jeden Preis!" Natürlich gibt es auch hier, wie in allem und überall, auch Ausnahmen, es gibt Selbstmorde *mit Betrachtungen und ohne Betrachtungen*, nur daß diesem billigen Heldentum heutzutage niemand mehr Beachtung schenkt; dazu ist es denn doch schon gar zu dumm! Es hat eine Zeit gegeben, wo der Selbstmord, namentlich einer *mit Betrachtungen*, auf die Stufe der höchsten „Erkenntnis" erhoben wurde – nur blieb unbekannt, wessen Erkenntnis – und auf die Stufe eines Heldentums, von dem auch niemand wußte, worin es bestand, aber diese *faule* Zeit ist jetzt vorbei, unwiderruflich vorbei, und Gott sei Dank dafür, daß sie vorbei ist, denn da ist nichts zu bedauern.

Jeder Selbstmörder, der mit solchen Betrachtungen, wie sie im „Tagebuch" des Herrn Dostojewski abgedruckt sind, in den Tod geht, verdient doch wohl nicht das geringste Mitleid; das ist ein roher Egoist, eitel und das schädlichste Glied einer menschlichen Gesellschaft. Er kann seine dumme Tat nicht einmal begehen, ohne von sich reden zu machen; er kann auch hier seiner Rolle, seinem geheuchelten Charakter nicht treubleiben: er schreibt noch eine *Betrachtung*, obschon er leicht auch ohne Betrachtung hätte sterben können ...

Oh, diese Falstaffs des Lebens!

Diese Ritter auf Stelzen ...«

Als ich das gelesen hatte, verlor ich nahezu allen Mut. Mein Gott, habe ich denn viele solcher Leser, und denkt denn Herr Enpe im Ernst, wenn er behauptet, mein Selbstmörder verdiene keinerlei Mitleid, ich hätte ihn dargestellt, damit er von ihm bemitleidet werde? Die Ansicht eines einzelnen Herrn Enpe wäre gewiß nicht so wichtig. Die Sache ist aber die, daß Herr Enpe in diesem Fall zweifellos einen ganzen Typ verkörpert, eine ganze Kollektion solcher Herren Enpe, die Herren der »gußeisernen Begriffe«, von denen er in seinem Artikel spricht, die Unverfrorenen und Geradlinigen. Dieser mein Verdacht, daß eine ganze Schar Gleichgesinnter hinter ihm steht, ist, weiß Gott, sogar schrecklich. Oder nehme ich es vielleicht doch zu sehr zu Herzen? Aber ich will es doch offen aussprechen: Trotz meiner Empfindlichkeit würde ich auch einer ganzen Kollektion nicht antworten, nicht aus Mißachtung (warum soll man nicht mit Menschen reden?), sondern weil ich einfach wenig Raum in dieser Nummer habe. Wenn ich also jetzt trotzdem antworte und den Raum dazu opfere, so tue ich es, um sozusagen meine eigenen Zweifel zu beantworten und mit mir selbst zu sprechen. Ich sehe ein, daß ich an meinen Oktober-Artikel unverzüglich eine Moral anhängen und seinen Zweck erklären und sogar durchkauen muß. Wenigstens wird dann mein Gewissen beruhigt sein, und das ist auch was wert.

III

Unbegründete Behauptungen

Mein Artikel „Ein Todesurteil" befaßt sich mit der grundlegenden und zugleich höchsten Idee des menschlichen Daseins: mit der Notwendigkeit und Unentbehrlichkeit der Überzeugung von der Unsterblichkeit der Menschenseele. Die Unterlage dieser Beichte eines Selbstmörders, der durch „logischen Selbstmord" umkommt, sollte die unmittelbare, sofortige Schlußfolgerung sein: daß das Dasein des Menschen ohne Glauben an seine Seele und ihre Unsterblichkeit unnatürlich, undenkbar und unerträglich sei. Und da schien es mir, daß ich die Formel des logischen Selbstmörders gefunden und klar ausgedrückt hatte.

Der Glaube an die Unsterblichkeit existiert für diesen Selbstmörder nicht, was er gleich zu Anfang vorausschickt. Das Nachdenken über die Zwecklosigkeit seines Lebens und die Empörung über die Stummheit des ihn umgebenden Weltalls führen ihn allmählich zur unvermeidlichen Überzeugung von der vollständigen Sinnlosigkeit des menschlichen Daseins auf Erden. Es wird für ihn hiernach sonnenklar, daß nur solche Menschen, die den niederen Tieren am ähnlichsten sind, infolge der geringen Entwicklung ihres Bewußtseins und der großen Entwicklung ihrer rein physischen Bedürfnisse, *einwilligen* können, dieses Leben so hinzunehmen. Sie sind einverstanden, ebenso wie die Tiere zu leben, das heißt, um »zu essen, zu trinken, zu schlafen, ihr Nest zu bauen und Kinder aufzuziehen«. Oh, das Fressen und Schlafen und Schmutzen und Im-Warmen-Sitzen wird für den Menschen auf Erden noch lange die nötige Anziehungskraft haben, aber nicht für seine höheren Typen. Dabei sind es gerade diese höheren und höchsten Typen, die auf Erden herrschen und immer geherrscht haben, und alles hat immer damit geendet, daß, wenn die Zeit erfüllt war, die Millionen der anderen Menschen ihnen folgten. Was ist das nun, dieses höhere Wort, dieser höhere Gedanke? Dieses Wort, dieser Gedanke (ohne die das Leben der Menschheit nicht denkbar ist) wird sehr oft von ganz armen, unauffälligen, bedeutungslosen und sehr oft sogar von verfolgten und unter Verfolgungen unbekannt Sterbenden zum erstenmal ausgesprochen. Aber der Gedanke selbst, das von ihnen einmal ausgesprochene Wort – die sterben nicht mit ihnen, die verschwinden niemals spurlos und können auch gar nicht verschwinden, sobald sie einmal ausgesprochen worden sind. Und das ist fast das Erstaunlichste an der Menschheit. Schon in der nächsten Generation oder in zwei, in drei Jahrzehnten hat der Gedanke des Genies alle und alles erfaßt, reißt alles mit sich fort – und das Ergebnis ist, daß nicht die Millionen von Menschen und nicht die anscheinend so unerschütterlichen und mächtigen materiellen Kräfte, nicht das Geld, nicht das Schwert, nicht die Gewalt, sondern der anfangs so unbeachtete Gedanke irgendeines äußerlich oft ganz unansehnlichen Menschen bleibt und herrscht.

Herr Enpe schreibt in seiner Kritik, die Veröffentlichung einer solchen »Beichte« in meinem Tagebuch sei ein »lächerlicher und bedauernswerter Anachronismus« ... denn heute lebten wir »im Jahrhundert der gußeisernen Begriffe, im Jahrhundert der positiven Anschauungen, in einem Jahrhundert, dessen Parole lautet: „Leben um jeden Preis"!« ... (Soso! Das ist dann wohl auch der Grund, weshalb heutzutage die Selbstmorde unter den Intelligenten so zugenommen haben.) Ich kann aber dem verehrten Herrn Enpe und allen seinesgleichen versichern, daß dieses »Gußeisen« sich vor mancher Idee, wie belanglos diese den Herren der »gußeisernen Begriffe« anfangs auch erscheinen mag, wenn die Zeit kommt, in Flaum verwandeln wird. Für mich persönlich besteht aber eine der größten Befürchtungen für unsere Zukunft, und zwar schon für unsere nächste Zukunft, in der Tatsache, daß einer besonderen, seltsamen ... sagen wir meinethalben: Vorherbestimmung zufolge in einem großen, allzu großen Teil der russischen Intelligenz sich vollständiger Nichtglaube an die eigene Seele und ihre Unsterblichkeit zu verbreiten scheint, und zwar, wie mich dünkt, mit einer fortschreitend zunehmenden Schnelligkeit. Und überdies breitet sich dieser Nichtglaube bei uns nicht aus (Überzeugungen sind bei uns in allen Dingen noch wenig vorhanden), er äußert sich vielmehr, und zwar schon heute, in einem gewissen Indifferentismus zu der höchsten Idee des menschlichen Daseins, – in einem (bisweilen fast spöttischen und weiß Gott woher und nach welchen Gesetzen sich bei uns entwickelnden) Indifferentismus nicht nur zu dieser Idee, sondern überhaupt zu allem, was Leben heißt, zur ganzen Lebenswahrheit, zu allem, was Leben gibt und nährt, was das Leben gesund erhält und der Fäulnis und Auflösung entgegenwirkt. Dieser Indifferentismus ist in unserer Zeit fast zu einer russischen Besonderheit geworden, wenigstens im Vergleich mit den anderen europäischen Nationen. Er ist längst in die Familien der russischen Intelligenz eingedrungen und hat sie fast schon zerstört. Ohne eine höhere Idee aber kann weder ein Mensch noch eine Nation in der Welt bestehen. Auf Erden jedoch gibt es *nur eine* höhere Idee, und die ist: die Idee der Unsterblichkeit der Menschenseele, denn die übrigen höheren Lebensideen haben alle ihren Ursprung *nur in dieser einen Idee.* Hierüber kann man mit mir streiten (das heißt: über diese Einheit der Quelle alles Höheren auf Erden), doch ich übergehe das vorläufig und spreche meine Idee aus, ohne sie zu begründen. In kurzen Worten läßt sich nicht alles sagen, nach und nach kann man es besser erklären. Wir haben ja noch Zeit vor uns.

Mein Selbstmörder nun ist ein leidenschaftlicher Verfechter seiner Idee, also der Notwendigkeit des Selbstmords, und nicht etwa ein indifferenter, nicht etwa ein »gußeiserner« Herr. Er leidet, er quält sich tatsächlich, und wie mir scheint, habe ich das unmißverständlich ausgedrückt. Es ist für ihn nur zu ersichtlich, daß er nicht leben kann, und er weiß nur zu gut, daß er recht hat und daß es unmöglich ist, ihn zu widerlegen. Vor ihm stehen unabwendbar die höchsten, die ersten Fragen: Wozu soll der Mensch noch leben, wenn er bereits erkannt hat, daß tierisch zu leben für einen Menschen widerlich, unnatürlich und unzureichend ist? Was könnte ihn in solchem Fall noch an die Erde fesseln? – Auf diese Fragen kann er keine Antwort erhalten, und das weiß er, denn wenn er auch erkannt hat, daß es, wie er sich ausdrückt, „eine Harmonie des Ganzen“ gibt, so sagt er sich doch, daß er sie nicht verstehen kann und niemals imstande sein wird, sie zu verstehen, und daß er nie an ihr teilnehmen werde. Gerade diese Klarheit ist es, die ihn umbringt. Wo liegt nun der Fehler, worin hat er sich geirrt? Der Fehler, meine ich, liegt einzig in dem Verlust des Glaubens an die Unsterblichkeit.

Doch er sucht ja selbst glühend (das heißt: er suchte, als er noch lebte, und suchte unter Schmerzen) die Versöhnung. Er wollte sie in der Liebe zur Menschheit finden. Wenn nicht ich, so könnte doch die Menschheit glücklich sein und irgendeinmal die Harmonie erreichen: dieser Gedanke könnte mich auf Erden zurückhalten, sagt er, und verrät sich damit. Denn dies ist doch wohl kein kleinlicher Gedanke, sondern verrät

Großmut und Opferbereitschaft. Aber die unwiderlegbare Überzeugung, daß das Leben der ganzen Menschheit im Grunde genau solch ein Augenblick ist wie sein eigenes, und daß schon am nächsten Tage nach dem Eintritt der „Harmonie" (wenn man an die Möglichkeit der Verwirklichung dieses Traumes überhaupt glaubt) die Menschheit sich genau so wie er in ein Nichts auflösen werde, kraft träger Naturgesetze, und noch dazu nach soviel Leid und Qual, die die Menschheit zur Verwirklichung dieses Traumes ausgestanden hat – dieser Gedanke bringt ihn um die letzte Versöhnungsmöglichkeit. Denn sein Geist empört sich dagegen, empört sich gerade aus Liebe zur Menschheit. Er fühlt sich stellvertretend für die ganze Menschheit gekränkt, und dem Gesetz der Reflexion der Ideen zufolge, tötet das in ihm diese seine Liebe zur Menschheit. So geschieht es in Familien, die vor dem Hungertode stehn, daß die Eltern ihre Kinder, diese von ihnen am meisten geliebten Wesen, zu hassen anfangen, wenn die Qual dieser Kinder zu unerträglich wird, eben wegen der *Unerträglichkeit* ihrer Qualen. Ja, ich behaupte sogar, daß die Erkenntnis ihrer vollkommenen Machtlosigkeit, ihrer Unfähigkeit, der leidenden Menschheit zu helfen, ihre Schmerzen, wenn auch nur ein wenig, zu lindern, während sie doch gleichzeitig von ihren Leiden überzeugt sind, *im Herzen der Menschen die Liebe zur Menschheit in Haß gegen die Menschheit verwandeln kann.* Die Herren der »gußeisernen Begriffe« werden das natürlich nicht glauben und natürlich auch gar nicht verstehen: für sie ist die Liebe zur Menschheit und deren Glück etwas Wohlfeiles; da ist alles so billig und so bequem eingerichtet, so althergebracht, schon zu Urväterzeiten eingeführt und niedergeschrieben, daß es sich ihrer Meinung nach überhaupt nicht lohnt, darüber besonders nachzudenken. Doch ich hätte Lust, diese Herren noch ein wenig zu erheitern: daher behaupte ich denn (*vorläufig* wieder ohne zu begründen), daß die Liebe zur Menschheit sogar vollkommen undenkbar, unverständlich und *unmöglich ist ohne den Glauben an die Unsterblichkeit der Men-*

schenseele. Diejenigen aber, die dem Menschen den Glauben an seine Unsterblichkeit nehmen und diesen Glauben durch die „Liebe zur Menschheit" – im Sinne eines höheren Lebenszweckes – ersetzen wollen, die, sage ich, legen Hand an sich selbst; denn anstatt der Liebe zur Menschheit pflanzen sie in das Herz dessen, der den Glauben verloren hat, nur den Keim des Menschen-Hasses gegen die Menschheit. Mögen die Weisen der gußeisernen Ideen über meine Behauptung meinetwegen die Achsel zucken! Dieser Gedanke ist weiser als ihre Weisheit, und ich glaube, ohne zu zweifeln, daß er in der Menschheit einmal zu einem Axiom werden wird, obschon ich auch dieses vorläufig ohne Begründung ausspreche.

Ja, ich behaupte sogar und wage es auszusprechen: daß die Liebe zur Menschheit im *allgemeinen* und *als Idee* eine der für den Menschenverstand unfaßbarsten Ideen ist. Gerade *als Idee.* Nur das Gefühl allein kann sie rechtfertigen. Doch dieses Gefühl ist eben nur mit der gleichzeitigen Überzeugung von der Unsterblichkeit der Menschenseele möglich. (Auch dies ohne Begründungen.)

Das Ergebnis ist klar: daß der Selbstmord nach dem Verlust der Unsterblichkeitsidee zur unvermeidlichen, bedingungslosen Notwendigkeit für jeden Menschen wird, der in seiner Entwicklung auch nur ein wenig über dem Tier steht. Die Unsterblichkeit dagegen, die ein ewiges Leben verheißt, verbindet den Menschen um so mehr, um so fester mit der Erde. Hierin liegt scheinbar ein Widerspruch: Wenn das Leben so lang ist, wenn es außer dem Leben hier auf Erden noch ein ewiges gibt, weshalb sollte einem dann dies Erdenleben noch so teuer sein? In Wirklichkeit aber ist es gerade umgekehrt: Nur durch den Glauben an seine Unsterblichkeit erfaßt der Mensch seinen vernünftigen Zweck auf Erden. Ohne Überzeugung von seiner Unsterblichkeit lösen sich die den Menschen mit der Erde verbindenden Fäden, sie werden dünner und fangen an zu faulen, und der Verlust eines höheren Lebenssinnes (mag dieser sich auch nur in der Form eines ganz unbewußten Kummers äußern) zieht zweifellos den Selbstmord nach sich. Hieraus folgt umgekehrt die Moral meines Aufsatzes: Wenn die Überzeugung von der Unsterblichkeit für das Menschenleben so unentbehrlich ist, so ist sie folglich auch der normale Zustand der Menschheit ... Wenn dem aber so ist, dann muß diese Unsterblichkeit der Menschenseele *zweifellos auch vorhanden sein.*

Mit einem Wort, die Unsterblichkeitsidee ist das Leben selbst, das lebendige Leben, seine endgültige Formel und der Hauptquell der Wahrheit und der richtigen Erkenntnis für die Menschheit. Das ist der Sinn meines Aufsatzes, und ich nahm an, daß ein jeder, der ihn liest, sich über diesen seinen Sinn auch im klaren sein werde.

IV

Einiges über die Jugend

Apropos. Man wird mir vielleicht vorhalten, daß in unserer Zeit auch solche Menschen Selbstmord begehen, die sich niemals mit irgendwelchen höchsten Fragen abgegeben haben; sie begehen Selbstmord ohne jeden sichtbaren Grund, so daß man vor einem Rätsel steht. Wir sehen in der Tat sehr häufig (und diese Häufigkeit ist wiederum ein Rätsel eigener Art) sonderbare und rätselhafte Selbstmorde, die gar nicht aus Not oder infolge einer Kränkung verübt worden sind, ohne jeden sichtbaren Grund, nicht infolge materieller Mängel, verschmähter Liebe, Eifersucht, Krankheit, Hypochondrie oder Wahnsinn, sondern Gott weiß warum. Solche Fälle stellen in unserer Zeit ein großes Ärgernis dar und werden, da man ihren epidemischen Charakter nicht leugnen kann, für sehr viele Menschen zu einer höchst beunruhigenden Frage. Alle diese Selbstmorde werde ich natürlich nicht erklären, was ich auch gar nicht könnte[32]; dafür aber bin ich fest davon überzeugt, daß alle diese Selbstmörder in ihrer Mehrheit, im allgemeinen, direkt oder indirekt infolge der gleichen geistigen Krankheit Hand an sich gelegt haben – infolge des Fehlens einer höheren Idee des Seins in ihren Seelen. In diesem Sinne hat unser Indifferentismus, als unsere moderne russische Krankheit, alle Seelen vergiftet. Es gibt bei uns jetzt tatsächlich manche Menschen, die sogar beten und zur Kirche gehen, dabei aber an die Unsterblichkeit ihrer Seele nicht glauben, jedenfalls niemals darüber nachdenken. Dabei sind es zuweilen durchaus keine gußeisernen Menschen vom niederen, viehischen Typus. Und doch fließt nur aus diesem Glauben allein, wie ich schon oben sagte, der ganze höhere Sinn und die Bedeutung des Lebens, fließt der Wille zum Leben, und die Lust zu leben. Ich wiederhole: es gibt natürlich viele Liebhaber, die ganz ohne Ideen und ohne jeden höheren Lebenssinn, also einfach ein animalisches Leben im Sinne des niederen Typs zu führen Lust haben; aber es gibt auch sehr viele, sogar schon allzu viele, die – und das ist das Merkwürdigste – dem Aussehen nach vielleicht auch überaus rohe und lasterhafte Naturen zu sein scheinen, deren Wesen sich aber schon lange, vielleicht für sie selbst unbewußt, nach den höheren Zielen und der höheren Bedeutung des Lebens sehnt. Diese können sich schon nicht mehr zufriedengeben mit Tafelfreuden und Leckerbissen, dem Gefallen an schönen Trabern, an Lastern, Titeln, Beamtenmacht, an der Unterwürfigkeit der Untergebenen, mit den Portiers an ihren Haustüren. So einer erschießt sich scheinbar *ohne jeden Grund*, in Wirklichkeit aber ganz sicher aus der, wenn auch unbewußten, Sehnsucht nach einem höheren Lebenssinn, den er nirgends hat finden können. Und manch einer von diesen verübt gar noch unmittelbar vor seinem Selbstmord irgendeinen skandalösen Streich, eine Gemeinheit, eine Ungeheuerlichkeit. Oh, beim Anblick vieler von solchen fällt es einem natürlich schwer zu glauben, daß sie ihrem Leben ein Ende gemacht aus „Sehnsucht nach höheren Lebenszielen", und man hört wohl einwenden: »Aber sie haben doch an irgendwelche Lebensziele überhaupt nicht gedacht, haben niemals auch nur ein Wort von Derartigem verlauten lassen, haben nichts als nur Gemeinheiten begangen!« Das ist das allgemeine Urteil. Aber mag das auch stimmen, – wissen Sie denn mit Sicherheit, auf welchen komplizierten Wegen diese höhere Sehnsucht selbst mitten in dem Gesellschaftsleben in manche Seele eindringt und sie ansteckt? Ideen schweben in der Luft, aber unbedingt nach gewissen Gesetzen; Ideen leben und verbreiten sich nach für uns gar zu schwer feststellbaren Gesetzen; Ideen sind ansteckend, und wissen Sie auch, daß in der allgemeinen Stimmung des Lebens manche Idee, manche Sorge oder Sehnsucht, die nur einem hochgebildeten und entwickelten Geist zugänglich ist, sich plötzlich einem fast unwissenden plumpen Wesen, das sich nie um so etwas gekümmert hat, mitteilen und seine Seele durch ihren Einfluß anstecken kann? Man wird mir nun vielleicht wiederum einwenden, daß in unserer Zeit sogar Kinder Selbstmord begehen, junge Menschen, die das Leben noch gar nicht kennengelernt haben. Ich habe aber nun einmal die geheimnisvolle Überzeugung, daß unsere Jugend, gerade weil ihr die höheren Lebensziele fehlen, so sehr leidet und sich in Sehnsucht verzehrt. In unseren Familien wird von den höheren Lebenszielen fast nie gesprochen. Was aber die Idee der Unsterblichkeit betrifft, so denkt man an sie nicht nur nicht, sondern behandelt sie nicht selten satirisch, und das in Gegenwart der Kinder, und das schon von ihrer frühesten Kindheit an, vielleicht sogar mit entsprechenden Belehrungen.

»Aber wir haben doch gar keine Familie mehr«, bemerkte mir neulich einer unserer begabtesten Schriftsteller. Nun, das ist in gewissen Beziehungen wahr: bei unserem allgemeinen Indifferentismus gegen die höheren Lebensziele ist es natürlich möglich, daß die Familie in gewissen Schichten der Nation schon zerrüttet ist. Es ist jedenfalls vollkommen klar, daß unsere junge Generation verurteilt ist, sich selbst ihre Ideale und den höheren Lebenssinn zu suchen. Eben das ist ja so schrecklich, daß die Jugend so isoliert und nur ihren eigenen Kräften überlassen ist. Diese Frage ist ja gerade jetzt, in diesem Augenblick unseres Lebens von allergrößter Wichtigkeit. Unsere Jugend ist so gestellt, daß sie absolut nirgends Hinweise auf den höheren Lebenssinn finden kann. Von unseren klugen Menschen, und überhaupt von ihren Leitern könnte sie, ich wiederhole es, in unserer Zeit am ehesten noch eine satirische Anschauung lernen, aber schon ganz gewiß nichts Positives, das heißt: etwas, woran sie glauben, was sie achten und verehren, wonach sie streben soll – dies alles braucht aber die Jugend so notwendig; danach lechzt sie und hat sie zu allen Zeiten und überall gelechzt! Selbst wenn man in der Familie oder in der Schule noch die Fähigkeit und die Kraft hätte, ihr etwas von den wichtigsten Anschauungen mitzuteilen, so ist man in der Familie und in der Schule (natürlich nicht ohne einige Ausnahmen) heutzutage doch schon allzu indifferent dagegen geworden, da man jetzt eine Menge anderer, praktischerer, moderninteressanterer Aufgaben und Ziele hat. Die Jugend, die am 6. Dezember auf dem Kasanschen Platz demonstriert hat, war zweifellos nur eine „aufgehetzte Herde" in den Händen irgendwelcher schlauer Gauner, wenigstens nach den von den „Moskauer Nachrichten" mitgeteilten *Tatsachen* zu schließen; was aus dieser Sache noch weiter wird, und was sich noch alles herausstellen wird, weiß ich nicht. Zweifellos liegt hier eine boshafte und unmoralische Dummheit, ein affenhafter Nachahmungstrieb vor; aber man hat sie doch nur auf diese Weise zusammenrufen können, indem man ihnen einredete, sie seien im Namen des Höchsten und Schönsten, im Namen einer wunderbaren Selbstaufopferung für irgendwelche höchsten Ziele versammelt. Mag dieses „Suchen eines Ideals" auch nur bei sehr wenigen von ihnen vorliegen, aber diese Wenigen herrschen über die anderen und führen sie, das ist jedenfalls schon klar. Wer hat nun die Schuld, daß ihr Ideal so häßlich ist? Natürlich sie selbst, aber nicht sie allein. Natürlich könnte sogar die Wirklichkeit, die sie jetzt umgibt, sie von der häßlichen Losgerissenheit von allem Wirklichen und Realen retten, von dem ihnen eigenen Nichtverstehen der einfachsten Dinge; aber das ist es ja, daß jetzt eine Zeit angebrochen ist, in der die Losgerissenheit unserer jüngsten Generation vom Boden und von der Volkswahrheit sogar ihre „Väter" selbst in Erstaunen und Angst versetzen muß, die Väter, die sich seit so langem schon von allem Russischen losgerissen haben und in der seligen Ruhe der obersten Kritiker des russischen Landes ihre Tage zu Ende leben. Nun, das ist eine Lektion – eine Lektion für Familie und Schule und für die geruhsam-überzeugten Kritiker: sie erkennen jetzt selbst *ihre Folgen* nicht und sagen sich von ihnen los, aber ... aber kann man denn ihnen, das heißt den Vätern, die *ganze* Schuld zuschieben? Sind sie nicht auch selbst Produkte und Folgen irgendwelcher besonderer verhängnisvoller Gesetze und Fügungen, die schon seit fast zwei Jahrhunderten die ganze intelligente Schicht der russischen Gesellschaft beherrschen, fast bis zu den großen Reformen der jetzigen Regierung? Nein, die zweihundertjährige Losgerissenheit vom Boden und von *jeder Arbeit* kann wohl nicht ungestraft bleiben. Es genügt nicht, nur anzuklagen, man muß auch Arzneien suchen. Meiner Ansicht nach gibt es noch Arzneien: sie sind im Volk, in seinen Heiligtümern und in unserer Verbindung mit dem Volk. Aber ... aber darüber ein anderes Mal. Ich habe ja die Herausgabe des „Tagebuchs" zum Teil nur dazu unternommen, um über diese Arzneien zu sprechen, soweit meine Kräfte reichen.

V

Vom Selbstmord und vom Hochmut

Aber ich muß mit Herrn Enpe fertig werden. Ihm ist etwas passiert, was vielen von seinem „Typus" zustößt: für sie ist alles, was klar ist, und was sie allzuschnell begreifen können, immer dumm. Sie sind weit eher bereit, Klarheit zu verachten, als sie zu loben. Ganz anders ist es, wenn die Sache einen Schnörkel hat oder nebelhaft ist: »Das verstehen wir nicht, also muß dahinter etwas Tiefes stecken.«

Er sagt, die »Betrachtungen« meines Selbstmörders seien nur das »Delirium eines halbverrückten Menschen« und *»längst bekannt«*. Ich bin sehr geneigt anzunehmen, daß diese »Betrachtungen« ihm erst nach der Lektüre meines Artikels bekannt geworden sind. Was aber das »Delirium eines halbverrückten Menschen« betrifft, so ist dieses Delirium (das ist Herrn Enpe und seiner ganzen Kollektion wohl neu?), das heißt: die Folgerung der Notwendigkeit des Selbstmordes, für viele, sogar für allzuviele in Europa gleichsam das letzte Wort der Wissenschaft. Ich habe dieses „letzte Wort der Wissenschaft" klar und populär in kurzen Worten ausgesprochen, aber einzig, um es zu widerlegen, und zwar nicht durch Betrachtungen oder durch die Logik, denn mit Logik läßt es sich gar nicht widerlegen (ich fordere nicht nur Herrn Enpe, sondern jeden Beliebigen auf, dieses Delirium eines Halbverrückten *logisch* zu widerlegen) – sondern nur durch den Glauben, durch die Folgerung der Notwendigkeit des Glaubens an die Unsterblichkeit der menschlichen Seele, der Überzeugung, daß dieser Glaube die einzige Quelle des lebendigen Lebens auf Erden ist – des Lebens, der Gesundheit, der gesunden Ideen und gesunden Schlüsse und Folgerungen ...

Zum Schluß etwas sehr Komisches. Im gleichen Oktoberheft schilderte ich den Selbstmord der Tochter eines bekannten Emigranten: „Sie tränkte Watte mit Chloroform, band sie sich aufs Gesicht" und legte sich aufs Bett. So starb sie auch. Vor dem Tode schrieb sie folgenden Zettel: „Ich unternehme eine weite Reise. Wenn die Sache mißlingt, so mögen sich alle versammeln, um meine Auferstehung mit Cliquot zu feiern. Wenn es aber gelingt, bitte ich, mich nicht eher zu beerdigen, als bis mein Tod feststeht, denn es wäre doch sehr unangenehm, im Sarg unter der Erde zu erwachen. Das wäre gar nicht schick."

Herr Enpe zürnt dieser »seichten« Selbstmörderin mit Hochmut und erklärt, daß ihre Tat »keinerlei Beachtung verdiene«. Er zürnt auch mir wegen meiner »äußerst naiven« Frage, welche von den beiden Selbstmörderinnen auf Erden mehr gelitten habe. Aber hier passiert etwas Komisches. Er fügt plötzlich hinzu: »Ich wage zu glauben, daß ein Mensch, der seine Rückkehr ins Leben mit Champagnergläsern in den Händen (selbstverständlich in den Händen, wie denn sonst?) *begrüßen* lassen will, sich in diesem Leben nicht zu viel gequält hat, da er mit solchem Triumph ins Leben zurückkehrt, ohne dessen Bedingungen im geringsten zu ändern, ohne an sie überhaupt zu denken ...«

Was für ein komischer Gedanke und was für ein komischer Standpunkt! Ihn ärgert hier am meisten der Champagner: »Wer Champagner trinkt, kann sich nicht gequält haben.« Ja, wenn sie den Champagner so sehr geliebt hätte, so wäre sie doch am Leben geblieben, um ihn zu trinken; sie schrieb aber das vom Champagner vor dem Tod, das heißt: vor dem ernsthaften Tod, als sie nur zu gut wußte, daß sie sicher sterben werde. An die Chance, wieder zum Leben zu erwachen, kann sie doch wirklich nicht geglaubt haben; diese Chance bot ihr auch nichts Erfreuliches, denn das Erwachen hätte für sie nur das Erwachen zu einem neuen Selbstmord bedeutet. Der Champagner hat also mit der Sache nichts zu tun, das heißt: sie dachte gar nicht daran, ihn zu trinken, – muß ich das denn noch eigens erklären? Sie schrieb das vom Champagner, nur um vor dem Tode einen möglichst häßlichen und schmutzigen Streich zu spielen. Sie wählte den Champagner, weil sie sich kein schmutzigeres und gemeineres Bild vorstellen konnte als das Trinkgelage nach ihrer „Auferstehung vom Tode". Sie mußte das schreiben, um mit diesem Schmutz alles zu beleidigen, was sie auf Erden zurückließ, um die Erde und ihr irdisches Leben zu verfluchen, um es anzuspeien und dies ihren Nächsten, die sie verließ, zur Kenntnis zu bringen. Woher kommt bloß diese Bosheit in einem siebzehnjährigen Mädchen? (N. B. Sie war siebzehn Jahre alt, und nicht zwanzig; ich hatte mich in meinem Artikel geirrt und wurde von denen, die über diese Sache besser unterrichtet waren, korrigiert.) Und gegen wen ist diese Bosheit gerichtet? Niemand hat ihr was zuleide getan, sie litt keine Not und ist anscheinend ohne Grund gestorben. Aber gerade dieser Zettel, gerade der Umstand, daß sie sich in einem solchen Augenblick für einen so schmutzigen und boshaften Streich *interessierte* (was offensichtlich ist), bringt mich auf den Gedanken, daß ihr Leben unvergleichlich reiner war als dieser schmutzige Streich, und daß die Bosheit, die maßlose Gehässigkeit dieses Streiches, vielmehr von einer qualvollen Geistesverfassung, von ihrer Verzweiflung in der letzten Minute ihres Lebens zeugen. Wäre sie vor Apathie oder Langeweile, ohne selbst zu wissen, warum, gestorben, so hätte sie diesen Streich nicht verübt. Eine solche Geistesverfassung sollte doch mit mehr Menschenliebe behandelt werden. Die Qual ist hier offensichtlich, und sie ist zweifellos infolge geistiger Schmerzen und nach vielen Leiden gestorben. Womit hat sie sich aber in ihren siebzehn Jahren so sehr quälen können? Darin besteht eben die schreckliche Frage unserer Zeit. Ich äußerte die Mutmaßung, daß sie infolge einer allgemeinen (und viel zu frühen) Unlust und infolge der Zwecklosigkeit ihres Lebens gestorben sei – nur infolge der von der Theorie verunstalteten Erziehung, die sie im Elternhause genossen, einer Erziehung mit falschen Ansichten über den höheren Sinn und Zweck des Lebens, mit einer absichtlichen Vernichtung des Glaubens an die Unsterblichkeit ihrer Seele. Mag das nur eine Mutmaßung von mir sein, aber sie ist doch wirklich nicht zu dem Zweck gestorben, um den gemeinen Zettel zu hinterlassen, damit die Leute staunen, wie es Herr Enpe wohl anzunehmen scheint. „Niemand haßt sein eigen Fleisch." Die Selbstvernichtung ist eine ernste Sache, ganz abgesehen von allen letzten Streichen, und die epidemische Selbstvernichtung, die sich in den Kreisen der Intelligenz immer mehr ausbreitet, ist erst recht eine gar zu ernste

Sache, die unermüdliche Beobachtung und Aufmerksamkeit erfordert. Vor eineinhalb Jahren zeigte mir ein hochbegabter und kompetenter Gerichtsbeamter ein Päckchen von ihm gesammelter eigenhändiger Briefe und Zettel von Selbstmördern, die sie vor dem Tode, das heißt: fünf Minuten vor dem Tode, geschrieben haben. Ich erinnere mich an die zwei Zeilen eines fünfzehnjährigen Mädchens, ich erinnere mich auch an die Krähenfüße, die ein Selbstmörder mit einem Bleistift während der Fahrt im Wagen geschrieben, in dem er sich auch das Leben genommen hat, ohne das Ende der Fahrt abzuwarten. Ich meine, daß, wenn Herr Enpe diese höchst interessanten Briefe durchgesehen hätte, in seiner Seele vielleicht eine gewisse Wandlung geschehen und sein ruhiges Herz von Unruhe ergriffen worden wäre. Aber ich weiß es nicht. Jedenfalls muß man an solche Tatsachen mit mehr Menschenliebe und nicht so hochmütig herantreten. An diesen Tatsachen sind wir vielleicht alle mitschuldig, und kein Gußeisen wird uns von den traurigen Folgen unserer Ruhe und unseres Hochmuts erretten können, wenn die Zeiten sich erfüllen und die Frist für diese Folgen kommt.

Aber genug. Ich habe nicht nur diesem einen Herrn Enpe, sondern vielen Herren Enpe geantwortet.

ZWEITES KAPITEL

III

Auf welchem Punkt die Sache jetzt steht

Das Jahr ist zu Ende, und mit diesem zwölften Heft endet auch der erste Jahrgang des „Tagebuchs eines Schriftstellers".

Bei meinen Lesern habe ich einen für mich überaus schmeichelhaften Anklang gefunden, obschon ich nicht einmal den hundertsten Teil von dem habe aussprechen können, was ich auszusprechen beabsichtigte; was das Ausgesprochene betrifft, so sehe ich jetzt, daß ich vieles nicht gleich beim ersten Versuch habe klar auszudrücken verstanden und daher manchmal sogar verkehrt verstanden worden bin, wofür natürlich mich selbst die meiste Schuld trifft. Ich hoffe aber doch, obschon ich vorerst nur wenig habe sagen können, daß meine Leser schon aus dem in diesem Jahr Gesagten verstehen werden, welchen Charakter und welche Richtung das „Tagebuch" auch im nächsten Jahr vertreten wird.

Mit diesem „Tagebuch" habe ich bisher vor allen Dingen die Absicht verfolgt, die Idee unserer nationalen geistigen Selbständigkeit nach Möglichkeit zu erklären und sie in den Tatsachen der laufenden Tagesereignisse so weit wie möglich nachzuweisen.

In diesem Sinne hat das „Tagebuch" zum Beispiel recht ausführlich unsere plötzlich bekundete nationale Volksbewegung zur Sprache gebracht, die sich in diesem Jahr in der sogenannten „Slawischen Bewegung" geäußert hat. Es sei aber gleich vorausgeschickt: Das „Tagebuch" hat nicht die Absicht, jeden Monat politische Artikel zu bringen; es wird jedoch immer bemüht sein, auch in den laufenden politischen Ereignissen unseren nationalen und völkischen Gesichtspunkt zu finden und nach Möglichkeit herauszustellen. So werden die Leser vielleicht schon in diesem Jahr aus unseren Artikeln über die Slawische Bewegung ersehen haben, daß das „Tagebuch“ das Wesen und die Bedeutung dieser Bewegung im Grunde und hauptsächlich in Bezug auf uns Russen hat aufklären wollen: daß es sich hier für uns nicht nur um den Slawismus allein und nicht nur um die politische Stellung dieser Frage in ihrem heutigen Sinne handelt. Der Slawismus, das heißt: die Verbindung aller Slawen mit dem russischen Volk und untereinander, und die politische Seite der Frage, das heißt: die Fragen der Grenzen, der Grenzländer, der Meere und Meerengen, von Konstantinopel und so weiter – alle diese Fragen sind, wenn auch für Rußland und seine zukünftigen Geschicke zweifellos von allerwichtigster Bedeutung, aber *für uns* erschöpfen sie allein doch noch nicht das ganze Wesen der Orientfrage, das heißt: im Sinne ihrer Lösung im Geist unseres Volkes. In diesem Sinne treten alle diese Fragen von wichtigster Bedeutung doch auf den zweiten Rang zurück. Denn die Hauptsache, das Wesentlichste an der ganzen Sache, liegt doch nach der Auffassung unseres Volkes fraglos und ausschließlich nur in der Bestimmung des östlichen Christentums, das heißt: in der Orthodoxie.

Unser Volk kennt weder die Serben, noch die Bulgaren; es unterstützt sie mit seinen Spargroschen und seinen Freiwilligen nicht als Slawen und nicht um des Slawismus willen, sondern bloß, weil es gehört hat, daß rechtgläubige Christen, unsere Glaubensbrüder, wegen ihres Glaubens an Christus von den „gottlosen Heiden“, den Türken, verfolgt werden; nur deshalb und einzig deshalb ist es zu dieser ganzen Volksbewegung in diesem Jahr gekommen. Die ganze Idee des russischen Volkes liegt doch nur in den jetzigen und den künftigen Fügungen des orthodoxen Christentums, daher sein Dienen für Jesus Christus und sein Lechzen nach

Heldentaten für Christus. Dieses Lechzen ist echt, ist groß und stark und hat in unserem Volk schon seit den ältesten Zeiten vielleicht niemals ausgesetzt – das aber ist eine ausnehmend wichtige Tatsache in der Charakteristik unseres Volkes wie unseres Staates.

Die Altgläubigen von Moskau haben von sich aus einen ganzen Sanitätszug (und sogar einen hervorragend ausgestatteten) gestiftet und nach Serbien geschickt; dabei wissen sie sehr gut, daß die Serben keine Altgläubigen sind, sondern des gleichen Glaubens wie wir, mit denen sie in Glaubenssachen nichts zu tun haben wollen. Hierin hat sich eben schon die Idee der ferneren, endgültigen Bestimmung der orthodoxen Christenheit angekündigt, und wäre es auch in fernen Zeiten, nach Ablauf der Frist, und die Hoffnung auf die zukünftige Verbindung aller östlichen Christen zu einer Einheit. In solchem Sinn hat diese Spende sogar eine historische Bedeutung, bringt uns auf erquickende Gedanken und bestätigt zum Teil unseren Hinweis darauf, daß im Aufbau dieses Christentums das ganze Streben des russischen Volkes liegt, mag es auch vorübergehend durch manche fiktiven Unterschiede der Konfession entzweit sein. Zweifellos hat sich im Volk schon so eine Vorstellung gebildet und Wurzel gefaßt, daß ganz Rußland nur zu dem Zweck existiere, um Christo zu dienen und *alle* seine Anhänger vor den Ungläubigen zu schützen. Wenn auch nicht jedermann aus dem Volk diesen Gedanken so aussprechen wird, so behaupte ich doch, daß bereits sehr viele aus dem Volk ihn durchaus bewußt auszusprechen vermögen. Diese sehr vielen aber haben unstreitig auch Einfluß auf das ganze übrige Volk. So darf man denn wohl schon geradezu sagen, daß dieser Gedanke bereits in unserem ganzen Volk beinahe bewußt umgeht und sich nicht nur im Gefühl des Volkes heimlich verbirgt. Also ist die Orientfrage dem russischen Volk auch nur in diesem einzigen Sinn zugänglich. Das ist der wichtigste Tatbestand.

Wenn dem aber so ist, dann muß die Auffassung von der

Orientfrage auch bei uns allen eine unvergleichlich bestimmtere Gestalt annehmen. Rußland ist durch sein Volk und dessen Geist stark, und nicht etwa nur durch Bildung, zum Beispiel, durch Reichtümer, Aufklärung und anderes mehr, wie manche Staaten Europas, die infolge ihrer Altersschwäche und des Verlustes einer lebendigen nationalen Idee zu vollkommen künstlichen und gleichsam sogar unnatürlichen Gebilden geworden sind. Und ich denke, daß es noch lange so bleiben wird. Wenn aber das russische Volk die Slawische Frage und die Orientfrage überhaupt nur im Sinne der Bestimmung der Orthodoxie auffaßt, so folgt hieraus klar, daß es keine zufällige, keine zeitweilige und keine bloß äußerliche, politische Sache ist, sondern eine, die an das innerste Wesen des russischen Volkes rührt und folglich ewig und fortdauernd ist bis zu ihrer endgültigen Verwirklichung. In diesem Sinn darf Rußland seine Wendung nach Osten gar nicht mehr aufgeben und könnte es auch dessen Aufgabe nicht treulos im Stich lassen, denn damit würde es sich von sich selbst lossagen. Und wenn diese Frage zeitweise, parallel den Umständen, mitunter auch eine andere Richtung einschlagen konnte, das zweifellos auch *mußte*, selbst wenn wir manchmal den Umständen nachgeben und unsere Bestrebungen zurückhalten wollten und mußten, so wird diese Frage dennoch im Ganzen, als das Wesen des russischen Volkslebens, unbedingt einmal ihr Hauptziel erreichen müssen, das heißt: die Verbindung aller rechtgläubigen Stämme in der Bruderschaft Christi, und das bereits ohne einen Unterschied zu machen zwischen den Slawen und den übrigen orthodoxen Volksstämmen.

Diese Einigung könnte sogar auch ganz und gar unpolitisch sein. Die eigentlich slawische Frage jedoch (im engeren Sinn des Wortes) und die politische Frage in ihrer engen Bedeutung (das ist die Frage der Meere, Meerengen, Konstantinopels und des Übrigen) – diese Fragen werden sich hierbei natürlich ganz von selbst in dem Sinne lösen, in dem sie der Lösung der wichtigsten und ursprünglichen Aufgabe am wenigsten widersprechen. Auf diese Weise würde diese ganze Frage, wiederholen wir, von diesem völkischen Standpunkt aus eine unerschütterliche und unvergängliche Gestalt annehmen.

In dieser Hinsicht begreift Europa, das unsere nationalen Ideale nicht ganz versteht, das heißt: sie nach seiner eigenen Elle mißt und uns nur die Gier zutraut, diese Länder zu erbeuten, zu unterwerfen und uns einzuverleiben, – begreift Europa zu gleicher Zeit doch sehr gut, um was es jetzt eigentlich geht.

Ja, für Europa kommt es nun gar nicht darauf an, daß wir jetzt nichts erobern und auch versprechen, uns nichts anzueignen: für Europa ist es viel wichtiger, daß wir auch gegenwärtig wie früher, wie immer schon den Slawen helfen und keineswegs die Absicht haben, diesen Beistand jemals aufzugeben. Wenn das auch jetzt geschieht, so fügen wir damit in den Augen Europas einen neuen Stein der Festung hinzu, die wir im Osten, wie ganz Europa überzeugt ist, gegen Europa nach und nach errichten. Denn indem wir den Slawen helfen, fahren wir damit fort, deren Glauben an Rußland und seine Macht sich einwurzeln und erstarken zu lassen; wir lehren sie immer mehr, und gewöhnen sie daran, Rußland als ihre Sonne, als das Zentrum des ganzen Slawentums und sogar des ganzen Ostens anzusehen. Diese Befestigung der Idee wiegt aber in den Augen Europas den Verzicht auf Eroberungen auf, sogar ungeachtet aller weiteren Verzichte, zu denen sich Rußland, um Europa zu beruhigen, ehrlich und zuverlässig bereit erklärt. Europa begreift allzugut, daß in dieser *Anpflanzung der Idee* vorläufig das Wesentlichste der ganzen Balkanaffäre besteht, und nicht bloß in materiellen Erwerbungen auf der Balkan-Halbinsel. Europa begreift, daß auch die russische Politik sich dieses Wesentlichen ihrer Aufgabe vollkommen bewußt ist. Wenn aber dem so ist, wie sollte sich Europa dann nicht fürchten? Eben dies ist der Grund, warum Europa mit allen Mitteln die Slawen unter seine Vormundschaft zu bekommen trachtet, sie sozusagen uns entwenden möchte, um sie dann, wenn möglich, für alle ewigen Zeiten gegen Rußland und die Russen aufzuwiegeln. Darum möchte es auch, daß der Pariser Traktat[33] möglichst lange in Kraft bleibe; daher kommen auch alle diese Projekte mit den Belgiern, mit der europäischen Gendarmerie und so weiter, und so weiter. Oh, alles wäre recht, wenn nur die Russen, wenn nur Rußland irgendwie von den Blicken und Gedanken der Balkanslawen ferngehalten werden könnte! – wenn es sich doch machen ließe, Rußland aus ihrem Gedächtnis ganz auszulöschen! ...

Auf eben diesem Punkt steht jetzt die Sache.

Jahrgang 1877

JANUAR

ERSTES KAPITEL

I

Drei Ideen

Ich beginne meinen neuen Jahrgang mit der Wiederholung dessen, was ich unlängst im Dezember geschrieben habe: „daß fast alle unsere russischen Spaltungen und Sonderbestrebungen einzig aus Mißverständnissen entstanden sind, und das sogar aus den gröbsten Mißverständnissen, bei denen es sich um nichts Wesentliches und Unvereinbares handelt". Und heute kann ich wiederholen, daß in der Tat alle unsere Streitigkeiten und Zerwürfnisse einzig aus dem Irrtum des Verstandes, nicht aber aus dem Irrtum des Herzens entstehen. In dieser Definition liegt das ganze Wesen unserer Uneinigkeiten und Zwiespälte. Dieses Wesentliche ist aber an sich noch nicht so unerfreulich. Irrtümer und Zweifel des Verstandes verschwinden schneller und spurloser als die Irrtümer und Zweifel des Herzens; aufgehoben aber werden sie nicht so sehr von gelehrten Diskussionen und Disputen als von der unabweisbaren Logik der Ereignisse des lebendigen, wirklichen Lebens, die sogar sehr oft den richtigen Ausweg in sich tragen und auf den geraden Weg weisen, wenn auch nicht plötzlich, nicht im ersten Augenblick, so doch jedenfalls in sehr kurzer Frist, zuweilen ohne die nächste Generation abzuwarten. Anders ist es mit den Irrtümern des Herzens. Der Irrtum des Herzens wiegt schwerer; er bedeutet, daß der Geist, oft schon der Geist der ganzen Nation, an irgend etwas erkrankt, von irgend etwas angesteckt ist. Und nicht selten führt diese Erkrankung, diese Ansteckung solch einen Grad von Blindheit mit sich, daß die ganze Nation nicht mehr geheilt werden kann, wieviel Rettungsversuche dem zunächst auch widersprechen und auf den richtigen Weg weisen mögen. Im Gegenteil, diese Blindheit entstellt die Tatsachen wie es ihr gefällt, verändert sie nach den Wahnbildern des kranken Geistes, und es kommt sogar vor, daß eher die ganze Nation dem Untergang entgegengeht, im vollen Bewußtsein dessen, was sie tut, das heißt: sogar nachdem sie ihre Blindheit eingesehen, als daß sie einwilligt, sich heilen zu lassen, denn nun *will* sie bereits nicht mehr geheilt werden. Möge man nicht im voraus über mich lachen, daß ich umgekehrt die Irrungen des Verstandes für leicht und schnell wieder gutzumachen halte. Und am lächerlichsten wäre es wohl für einerlei wen, für jeden, nicht nur für mich allein, in diesem Falle die Rolle des Ausgleichers zu spielen, der fest überzeugt ist, mit Worten durchdringen und die Tagesüberzeugungen in der Gesellschaft umkehren zu können. Alles das sehe ich vollkommen ein; doch nichtsdestoweniger darf man sich nicht seiner Überzeugungen schämen, und wer ein Wort zu sagen hat, der sage es, ohne zu befürchten, daß man auf ihn nicht hören werde . . .

Es will uns scheinen, daß jetzt eine Zeit gekommen ist, in der sich *alle* möglichst offen aussprechen müßten, ohne sich der naiven Nacktheit manches Gedankens zu schämen. Tatsächlich erwarten uns, das heißt: ganz Rußland, vielleicht ungewöhnliche und große Ereignisse. »Es können plötzlich gewaltige Fakta dasein und unsere intelligenten Kräfte unvorbereitet finden, und dann – wird es dann nicht zu spät sein?« habe ich noch kürzlich gefragt. Ich dachte dabei nicht nur an die politischen Ereignisse der nächsten Zukunft, wenn diese heute auch derart sind, daß sie die Aufmerksamkeit selbst der kläglichsten, selbst der verjudetsten, das heißt: der sich sonst um nichts als nur um sich selbst kümmernden Geister auf sich ziehen müssen. In der Tat, was steht der Welt im nächsten Vierteljahrhundert bevor oder vielleicht schon (wer kann es wissen?) in diesem Jahr? Europa ist unruhig. Aber ist es nicht vielleicht nur eine kurze, vorübergehende Unruhe? Keineswegs: Man fühlt, es ist die Zeit für etwas Tausendjähriges, für etwas Ewiges gekommen, für das, was sich auf der Erde seit dem Beginn ihrer Zivilisation vorbereitet hat.

Drei Ideen erheben sich vor der Welt und formulieren sich, scheint es, endgültig.

Von der einen Seite – am Rande Europas – ist es die Idee des Katholizismus, die, schon längst verurteilt, nun in großen Qualen und Zweifeln nicht weiß, was ihrer harrt: Sein oder Nichtsein, Leben oder – ist schon ihr Ende gekommen? Ich spreche nicht nur von der katholischen Religion, sondern von der ganzen *katholischen Idee* und dem Los derjenigen Nationen, welche unter dem Joch dieser Idee seit einem Jahrtausend gelebt haben und ganz von ihr durchdrungen sind. In diesem Sinn ist Frankreich die vollkommenste Verkörperung der katholischen Idee im Verlauf von Jahrhunderten gewesen, ist es das Haupt dieser Idee, die es schon von den Römern und in durchaus römischem Geist übernommen hat. Dieses Frankreich, das jetzt sogar jegliche Religion, man kann wohl sagen, verloren hat (Jesuiten und Atheisten sind dort ein und dasselbe), das schon mehrmals seine Kirchen geschlossen und einmal sogar Gott selbst der Abstimmung einer Versammlung unterworfen hat, dieses selbe Frankreich, das aus den Ideen von 1789 seinen eigenen französischen Sozialismus entwickelt hat, das heißt: die Pazifizierung und Organisation der menschlichen Gesellschaft ohne Christus und außerhalb Christi, ganz so wie sie der Katholizismus *in* Christus organisieren gewollt, doch nicht gekonnt hat: dieses selbe Frankreich ist und fährt fort, – wie in seinen Revolutionären des Konvents so auch in seinen Atheisten, seinen Sozialisten und seinen modernen Kommunisten –, immer noch im höchsten Grade eine katholische Nation zu sein, bis ins Kleinste durchdrungen vom katholischen Geist und Buchstaben. Durch den Mund seiner bekannten Atheisten verkündet es „Liberté, Egalité, Fraternité – ou la mort", also auf ein Haar so, wie es der Papst selbst ausrufen lassen würde, wenn er genötigt wäre, liberté, égalité, fraternité zu proklamieren: ganz in seinem Stil, ganz in seinem Geist, im echten Geist und Stil der Päpste des Mittelalters. Selbst der heutige Sozialismus – anscheinend ein heftiger, verhängnisvoller Protest aller Nationen gegen die katholische Idee, aller Menschen, die sie gequält und erstickt hat, und die um jeden Preis leben wollen, aber leben ohne Katholizismus und ohne seine Götter – selbst dieser Protest, der offiziell am Ende des vorigen Jahrhunderts begonnen hat (im Grunde aber schon viel früher), ist in Frankreich nichts anderes als die treueste und unbeirrteste Fortsetzung der katholischen Idee, ihre endgültige Vollendung, ihre schicksalhafte Folge, von Jahrhunderten ausgearbeitet! Denn der französische Sozialismus ist nichts anderes als die *gewaltsame* Vereinigung der Menschen – eine Idee, die noch aus dem alten Rom stammt und sich unversehrt im Katholizismus erhalten hat. Auf diese Weise hat sich die Idee der Befreiung des Menschengeistes vom Katholizismus gerade hier in die allerengsten katholischen Formen gehüllt, in Formen, die dem Herzen des katholischen Geistes, seinem Buchstaben, seinem Materialismus, seinem Despotismus, seiner Moral entlehnt sind.

Von der anderen Seite erhebt sich der alte *Protestantismus,* der nun bereits neunzehn Jahrhunderte lang gegen Rom und die römische Idee protestiert, gegen die alte heidnische wie gegen die erneute katholische Idee, gegen Roms Weltgedanken, den Menschen auf der ganzen Erde zu beherrschen, moralisch wie materiell, gegen Roms ganze Kultur, – der bereits seit den Tagen Armins und des Teutoburger Waldes protestiert, protestiert und immer wieder protestiert. Das ist *der Germane,* der blind daran glaubt, daß nur in ihm die Erneuerung der Menschheit liegt und nicht in der katholischen Zivilisation. Während seines ganzen historischen Daseins hat er ja nur davon geträumt und sich nach nichts anderem gesehnt als nach der Vereinigung seiner Stämme zur Verkündung seiner stolzen Idee, – die schon in der Ketzerei Luthers ihre starke Formulierung und Zusammenfassung gefunden hat; jetzt aber, nach der Niederzwingung Frankreichs vor fünf Jahren, der führenden, wichtigsten und allerchristlichsten katholischen Nation, jetzt ist der Germane von seinem Triumph schon restlos überzeugt, sowie davon, daß nun niemand mehr außer ihm sich an die Spitze der ganzen Menschheit stellen und ihre Erneuerung bewirken könne. Daran glaubt er stolz und standhaft; er glaubt, daß es in der Welt keinen höheren Geist und kein höheres Wesen gibt als das germanische, und daß nur Deutschland allein fähig sei, dieses Wort auszusprechen. Schon die bloße Annahme erscheint ihm lächerlich, es könnte in der Welt vielleicht doch noch etwas geben, sei es auch nur als Keim, was das zur Führung der Welt bestimmte Deutschland nicht auch in sich hätte. Dabei wäre es doch ganz gewiß nicht überflüssig, einmal zu bemerken, wenn auch nur in Parenthese, daß dieses Deutschland, das in all diesen neunzehn Jahrhunderten seines Daseins nichts anderes getan hat, als eben nur protestieren, bisher selbst sein *eigenes neues Wort* noch gar nicht gesprochen, sondern die ganze Zeit über nur von der Verneinung und vom Protest gegen seinen Feind gelebt hat, so daß in Zukunft zum Beispiel sehr, sehr leicht etwas überaus Merkwürdiges geschehen könnte: daß nämlich, wenn Deutschland bereits endgültig gesiegt und das unwiderruflich zerstört haben wird, wogegen es seit neunzehn Jahrhunderten protestierte, es plötzlich auch selbst wird geistig sterben müssen, gleich nach seinem Feind, weil es keinen Lebenszweck mehr haben wird: *es wird ja dann nichts mehr geben, wogegen es protestieren könnte.* Mag das vorläufig nur eine von mir entworfene Chimäre sein, aber dafür ist Luthers Protestantismus bereits eine Tatsache: Dieser Glaube ist protestierend und *nur verneinend,* und sobald der Katholizismus von der Erde verschwindet, wird nach ihm bestimmt auch der Protestantismus verschwinden, da er, wenn er gegen nichts mehr zu protestieren hat, sich in offenen Atheismus verwandeln und damit sein Ende finden wird. Aber das ist ja, wie wir annehmen wollen, vorerst nur eine Chimäre von mir.

Die slawische Idee wird vom Germanen ebenso verachtet wie die katholische, nur mit dem Unterschied, daß er die letztere immer als starken und mächtigen Feind eingeschätzt hat, die slawische Idee dagegen nicht nur für nichts wert hält, sondern sie sogar überhaupt nicht anerkennt, wenigstens bisher. Erst seit ganz kurzer Zeit fängt er an, mißtrauisch zu den Slawen hinüberzublicken. Wenn es ihm auch jetzt noch lächerlich erscheint, anzunehmen, daß auch die Slawen irgendein Ziel oder eine Idee haben könnten, irgendeine Hoffnung, gleichfalls „der Welt etwas zu sagen zu haben“, so hat sich einstweilen nach dem Sturz Frankreichs sein mißtrauischer Verdacht doch verstärkt, und die Ereignisse des vorigen Jahres haben ihm dieses Mißtrauen natürlich nicht nehmen können. Augenblicklich ist Deutschland sogar beinahe besorgt. In jedem Fall, sagt es sich, und vor allen etwaigen Orientgedanken, muß es erst seine Arbeit im Westen beenden! Wer aber kann es leugnen, daß Frankreich in diesen fünf Jahren nach seinem Zusammenbruch den Deutschen gerade dadurch beunruhigt, daß dieser es 1870/71 *nicht* total zertrümmert, zerstampft, vernichtet hat? 1875 erreichte diese Unruhe in Berlin einen sehr hohen Grad, und Deutschland würde sich bestimmt von neuem auf seinen uralten Feind gestürzt haben, um ihn, solange es noch Zeit ist, endgültig zu erwürgen, wenn nicht einige äußerst wichtige Umstände es daran gehindert hätten. Jetzt aber, in diesem Jahr 1877, schreckt Frankreich, das seine Position mit jedem Tag verstärkt hat, Deutschland noch weit mehr als vor zwei Jahren. Deutschland weiß, daß sein Feind nicht ohne Kampf sterben wird, daß er vielmehr, wenn er sich ganz erholt hat, womöglich selbst zum Kampf rufen wird, so daß es nach drei, nach fünf Jahren für Deutschland schon zu spät sein könnte. Und nun, in Anbetracht dessen, daß der slawische Osten Europas so ganz von einer eigenen, plötzlich aufgetauchten Idee durchdrungen ist und jetzt genug bei sich zu Hause zu tun hat, kann es sehr, sehr leicht geschehen, daß Deutschland, sobald es seinen Rücken gesichert sieht, sich zum letztenmal auf seinen westlichen Feind stürzt und sich von diesem quälenden Alb befreit. Und das können wir schon in allernächster Zukunft erleben. Im allgemeinen jedoch kann man sagen, daß, sobald die Dinge im Osten ein wenig heikel oder gespannt sind, Deutschland in einer fast noch unvorteilhafteren Lage ist. Beinahe muß es dann noch mehr Befürchtungen und Sorgen haben, ganz abgesehen von seinem über die Maßen stolzen Ton – und das könnten wenigstens wir doch etwas mehr in Betracht ziehen.

Währenddessen aber beginnt im Osten tatsächlich die dritte Weltidee strahlend aufzugehen, sie, *die slawische Idee,* die Idee von morgen – vielleicht die dritte aufsteigende Möglichkeit einer Entscheidung über das Schicksal der Menschheit und Europas. Es ist schon heute allen klar, daß mit der Lösung des Orientproblems ein neues Element in die Menschheit eindringen wird, eine neue Macht, die bis jetzt passiv dagelegen hat, und bei der es ganz ausgeschlossen ist, daß sie auf das Schicksal der Welt *nicht* stark und entscheidend wirken werde. Was aber ist das für eine Idee, was wird die *Vereinigung aller Slawen* mit sich bringen?

Das ist heute noch viel zu unbestimmt; daß aber wirklich etwas Neues gesagt werden muß – daran zweifelt jetzt wohl niemand mehr. Und alle diese drei gewaltigen Weltideen drängen fast zur selben Zeit zur Entscheidung. Das sind keine Launen mehr, kein Krieg um irgendeine Thronfolge oder wegen der Zänkereien irgendwelcher hochgestellten Damen, wie im vorigen Jahrhundert. Hier ist nun etwas Allgemeines und Endgültiges, und wenn auch durchaus nicht alle Menschenschicksale Entscheidendes, so doch zweifellos etwas, das den Anfang vom Ende der ganzen früheren Geschichte Europas mit sich bringt – den Anfang der Entscheidung über unsere ganze Zukunft, die in Gottes Hand ruht, von der der Mensch nichts erraten, höchstens etwas vorausfühlen kann.

Die Frage, die sich nun jedem denkenden Menschen unwillkürlich stellt, ist: Können solche Ereignisse in ihrem Verlauf stehen bleiben? Können sich Ideen von solchem Ausmaß kleinlichen, judaisierenden, drittklassigen Erwägungen unterordnen? Läßt sich ihre Entscheidung hinausschieben, und wäre das überhaupt wünschenswert? Zweifellos muß die Weisheit die Nationen beschützen und verteidigen, muß der Nächstenliebe und der Menschheit dienen, doch gewisse Ideen haben ihre eigene zähe, gewaltige und alles mitreißende Kraft. Die abgebrochene und fallende Spitze eines Felsens hältst du mit der Hand nicht auf! Wir Russen haben dabei zweierlei für uns, zwei Kräfte, die allen anderen in der Welt zusammengenommen gleichkommen, das sind: die Ganzheit, die geistige Unteilbarkeit der Millionen unseres Volkes und dessen engste Einheit mit dem Monarchen. Es ist das natürlich etwas ganz Unbestreitbares, doch unsere Klugen verstehen nicht nur nicht *die russische Volksidee*, sie *wollen* sie noch nicht einmal verstehen.

III

Fomá Daníloff, ein zu Tode gemarterter russischer Held

Es ist jetzt wohl ein Jahr her, daß die Zeitungen die Nachricht brachten von dem Märtyrertod des Unteroffiziers des 2. Turkistanischen Schützenbataillons, Fomá Daníloff. Er war in die Gefangenschaft der Kiptschaken geraten und von ihnen in Magelan nach vielen raffinierten Foltern endlich am 21. November barbarisch umgebracht worden, weil er nicht in ihren Dienst und zum Mohammedanismus hatte übertreten wollen. Der Chan selber hat ihm Belohnungen, seine Gunst und alle möglichen Ehren versprochen, wenn er eingewilligt hätte, Christus zu verleugnen. Daníloff aber hat geantwortet, daß er das Kreuz nicht verraten könne und als

Untertan des Zaren, wenn auch in der Gefangenschaft, seine Pflicht dem Zaren und dem Christentum gegenüber erfüllen müsse. Seine Peiniger haben sich über die Kraft seiner Seele gewundert und ihn einen Helden genannt.

Damals rief diese Nachricht, wenn sie auch von allen Zeitungen mitgeteilt wurde, doch kein besonderes Interesse in der Gesellschaft hervor; ja, selbst die Blätter, die sie nur wie eine gewöhnliche Tagesneuigkeit brachten, fanden es nicht für nötig, sich noch *besonders* darüber zu verbreiten. Darauf kamen die slawische Bewegung, Tschernjájeff[34], die Serben und manches andere. Es kamen Spenden und Freiwillige, und der gefolterte Foma geriet in völlige Vergessenheit – das heißt: in den Zeitungen. Erst kürzlich hörten wir wieder etwas von ihm, oder vielmehr von seiner Familie, nach der der Gouverneur von Ssamára inzwischen geforscht hatte. Daníloff hat eine 27jährige Frau, Jewrossinja, und eine sechsjährige Tochter, Ulita, in ärmlichen Verhältnissen zurückgelassen. Eine Sammlung für sie ergab 1320 Rubel, von denen 600 für die Tochter bis zu ihrer Mündigkeit verzinst werden sollen, während den Rest die Mutter erhält; außerdem hat eine Schule die kleine Ulita als Stipendiatin aufgenommen. Bald darauf benachrichtigte dann der Chef des Generalstabes den Gouverneur von Ssamara, daß nach Allerhöchster Bestimmung der Witwe eine lebenslängliche Pension von 120 Rubel jährlich ausgezahlt werden solle. Und nun – wird die Sache wahrscheinlich wieder vergessen werden, besonders in Anbetracht der gegenwärtigen Aufregungen, politischen Befürchtungen, der schwebenden Fragen, der Krachs usw.

Oh, ich will durchaus nicht behaupten, daß unsere Gesellschaft sich zu dieser ungewöhnlichen Tat gleichgültig, wie zu einem nicht beachtenswerten Geschehnis, verhalten hätte! Tatsache ist nur, daß darüber wenig gesprochen worden ist, oder richtiger, daß niemand davon als von etwas *Besonderem* gesprochen hat. Übrigens, vielleicht hat man es auch irgendwo getan, bei Kaufleuten, bei Geistlichen zum Beispiel, nicht aber in der „Gesellschaft“, nicht in den Kreisen unserer „Intelligenz“. Das Volk natürlich wird diesen großen Tod nicht vergessen. Dieser Held hat Qualen für Christus erduldet und ist ein großer Russe gewesen: das versteht das Volk zu schätzen, und solche Taten vergißt es nie. Und doch ist es mir, als hörte ich schon einige mir so wohlbekannte Stimmen sagen: »Tja, das ist allerdings Kraft, Stärke, und wir erkennen sie ja auch an, aber – es ist doch immer eine unklare, sagen wir wie das Volk: eine „blinde“ Kraft, die sich in etwas allzu vorsintflutlicher Gestalt geoffenbart hat, und darum – was hätten wir da als etwas *Besonderes* besprechen sollen? Nicht von unserer Welt ist das. Eine ganz andere Sache aber ist Kraft,die sich intellektuell, die sich bewußt zeigt. Es gibt noch andere Dulder und andere Kräfte, es gibt auch Ideen, die unvergleichlich höher sind – die kosmopolitische Idee zum Beispiel . . .«

Doch trotz dieser vernünftigen und „intellektuellen“ Stimmen scheint es mir erlaubt und verzeihlich, etwas *Besonderes* auch über Daníloff zu sagen. Ja, ich glaube sogar, daß es selbst unsere Intelligenz nicht gar so sehr erniedrigen würde, wenn sie sich etwas aufmerksamer zu dieser Tat verhalten hätte. Mich, zum Beispiel, wundert am meisten, daß sich damals nirgendwo Verwunderung geäußert hat, – gerade Verwunderung. Ich rede nicht vom Volk: dort ist Verwunderung nicht nötig, und darum wird es sich auch in diesem Fall nicht gewundert haben; die Tat Daníloffs kann ihm, dem Volk, nicht ungewöhnlich erscheinen, schon wegen des großen Glaubens unseres Volkes an sich selber kann sie das nicht. Seine Antwort auf diese Heldentat wird nur ein mächtiges Gefühl und eine tiefe Rührung sein. Sollte aber etwas Ähnliches in Europa geschehen, ich meine: ein solcher Beweis von Mut und Größe, sei es bei den Engländern, bei den Franzosen oder bei den Deutschen, so würde der Ruhm des betreffenden Helden über die ganze Welt hin erschallen. Nein, hört mal, wißt ihr auch, wie mir dieser „dunkle“, unbekannte Soldat des Turkistanischen Bataillons vorkommt? Ja, der ist doch ... der ist doch das Symbol ganz Rußlands, unseres ganzen volklichen Rußlands, das wahrhafteste Abbild dieses selben Rußlands, dem unsere Zyniker und Allwissenden jetzt schon jeden Geist abstreiten, wie jede Möglichkeit der Erhebung und Offenbarung eines großen Gedankens oder großen Gefühls. Hört mal, ihr seid ja gar nicht diese Zyniker. Ihr seid ja im ganzen nur intellektuell-europäische Russen, das heißt: im Grunde die gutmütigsten Leute! Auch ihr, nicht wahr, leugnet doch nicht, daß unser Volk im vergangenen Sommer stellenweise ungewöhnliche Geisteskraft bewiesen hat: Viele Bauern verließen bekanntlich ihre Häuser und Kinder und gingen hin, um für den Glauben zu sterben, für die bedrückten Brüder, – weiß Gott wohin und weiß Gott mit welchen Mitteln, ganz genau so, wie einst vor neun Jahrhunderten in Europa die ersten Kreuzfahrer auszogen –, diese selben Kreuzfahrer, deren Wiedererscheinen manch einer unserer Intellektuellen für fast lächerlich und beleidigend halten würde, »in unserem«, wie er sagt, »Jahrhundert des Fortschritts, der positiven Aufgaben« usw. Schön, mag diese unsere Bewegung im vorigen Sommer auch nach eurer Meinung blind und sogar »nicht recht gescheit« gewesen sein, sozusagen „kreuzfahrerisch", so könnt ihr doch nicht leugnen, wenn ihr nur ein wenig größer schaut, daß es eine überzeugungsvolle und großherzige Bewegung gewesen ist. Eine mächtige Idee erwachte und erweckte und zog vielleicht hunderttausend, vielleicht Millionen Seelen mit einem Schlag aus der Gleichgültigkeit, dem Zynismus und dem Schmutz, in dem sie sich bis dahin gewälzt. Wie ihr wißt, hält man unser Volk bis jetzt noch, wenn auch für gutmütig und geistig sogar sehr begabt, doch für eine dunkle, elementare, erkenntnislose Masse, die ohne Ausnahme Lastern und Vorurteilen ergeben und fast durchweg sittenlos ist. Nun aber erdreiste ich mich, etwas auszusprechen, was man, wenn man will, ein Axiom nennen kann, und zwar: Um über die sittliche Kraft eines Volkes und darüber, zu was es in Zukunft fähig sein kann, zu urteilen, muß man nicht den Grad der Verderbnis, bis zu der es sich zeitweilig und womöglich in seiner Mehrzahl selbst erniedrigt, in Betracht ziehen, sondern nur die Geisteshöhe, bis zu der es sich wird emporschwingen können, wenn die Zeit dazu gekommen sein wird. Denn Verderbnis ist nur ein temporäres Unglück und hängt so gut wie immer von den vorhergehenden und vorübergehenden Umständen ab, von der Sklaverei, der Unterdrückung, Verrohung; die Gabe aber der Großmut ist ewig, elementar, ist eine Gabe, die mit dem Volk geboren wird und um so höher zu ehren ist, wenn sie durch Jahrhunderte der Sklaverei, des Unglücks und der Armut sich trotzdem im Herzen dieses Volkes unverletzt erhalten hat.

Fomá Daníloff war dem Aussehen nach vielleicht eines der allergewöhnlichsten und unauffälligsten Exemplare des russischen Bauern, so unauffällig wie das russische Volk selber. – Oh, viele haben dieses Volk überhaupt noch nicht bemerkt! – Möglich, daß er seinerzeit nicht ungern ohne Arbeit war und ein Gläschen trank, möglich, daß er nicht einmal viel betete, wenn er auch natürlich seinen Gott nie vergaß! Und plötzlich befiehlt man ihm nun, seinen Glauben zu ändern – unter Androhung des Märtyrertodes! Dabei ist nicht zu vergessen, was das für eine Folter ist, diese asiatische Folter! Vor ihm sitzt der Chan in eigener Person und verheißt ihm seine Gnade und alles Schöne. Und Daníloff begreift nur zu gut, daß seine Weigerung den Mächtigen unbedingt reizen wird und es die Eigenliebe der Kiptschaken kränken muß, daß »ein Christenhund es wagt, den Islam so zu verachten«. Doch trotz allem, was ihn erwartet, nimmt dieser unansehnliche russische Mensch die grausamen Qualen auf sich und stirbt, seine Peiniger in Erstaunen setzend. Wißt ihr auch, daß von uns kein einziger das getan hätte? Vor aller Augen leiden, mag zuweilen sogar angenehm sein, hier aber ging doch die Qual ganz weltfern vor sich, in einem stummen Winkel: keiner sah ihn; Foma selber konnte nicht wissen, daß seine Tat über das ganze Land der

Russen hin bekannt werden würde. Ich glaube, gar manchen großen Märtyrern, sogar solchen aus den ersten Jahrhunderten des Christentums, gereichte es, wenn sie das Kreuz auf sich nahmen, nicht wenig zum Trost und zur Erleichterung, sich sagen zu können, daß ihr Tod für die Zaghaften und Schwankenden ein Beispiel sei und noch mehr Jünger für Christus werben werde. Foma Daniloff konnte diesen großen Trost nicht haben: er war allein unter seinen Henkern; niemand, so mußte er sich sagen, würde erfahren, was mit ihm geschah. Er war noch jung und hatte Weib und Kind in der Heimat – niemals würde er sie wiedersehen. Dennoch: es sei! »Wo ich auch bin, gegen mein Gewissen kann ich nicht handeln; ich wähle den Märtyrertod«, – Wahrheit um der Wahrheit willen und nicht zum eigenen Ruhm! Und weder Lug noch Trug noch sophistisches Spiel mit dem eigenen Gewissen: ‚Werde den Islam einfach zum Schein annehmen, errege lieber keinen Anstoß, es wird ja doch niemand sehen, später kann ich ja Buße tun, das Leben ist lang, werde der Kirche spenden, Gutes tun ...‘ Nichts davon war in ihm, sondern nur wundernehmende, ursprüngliche, elementare Ehrlichkeit. Nein, ich glaube nicht, daß wir ebenso gehandelt hätten!

Doch das sind wir; aber für unser Volk, wiederhole ich, hat die Heldentat Daniloffs vielleicht sogar nicht das geringste Verwunderliche. Das ist es ja, daß hier geradezu ein Symbol des russischen Volkes geboten wird, eine ganze Darstellung unseres Volkes: deswegen berührt dieser Tod mich so nah und auch euch, natürlich auch euch! Gerade so liebt unser Volk die Wahrheit: nur um der Wahrheit willen und nicht um des Ruhmes willen. Möge es auch noch so roh und gemein und sündig und unscheinbar sein; doch laßt nur seine Zeit kommen, laßt nur die Zeit der Volkswahrheit anbrechen, so werdet auch ihr erstaunen über seine Geistesfreiheit, die seine Größe dann vor dem Joch des Materialismus, der Leidenschaften, der Geld- und Habgier, und sogar unter Androhung des grausamsten Foltertodes, beweisen wird.

Und all das wird es einfach, ohne Phrasen und Gesten tun, nur fest in seiner Überzeugung, ohne Belohnung oder Lob zu verlangen, ohne mit seiner Tat zu prahlen: »Woran ich glaube, das bekenne ich auch.«

Wißt, man muß die Wahrheit nicht zu umgehen suchen; ich glaube, daß wir ein solches Volk nichts mehr lehren können. Das ist ein Sophismus, versteht sich, doch kommt er einem zuweilen unwillkürlich in den Sinn. Oh, natürlich, wir sind gebildeter als das Volk, aber *was* sollen wir es denn lehren? fragt es sich! Ich rede hier nicht von den Handwerkern, nicht von der Technik, nicht von der Mathematik – das werden ihm für Geld auch die zugereisten Deutschen schon beibringen, wenn wir es nicht selbst tun. Nein, aber wir, was wollen wir es lehren? Wir sind doch Russen, sind Brüder diesem Volke und folglich verpflichtet, es zu *erleuchten.* Was können wir ihm Moralisches, welches Höhere können wir ihm geben, was ihm erklären, und womit diese „dunklen" Seelen *erleuchten?* Volksaufklärung ist unser Recht und unsere Pflicht im höchsten christlichen Sinn: Wer das Gute weiß und das wahrhafte Wort des Lebens kennt, der muß, der ist verpflichtet, es seinem nichtwissenden, im Dunkel irrenden Bruder zu sagen, lehrt uns die Bibel. Was sollen wir nun dem Irrenden sagen, was er selbst nicht besser wüßte als wir? Zuerst natürlich, daß „lernen nützlich ist und man lernen muß", – nicht wahr? Aber das Volk hat schon vor uns gesagt: „Lernen ist Licht, Nichtlernen ist Finsternis." Besiegung der Vorurteile, zum Beispiel, Vernichtung der Götzen? Aber in uns selber ist doch solch eine Unmenge von Vorurteilen, und Götzen haben wir uns so viele zugelegt, daß das Volk uns offen sagen wird: „Arzt, heile dich selber." – Und unsere Götzen versteht es bereits ganz vorzüglich zu erkennen! Oder sollen wir es Selbstachtung lehren, persönliche Würde? Aber unser Volk, als Ganzes genommen, achtet sich selber viel mehr als wir uns achten, ehrt und begreift seine Würde viel tiefer als wir. In der Tat, wir sind so furchtbar in uns selbst verliebt, aber wir achten uns dabei doch nicht im geringsten, und persönliche Würde, gleichviel, worin sie auch bestände, gibt es bei uns überhaupt nicht. Oder sollen wir dem Volk etwa Achtung vor fremden Überzeugungen beibringen? Unser Volk beweist schon seit Peters des Großen Zeiten, daß es auch die Überzeugungen Fremder zu achten versteht; wir aber verzeihen ja nicht einmal unter unseresgleichen die kleinste Abweichung von unseren Überzeugungen, und wer mit uns nicht übereinstimmt, den halten wir einfach für einen Dummkopf, wobei wir ganz vergessen, daß, wer so leicht die Achtung für andere verliert, in erster Linie sich selbst nicht achtet. Oder sollen wir etwa das Volk Glauben an sich und seine Kräfte lehren? Das Volk hat Foma Daniloffs zu Tausenden, wir aber glauben überhaupt nicht an russische Kräfte, ja, und halten diesen Unglauben noch für höhere Bildung, und es fehlt nicht viel, auch noch für Heldenhaftigkeit. Aber so sagt doch, was können wir das Volk denn lehren? Wir verabscheuen, wir hassen sogar all das, was unser Volk liebt und ehrt, und wonach sein Herz sich sehnt. Nun also: Was sind wir denn für Volksfreunde? Man wird vielleicht entgegnen, daß wir folglich das Volk nur um so mehr lieben, wenn wir, ihm Besseres wünschend, seine Unwissenheit verabscheuen. O nein, meine Herren, keineswegs: Wenn wir wahrhaft und in der Tat unser Volk liebten und nicht nur in Artikeln und Broschüren, so würden wir etwas näher zu ihm hingehen und uns bemühen, erst einmal das kennenzulernen, was wir jetzt, wie es uns gerade beliebt, nach europäischer Schablone in ihm vernichten wollen; dann würden wir vielleicht selbst so viel Neues lernen, wie wir uns jetzt noch nicht einmal träumen lassen.

Übrigens haben wir einen Trost: unseren großen Stolz vor unserem Volke. Darum verachten wir es ja auch so: verachten es, weil es national ist und aus seiner ganzen Kraft auf dieser seiner Nationalität besteht, wir aber – wir haben kosmopolitische Überzeugungen, haben uns als unser Ziel die Allmenschheit gesetzt und uns über unser Volk somit selbst hinausgehoben. Nun, und das ist ja unsere ganze Zwietracht, unser ganzer Bruch mit dem Volk. Und so sage ich denn meine Meinung: Versöhnen wir uns mit ihm in diesem Punkt, so hört sofort auch unser Zwist mit ihm auf. Dazu aber gibt es eine Möglichkeit, die außerdem sehr leicht zu finden ist. Im übrigen wiederhole ich nochmals nachdrücklichst, daß sogar unser allerschroffster Widerspruch im Grunde nur eine – Selbsttäuschung ist.

Was aber ist das nun für eine Versöhnungsmöglichkeit?

ZWEITES KAPITEL

I

Die Versöhnungsmöglichkeit außerhalb der Wissenschaft

Zuerst hebe ich das am meisten Bestrittene hervor und beginne ohne weiteres damit:

Jedes große Volk glaubt und muß glauben, wenn es nur lange am Leben bleiben will, daß in ihm, und nur in ihm allein, die Rettung der Welt liegt, daß es bloß lebt, um an die Spitze aller Völker zu treten, sie alle in das eigene Volk aufzunehmen und sie, in harmonischem Chor, zum endgültigen, ihnen allen vorbestimmten Ziel zu führen.

Ich behaupte, daß es so mit allen großen Völkern der Erde war, mit den ältesten wie mit den jüngsten, daß nur dieser Glaube allein sie zu der Möglichkeit, jedes zu seiner Zeit einen großen Einfluß auf die Schicksale der Menschheit auszuüben, erhoben hat. So war es zweifellos mit dem alten Rom, und so war es später mit dem zweiten Rom in der katholischen Periode der Geschichte dieser Stadt. Als dann Frankreich seine katholische Idee erbte, geschah ganz dasselbe auch mit Frankreich, und im Zeitraum von fast zwei Jahrhunderten, bis zu seinem Sturz in unserem Jahrhundert und seiner jetzigen Resignation, glaubte Frankreich zweifellos die ganze Zeit an der Spitze der Völker zu stehen, hielt sich, wenigstens moralisch, zeitweilig aber auch politisch, für ihren Führer und Wegweiser zur Zukunft. Danach strebte freilich auch Deutschland in seinen Träumen und stellte der katholischen Weltidee und ihrer Autorität seinen Protestantismus und die unbegrenzte Freiheit des Geistes und der Forschung entgegen. Ich wiederhole, dasselbe geschieht *mehr oder weniger* mit allen großen Nationen auf der Höhe ihrer Entwicklung. Man wird mir sagen, das sei nicht wahr, das sei eben mein Irrtum, und man wird mich auf das *Bewußtsein* dieser selben Völker aufmerksam machen, auf die Erkenntnis ihrer Gelehrten und Denker, die gerade auf die gemeinschaftliche, die vereinte Bedeutung der europäischen Nationen hingewiesen haben, der Nationen, die vereint an der Schöpfung und Vollendung der europäischen Zivilisation mitgewirkt haben ... nun, und ich werde diesen Einwand selbstverständlich nicht ohne weiteres abweisen. Doch abgesehen davon, daß solche Vernunftschlüsse im allgemeinen gewissermaßen das Ende des lebendigen Lebens eines Volkes bedeuten, will ich einstweilen nur auf eines hinweisen: diese selben kosmopolitischen Denker haben, was sie auch immer von der Weltharmonie der Nationen schrieben, dennoch zu gleicher Zeit und meistenteils mit unmittelbarem, lebendigem und aufrichtigem Gefühl, ganz so wie die Masse ihres Volkes, *fortgesetzt geglaubt*, daß in diesem Chor der Nationen, die die Weltharmonie und die gemeinsame Zivilisation ausmachen, gerade sie (sagen wir, zum Beispiel, die Franzosen) das Haupt dieser ganzen Vereinigung seien, *sie* die vordersten, *sie* diejenigen, denen es vorbestimmt ist, zu führen, die anderen ihnen nur nachzufolgen hätten: daß sie (die Franzosen) von diesen anderen Völkern nun, meinetwegen, vielleicht auch etwas entlehnen, doch immerhin nur *etwas*, daß dafür aber jene anderen Völker von ihnen *alles* übernehmen, wenigstens alles Erstrangige, und nur von ihrem Geist und von ihrer Idee zu leben vermögen, ja, und ihnen überhaupt nichts übrigbleibe, als sich schließlich ihrem Geiste anzuschließen und sich mit ihnen, den Franzosen, früher oder später zu verschmelzen. Und auch in dem heutigen resignierten und innerlich zerfallenen Frankreich lebt noch eine derartige Idee, die eine neue, doch meiner Meinung nach vollkommen natürliche Phase gerade seiner früheren katholischen Weltidee in ihrer Entwicklung ist; nicht weniger als die Hälfte aller Franzosen glaubt auch jetzt, daß in ihr, und zwar nur in ihr allein, die Rettung nicht nur Frankreichs, sondern der ganzen Welt liege: das ist ihr französischer Sozialismus. Diese ihre Idee (das heißt: dieser ihr Sozialismus) ist natürlich unwahr und aussichtslos; doch jetzt handelt es sich nicht mehr um ihre Qualität, sondern darum, daß sie jetzt vorhanden ist, ein lebendiges Leben lebt, und daß diejenigen, die sich zu ihr bekennen, nicht von Wehmut und Zweifeln befallen sind wie die übrigen Franzosen. Anderseits sehe man sich doch den Engländer an, gleichviel was für einen, den Lord oder den Arbeiter, den Gelehrten oder den Ungebildeten, und man wird sich überzeugen, daß jeder einzelne Engländer sich bemüht, vor allen Dingen Engländer zu sein, in allen Lebenslagen Engländer zu bleiben, im öffentlichen wie im Privatleben, in der Politik wie in der Gesellschaft und im Geschäft. Und sogar die Menschheit zu lieben, bemüht er sich nicht anders denn nur als Engländer. Und wenn dem auch so wäre, wird man mir entgegnen, so wie ich es behaupte, dann würde doch solch ein Eigendünkel jedes großen Volkes unwürdig sein: der Egoismus und unsinnige Chauvinismus würden seine Bedeutung verringern oder gar sein nationales Leben schon gleich zu Anfang schädigen und verderben, statt ihm Lebenskraft zu geben. Man wird sagen, daß derart sinnlose, stolze Ideen keiner Nachahmung wert seien, sondern, im Gegenteil, von der Vernunft, die alle Vorurteile vernichtet, ausgerottet werden müßten. Nun, wenn das von der einen Seite auch sein Wahres hat, so muß man doch, denke ich, nichtsdestoweniger die Frage auch von der anderen Seite nehmen: dann aber erscheint meine Meinung durchaus nicht erniedrigend, sondern, umgekehrt, sogar erhebend. Was tut's, daß der lebensfremde Jüngling träumt, dereinst ein Held zu werden? Glaubt mir: Stolze und hochmütige Träume können diesem Jüngling viel nützlicher und lebensteigernder sein als die „Vernünftigkeit" eines Knaben, der schon mit sechzehn Jahren an der weisen Regel festhält, daß Glück besser als Heldentum sei. Glaubt mir, das Leben jenes

Jünglings wird nach durchlebter Armut und mißglückten Versuchen als Ganzes doch schöner sein als das behagliche Dahinvegetieren seines vernünftigen Schulkameraden, der sein Leben unter allen nur denkbaren Bequemlichkeiten verbringt. Solch ein Glaube an sich ist nicht unmoralisch und keineswegs eine Selbstüberhebung. Und ebenso ist es auch mit den Völkern: Mag es auch vernünftige, friedliche und zufriedene Völker geben, die ohne Überschwenglichkeiten ein gutes Leben führen, Handel treiben, Schiffe bauen, und sich mit Behagen ihres Lebens freuen: nun, Gott hab' sie selig, weit werden sie es nicht bringen! Daraus wird doch nur so eine echte Mittelmäßigkeit entstehen, von der die Menschheit nichts, aber auch gar nichts hat: die große Energie, die große Selbsteinschätzung fehlt ihnen. Ihnen fehlen die drei lebendigen Walfische, auf denen alle großen Völker ruhen.[35] Der Glaube daran, daß du der Welt das letzte Wort sagen willst und *kannst,* daß du die Welt mit dem Überfluß deiner lebendigen Kraft erneuen wirst, der Glaube an die Heiligkeit der eigenen Ideale, der Glaube an die Kraft der eigenen Liebe und des eigenen Verlangens, der Menschheit zu dienen, – nein, solch ein Glaube ist das Unterpfand für das allerhöchste Leben der Nationen; nur mit ihm bringen sie der Menschheit Nutzen, den zu bringen ihnen vorherbestimmt gewesen, jenen ganzen Teil ihrer Lebenskraft und organischen Idee, die die Natur selber bei ihrer Schöpfung ihnen vorausbestimmt hat, als Erbe der späteren Menschheit zu vermachen. Nur die eines solchen Glaubens fähige Nation hat das Recht auf ein höheres Leben. Der legendäre Ritter der alten Zeiten glaubte, daß er alle Hindernisse, alle Gespenster und Ungeheuer besiegen, daß er alles erreichen werde, wenn er nur treu sein Gelübde „Gerechtigkeit, Keuschheit und Armut“ bewahrte. Ihr sagt: »Ach, das sind Legenden und alte Lieder, an die nur ein Don Quichotte noch glaubt! Nicht derart sind die Gesetze des wirklichen Lebens der Nationen!« Nun, dann fange und überführe ich euch zum Trotz und sage, daß auch ihr ganz solche

Don Quichottes seid, daß auch ihr selbst ebensolch eine Idee habt, an die ihr glaubt und durch die ihr die Menschheit erneuern wollt!

In der Tat, woran glaubt ihr denn? Ihr glaubt (und auch ich mit euch) an die Allmenschheit, das heißt: daran, daß dereinst vor dem Licht der Vernunft und Erkenntnis die natürlichen Schranken und Vorurteile, die bis heute noch die freie Gemeinschaft der Nationen durch den Egoismus der nationalen Forderungen vereiteln, fallen werden, und daß dann erst die Völker beginnen können, in einem einheitlichen Geiste und einhellig wie Brüder zu leben, vernünftig und mit Liebe zu allgemeiner Harmonie strebend. Nun, meine Freunde, was kann es Höheres und Heiligeres geben, als es dieser euer Glaube ist? Und die Hauptsache ist noch: Diesen Glauben werdet ihr nirgends in der ganzen Welt finden, bei keinem einzigen Volk zum Beispiel in Europa, wo die Charaktere der Nationen doch ungewöhnlich scharf umrissen sind, wo dieser Glaube, wenn er überhaupt da ist, sich nicht anders findet als in Gestalt irgendeiner bloß apriorischen, einer vielleicht lebhaften und feurigen, aber doch nicht mehr als bloß studierstubenhaften Erkenntnis. Bei euch aber, das heißt: nicht gerade bei euch, wohl aber bei uns, bei uns allen, uns Russen, – ist dieser Glaube allgemein lebendig und überwiegt alle anderen Ideen. Von uns glauben alle daran, sei es mit vollem Bewußtsein in der intellektuellen Welt, sei es ganz einfach mit lebendigem Instinkt im einfachen Volk, dem seine Religion schon befiehlt, an eben diesem Glauben festzuhalten. Ihr dachtet wohl, ihr wäret die einzigen „Allmenschen" aus der ganzen russischen Intelligenz, die anderen aber nur Slawophile oder Nationalisten? So ist es denn doch nicht: die Slawophilen und Nationalisten glauben an ganz genau dasselbe, an was ihr glaubt; ja, und tun das noch viel stärker als ihr!

Ich nehme jetzt nur die Slawophilen: Was war es denn, das sie durch ihre ersten Führer von ihrer Lehre verkündeten? Sie erklärten in klaren, treffenden Folgerungen: daß

Rußland zusammen mit allen Slawen, und es selbst an ihrer Spitze, der ganzen Welt das größte Wort sagen werde, das die Menschheit jemals vernommen hat, und daß dieses Wort gerade das Gebot der allmenschlichen Vereinigung sein wird, und zwar nicht im Geiste eines persönlichen Egoismus, in dem sich jetzt Menschen und Nationen künstlich und unnatürlich in ihrer Zivilisation vereinigen, zum „Kampf ums Dasein", indem sie mittels positiver Wissenschaft dem freien Geist moralische Grenzen setzen und zu gleicher Zeit sich gegenseitig Gruben graben, belügen, beschimpfen und verleumden. Das Ideal der Slawophilen war vielmehr die Vereinigung im Geist der wahren großen Liebe, ohne Lüge und Materialismus, und auf Grund des persönlichen großmütigen Beispiels, wie es bestimmt ist, vom russischen Volke an der Spitze der freien panslawischen Vereinigung Europa gegeben zu werden. Ihr sagt allerdings, daran glaubtet ihr keineswegs, und all das seien nur Spekulationen der Gelehrtenstuben. Hier aber ist nicht das wichtig, was irgend jemand glaubt, sondern wichtig ist, daß bei uns alle, trotz ihrer ganzen Meinungsverschiedenheiten, in diesem einen endgültigen, gemeinsamen Gedanken der allmenschlichen Vereinigung sich treffen und übereinstimmen. Das ist eine Tatsache, die keinem Zweifel untersteht und die an sich schon erstaunlich ist; denn dieses Gefühl gibt es noch nirgends, in keinem einzigen Volk, in einem solchen Grade: als ein so lebendiges und hauptsächliches Bedürfnis. Ist dem aber so, dann haben also auch wir, wir alle, eine feste und bestimmte Nationalidee: ja, gerade eine *nationale* Idee. Folglich wäre, wenn die nationale russische Idee zu guter Letzt nur die universale allmenschliche Vereinigung ist, das Ratsamste für uns, so schnell wie möglich unsere Uneinigkeiten beizulegen und national, das heißt: Russen, zu werden. Unsere ganze Rettung liegt ja darin, daß wir nicht im voraus darüber streiten, wie und wann sich diese Idee verwirklichen wird, sondern daß wir alle zusammen von der Betrachtung zur Tat übergehen. Aber gerade hier liegt nun freilich der wunde Punkt.

II

In Europa sind wir bloß Landstreicher

Denn wie seid ihr eigentlich zur Tat übergegangen? Ihr habt doch schon längst begonnen, schon vor langer, langer Zeit, aber was habt ihr denn für die Allmenschheit, das heißt: zur Verwirklichung eurer Idee getan?

Ihr begannt mit ziellosem Umherstreichen durch Europa, mit dem heftigen Verlangen, euch in „Europäer" zu verwandeln, wenn auch nur dem Anschein nach. Das ganze achtzehnte Jahrhundert hindurch taten wir ja nichts anderes als den Schein eines Europäertums annehmen. Wir zwangen uns europäischen Geschmack auf, aßen sogar allerhand abscheulich gepfeffertes Zeug nach europäischem Beispiel und bemühten uns krampfhaft, dabei das Gesicht nicht zu verziehen: »Seht, was ich für ein Engländer bin, kann nichts mehr ohne Cayenne-Pfeffer essen!«

Ihr glaubt vielleicht, daß ich euch verspotten will? Fällt mir nicht ein. Ich verstehe nur zu gut, daß man anders überhaupt nicht hätte anfangen können, „Europäer" zu werden. Wir mußten gerade mit der Verachtung des Eigenen beginnen, und wenn wir ganze zwei Jahrhunderte auf diesem Punkt stehen geblieben sind, uns weder vorwärts noch rückwärts bewegt haben, so wird das wohl die uns von der Natur bestimmte Frist gewesen sein. Allerdings, so ganz regungslos sind wir nicht geblieben: unsere Verachtung für das Eigene wuchs immer mehr, und besonders als wir anfingen, Europa etwas gründlicher zu verstehen. In Europa übrigens verwirrte uns die schroffe Absonderung der Nationen gegeneinander, die scharfe Zeichnung der Typen nationaler Charaktere nicht im geringsten. Unser Erstes war ja, daß wir „alles Entgegengesetzte abwarfen" und den kosmopolitischen Typus des „Europäers" annahmen, das heißt also, daß wir gleich am Anfang schon das Gemeinsame, was sie alle verbindet, herauszufinden verstanden – und das ist sehr bezeichnend. Mit der Zeit noch klüger geworden, hielten wir uns darauf unmittelbar an die Zivilisation und glaubten sofort blind und kritiklos, daß in ihr allein das „Gemeinsame", das berufen ist, die Menschheit zu vereinen, enthalten sei. Sogar die Europäer wunderten sich, wenn sie uns, die Fremdlinge, sahen, über diesen unseren begeisterten Glauben, um so mehr, als *sie* damals schon anfingen, diesen selben Glauben bei sich zu verlieren. Begeistert empfingen wir Rousseau und Voltaire, freuten uns innigst mit dem reisenden Karamsin[36] über die Zusammenrufung der Generalstaaten im Jahre 1789, und wenn wir auch später, nach dem ersten Viertel unseres Jahrhunderts, mit den fortgeschrittensten Europäern in Verzweiflung gerieten über die untergegangenen Träume und zerschlagenen Ideale, so verloren wir doch nicht unseren Glauben und trösteten sogar noch die Europäer. Selbst die im Vaterlande „weißesten" Russen wurden in Europa sofort „rot" – gleichfalls ein außerordentlich charakteristischer Zug. Darauf, schon in der Mitte dieses Jahrhunderts, erachteten sich einige von uns bereits für würdig, zum französischen Sozialismus überzutreten, und sie nahmen ihn ohne das geringste Bedenken für die endgültige Lösung der allmenschlichen Vereinigung, also für die Erreichung unserer ganzen Idee, die uns bis jetzt mit sich fortgerissen hat. Auf diese Weise hielten wir für das realisierte Ziel das, was in Wirklichkeit der größte Egoismus war, was den Gipfel der Unmenschlichkeit, der ökonomischen Sinnlosigkeit und des politischen Wirrwarrs, den Höhepunkt der Verleugnung aller menschlichen Natur, den Gipfel der Vernichtung jeder menschlichen Freiheit ausmachte. Doch das, wie gesagt, beunruhigte uns weiter nicht. Im Gegenteil: sahen wir betrübtes Bedenken oder Nichtbegreifenkönnen mancher tiefen europäischen Denker, so nannten wir sie ohne Bedenken dumm. Wir glaubten widerspruchslos, und glauben ja auch jetzt noch, daß die positive Wissenschaft durchaus fähig sei, die moralischen Grenzen zwischen den Persönlichkeiten der Einzelnen wie der Nationen zu bestimmen – als ob die Wissenschaft, selbst wenn ihr das möglich wäre, diese Geheimnisse *vor* der *Vollendung des Versuchs,* das heißt, vor der Vollendung aller Schicksale des Menschen auf Erden, entdecken könnte. Unsere Gutsbesitzer verkauften ihre leibeigenen Bauern und fuhren nach Paris, um dort sozialistische Blätter herauszugeben, und unsere Rudins[37] starben auf den Barrikaden. Währenddessen hatten wir uns aber schon so von unserer russischen Erde gelöst, daß wir jede Vorstellung davon verloren, bis zu welchem Grade sich solch eine Lehre von der Seele des russischen Volkes entfernt. Übrigens schätzten wir den russischen Volkscharakter nicht nur nicht, sondern sprachen unserem Volk überhaupt jeden Charakter ab. Wir vergaßen, an unser Volk auch nur zu denken, und waren in unerschütterlicher Ruhe überzeugt (ohne überhaupt zu fragen), daß unser Volk sofort alles annehmen werde, worauf wir es hinweisen, richtiger, was wir ihm befehlen würden. In dieser Hinsicht hat es bei uns immer die komischsten Anekdoten über das Volk gegeben. Unsere Allmenschen blieben im Verhältnis zu ihrem Volk durchaus Gutsherren und Gutsbesitzer, und das sogar noch nach der Bauernreform.

Was aber haben wir damit erreicht? Wirklich sonderbare Ergebnisse: Vor allem werden wir von ganz Europa spöttisch angesehen. Auf die allerklügsten Russen blickt man im Westen nur mit hochmütiger Herablassung. Davor hat sie nicht einmal die Emigration gerettet, auch die politische nicht. Um keinen Preis wollen uns die Europäer als ihresgleichen anerkennen, für keine Opfer und auf keinen Fall! „Grattez le Russe", sagen die Franzosen, „et vous verrez le Tatare", und so ist es noch heute. Unser Barbarentum ist bei ihnen zum Sprichwort geworden. Und je mehr wir ihnen zu Gefallen unsere eigene Nationalität verachteten, um so mehr verachteten sie wiederum uns. Wir scharwenzelten vor ihnen, bekannten ihnen knechtisch unsere „europäischen" Anschauungen und Überzeugungen; sie aber hörten uns herablassend kaum an und meinten gewöhnlich mit, nun ja, höflichem Lächeln, um uns schneller los zu werden, wir hätten das bei ihnen »nicht ganz richtig verstanden«. Es wundert sie, daß wir, die wir solche Tataren sind, auf keinerlei Art und Weise Russen werden können. Wir jedoch haben es ihnen niemals erklären können, daß wir nicht Russen, sondern Allmenschen sein wollen. Es ist wahr, in der letzten Zeit scheint ihnen doch irgend etwas aufgegangen zu sein: Sie haben begriffen, daß wir etwas wollen, etwas, das für sie furchtbar und gefährlich ist; sie sagen sich, daß es unserer viele gibt, achtzig Millionen, daß wir alle europäischen Ideen kennen und verstehen, während sie von unseren russischen Ideen überhaupt nichts wissen, und daß sie, wenn sie auch etwas von ihnen wüßten, sie doch nicht verstehen könnten; daß wir alle Sprachen sprechen, sie aber nur die ihrigen – nun, und noch vieles andere scheint ihnen mit der Zeit halbwegs aufgegangen zu sein und ihren Verdacht erweckt zu haben. Kurz, die Folge davon war, daß sie uns die Feinde und zukünftigen Zerstörer der europäischen Zivilisation nannten. So haben sie unser leidenschaftliches Ideal, Allmenschen zu werden, verstanden!

Und doch können wir uns unmöglich von Europa lossagen. Europa ist uns zum zweiten Vaterland geworden, – ich selbst bin der erste, der sich leidenschaftlich zu Europa bekennt. Europa ist uns allen *fast* ebenso teuer wie Rußland. In ihm wohnt Japhets Stamm, und unsere Idee ist: die Vereinigung aller Nationen dieses Stammes, und sogar noch weiter, viel weiter, bis zu Sem und Ham. Was sollen wir da nun tun?

Als erstes und vor allen Dingen: Russen werden. Ist die Allmenschheit die russische Nationalidee, so muß vor allem ein jeder von uns erst Russe werden, das bedeutet aber so viel wie: „er selbst". Dann wird sich vom ersten Schritt an alles verändern. Russe werden, heißt aufhören, sein eigenes Volk zu verachten. Sobald der Europäer sieht, daß wir unser Volk und unsere Nationalität achten, wird er sofort auch uns achten. In der Tat, je stärker und selbständiger wir uns in unserem nationalen Geiste entwickeln würden, desto stärkeren und tieferen Widerhall dürften wir im Europäer finden und ihm sofort verständlicher werden. Dann würde man uns auch nicht mehr hochmütig loswerden wollen, sondern würde uns gern zuhören. Auch äußerlich würden wir dann anders werden. Sind wir erst wir selbst geworden, dann werden wir auch endlich Menschengestalt annehmen, und nicht wie bisher nur Affengestalt haben. Wir werden wie freie Wesen, nicht wie Sklaven oder Diener sein; man wird uns dann für Menschen halten, nicht für internationale Landstreicher, nicht für die Elenden des Europäismus, Liberalismus und Sozialismus. Auch reden werden wir mit ihnen klüger als jetzt; denn in unserem Volk und in seinem Geist können wir neue Worte finden, die den Europäern bestimmt verständlicher sein werden. Und wir selbst werden dann einsehen, daß vieles von dem, was wir an unserem Volk verachtet haben, nicht Finsternis, sondern Licht ist, nicht Dummheit, sondern, im Gegenteil, Geist. Und haben wir erst das begriffen, dann werden wir Europa jenes Wort sagen, das man dort noch niemals gehört hat. Dann werden wir uns überzeugen, daß das wirkliche soziale Wort kein anderes Volk als unser Volk in sich trägt; daß in seiner Idee, in seinem Geist das lebendige Bedürfnis nach der Allvereinigung der Menschheit liegt, nach einer Vereinigung, die volle Achtung für die Persönlichkeit jeder einzelnen Nation und für ihre Erhaltung, für die Erhaltung der Freiheit des Menschen in sich schließt, und die nur den Hinweis darauf enthält, worin diese Freiheit besteht: in der Vereinigung durch Liebe, *sichergestellt* bereits durch die Tat, durch das lebendige Beispiel, durch das Bedürfnis nach der wahrhaften Brüderlichkeit in der Wirklichkeit – nicht aber durch die Guillotine, nicht durch Millionen gefällter Köpfe ...

Hm ... habe ich etwa wirklich jemanden überzeugen wollen? Das war ja nur ein Scherz. Doch – schwach ist nun einmal der Mensch: vielleicht liest es einer von den Jünglingen ... einer von der jungen Generation.

FEBRUAR

ZWEITES KAPITEL

I

Eine der wichtigsten derzeitigen Fragen

Vielleicht ist es meinen Lesern bereits aufgefallen, daß ich, der ich doch schon über ein Jahr mein „Tagebuch eines Schriftstellers" herausgebe, die ganze Zeit darauf bedacht bin, über die laufenden Neuerscheinungen der russischen Literatur möglichst wenig zu sprechen, wenn ich mir jedoch hin und wieder ein paar Worte auch über dieses Thema gestatte, dies dann höchstens in einem begeistert lobenden Ton geschieht. Dabei ist diese meine freiwillige Enthaltsamkeit eigentlich doch schrecklich unwahr! Ich bin Schriftsteller, schreibe das „Tagebuch eines Schriftstellers", und freilich habe ich mich in diesem ganzen Jahr vielleicht mehr als jeder andere für die literarischen Neuerscheinungen interessiert: wozu also meine womöglich stärksten Eindrücke verheimlichen? ‚Aber du bist doch selbst Literat und Belletrist, da wird ja jedes deiner Urteile über belletristische Werke, wenn es nicht bedingungslos lobend ist, für parteiisch gehalten werden; es sei denn, daß du über längst erschienene alte Werke schriebest', – das war die Erwägung, die mich abhielt, Neuerscheinungen zu erwähnen.

Und trotzdem will ich es diesmal wagen, gegen diese Erwägung vorzugehen. Allerdings habe ich nicht vor, im rein belletristischen und kritischen Sinne Neuerscheinungen zu besprechen, außer wenn es einmal nottun sollte, sagen wir, bei einer besonderen „Veranlassung". Eine solche Veranlassung hat sich nun plötzlich ergeben. Ich bin vor einem Monat auf eine dermaßen ernste und in unserer modernen Literatur charakteristische Stelle gestoßen, daß ich sie sogar mit Verwunderung gelesen habe, zumal ich in unserer Belletristik auf etwas ähnliches und von dieser Größe schon lange nicht mehr gewartet habe. Bei einem Schriftsteller, einem Künstler im höchsten Grade, bei einem ausgesprochenen Erzähler, stieß ich auf drei oder vier Seiten, die unsere „brennendste Tagesfrage“ enthielten alles, was in unseren gegenwärtigen russischen politischen und sozialen Fragen das Allerwichtigste ist, und das wie in einem einzigen Sammelpunkt zusammengefaßt. Und das Bemerkenswerteste: das ist geschehen mit allen charakteristischen Nuancen unserer heutigen Zeit, gerade so, wie diese Frage in diesem gegenwärtigen Augenblick bei uns gestellt wird und – unbeantwortet bleibt ... Ich spreche von ein paar Seiten im Roman „Anna Karénina“ des Grafen Leo Tolstoi (im Januarheft des „Russischen Boten“).

Über den ganzen Roman will ich mich nur kurz äußern, und auch das nur, soweit das Notwendigste vorausgeschickt werden muß. Wie wir alle habe auch ich ihn vor langer Zeit im „Russischen Boten“ zu lesen begonnen. Anfangs gefiel er mir sehr; dann gefielen mir die Einzelheiten immer noch so, daß ich mich von ihnen nicht losreißen konnte, aber als Ganzes begann er mir weniger zu gefallen. Ich hatte immer den Eindruck, als hätte ich das schon irgendwo gelesen, und zwar in „Kindheit und Jünglingsjahre“ und auch in „Krieg und Frieden“ desselben Grafen Tolstoi, und als wäre es dort sogar frischer gewesen. Es ist immer die gleiche Geschichte adliger russischer Gutsbesitzerfamilien, wenn auch das jeweilige Sujet natürlich ein anderes ist. Personen wie Wronskij, zum Beispiel (einer der Helden des Romans), die unter sich von nichts anderem als von Pferden sprechen, ja, nicht einmal *fähig* sind, von anderem als von Pferden zu sprechen, waren natürlich interessant genug, um einmal ihren Typ kennenzulernen, doch sonst furchtbar einförmig und nur zu einer bestimmten Menschen- und Gesellschaftsklasse gehörig. Es schien, daß die Liebe dieses »Hengstes im Waffenrock«, wie ihn einer meiner Freunde nennt, überhaupt nur in ironischem Ton geschildert werden könnte. Als aber der Verfasser von der inneren Welt seines Helden nicht mehr ironisch, sondern im Ernst zu erzählen begann, da erschien mir das sogar langweilig. Doch plötzlich wurden alle meine Vorurteile verscheucht: es kam die Sterbeszene der Heldin (später wurde sie wieder gesund), und ich begriff die eigentlichen Ziele des Verfassers. Mitten in diesem flachen und unverschämten Leben tauchte die ewige große Lebenswahrheit auf und erhellte alles mit einem Schlag. Diese kleinlichen, leeren, verlogenen Leute wurden plötzlich zu aufrichtigen und wahrhaften Menschen, die dieses Namens wert waren – wurden es durch die Kraft des Naturgesetzes, das Gesetz des menschlichen Sterbens. Die Schale fiel ab, und es erschien einzig die wahre Gestalt. Die Letzten wurden die Ersten, und die Ersten (Wronskij) wurden plötzlich die Letzen, verloren ihre ganze Aureole und waren plötzlich erniedrigt; doch wurden sie dadurch unvergleichlich besser, würdiger und wahrer, als sie als Erste gewesen waren. Haß und Lüge sprachen in Worten der Verzeihung und Liebe. An die Stelle der stumpfsinnigen weltlichen Begriffe trat reine Nächstenliebe. Alle verziehen einander und gaben dem anderen recht. Der gesellschaftliche Rang und der Kastengeist verschwanden und wurden undenkbar, und diese Menschen aus papierenen Begriffen glichen auf einmal wirklichen Menschen. Es gab keine Schuldigen: jeder beschuldigte bedingungslos sich selbst, und somit waren sie alle gerechtfertigt. Der Leser fühlt, daß es eine Lebenswahrheit gibt, die allerwirklichste und die allerunvermeidlichste, an die man glauben muß, und daß unser ganzes Leben und alle unsere Erregungen, wie die flachsten und schädlichsten so auch die, welche wir oft für die höchsten halten, meistens nur kleinliche, phantastische Eitelkeiten sind, die vor dem Moment der Lebenswahrheit fallen und hinschwinden, sogar ohne sich zu verteidigen. Die Hauptsache war der Hinweis, daß dieses Moment wirklich da ist, wenn es auch selten in seiner ganzen erhellenden Klarheit und in manchem Leben vielleicht überhaupt nicht erscheint. Dieses Moment ist vom Dichter gefunden und wird uns in seiner ganzen furchtbaren Wahrheit gezeigt. Er hat bewiesen, daß diese Wahrheit wirklich vorhanden ist, nicht nur auf Treu und Glauben, nicht nur im Ideal, sondern sichtbar, vor unseren Augen. Gerade dieses, glaube ich, wollte uns der Dichter beweisen, als er sein Werk begann. Den russischen Leser an diese ewige Wahrheit zu erinnern, tat ja nur zu sehr not: wie viele hatten sie schon vergessen! Mit diesem Erinnern hat der Dichter eine gute Tat vollbracht, ganz abgesehen davon, daß er sie als ein Künstler von ungewöhnlicher Größe ausgeführt hat.

Wieder zog sich der Roman hin, und dann plötzlich stieß ich, im Sechsten Teil des Romans zu meinem Erstaunen auf eine Szene, die unsere „brennende Tagesfrage" enthielt, eine Szene, die vor allen Dingen nicht etwa tendenziös hineingesetzt war, sondern die sich aus dem ganzen künstlerischen Wesen des Romans wie von selbst ergab. Trotzdem war ich überrascht und nicht wenig erstaunt: solch eine echte „Tagesfrage" hatte ich denn doch nicht erwartet. Aus irgendeinem Grund hatte ich nicht geglaubt, daß der Autor sich entschließen werde, seine Helden in ihrer Entwicklung bis zu solchen Extremen zu bringen. In der Tat: in diesen Extremen des Ergebnisses liegt ja gerade der Sinn der Wirklichkeit, und ohne den würde der Roman von etwas unbestimmter Art sein, die nicht entfernt weder den gegenwärtigen noch den wichtigsten russischen Interessen entspricht: es würde irgendein Winkel des Lebens dargestellt sein, mit beabsichtigter Ignorierung des Hauptsächlichen und Aufregenden in diesem Leben. Oder verfalle ich schon in Kritik? Das ist nicht meine Absicht. Ich wollte nur auf eine Szene hinweisen, in der zwei Personen sich von einer Seite zeigen, von welcher sie für uns jetzt am charakteristischsten sind. Jener Typ Menschen, zu dem diese beiden gehören, ist vom Autor in den für uns interessanten Gesichtskreis gestellt, ist in seiner gegenwärtigen sozialen Bedeutung erfaßt worden.

Beide sind Edelleute, von altem Erbadel und erbliche Gutsbesitzer, und beide leben sie jetzt in der Zeit nach der Bauernreform. Es ist noch nicht lange her, da waren sie Herren leibeigener Gutsbauern. Und nun stellt sich die Frage: Was bleibt von diesen Edelleuten, im Sinne des alten Adelsstandes, nach der Bauernreform noch übrig? Da der Typus sowohl des einen wie des anderen Gutsbesitzers durchaus allgemeingültig und sehr verbreitet ist, so wird die Frage vom Autor teilweise gelöst. Der eine von ihnen, Stiwa Oblónskij, ist Egoist, feiner Epikuräer, lebt in Moskau und ist dort Mitglied des Englischen Klubs. Solche Leute hält man gewöhnlich für harmlose und liebe Bonvivants, für angenehme Egoisten, die niemanden stören, geistreich sind und bloß zu ihrem Vergnügen leben. Meist haben sie eine zahlreiche Familie; mit der Frau und den Kindern gehen sie freundlich um, denken aber wenig an sie. Sie haben eine große Vorliebe für leichte Frauenzimmer, natürlich von der anständigen Kategorie. Sie sind wenig gebildet, lieben aber die Künste und alles, was schön und elegant ist, und reden gern über jedes Thema.

Als die Bauernreform durchgeführt wurde, begriff dieser Edelmann sofort die ganze Sachlage: Er rechnete nach und überlegte, daß ihm immerhin noch ein gewisses Einkommen verblieb, somit also kein Grund vorhanden war, sein Leben zu ändern, und im übrigen – Après moi le déluge. Sich mit Gedanken an die Zukunft seiner Frau und Kinder zu beunruhigen, fällt ihm nicht ein. Die Reste seines Vermögens und seine Verbindungen bewahren ihn vor dem Leben eines Coeurbuben[38]; wären aber seine Einkünfte durch die Reform vollständig verlorengegangen, und hätte er nicht länger umsonst irgendein Gehalt beziehen können, so würde er vielleicht auch ein Coeurbube werden, selbstverständlich einer, der mit allen Anstrengungen des Verstandes, und nicht selten sogar eines sehr scharfen Verstandes, versuchte, wenigstens ein möglichst anständiger und vornehmer Coeurbube zu bleiben. Früher kam es natürlich vor, daß er, um eine Kartenschuld oder eine Geliebte zu bezahlen, seine Leibeigenen als Soldaten verkaufte; doch solche Erinnerungen peinigten ihn nie, ja, er vergaß sie einfach. Ist er auch Aristokrat, so hat er doch selber seinen Adel nie sonderlich geschätzt. Nach der Aufhebung der Leibeigenschaft aber hält er ihn für abgeschafft. Für ihn gibt es nur den „Zufallsmenschen", dann den Beamten von einem gewissen Rang aufwärts und dann den Reichen. Der Eisenbahnaktionär und der Bankier werden zu einer Macht für ihn, und alsbald sucht er ihre Bekanntschaft und Freundschaft.

Das Gespräch entspinnt sich aus dem Vorwurf, den Lewin, sein Verwandter (gleichfalls ein Gutsbesitzer, doch der vollkommen entgegengesetzte Typ: der Herr, der auf seinem Gut lebt und es sogar selbst bewirtschaftet) Oblonskij macht, weil dieser zu den „Eisenbahnleuten" fährt, zu ihren Diners und Festen, zu zweideutigen, nach Lewins Meinung schädlichen und schändlichen Menschen. Oblonskij widerspricht ihm scharf. Überhaupt hat sich ihr Verhältnis zueinander seit der Verheiratung Lewins mit Oblonskijs Schwägerin etwas zugespitzt. Hinzu kommt noch, daß in unserem Jahrhundert der Spitzbube, der den Ehrenmann widerlegt, diesem immer „über" ist; denn er hat den Anschein der Würde, die in der gesunden Vernunft liegt, während der Ehrenmann, der leicht einem Idealisten gleicht, gewöhnlich den Anschein eines Narren hat. Das Gespräch findet auf der Jagd statt, in einer Sommernacht. Die Jäger befinden sich in einer Bauernscheune, wo sie im Heu übernachten. Oblonskij erklärt, daß es unsinnig wäre, die „Eisenbahnleute", ihre Intrigen, ihren schnellen Verdienst, das Erbetteln von Konzessionen und deren Weiterverkauf, zu verachten; daß sie ebensolche Leute seien wie die anderen, Leute, die mit Mühe und Verstand arbeiteten, ganz so wie alle; schließlich sei das Ergebnis ihrer Arbeit, daß sie uns die Eisenbahn bauen.

»Aber jeder Erwerb, der zu der geleisteten Arbeit in keinem Verhältnis steht, ist unehrlich«, sagte Lewin darauf.

»Aber wer bestimmt denn das Verhältnis?« fuhr Oblonskij fort ... »Du hast die Grenze zwischen der ehrlichen und unehrlichen Arbeitsleistung nicht festgesetzt. Daß ich ein größeres Gehalt beziehe als mein Abteilungsvorstand, obgleich er die Sache viel besser versteht als ich – das ist also unehrlich?«

»Ich weiß nicht ...«

»Nun, dann werde ich es dir sagen: daß du von deinem Gut, überflüssige, sagen wir, Fünftausend erhältst, dieser Bauer aber, wie er auch arbeiten mag, nicht mehr als fünfzig Rubel bekommt, ist genau so unehrlich wie das, daß ich ein größeres Gehalt als mein Abteilungsvorstand beziehe ...«

......

»Nein, erlaube«, unterbrach ihn Lewin. »Du sagst, es sei ungerecht, daß ich Fünftausend bekomme und dieser Bauer nur fünfzig: das ist wahr. Das ist ungerecht, und ich fühle es auch, aber ...«

»Ja, du fühlst es, aber du gibst ihm nicht dein Gut«, sagte Oblonskij, als ob er Lewin absichtlich reizen wollte.

......

»Ich gebe es ihm nicht, weil das niemand von mir verlangt, und selbst wenn ich's wollte, so darf ich es nicht fortgeben ... und es ist doch auch niemand da, dem ich's geben könnte.«

»Gib es diesem Bauern, er wird es nicht ablehnen.«

»Ja, aber wie soll ich es ihm denn geben? Soll ich etwa mit ihm in die Stadt fahren und einen Kaufkontrakt abschließen?«

»Das weiß ich nicht. Wenn du jedoch überzeugt bist, daß du kein Recht hast ...«

»Ich bin durchaus nicht überzeugt! Im Gegenteil, ich fühle, daß ich nicht das Recht habe, mein Gut fortzugeben, daß ich Pflichten meinem Lande und meiner Familie gegenüber habe!«

»Nein, erlaube; wenn du diese Ungleichheit ungerecht findest, warum handelst du dann nicht so ...«

»Ich handle doch so, aber nur negativ, in dem Sinne, daß

ich mich nicht bemühen werde, diesen Unterschied, der zwischen mir und ihm besteht, noch zu vergrößern.«

»Nein, verzeih, aber das ist schon paradox ...«

......

»Also, mein Freund: entweder anerkennen, daß die gegenwärtige Gesellschaftsordnung gerecht ist, und dann seine Rechte verteidigen, oder gestehen, daß man ungerechte Vorzüge genießt, *wie zum Beispiel ich es tue, und sich ihrer mit Vergnügen weiter bedienen.«*

»Nein, wenn das ungerecht wäre, so könntest du dich dieser Vorteile nicht mit Vergnügen bedienen, *wenigstens ich könnte es nicht. Für mich ist die Hauptsache: zu fühlen, daß ich nicht schuldig bin.«*

II

Die „brennende Tagesfrage"

Man wird mir zugeben müssen, daß dieses Gespräch unsere „brennende Tagesfrage" aufwirft und sogar alles wiedergibt, was die letztere in sich schließt. Und wie viele bezeichnende, rein russische Züge! Erstens: vor vierzig Jahren fingen diese Gedanken kaum an, sich in Europa zu verbreiten, wohl nicht vielen waren Saint-Simon und Fourier – die ersten „idealen" Vertreter dieser Ideen – bekannt; bei uns aber, bei uns wußte vielleicht nur ein halbes Hundert Leute von dieser neuen Bewegung im Westen. Und heute streiten über diese „Fragen" schon Gutsbesitzer auf der Jagd, auf dem Nachtlager in einer Bauernscheune, und streiten sogar in der charakteristischsten und kompetentesten Weise, so daß wenigstens die negative Seite der Frage von ihnen schon entschieden und unwiderruflich festgesetzt wird. Es sind allerdings Gutsbesitzer aus der hohen Gesellschaft, die sich im Englischen Klub ernsthaft zu unterhalten pflegen, die ihre Zeitungen lesen, alle Prozesse aus den Blättern und noch anderen Quellen kennen. Doch nichtsdestoweniger bleibt schon allein die Tatsache, daß so ein idealer Unsinn als das alltägliche Gespräch solcher Gesellschaftsmenschen anerkannt wird, wie der Oblonskijs und Lewins, die alles andere, nur keine Professoren oder Spezialisten sind, – diese Tatsache, sage ich, ist eines der charakteristischsten Merkmale des gegenwärtigen Zustandes der russischen Geister. Der zweite charakteristische, gleichfalls gut beobachtete Zug in diesem Gespräch ist, daß über die Gerechtigkeit dieser neuen Ideen ein Mensch urteilt, der für sie, das heißt: für das Glück des Proletariers, des Armen, selbst nicht einen Pfennig geben, sondern ihm bei Gelegenheit noch das Letzte abrupfen würde. Doch mit leichtem Herzen und der Heiterkeit eines Witzbolds unterschreibt er sofort den Krach der ganzen Menschheitsgeschichte, erklärt ihre jetzige Verfassung für die Krone des Unsinns und sagt: »Ich bin damit vollkommen einverstanden.« Wirklich auffallend, wie diese Oblonskijs immer als die ersten mit allem einverstanden sind! Mit einem Satz verurteilt er die ganze christliche Ordnung, die Persönlichkeit, die Familie – oh, das macht ihm weiter nichts aus! Wir Russen haben keine Schulung in solchen Dingen; diese Herren aber, die das mit voller Schamlosigkeit eingestehen, die selbst erklären, daß auch sie erst seit gestern darüber nachdenken, entscheiden trotzdem eine Frage von solcher Bedeutung ohne das geringste Bedenken. Und hier haben wir gleich den dritten charakteristischen Zug, – dieser selbe Herr sagt nämlich unumwunden: »Also, mein Freund: entweder anerkennen, daß die gegenwärtige Gesellschaftsordnung gerecht ist, und dann seine Rechte verteidigen, oder gestehen, *daß man ungerechte Vorzüge genießt, wie zum Beispiel ich es tue, und sich ihrer mit Vergnügen weiter bedienen.«* Das heißt: genau genommen erklärt er offen, indem er seine Meinung über ganz Rußland ausspricht – und es verurteilt – und somit auch über seine Familie, über die Zukunft seiner Kinder, daß dies alles ihn überhaupt nichts angeht: »Ich gebe zu, daß ich ein Spitzbube bin, bleibe aber Spitzbube zu meinem Vergnügen. Et après moi le déluge.« Er ist ja nur deswegen so ruhig, weil er noch sein Vermögen hat; verlöre er es aber – warum sollte er da nicht Spitzbube werden? das wäre doch der geradeste Weg! Und gerade dieser Staatsbürger, dieser Familienvater, dieser russische Mensch – welch ein echt russischer Charakter! Vielleicht findet man, daß er doch immerhin eine Ausnahme sei? Aber was kann er denn für eine Ausnahme sein? Bitte sich doch nur zu erinnern, wieviel Zynismus wir in den letzten zwanzig Jahren gesehen haben, welch eine Leichtigkeit der Wendungen und Veränderungen, welch ein Mangel an jeder tieferen Überzeugung und welch eine Schnelligkeit in der Aneignung der ersten besten fremden Anschauung – versteht sich, um sie am nächsten Tage für zwei Kopeken wieder zu verkaufen! Nicht der geringste moralische Grund bei uns, außer – après nous le déluge.

Das Interessanteste aber ist, daß dicht neben diesem weit verbreiteten, vorherrschenden Typ ein ganz anderer steht – der Typ des russischen Edelmannes und Gutsbesitzers, der ein ausgeprägter Gegensatz zu jenem ersten ist. Ich meine den Lewin. Und solcher Lewins gibt es in Rußland Tausende, fast ebensoviele wie Oblonskijs. Ich spreche hier nicht von seinem blonden Haar, nicht von seiner großen starken Gestalt, die der Künstler ihm im Roman verliehen hat; ich spreche nur von einem Zug seines Wesens, der dafür aber der auffallendste und bedeutungsvollste ist, und ich behaupte, daß dieser Zug sich bei uns in einer solchen Verbreitung findet, daß es einen fast wundernehmen kann – inmitten unseres Zynismus, unserer kalmückischen Einstellung zur Arbeit! Seit einiger Zeit tut sich dieser Zug allüberall bei uns kund; die Menschen mit diesem Zug suchen krampfhaft, fast krankhaft nach Antworten auf ihre Fragen; sie hoffen und glauben leidenschaftlich, obgleich sie beinahe noch nichts zu entscheiden verstehen. Dieser Zug ist vollständig in der Antwort Lewins ausgedrückt:

»Nein, wenn das ungerecht wäre, so könntest du dich dieser Vorteile nicht mit Vergnügen bedienen, *wenigstens ich könnte es nicht. Für mich ist die Hauptsache: zu fühlen, daß ich nicht schuldig bin.«*

Und tatsächlich beruhigt er sich nicht eher, als bis er bei sich entschieden hat, ob er schuldig ist oder nicht. Und bis zu welchem Grad steigert sich vorher seine Unruhe? Er geht bis zum Äußersten, und wenn es nötig ist, wenn es nur nötig ist, wenn er sich nur selbst beweist, daß es nötig ist, so wird er – im Gegensatz zu Oblonskij, der da sagt: »Wenn auch als Spitzbube, so fahre ich doch fort, zu meinem Vergnügen zu leben« –, so wird er vielleicht zu einem zweiten Wlaß[39] werden, der in einem Anfall des Mitleids und der Angst sein Hab und Gut verschenkte und dann für den Bau eines Gotteshauses sammeln ging. Oder wenn er nicht für ein Gotteshaus sammeln geht, so wird er doch etwas ähnliches tun und mit demselben Eifer. Ich beeile mich, zu wiederholen, daß ein Zug hier ganz besonders bemerkenswert ist: das ist diese Menge, diese ganz ungewöhnliche Menge solcher neuen Menschen, solcher neuen Wurzeln russischer Menschen, die *der Wahrheit bedürfen,* der Wahrheit ohne konventionelle Lüge, und die, um diese Wahrheit zu erreichen, alles, aber auch alles fortgeben. Diese Menschen tauchen gleichfalls seit den letzten zwanzig Jahren bei uns auf, und mit jedem Jahr werden ihrer mehr. Aber man hat sie auch schon früher, auch vor Peter, überhaupt immer schon vorausahnen können. Das ist das anbrechende zukünftige Rußland der ehrlichen Menschen, die einzig der Wahrheit bedürfen! Oh, sie sind auch furchtbar unduldsam: aus Unerfahrenheit verwerfen sie jeden Kompromiß, sogar jede Erklärung. Nur auf eines möchte ich noch mit allem Nachdruck hinweisen: daß es ein wahrhaftes Gefühl ist, das sie treibt. Einer ihrer charakteristischsten Züge besteht darin, daß sie unter sich auffallend wenig übereinstimmen und vorläufig noch allen möglichen Parteien und Gruppen angehören: da gibt es Aristokraten und Proletarier, Gläubige wie Ungläubige, Reiche und Arme, Gelehrte und Laien, Greise und Backfische, Slawophile und Westler. Ja, diese Uneinigkeit, diese Verschiedenheit in den Überzeugungen ist sogar beispiellos, doch ihr Streben nach Ehrlichkeit und Wahrheit ist unerschütterlich, unablenkbar, und für das Wort der Wahrheit gibt jeder von ihnen sein Leben, Hab und Gut ... Vielleicht wird man behaupten, dieses sei bloß wieder Phantasie von mir, es gäbe bei uns gar nicht so viel Ehrlichkeit und solch ein *Dürsten nach Ehrlichkeit*. Ich aber bleibe dabei, daß es da ist, dicht neben der schrecklichsten Sittenverderbnis, daß ich sie sehe und fühle, diese emporsteigenden Menschen, denen die Zukunft Rußlands gehört, daß man blind sein muß, um sie nicht zu sehen, und daß der Künstler, der diesen abgelebten Zyniker Oblonskij und diesen neuen Menschen Lewin gegeneinander hält, gleichsam diese aufgegebene, sittenlose, furchtbar vielköpfige russische Gesellschaft, die sich durch ihren eigenen Urteilsspruch bereits selber verurteilt hat, gegen die Gesellschaft der neuen Wahrheit hält, die Gesellschaft, die in ihrem Herzen die Überzeugung, sie sei schuldig, nicht ertragen kann, und die alles fortgibt, um ihr Herz von der Schuld zu befreien. Auffallend ist hierbei, daß unsere Gesellschaft sich fast nur in diese beiden Arten teilt – dermaßen groß sind sie und dermaßen umfassen sie das ganze russische Leben – versteht sich, wenn man von der Masse der völlig Gleichgültigen absieht. Doch der charakteristischste, der russischste Zug dieser „brennenden Tagesfrage", auf die der Verfasser hinweist, besteht darin, daß sein neuer Mensch, sein Lewin, *nicht versteht*, die ihn beunruhigende Frage zu beantworten. Das heißt: in seinem Herzen hat er sie beinahe beantwortet – nicht zu seinem Vorteil, denn er *argwöhnt*, daß er *schuldig* sei; aber etwas Festes, Gerades und Reales in seiner ganzen Natur lehnt sich dagegen auf und hält ihn vorläufig noch von der letzten Entscheidung ab. Oblonskij dagegen, dem es völlig einerlei ist, ob er nun schuldig oder unschuldig ist, entscheidet diese Frage ohne das geringste Bedenken, vielmehr kann es ihm gerade so recht sein: »Wenn also alles blödsinnig ist und es nichts Heiliges mehr gibt, so kann man ja machen, was man will, für mich wird die Zeit noch ausreichen – das Jüngste Gericht kommt ja noch nicht gleich.« Bemerkenswert ist dabei, daß gerade die schwächste Seite der Frage Lewin verwirrt und vor den Kopf stößt – das ist so echt russisch und so richtig vom Verfasser beobachtet. Die Sache ist nämlich die, daß alle diese Gedanken und Fragen in Rußland – einzig eine Theorie sind: alle sind sie aus anderen Ländern mit anderen Verhältnissen zu uns eingeführt, aus Europa natürlich, wo sie schon längst ihre historische und praktische Seite haben. Unsere beiden Edelleute sind Europäer, und es ist nicht leicht, sich von der europäischen Autorität zu befreien: auch hier muß man Europa den Tribut zahlen. Und da verwechselt nun Lewin, dieses russische Herz, die einzig mögliche rein russische Lösung der Frage mit ihren europäischen Bedingungen: er verwechselt die christliche Lösung mit dem historischen „Recht“.

Stellen wir uns zur Übersicht folgendes vor:

Lewin steht und denkt an sein Gespräch mit Oblonskij und wünscht in seiner ehrlichen Seele qualvoll, das ihn verwirrende Problem zu lösen.

»Ja«, sagt er sich, noch unentschieden, »ja, wenn man es so bedenkt, weshalb können denn wir, wie Weslowskij vorhin sagte, essen, trinken, auf die Jagd gehen und nichts tun, während der Arme immer und ewig arbeiten muß? Ja, Oblonskij hat recht, ich *muß* mein Gut unter den Armen verteilen und für sie arbeiten gehen.«

Steht da neben Lewin der Arme und spricht:

»Ja, du mußt das tun; es ist deine Pflicht, den Armen dein Gut zu geben und für uns zu arbeiten.«

So stellt sich denn heraus, daß Lewin vollkommen im Recht ist, der „Arme“ aber im Unrecht, natürlich wenn man die Sache sozusagen im höheren Sinne entscheidet. Aber darin liegt ja der ganze Unterschied der Auffassung dieses Problems. Denn seine moralische Lösung darf man nicht mit seiner historischen Lösung verwechseln; sonst gibt es eine heillose Konfusion – ähnlich der, die sich auch jetzt noch in theoretischen russischen Köpfen fortsetzt, in den Köpfen der Nichtswürdigen, gleich Oblonskij, sowie in den Köpfen derer, die reinen Herzens sind, gleich Lewin. In Europa haben das Leben und die Praxis schon die Frage gestellt – wenn auch absurd im Ideal ihres Schlusses, so doch immerhin real im Verlauf ihrer Entwicklung, und ohne zwei heterogene Auffassungen, die moralische und die historische, zu verwechseln, soweit dies überhaupt möglich ist. Vielleicht wird eine kurze Erklärung dieses Gedankens nicht überflüssig sein.

III

Die Tagesfrage in Europa

In Europa gab es einmal den Feudalismus und gab es Ritter. Aber in reichlich tausend Jahren erstarkte das Bürgertum, nahm schließlich den Kampf mit den Rittern auf, besiegte sie und – setzte sich an deren Stelle. „Ôte-toi de là que je m'y mette." Indem nun die Bourgeoisie den Platz ihrer früheren Herren einnahm, umging sie vollständig das Volk, das Proletariat, und da sie dasselbe nicht als Bruder anerkannte, machte sie es zu ihrer Arbeitskraft, indem sie dadurch sich zum Wohlstand und ihm zu seinem täglichen Stück Brot verhalf. Unser russischer Oblonskij entscheidet bei sich, daß er im Unrecht ist, will aber bewußt ein Nichtswürdiger bleiben, denn so hat er ein angenehmes Leben. Der ausländische Oblonskij ist anderer Meinung als der unsrige: er hält sich für durchaus im Recht und ist selbstverständlich in seiner Art logischer; denn nach seiner Ansicht kann hierbei überhaupt nicht von *Recht,* sondern nur von *„Geschichte"*, von historischer Entwicklung der Dinge die Rede sein. Er nimmt den Platz des Ritters ein, weil er den Ritter mit roher Kraft besiegt hat, und er weiß nur zu gut, daß der Proletarier, der während seines Kampfes mit dem Ritter noch schwach war, leicht erstarken kann, ja, jetzt sogar schon mit jedem Tag stärker wird. Und er sagt sich, daß dieser ihn dann, wenn er ganz stark geworden, ebenso vom Platz verdrängen wird, wie er einst den Ritter verdrängt hat, und ihm ganz ebenso sagen wird: „Pack' dich, damit ich mich hier hinsetze." Wo ist denn hier „Recht", hier handelt es sich doch nur um „Geschichte"! Oh, der Bourgeois würde zu einem Kompromiß gern bereit sein, würde sich gern irgendwie mit dem Feinde vertragen – und er hat es ja auch schon versucht. Da er aber vorzüglich errät, ja, und auch die Erfahrung ihn gelehrt hat, daß der Feind nichts weniger als geneigt ist, sich mit ihm zu vertragen, sich in nichts teilen, sondern *alles* haben will, und daß außerdem Abtretungen seinerseits ihn, den Bourgeois, nur schwächen würden, so hat er sich also entschlossen, *nichts* abzutreten und sich zum Kampf vorzubereiten. Diese Stellung ist vielleicht hoffnungslos, doch ist es eine Eigenschaft der menschlichen Natur, sich vor dem Kampf noch Mut zuzusprechen. So verzagt denn auch der Bourgeois nicht, sondern verstärkt und verschanzt sich immer mehr, legt sich mit allen Mitteln ins Zeug und strengt sich mit aller Kraft an – solange noch Kraft vorhanden ist – und bemüht sich, den Gegner zu schwächen, wo er nur kann ... und das ist vorläufig alles, was er tut.

So steht die Sache heute in Europa. Allerdings, früher, vor nicht langer Zeit sogar, gab es auch dort eine *moralische* Auffassung der Frage, es gab Fourieristen und Cabetisten, es gab Kongresse, Diskussionen und Debatten über verschiedene äußerst feine, scharfsinnige Fragen. Jetzt jedoch haben die Führer des Proletariats das alles bis zu gelegener Zeit aufgeschoben. Sie wollen geradeswegs zum Kampf herausfordern; sie organisieren eine wahre Armee, gründen Vereine, gründen Kassen und sind von ihrem Sieg fest überzeugt: »Und dann, nach dem Siege, wird sich alles von selbst praktisch ergeben, obgleich sehr leicht möglich ist, daß es erst nach Strömen vergossenen Blutes dazu kommen wird.« Der Bourgeois begreift, daß die Führer der Proletarier diese einfach durch die in Aussicht stehende Plünderung anlocken, und daß es sich folglich nicht lohnt, noch die moralische Seite der Sache hervorzuheben. Einstweilen aber gibt es auch unter den jetzigen Führern zuweilen noch solche, die das moralische Recht der Armen predigen. Die höheren Führer lassen diese Redner eigentlich nur zur „Verschönerung“ zu, um die Sache etwas „auszuschmücken“ und ihr den Anschein einer höheren Gerechtigkeit zu geben. Von diesen „moralischen“ Sozialisten sind viele nur Intriganten, viele aber auch echte Idealisten. Sie erklären offen, daß sie für sich nichts wollen und nur für die Menschheit arbeiten, nur nach einer neuen Einrichtung der Dinge streben, um damit die Menschheit glücklicher zu machen. Doch hier empfängt sie der Bourgeois schon auf ziemlich festem Boden und hält ihnen sofort vor, daß sie ihn zwingen wollen, der Bruder des Proletariers zu werden und mit ihm sein Hab und Gut zu teilen. Abgesehen davon, daß dieses der Wahrheit ziemlich ähnlich sieht, antworten ihnen die Führer, sie hielten ihn, den Bourgeois, überhaupt nicht für fähig, dem Volke ein Bruder zu werden, und darum würden sie einfach Gewalt anwenden, ihn aber von vornherein aus jeglicher „Bruderschaft“ ausschließen. »Die Bruderschaft«, sagen sie, »wird sich später bilden, aus den Proletariern, ihr aber – ihr seid hundert Millionen zum Tode verurteilter Köpfe und weiter nichts! Es ist aus mit euch, zum Glück der Menschheit!« Andere Führer sagen heute schon ganz offen, sie brauchten keine Bruderschaft, das Christentum sei Faselei, und die zukünftige Menschheit werde sich nur auf wissenschaftlichen Grundlagen aufbauen. Alles das kann natürlich den Bourgeois weder ins Wanken bringen, noch überzeugen. Er wendet ein, daß diese „Gesellschaft auf wissenschaftlichen Grundlagen“ bloße Phantasie sei, daß jene Führer sich den Menschen anders vorstellen, als ihn die Natur geschaffen hat; ferner, daß es dem Menschen schwer und unmöglich ist, dem unbedingten Recht des Eigentums, der Familie und der Freiheit zu entsagen; daß sie von ihrem zukünftigen Menschen zuviel Opfer als Persönlichkeit verlangen, daß man den Menschen nur mit furchtbarem Zwang in dieser Weise hinaufzüchten könnte, nur dann, wenn man ständige Spionage und ununterbrochene Kontrolle der despotischsten Macht anwendete. Zum Schluß fordert der Bourgeois sie noch auf, ihm doch diejenige Macht zu nennen, die die zukünftigen Menschen zu einer freiwilligen, nicht gezwungenen Gesellschaft zu vereinigen vermöchte. Darauf heben die Führer den Vorteil und die Notwendigkeit hervor, die jeder Mensch anerkennen müsse, und sie weisen darauf hin, daß er selbst, um der Zerstörung und dem Tode zu entgehen, freiwillig alle verlangten Konzessionen machen werde. Ihnen wird sofort entgegnet, daß der Gesichtspunkt des Vorteils allein niemals die Kraft haben kann, eine volle und einmütige Vereinigung hervorzubringen; daß auch kein einziger Nutzen imstande ist, den Eigenwillen und die persönlichen Rechte zu ersetzen; daß diese Mächte und Motive viel zu schwach sind und somit diese ganze zukünftige Vereinigung ewig fraglich bleiben wird; daß der Proletarier, wenn die Führer ihm mit nichts als der moralischen Seite der Sache kämen, ihnen überhaupt nicht zuhören würde, und daß er, wenn er es jetzt tut, wenn er ihnen zu folgen scheint, und sich zur Schlacht vorbereiten läßt, dies nur deshalb tut, weil er durch die versprochene Plünderung der Reichen angelockt wird und von der Fata morgana des allgemeinen Zusammenbruchs fieberhaft erregt ist. Folglich müsse man dann doch die moralische Seite der Frage ganz fallen lassen, da sie nicht der geringsten Kritik standhält, und müsse man sich einfach zum Kampf vorbereiten.

Das ist die europäische Auffassung der Sache. Die eine wie die andere Partei sind im Unrecht, und die einen wie die anderen werden an ihren eigenen Sünden zu Grunde gehen. Wiederholen wir es: Am schwersten ist für uns Russen, daß bei uns sogar die Lewins über diese selben Fragen ins Nachdenken geraten, während die einzig mögliche Lösung des Problems, und gerade die russische Lösung, und diese nicht nur für die Russen allein, sondern für die ganze Menschheit – die ethische Auffassung der Frage ist, das heißt: die christliche. In Europa ist diese Auffassung nicht denkbar, obgleich man auch dort, früher oder später, nach Strömen von Blut und hundert Millionen von Opfern, sie doch wird anerkennen müssen – denn in ihr allein liegt das Heil.

IV

Die russische Lösung des Problems

Wenn ihr fühlt, daß es euer Gewissen drückt, dieses „Essen, Trinken, Auf-die-Jagd-Gehen und Nichtstun", und wenn ihr das wirklich fühlt, und wenn es euch wirklich so leid tut um die „Armen", deren es so viele gibt – so gebt ihnen euer Hab und Gut und gehet hin, um für sie alle zu arbeiten, und „erwerbt den Schatz im Himmelreich, dort, wo man nicht sammelt, noch nach Gütern trachtet". Geht wie Wlaß, von dem es heißt:

„Groß war diese Kraft der Seele,
Die da auszog, Gott zu dienen."

Und wollt ihr nicht wie Wlaß für den Bau eines Gotteshauses sammeln, so sorgt für die Aufklärung der Seele dieses Armen, erleuchtet ihn, belehrt ihn. Selbst wenn alle Reichen ihre Reichtümer, wie ihr, unter alle Armen austeilen würden, so wäre das doch nur wie ein Tropfen im Meer. Darum aber muß man mehr für das Licht, die Aufklärung, die Wissenschaft und für ein Mehr an Liebe sorgen. Dann erst wird der Reichtum in Wirklichkeit wachsen, und zwar der wirkliche Reichtum; denn der liegt nicht in herrlichen Kleidern, sondern in der Freude der allgemeinen Vereinigung und der festen Hoffnung eines jeden, daß im Unglück ihm und seinen Kindern von allen geholfen werden wird. Und sagt nicht: „Ich bin bloß eine machtlose Eins", oder: „Wenn ich allein mein Vermögen verteile und dienen gehe, so kann ich damit doch nichts verbessern." Im Gegenteil, wenn es nur einige wenige solcher gibt wie ihr, so ist die Sache schon durchgeführt. Und im Grunde ist es nicht einmal *unbedingt* nötig, sein Gut zu verteilen, – jede *Unbedingtheit* würde hier, in der Tat der Liebe, nur einer Form gleichen, einer Rubrik, dem Buchstaben. Die Überzeugung, daß man den Buchstaben erfüllt hat, führt nur zu Stolz und Faulheit. Man soll nur das tun, was einem das Herz befiehlt: gebietet es euch, eure Habe zu verteilen, so verteilt sie; gebietet es euch, für die anderen arbeiten zu gehen, so geht. Doch auch hier tut nicht wie etliche Träumer, die sich sofort an die Schiebkarre machen, was ungefähr heißen soll: „Ich will kein Herr sein, ich will arbeiten wie ein Bauer." Die Schiebkarre ist wiederum – nur eine Schablone.

Im Gegenteil, wenn du fühlst, daß du als Gelehrter allen nützlich sein kannst, so gehe auf die Universität und behalte so viel von deinen Mitteln, als du dafür nötig hast. Nicht die Verteilung des Gutes ist notwendig und nicht das Anziehen des Bauernkittels: all das ist bloß Buchstabe und Formalität. Notwendig und wichtig ist bloß *deine Entschlossenheit, alles zu tun um der tätigen Liebe willen*, alles, was dir möglich ist, was du selbst aufrichtig als in deiner Kraft stehend anerkennst. Alle diese Bemühungen, sich zu „vereinfachen" – sind ja doch nur Verkleidungen, die das Volk vor uns herabsetzen und einen selbst erniedrigen. Ihr seid alle zu „kompliziert", um euch zu „vereinfachen", ganz abgesehen davon, daß schon eure Bildung allein euch hindert, zum Bauern zu werden. Hebt lieber den Bauer bis zu eurer Bildung empor! Seid nur aufrichtig und treuherzig; das ist besser als jede „Vereinfachung". Vor allen Dingen aber schreckt euch nicht selbst, sagt nicht: „Einer ist keiner" und ähnliches. Jeder einzelne, der aufrichtig die Wahrheit sucht, der ist schon furchtbar viel. Ahmt auch nicht jene Phrasenmacher nach, die da ununterbrochen sagen, damit man sie höre: „Man läßt mich nichts machen, bindet mir die Hände, pflanzt mir in die Seele Enttäuschung und Verzweiflung!" usw. Das sind Helden gewisser Dichtungen schlechten Geschmacks, posierende Faulenzer. Wer Nutzen bringen will, der kann auch mit buchstäblich gebundenen Händen unendlich viel tun. Ein echter Tatmensch sieht, wenn er auf den Weg tritt, sofort so viel Arbeit vor sich, daß er nicht anfangen wird, zu klagen; man lasse ihn nichts machen, sondern er wird sofort irgend etwas finden und wird das, was er sich vornimmt, dann selbst mit gebundenen Händen fertigzustellen verstehen.

Und das wissen auch alle wirklichen Tatmenschen. Wieviel Zeit erforderte bei uns allein schon das Studium Rußlands, denn nur äußerst, äußerst selten kennt ein Mensch unser Rußland. Die Klagen über Blasiertheit sind einfach dumm: die Freude an dem zu errichtenden Gebäude muß jede Seele erfüllen, auch wenn ihr vorläufig nur ein Sandkörnchen zum Bau des Gebäudes herbeibringt. Eure Belohnung aber sei – Liebe, wenn ihr sie verdient. Solltet ihr aber keiner Liebe bedürfen, so tut ihr doch eine Liebestat, also könnt ihr gar nicht umhin, euch um Liebe zu bewerben. Doch möge es auch niemand sagen, daß ihr es auch ohne Liebe tun müßtet, sozusagen zum eigenen Gewinn, und daß man euch anderenfalls mit Gewalt dazu zwingen werde. Nein, bei uns in Rußland muß man andere Überzeugungen wecken, und besonders was die Begriffe der Freiheit, Gleichheit und Brüderlichkeit betrifft. In der heutigen Welt hält man Zügellosigkeit für Freiheit, während die wirkliche Freiheit doch nur in der Überwindung seiner selbst und seines Willens liegt, so daß man zuletzt einen sittlichen Zustand erreicht, in dem man immer, in jedem Augenblick, sein eigener Herr ist. Die Zügellosigkeit der Wünsche führt nur zur Sklaverei. Das ist wohl der Grund, warum fast die ganze heutige Welt die Freiheit in der pekuniären Sicherstellung sieht, und in den Gesetzen, die diese pekuniäre Sicherstellung garantieren. »Hab' ich Geld«, heißt es, »so kann ich alles machen, was mir gefällt; hab' ich Geld, so werd' ich nicht untergehen, noch nötig haben, andere um Hilfe zu bitten; niemanden aber um Hilfe bitten müssen, ist die höchste Freiheit.« Und doch ist das in Wirklichkeit nicht Freiheit, sondern Knechtschaft – Knechtschaft durch das Geld. Im Gegenteil, die allerhöchste Freiheit ist – nicht sparen und nicht sich mit Geld versorgen, sondern „unter alle verteilen, was man hat, und hingehen, um allen zu dienen". Ist der Mensch dazu fähig, ist er fähig, sich bis zu solch einem Grad zu überwinden – so sagt doch, ist er dann nicht wahrhaft frei? Darin liegt doch die höchste Offenbarung des Willens! Und dann, was ist in der heutigen gebildeten Welt „Gleichheit"? Eifersüchtiges Aufpassen des einen auf den anderen, Hochmut, Aufgeblasenheit und Neid: »Er ist klug, er ist ein Shakespeare, er prunkt mit seinem Talent; also muß man ihn erniedrigen, muß ihn vernichten.« Währenddessen spricht die wirkliche Gleichheit: »Was kümmert es mich, daß du talentvoller bist als ich, klüger und schöner als ich? Ich kann mich nur dessen freuen, denn ich liebe dich. Bin ich auch unansehnlicher als du, so versage ich mir doch als Mensch nicht die Achtung, und du weißt das wohl und achtest mich gleichfalls; deine Achtung aber macht mich glücklich. Bringst du mit deiner Begabung mir und allen anderen hundertfach mehr Nutzen als ich dir, so segne ich dich dafür, bewundere dich und bin dir dankbar; rechne ich doch meine Bewunderung für dich mir niemals zur Schande an: daß ich dir dankbar bin, ist mein Glück, und wenn ich, so viel wie in meinen schwachen Kräften steht, für dich und für alle arbeite, so geschieht das keineswegs, um mit dir abzurechnen, Freund, sondern nur – weil ich euch alle liebhabe.«

Wenn alle Menschen so sprechen werden, dann erst wird Brüderlichkeit auf Erden herrschen, und zwar nicht um irgendeines ökonomischen Vorteils willen, sondern aus der Fülle des freudigen Lebens heraus, aus der Überfülle der Liebe.

Man wird vielleicht entgegnen, das sei von mir bloß eine

Phantasie, diese „russische Lösung des Problems"; das „Himmelreich" sei höchstens im Himmel, nicht aber auf Erden möglich. Allerdings, die Oblonskijs würden sich nicht wenig ärgern, wenn das Himmelreich anbräche. Doch muß man wenigstens in Betracht ziehen, daß in dieser Phantasie einer „russischen Lösung des Problems" wohl unvergleichlich weniger Phantastisches und unvergleichlich mehr Wahrscheinliches ist als in der europäischen Lösung. Solche Menschen wie Wlaß haben wir schon gesehen und sehen sie bei uns in allen Ständen und sogar recht oft; dagegen hat man dort den „zukünftigen Menschen" noch nirgends gesehen, und er verspricht ja auch selbst, erst nach Vergießung ganzer Ströme von Blut zu kommen. Ihr sagt, mit wenigen Menschen dieser Art sei es nicht getan, man müsse nach gewissen allgemeinen Einrichtungen und Prinzipien streben. Doch selbst, wenn es solche Einrichtungen und Prinzipien geben würde, nach denen man fehlerlos die Gesellschaft bilden könnte, und selbst wenn man sie *vor* der Praxis erlangen könnte, einfach so a priori, einzig aus den Träumen des Herzens und den „wissenschaftlichen" Zahlen, die zudem noch der früheren Einrichtung der Gesellschaft entnommen sind, so wird sich doch mit unfertigen, mit nicht dazu eingedrillten Menschen keine einzige Regel durchführen, kein einziges von all den schönen Prinzipien verwirklichen lassen; im Gegenteil, diese würden nur lästig werden. Ich aber glaube schrankenlos an unsere zukünftigen und schon heraufkommenden Menschen, an diese selben, von denen ich vorhin gesagt, daß sie vorläufig noch nicht übereinstimmen, daß sie in kleine Lager und Gruppen zerstreut sind, von denen jedes und jede an eigenen Überzeugungen festhält, die aber dafür vor allen Dingen die Wahrheit suchen, und die, wenn sie nur wüßten, wo die Wahrheit ist, bereit wären, für ihre Verwirklichung alles zu opfern, selbst das Leben. Glaubt mir, wenn sie endlich den wahren Weg finden und ihn betreten, so werden sie alle nach sich ziehen, und nicht gezwungen, sondern freiwillig wird man ihnen folgen. Ja, das vermögen schon heute die ganz wenigen zu tun. Und das ist dann der Pflug, mit dem man unseren neuen Schatz heben kann. Bevor ihr den Menschen predigt, wie sie sein sollen, zeigt es ihnen an euch selbst. Erfüllt selbst, was ihr verkündet, und alle werden euch folgen. Ich begreife nicht, was hierbei Utopisches, Unmögliches sein soll! Es ist wahr, wir sind sehr verderbt, sind kleinmütig – und darum glauben wir nicht und lachen. Doch jetzt liegt es fast nicht mehr an uns, sondern einzig an den Emporsteigenden, den Künftig-Zukünftigen. Das Volk ist reinen Herzens, es muß nur noch erleuchtet werden. Doch Menschen, die reinen Herzens sind, erheben sich auch mitten aus unserer Schar – und das ist das Allerwichtigste! Dies ist es, was man zuerst glauben muß, was zu sehen man verstehen muß. Denen aber, die reinen Herzens sind, noch einen Rat: Selbstbeherrschung und Selbstüberwindung vor jedem ersten Schritt! Erfülle zuerst selbst, statt daß du andere zwingst: das ist das ganze Geheimnis dieses ersten Schrittes.

APRIL

ERSTES KAPITEL

I

Der Krieg

»Krieg!! Der Krieg ist erklärt!« rief man bei uns vor zwei Wochen. »Wird es auch wirklich zum Kriege kommen?« fragten sofort die anderen. »Er ist schon erklärt, ist erklärt!« antwortete man ihnen. »Wissen wir, aber wird es überhaupt zu Kämpfen kommen?« fuhren jene fort zu fragen.

Solche Fragen gab es damals tatsächlich, und vielleicht gibt es sie auch jetzt noch. Und nicht nur wegen der langen diplomatischen Verzögerungen glaubt man nicht so recht an den Ausbruch eines richtigen Krieges, hierbei spricht auch noch etwas anderes mit, eben der Instinkt. Alle fühlen, daß etwas endgültig Entscheidendes beginnt, daß eine Art Ende von etwas Früherem, das lange, endlos lange gedauert hat, herannaht, und daß ein Schritt zu etwas bereits ganz Neuem getan wird, zu etwas, was das Frühere abbricht und das Leben wiederauferstehen macht, aber nun schon zu einem ganz neuen Leben und ... daß dieser Schritt von *Rußland* getan wird! Eben dies ist es ja, was die „überklugen" Leute nicht fassen können. Instinktives Vorgefühl ist zwar vorhanden, aber der Unglaube dauert doch fort: »Rußland! Aber wie kann es denn, wie wagt es denn? Ist es denn dazu vorbereitet? Nicht nur materiell, sondern auch innerlich, moralisch? Dort ist Europa, das ist leicht gesagt: Europa! Das ist doch kein Spaß! Aber Rußland, was ist denn Rußland? Und nun so einen Schritt wagen!«

Das Volk aber glaubt, daß es bereit sei zu diesem neuen, erneuernden und großen Schritt. Es ist das Volk selbst, das sich zum Kriege erhoben hat, mit dem Zaren an der Spitze. Als das Zarenwort ertönte, brandete das Volk nur so in die Kirchen, und das tat es überall, im ganzen russischen Land. Und als das Zarenmanifest verlesen wurde, da bekreuzte sich das Volk und man *beglückwünschte* einander zu diesem Kriege. Das haben wir mit eigenen Augen gesehen und selbst gehört, und das alles sogar hier in Petersburg. Und wieder geschieht dasselbe, was im vorigen Jahr geschah. Die Dorfbauern geben je nach ihrem Vermögen Geld oder den durchmarschierenden Truppen Lebensmittel, Pferde und Wagen, und plötzlich sagt dieses Volk: »Was sind Spenden, was Vieh und Pferde; wir gehen selber kämpfen!« Hier in Petersburg werden für die Verwundeten von einzelnen Summen gespendet, die in die Tausende gehen – die Namen der Spender kennt man nicht, denn sie wollen ungenannt bleiben. Solche Tatsachen erleben wir jetzt in Unmengen, und keinen nehmen sie wunder. Sie bedeuten nur, daß das ganze Volk sich für die Wahrheit erhoben hat, zum Kriege für die heilige Sache. Was aber unsere „Klugen" anbetrifft, so werden sie natürlich auch diese Tatsachen leugnen, ganz wie sie im vorigen Sommer die Beweise der Sympathie unseres Volkes für die Balkanslawen leugneten. Auch jetzt lachen sie über das Volk, doch sind ihre Stimmen schon merklich leiser geworden. Warum aber lachen sie nur, woher haben sie soviel Selbstvertrauen? Nun, weil sie sich immer noch für eine Macht halten, immer noch für dieselbe Macht, ohne die man nichts vollbringen könne. Indessen ist das Ende dieser ihrer Macht nicht mehr fern, und immer schneller nähern sie sich ihrem furchtbaren Zusammenbruch. Wenn aber der Boden unter ihnen anfangen wird zu weichen, dann werden sie sich beeilen, in einer anderen Sprache zu reden, doch wird es dann zu spät sein: Alle werden begreifen, daß sie fremde Worte aufs Geratewohl zusammenstellen, und werden sich von ihnen abwenden und ihre Zuversicht dorthin tragen, wo der Zar und mit ihm sein Volk ist.

Wir brauchen diesen Krieg auch für uns selbst: nicht nur

für unsere von den Türken gequälten „slawischen Brüder" erheben wir uns, sondern auch zur eigenen Rettung. Der Krieg wird die Luft, die wir atmen, erfrischen, die Luft, in der wir in der Ohnmacht unserer Verwesung und geistigen Beengtheit bald zu ersticken drohten. Die „Klugen" prophezeien zwar, daß wir an unseren eigenen inneren Unordnungen ersticken und verderben würden und darum an Stelle des Krieges lieber einen langen Frieden wünschen sollten, damit wir uns aus Tieren und Dummköpfen in Menschen verwandeln, zunächst Ordnung, Ehrlichkeit und Ehrgefühl lernen können: »*Dann* erst könntet ihr hingehen und euren slawischen Brüdern helfen«, schließen sie übereinstimmend ihre Episteln. Es wäre wirklich interessant zu erfahren, wie sie sich diesen Entwicklungsprozeß, durch den sie es besser machen würden, eigentlich denken? Und auf welche Weise sie sich durch evidente Unehre Ehre erwerben wollen? Interessant wäre ferner, wie und wodurch sie ihre Feindschaft gegen das allgemeine, allenthalben durchbrechende Gefühl ihres Volkes zu rechtfertigen gedenken. Nein, wie man sieht, läßt sich die Wahrheit doch nur durch Märtyrertum erkaufen. Millionen von Menschen bewegen sich und leiden und gehen dann spurlos dahin, als ob sie dazu bestimmt gewesen wären, niemals die Wahrheit zu begreifen. Sie leben mit fremden Gedanken, sie suchen das fertige Wort und Beispiel, klammern sich an alles, was andere ihnen vorsagen. Sie prahlen, daß die Autoritäten, daß Europa zu ihnen halte. Alle anderen, die mit ihnen nicht übereinstimmen, die die Gedankenknechtschaft verachten und an ihre eigene und ihres Volkes Selbständigkeit glauben, pfeifen sie aus. Aber in der Wirklichkeit sind diese Schwärme schreiender Menschen doch nur dazu bestimmt, ein passives Mittel zu sein, auf daß nur wenige Einzelne von ihnen sich der Wahrheit nähern oder von dieser wenigstens so etwas wie ein Vorgefühl bekommen. Diese Einzelnen aber sind es, die dann alle nach sich ziehen, die Führung ergreifen, die Idee gebären und sie als Vermächtnis den sich quälenden Menschenmassen hinterlassen. Solche Einzelne haben wir schon bei uns gehabt. Manche von uns verstehen sie schon, oder sogar viele. Doch die „Klugen“ fahren immer noch fort, zu lachen und immer noch von sich zu glauben, sie seien eine große Macht! »Die gehen ein wenig spazieren, werden bald zurückkehren«, sagen sie jetzt von unseren Truppen, die schon die Grenze überschritten haben, sagen es sogar laut. »Wo soll's denn Krieg geben? Wie können wir denn Krieg führen? Es ist einfach ein militärischer Spaziergang und einige Manöver, die Hunderte von Millionen kosten werden, zur Wahrung der Ehre.« Das ist ihre intime Auffassung der Sache. Ist sie auch wirklich intim?

Sollte es nun geschehen, daß wir besiegt werden, oder den Feind zwar schlagen, aber unter dem Druck der Verhältnisse für Lappalien Frieden schließen – oh, dann würden die „Klugen“ natürlich triumphieren. Und welch ein Auspfeifen und Heidenlärm und Zynismus wird dann wieder beginnen, welch ein Bacchanal von Selbstbespeiung, Selbstbeschimpfung und Selbstverspottung wird dann wieder anheben! Und das nicht etwa, um ein neues Leben bei uns zu erwecken, sondern gerade wegen des Triumphes der eigenen Ehrlosigkeit, Unpersönlichkeit und Kraftlosigkeit. Und der neue Nihilismus wird, ganz genau so wie der alte, mit der Verneinung des russischen Volkes und seiner Selbständigkeit beginnen, und – das Wichtigste – wird solche Macht ergreifen und so tief Wurzel treiben, daß er fraglos das Heiligste in Rußland unterdrücken wird. Und wieder wird die Jugend ihre Familien und ihr Elternhaus bespeien und vor der Weisheit der Greise davonlaufen, weil diese doch nur ein und dasselbe wiederholen: immer die alten, allen überdrüssig gewordenen Lieder von der europäischen Herrlichkeit und von unserer Pflicht, möglichst unpersönlich zu sein. Das ist ja das Schrecklichste, daß es dann wieder dieselben alten Lieder, dieselben alten Worte geben wird und die Hoffnung auf etwas Neues dann auf lange, lange hinausgeschoben werden muß! Nein, wir brauchen Krieg und

Siege! Mit Krieg und Siegen wird das neue Wort kommen und wird das lebendige Leben beginnen und nicht das ertötende Geschwätz von früher sich fortsetzen ... was sag' ich »von früher«! – von *heute*, meine Herrschaften!

Man muß aber auf alles gefaßt sein: Setzen wir einmal den für uns schlimmsten, einen schier unmöglichen Ausgang des soeben begonnenen Krieges voraus, so wird doch, selbst wenn wir viel Schändliches, viel schon so zuwider gewordenen alten Kummer werden ertragen müssen, so wird doch der Koloß nicht ins Schwanken gebracht werden und sich früher oder später doch das zu ihm Gehörende holen. Das ist nicht bloß eine Hoffnung, das ist eine absolute Gewißheit, und in dieser Unmöglichkeit, den Koloß ins Schwanken zu bringen, liegt im Augenblick unsere ganze Kraft gegenüber Europa, wo jetzt fast alle, tatsächlich, fast schon alle ausnahmslos befürchten, ihr altes Gebäude könnte ins Schwanken geraten, und die Decken über ihnen könnten einstürzen. Dieser Koloß ist unser Volk. Und der Anfang des gegenwärtigen *volkstümlichen* Krieges, wie auch alle ihm vorausgegangenen Vorgänge haben doch wohl allen, die zu sehen verstehen, deutlich die geschlossene Ganzheit und die Frische unseres Volkes gezeigt, und bis zu welchem Grad unsere Volkskräfte unberührt geblieben sind von jener Zersetzung, die unsere Klugen befallen hat. Und was für einen Dienst uns diese Klugen vor Europa geleistet haben! Noch vor kurzem schrien sie, daß alle Welt es hören konnte, wir seien arm und nichtig; sie versicherten spöttisch allen, einen Volksgeist könne es bei uns gar nicht geben, da ja ein *Volk* bei uns überhaupt nicht vorhanden sei, denn dieses Volk sowohl als sein Geist seien nur von der Phantasie einheimischer moskowitischer Träumer erfunden; die achtzig Millionen russischer Bauernkerle aber seien im ganzen nur Millionen passiver, betrunkener Steuereinheiten; von einer Einheit aber von Zar und Volk könne überhaupt nicht die Rede sein, das sei nur eine Phrase aus den Schönschreibevorlagen, stehe nur auf dem Papier. Im Gegenteil, alles sei hier schon morsch und von Nihilismus durchbeizt; unsere Soldaten würden die Gewehre alsbald wegwerfen und wie Hammel davonlaufen; wir hätten auch weder Munition noch Proviant; zu guter Letzt hieß es, wir sähen ja auch selbst ein, daß wir uns großspurig zuviel zugemutet und uns maßlos verrannt hätten, und nun warteten wir mit Bangen nur auf einen Vorwand, um uns zurückziehen zu können, ohne so schimpfliche Ohrfeigen davonzutragen, »daß selbst wir sie nicht einstecken könnten«, und so beteten wir denn darum, daß Europa diesen Vorwand für uns ausdächte. Das versicherten unsere „Klugen" vor aller Welt. Nun, und? Man kann sich doch beinahe kaum über sie ärgern: das sind nun einmal ihre eingefleischten Ansichten und Begriffe; Ansichten und Begriffe, die ihnen im Blut liegen. Und es ist ja auch wahr: ja, wir sind arm, ja, in vielem sind wir beklagenswert; ja, es gibt bei uns tatsächlich so viel Ungutes, daß der Weise, und besonders wenn er noch *unser* Weiser ist, nichts anderes tun kann, wenn er sich „treu" bleiben will, als ausrufen: »Rußland ist erledigt, und da ist nichts zu bedauern!«

Und eben diese verwandtschaftlich lieben Gedanken unserer Weisen sind nun schon durch ganz Europa geflattert, besonders mit Hilfe der europäischen Korrespondenten, die schon seit kurz vor dem Ausbruch des Krieges schwarmweis zu uns kommen, um uns an Ort und Stelle zu studieren, uns mit ihren eigenen europäischen „Ansichten" zu durchschauen und unsere Kräfte mit ihren europäischen Maßstäbchen zu messen. Und selbstverständlich haben sie nur unsere „Klugen, Weisen und Vernünftigen" angehört. Die Volkskraft und der Volksgeist sind ihnen allen entgangen. Und so ist denn auch schon die Nachricht, daß Rußland untergeht, daß es nichts ist, nichts war und in Nichts zerfallen werde, nach Europa telegraphiert worden. Als diese erste Botschaft noch vor dem Kriege hinauszog, da erbebten die Herzen unserer uralten Feinde und Hasser, denen wir schon zwei Jahrhunderte lang Verdruß bereiten, vor Freude, und mit ihnen frohlockten die Herzen vieler Tausende europäischer Juden und die Herzen vieler Millionen verjudeter „Christen“. Es freute sich auch das Herz Beaconsfields: Ihm ward gesagt, Rußland werde eher alles ertragen, alles, bis zur beleidigendsten letzten Ohrfeige, als daß es einen Krieg begönne – dermaßen groß, hieß es, sei seine „Friedensliebe“. Gott jedoch schützte uns und schlug sie alle mit Blindheit. Da sie fest an den Untergang und die Nichtigkeit Rußlands glaubten, konnte ihnen das Wichtigste entgehen: sie übersahen das ganze russische Volk als lebendige Kraft und übersahen die kolossale Tatsache: das Einssein des Zaren mit seinem Volke! Ja, *nur das* ist ihnen entgangen! Außerdem konnten sie weder begreifen noch glauben, daß unser Zar wirklich friedliebend ist und wirklich nicht Menschenblut vergießen will; sie dachten, all das werde bei uns nur „aus Politik“ gesagt. Und sogar jetzt noch sehen sie nichts von alledem: Sie schreiben, daß bei uns plötzlich nach dem Manifest des Zaren der »Patriotismus ausgebrochen« sei. Ist denn das Patriotismus, ist denn diese Verbindung des Zaren mit dem Volk für die große Sache etwa *nur* Patriotismus? Darin besteht ja unser Talisman, daß sie nichts von Rußland verstehen, nichts in Rußland sehen! Sie wissen nicht, daß wir durch nichts in der Welt besiegt werden können, daß wir meinetwegen Schlachten verlieren können, doch nichtsdestoweniger unbesiegbar bleiben, gerade durch die Einheit des Volksgeistes in dem Bewußtsein: daß wir nicht ein Frankreich sind, das ganz in Paris liegt, daß wir nicht ein Europa sind, das ganz von den Börsen seiner Bourgeoisie abhängt und von der „Ruhe“ seiner Proletarier, die bereits durch die letzten Anstrengungen der dortigen Regierungen erkauft wird – nur auf eine Stunde. Sie begreifen es nicht und wissen es nicht, daß, wenn wir *wollen,* uns alle Juden der Welt zusammengenommen nicht werden besiegen können, nicht die Millionen ihres Goldes, nicht die Millionen ihrer Armeen; daß, wenn wir *wollen,* man uns nicht wird zwingen können, etwas gegen unseren Willen zu tun, daß es keine einzige irdische Macht gibt, die dazu fähig wäre! Das Unglück ist nur, daß man über diese Worte nicht nur in Europa lachen wird, sondern auch bei uns, und daß es hier nicht bloß unsere „Weisen" tun werden, nein, auch die wirklichen Russen unserer intelligenten Schicht – dermaßen wenig kennen wir uns selbst und unsere Urkraft, die sich, Gott sei Dank, bis jetzt noch ungeschwächt erhalten hat. Die guten Leute begreifen es nicht, daß bei uns, in unserem unabsehbaren und eigenartigen, Europa im höchsten Grad ungleichen Land sogar die Kriegstaktik (eine doch so allgemeine Sache!) der europäischen vielleicht ganz unähnlich ist; daß die Grundlagen der europäischen Taktik – Geld und wissenschaftliche Organisation militärischer Einfälle in unser Land – über dieses Land straucheln und hier bei uns auf eine neue, ihnen noch vollkommen unbekannte Kraft stoßen können, auf die Kraft, deren Wurzeln in der Natur des unabsehbaren Russenlandes und in der Natur des allvereinenden russischen Geistes liegen. Doch mögen es *vorläufig* auch noch so viele gute Leute bei uns nicht wissen (nicht wissen und sich ängstigen); dafür wissen es unsere Zaren und fühlt es unser Volk. Alexander I. wußte um diese unsere eigenartige Kraft Bescheid, als er sagte, er werde sich einen langen Bart wachsen lassen und mit seinem Volke in die Wälder gehen, doch könne er nicht das Schwert niederlegen und sich dem Willen Napoleons fügen. An dieser Kraft wäre auch ganz Europa zerschellt; denn zu solch einem Kriege reicht weder sein Geld noch die Einheitlichkeit seiner Organisation aus. Wenn einst bei uns alle Russen wissen werden, daß wir so stark sind, dann werden wir es auch erreichen, daß wir nicht mehr Krieg zu führen brauchen; dann wird man an uns glauben und dann wird uns Europa zum erstenmal *entdecken,* so wie es einst Amerika entdeckte. Auf daß nun aber dies möglich werde, müssen wir uns selber, und zwar vor ihnen, entdecken, und muß unsere Intelligenz endlich begreifen, daß sie sich nicht mehr von unserem Volk absondern darf ...

ZWEITES KAPITEL

III

Eine nicht-diplomatische Auffassung

(Die Diplomatie vor den Weltfragen)

... Kaidánoff hat in seinem umfangreichen Geschichtswerk einen der gewaltigsten Sätze geschrieben. Dieser Satz steht an der Stelle, wo er zu Anfang der Geschichte der Neuen Zeit mit der Darstellung der Französischen Revolution und dem Erscheinen Napoleons beginnt:

„Eine tiefe Stille herrschte in ganz Europa, als Friedrich der Große für immer seine Augen schloß; aber noch nie war eine ähnliche Stille einem so gewaltigen Sturm vorausgegangen!"

Diese Einleitung habe ich für mein ganzes Leben behalten. Man nenne mir einen bedeutsameren Satz! In der Tat, wer konnte damals, als Friedrich der Große starb, voraussehen, und wenn auch nur von ferne, was mit den Menschen und mit Europa in den folgenden dreißig Jahren geschehen sollte? Ich rede hier nicht von irgendwelchen gewöhnlichen gebildeten Leuten, selbst nicht von Schriftstellern, Journalisten und Professoren. Alle wurden sie bekanntlich aus dem gewohnten Gleichgewicht geschleudert: Schiller, zum Beispiel, schrieb damals einen Dithyrambus auf die Eröffnung der Nationalversammlung, und der in Europa herumreisende junge Karamsîn sah, wie er in seinen Briefen berichtete, mit ergriffen bebendem Herzen das gleiche Ereignis; bei uns aber in Petersburg hatte schon lange vorher die Marmorbüste Voltaires geprangt. Nein, ich wende mich mit meiner Frage unmittelbar an die Männer der höchsten Weisheit, direkt an die, von denen die Entscheidung aller Menschengeschicke abhängt, das heißt: an die Diplomaten selbst: Haben sie damals auch nur das Geringste davon vorausgeahnt, was dann in den folgenden dreißig Jahren geschah?

Am schrecklichsten ist aber dieses: Hätte ich die Diplomaten persönlich danach gefragt (und man beachte, daß fast alle unsere europäischen Diplomaten die Weltgeschichte nach dem Lehrbuch von Kaidánoff gelernt haben) und hätten sie sich dazu herabgelassen, mich anzuhören, so würden sie mir bestimmt mit hochmütigem Lachen geantwortet haben: »*Zufälligkeiten* lassen sich nicht voraussehen, und die ganze Weisheit besteht nur darin, daß man gegen allerlei Zufälligkeiten gewappnet ist.« Ist das nicht wunderbar?! Nein, wissen Sie, das ist doch die typische Antwort, wenn ich sie mir auch selbst ausgedacht habe, da ich doch keinen Diplomaten mit solchen Fragen belästigen werde (wie sollte ich's wagen!), aber mein ganzes Entsetzen liegt in meiner Überzeugung, daß man mir gerade so und nicht anders geantwortet hätte, und darum habe ich auch die Antwort eine „typische" genannt. Denn was waren diese Ereignisse des letzten Dezenniums des vorigen Jahrhunderts in den Augen der Diplomaten anderes als – *Zufälligkeiten*? Waren es und sind es noch heute. Und nun erst gar Napoleon – der ist schon ein Erz-Zufall! Wäre Napoleon nicht gekommen, wäre er dort unten in Korsika in seinem dritten Lebensjahr an Scharlach gestorben, so würde selbstverständlich auch der ganze dritte Stand der Menschheit, die Bourgeoisie, nicht heraufgekommen sein, um das ganze Antlitz Europas zu verändern (was sich bis heute noch fortsetzt), sondern wäre dort in Paris ruhig bei sich zu Hause sitzen geblieben und womöglich gleich am Anfang abgestorben!

Es scheint mir nämlich, daß auch unser Jahrhundert im alten Europa mit irgend etwas Kolossalem enden wird, vielleicht nicht gerade mit etwas, das buchstäblich dem gleicht, womit das achtzehnte Jahrhundert endete, aber immerhin mit etwas ebenso Kolossalem, Elementarem und

Furchtbarem und gleichfalls mit einer totalen Veränderung des Antlitzes dieser Welt – wenigstens im Westen des alten Europa. Wenn nun jedoch unsere Allwissenden versichern werden, daß man *Zufälle* doch nicht voraussehen könne usw., ja, wenn ihnen in betreff dieses Finales noch überhaupt nichts in den Kopf gekommen ist, so ...

Mit einem Wort: Flickchen hier, Flickchen da – nur Kleinigkeiten ausbessern, das können sie.

Nun, seien wir vernünftig, warten wir ab. Flickchen sind doch, je nachdem wie man's nimmt, auch eine notwendige und nützliche Sache und obendrein noch eine vernünftige und praktische, um so mehr, als man mit Flickchen zum Beispiel den Feind hinter's Licht führen kann. Also: bei uns gibt's jetzt Krieg, und sollte es geschehen, daß Österreich sich feindlich zu uns stellt, so kann man ihm mit einem „Flickchen" gerade prachtvoll die Augen verbinden, was es übrigens mit Vergnügen geschehen lassen wird, denn was ist Österreich? Selbst ist es schon dem Tode nahe, will auseinanderfallen, ist genau so ein kranker Mann wie die Türkei, ja, ist vielleicht noch schlimmer krank als diese. Es ist ein Musterbeispiel von innerlich einander feindlichen Vereinigungen, allen möglichen Dualismen, allen möglichen Völkern, Ideen, allen möglichen Uneinigkeiten und entgegengesetzten Bestrebungen; da gibt es Ungarn, Slawen, Deutsche und das Reich der Juden ... Jetzt aber, wo die Diplomatie ihm dermaßen den Hof macht, kann es ja wahrhaftig von sich denken, daß es eine Macht sei, die tatsächlich viel zu bedeuten habe und die bei der Schicksalsentscheidung der Völker noch eine große Rolle spielen könne. Eine solche Selbsttäuschung, die mittels besagter Hofmacherei und Flickchen hervorgerufen wird, ist jedoch für die Entscheidung der Schicksale der slawischen Völker sehr vorteilhaft, denn sie kann den Feind eine Zeitlang einschläfern; im Augenblick der Entscheidung aber, wenn die Binde von seinen Augen fällt und er plötzlich sieht, daß ihn niemand fürchtet, daß er nichts weniger als eine Macht ist, kann er dann nur noch verwirrt stehen bleiben und zusehen, wie er seinen Mut verliert. Eine andere Sache ist es mit England: das ist viel ernster zu nehmen, zumal es augenblicklich um seine fundamentalsten Unternehmungen furchtbar besorgt ist. England kann man mit Flickchen und Hofmacherei nicht einschläfern. Was man ihm auch erzählen wollte, es würde doch nie und nimmer glauben, daß die riesige, heute die mächtigste Nation der Welt, die ihr Schwert gezogen und die Fahne der großen Idee erhoben und schon die Donau überschritten hat, in der Tat die Aufgaben, die sie sich gestellt, sich selbst zum Nachteil und nur England zum Vorteil zu lösen beabsichtige; denn jede Verbesserung der Lage der slawischen Völker ist für England *in jedem Fall* ein offenbarer Nachteil, und mit Flickchen macht man ihm da kein X mehr für ein U vor: England würde einfach keinem einzigen Wort glauben. Wohlan, mit welchen Argumenten könnte man es denn überzeugen? Etwa mit: »Ich werde nur ein bißchen *anfangen,* aber nicht beenden«? Aber in der Politik ist ja der Anfang einer Sache so gut wie alles, denn der Anfang führt ganz naturgemäß früher oder später doch zu einem Ende. Was will es besagen, daß der Abschluß sich nicht gerade heute vollzieht – dann wird er eben morgen stattfinden. Wie gesagt, die Engländer würden uns doch kein Wort glauben, und darum sollten auch wir England keinen Glauben schenken, oder höchstens so wenig wie irgend möglich, selbstverständlich insgeheim. Auch wäre es nicht schlecht für uns, wenn wir unsererseits dahinterkämen, daß England momentan in der kritischsten Lage ist, in der es sich je befunden hat. Diese seine kritische Lage kann man mit dem einen Wort „Isolierung" bezeichnen, denn vielleicht ist England noch niemals so furchtbar isoliert gewesen wie jetzt. Oh, wie froh wäre es, könnte es irgendwo in Europa einen Verbündeten finden; wie gern würde es dann eine *entente cordiale* schließen! Zu seinem Unglück aber hat es in Europa wohl noch nie eine für neue *ententes cordiales* ungünstigere Zeit gegeben als diese gegenwärtige; denn gerade jetzt hat sich in Europa alles gleichzeitig erhoben, alle Weltfragen zugleich, und mit ihnen auch alle Weltwidersprüche, so daß jedes Volk und jedes Reich bei sich zu Hause selbst furchtbar viel zu tun hat. Und da das englische Interesse nicht universal ist, sondern sich schon längst von allem und von allen isoliert hat und nur noch England allein angeht, so wird dieses Land eben, wenigstens eine Zeitlang, vollkommen vereinzelt bleiben. Versteht sich, es könnte sich ja sogar mit solchen Mächten verbünden, die bei gleichen Vorteilen andere Ziele verfolgen: »Ich verschaffe dir dieses, du mir aber dafür jenes!« Doch bei dem besonderen Charakter der gegenwärtigen Sorgen Europas ist es für England schwer, einen derartigen Verbündeten zu finden, wenigstens in diesem Augenblick, und es wird lange warten müssen, bis sich in der weiteren Entwicklung ein Moment einstellt, in dem man auch ihm erlauben wird, sich mit seiner Freundschaft wieder irgend jemandem aufzudrängen. Außerdem braucht England vor allen Dingen ein für sich vorteilhaftes Bündnis, das heißt: eines, bei welchem es alles nimmt, selber aber nach Möglichkeit *nichts* wiederzugeben hat. Nun ist aber gerade ein so vorteilhaftes Bündnis jetzt am schwersten zu schließen, und so muß denn England zunächst in seiner Einsamkeit verbleiben. Ach, wenn wir Russen uns doch dieser Vereinsamung geschickt bedienen könnten! Doch da höre ich noch einen anderen Seufzer: »Ach, wenn wir doch weniger skeptisch wären und daran glauben könnten, daß es wirklich Weltfragen gibt, und daß sie nicht nur Hirngespinste sind!« Das Unglück ist ja, daß bei uns in Rußland ein sehr großer Teil unserer Intelligenz Europa immer irgendwie *nicht* realistisch sieht und einschätzt, nicht so, wie es jetzt ist, sondern stets irgendwie veraltet. Man versteht nicht, von der *Zukunft* aus zu sehen, und man urteilt lieber nach dem Vergangenen, sogar nach längst Vergangenem!

Währenddessen aber existieren die Weltfragen tatsächlich. Und wie soll man denn nicht an sie glauben, und noch dazu wir? Zwei von ihnen haben sich schon erhoben und werden nicht mehr von menschlicher Weisheit gelenkt, sondern von ihrer eigenen elementaren Macht, ihrer eigenen organischen Notwendigkeit; sie können nicht mehr zum Stillstand gebracht werden, trotz aller Berechnungen der Diplomatie. Aber es gibt auch noch eine dritte Frage, gleichfalls eine universale, eine, die sich gerade jetzt zu erheben beginnt. Diese Frage kann man im speziellen die Deutsche Frage nennen, aber in Wirklichkeit und im ganzen ist sie mehr als jede andere eine alleuropäische, denn sie steht mit dem Schicksal ganz Europas und dem aller übrigen Weltfragen in organischem Zusammenhang. Und doch sollte man meinen, so dem Äußeren nach zu urteilen, daß es nichts Ruhigeres und Ungestörteres geben könne als eben das gegenwärtige Deutschland: im Bewußtsein seiner bedrohlich großen Macht blickt es um sich, beobachtet und wartet ab. Alle brauchen es mehr oder weniger, und mehr oder weniger hängen alle von ihm ab. Und doch ist das alles ... eine Selbsttäuschung der Wahrnehmung! Das ist es ja eben, daß jetzt alle in Europa mit ihrer eigenen Sache beschäftigt sind: Bei jedem hat sich jetzt eine eigene allerwichtigste Frage eingestellt, eine Frage von einer Wichtigkeit, wie die Existenz selber, wie Sein oder Nichtsein. Und siehe, genau so eine Frage hat sich nun auch in Deutschland eingefunden, und gerade in dem Augenblick, in dem auch die anderen Weltfragen akut werden. Und dieser Zustand Europas, füge ich vorausgreifend hinzu, ist für Rußland augenblicklich von unschätzbarem Vorteil! Denn noch niemals ist Rußland für Europa so unentbehrlich und in seinen Augen so mächtig gewesen und zu gleicher Zeit so entfernt von den wichtigsten und furchtbarsten Fragen, die sich im alten Europa erheben, aber *nur* das alte Europa und nicht Rußland angehen. Und noch nie wäre ein Bündnis mit Rußland in Europa so hoch eingeschätzt worden wie jetzt, und noch nie hätte Rußland sich mit größerer Freude dazu Glück wünschen können, daß es nicht das alte Europa ist, sondern das neue, daß es selbst, für sich, eine besondere, mächtige Welt darstellt, für die gerade jetzt der Augenblick gekommen ist, in eine neue und höhere Phase der Macht einzutreten, und von den verhängnisvollen Fragen dort im Westen, an die das alte, hinfällige Europa gefesselt ist, unabhängiger denn je zu werden!

DRITTES KAPITEL

I

Die deutsche Weltfrage
Deutschland – das protestierende Land

Und nun wollen wir auf Deutschland zu sprechen kommen, auf seine jetzige Aufgabe, seine jetzt verhängnisvolle und zugleich auch alle anderen angehende Weltfrage. Was ist das denn für eine Aufgabe? Und warum hat sich diese Aufgabe erst jetzt in eine so schwierige Frage für Deutschland verwandelt, warum nicht schon früher, sondern erst unlängst, knapp vor einem Jahr, oder gar erst vor kaum zwei Monaten?

Deutschland hat nur eine Aufgabe, hat sie auch früher schon und immer gehabt. Das ist sein *Protestieren* – nicht bloß jene eine Formel des Protestierens, welche sich unter Luther entwickelt hat, sondern sein ständiger *Protest* – gegen die römische Welt, einsetzend mit Arminius, gegen alles, was Rom und römische Aufgabe war, und später gegen alles, was vom alten Rom aufs neue Rom und auf all die Völker überging, die Roms Idee, seine Formel und sein Wesen übernahmen, der Protest gegen die Erben Roms und gegen alles, was dieses Erbe ausmacht. Ich bin überzeugt, daß manche Leser über das, was ich soeben geschrieben, die Achseln zucken und lachen werden: »Wie kann man nur im neunzehnten Jahrhundert, im Jahrhundert der freien Ideen und der Wissenschaft, noch über Katholizismus und Protestantismus reden und streiten, als wären wir noch im Mittelalter! Es gibt ja allerdings noch religiöse Leute und sogar Fanatiker, aber die haben sich doch meist nur wie archäologische Raritäten erhalten, die verdammt und verlacht und von allen verurteilt in weltfernen Winkeln sitzen, ein armseliges, klägliches Häuflein rückständiger Leutchen. Wie kann man sie bei einer so großen Frage, wie es die der Weltpolitik ist, überhaupt nur erwähnen?«

Ich aber meine nicht den religiösen Protest, noch denke ich dabei an die zeitweiligen Formeln der altrömischen Idee, noch an den ewig gegen sie gerichteten germanischen Protest. Ich nehme nur die Grundidee, die schon vor zweitausend Jahren aufgetaucht und seit der Zeit nicht gestorben ist, obgleich sie sich fortlaufend in verschiedenen Arten und Formeln verkörpert hat. Und heute ist es die Erbin Roms, die äußerste westeuropäische Welt, die sich in den Geburtswehen einer neuen Umgestaltung dieser ererbten alten Idee windet und quält. Das ist für denjenigen, der zu schauen versteht, schon dermaßen sichtbar, daß es für ihn keiner weiteren Erklärungen bedarf.

Das alte Rom war die erste Macht, die die Idee einer universalen Vereinigung der Menschen hervorbrachte, und die erste, die da *glaubte* (und fest überzeugt war), sie praktisch in Gestalt einer Weltmonarchie verwirklichen zu können. Diese Formel jedoch fiel vor dem Christentum – die Formel, aber nicht die Idee. Denn diese Idee ist die Idee der europäischen Menschheit, aus ihr bildete sich deren Kultur, für sie allein lebt sie überhaupt. Es fiel bloß die Idee der universalen *römischen* Monarchie, und sie wurde durch das neue Ideal einer wiederum universalen *neuen* Vereinigung in Christo ersetzt. Dieses neue Ideal zerspaltete sich in das östliche, das Ideal der vollkommen geistigen Vereinigung der Menschen, und das westeuropäische, römisch-katholische des Papstes, das dem östlichen durchaus entgegengesetzt ist. Diese westliche, römisch-katholische Verkörperung der Idee vollzog sich auf ihre Art, ohne den christlichen geistigen Ursprung der Idee ganz zu verlieren, und indem sie diese Idee mit dem altrömischen Erbe verband. Das römische Papsttum verkündete, daß das Christentum und seine Idee ohne die universale Beherrschung der Länder und Völker, – nicht geistig, sondern staatlich, mit anderen Worten: daß es ohne die irdische Verwirklichung einer neuen universalen römischen Monarchie, deren Haupt nicht der römische Imperator, sondern der Papst sein würde – nicht zu verwirklichen wäre. Und da begann dann wieder der Versuch einer universalen Monarchie – ganz und gar im Geist der altrömischen Welt, aber doch schon in einer anderen Form. Auf diese Weise ist das östliche Ideal: zuerst die geistige Vereinigung der Menschheit in Christo anstreben und dann erst, kraft dieser geistigen Vereinigung aller in Christo, die zweifellos sich aus ihr sich ergebende rechte staatliche wie soziale Vereinigung verwirklichen. Nach der römischen Auffassung ist das Ideal dagegen das umgekehrte: zuerst sich eine dauerhafte staatliche Vereinigung in der Form einer universalen Monarchie zu sichern und dann, nachher, meinetwegen auch eine geistige Vereinigung zustande zu bringen unter der Obrigkeit des Papstes, als des Herrn dieser Welt.

Dieser Versuch hat seitdem in der römischen Welt Fortschritte gemacht und sich ununterbrochen verändert. Mit der Entwicklung dieses Versuchs ist dann der wesentlichste Teil der christlichen Grundsätze fast gänzlich eingebüßt worden. Als jedoch die Erben der altrömischen Welt schließlich das Christentum geistig verwarfen, da verwarfen sie mit ihm auch das Papsttum. Das geschah im Sturm der schrecklichen Französischen Revolution, die im Grunde nichts anderes war als die letzte Gestaltsveränderung oder Umverkörperung dieser selben altrömischen Formel der universalen Vereinigung. Doch die neue Formel erwies sich als ungenügend, die neue Idee verwirklichte sich nicht. Es gab sogar einen Augenblick, wo alle Nationen, welche die altrömische Sendung übernommen hatten, fast verzweifelten. Oh, versteht sich, der Teil der menschlichen Gesellschaft, der 1789 für sich die politische Suprematie gewonnen hatte – die Bourgeoisie –, triumphierte natürlich und erklärte, daß weiter zu gehen nun nicht mehr nötig sei. Dafür aber schlugen sich alle die Geister, die nach den unvergänglichen Gesetzen der Natur zur ewigen Beunruhigung der Welt bestimmt sind, zum Suchen neuer Formeln des Ideals und des neuen Wortes, wie sie beide unentbehrlich sind, – sie alle schlugen sich zu den Erniedrigten und Umgangenen, zu denen, die von der neuen Formel der allmenschlichen Vereinigung, die von der Französischen Revolution 1789 proklamiert worden war, *nichts* erhalten hatten. Diese Geister verkündeten nun *ihr* neues Wort, gerade die Notwendigkeit der Allvereinigung der Menschheit, und zwar nicht mehr in der Absicht, Gleichheit der Lebensrechte für etwa einen vierten Teil der ganzen Menschheit zu schaffen und die übrigen bloß als Rohmaterial und auszunutzendes Mittel zum Wohl dieses Viertels bestehen zu lassen, sondern im Gegenteil, um die Allvereinigung der Menschen auf den Grundsätzen der *allgemeinen* Gleichheit zustande zu bringen, mit der Teilnahme aller und jedes einzelnen an der Nutznießung der Güter dieser Welt, welcher Art sie auch sein mögen. Zur Verwirklichung dieser Lösung aber beschlossen sie, sich *jedes* Mittels zu bedienen, also durchaus nicht nur mit den Mitteln der christlichen Zivilisation vorzugehen, vielmehr vor nichts mehr stehen zu bleiben.

Was hat nun Deutschland in diesen ganzen zweitausend Jahren mit alledem zu tun gehabt? Der charakteristischste, wesentlichste Zug dieses großen, stolzen und eigenartigen Volkes bestand schon seit dem ersten Augenblick seines Auftretens in der geschichtlichen Welt darin, daß es sich niemals, weder in seiner Sendung noch in seinen Grundsätzen, mit der äußersten westlichen europäischen Welt hat vereinigen wollen, das heißt mit all den Erben der altrömischen Sendung. Es hat die ganzen zweitausend Jahre gegen diese Welt protestiert, und wenn es auch sein eigenes Wort nicht aussprach – und es überhaupt noch nie ausgesprochen hat, sein scharf formuliertes eigenes Ideal, zum positiven Ersatz für die von ihm zerstörte altrömische Idee – so, glaube ich, war es doch im Herzen immer überzeugt, daß es noch einmal imstande sein werde, dieses neue Wort zu sagen und mit ihm die Menschheit zu führen. Schon mit Armin begann es, gegen die römische Welt zu kämpfen. Darauf, zur Zeit des römischen Christentums, kämpfte es mit dem neuen Rom mehr denn jedes andere Volk um die Vorherrschaft. Und endlich protestierte es in der mächtigsten Weise, indem es die neue Formel des Protestes aus den geistigsten, elementarsten Gründen der germanischen Welt zog. Die Stimme Gottes tönte aus ihm und verkündete die Freiheit des Geistes. Die Spaltung war furchtbar und allgemein – die Formel des Protestes war gefunden und ging in Erfüllung, wenngleich es noch immer eine negative Formel blieb, und das *positive* Wort noch immer nicht gesagt wurde.

Und siehe, nachdem der germanische Geist dieses neue Wort des Protestes gesprochen, erstarb er gleichsam für eine Zeitlang, und zwar geschah das parallel mit einer ebensolchen Erschlaffung der früher scharf formulierten Einheit der Kräfte seines Gegners. Die äußerste westliche Welt suchte, unter dem Einfluß der Entdeckung Amerikas, der neuen Wissenschaften und der neuen Grundsätze, sich in eine andere neue Wahrheit umzugestalten, gewissermaßen in eine neue Phase einzutreten. Als der erste Versuch dieser Umgestaltung zur Zeit der Französischen Revolution gemacht wurde, da war der germanische Geist in großer Verwirrung und nahe daran, seine Individualität zu verlieren, mitsamt dem Glauben an sich. Er konnte nichts gegen die neuen Ideen der äußersten westeuropäischen Welt sagen. Luthers Protestantismus hatte seine Zeit schon längst hinter sich, die Idee aber des freien Geistes, der freien Forschung war bereits von der Wissenschaft der ganzen Welt angenommen worden. Der riesige Organismus Deutschland fühlte mehr denn je, daß ihm sozusagen der Körper und die Form für seinen Ausdruck fehlten. Und damals war es denn auch, daß in ihm das dringende Bedürfnis entstand, sich wenigstens äußerlich zu einem einzigen festen Organismus zusammenzufügen, in

Anbetracht der herannahenden neuen Phasen seines ewigen Kampfes mit der äußersten westlichen Welt Europas. Hierbei ist nun ein interessantes Zusammentreffen bemerkenswert: Beide feindlichen Lager, beide Gegner, beide Kämpfer um die Hegemonie im alten Europa ergreifen und erfüllen zu ein und derselben Zeit – oder ungefähr zu ein und derselben – jeder eine Aufgabe, die der des anderen sehr ähnlich sieht. Die neue, noch phantastische zukünftige Formel der äußersten westlichen Welt – die Erneuerung der menschlichen Gesellschaft durch neue soziale Grundsätze – diese Formel, die fast unser ganzes Jahrhundert hindurch nur von Schwärmern und ihren halbwissenschaftlichen Vertretern, von allen möglichen Idealisten und Phantasten gepredigt worden ist, verändert plötzlich in den letzten Jahren ihr Aussehen und den Gang ihrer Entwicklung und beschließt: vorläufig von der theoretischen Definition und Propagandierung ihrer Aufgabe abzulassen und sogleich den ersten praktischen Schritt zu tun, das heißt soviel wie sofort den Kampf zu beginnen, zu diesem Zweck aber die Vereinigung aller zukünftigen Kämpfer für die neue Idee in einer einzigen Organisation zustande zu bringen, also des ganzen 1789 umgangenen Vierten Standes, aller Besitzlosen, aller Arbeitenden, aller Armen, und erst darauf die rote Fahne der neuen unerhörten Weltrevolution zu erheben. Es bildete sich die Internationale, die Vereinigung aller Armen dieser Welt, es gab Zusammenkünfte, Kongresse, Beschlüsse, neue Ordnungen – mit einem Wort, *im ganzen alten Westeuropa* wurde der Grundstein zu einem neuen status in statu gelegt, und die zukünftige Ordnung dieser Welt sollte die alte, die dort im äußersten Westen Europas herrscht, verschlingen. Zu derselben Zeit aber, da dieses beim Gegner vor sich ging, begriff der deutsche Geist, daß auch die deutsche Aufgabe, vor allen anderen Dingen und neuen Anfängen, *vor* jedem Versuch eines neuen Wortes gegen den aus der alten katholischen Idee umgestalteten Gegner, zuerst nur diese eine war: die eigene politische Einheit herzustellen, die Schöpfung des eigenen staatlichen Organismus zu vollenden und, erst nachdem das geschehen, sich Stirn gegen Stirn seinem alten Feinde entgegenzustellen. So geschah es auch: nachdem Deutschland seine Vereinigung innerlich vollendet hatte, warf es sich auf den Gegner und trat mit ihm in eine neue Kampfperiode ein, die mit Eisen und Blut begann. Der Kampf mit dem Eisen ist heute beendet – jetzt steht nur noch bevor, ihn geistig zu beenden.

Da taucht aber plötzlich für Deutschland eine neue Sorge auf, eine neue, unerwartete Wendung der Sache, die die Aufgabe arg erschwert. Was ist das nun für eine Aufgabe, und worin besteht diese neue Wendung der Sache?

II

Ein genial-mißtrauischer Mensch

Diese Aufgabe, diese *plötzliche* neue Sorge Deutschlands, hat sich, wenn man will, schon längst äußern wollen, aber erst jetzt ist sie, vielleicht etwas zu plötzlich, allen sichtbar geworden – und zwar infolge der unvorhergesehenen klerikalen Umwälzung in Frankreich. Man kann sie etwa in der Form folgenden Zweifels ausdrücken: »Hat sich nun der deutsche Organismus auch tatsächlich in ein einziges Ganzes vereinigt, ist er nicht vielmehr wie ehedem zersplittert, trotz der genialen Anstrengungen der Führer Deutschlands in den letzten fünfundzwanzig Jahren?« Und überdies noch: »Hat er sich wenigstens politisch vereinigt, ist nicht vielleicht auch das nur ein Trugbild, ungeachtet des Deutsch-Französischen Krieges und des nach ihm proklamierten, früher undenkbar gewesenen großen Deutschen Reiches?« Das ist nun die schwierige Frage.

Die Schwierigkeit dieser Frage besteht hauptsächlich darin, daß man sie fast bis zur allerjüngsten Zeit als überhaupt nicht vorhanden annahm – wenigstens, wenn man dabei an die große Mehrzahl der Deutschen denkt. Begeisterung für sich selbst, Stolz und unanfechtbarer Glaube an ihre unumschränkte Macht haben ja alle Deutschen ohne Ausnahme nach dem Kriege wie trunken gemacht. Dieses Volk, das ungewöhnlich selten gesiegt hat, dafür aber bis zur Seltsamkeit oft besiegt worden ist – dieses Volk besiegte plötzlich einen Feind, der fast immer und überall Sieger gewesen war. Da es aber nun einmal klar war, daß es, infolge der mustergültigen Organisation seiner großen Armee und der eigenartigen Umgestaltung derselben nach völlig neuen Grundsätzen, gar nicht umhin konnte, zu siegen, und außerdem, da es so geniale Führer an der Spitze hatte, so war es für den Deutschen natürlich unmöglich, darauf *nicht* bis zur Trunkenheit stolz zu werden. Hier braucht man gar nicht den uralten Zug des deutschen Charakters, die selbstzufriedene Prahlerei eines jeden Deutschen, in Betracht zu ziehen. Anderseits: aus dem doch kürzlich noch zerstückelten staatlichen Organismus entstand plötzlich ein so festes Ganzes, daß der Deutsche nicht gut auch hierüber in Zweifel geraten konnte und daher einwandlos glaubte, die Einigung sei nun tatsächlich für immer vollzogen, und für den deutschen Organismus bräche nun eine neue, glänzende und große Phase der Entwicklung an. Und so wuchsen denn nicht nur Stolz und Chauvinismus, sondern es schoß sogar richtiger Leichtsinn empor. Was konnte es noch für Fragen geben – nicht nur für irgendeinen kriegerischen Ladenjüngling oder Bäckergesellen, sondern selbst für einen Professor oder Minister? Einstweilen aber blieb doch noch ein kleiner Kreis von Deutschen übrig, der schon sehr bald, fast sofort nach dem Deutsch-Französischen Kriege, zu zweifeln und nachzudenken begann.

Das Haupt dieses Kreises war zweifellos *Fürst Bismarck*.

Noch hatten die deutschen Truppen Frankreich nicht verlassen, als er schon einsah, daß mit „Blut und Eisen“ zu wenig getan worden war, daß man, wenn man Ziele von solcher Größe vor sich hatte, wenigstens zweimal mehr hätte tun müssen, da die Gelegenheit nun einmal so günstig war.

Allerdings, militärische Vorteile blieben immerhin unvergleichlich mehr auf seiten Deutschlands, und das noch für lange. Frankreich ist nach der Abtretung der beiden Provinzen Elsaß und Lothringen für eine Großmacht an Landumfang so klein geworden, daß im Fall eines neuen Krieges nach ein oder zwei für Deutschland erfolgreichen Schlachten die deutschen Heere schon im Zentrum Frankreichs stehen würden und es somit in strategischer Beziehung erobert hätten. Sind nun aber diese Siege so gewiß, kann man sich wirklich auf diese zwei erfolgreichen Schlachten mit solcher Sicherheit verlassen? 1870–71 haben ja die Deutschen eigentlich nicht Frankreich besiegt, sondern nur Napoleon III. und seine Institutionen. Nicht immer werden in Frankreich die Heere so schlecht organisiert sein und kommandiert werden; nicht immer werden dort Usurpatoren herrschen, die aus dynastischen Interessen gezwungen sind, eine so klägliche Fahrlässigkeit zu dulden, daß ein reguläres Heer sich nicht ein paar Monate im Felde erhalten kann. Nicht immer wird sich auch ein Sedan finden, denn Sedan war ja im Grunde nur ein einzelner Fall, der sich aus dem Umstand ergab, daß Napoleon nur durch die Gnade des Königs von Preußen hätte nach Paris zurückkehren können. Und nicht immer werden dort so wenig begabte Generale wie Mac-Mahon oder solche „Verräter“ wie Bazaine sein. Die Deutschen, trunken von einem bis dahin noch nie erlebten Triumph, konnten natürlich alle bis auf den letzten glauben, alles das hätten sie, und nur sie allein, einzig mit ihrem kriegerischen Genie gemacht. In jenem zweifelnden Kreise jedoch dachte man anders . . . besonders nachdem der besiegte Feind, noch eben so zerrüttet und erschüttert, plötzlich mit einem Schlage fünf Milliarden Kontribution bezahlte und dabei nicht mal die Miene verzog. Das betrübte selbstverständlich sehr den Fürsten Bismarck.

Von der anderen Seite stellte sich dem zweifelnden Kreis noch eine zweite, vielleicht wichtigere Frage, und zwar: »Hat sich nun wirklich die politische und bürgerliche Vereinigung innerhalb des Organismus vollzogen?« Ich glaube, in ganz Europa, und besonders bei uns in Rußland, hat bis jetzt noch niemand daran gezweifelt. Überhaupt haben wir Russen alles, was in Deutschland in den letzten zehn, fünfzehn Jahren geschehen ist, für etwas Endgültiges, im höchsten Grade nicht Zufälliges, sondern durchaus Natürliches angesehen, für etwas, das sich nun nicht mehr verändern kann. Die vollbrachten Taten flößten uns außerordentliche Achtung ein. Währenddessen aber nahm wohl in den Augen so genialer Menschen, wie Fürst Bismarck, kaum alles, so wie er es sich innerlich wünschte, bereits die Gestalt endgültiger Dauerhaftigkeit an. Das, was heute noch dauerhaft scheint, kann dies vielleicht nur in der Phantasie sein. Es ist schwer, anzunehmen, daß eine so alte Gewöhnung der Deutschen an politische Zersplitterung so schnell verschwunden sei wie ein ausgetrunkenes Glas Wasser. Der Deutsche ist schon von Natur starrsinnig. Zudem wurde die jetzige Generation der Deutschen von den Erfolgen bestochen, trunken gemacht durch den Stolz und von der eisernen Hand der Führer gelenkt. In Zukunft aber, wenn diese Führer in das Jenseits abberufen sein werden und ihren Platz im Diesseits anderen überlassen haben, werden sich vielleicht doch die zeitweilig unterdrückten Probleme und Instinkte wieder einstellen. Sehr wahrscheinlich ist gleichfalls, daß dann die Energie der Einheitsbewegung wieder erschlafft sein wird und im Gegenteil die alte Energie der Opposition von neuem ersteht und das ins Wanken bringt, was so mühsam aufgebaut wurde. Es wird sich das Bestreben, sich abzusondern, sich zurückzuziehen, einstellen, und das gerade dann, wenn sich im Westen der furchtbare Feind von dem Schlage ganz und gar erholt hat, dieser Feind, der auch jetzt nicht schläft, nicht müßig ist, und von dem man weiß, welches seine erste Aufgabe sein muß von allen, die er sich gestellt hat. Und da kommt dann noch zum Überfluß, sagen wir, das Naturgesetz selber hinzu: Deutschland ist doch in Europa immerhin ein Land, das *in der Mitte* liegt; wie stark es also auch sein mag, auf der einen Seite bleibt Frankreich, auf der anderen Rußland. Es ist ja wahr, die Russen sind vorläufig noch höflich. Wie aber, wenn sie plötzlich erraten, daß nicht *sie* das Bündnis mit Deutschland brauchen, wohl aber Deutschland das Bündnis mit Rußland; überdies noch: *daß die Abhängigkeit von dem Bündnis mit Rußland allem Anschein nach die schicksalhafte Bestimmung Deutschlands ist, und das besonders seit dem Deutsch-Französischen Kriege?* Das ist es ja, warum selbst ein von seiner Kraft so überzeugter Mensch, wie Fürst Bismarck, nicht imstande ist, an die allzu große Ehrerbietung Rußlands zu glauben. Ja, bis zu diesem letzten unvorhergesehenen Zwischenfall in Frankreich, der plötzlich die ganze Sachlage verändert hat, hoffte Fürst Bismarck immer noch, daß die ungewöhnliche Höflichkeit Rußlands noch lange unerschütterlich anhalten werde! Und nun plötzlich dieser Zwischenfall! Ja, es ist in der Tat etwas Ungewöhnliches geschehen.

Ungewöhnlich für alle, doch nicht für den Fürsten Bismarck! Jetzt erweist es sich, daß sein genialer Blick diesen „Zwischenfall" schon längst vorausgesehen hat. Oder war es nicht sein Genie, sein scharfes Auge, das den Hauptfeind bereits vor so langer Zeit entdeckte? Warum haßte er denn gerade den Katholizismus so sehr, warum verfolgte er alles, was von Rom (das heißt: vom Papst) ausging, nun schon so viele Jahre lang? Warum bemühte er sich so weitsichtig, sich das *Bündnis* (so kann man sich ausdrücken) mit Italien zu sichern, wenn nicht, um mit Hilfe der italienischen Regierung die Wurzel des Papsttums in der Hand zu haben, wenn die Zeit kommt, wo ein neuer Papst gewählt werden muß? Nicht den katholischen Glauben verfolgte er, sondern den römischen Ursprung dieses Glaubens. Zweifellos handelte er dabei als Deutscher, als Protestant; er arbeitete gegen die Grundmacht der äußersten westlichen, Deutschland immer feindlichen Welt. Trotzdem sahen viele, sehr viele von den intelligentesten und liberalsten Denkern Europas auf diesen Feldzug des mächtigen Bismarck gegen den nichtssagenden

Papst wie auf den Kampf eines Elefanten mit einer Mücke. Manche erklärten sich das mit einer Marotte oder einer Laune des genialen Mannes. Das Wichtigste aber war, daß der geniale Politiker, vielleicht als einziger von allen Staatsmännern der Welt, einzuschätzen *verstand*, wie stark das römische Element noch in sich selbst und inmitten der Feinde Deutschlands ist, und was für einen furchtbaren Kitt es in Zukunft abgeben kann, wenn es heißt, alle diese Feinde zu vereinigen. Er allein war fähig, zu erraten, daß sich vielleicht einzig in der römischen Idee eine solche Fahne wird finden lassen, unter der man in dem unheilvollen und in Bismarcks Augen unabwendbaren Augenblick alle von ihm schon erdrückten Feinde Deutschlands wieder zu einem furchtbaren Ganzen wird zusammenbringen können. Und siehe, der geniale Argwohn hat sich plötzlich bewahrheitet: alle Parteien im besiegten Frankreich, die eine Bewegung gegen Deutschland hätten beginnen können, waren zersprengt, und keine einzige konnte die anderen besiegen und die Macht in Frankreich an sich reißen. Vereinigen konnten sie sich gleichfalls auf keine Weise, da jede ihre besonderen, entgegengesetzten Ziele im Auge hatte. – Und nun vereint die Fahne des Papstes und der Jesuiten mit einem Male alle! Der Feind erhebt sich, und dieser Feind ist nicht mehr Frankreich, sondern der Papst selbst. Es ist der Papst, der Führer aller, dem die römische Idee vermacht ist, der da kommt, um sich auf Deutschland zu stürzen.

Wie aber sieht es nun im Lager dieser Gegner Deutschlands aus?

III

Sie sind böse, aber auch stark

Der Papst liegt im Sterben. Er wird bald gestorben sein.[40] Die ganze katholische Welt, die Christus in der Gestalt der römischen Idee auffaßt, ist schon lange in ungewöhnlicher Erregung: der unheilvolle Augenblick rückt heran. Da heißt es denn, nichts versäumen und außer acht lassen; denn sonst ist das Todesurteil der römischen Idee gefällt. Es kann nämlich geschehen, daß der neue Papst unter dem Druck der Regierungen ganz Europas, also »nicht frei«, gewählt wird, und daß er, zum Papst ausgerufen, einwilligt, auf ewig und im Prinzip jedem Landbesitz zu entsagen, wie auch natürlich dem Titel des weltlichen Herrschers, auf den Pius IX. nicht verzichtete (vielmehr in demselben verhängnisvollen Augenblick, da ihm Rom und das letzte Stück Land genommen wurde und ihm nur noch der Vatikan verblieb, wie zum Trotz seine Unfehlbarkeit verkündete und zu gleicher Zeit die These vertrat, daß ohne irdisches Reich das Christentum auf Erden nicht bestehen könne; also im Grunde sich für den Herrscher der Welt erklärte und vor den Katholizismus dogmatisch als einziges Ziel die universale Monarchie hinstellte, nach deren Verwirklichung zu streben er zum Ruhme Gottes des Vaters und des Sohnes auf Erden befahl). Selbstverständlich belustigte er damit seinerzeit alle geistreichen Leute: »Er ärgert sich, doch hilft ihm das nichts«, sagte man damals. Und jetzt, plötzlich, wenn der neugewählte Papst bestochen wird, wenn sogar das Konklave selber unter dem Druck ganz Europas gezwungen wird, mit den Gegnern der römischen Idee einen Kompromiß zu schließen, – nun, dann kann man sie ja begraben! Denn, wenn einmal ein regelrecht gewählter, folglich also ein „unfehlbarer“ Papst im Prinzip die Würde eines weltlichen Herrschers ablehnt, so wird es auch weiterhin und ewig so bleiben. Anderseits: tut der durch das Konklave neugewählte Papst fest und über die ganze Welt hin kund, daß er nichts abzulehnen gedenke, ganz und gar in der alten Idee verbleibe, und schleudert er das Anathema gegen alle Feinde Roms und des römischen Katholizismus, so können ihn die Regierungen Europas, wenn sie wollen, nicht anerkennen und somit eine so verhängnisvolle Erschütterung der Römischen Kirche heraufbeschwören, daß die Folgen derselben unberechenbar und unabsehbar wären.

Oh, für die Politiker und Diplomaten fast ganz Europas war doch der gestürzte, im Vatikan gefangene Papst in den letzten Jahren solch eine Nichtigkeit, daß sie sich schämten, ihn auch nur zu erwähnen, besonders die geistreichen und liberalen unter ihnen. Der Papst, der Allokutionen hielt und Syllabusse erließ, Pilger empfing und verfluchend im Sterben lag, glich in ihren Augen einem Narren, der bloß zu ihrer Belustigung lebte. Daß die gewaltigste Idee der Welt, die Idee, die dem Haupte des Teufels entsprungen während seiner Versuchung Christi in der Wüste, die Idee, die in der Welt schon zweitausend Jahre organisch lebt, daß diese Idee so einfach mir nichts dir nichts sich hinlegen und sterben werde, womöglich in einer kurzen Minute, das wurde als unbestreitbar angenommen. Der Fehler lag hier natürlich in der Auffassung von der religiösen Bedeutung dieser Idee, lag darin, daß zwei Bedeutungen verwechselt wurden: »Da heutzutage«, hieß es, »selten jemand in der Welt noch an Gott glaubt, von dem Gott der römischen Auslegung schon ganz zu schweigen, in Frankreich aber selbst das Volk nicht mehr glaubt, höchstens noch die höhere Gesellschaft – aber auch die nicht wirklich mehr glaubt, sondern nur so tut –, also was können dann in unserem Jahrhundert der Bildung der Papst und der römische Katholizismus noch für eine Macht haben?« – das ist es, wovon jetzt die geistreichen Leute überzeugt sind. Doch die religiöse Idee und die Papstidee sind grundverschieden. Und diese selbe Papstidee hat nun plötzlich in unseren Tagen, im ganzen erst vor zwei Monaten, mit einem Mal solch eine Lebenszähheit bewiesen, solch eine Kraft, daß sie in Frankreich die radikalste politische Umwälzung zustande gebracht, ganz Frankreich den Zaum auferlegt hat und es jetzt sklavisch nach sich zieht.

In Frankreich bildete sich in den letzten Jahren die parlamentarische Mehrheit aus Republikanern: sie führten ihre Sachen ziemlich gut, ehrlich, ruhig, ohne Aufregungen durch. Sie verbesserten die Armee, bewilligten für sie ohne ein Wort des Streites riesige Summen, dachten aber nicht einmal an einen Krieg, und alle begriffen, in Frankreich wie in Europa, daß, wenn es irgendwo eine friedliebende Partei gab, es zweifellos diese republikanische in Frankreich war. Ihre Führer zeichneten sich durch Mäßigung und eine an ihnen ganz ungewohnte Vernunft aus. Einstweilen aber sind das in Wirklichkeit lauter abstrakte Leute und Idealisten, Sänger eines schon längst verklungenen Liedes und furchtbar kraftlose Menschen: liberale, ergraute, doch sich jünger machende Greise, die sich einbilden, immer noch jung zu sein. Sie sind bei den Ideen der ersten französischen Revolution stehen geblieben, also beim Triumph des Dritten Standes, und sind im vollen Sinne des Wortes die Verkörperung des Begriffes „Bourgeoisie". Das ist ganz dieselbe Julimonarchie, aber nur mit dem Unterschied, daß sie Republik heißt und es keinen König in ihr gibt (letzteren selbstverständlich im Sinne von „Tyrann"). Alles, was sie Neues gebracht haben, ist das Anno 48 eingeführte allgemeine Stimmrecht, das von der königlichen Juliregierung so gefürchtet wurde, und aus dem dann nicht nur nichts Gefährliches entstanden ist, sondern umgekehrt, sogar sehr viel für die Bourgeoisie Nützliches. Sehr zustatten kam diese Idee auch der Regierung Napoleons III. Doch die alten Herren waren im höchsten Grade unzufrieden mit ihr, und es beruhigt und lullt sie ein wie kleine Kinder, daß sie „Republikaner" sind. Das Wort „Republik" hat bei ihnen etwas Komisch-Ideales. Man sollte meinen, daß diese unschuldige Partei Frankreich und die Franzosen vollkommen zufriedenstellen könnte, das heißt: die städtische Bourgeoisie und die Grundbesitzer. Doch siehe, in Wirklichkeit ist es umgekehrt. In der Tat, warum erschien die Republik in Frankreich immer als eine unzuverlässige Regierungsform? Und wenn die Republikaner nicht immer gehaßt worden sind, so werden sie doch immer von der großen Mehrzahl der Bourgeoisie wegen ihrer Kraftlosigkeit verachtet, oder wenn auch nicht gleich verachtet, so doch immerhin nicht wirklich geachtet. Auch das Volk hat ihnen fast nie getraut. Jedesmal, wenn in Frankreich die Republik die Regierung antrat, verlor geradezu alles im Lande seine Festigkeit und sein Selbstvertrauen. Bis jetzt ist die Republik immer nur ein Übergangszustand gewesen, zwischen revolutionären Versuchen allerschrecklichster Art und irgend einem zuweilen dummdreistesten Usurpator. Und da sie fast immer ein solches Ende genommen, hat sich auch die Gesellschaft gewöhnt, sie danach zu beurteilen. Dieses Mal war es nicht anders: kaum daß die Republik begann, fingen alle an, sich gleichsam in einem Interregnum zu fühlen. Wie vernünftig die Republikaner dann auch regieren mögen, die Bourgeoisie bleibt doch im stillen überzeugt, daß früher oder später der rote Bund aufflammen oder wieder irgendeine Monarchie beginnen wird. Das Ergebnis ist, daß der Bourgeoisie nun die monarchische Regierung viel lieber geworden ist als die republikanische, sogar ungeachtet dessen, daß die Monarchie, wie zum Beispiel die Napoleons III., gewissermaßen Versuche einer Vereinbarung mit den Sozialisten gemacht hat, während doch in der ganzen Welt niemand und nichts den Sozialisten feindlicher sein kann als die echten Republikaner: für die ist ja nur das Wort „Republik“ nötig, die Sozialisten aber suchen nicht Worte, sondern Taten. Nach den Prinzipien der Sozialisten ist's ihnen einerlei, ob sie eine Republik oder eine Monarchie bilden, ob sie Franzosen bleiben oder womöglich Deutsche werden, und, offen gestanden, selbst wenn sich die Sache irgendwie so wenden sollte, daß ihnen der Papst zustatten käme, so würden sie selbst den Papst wählen. Sie suchen vor allen anderen Dingen zuerst *ihre Sache* durchzuführen, das heißt: den Sieg des Vierten Standes sowie Gleichheit in der Verteilung der Rechte bei der Nutznießung der Lebensgüter, unter welch einer Fahne jedoch, das ist ihnen einerlei, meinetwegen unter der allerdespotischsten.

Auffallend ist, daß Fürst Bismarck den Sozialismus nicht weniger als das Papsttum haßt, und daß die deutsche Regierung, besonders in der allerletzten Zeit, anscheinend schon etwas zu sehr die sozialistische Propaganda zu fürchten beginnt. Zweifellos geschieht dies nur, weil der Sozialismus die nationale Grundlage aufhebt, überhaupt die Wurzel der Nationalität untergräbt. Das Prinzip der Nationalität aber ist die Grundlage der ganzen deutschen Einheit, die Hauptidee alles dessen, was in Deutschland in den letzten Jahren vollführt worden ist. Es kann jedoch sehr leicht möglich sein, daß Fürst Bismarck noch tiefer sieht und sich folgendes sagt: Der Sozialismus ist für ganz Westeuropa eine zukünftige Macht oder doch Kraft, und wenn das Papsttum irgendeinmal von den Mächten dieser Welt verlassen und verworfen sein wird, so kann es sehr, sehr leicht geschehen, daß es sich in die Arme des Sozialismus wirft und mit ihm zu einem Ganzen verschmilzt. Der Papst kommt barfuß zu allen Armen und sagt, daß alles, was sie lehren, schon längst im Evangelium geschrieben stehe, daß bisher bloß die Zeit für sie noch nicht gekommen sei, dieses zu wissen, jetzt aber sei sie endlich angebrochen, und nun sei er, der Papst selber, bereit, ihnen Christus zu opfern, und statt an Ihn, gleichfalls an den menschlichen Ameisenhaufen zu glauben. Der römische Katholizismus (das ist schon allzu klar) bedarf nicht Christi, sondern der Weltherrschaft: »Also ihr braucht eine Vereinigung gegen den Feind? Vereinigt euch unter meiner Macht; denn ich allein bin von allen Mächten und Machthabern der Welt *universal;* laßt uns zusammengehen!« Dieses Zukunftsbild stellt sich wahrscheinlich Fürst Bismarck vor; denn von allen Diplomaten hat er allein einen so scharfen Blick gehabt, um die Lebenszähheit der römischen Idee und diese ganze Energie zu erkennen, mit der sie zu ihrer Verteidigung entschlossen ist, ohne jetzt noch in der Wahl der Mittel bedenklich zu sein. Leben will sie höllisch gern, sie zu töten aber ist schwer, denn sie ist wie eine Schlange! – Der einzige, der das erkennt, ist Fürst Bismarck, der Hauptfeind des Papsttums und der römischen Idee!

Doch siehe, die sich jünger machenden alten Herrchen, die französischen Republikaner, sind nicht fähig, dies zu verstehen. Den Klerus hassen sie schon aus bloßem Liberalismus, den Papst halten sie für machtlos und verächtlich und die römische Idee für vollständig überlebt. Sie verfallen nicht einmal darauf, sich mit der gefährlichen klerikalen Partei zu verständigen, wenn auch nur politisch, um sich etwas mehr Festigkeit zu verleihen. Wenigstens könnten sie es doch vorläufig unterlassen, die Klerikalen zu reizen, sie mit einem so anmaßenden Selbstvertrauen herauszufordern; ja, sie könnten ihnen sogar einige Unterstützung bei der so nah bevorstehenden Wahl des neuen Papstes versprechen. Sie aber tun gerade das Gegenteil – entweder aus der idealen Ehrlichkeit ihrer Überzeugungen, oder einfach aus Leichtsinn. Und in der letzten Zeit haben sie zum Überfluß noch angefangen, den Klerus ganz besonders zu verfolgen, und das in einem Augenblick, wo dem Papsttum nur noch Frankreich als einzige Stütze verbleibt; sonst hätte es nur die unheimliche Chance, zugleich mit Pius IX. zu sterben. Denn wer in Europa könnte wohl im Notfall für die „Freiheit" der Papstwahl und für die Freiheit des gewählten Papstes das Schwert ziehen? Und dieses Schwert muß zudem noch stark und mächtig sein. Es bliebe keine andere Wahl als Frankreich und seine Armee von einer Million Mann. Und nun Frankreich an der Spitze der Feinde! Freilich, Marschall Mac-Mahon ist gehorsam, aber er ist ja selber in der Klemme und kann sich nicht mal selbst befreien: die Mehrheit der Kammer ist republikanisch und liberal, und keine einzige der anderen Parteien vermag sie zu ersetzen. Kurz, die republikanische Mehrheit zu verdrängen, ist unmöglich ... Und nun plötzlich befreit dieser Klerus – diese verachteten, machtlosen Klerikalen! – den Marschall Mac-Mahon und beweist der ganzen Welt eine Macht, wie sie niemand mehr von ihm noch erwartet hätte. Sie geben den Parteien zu verstehen, daß sie sich nur unter der Fahne der Klerikalen vereinigen können, und die Parteien, frappiert durch die Augenscheinlichkeit dieser Wahrheit, sind sofort mit ihnen einverstanden. In der Tat: für die Legitimisten wie für die Bonapartisten ist der größte und nächste Feind – diese selbe republikanische Mehrheit. Wenn jede dieser Parteien einzeln für sich arbeiten wollte, so würde sie nichts erreichen, zusammen aber, vereint, könnten sie eine Macht bilden, die am Ende fähig wäre, alle zu besiegen und selbst die Republikaner zu verjagen. Dann aber, wenn sie die Republik erdrosselt haben, wird jede Partei sich um sich allein kümmern können und, versteht sich, jede von ihnen wird dann um so größere Aussichten auf Erfolg haben, je mehr sie den Klerikalen entgegenkommt. Alles das haben die Klerikalen mathematisch berechnet, die Vereinigung ist zustande gekommen – und schon hat die klerikale Mehrheit des Senats den Marschall Mac-Mahon ermächtigt, die Republikaner davonzujagen.

IV

Das schwarze Heer
Die Meinung der Legionen als ein neues Element der Zivilisation

Nachdem diese Klerikalen plötzlich solch eine unerwartete Macht und Gewandtheit bewiesen haben, werden sie fraglos noch weiter gehen. Dieses schwarze Heer wird einfach in der für es entscheidenden Minute Deutschland den Krieg erklären – und das ist es, was Fürst Bismarck alsbald begriffen hat! Das Wichtigste haben sie ja schon erreicht: Mac-Mahon hat eingewilligt, Frankreich in eine Politik der Abenteuer zu stürzen. Und glaubt man denn, sie würden vor dem Weiteren zurückschrecken? Sie werden doch nicht Mitleid mit Frankreich haben! Wie alles in der Welt, brauchen sie auch Frankreich nur so lange, wie sie Nutzen aus ihm ziehen können. Dieses Land, das ihre einzige Hoffnung ist und ihnen so viele Jahrhunderte lang treu gedient hat, könnten sie eigentlich wohl verschonen! Aber ihre Stunde im Jahrtausend hebt schon an zum Schlag, und wenn ihnen da gerade Frankreich in die Hände fällt: warum sollen sie dann nicht aus ihm Kräfte herausquetschen, soviel sie eben nur können, und wenn sie damit auch seine Existenz, sein Leben aufs Spiel setzen? Sie müssen alles nehmen, was es noch hergeben kann, und vor allen Dingen dürfen sie keinen Augenblick versäumen: wollten sie nur ein wenig später beginnen, so wäre es für sie schon zu spät. Darum heißt es gerade jetzt versuchen, Bismarck zu schlagen; denn wenn jemand bei der Wahl des Papstes stören wird, so ist es natürlich nur er. Und hinzu kommt jetzt noch, daß Bismarck gerade in diesem Augenblick ganz allein ist, ohne einen einzigen Verbündeten: Rußland (seine ganze Hoffnung) ist durch den Krieg im Orient in Anspruch genommen. Und schließlich, wenn es gelingt, Bismarck, sei es auch nur zeitweilig, zu besänftigen, so heißt es für sie doch, so schnell wie nur möglich das Zukünftige anbahnen, also den günstigen Augenblick benutzen und ein für allemal aus Frankreich einen dauerhaften Bundesgenossen machen, einen, der zu allem bereit ist und gehorsam bleibt, und der einwilligt, zu diesem Zweck daselbst eine radikale, diesmal aber *ernstliche, dauerhafte* Umwälzung zustande zu bringen. Zweifellos ist damit viel gewagt, doch schwanken können wohl andere, nicht aber Jesuiten. Die Sache liegt nämlich so, daß sie gegenwärtig überhaupt keine andere Wahl haben als riskieren und riskieren und nochmals riskieren ... Sich mit der klerikalen Umwälzung in Frankreich begnügen, ohne Krieg mit Deutschland und ohne *ernsthafte* Revolution in Frankreich, ist ihnen einfach unmöglich. Derart ist jetzt ihre Lage. Sie müssen alles haben oder nichts, und da würde wenig Nehmen, sich mit irgend einem Einfluß auf die Regierung Zufriedengeben ihnen nicht den geringsten Nutzen bringen, denn ihre Bedürfnisse sind jetzt riesengroß! Und so bleibt ihnen nichts anderes übrig, als va banque zu spielen, sich für das offenste und frechste Wagnis zu entscheiden. Wenn ihnen aber, nehmen wir an, der Coup in Frankreich nicht gelingt, wenn, sagen wir, die Deutschen nochmals siegen und Frankreich zerschmettern, so liefe es für sie doch auf eins hinaus: sie, die Klerikalen, würden es deswegen nicht schlechter haben als jetzt, ich meine, als wenn sie jetzt artig die Hände in den Schoß legten und keine Umwälzung beabsichtigten: sie würden beim Alten bleiben, bei dem, wo sie vor den „Abenteuern" waren, daß heißt soviel wie in der allerschlimmsten Lage, die nur einen Trost hat, nämlich den, daß sie nicht mehr schlimmer werden kann. Eine andere Sache ist es mit Frankreich: wird es nochmals besiegt, so ist es unrettbar verloren. Doch nicht den Jesuiten steht es an, davor zurückzuschrecken: sie wissen, daß sie, wenn Frankreich *siegt,* alles bekommen und sich dann endgültig einnisten können. Dazu aber haben sie ihre besonderen, in Frankreich noch unerhörten Mittel.

Alle anderen Revolutionen, selbst die wildesten oder rotesten, verbinden sich doch, wenn sie den Umsturz vollbracht, mit irgend etwas Allgemeinem, vorher Gegebenem oder sogar Gesetzmäßigem. Die revolutionären Jesuiten jedoch können nicht gesetzmäßig, sondern nur *ungewöhnlich* handeln. Dieses schwarze Heer steht außerhalb der Menschheit, außerhalb des Bürgertums, außerhalb der Zivilisation und geht ganz von sich allein aus: das ist ein status in statu, das ist die Armee des Papstes, die braucht nur den Triumph *einzig ihrer* Idee – das übrige mag untergehen, was ihr im Weg liegt, mag verderben, was nicht mit ihnen übereinstimmt, mag sterben – Kultur, Gesellschaft, Wissenschaft! Sicherlich wollen sie Frankreich zu einer neuen und jedenfalls endgültigen Form umarbeiten, wenn bloß die Gelegenheit ihnen günstig ist; sie wollen aus diesem Lande allen *Kehricht* hinausfegen, und zwar mit einem Ofenbesen, wie ihn bis jetzt noch niemand gesehen hat, auf daß nicht einmal ein Geruch von irgendeinem Widerstand im Lande bleibe; sie wollen dann dem Land einen neuen Organismus geben, der ewig unter der strengsten Vormundschaft der Jesuiten zu bleiben hat.

All das kann auf den ersten Blick fürchterlich absurd erscheinen. In der französischen Presse (und auch in der unsrigen) sind alle wohlgesinnten Leute fest davon überzeugt, daß die klerikale Partei sich bei den nächsten Wahlen unbedingt das Bein brechen werde. Die französischen Republikaner sind in ihrer geistigen Einfalt gleichfalls vollkommen überzeugt, daß »die ganze activité dévorante« der neu eingesetzten Präfekten und Maires so gut wie nichts erreichen wird und nur die früheren Republikaner gewählt werden, die dann wiederum die frühere Mehrheit ausmachen und alsbald den Absichten Mac-Mahons ein Veto entgegensetzen werden; darauf werden dann die Klerikalen verjagt werden und mit ihnen vielleicht auch Mac-Mahon. Doch diese Überzeugung ist leider nicht sehr begründet, und sicher machen sich die Klerikalen in der Beziehung die geringsten Sorgen. Die Sache ist nämlich eigentlich die, daß die naiven, harmlosen Greise, wie es scheint, immer noch nicht, trotz der vielen Erfahrungen, im ganzen Umfang begreifen können, mit was für Leuten sie es zu tun haben. Denn sowie die Wahlen für die Klerikalen nur ein wenig unvorteilhafter ausfallen, werden sie auch die neue Kammer auflösen, ungeachtet aller konstitutionellen Rechte derselben. Man wird vielleicht einwenden, dieses sei ungesetzmäßig, illegitim und darum unmöglich? Das ist allerdings wahr, doch wann kümmert sich dieses schwarze Heer um das Gesetz und die Rechte? Sie werden bestimmt (wir haben ja schon Tatsachen, die davon zeugen) ihrem gehorsamen Marschall den tollkühnen Gedanken eingeben, ein Mittel zu gebrauchen, das in Frankreich noch nie angewandt worden ist, und zwar: den *militärischen* Despotismus. Man wird natürlich sofort sagen, daß das ein altes Mittel sei, daß es schon mehrmals angewandt worden wäre, zum Beispiel von den Napoleonen! Und doch wage ich zu behaupten, daß es *in seiner ganzen Unverhülltheit tatsächlich* noch kein einziges Mal in Frankreich gebraucht worden ist. Hat sich der Marschall Mac-Mahon der Armee versichert, so kann er die ganze zukünftige Versammlung der Landesvertreter, *wenn sie gegen ihn ist,* einfach mit dem Bajonett auseinanderjagen und darauf dem Volk erklären, *die Armee habe es so gewollt.* Wie ein römischer Imperator der Verfallszeit kann er daraufhin ruhig kundtun, daß er sich hinfort *»nur noch nach der Meinung der Legionen richten werde«.* Dann kommt der allgemeine Belagerungszustand und der militärische Despotismus – und Sie werden sehen, meine Herrschaften, das wird furchtbar vielen in Frankreich sogar ungemein gefallen! Glauben Sie mir, wenn es not tut, werden auch die Abgeordneten kommen und werden mit *Stimmenmehrheit ganz Frankreich* den Krieg gestatten und die nötigen Gelder dazu hergeben. In seiner kürzlichen Rede an das Heer hat sich der Marschall wenigstens in diesem Sinne ausgedrückt, und seine Worte haben großen Anklang gefunden. Wir können also nicht mehr zweifeln, daß das Heer mehr auf seiner Seite ist. Hinzu kommt noch, daß er jetzt schon zu weit gegangen ist, um noch stehenbleiben zu können, andernfalls würde er seinen Posten nicht mehr behalten, während doch seine ganze Politik und seine ganze Person sich in dem einen Wort „J'y suis et j'y reste" ausdrückt. Über diese Phrase hinaus ist er bekanntlich noch nicht gegangen, doch selbstverständlich wird er alles für den Triumph derselben tun; er wird, wenn's darauf ankommt, selbst die Existenz Frankreichs aufs Spiel setzen. Die Fähigkeit und Bereitwilligkeit zu solch einem Wagnis hat er ja schon einmal im Deutsch-Französischen Krieg bewiesen, als er sich unter dem Einfluß der Bonapartisten entschloß, aus Treue zur Dynastie Napoleons, Frankreich bewußt seiner Armee zu berauben. Die Klerikalen werden es bestimmt schon verstanden haben, Mac-Mahon geschickt darauf *hinzuweisen*, daß man im Notfall – sind erst einmal die Parteien, die Bonapartisten und Legitimisten, unter ihrer Fahne vereinigt –, daß man im Notfall, wie gesagt, auch ohne Chambord und ohne Bonaparte auskommen könne und man sie durchaus nicht zu rufen brauche, ja, dieses sogar in keinem Fall, sondern daß einfach der Marschall Mac-Mahon Diktator und unabsetzbarer Regent werden könne, und das nicht nur auf sieben Jahre, sondern für immer. Auf diese Weise würde sich also die These „J'y suis et j'y reste" ohne Wunder verwirklichen – wenn man nur erst das Einverständnis der Armee hätte! Die Zustimmung Frankreichs wird später ganz von selbst hinzukommen, denn eine feste Diktatorenhand an der Spitze der Macht wird vielen, sehr vielen gefallen. Solcher schmeichelhaften *Hinweise* wird es, wie gesagt, fraglos schon gegeben haben. Vielleicht wird man Bedenken tragen, ob ein Mann wie Mac-Mahon so etwas unternehmen und auch ausführen kann? Nun, erstens hat er schon die eine Hälfte ausgeführt, und zwar diejenige Hälfte, die, was Entschlossenheit anbetrifft, keineswegs leichter ist als die andere. Und zweitens, gerade solche Leute, die an und für sich nicht im geringsten unternehmend sind, können, wenn sie plötzlich unter irgend jemandes höheren, energischen Einfluß kommen, eine ganz unerwartete, verhängnisvolle Entschlossenheit bekunden, nicht etwa, weil sie Genies sind, sondern viel eher aus dem entgegengesetzten Grunde. Hier handelt es sich nicht um Erwägung, sondern einfach um das In-Bewegung-Setzen, darum, daß man den Anstoß gibt; hat man solche Menschen erst einmal ordentlich vorwärtsgestoßen, so ziehen sie eben die Karre so lange schnurgerade weiter, bis sie entweder mit dem Kopf die Wand einrennen oder aber sich selbst die Hörner abstoßen.

V

Ein ziemlich unangenehmes Geheimnis

All das begreift man in Deutschland nur zu gut. Wenigstens halten alle offiziösen Organe der Presse, die vom Fürsten Bismarck beeinflußt werden, den Krieg für unvermeidlich. Wer von den beiden Gegnern sich zuerst auf den anderen stürzen wird, und wann gerade – das kann man natürlich nicht voraussagen, doch kann der Krieg sehr, sehr leicht ausbrechen. Selbstverständlich „kann“ das Gewitter auch vorüberziehen, nämlich wenn Mac-Mahon plötzlich Angst befällt vor dem, was er auf sich genommen, und er, wie einstmals Ajax, in Zweifeln befangen, auf halbem Wege stehenbleibt. Dieser Zufall ist allerdings möglich, doch kann man wohl kaum irgendwie auf ihn oder mit ihm rechnen. Vorläufig verfolgt Fürst Bismarck mit fieberhafter Aufmerksamkeit alles, was in Frankreich vor sich geht, beobachtet und wartet ab. Für ihn besteht das Verhängnisvolle gerade darin, daß die Sache nicht in dem Augenblick angefangen hat, in dem er es erwartete. Jetzt jedoch sind ihm die Hände gebunden. Am unangenehmsten aber ist, daß sich plötzlich die Wunden aufgedeckt haben, die bis jetzt so sorgsam geheimgehalten wurden. Über die größte von ihnen habe ich schon einmal gesprochen – das ist die Befürchtung, Rußland könnte erraten, wie mächtig es ist, und welch eine Bedeutung sein entscheidendes Wort jetzt, gerade in diesem Augenblick haben kann, und – die Hauptsache – *»daß die Abhängigkeit vom Bündnis mit Rußland allem Anschein nach die Schicksalsbestimmung Deutschlands ist, besonders seit dem Deutsch-Französischen Kriege«*. Dieses deutsche Geheimnis könnte jetzt plötzlich ans Licht kommen, und das wäre für die Deutschen zum mindesten peinlich. Wie aufrichtig gewogen uns auch die Politik Deutschlands in den letzten Jahren gewesen ist: dieses Geheimnis ist von allen Deutschen streng bewahrt worden, niemals auch nur angedeutet worden, auch nicht in der Presse. Bis jetzt hatten die Deutschen immer eine ruhige und stolze Haltung, die natürlicherweise der Macht, die niemandes Hilfe braucht, eigen ist; nun aber muß die schwache Stelle leider herauskommen. Denn wenn das klerikale Frankreich sich zum verhängnisvollen Kampf entschließt, so ist es damit nicht getan, daß man seinen Angriff, falls es zuerst angreifen sollte, zurückschlägt, sondern man muß es für immer entkräften, es einfach erdrücken und die Gelegenheit ausnutzen – das ist die Aufgabe! Da aber Frankreich zudem reichlich eine Million Soldaten hat, so muß es den Sieg, um des Endes der Sache gewiß zu sein, unbedingt *sicher*stellen; denn anders lohnt es sich überhaupt nicht anzufangen. Und die einzige Sicherstellung wäre, sich des entscheidenden Wortes Rußlands zu vergewissern. Kurz, am unangenehmsten ist, daß all das so plötzlich und unvorbereitet herauskommt. Alle früheren Berechnungen sind umgeworfen, und jetzt sind es schon die Ereignisse, die die Berechnungen lenken, nicht umgekehrt, wie früher. Heute oder morgen kann Frankreich im Innern mit sich zur Ruhe kommen. Es hat sich in eine Politik der Abenteuer gestürzt, und daher kann man sich wohl fragen, wo diese Abenteuer aufhören werden, wo ihnen eine Grenze gezogen sein wird? Das ist sehr unangenehm: noch vor so kurzer Zeit zeigten die Deutschen ein so unabhängiges Auftreten, besonders im letzten Jahr. Erinnern wir uns, daß in diesem Jahr auch Rußland sich bemühte, in Europa zu erkennen, wer ihm freund war, und die Deutschen kannten unsere Sorgen und nahmen eine den Umständen entsprechende triumphierende Miene an. Es ist ja verständlich, wenn Deutschland sich über jede slawische Bewegung immer ein wenig beunruhigt; doch kann man wohl sagen, daß die Kriegserklärung Rußlands vor zwei Monaten für Deutschland vielleicht sogar nicht einmal so ganz unangenehm war: »Nein, jetzt werden sie es schon bestimmt nicht erraten«, meinte man in Deutschland vor zwei Monaten, »daß wir es sind, die ihrer bedürfen, jetzt werden die Russen, an der Donau, dem ‚deutschen Strom', stehend, vollkommen überzeugt sein, daß, umgekehrt, nur sie allein uns furchtbar nötig haben und es am Ende des Krieges ohne unser gewichtiges Wort unmöglich abgehen wird. Und es ist gut, daß die Russen so denken, das kann uns später sehr zustatten kommen.« Fraglos hat es viele kluge Deutsche gegeben, die vor zwei Monaten so von uns gedacht haben; ihre ganze Presse dachte und schrieb so und – nun plötzlich hat diese klerikale Stimmung durch alles einen Strich gezogen und alles umgestürzt! »Oh, jetzt werden sie es erraten, jetzt werden sie alles erraten! Und außerdem ist es unbedingt nötig, daß Rußland so schnell wie möglich diesen Krieg beendet und wieder frei wird! Doch wäre es äußerst gefährlich, hierbei eine Beeinflussung zu versuchen. Vielleicht wird es vor England und Österreich Angst bekommen – was aber nicht anzunehmen ist. Uns aber England und Österreich zur Beeinflussung Rußlands anzuschließen, daran ist nicht zu denken: die werden später sowieso nicht helfen, und Rußland würden wir nur verärgern. Sonderbare Lage! Oder sollte man Rußland womöglich helfen, damit es den Krieg schneller los wird? Nun ... das könnte man auch ohne Waffen tun, einfach mit politischem Druck, auf Österreich zum Beispiel ...« So ungefähr überlegen jetzt dieselben Politiker, und es kann sehr, sehr leicht geschehen, daß all das in Wirklichkeit eintrifft.

Um es kurz zu machen: ich wollte nur meine Überzeugung äußern, meinen Glauben, daß Rußland nicht nur so stark und mächtig wie immer ist, sondern jetzt, gerade jetzt, die stärkste aller europäischen Mächte ist, und daß noch niemals sein entscheidendes Wort in Europa so geschätzt werden konnte wie im gegenwärtigen Augenblick. Mag Rußland jetzt auch mit den Türken beschäftigt sein, so kann doch schon seine Entscheidung für diesen oder jenen die Waage der europäischen Politik je nach seinem Wunsch und Willen in starkes Schwanken bringen. Sogar England selbst sieht jetzt, wie es, in Anbetracht der *Möglichkeit* äußerst umständlicher neuer Ereignisse in Westeuropa, sogar in den Augen der Russen zwei Drittel seines Prestiges verliert, und wie doch endlich auch die mißtrauischsten Russen begreifen, daß es ihm, England, nicht einfällt, es auf einen Krieg ankommen zu lassen, wenn Rußland fest entschlossen ist, seine Sache fortzuführen, und daß England weit mehr auf eine Teilung des Erbes nach dem Tode des „kranken Mannes“ spekuliert, als daß es sich entschlösse, *für* denselben, in dieser ohnehin schon ungemütlichen Zeit, noch einen offenen Krieg zu beginnen. In der Tat, sollte es geschehen, daß etwas Unerwartetes, Unheilvolles in Westeuropa ausbräche, so wird doch England sich nie und nimmer in eine so heikle Sache gar zu sehr einmischen, die dem gewohnten Charakter seiner Interessen so überaus unähnlich sieht, und wird, versteht sich, bloß eine aufmerksam beobachtende Stellung einnehmen und nach seiner alten Gewohnheit den günstigen Augenblick abwarten, in dem sich irgendwo irgendeine Teilung der Beute ausschnüffeln läßt, um sich dann geschwind mit seinen Forderungen einzufinden. Jetzt jedoch, das heißt: vor der Klärung der Verhältnisse im Westen, wäre es keine Berechnung für England, gegen Rußland irgend etwas Ernstes zu unternehmen. Andererseits: was kann Österreich machen, wenn es *allein* bleibt? Ist es doch unwahrscheinlich, daß die klerikale Verwicklung der Sache in Westeuropa nicht auch auf Österreich hinüberwirken wird. Und so harrt denn natürlich auch Österreich, ganz wie alle anderen, der ferneren Dinge und der Entscheidung der Fragen, so daß auch ihm jetzt, ganz wie allen anderen, die Hände teilweise gebunden sind. Ja, allen sind jetzt die Hände irgendwie gebunden, nur Rußland hat die seinen noch frei. Nun, und da hat denn auch schon etwas *Unvorhergesehenes* zu unseren Gunsten eingesetzt. Wie soll man auch nicht mit dem *Unvorhergesehenen* rechnen, wenn es sich um die Geschicksentscheidung der Menschheit handelt?

Gott und seine Gesetze regieren die Welt, und wenn über Europa sich wirklich etwas Neues mit Schicksalsmacht entladen soll, so ist es wohl nötig, daß es früher oder später geschieht. Gebe Gott, daß ich mich täusche. Gebe Gott, daß die heraufziehende Wolke sich verzieht und alle meine Vorahnungen sich nur als meine eigenen „hitzigen" Phantasien erweisen – als Phantasien eines Menschen, der von der Politik nichts versteht. Die ganze Frage ist ja nur: Haben die offiziösen Organe der deutschen Presse, die den Krieg prophezeien und ihn erwarten, recht oder unrecht? Andrerseits versichern die Minister Mac-Mahons den Franzosen und der ganzen Welt aus allen Kräften – übrigens ohne jegliche beschuldigende Anspielungen –, daß »Frankreich den Krieg nicht beginnen wird«. Nun, da wird man doch wohl zugeben müssen, daß all dieses zum mindesten verdächtig ist, und daß die Lösung der Zweifel, schon nach dem Gang der Sache selbst zu urteilen, in äußerst kurzer Zeit eintreffen kann. Wie aber, wenn jetzt so viel von der „Meinung der Armee“ abhängt? Schlimm, wenn es soweit kommt: dann ist es zu Ende mit Frankreich. Übrigens kann das ja nur mit Frankreich allein geschehen und sonst mit niemandem in der ganzen Welt. Doch gebe Gott, daß es auch mit ihm nicht geschehe: das würde ein schlimmer Anfang sein und ein noch schlimmeres Beispiel.

JULI–AUGUST

ZWEITES KAPITEL

I

Wieder eine Isolierung
Der Achte Teil des Romans „Anna Karénina"

In den Kreisen unserer Intelligenz pflegen jetzt viele, wenn man mit ihnen vom Volk spricht, gegen ein Auseinanderhalten von Volk und Intelligenz zu protestieren:

»Was heißt hier „Volk"! Auch ich bin „Volk"!«

Im separat gedruckten Achten Teil, dem Schlußteil des Romans „Anna Karenina", sagt Léwin, der Lieblingsheld des Autors, von sich, daß auch er Volk sei. Diesen Lewin habe ich früher einmal, als ich auf den Roman zu sprechen kam, den „herzensreinen Lewin" genannt (im Februarheft, 2. Kapitel). Obschon ich nun unverändert fortfahre, an seine Herzensreinheit zu glauben, glaube ich doch nicht, daß er gleichfalls zum „Volk" gehörte; im Gegenteil, ich sehe jetzt, daß auch er sich mit Vorliebe in die Isolierung zurückzieht. Davon habe ich mich beim Lesen dieses Schlußteils endgültig überzeugt. Lewin ist natürlich keine konkrete Person, sondern nur die Phantasiegestalt des Dichters; aber dieser Dichter und Romanschriftsteller, der ein ungeheures Talent, ein bedeutender Geist und ein von der Intelligenz Rußlands überaus hochgeschätzter Mensch ist, läßt diese Phantasiegestalt teilweise auch seine eigenen Ansichten über unsere gegenwärtige russische Wirklichkeit verfechten, was wohl jedem klar sein wird, der dieses hervorragende Werk zu Ende gelesen hat. So werden wir denn, indem wir von dem nicht konkret existierenden Lewin reden, in Wirklichkeit von den Ansichten eines der bedeutendsten russischen Zeitgenossen über die heutigen russischen Vorgänge sprechen. Das aber dürfte doch wohl ein ernstes Thema für eine Erörterung sein, selbst in unserer so aufregenden Zeit, die so erfüllt ist von ungeheuren, erschütternden und schnell einander überholenden Tatsachen.

Die Ansicht dieses so bedeutsamen russischen Schriftstellers, dazu noch über eine für alle Russen so interessante Angelegenheit, wie die gesamte nationale Bewegung aller russischen Menschen in den letzen zwei Jahren anläßlich der „Orientfrage", kommt klar und endgültig gerade in diesem achten und letzten Teil seines Werkes zum Ausdruck, der von der Redaktion des „Russischen Boten" wegen des Widerspruchs zwischen den Ansichten des Autors und denen der Redaktion abgelehnt worden und erst kürzlich als einzelnes Bändchen erschienen ist.

Das Wesentliche der Ansicht des Autors besteht, wenn ich richtig verstanden habe, darin, daß, *erstens*, unser Volk sich an dieser ganzen sogenannten nationalen Bewegung gar nicht beteilige und sie sogar überhaupt nicht verstehe; *zweitens*, daß dies alles absichtlich gefälscht worden sei, zunächst von gewissen Personen, sodann von den Journalisten aufgegriffen und unterstützt worden sei, aus materiellen Gründen, damit ihre Blätter mehr gelesen werden; *drittens*, daß alle Freiwilligen entweder verlorene und betrunkene Menschen oder einfach Dummköpfe gewesen wären; *viertens*, daß dieser ganze sogenannte Aufschwung des russischen Nationalgefühls für die Balkanslawen nicht nur von gewissen Personen gefälscht und von käuflichen Journalisten unterstützt worden sei, sondern auch im Widerspruch zu den sozusagen elementaren Anlagen des Volkes stehe ... Und schließlich *fünftens*, daß alle diese barbarischen, unerhörten Türkengreuel, die an den Balkanslawen verübt worden sind, in uns Russen keinerlei unmittelbares Gefühl des Mitleids zu wecken vermögen, und daß „ein solches unmittelbares Gefühl für die bedrängten Balkanslawen *gar nicht vorhanden ist und auch gar nicht vorhanden sein kann*". Dieser letzte Satz ist abschließend und kategorisch ausgesprochen; und somit sehen wir, daß sich der „herzensreine Lewin“ von der gewaltigen Mehrheit der russischen Menschen absondert und isoliert.

Übrigens ist seine Ansicht weder neu noch originell. Sie wäre denen, die im letzten Winter bei uns in Petersburg fast ebenso dachten – und das waren ihrer sozialen Stellung nach durchaus keine obskuren Leute – sehr gelegen gekommen, weshalb man es bedauern könnte, daß das Buch ein wenig zu spät erschienen ist. Aus welchem Grunde diese so trübsinnige Absonderung Lewins und dieses griesgrämige Beiseitestehen erfolgt, vermag ich nicht festzustellen. Allerdings ist er ein heißer, ein „unruhiger“, alles analysierender Mensch, und genau genommen einer, der sich in keiner Beziehung selber etwas glaubt. Und doch ist er immerhin ein „herzensreiner“ Mensch, dabei bleibe ich, obschon es manchmal mehr als schwierig ist, nachzuspüren, auf welchen geheimen und mitunter sogar komischen Umwegen das widernatürlichste, erkünsteltste und unanständigste Gefühl sich in manch ein beispielhaft aufrichtiges und reines Herz einschleichen kann. Übrigens möchte ich noch bemerken, daß ich diesen Lewin doch nicht mit der Person des Autors identifiziere, obschon der Autor, wie sehr viele behaupten und wie auch ich deutlich sehe, seine eigenen Überzeugungen und Ansichten durch Lewin aussprechen läßt, ja, sie ihm oft fast mit Gewalt in den Mund legt, bisweilen sogar auf Kosten der künstlerischen Geschlossenheit des gezeichneten Charakters. Ich sage das aus einer gewissen bitteren Verwunderung, denn wenn auch sehr vieles von dem, was der Autor Lewin sagen läßt, offensichtlich nur die Ansichten Lewins sind, des erdichteten Menschen, des künstlerisch dargestellten Charakters, so kann ich doch nicht leugnen, daß ich von einem solchen Autor etwas ganz Anderes erwartet hätte!

II

Geständnisse eines Slawophilen

Ja, ich hätte etwas anderes erwartet. Hier sehe ich mich gewungen, zunächst einige meiner Gefühle darzulegen, trotz meines Vorsatzes, als ich im vorigen Jahr mein „Tagebuch" herauszugeben begann, mich unter keinen Umständen mit literarischer Kritik zu befassen. Allein, wenn ich nun diese Gefühle auch anläßlich eines literarischen Werkes ausspreche, so haben sie doch nichts mit denen eines Kritikers der Literatur zu schaffen. In der Tat, da schreibe ich nun mein Tagebuch, das heißt: ich notiere meine Eindrücke von allem, was mir von den laufenden Ereignissen am bemerkenswertesten erscheint, mache es mir aber aus irgendeinem Grunde freiwillig zur Pflicht, von meinen vielleicht stärksten Eindrücken zu schweigen, bloß weil sie die russische Literatur betreffen. Natürlich lag diesem Vorsatz ein ganz richtiger Gedanke zugrunde, aber eine buchstäbliche Befolgung des Vorsatzes ist dennoch nicht richtig; das sehe ich jetzt ein, eben weil es eine Befolgung des Buchstabens wäre. Zudem ist diese Dichtung, von der ich bisher geschwiegen habe, in meinen Augen schon längst keine bloß literarische Angelegenheit mehr, sondern ein Beweis, eine Tatsache von bereits ganz anderer Bedeutung. Vielleicht drücke ich mich gar zu naiv aus, aber ich entschließe mich doch, folgendes auszusprechen: Die *Tatsache* dieses Eindrucks, den die Hervorbringung eines solchen geistigen Werkes, einer solchen Dichtung zweifellos macht, fiel für mich in diesem Frühjahr mit der gewaltigen Tatsache der Kriegserklärung zusammen, und in meinem Geist sah ich diese beiden Tatsachen sofort in Verbindung miteinander, denn ich fand zwischen ihnen einen mich selbst überraschenden bedeutungsvollen Zusammenhang. Statt über mich nun zu lachen, hören Sie mich lieber erst an.

Ich habe in vieler Hinsicht rein slawophile Überzeugungen, obschon ich vielleicht nicht vollends Slawophile bin. Der Slawophilismus wird noch immer sehr verschieden aufgefaßt. Für viele bedeutet er auch heute noch – wie in alten Zeiten zum Beispiel für Belinskij – nur Dünnbier und Rettich, die primitivsten Nahrungsmittel. Belinskij hat es mit seiner Auffassung vom Slawophilismus *tatsächlich* nie weitergebracht. Für andere (und zwar, nebenbei bemerkt, für sehr viele, wenn nicht gar für die Mehrzahl der Slawophilen selbst) bedeutet der Slawophilismus das Streben nach der Befreiung und Vereinigung aller Slawen unter der obersten Führung Rußlands – einer Führung, die sogar nicht einmal streng politisch zu sein braucht. Und für die dritten schließlich bedeutet der Slawophilismus, außer der Vereinigung aller Slawen unter der Führung Rußlands, auch noch den geistigen Zusammenschluß aller derjenigen, die daran glauben, daß unser großes Rußland an der Spitze der vereinten Slawen der ganzen Welt, der ganzen europäischen Menschheit und ihrer Zivilisation sein neues, gesundes und von der Welt noch ungehörtes Wort sagen wird. Dieses Wort wird zum Heil und zur bereits wahrhaften Vereinigung der ganzen Menschheit verkündet werden, zu einer Vereinigung in einem neuen brüderlichen, universalen Bund, dessen Grundlagen im Genius der Slawen, hauptsächlich aber im Geiste des großen russischen Volkes liegen, das so viel durchgemacht hat und so viele Jahrhunderte zum Schweigen verurteilt gewesen ist, das aber von jeher große Kräfte für die künftige Klärung und Lösung vieler bitterer und verhängnisvoller Mißverständnisse der westeuropäischen Zivilisation in sich trägt. Zu eben dieser Gruppe Überzeugter und Gläubiger gehöre auch ich.

Es hat keinen Sinn, hierüber zu spotten und zu lachen: diese Worte sind alt, dieser Glaube ist uralt, und schon das allein, daß dieser Glaube nicht stirbt und diese Worte nicht verstummen, sondern, im Gegenteil, immer mehr erstarken, ihren Wirkungskreis erweitern und neue Adepten, neue überzeugte Verfechter finden, schon das allein könnte doch schließlich die Gegner und Verhöhner dieser *Lehre* veranlassen, sie ein wenig ernsthafter zu betrachten und aus der leeren, in sich versteinerten Feindseligkeit gegen sie herauszufinden. Doch vorläufig genug davon.

Die Sache ist nun die, daß in diesem Frühjahr unser großer Krieg um einer großen Tat willen begonnen wurde, und diese Tat wird früher oder später, ungeachtet aller zeitweiligen Mißerfolge, die die Entscheidung der Sache nur hinausschieben, dennoch zu Ende geführt werden, auch wenn das ersehnte Ziel im gegenwärtigen Kriege noch nicht voll erreicht werden sollte. Diese begonnene Tat ist so groß, das Ziel des Krieges ist für Europa so unwahrscheinlich, so unglaubhaft, daß Europa sich natürlich entrüstete über unsere vermeintliche *Hinterlist*, nichts davon glauben konnte, was wir ihm, als wir den Krieg begannen, erklärt hatten, und daß es uns mit allen Mitteln zu schaden suchen und im Bund mit unserem Feind – wenn auch nicht in formellem politischen Bündnis, so doch heimlich – gegen uns kämpfen mußte, in Erwartung einer regelrechten Kriegserklärung. Und das alles selbstverständlich infolge unserer von uns offen mitgeteilten Absichten und Kriegsziele. „Der große östliche Adler hat sich über der Welt erhoben, mit zwei strahlenden Flügeln über den Gipfeln der Christenheit", wie es in einer alten Weissagung heißt. Er will nicht besiegen, nicht erwerben, nicht seine Grenzen erweitern, sondern will die Unterdrückten und Verfolgten befreien und aufrichten und ihnen ein neues Leben zu ihrem Gedeihen und zum Gedeihen der Menschheit ermöglichen. Wie immer man dazu stehen, mit wie skeptischem Blick man die Sache auch betrachten mag, im Grunde ist das Ziel des Krieges doch nur dieses, eben dieses, und gerade das ist es, was Europa nicht glauben will! Und man glaube mir, dabei erschrickt es weniger vor der möglichen Erstarkung Rußlands als gerade davor, daß Rußland imstande ist, an solche Aufgaben und Ziele zu denken. Das merke man sich besonders. Etwas zu unternehmen nicht wegen eines direkten materiellen Vorteils für sich selbst, erscheint Europa dermaßen ungewohnt, dermaßen außerhalb der internationalen Gepflogenheiten, daß das

Vorgehen Rußlands von Europa naturgemäß nicht nur als Barbarei einer »zurückgebliebenen, tierischen und ungebildeten Nation« aufgefaßt wird, die allein einer solchen *Gemeinheit und Dummheit* fähig ist, noch in unserer Zeit etwas von der Art der früher im finsteren Mittelalter vorgekommenen Kreuzzüge zu unternehmen, sondern auch noch als eine geradezu unmoralische Tatsache, die für Europa gefährlich sei und angeblich seine große Zivilisation bedrohe. Man schaue sich doch um: wer liebt uns jetzt in Europa? Selbst unsere Freunde, unsere anerkannten, sozusagen offiziellen Freunde, selbst diese erklären unverblümt, daß sie sich *über unsere Mißerfolge freuen.* Eine Niederlage der Russen ist ihnen lieber als ihre eigenen Siege; sie freut sie, sie schmeichelt ihnen. Sollte es jedoch zu Erfolgen für uns kommen, so haben diese unsere Freunde schon längst unter sich beschlossen, alle ihre Kräfte einzusetzen, um aus den Erfolgen Rußlands noch größere Vorteile für sich herauszuschlagen, als Rußland sie für sich selbst wird gewinnen können ... Aber auch davon später. Ich wollte hauptsächlich von dem Eindruck sprechen, den alle, die an die große Zukunft und universale Bedeutung Rußlands glauben, in diesem Frühjahr empfinden mußten, nach der Kriegserklärung Rußlands an die Türkei. Dieser unerhörte Krieg für die Schwachen und Unterdrückten, um ihnen Leben und Freiheit zu ermöglichen, und nicht, um sie ihnen zu nehmen, dieses jetzt in der Welt schon lange nicht mehr vernommene Kriegsziel, mußte für alle unsere Gläubigen als eine Tatsache erscheinen, die plötzlich feierlich und bedeutungsvoll ihren Glauben bestätigte. Das war nun kein vager Traum mehr, keine bloße Vermutung, sondern es war Wirklichkeit, die sich *zu beweisen begann.* »Wenn es sich aber schon einmal zu verwirklichen begonnen hat, dann wird es sich auch vollenden, bis jenes große neue Wort vernehmbar wird, das Rußland an der Spitze der verbündeten Slawen Europa zu sagen hat. Und sogar dieses Wort selbst beginnt sich schon anzukündigen, obschon Europa noch weit davon entfernt ist, es zu verstehen, und noch lange ihm nicht glauben wird.« So dachten damals die Gläubigen. Ja, der Eindruck war feierlich und bedeutungsvoll, und der Glaube der Gläubigen mußte sich festigen und erstarken. Denn was damit begann, war eine so gewaltige Sache, daß auch für sie eine Zeit banger Fragen anbrach. »Wie, Rußland und Europa! Rußland zieht sein Schwert gegen die Türken, aber wer weiß, vielleicht wird es auch mit Europa zusammenstoßen – wäre das nicht zu früh?« Ein Zusammenstoß mit Europa ist doch etwas ganz Anderes als ein Zusammenstoß mit der Türkei und wird nicht mit dem Schwert allein auszufechten sein; so haben es die Gläubigen immer aufgefaßt. Sind wir aber für diesen anderen Zusammenstoß auch schon vorbereitet? Freilich, das Wort hat schon angefangen sich anzukünden, wird es aber auch nur bei uns, ganz zu schweigen von Europa, von allen verstanden werden? Da prophezeien wir nun, wir Gläubigen, daß zum Beispiel nur Rußland die Voraussetzungen in sich trage, um die verhängnisvolle Frage des Vierten Standes, der geringeren Brüder, ohne Kampf und ohne Blutvergießen, ohne Haß und ohne Bosheit zu lösen, daß es aber dieses Wort erst dann wird verkünden können, wenn Europa schon von seinem eigenen Blut überschwemmt sein wird, da vorher kein Mensch in Europa auf unser Wort hören werde, und selbst wenn er es hörte, es doch überhaupt nicht verstehen könnte. Ja, wir Gläubigen glauben daran, was aber wird uns vorerst hier bei uns von unseren eigenen Landsleuten gesagt? Sie sagen uns, das seien doch nur wahnwitzige Illusionen, hysterische Wunschträume, Anfälle von Fanatismus und irrsinnige Krämpfe, und sie fordern von uns Beweise, präzise Angaben und schon verwirklichte Tatsachen als Beispiele. Worauf aber können wir denn jetzt schon als Begründungen unserer *Prophezeiungen* hinweisen? Auf die Befreiung der Leibeigenen etwa – eine Tatsache, die doch selbst hier bei uns noch so wenig als ungeheurer Beweis russischer Geisteskraft verstanden wird? Oder auf die angeborene Natürlichkeit unserer Nächstenliebe, die auch jetzt schon immer deutlicher und klarer zum Vorschein kommt, trotz allem, was jahrhundertelang auf ihr gelastet hat, ohne sie ersticken zu können, und ungeachtet allen Unrats und Schmutzes, mit dem sie jetzt empfangen wird und die diese Züge bis zur Unerkennbarkeit besudeln und verunstalten? Doch gesetzt, daß wir darauf hinwiesen, dann würde man uns doch wiederum entgegenhalten, daß alle diese Tatsachen nur verrückte Einbildung und Hysterie, aber keine Tatsachen seien; daß sie vorerst sehr verschieden, unklar und widerspruchsvoll ausgelegt würden, somit also garnichts bewiesen. Ja, nur das würden uns nahezu alle antworten; wir aber, die wir uns selbst noch so wenig verstehen und so wenig an uns glauben, wir – wir könnten auf einmal mit Europa zusammenstoßen! Europa aber, – das ist doch etwas Ungeheures und Heiliges, dieses Europa! Oh, wissen Sie denn überhaupt, meine Herren Europäer in Rußland, wie teuer uns slawophilen Träumern, die von Ihnen ja für Hasser Europas gehalten werden, wie teuer uns dieses selbe Europa ist, dieses *„Land der heiligen Wunder"!* Wissen Sie auch, wie teuer uns diese „Wunder" sind und wie tief wir die großen Völker, die es bewohnen, und alles Große und Schöne, das sie dort geschaffen haben, lieben und verehren, mehr als brüderlich lieben und verehren? Wissen Sie auch, bis zu welchen Tränen und Herzkrämpfen uns die Schicksale dieses uns so teuren, uns so *blutnah* vertrauten Landes quälen und aufregen, wie uns diese finsteren Wolken, die seinen Horizont immer mehr verdunkeln, mit Angst erfüllen? Niemals haben Sie, unsere Herren Europäer und Westler, Europa so geliebt wie wir, die slawophilen Träumer, seine, Ihrer Ansicht nach, uralten Feinde! Nein, teuer ist uns dieses Land, und teuer ist uns der zukünftige friedliche Sieg des großen christlichen Geistes, der sich im Osten erhalten hat ... Und in der Erwägung der Möglichkeit eines Zusammenstoßes mit Europa schon jetzt, im Verlauf bereits dieses Krieges, fürchten wir am meisten, daß Europa uns mißverstehen könnte und uns wie früher, wie bisher immer mit Hochmut, mit Verachtung und mit seinem Schwert entgegentreten werde, immer noch wie wilde Barbaren, die nicht würdig sind, vor Europa den Mund aufzutun. Aber haben wir uns denn auch selbst schon gefragt, was wir ihm sagen oder vorzeigen werden, damit es uns verstehe? Wir haben doch anscheinend noch so wenig Vorweisbares, das ihnen *verständlich* sein und um dessentwillen sie uns achten könnten? Denn unsere grundlegende, wichtigste Idee, unser schon zu keimen beginnendes „neues Wort" wird Europa noch lange, noch gar zu lange nicht verstehen. Es verlangt Tatsachen, die *jetzt* schon verständlich sind, verständlich für seinen *jetzigen* Blick. Es wird uns fragen: »Wo ist denn eure Zivilisation? Wo ist denn in dem Chaos, das wir alle bei euch sehen, ein Aufbau eurer wirtschaftlichen Kräfte schon wahrzunehmen? Wo ist denn *eure* Wissenschaft, *eure* Kunst, *eure* Literatur?«

III

Das Werk „Anna Karénina" als eine Tatsache von besonderer Bedeutung

Und da geschah es, daß ich gerade um diese Zeit, also in diesem Frühjahr, eines Abends auf der Straße zufällig einem unserer Schriftsteller begegnete, den ich zu den am meisten von mir geliebten Autoren zähle. Wir sehen uns nur sehr selten, alle paar Monate einmal, und auch dann immer zufällig und auf der Straße. Er gehört zu den angesehensten unter unseren fünf oder sechs Belletristen, die man aus irgendeinem Grunde zusammenfassend die „Plejaden" zu nennen pflegt.[41] Jedenfalls werden sie von der Kritik in Übereinstimmung mit dem vorhergegangenen Urteil des Publikums als eine besondere Gruppe betrachtet, und dabei ist es schon seit längerer Zeit geblieben, der Kreis der Fünf erweitert sich nicht. Es ist mir stets eine Freude, mit diesem gescheiten und von mir geliebten Romancier zusammenzutreffen und ihm unter anderem zu versichern, daß ich es nicht glaube und auch gar nicht glauben könne, daß er veraltet sei, wie er behauptet, und nichts mehr schreiben werde. Schon nach einer kurzen Unterhaltung mit ihm trage ich immer eine seiner feinen und scharfsinnigen Bemerkungen mit mir fort. Diesmal gab es viel Stoff zu einer Unterhaltung; der Krieg war schon erklärt. Er aber begann sofort und ohne Umschweife von „Anna Karenina" zu sprechen. Auch ich hatte gerade den Siebenten Teil gelesen, mit dem der Vorabdruck des Romans im „Russischen Boten" schloß, und da mein Gesprächspartner allem Anschein nach nicht zu den Leichtbegeisterten gehört, war ich überrascht, als ich ihn mit leidenschaftlicher, überzeugter Begeisterung über dieses Werk urteilen hörte.

»Das ist etwas Beispielloses, das ist ein Werk von allererstem Rang! Wer kann sich bei uns, von uns Schriftstellern, damit messen? Und in Europa, – wer? Wer könnte dort etwas ähnliches vorweisen? Haben sie dort in allen ihren Literaturen jetzt oder in den letzten Jahren oder überhaupt in neuerer Zeit ein Werk hervorgebracht, das man neben dieses stellen könnte?«

Hauptsächlich überraschte mich an diesem Urteil, das übrigens vollkommen mit dem meinigen übereinstimmte, daß dieser Hinweis auf Europa geradezu eine Antwort war auf die Fragen und Zweifel, die sich damals in so vielen Herzen ganz von selbst erhoben. So nahm dieses Buch in meinen Augen die Bedeutung einer bereits vorweisbaren Tatsache an, auf die wir Europa, als Antwort auf jene Fragen, hinweisen könnten. Natürlich wird man laut lachend einwenden, das sei ja im ganzen nur Literatur, nur irgendein Roman, und es sei lächerlich, die Bedeutung desselben so zu übertreiben und mit einem Roman gegen Europa aufzutreten. Ich weiß, daß man lachen wird, doch diese Aufregung ist überflüssig, denn ich übertreibe keineswegs und sehe diese Dinge ganz nüchtern. Ich weiß, daß es allerdings nur ein Roman ist, nur ein Tropfen von dem, was nötig wäre. Für mich aber besteht die Hauptsache darin, daß dieser Tropfen bereits vorhanden, bereits Wirklichkeit ist, wenn aber der Anfang schon Tatsache ist, wenn somit das Genie Rußlands schon diesen Beweis hervorzubringen vermocht hat, so ist es folglich nicht zur Unfruchtbarkeit, nicht zur Kraftlosigkeit verdammt, sondern *kann* schöpferisch sein, kann etwas *Eigenes* geben, kann sein Wort anheben und es zu Ende sprechen, wenn die Zeit gekommen sein wird. Und überdies ist jenes Werk doch weit mehr als nur ein Tropfen. Oh, auch hierin mache ich mich nicht im geringsten einer Übertreibung schuldig: ich weiß nur zu gut, daß nicht nur in keinem einzelnen Schriftsteller der Plejaden, sondern auch in ihnen allen zusammen nicht das zu finden ist, streng genommen, was man geniale schöpferische Kraft nennt. Unstreitige Genies mit einem unstreitig „neuen Wort" hat es in unserer ganzen Literatur nur drei gegeben: Lomonóssoff, Puschkin und teilweise Gogol. Diese ganze Plejadengruppe dagegen (und der Autor der „Anna Karenina" gehört gleichfalls zu ihr) ist unmittelbar aus Puschkin hervorgegangen, aus einem der größten russischen Menschen, der aber noch längst nicht begriffen und gedeutet worden ist. Puschkin ist der Vertreter von zwei Hauptideen, und diese beiden enthalten das Vorbild der ganzen zukünftigen Bestimmung und künftigen Aufgabe Rußlands, also folglich auch unser ganzes künftiges Schicksal.

Die erste Idee ist die von der *Universalität* Rußlands, sein Echo auf alles, was in der Welt erklingt und die wirkliche, unbestreitbare und tiefste Vertrautheit seines Genies mit dem Genie aller Zeiten und aller Völker der Welt. Diese Idee ist von Puschkin nicht bloß als ein Hinweis, eine Lehre oder Theorie, nicht als eine Träumerei oder eine Prophezeiung ausgesprochen, sondern ist von ihm auch *in der Tat* ausgeführt, ist für alle Ewigkeit in seinen genialen Werken gestaltet und durch sie bewiesen worden. Er vermag nicht nur wie ein Mensch der Antike zu empfinden, oder wie ein Germane, ein Engländer, der seinen Genius und die Qual, die Trauer seiner Sehnsucht tief empfindet (siehe „Das Gastmahl während der Pest"), er ist auch ein Dichter des Orients. Allen diesen Völkern hat er gesagt und gezeigt, daß der russische Genius sie kennt, sie begreift, mit ihnen vertraut ist, daß er sich in sie vollkommen verwandeln kann, daß nur dem russischen Geist diese Universalität gegeben ist und damit die Bestimmung in der Zukunft, die ganze Vielgestaltigkeit der Nationalitäten zu begreifen und alle ihre Widersprüche aufzuheben.

Und die andere Idee Puschkins ist seine *Umkehr zum Volk,* sein Vertrauen auf die Kraft des Volkes, sein Vermächtnis: daß wir nur in unserem Volk allein unser ganzes russisches Genie und die Erkenntnis seiner Bestimmung finden werden. Und das hat Puschkin wiederum nicht bloß gesagt, sondern selbst als erster auch in die Tat umgesetzt. Seit ihm erst hat bei uns eine echte, bewußte Umkehr zum Volk eingesetzt, die vor ihm seit der Reform Peters undenkbar gewesen wäre. Unsere ganze jetzige *Plejade* hat ja nur nach seinen Hinweisen gearbeitet und hat nach Puschkin überhaupt noch nichts *Neues* gesagt. Alle Keime dieser Plejade waren schon in ihm vorhanden, sind von ihm aufgedeckt worden. Und überdies hat sie ja bisher nur den kleinsten Teil von dem, worauf er hingewiesen hat, bearbeitet. Dafür aber ist von ihnen das, was sie getan haben, mit einem solchen Reichtum an Kraft, mit einer solchen Tiefe und Präzision ausgeführt worden, daß Puschkin sie selbstverständlich anerkannt hätte. „Anna Karenina" ist, was die Idee des Werkes betrifft, gewiß nichts Neues, wenigstens bei uns nichts Neues. Statt dieses Werkes könnten wir Europa natürlich ebensogut die Quelle selbst nennen, das heißt Puschkin als den grellsten, stärksten und unwiderlegbarsten Beweis für die Selbständigkeit des russischen Genies und sein Anrecht auf die größte universale, allmenschliche und allvereinende Bedeutung in der Zukunft. (Doch leider wissen wir, daß, wieviel wir auch reden und vorweisen wollten, Europa unsere Schriftsteller noch lange nicht lesen wird, oder selbst wenn man es dort täte, so würde man uns doch noch lange nicht verstehen und nicht schätzen. Und die Europäer sind ja auch noch gar nicht imstande, uns zu verstehen, nicht etwa aus Mangel an Geist, sondern weil wir für sie eine ganz andere Welt sind, als wären wir vom Monde auf die Erde versetzt, weshalb sie sogar die Tatsache, daß wir doch immerhin existieren, gar nicht zugeben möchten. Das weiß ich besser als mancher andere und rede deshalb von den Hinweisen, mit denen wir Europa auf die bewußten Fragen antworten könnten, nur in dem Sinne unserer eigenen Überzeugung von unserem Recht auf Selbständigkeit Europa gegenüber).

Nichtsdestoweniger ist „Anna Karenina“ als Kunstwerk etwas Vollkommenes, ist ein Werk, das gerade zur rechten Zeit erschienen ist und dem die europäischen Literaturen der Gegenwart nichts Gleichwertiges gegenüberstellen können; auch was die Idee dieses Werkes betrifft, ist diese bereits etwas ganz Nationales, ist gleichsam ein Stück von uns, ist eben das, was unsere Besonderheit vor der ganzen europäischen Welt ausmacht, und ist somit unser nationales „neues Wort“ oder wenigstens der Anfang desselben – ein Wort, das in Europa niemand zu sagen versteht, dessen aber gerade Europa ungeachtet seines ganzen Stolzes so dringend bedarf. Ich kann mich hier nicht in einer literarischen Kritik ergehen, will aber immerhin ein paar Worte über dieses Buch sagen.

In diesem Werk ist eine Untersuchung über das Schuldigwerden und das Verbrecherische im Menschen durchgeführt. Die geschilderten Menschen sind unter unnormalen Bedingungen genommen. Das Böse besteht schon vor ihnen. In den Strudel der Lüge hineingerissen, begehen diese Menschen Verbrechen und gehen unrettbar ins Verderben. Wie man sieht, eines der liebsten und ältesten europäischen Themen. Aber wie wird nun ein solches Problem in Europa gelöst? Es gibt dort überall zwei Lösungen. Die *erste* Lösung ist: das Gesetz ist gegeben, niedergeschrieben, formuliert, ist in Jahrtausenden ausgearbeitet. Gut und Böse sind festgestellt, gewogen, die Maße und Grade sind historisch von den Weisen der Menschheit in unermüdlicher Arbeit an der Menschenseele und in höherer wissenschaftlicher Untersuchung der Gesetze des menschlichen Zusammenlebens festgestellt. Diesem ausgearbeiteten Kodex ist ein jeder blinden Gehorsam schuldig. Wer das nicht tut und jene Gesetze übertritt, der bezahlt das mit seiner Freiheit, seinem Eigentum, seinem Leben, bezahlt buchstäblich und unmenschlich.

»Ich weiß«, sagt diese ihre Zivilisation selbst, »daß das sowohl blind wie unmenschlich und unmöglich ist, da ja die endgültige Formel der Menschheit auf ihrem halben Wege noch nicht ausgearbeitet sein kann. Da es aber einen anderen Ausweg nicht gibt, so muß man sich eben an das halten, was man hat, was schwarz auf weiß gegeben ist, und zwar buchstäblich halten und rücksichtslos. Täte man das nicht, so wäre man noch schlimmer daran. Somit kann man sagen, daß wir, trotz der ganzen Unnatürlichkeit und Unsinnigkeit der Ordnung dessen, was wir unsere große europäische Zivilisation nennen, nichtsdestoweniger danach trachten müssen, daß die Kräfte des Menschengeistes gesund und unbeschädigt bleiben, daß die Gesellschaft nicht an dem Glauben, sie befinde sich auf dem Wege zur Vollkommenheit, zu zweifeln anfange und nicht zu denken wage, es sei das Ideal des Schönen und Erhabenen verdunkelt und der Begriff von Gut und Böse entstellt und verkrüppelt; das Normale werde mehr und mehr verdrängt, Einfachheit und Natürlichkeit gingen unter dem Druck der unausgesetzt anwachsenden Verlogenheit verloren!«

Die *zweite* Lösung ist das Gegenteil der ersten. Sie geht von der Annahme aus, daß die menschliche Gesellschaft unnormal aufgebaut sei, weshalb man den einzelnen für die Folgen dieser Unnormalität nicht verantwortlich machen könne. Also sei der Verbrecher frei von jeder Verantwortung, und folglich gibt es vorläufig überhaupt kein Verbrechen. »Will man nun mit dem, was allgemein Verbrechen genannt wird, und mit der Schuld der Menschen ein Ende machen, so muß man das zunächst mit der Unnormalität der Gesellschaft und ihrem sozialen Aufbau tun. Da aber ein Herumkurieren an der bestehenden Ordnung der Dinge langwierig und unzuverlässig, ja sogar aussichtslos wäre, und man übrigens auch keine Arzneien dazu hat, so muß man den ganzen bisherigen Bau der Gesellschaft zerstören und die alte Ordnung gleichsam mit dem Besen auskehren. Dann erst kann man alles von neuem beginnen, nach neuen Grundsätzen, die zwar noch unbekannt sind, aber immerhin nicht schlechter sein können als die der gegenwärtigen Ordnung; im Gegenteil, sie haben sogar viele Chancen auf Erfolg. Unser Vertrauen gehört der Wissenschaft.«

Das wäre die zweite Lösung. Man erwartet den zukünftigen Ameisenbau, inzwischen aber überschwemmt man die Welt mit Blut. Andere Lösungen der Frage von der Schuld und dem Verbrecherischen im Menschen vermag die westeuropäische Welt nicht anzubieten.

In der Anschauung des russischen Autors – das heißt: in seiner Auffassung von Schuld und Verbrechen – tritt dagegen deutlich hervor, daß kein Ameisenbau, kein Triumph des „Vierten Standes“, keine Abschaffung der Armut, keine Organisation der Arbeit die Menschheit vor der Unnormalität bewahren werde, und folglich auch nicht vor Schuld und Verbrechen. Ausgedrückt ist das in einer unvergleichlichen psychologischen Ergründung der Menschenseele und mit unheimlicher Tiefe und Kraft durch einen bei uns bisher nicht gekannten Realismus der künstlerischen Darstellung.

Es ist klar und verständlich bis zur leibhaftigen Sichtbarkeit gezeigt, daß das Böse im Menschen tiefer sitzt als die Sozialisten annehmen, die sich als Ärzte aufspielen, daß das Böse sich in keiner sozialen Organisation, und wäre sie noch so vollkommen, vermeiden läßt, daß die Seele des Menschen überall dieselbe bleibt, daß das Unnormale und die Sünde aus ihr allein hervorgehen, und daß schließlich die Gesetze des Menschengeistes noch so unbekannt, von der Wissenschaft noch so unerforscht, so unbestimmt und so geheimnisvoll sind, daß es bis jetzt weder Ärzte noch selbst *endgültige* Richter geben kann, außer dem einen, der da sagt: „Die Rache ist mein, ich will vergelten." Nur er allein kennt das *ganze* Geheimnis dieser Welt und das endgültige Schicksal des Menschen. Der Mensch aber darf sich noch nicht unterfangen, mit dem Hochmut eigener Unfehlbarkeit zu richten, noch ist *die* Zeit nicht gekommen. Der Mensch, der Richter ist über andere, muß von sich wissen, daß er kein endgültiger Richter, vielmehr selber ein Sünder ist, daß die Waage und das Maß in seiner Hand sinnlos sind, *wenn er sich nicht selbst* vor dem Gesetz des noch unerforschlichen Geheimnisses beugt und nicht in dem einzigen Ausweg seine Zuflucht sucht: in der Barmherzigkeit und Liebe. Auf daß aber der Mensch nicht umkomme vor Verzweiflung und womöglich in der Überzeugung untergehe, daß das Böse von geheimnisvoller und verhängnisvoller Unvermeidlichkeit sei, ist dem Menschen eben ein Ausweg gezeigt. Ihn hat der Dichter mit der Überzeugungskraft des Genies in der genialen Szene offenbart, die sich im Krankenzimmer der Heldin des Romans abspielt – wo die Verbrecher und Feinde sich plötzlich in höhere Wesen verwandeln, in Brüder, die einander alles verzeihen und eben durch dieses ihr gegenseitiges Verzeihen Lüge, Schuld und Verbrechen von sich abstreifen und sich dadurch mit einem Schlage selbst rechtfertigen, im vollen Bewußtsein dessen, daß sie das Recht dazu erhalten haben. Dann aber, im Schlußteil des Romans, in der schrecklichen Schilderung des Falles der Menschenseele, der Schritt für Schritt verfolgt wird, in der Wiedergabe jenes unüberwindlichen Zustandes, wo das Böse sich der Seele des Menschen bemächtigt und ihn fesselt, jede Bewegung, jede Widerstandskraft, jeden Gedanken, jede Lust zum Kampf gegen das Böse lähmt, im Kampf gegen die Finsternis, die sich auf die Seele senkt und von ihr in der Leidenschaft des Rachedurstes bewußt statt des Lichtes erwählt wird – in dieser Schilderung liegt für den Richter der Menschen, der das Maß und die Waage hält, so viel offenbarte Wahrheit, daß er natürlich erschrokken Bedenken tragen und ausrufen wird: »Nein, nicht immer ist die Rache mein, nicht immer werde ich vergelten!« und er wird nicht unmenschlich dem in Verstocktheit gesunkenen Verbrecher als Schuld anrechnen, daß er den vom Licht ewig gewiesenen Ausweg verschmäht, und bereits *bewußt* verschmäht hat. Wenigstens wird er sich nicht an den Buchstaben des Gesetzes halten ...

Wenn wir nun in der Literatur schon Werke von solcher Gedanken- und Darstellungskraft besitzen, weshalb sollten wir dann nicht *in der Folge* auch *unsere* eigene Wissenschaft haben können und unsere eigenen Lösungen der ökonomischen, der sozialen Probleme; weshalb spricht Europa uns die dazu erforderliche Selbständigkeit ab, die Möglichkeit, daß wir *unser eigenes Wort* sagen könnten? Das ist die Frage, die sich von selbst ergibt. Man kann doch wirklich nicht den lächerlichen Gedanken gelten lassen, daß die Natur uns Russen nur mit literarischen Fähigkeiten versehen habe. Alles übrige ist doch eine Frage der geschichtlichen Entwicklung, der Umstände, der Forderungen der jeweiligen Zeit. Das könnten sich schließlich auch unsere russischen Europäer sagen, solange sie noch auf das Urteil der europäischen Europäer über uns warten müssen ...

IV

Ein Gutsherr, der den Glauben an Gott von einem Bauern erhält

Jetzt, nachdem ich mein eigenes Empfinden auseinandergesetzt, wird man vielleicht verstehen, wie der Abfall eines solchen Autors, seine Absonderung von der großen russischen Tat unserer Tage – dem Kriege für die Unterdrückten und Verfolgten – und die paradoxe Unwahrheit des Urteils, das er in diesem unseligen Achten Teil des Romans über unser Volk fällt, auf mich gewirkt haben. Er nimmt ja dem Volk einfach alles, spricht ihm das Wertvollste ab, raubt ihm den

Sinn und Zweck seines Lebens. Ja, es wäre dem Autor unvergleichlich angenehmer, wenn unser Volk sich nicht in seinem Herzen für die um ihres Glaubens willen leidenden Brüder erheben würde. Nur in diesem Sinne leugnet er auch die Beweise, ungeachtet dessen, daß sie Tatsachen sind. Freilich wird das alles nur von den imaginären Gestalten seines Romans ausgesprochen, aber, wie ich schon sagte, hinter ihnen sieht man nur zu deutlich den Autor selbst. Allerdings ist es ein aufrichtiges Buch: der Autor spricht aus offener Seele. Sogar die heikelsten Dinge (und die gibt es in diesem Buch) nehmen sich in ihm aus, als wären sie ganz unversehens hineingeraten, so daß man sie trotz ihrer ganzen Peinlichkeit nur für ein offenherziges Wort hält und nicht im geringsten etwa Heimtücke vermutet. Nichtsdestoweniger halte ich dieses Buch durchaus nicht für so harmlos, wie es manche Leute tun. Jetzt wird und kann es zum Glück keinen Einfluß mehr haben, denn daß es vielleicht einer kleinen abgesonderten Gruppe von Leuten beipflichtet, ist belanglos. Aber die Tatsache, daß ein solcher Autor in diesem Sinne überhaupt schreiben kann, ist doch sehr bedauerlich, bedenklich und traurig für unsere Zukunft. Doch übrigens – zur Sache: ich will widersprechen und werde darauf hinweisen, was mich besonders überraschte.

Zunächst muß ich ein paar Worte über Lewin sagen, der ersichtlich der Hauptheld des Romans ist. In ihm ist alles Positive ausgedrückt und zwar gewissermaßen als Gegensatz zu jenen Unnormalitäten, an denen andere Gestalten des Romanes zugrunde gehen oder unter denen sie zu leiden haben. Im übrigen ist Lewin offenbar der Erwählte, durch den der Autor seine eigenen Gedanken ausdrückt. Aber dieser Lewin war immer noch nicht vollkommen, immer fehlte ihm noch etwas, und so mußte der Autor sich wieder mit dem Fehlenden befassen, damit Lewin keinerlei Zweifel oder Fragen mehr verkörpere. – In der Folge wird der Leser begreifen, aus welchem Grunde ich zunächst hierbei verweile und somit nicht direkt zur Sache komme.

Lewin ist glücklich, der Roman entwickelt sich zu seinem größten Ruhm, aber – ihm fehlt noch der innere, der geistige Friede. Ihn quälen die ewigen Fragen der Menschheit: Gott, das ewige Leben, Gut und Böse und ähnliches. Es quält ihn, daß er ein Ungläubiger ist und sich nicht damit zufrieden geben kann, womit sich alle anderen zufrieden geben, indem sie ihre Interessen auf Naheliegendes beschränken, als da sind Tagesfragen, Verdienst, Vergötterung der eigenen Person oder anderer Götzen, Eigenliebe usw. usw. Ein Anzeichen von Großherzigkeit, nicht wahr? Aber von Lewin ist ja auch weniger nicht zu erwarten. Nebenbei zeigt es sich, daß Lewin auch sehr viel gelesen hat. Er kennt sowohl die Werke der Philosophen, der Positivisten, wie auch der gewöhnlichen Naturforscher. Doch nichts befriedigt ihn, sondern im Gegenteil, die Bücher verwirren ihn noch mehr, so daß er in der freien Zeit, die ihm die Bewirtschaftung seines Gutes läßt, in den Wald oder aufs Feld geht, sich ärgert, sogar Kitty, seine junge Frau, nicht in dem Maße schätzt, wie sie es wohl verdient hätte. Da führt ihm der Zufall einen seiner Bauern in den Weg, der ihm gesprächsweise von zwei anderen Bauern, Mitjúcha und Fokánytsch, zwei in sittlicher Beziehung entgegengesetzen Typen, erzählt und sich dabei folgendermaßen ausdrückt:

»Ja, Mitjúcha, warum nicht, der wird's schon herauszuschlagen verstehn! Der erpreßt es einfach und nimmt sich das Seine. Dem tut doch kein Christenmensch leid. Onkel Fokánytsch aber, der wird doch nicht wie Mitjúcha einem anderen Menschen das Fell über die Ohren ziehen. Der wird manches so abgeben, daß man später zahlen kann, manchem wird er's auch billiger geben. Da kann er denn auch selber nicht soviel Pacht zahlen . . .«

»Aber warum wird er denn manchem billiger geben?« fragte Lewin.

»Ja, das ist schon so, die Menschen sind eben verschieden. Der eine Mensch lebt sozusagen nur für seine Bedürfnisse, wie beispielsweise, sagen wir meinethalben, Mitjúcha, der sich nur den Wanst vollschlägt; aber Fokánytsch, der Alte – das ist ein Mensch mit Gewissen. Der lebt für die Seele, der hat Gott nicht vergessen.«

»Wie das?! Wie – Gott nicht vergessen? wie lebt er für die Seele?« rief Lewin fast erschrocken vor Bestürzung.

»Je nun, das weiß man doch, wie! Lebt in Rechtschaffenheit, in Gott. Die Menschen sind nun mal verschieden. Beispielsweise Ihr selber, Herr, wenn man's so nimmt – Ihr werdet doch auch keinem Menschen unrecht tun.«

»Ja, ja, leb' wohl!« murmelte Lewin hastig – atemlos vor Erregung. Er griff nach seinem Stock und entfernte sich schnell in Richtung des Hauses ...

Doch statt nach Hause zu gehen, ging er wieder in den Wald, legte sich unter einer Esche ins Gras und begann fast wie verzückt zu denken. Das Wort war gefunden, alle ewigen Rätsel gelöst durch dieses eine einfache Wort des Bauern: »Für die Seele leben, Gott nicht vergessen.« Der Bauer hat ihm natürlich nichts Neues gesagt: all das wußte er selber schon lange; aber der Bauer hat ihn doch auf den Gedanken gebracht und hat ihm die Lösung im verzwicktesten Augenblick souffliert. Hieraus folgt eine Reihe von Betrachtungen Lewins, die sehr gut und treffend ausgedrückt sind. Lewins Gedankengang ist ungefähr folgender: Wozu das mit dem Verstande suchen, was vom Leben schon *gegeben* ist, womit jeder Mensch geboren wird und dem jeder Mensch (sogar unwillkürlich) folgen muß und auch tatsächlich folgt? Jeder Mensch wird mit einem Gewissen, mit dem Begriff von Gut und Böse geboren, folglich wird er auch unmittelbar zu einem Lebensziel geboren: für das Gute zu leben und das Böse nicht zu mögen. Damit kommt der Bauer ebenso wie der Herr zur Welt, der Franzose wie der Russe, wie der Türke – alle verehren das Gute (NB. obschon viele das in einer höchst eigenartigen Weise tun). »Ich aber wollte«, sagt sich Lewin, »alles das mathematisch, wissenschaftlich, mit der Vernunft erfassen, oder ich erwartete ein Wunder, während das alles schon ohne mein Dazutun gegeben, einfach mit mir geboren ist.« Daß es aber ohne unser Dazutun uns gegeben ist, dafür gibt es Beweise: alle Menschen begreifen oder können es begreifen, daß *man seinen Nächsten lieben muß wie sich selbst.* In diesem Wissen liegt denn auch, genau genommen, das ganze *Gesetz* der Menschen, wie es uns auch Christus selbst erklärt hat. Indessen ist uns diese Erkenntnis angeboren, folglich uns ohne unser Dazutun geschenkt, denn der Verstand könnte uns um keinen Preis dieses Wissen geben. Warum denn nicht? Nun ja, weil „den Nächsten lieben", nach dem Verstande beurteilt, unvernünftig ist.

„‚Woher weiß ich das?' fragte sich Lewin. ‚Bin ich etwa durch den Verstand darauf gekommen, daß ich meinen Nächsten lieben und nicht ihn würgen soll? Man hat mir das in der Kindheit gesagt und *ich habe es freudig geglaubt,* weil man mir nur gesagt hatte, was schon in meiner Seele lag. Aber wer hat dies entdeckt? Der Verstand jedenfalls nicht. Der Verstand hat den Kampf ums Dasein entdeckt und das Gesetz, welches fordert, daß man alle, die uns an der Befriedigung unserer Wünsche hindern, beseitige. Dies ist das Ergebnis des Verstandes. Den Nächsten aber zu lieben konnte der Verstand nicht lehren, da das unvernünftig ist.'"

Hierauf fällt Lewin eine Szene ein, die er kürzlich mit seiner Schwägerin Dolly und deren Kindern erlebt hatte. Die Kinder brieten Himbeeren in einer Tasse über einer Kerze und gossen sich die Milch aus dem Kannenschnabel im Bogen wie einen Strahl aus dem Springbrunnen in den Mund. Die Mutter, die sie bei dieser Betätigung ertappte, versuchte natürlich, ihnen klar zu machen, daß sie, wenn sie die Gefäße zerschlügen und die Milch verschütteten, weder ein Trinkgefäß noch Milch hätten. Aber die Kinder glaubten ihr offenbar kein Wort von dem, was sie sagte, denn

„sie konnten sich den ganzen Umfang dessen, was sie genossen, gar nicht vorstellen, und infolgedessen konnten sie sich auch nicht denken, daß das, was sie verdarben, dasselbe sei, wovon sie lebten."

‚Das ist alles von selber da', dachten sie. ‚Interessantes oder Wichtiges gibt es dabei nicht, weil es stets so war und sein wird und alles immer ein und dasselbe ist. Darüber brauchen wir gar nicht nachzudenken, denn das ist das Gegebene; wir aber wollten uns etwas Eigenes und ganz Neues ausdenken. Und so dachten wir uns denn aus, die Himbeeren in die Tasse zu legen und sie über der Kerzenflamme zu braten und uns die Milch direkt aus der Kanne wie einen Strahl in den Mund zu gießen. Das ist lustig und neu und gewiß nicht schlechter, als aus Tassen zu trinken.'

‚Tun sie nun nicht ganz dasselbe, tue ich es nicht, indem ich mit dem Verstand die Bedeutung der Naturkräfte und den Sinn des menschlichen Lebens zu erfassen trachte?' fuhr Lewin fort zu denken. ‚Und tun denn die philosophischen Theorien etwa nicht alle das gleiche, indem sie auf einem seltsamen, dem Menschen nicht angemessenen Gedankenweg zu der Erkenntnis dessen führen, was der Mensch lange schon weiß, und mit solcher Sicherheit weiß, daß er ohne dieses Wissen gar nicht leben könnte? Ist es denn nicht aus der Entwicklung der Theorie jedes Philosophen klar ersichtlich, daß er schon im voraus ebenso sicher wie jener Bauer und auch nicht im geringsten klarer als jener den Hauptsinn des Lebens kennt, und nur auf einem unzuverlässigen Verstandesweg zu dem zurückkehren will, was allen bekannt ist?

Nun, wie, wenn man die Kinder allein ließe, wenn sie alles selbst machen müßten, Tassen und Kannen, dazu Kühe melken usw. – würden sie dann Mutwillen treiben? Sie würden Hungers sterben. Nun, so versuche man doch einmal, uns mit allen unseren Leidenschaften, unseren Gedanken allein zu lassen, *ohne* Vorstellung vom einzigen Gott und Schöpfer! Oder ohne eine Vorstellung von dem, was gut ist, ohne Erklärung des sittlich Bösen.

Ich möchte bloß wissen, was ohne diese Begriffe aufgebaut werden würde!

Wir zerstören nur, weil wir geistig satt sind. Genau wie die Kinder!' "

Mit einem Wort: Die Zweifel haben aufgehört, und Lewin hat endlich den Glauben gefunden; er glaubt – aber an was? Das hat er noch nicht klar formuliert! Er stellte sich nur freudig die Frage: »Sollte das wirklich Glaube sein?« Es ist anzunehmen, daß das noch nicht der Fall ist. Ja, mehr noch als das: es ist sogar kaum anzunehmen, daß solche Leute wie Lewin überhaupt jemals einen endgültigen Glauben haben können. Lewin nennt sich zwar „Volk", aber er bleibt ein Moskauer Landedelmann jener selben mittelhöheren Adelskreise, deren Historiker Graf L. Tolstoi vornehmlich ist.

Der Bauer hat Lewin freilich nichts Neues gesagt, aber immerhin hat er ihn auf einen Gedanken gebracht, und mit diesem Gedanken begann sein Glaube. Schon daraus allein könnte Lewin ersehen, daß er durchaus nicht „Volk" ist und kein Recht hat, von sich derlei zu sagen. Doch davon später. Ich will hier nur erwähnen, daß gerade diese Herren, wie etwa Lewin, niemals volkommen „Volk" werden können, gleichviel wie lange sie unter dem Volk oder neben dem Volk leben, ja – in vieler Hinsicht werden sie es sogar überhaupt nicht verstehen und nie verstehen lernen. Selbstüberhebung und bloßer Wunsch – dazu noch ein so wunderlicher – genügen nicht, einen Menschen nun gleich zu dem zu machen, was er plötzlich sein will. Mag er hundertmal Gutsbesitzer und sogar ein arbeitender Gutsbesitzer sein, alle Bauernarbeit kennen, sogar zu mähen und einen Wagen anzuspannen verstehen und wissen, daß zu Scheibenhonig frische Gurken gereicht werden: in seiner Seele bleibt dennoch, trotz allen guten Willens, ein Etwas zurück, das man, wie mir scheint, einfach „Müßiggang" nennen muß. Es ist das derselbe „Müßiggang", sowohl in physischer wie in geistiger Beziehung, der Lewin, wie sehr er sich auch zusammennehmen wollte, doch nun einmal von seinen Vorfahren vererbt worden ist und den das Volk in jedem Herrn sieht, obschon es nicht mit unseren Augen schaut. Doch auch hiervon später. Was nun seinen Glauben betrifft, so wird er ihn wieder zerstören, wird es selber tun, lange wird er nicht bei ihm verweilen: alsbald wird sich irgendwo ein Haken zeigen und seinen ganzen Glauben zerreißen. Zum Beispiel: Kitty ist mitten im Gehen gestolpert. Warum stolperte sie? Es läßt sich doch genau feststellen, daß sie aus diesem und jenem Grunde stolpern mußte. Es ist klar, daß hierbei alles von Gesetzen abhing, die sich aufs genaueste feststellen lassen. Aber wenn dem so ist, so herrscht ja in allem die Wissenschaft. Wo bleibt da die Vorsehung? wo ist denn deren Rolle? und wo die Verantwortung des Menschen? Wenn es aber keine Vorsehung gibt, wie kann ich dann an Gott glauben, usw. usw. Das ist wie eine gerade Linie, die sich in die Unendlichkeit fortsetzt. Mit einem Wort: Dieser Lewin, diese ehrliche Seele, ist zugleich eine chaotisch müßige Seele par excellence, andernfalls wäre er nicht das, was er ist: ein zeitgenössischer Herrensohn der russischen Intelligenz und dazu noch aus den mittelhohen Adelskreisen.

Nur eine Stunde nach dem Beginn des neuen Glaubens wird das von ihm auch schon glänzend bewiesen: Er behauptet, das russische Volk empfinde für die Balkanslawen nichts von dem, was Menschen im allgemeinen empfinden können. Er verleugnet die Seele des Volkes in der eigenmächtigsten Weise, ja, er erklärt sogar, daß er selber nicht das geringste Mitleid mit den heimgesuchten Menschen habe. Er erklärt, daß es ein unmittelbares Gefühl für die bedrückten Balkanslawen nicht gebe und gar nicht geben könne, das heißt: nicht nur nicht in ihm, sondern überhaupt in keinem Russen, denn er sagt ja: »Ich bin selber Volk!« Fürwahr, diese Herren bewerten das russische Volk etwas gar zu niedrig! Übrigens: nach Väterart. Kaum eine Stunde ist seit dem Erwerb des neuen Glaubens vergangen, da werden schon wieder Himbeeren über der Kerzenflamme gebraten.

DRITTES KAPITEL

I

Die Empfindlichkeit der Eigenliebe

Die Kinder kommen ihm entgegengelaufen und berichten, daß Gäste eingetroffen seien. Es sind Gäste aus Moskau. Lewin läßt sie im Schatten der Bäume Platz nehmen, bringt ihnen Wabenhonig und frische Gurken, und die ganze Gesellschaft macht sich sogleich an den Honig und an die Orientfrage. Dies spielt nämlich im vorigen Jahr, – Sie erinnern sich doch: Tschernajeff, unsere Freiwilligen, die Spenden. Die Unterhaltung wird bald sehr lebhaft, denn alle streben unaufhaltsam zur Hauptsache. Die Gesellschaft besteht, abgesehen von den Damen, aus den beiden Gästen: einem kleinen Moskauer Professor, einem netten, aber etwas dummen Menschen, und dem Stiefbruder Lewins, Ssergéi Iwánowitsch Kosnyschóff, der uns als ein Mensch von großem Verstand und großem Wissen geschildert wird. Der Charakter Kosnyschóffs ist im Roman künstlich aufgebaut und wird erst zum Schluß verständlich (ein Mensch mit den Anschauungen der vierziger Jahre). Kosnyschoff hat sich in der letzten Zeit mit Eifer und Hingabe der Hilfstätigkeit für die Balkanslawen gewidmet, und das Komitee hat ihm Berge von Arbeit aufgeladen, so daß man sich kaum vorzustellen vermag, wenn man der fieberhaften Tätigkeit dieser Komiteemitglieder im vorigen Jahr gedenkt, wie er sich überhaupt hat freimachen können, und dazu noch auf ganze zwei Wochen, die er auf dem Lande verbringen will. Freilich gäbe es anderenfalls auch nicht diesen Disput im Bienengarten und somit auch nicht den ganzen Achten Teil des Romans, welcher nur um dieses Disputs willen geschrieben ist. Sehen Sie, dieser Kosnyschoff hatte irgendein gelehrtes Buch über Rußland geschrieben, das vor etwa zwei oder drei Monaten in Moskau erschienen war, und obschon er lange daran gearbeitet und große Hoffnungen in dieses Werk gesetzt hatte, war es ein schmähliches Fiasko geworden: die Kritik hatte dem Werk überhaupt keine Beachtung geschenkt. Darauf erst hatte Kosnyschoff sich der slawischen Tätigkeit angeschlossen, und das mit einem Eifer, wie ihn niemand von ihm erwartet hätte. Daraus folgt, daß er gewissermaßen nicht auf natürlichem Wege zu dieser Betätigung gelangt und sein ganzer Eifer für die Balkanslawen nur ambition rentrée ist, nichts weiter; man ahnt bereits, daß Lewin im Disput mit ihm selbstverständlich Sieger bleiben muß. Kosnyschoff war auch in den früheren Teilen des Romans sehr geschickt in komischem Licht dargestellt; aus dem Achten Teil aber geht bereits klar hervor, daß er überhaupt nur zu dem Zweck geschaffen ist, um im Schlußkapitel als Piedestal für die Größe Lewins zu dienen. An sich freilich ist diese Gestalt dem Autor sehr gut gelungen.

Dafür ist eine der am wenigsten gelungenen Gestalten der alte Fürst, Lewins Schwiegervater, der gleichfalls dort unter den Bäumen im Bienengarten sitzt und sich an dem Gespräch über die Orientfrage beteiligt. Die Figur des alten Fürsten ist dem Autor sogar im ganzen Roman mißlungen, nicht nur im Schlußkapitel. Dieser alte Fürst soll einer der positiven Charaktere des Romans sein, selbstverständlich nicht auf Kosten des Realismus! So hat auch er seine Schwächen und fast sogar seine komischen Seiten, aber im allgemeinen ist er doch ein ehrwürdiger, höchst ehrwürdiger Mann. Er ist der Gutherzige des Romans, ist sozusagen die gesunde Vernunft, aber nicht eine Vonwisinsche gesunde Vernunft[42], die in den Lustspielen des vorigen Jahrhunderts wie ein gelehrter Esel ewig dasselbe wiederholt. Nein, er hat auch Humor und überhaupt menschliche Züge. Das Ergötzliche besteht nur darin, daß dieser alte Mensch geistreich sein soll. Dieser Vater mehrerer, allerdings schon gut versorgter Kinder, hat die Schule des Lebens bereits hinter sich und blickt mit dem stillen Lächeln des Weisen auf alles ihn Umgebende, nur daß dieses Lächeln längst nicht so milde und unverletztend ist. Er kann wohl mal einen Rat geben, aber man muß sich von den Wortspielereien seines Verstandes in acht nehmen: er kann auch mehr als scharf sein. Plötzlich aber ist dem Autor hier ein Unglück zugestoßen: die witzig gedachte Gestalt mit der gesunden Vernunft geriet ihm, Gott weiß warum, keineswegs als witziger, sondern im Gegenteil sogar als ziemlich fader Geist. Freilich gibt er sich schon im ganzen Roman andauernd alle Mühe, etwas Witziges zu sagen, aber es bleibt bei der Bemühung, es kommt nichts dabei heraus. Der Leser ist schließlich aus Zartgefühl bereit, ihm alle diese Versuche und sozusagen Anstrengungen, witzig zu sein, als tatsächliche Witzigkeit anzurechnen, aber noch viel schlimmer ist es, daß dieselbe Gestalt im achten und letzten Teil des Romans dazu ausersehen ist, Dinge zu sagen, die, zugegeben, wiederum gar nicht geistreich sind (in dieser Hinsicht bleibt der alte Fürst durchaus seinem Charakter treu), dafür aber sich geradezu zynisch ausnehmen und einen Teil unserer Gesellschaft und unseres Volkes beleidigen müssen. Der „Gutherzige" entpuppt sich auf einmal als spöttelndes Klubmitglied und Verneiner des russischen Volkes sowie alles dessen, was in diesem Volk gut ist. Man glaubt, die Gereiztheit der Klubgreise, ihre gallige Bitterkeit zu hören. Übrigens ist die politische Theorie des alten Fürsten keineswegs neu. Es ist die hunderttausendste Wiederholung dessen, was wir ohnehin jeden Augenblick um uns herum hören:

„‚Auch ich verstehe das nicht', sagte der alte Fürst. ‚Ich habe im Auslande gelebt, habe die Zeitungen gelesen, und ich muß gestehen, daß ich bis zu den Greueln in Bulgarien nicht begreifen konnte, warum alle Russen die slawischen Brüder plötzlich so liebten, ich aber gar keine Liebe für sie empfand. Ich war sehr betrübt, dachte, ich sei ein Ungeheuer' *(das soll nämlich ein Witz sein: man stelle sich bloß vor, er halte sich selbst für ein Ungeheuer!)*, ‚oder daß der Karlsbader Brunnen so auf mich wirkte' *(abermals ein vermeintlicher Witz)*. ‚Als ich aber herkam, beruhigte ich mich: ich sehe, daß es auch außer mir noch Menschen gibt, die auch nur für Rußland etwas übrig haben, und nicht bloß für die Slawenbrüder ...'"

Also das wird für Tiefe gehalten! ... Wir dagegen sind der Meinung, daß die Hilfe, die wir den Slawen bringen, eine Handlung im Interesse Rußlands ist, das heißt: im Sinne der Bestimmung oder Sendung Rußlands in der Geschichte.

Lewin dagegen sagt weiter folgendes:

„‚Meine Theorie ist diese: Einerseits ist der Krieg eine so tierische, grausame und furchtbare Sache, daß kein einziger Mensch, ich sage schon nicht Christ, den Beginn eines Krieges persönlich auf seine Verantwortung nehmen kann; das kann nur eine Regierung tun, die dazu berufen ist und unentrinnbar in einen Krieg verstrickt wird. Andererseits sagen sich die Bürger, wenn wir der Wissenschaft und dem gesunden Menschenverstand glauben wollen, in Sachen der Staatsangelegenheiten, besonders in Sachen des Krieges, von ihrem persönlichen Willen los.'"

Auch der alte Fürst, dessen Ansichten im allgemeinen in der Begrenztheit seiner Auffassung von den russischen Interessen besteht, »versteht nicht«, gegen wen denn diese Freiwilligen in den Krieg ziehen, da doch die Regierung noch keiner anderen Macht den Krieg erklärt habe. Katawássoff, der Professor aus Moskau, sagt darauf, daß es Fälle geben könne, wo die Regierung den Willen des Volkes nicht erfüllt, und dann äußere sich die öffentliche Meinung eben in der Weise, wie es jetzt in Rußland geschehe. Hierauf heißt es von Lewin, der mit dem alten Fürsten übereinstimmt:

„... er wollte sagen, daß, wenn die öffentliche Meinung ein unfehlbarer Richter wäre, die Revolution und Kommune doch ebenso gesetzmäßig sein müßten wie diese Bewegung zugunsten der Slawen."

Es ist sonderbar, daß dieser Lewin und der alte Fürst sich durch keinerlei Erwägungen in ihrem Denken aufhalten lassen. Doch schließlich – wer sieht denn nicht, daß aus dem Fürsten gekränkte Eigenliebe spricht (die Leute ziehen in den Krieg, ohne ihn vorher gefragt zu haben, ob ihm das genehm ist!) und aus Lewin seine paradoxe Meinung. Nicht die Wahrheit ist Lewin teuer, sondern das, was er sich ausgedacht hat. Übrigens spricht vielleicht auch aus Lewin gekränkte Eigenliebe, denn es ist ja kaum zu glauben, was alles die Eigenliebe der Menschen kränken kann. Das Volk und unsere Freiwilligen gegen diese Verleumdung Lewins und des alten Fürsten zu verteidigen, hat meines Erachtens keinen Sinn, ja, es wäre für die Verteidigten sogar erniedrigend. Wenn Lewin zur Erklärung der Tatsache, daß Hunderte von Freiwilligen aus Rußland hinziehen, um mit den Balkanslawen gegen die Türken zu kämpfen, ohne weiteres sagt, daß »in einem Volke von achtzig Millionen sich immer nicht nur Hunderte, wie jetzt, sondern Tausende von Menschen finden werden, die ihre gesellschaftliche Stellung eingebüßt haben, Tausende von Müßiggängern, die stets bereit sind, sich der Räuberbande eines Pugatschóff[43] anzuschließen oder nach China oder Serbien zu gehen« – so können wir nur darauf hinweisen, daß die Freiwilligen nicht heimlich aufbrachen. Alle haben sie gesehen und ihnen das Geleit gegeben, und es war manch ein bekannter Name unter ihnen. Gewiß wird es neben der größten Aufopferung auch Leute gegeben haben, die einfach aus Abenteuerlust, aus Ruhmsucht oder aus anderen Gründen hinzogen. Aber noch weiß man nicht, wie viele auch von diesen Abenteuerlustigen ihr Leben dort hingegeben haben. Doch die Behauptung, daß unsere Freiwilligen vom vorigen Jahr *alle* nur Müßiggänger und verlorene Leute gewesen seien, hat zum mindesten keinen Sinn, denn, wie gesagt, wir haben Hunderte von ihnen gekannt. Was nun die Spenden betrifft, die selbst von den ärmsten Leuten aus dem Volk für die bedrängten und mißhandelten Glaubensbrüder dargebracht wurden, so behauptet der Fürst, daß das „Volk“ überhaupt nicht wisse, worum es sich dabei handelt. Er sagt:

„, ... der Geistliche war verpflichtet, am Sonntag die ganze Geschichte in der Kirche zu verlesen. Nun und das tat er denn auch. Das Volk aber verstand davon nichts, es seufzte hin und wieder, wie es bei jeder Predigt seufzt. Darauf sagte der Priester, daß man in der Kirche zu einem heiligen Zweck sammle, und da holten sie jeder eine Kopeke hervor und gaben sie, wozu aber, das wußten sie selbst nicht.‘“

Diese Behauptung, die sich über alle Beweise einfach hinwegsetzt, ist als Äußerung gerade des Fürsten unschwer zu erklären. Sie stammt von einem der früheren Volksvormünder, dem ehemaligen Herrn leibeigener Bauern, der, so gut er auch immer sein mag, für seine Sklaven doch nichts anderes als Verachtung empfinden kann, während er sich selbst unvergleichlich klüger dünkt als sie. Und diese Leibeigenen sollten irgend etwas eben so gut verstehen wie er? – Das ist doch ausgeschlossen!

»Sie haben geseufzt, wie bei jeder Predigt, aber verstanden haben sie nichts!« – Davon ist er überzeugt. Denselben Gedanken äußert auch Lewin, und auf eine gereizte Entgegnung Kosnyschoffs, daß mit den dargebrachten Spenden bereits das ganze Volk seinen Willen äußere, erwidert er:

„‚Das Wort ‚Volk‘ ist so unbestimmt. Ja, die Bezirksschreiber und die Volksschullehrer, und von den Bauern einer von Tausend, die wissen vielleicht, um was es sich handelt. Die übrigen achtzig Millionen äußern weder ihren Willen, noch haben sie überhaupt einen Begriff davon, in welcher Angelegenheit sie ihren Willen äußern sollten. Welches Recht haben wir nun da, von einem Volkswillen zu sprechen?‘“

Übrigens sei hier ein für allemal bemerkt, daß der Ausdruck „Wille des Volkes“ für die Bewegung im Volk, die wir im vorigen Jahr erlebten, durchaus nicht zutreffend ist. Es war nicht der „Wille“ des Volkes als solcher, der sich kund tat, sondern es zeigte sich nur sein großes Mitgefühl, sein christlicher Geist und schließlich sein Bedürfnis, gewissermaßen Buße zu tun – ja, so könnte man es tatsächlich nennen. Doch zunächst will ich zu erklären versuchen, wie es möglich war, daß das Volk, das weder Geographie noch Geschichte gelernt hat, dennoch *bewußt* an der Bewegung für die bedrängten Balkanslawen teilnahm.

III

Von der richtigen Auffassung des Wesens der Orientfrage durch das ungebildete und des Lesens unkundige russische Volk

So lange das russische Volk besteht, das heißt, schon seit seiner Bekehrung zum Christentum, sind immer Pilger aus Rußland nach Palästina, zum Heiligen Grab oder nach Athos gewandert. Die Erzählungen dieser Pilger von dem Erlebten und Gesehenen sind im Volk, wie alle Erzählungen vom „Göttlichen", ungemein beliebt; man hört ihnen andächtig zu und behält das Gehörte nahezu Wort für Wort. Diese Erzählungen haben sich im Volk durch Generationen vererbt und verbreitet. Deshalb wissen denn selbst unsere Bauern auf dem Felde, auch wenn sie nie etwas von Serben, Bulgaren oder Montenegrinern gehört haben, doch ganz genau und schon seit Jahrhunderten, daß die heiligen Stätten und die christliche Bevölkerung jener Gegenden von den heidnischen Türken erobert worden sind, und daß diese Bevölkerung unter dem Joch der Ungläubigen ein schweres Leben hat. Das wissen sie nicht nur, sondern es schmerzt sie auch aufrichtig. Denn in seinem Herzen hat sich das russische Volk immer zu den heiligen Stätten hingezogen gefühlt und in der Wallfahrt, wenn nicht nach Jerusalem, dann zu einem unserer russischen Klöster, eine gute Tat, etwas Seelenrettendes gesehen. Übrigens möchte ich bemerken, daß ich, indem ich von diesem historischen Zug des russischen Volkscharakters rede, ihn weder gutheiße, noch tadele, sondern nur eine Tatsache feststelle, mit der man sich vieles erklären kann. Was sollen wir denn tun, wenn wir nun einmal diesen historischen Zug haben! Ich weiß nicht, wohin er uns führen wird, aber es ist doch möglich, daß er uns zu etwas führt. Im Leben der Völker bildet sich das Wichtige immer entsprechend den wichtigsten nationalen Sondereigenheiten aus. Vorläufig hat zum Beispiel der obenerwähnte Charakterzug unseres Volkes nur sein bewußt nationales Verhalten zu *jedem* Kriege Rußlands mit dem Sultan zur Folge gehabt. Was jedoch den gegenwärtigen Krieg betrifft, so scheint noch der Zeitpunkt von besonderer Bedeutung für die Volksbewegung des vorigen Jahres gewesen zu sein.

Es ist verhältnismäßig schon ziemlich lange her, schon sechzehn Jahre, daß die Leibeigenschaft bei uns aufgehoben wurde. Es verging seitdem ein Jahr ums andere, doch – in welcher Verfassung sah sich das Volk, wie äußerte sich sein Dank für den Gnadenakt des Zaren? Es sah zunehmende Trunksucht, sah unter seinen Standesgenossen gewissenlose Ausbeuter sich vermehren, sah ringsum Armut, sah sich selbst oft bis zum Tierischen gesunken ... Viele, oh, viele werden bei diesem Anblick schon Reue und Kummer empfunden haben und das Verlangen nach Buße. Im Schmerz der Selbstverurteilung begann ein Suchen nach dem Guten, Heiligen ... Und da hörten sie plötzlich von Christen, die um ihres Glaubens willen gemartert werden, die lieber ihr Leben hingeben als daß sie zum Islam übertreten, obwohl sie dafür belohnt werden sollten. Diesen ersten Gerüchten von den Vorgängen am Balkan folgten die Aufrufe ans Volk, den Bedrängten zu helfen, es wurden Spenden gesammelt; dann sprach man von einem russischen General, der den Christen in ihren Kämpfen gegen die Ungläubigen beistand, dann begannen Freiwillige aus Rußland hinzuziehen – alles das erschütterte das Volk. Es war wie ein Aufruf, Buße zu tun. Und da sahen und erlebten wir es: Wer aus dem Volk nicht als Freiwilliger hingehen konnte, der steuerte wenigstens ein Scherflein bei; die Freiwilligen aber wurden von allen begleitet, ganz Rußland gab ihnen das Geleit.

Der alte Fürst hatte freilich in Karlsbad von all dem nichts gesehen, und als er dann gerade während der Hochflut der Bewegung zurückkehrte, verstand er von ihr so wenig, daß er über sie nur spötteln konnte. Doch was konnte dieser Greis, dessen Anschauungen aus dem Klub stammen, von Rußland oder dem russischen Bauern überhaupt verstehen? Der kluge Lewin hätte freilich mehr verstehen können als der alte Fürst, doch ihn machte die Erwägung stutzig, daß das Volk ja weder Geschichte noch Geographie kennt, und überdies kränkte es ihn, daß sich dabei niemand um ihn und seine Meinung kümmerte. Freilich weiß unser Volk nichts von Geschichte und Geographie, doch das, worauf es ankommt, das weiß es. Allerdings könnte man dem Volk hinsichtlich seiner alten historischen Neigung zu Buße und zu Wallfahrt eine Menge sehr kluger und vernünftiger Dinge sagen, zum Beispiel, daß seine Wallfahrten nur eine sehr enge und einseitige Auffassung seiner Pflicht seien, und daß es besser täte, wenn es vom Trinken ließe und seine Habe vermehrte und somit etwas dazu beitrüge, daß sein Vaterland endlich den „aufgeklärten europäischen Staaten“ zu gleichen anfange. Man könnte dem Pilger vorhalten, daß Gott seine Wallfahrt durchaus nicht brauche, und zwar hauptsächlich deshalb nicht, weil sie weder ihm, dem Pilger, noch seiner Familie Nutzen bringe, ja, daß seine Wallfahrt sogar direkt schädlich sei, weil er auf lange Zeit sein Haus und seine Heimat um eines im Grunde egoistischen Zweckes willen verlassen müsse, nämlich um seine Seele zu retten, während es Gott unvergleichlich angenehmer wäre, wenn er dieselbe Zeit in seinem Gemüsegarten zubrächte oder Kälber hütete. Wie gesagt, es läßt sich sehr viel Vernünftiges gegen das Wallfahren vorbringen, aber – was soll man denn tun, wenn unser Volk so geartet ist, daß das Suchen des Guten in ihm *fast ausschließlich diese Form* angenommen hat, das heißt: die Form des Bußetuns, mittels einer Wallfahrt oder eines Opfers? Jedenfalls könnte der kluge Lewin in Erwartung der „Aufklärung“ wenigstens diesen historischen Charakterzug dem Volk anrechnen. Er könnte sich doch sagen, daß viele Freiwillige und viele von denen, die sie begleiteten, einer guten Regung folgten und in ihrer Handlungweise eine gute Tat sahen (das steht ganz außer Frage!), folglich aber waren es doch nicht „verlorene Leute“, sondern vielleicht sogar die besten aus dem Volk, und viele, sehr viele von ihnen werden diese Tat in der Tiefe ihres Herzens eben als Buße und Sühne empfunden haben. Und vor seinem Zaren fühlte sich deshalb keiner schuldig, im Gegenteil, er hoffte und wartete darauf, daß sein Zarbefreier auch in dieser Frage als Befreier eingreifen werde. Wir aber, die wir in unseren Winkeln saßen, wir freuten uns, daß das große russische Volk unsere Hoffnung und unser großes ihm gehörendes Vertrauen rechtfertigte. So dürfte denn wohl nichts so unpassend sein wie der Vergleich dieser guten, opferwilligen Bewegung mit der Bande Pugatschoffs, der Kommune usw.! Das konnte wahrlich nur der gereizte Hypochonder Lewin sagen! Da sieht man, wozu empfindliche Eigenliebe führen kann!

Doch seine Gereiztheit geht noch weiter, er erklärt sogar unumwunden, daß ein unmittelbares Gefühl für die Unterdrückung der Slawen nicht vorhanden sei und auch gar nicht sein könne. Auf die Entgegnung Kosnyschoffs, daß es doch wohl nur für ihn nicht vorhanden sei, antwortete er:

„‚Vielleicht, aber ich sehe das nicht so; ich bin selbst Volk und fühle es doch nicht.‘“

Er hat also kein Mitgefühl mit den Mißhandelten? Übrigens wird der Streit zwischen Lewin und Kosnyschoff in einer Weise geführt, die von der Frage abweicht. Kosnyschoff sagt:

„‚... Stelle dir vor, du gehst auf der Straße und siehst, daß Betrunkene ein Weib oder ein Kind schlagen. Ich denke, da würdest du doch nicht erst fragen, ob jenen Betrunkenen der Krieg von der Regierung deines Landes erklärt ist oder nicht, sondern würdest hineilen, und die Bedrängten verteidigen.'

,Aber doch deshalb nicht töten.'

,Doch, du würdest töten', sagte Kosnyschoff."

Damit sagte er natürlich etwas Unhaltbares, denn um ein Weib auf der Straße vor Betrunkenen zu beschützen, braucht man doch wahrlich noch nicht zu töten. Aber sie wissen es ja auch, daß es sich in dieser Frage nicht um eine zufällige Rauferei auf der Straße handelt, sondern um ein systematisches Niedermetzeln, um raffinierte Folterungen. Und auf eben jene Behauptung Kosnyschoffs entgegnet Lewin:

„,Ich weiß nicht. Wenn ich dergleichen sähe, würde ich mich meinem unmittelbaren Gefühl hingeben, im voraus aber kann ich es nicht sagen. Ein solches unmittelbares Gefühl für die Unterdrückung der Slawen ist jedoch nicht vorhanden, und kann es auch gar nicht sein.'"

Das ist psychologisch nicht uninteressant. Es gibt ja gewiß auch absolut gefühllose Menschen, die einfach roh oder entartet sind; nur gehört Lewin zweifellos nicht zu diesen, im Gegenteil, er ist sogar ein sehr gefühlvoller Mensch. Deshalb fragt es sich, ob nicht bei gewissen, des Mitgefühls sogar sehr fähigen Menschen die – Entfernung von psychologischer Bedeutung sein kann? Vielleicht versagt ihr Mitgefühl, wenn es heißt: „Die Greueltaten sind ja allerdings unerhört, man reißt lebenden Menschen die Haut ab, wirft Kinder vor den Augen der Mütter in die Luft und fängt sie mit dem Bajonett auf, vergewaltigt Frauen, schneidet ihnen die Brüste ab, sticht Kindern die Augen aus und setzt sie auf einen Spieß – aber das geschieht da irgendwo weit, irgendwo dort auf der anderen Hälfte des Erdballs. Und da das so weit ist, habe ich eben kein Mitgefühl!" Wenn nun die Entfernung solchermaßen auf das Mitgefühl einwirkt, so muß man sich unwillkürlich fragen: bis zu welcher Entfernung reicht denn eigentlich die Menschenliebe?

Doch Lewin ist, wie gesagt, zweifellos ein gefühlvoller

Mensch und obschon er für die Slawen kein Mitgefühl hat, geht seine Menschenliebe doch so weit, daß er einen ... Türken nicht töten könnte. Stellen wir uns einmal eine solche Szene vor: Lewin steht da, mit dem Gewehr und aufgepflanztem Bajonett in der Hand. Zwei Schritt von ihm steht ein Türke mit einem Säugling im Arm, dem er mit einer Nadel die Augen auszustechen sich anschickt. Die siebenjährige Schwester des kleinen Opfers schreit wie wahnsinnig und sucht mit aller Gewalt dem Türken ihr Brüderchen zu entreißen. Lewin aber steht nachdenklich und unentschlossen da und spricht zu sich selbst:

„Ich weiß nicht, was ich tun soll. Ich empfinde nichts. Ich bin selbst Volk. Ein unmittelbares Gefühl für die Unterdrückung der Slawen ist nicht vorhanden und kann es auch gar nicht sein."

In der Tat, was würde er in dem Fall tun – nach allem, was er gesagt hat? Sollte er wirklich nicht das Kind befreien? Sollte er ihm wirklich die Augen ausstechen lassen und es nicht sofort dem Türken entreißen?

„‚Entreißen ist leicht gesagt, aber da wird man den Türken vielleicht – stoßen müssen?'

‚Nun, so stoße ihn!'

‚Stoße ihn! Aber wenn er mir das Kind nicht geben will und den Säbel zieht? Da wird man ihn womöglich totschlagen müssen?'

‚Nun, so schlag' ihn tot!'

‚Nein, wie darf man denn das! Nein, totschlagen darf man den Türken nicht. Dann mag er schon lieber dem Kinde die Augen ausstechen und es umbringen. Ich gehe zu Kitty.'"

Das wäre Lewins folgerichtige Handlungsweise. Er sagt doch, daß er *nicht wisse,* ob er dem Weib oder dem Kind helfen würde, wenn er dabei einen Türken töten müßte. Die Türken tun ihm eben gar so leid.

„‚Vor zwanzig Jahren hätte die Presse noch geschwiegen', sagte Kosnyschoff, ‚jetzt aber wird die Stimme des russischen Volkes gehört, das bereit ist, sich zu erheben wie ein Mann, bereit, sich zu opfern für die bedrängten Mitbrüder; das ist ein großer und wichtiger Schritt und ein Beweis von Kraft.‘

‚Aber hier handelt es sich doch nicht nur darum, sich zu opfern, sondern darum, die Türken zu erschlagen‘, sagte Lewin vorsichtig. ‚Das Volk opfert und ist jederzeit bereit, für seine Seele zu opfern, nicht aber für den Totschlag ...‘“

Also mit anderen Worten: »Liebes Mädchen, hier ist Geld, nimm es, wir opfern es für unsere Seelen, aber deinem Brüderchen laß vom Türken die Augen ausstechen. Denn das geht doch nicht, daß wir den Türken totschlagen ...«

Und darauf schreibt der Autor ganz persönlich und von sich aus über Lewin:

„Er konnte sich nicht damit einverstanden erklären, daß eine Handvoll Menschen, unter ihnen auch sein Stiefbruder, das Recht haben sollten, auf Grund dessen, was ihnen die Hunderte der durch die Hauptstädte reisenden schönredenden Freiwilligen erzählt hatten, zu sagen, sie und die Presse drückten den Willen und das Empfinden des Volkes aus, und dabei war das ein Wille, der *Rache* und *Totschlag* verlangte.“

Das entspricht nicht der Wahrheit: von einem Verlangen nach *Rache* kann überhaupt nicht die Rede sein. Auch jetzt, da wir mit diesem blutdürstigen Volk Krieg führen, hört man über das Verhalten der Russen zu ihren Feinden nur Dinge, die Beweise der größten Menschlichkeit sind. Ja, man kann dreist behaupten, daß wenige der europäischen Armeen mit einem solchen Feind so umgehen würden, wie es jetzt unsere Armee tut. Zwei oder drei unserer großen Tageszeitungen haben denn auch schon die Frage erörtert, ob es nicht ratsam wäre, die unerhörten Grausamkeiten der Türken zu vergelten: dieses Abschneiden der Nasen und anderer Glieder der Verwundeten und Gefangenen, bevor sie getötet werden. Man sollte meinen, daß mit dieser gesunkenen und verlogenen Nation kein anderes Volk noch menschlich umgehen könne, doch bin auch ich dafür, daß man von irgendwelchen Gegenmaßnahmen Abstand nimmt. Daß jedoch Kindern die Augen ausgestochen werden, das dürfen wir nicht zulassen, und um ein für allemal die Möglichkeit zu solchen Schändlichkeiten zu beseitigen, muß man die Verfolgten befreien, dem Verfolger aber auf immer die Waffe entreißen. Das aber ist nur möglich durch Kampf. Kampf jedoch ist nicht Rache, und Lewin braucht deshalb für die Türken nichts zu befürchten. Auch im vorigen Jahr, noch vor der Kriegserklärung, als nur unsere Freiwilligen hinzogen, hätte er in der Beziehung ruhig sein können. Oder kennt er denn nicht den Russen und den russischen Soldaten? Freilich wird unser Soldat den Feind im Kampf töten, aber mit dem gefangenen Türken hat man ihn schon oft seine schmale Soldatenkost teilen gesehen. Und ich versichere, jeder Soldat, der das tat, wußte nur zu gut, daß dieser selbe Türke ihm, dem Russen, wenn er in türkische Gefangenschaft geraten wäre, den Kopf abgeschnitten, mit anderen Köpfen zu einem Halbmond zusammengestellt hätte, und in der Mitte – einen Stern aus anderen Körperteilen. Außerdem könnte Lewin sich sagen, daß dieser russische Soldat, der den Türken im Kampf erschlägt, doch auch sein eigenes Leben einsetzt, daß er ebensogut vom Türken erschlagen werden kann und vielleicht auch wird, vorher aber noch Mühe und Pein und vor dem Tode womöglich Folterqualen auszustehen hat. Um der „Rache", um des „Totschlags" willen habe sich das russische Volk erhoben? Hat man jemals gehört, daß die Verteidigung von Kindern und Frauen, die aufgespießt, die vergewaltigt werden und die in der ganzen Welt keinen Beschützer haben – für eine rohe Tat, für lächerlich, fast für unsittlich, für Rachelust und Blutdurst gehalten worden ist? Und was ist das für eine Gefühllosigkeit neben größter Sentimentalität! Dieser Lewin hat doch auch ein Kind und er liebt doch seinen kleinen Knaben; wenn dieser in der Wanne gebadet wird, ist es doch fürs ganze Haus ein Ereignis. Blutet ihm denn da nicht das Herz, wenn er liest, daß sich unter den Baschibosucken Spezialisten herausgebildet haben, die ein Kind, das sie an den Beinchen packen, mit einem Ruck in zwei Hälften zerreißen können, oder wenn er von den toten Kindern neben den Leichen ihrer erschlagenen Mütter liest, denen die Brüste abgeschnitten sind? Doch dieser Lewin, der das liest, denkt bei sich vermutlich:

‚Kitty ist gesund und hat mit Appetit gegessen; der Kleine wurde gebadet und er fängt schon an, mich zu erkennen. Was geht es mich an, was sich dort irgendwo fern von hier bei den Balkanslawen zuträgt; *ein unmittelbares Gefühl für die Mißhandlung der Slawen ist nicht vorhanden und kann es auch gar nicht sein* – denn *ich* empfinde *nichts.*‘

Schließt damit Lewin seine Epopöe? Und ihn will uns der Autor als Beispiel eines rechtschaffenen und ehrlichen Menschen hinstellen?

Solche Menschen, wie der Autor der „Anna Karenina“, sind Erzieher der Gesellschaft, sind unsere Lehrer und wir sind ihre Schüler. Was aber lehren sie uns nun eigentlich?

ZWEITES KAPITEL

I

Lüge sucht sich durch Lüge zu erhalten

Als Don Quichotte, der allbekannte Ritter von der traurigen Gestalt, der hochherzigste aller Edlen, die je in der Welt gelebt, der Mann mit der schlichtesten Seele und dem größten Menschenherzen einst mit seinem treuen Waffenträger Sancho auf der Suche nach Anlässen zu Heldentaten umherzog, ward er auf einmal von einem Zweifel angefochten, der ihn zwang, lange und tief nachzudenken. Die Sache war nämlich die, daß seit jeher, schon seit Amadis von Gallien, alle die großen Ritter, deren Lebensgeschichten in den wahrheitsgetreuesten Büchern bis auf den heutigen Tag erhalten sind, in den sogenannten Ritterromanen (zu deren Erwerb Don Quichotte nicht zögerte, einige der besten Parzellen seines ohnehin nicht großen Landgütchens zu verkaufen), – daß häufig diese Ritter während ihrer ruhmreichen und aller Welt Nutzen bringenden Streifzüge plötzlich und unerwartet auf ganze Heere von nicht weniger als hunderttausend Kriegern stießen! Diese furchtbaren Heere wurden ihnen stets von irgendeiner bösen Macht auf den Hals geschickt, oder auch von bösen, neidischen Zauberern, die alles mögliche ersannen, um sie zu hindern, ihr großes Ziel zu erreichen und sich dann endlich mit ihren wunderschönen Damen zu vermählen. Gewöhnlich geschah es dann, daß der Ritter, wenn er so einem ungeheuerlichen feindlichen Heer begegnete, sein Schwert zog, zu seinem geistigen Schutz noch schnell den Namen seiner Dame anrief, sich darauf allein, wie er war, auf die hunderttausend Feinde stürzte und sie natürlich alle bis auf den letzten niederhieb. Man sollte meinen, daß diese Tatsache keinem Zweifel unterliegt. Doch Don Quichotte verfiel darob plötzlich in tiefes Nachdenken. Und worüber denn eigentlich? Ja, es schien ihm mit einem Mal unmöglich, daß nur ein einzelner Ritter, wie stark er auch sei, und selbst wenn er mit einem siegbringenden Schwerte vierundzwanzig Stunden lang ohne jegliche Ermüdung um sich schlüge, hunderttausend Feinde töten könnte, und zwar – in einer einzigen Schlacht! Um *einen* Menschen zu töten, braucht man immerhin etwas Zeit; um *hunderttausend* Menschen zu töten, braucht man ungeheuer viel Zeit, und wie man da auch mit dem Schwerte fuchteln wollte, – in irgendwelchen paar Stunden und ohne jede Ruhepause könnte das ein einzelner denn doch nicht fertigbringen, meinte Don Quichotte. Nun aber steht es in diesen wahrheitsgetreuen Büchern ausdrücklich, daß die Sache gerade in einer *einzigen* Schlacht geschah. Wie war das möglich?

»Ich habe dieses Rätsel gelöst, mein Freund Sancho«, sagte endlich Don Quichotte. »Da alle diese Riesen und bösen Zauberer nichts anderes als unsaubere Mächte waren, so waren ihre Heere gewiß gleichfalls von dieser unsauberen Beschaffenheit. Ich nehme an, daß sie nicht aus solchen Menschen, wie wir zum Beispiel, bestanden. Sie wurden durch Zauberei hervorgerufen, waren also nur ein Blendwerk und glichen daher aller Wahrscheinlichkeit nach auch leiblich nicht unseren Leibern, sondern eher denen der Mollusken, der Weichtiere, Würmer, Spinnen. Auf diese Weise konnte ein festes scharfes Schwert, von mächtiger Ritterhand geführt, alle diese Leiber in einem Augenblick durchschlagen, fast ohne Widerstand zu finden; es ging wie durch die Luft. So konnte es denn tatsächlich mit einem Hieb durch drei oder vier Leiber gehen, ja, sogar durch zehn, wenn sie eng beieinander standen. Jetzt erst wird es einem klar, wie sich die Sache für den Ritter so ungemein vereinfachte, daß er wirklich in wenigen Stunden ganze Heere von bösen Mohren und anderen Ungeheuern vernichten konnte ...«

Hiermit hat der große Dichter und Herzenskenner eine der tiefsten und geheimnisvollsten Seiten des Menschengeistes aufgedeckt. Oh, dieses Buch ist erhaben, ist nicht so eines, wie man sie jetzt schreibt; von solchen Büchern wird der Menschheit in mehreren Jahrhunderten nur eines geschenkt. Und solche Beobachtungen der tiefsten Seiten der menschlichen Natur findet man in diesem Buch auf jeder Seite. Schon der eine Umstand, daß dieser Sancho, diese Verkörperung der gesunden Vernunft, der Schlauheit und der goldenen Mittelmäßigkeit, zum Freund und Reisegefährten des überspanntesten Menschen in der Welt wurde, gerade er und kein anderer! Die ganze Zeit betrügt und beschummelt er ihn wie ein kleines Kind, und doch glaubt er gleichzeitig felsenfest an seines Herrn großen Verstand, ist bis zur Rührung von dessen Herzensgröße bezaubert, glaubt er widerspruchslos an alle phantastischen Illusionen des großen Ritters und bezweifelt während der ganzen Zeit kein einziges Mal, daß dieser ihm zu guter Letzt doch noch eine Insel erobern werde! Wie wünschenswert wäre es, daß unsere Jugend diese großen Werke der Weltliteratur gründlich kennenlernte. Ich weiß zwar nicht, was man jetzt in den Schulen von der Literatur durchnimmt, aber die Bekanntschaft mit diesem größten und traurigsten aller Bücher, die vom Genius des Menschen geschaffen worden sind, würde zweifellos die Seele des Jünglings durch den großen Gedanken erhöhen, würde in sein Herz große Fragen fallen lassen und seinen Geist von der Anbetung des ewigen dummen Idols der Mittelmäßigkeit, von dem selbstzufriedenen Eigendünkel und der faden Vernunft ablenken. Dieses *traurigste* der Bücher wird der Mensch nicht vergessen, zum Jüngsten Gericht Gottes mitzunehmen. Er wird auf das in diesem Buch enthaltene tiefste und schicksalsträchtige Geheimnis des Menschen und der Menschheit hinweisen: daß selbst die größte Schönheit des Menschen, seine größte Reinheit, Keuschheit, Treuherzigkeit, Gutmütigkeit, sein ganzer Mut und schließlich selbst sein größter Verstand – daß all das nicht selten (leider sogar so oft) zu gar nichts dient, ohne jeden Nutzen für die Menschheit vergeht und sich gar in einen Gegenstand des Spottes verwandelt, nur weil dem Menschen, dem diese edelsten und reichsten Gaben sogar so häufig zuteil werden, bloß die eine letzte Gabe fehlt, und zwar: das *Genie,* den ganzen Reichtum und die ganze Macht dieser Gaben zu beherrschen, zu lenken und sie – das ist das Wichtigste – nicht auf einen phantastischen, wahnsinnigen, sondern auf den realen Weg zum Heil der Menschheit zu leiten! Doch leider wird den Rassen und Völkern so wenig, so selten Genie zugeteilt, daß wir häufig das Schauspiel dieser bösen Schicksalsironie zu sehen bekommen: wie die Tätigkeit mancher edelsten Menschen und glühendsten Menschheitsfreunde dem Hohngelächter und der Steinigung preisgegeben wird, einzig deshalb, weil sie es im entscheidenden Augenblick nicht verstanden haben, den eigentlichen Sinn der Dinge zu erkennen und ihr *neues Wort* zu finden. Dieses Schauspiel aber des zwecklosen Untergangs so großer und edelster Kräfte kann in der Tat gar manchen Menschenfreund zur Verzweiflung bringen, in ihm nicht mehr Gelächter, wohl aber bittere Tränen hervorrufen und sein bis dahin reines und gläubiges Herz für immer durch Zweifel erbittern ...

Übrigens habe ich ja nur auf diesen einen interessanten Charakterzug hinweisen wollen, den Cervantes neben hundert anderen ebenso tiefen Beobachtungen im Menschenherzen entdeckt und aufgezeigt hat.

Der phantastischste Mensch, der bis zum Wahnsinn an die phantastischste Illusion glaubt, wird plötzlich von Zweifeln befallen, die seinen ganzen Glauben zu erschüttern drohen. Und bemerkenswert ist, was diese Zweifel wachrufen konnte: nicht die Ungereimtheit seines anfänglichen Wahns, nicht die Sinnlosigkeit der zum Heile der Menschheit abenteuernden Ritter, noch der Unsinn von den hervorgezauberten Heeren, von denen die „wahrheitsgetreuesten" Bücher berichten; nein, es ist ein gänzlich nebensächlicher Umstand. Der phantastische

Mensch wird plötzlich *vom Verlangen nach Realismus erfaßt!* Nicht das Wunder der hervorgezauberten Heere verwirrt ihn, oh, nein, das ist nicht dem geringsten Zweifel unterworfen! Und wie hätten denn sonst diese großen und herrlichen Ritter ihren ganzen Heldenmut beweisen können, wenn ihnen nicht solche Prüfungen geschickt worden wären, wenn es nicht neidische Riesen und böse Zauberer gegeben hätte? Das Ideal des fahrenden Ritters steht so hoch, ist so schön und nützlich und hat das Herz des edlen Don Quichotte so verzaubert, daß der Verzicht auf den bedingungslosen Glauben an dasselbe für ihn bereits ganz unmöglich geworden ist, ja, dem Verrat an dem Ideal, an der Pflicht, an der Liebe zu Dulcinea und zur Menschheit gleichgekommen wäre. (Als er aber auf alles verzichtet hatte, als er von seinem Wahn geheilt und *klüger* geworden war, – nach der Rückkehr von seiner zweiten Ausfahrt, auf der er von dem Barbier Carasco, dem Verneiner und Satiriker mit der gesunden Vernunft, geschlagen worden war – da starb er alsbald, still und mit einem traurigen Lächeln auf den Lippen, indem er noch den weinenden Sancho tröstete, die ganze Welt liebte mit der großen Kraft jener Liebe, die in seinem heiligen Herzen eingeschlossen war, und doch noch einsah, daß er auf dieser Welt nichts mehr zu tun hatte.) Nein, es verwirrte ihn nur – eine durchaus richtige, vollkommen mathematische Erwägung: daß es, wie sehr der mächtige Ritter auch mit dem Schwert um sich schlagen und wie stark er auch sein mag, immerhin unmöglich ist, ein Heer von hunderttausend Mann in wenigen Stunden, oder sagen wir, selbst in einem Tag zu besiegen, und zwar: bis auf den letzten Mann! So aber steht es in den wahrheitsgetreuesten Büchern. Folglich steht dort eine Lüge? Ist aber schon eines Lüge, dann ist auch alles andere Lüge. Wie nun die *Wahrheit* retten? Und siehe, da denkt er sich denn zur Rettung der Wahrheit eine andere Illusion aus, eine, die zweimal, dreimal phantastischer, einfältiger und unsinniger ist als die erste, denkt sich hunderttausend hervorgezauberte Menschen mit Molluskenleibern aus, durch die aber dafür das scharfe Schwert des Ritters zehnmal leichter und schneller hindurchgehen kann als durch die gewöhnlichen Menschenleiber! Der *Realismus* ist also befriedigt, die *Wahrheit gerettet,* und an die erste Hauptillusion kann er nun ruhig weiterglauben; das wiederum einzig dank der zweiten, viel unsinnigeren Illusion, die er sich bloß zur Rettung des *Realismus* der ersten ausgedacht hat.

Man frage doch sich selbst: Ist nicht mit jedem von uns ganz dasselbe schon hundertmal im Leben geschehen? Nehmen wir an, ihr habt einen eurer Träume liebgewonnen, eine Illusion, eine Idee, eine Überzeugung oder irgendeine äußere Tatsache, die euch erschüttert, oder schließlich ein Weib, das euch bezaubert hat. Mit eurer ganzen Seele gebt ihr euch dem Gegenstand eurer Liebe hin. Doch – seid ihr auch noch so verblendet, noch so von eurem Herzen bestochen: ist in diesem Gegenstand eurer Liebe eine Lüge, ein *Blendwerk,* irgend etwas, das ihr selbst durch eure Leidenschaft entstellt habt, was ihr im ersten Drang und Aufschwung eurer Seele nicht sehen wolltet – nur um aus diesem Gegenstand euer Idol machen und es dann anbeten zu können –, so wird doch schon der Zweifel an euch herankriechen. Nur im geheimen natürlich, nur im tiefsten Innersten werdet ihr es fühlen, werdet ihre es bangend spüren, wie der Zweifel an euch herankriecht, euch benagt, euren Verstand zerrt, sich durch eure Seele windet und euch ewig hindert, mit eurem liebgewordenen Traum in Frieden zu leben. Nun, erinnert ihr euch vielleicht, womit ihr euch dann beruhigt habt? Habt ihr euch dann nicht einen neuen Traum ausgedacht, eine neue Lüge, vielleicht sogar eine furchtbar unvollkommene, grobe Lüge, an die aber zu glauben ihr euch in Liebe beeiltet, nur weil sie euch von eurem ersten Zweifel erlöste?

II

Mollusken, die man für Menschen hält

Was ist für uns vorteilhafter: wenn man über uns die Wahrheit weiß oder wenn man über uns Unsinn schwätzt?

Heutzutage hat sich fast ganz Europa in die Türken verliebt, natürlich nur mehr oder weniger. Früher, zum Beispiel vor einem Jahr, da wußte man im Westen wenigstens, daß es nur aus Haß gegen Rußland geschah, wenn man sich bemühte, in den Türken irgendeine große nationale Kraft zu entdecken. Wie hätten die klugen Europäer es auch nicht einsehen sollen, daß in der Türkei die Kräfte eines regelrechten gesunden Nationalorganismus weder sind noch sein können, ja, daß ein Organismus vielleicht überhaupt nicht mehr vorhanden ist (dermaßen faul und zerfressen ist er), und daß die Türken nur eine asiatische Horde, nicht aber einen regelrechten Staat bilden. Jetzt jedoch, seit der Zeit, da die Türkei gegen Rußland Krieg führt, hat sich allmählich an bestimmten Stätten Europas die tatsächlich ernste Überzeugung festgesetzt, daß diese Nation nicht nur überhaupt einen Organismus ausmache, sondern außerdem noch ein sehr starker Organismus sei, sogar einer, dem man große Entwicklung und große Fortschritte prophezeien könne. Dieser Gedanke bezaubert gar viele europäische Geister immer mehr, und schließlich ist er auch zu uns herübergekommen: auch hier in Rußland spricht man schon von Kräften, die die Türkei plötzlich bewiesen haben soll. In Europa hat sich diese Auffassung wiederum nur aus Haß gegen Rußland verbreitet, bei uns aber aus Kleinmut und der ungeheuren Eilfertigkeit zu pessimistischen Schlüssen, die nun einmal eine charakteristische Eigenschaft der intelligenten Klassen unserer Gesellschaft ist; eine Eigenschaft, die sich immer wieder kundtut, sobald irgendwo unsere „Mißerfolge" beginnen!

So ist denn jetzt in Europa dasselbe vor sich gegangen, was einstmals im armen Geiste Don Quichottes vor sich ging, nur in umgekehrter Form, doch das Wesen der Sache ist hier wie dort dasselbe: Jener dachte sich, um die *Wahrheit* zu retten, Menschen mit Molluskenleibern aus; die Europäer dagegen haben jetzt, um ihre Illusion von der Nichtigkeit und Schwäche Rußlands, die sie so wohlig beruhigt, zu retten, eine echte Molluske für einen Menschenorganismus erklärt und ihn mit Fleisch und Blut, mit Kraft und Gesundheit ausgestattet. Über Rußland aber verbreitet man jetzt selbst in den gebildetsten Staaten den größten Unsinn. Auch früher kannte man uns in Europa wenig, sogar so wenig, daß man sich immer nur wundern mußte, wie dermaßen aufgeklärte Völker so wenig bestrebt sein konnten, jenes Volk kennenzulernen, das sie doch alle von jeher hassen und fürchten. Diese Unkenntnis unseres Wesens in Europa und sogar die gewisse Unfähigkeit Europas, uns in manchen Beziehungen zu verstehen, ist ja für uns Russen teilweise auch vorteilhaft gewesen, und so wird sie uns schließlich auch fernerhin nicht schaden. Mögen sie nur schwatzen von Rußlands »beschämender Rückständigkeit als Militärmacht«, ungeachtet der Zeugnisse ihrer eigenen Kriegsberichterstatter, die über die militärische Begabung, die Festigkeit und Ausdauer und die Disziplin des russischen Soldaten wie Offiziers erstaunt sind; mögen sie selbst die bedeutendsten Fehler des russischen Generalstabes zu Anfang des Krieges nicht nur für unverbesserlich halten, sondern auf organische Mängel unseres Heeres zurückführen – wobei sie natürlich vergessen, wie oft wir sie in diesen letzten zwei Jahrhunderten geschlagen haben. Mögen schließlich die *ernsteste*n ihrer politischen Blätter der Welt als wahr melden, daß es bei uns zu einer riesigen Volksverschwörung in der Wyborger Vorstadt von Petersburg gekommen sei, und daß die Regierung zwei Regimenter aus Dünaburg zur Rettung Petersburgs herbeigerufen habe, – schön, mögen sie das in ihrer blinden Wut von uns sagen! Ich wiederhole: Für uns ist es sogar vorteilhaft; denn sie ahnen ja nicht einmal, was sie anstiften! Sie würden doch so gern in allen ihren Völkern Haß gegen uns erwecken, gegen die »gefährlichen Gegner unserer europäischen Zivilisation«. Und doch sind sie es dann selbst, die uns wiederum als verloren hinstellen, uns in einer »bis zur Schmach lächerlichen Schwäche als Militärmacht und Staatsorganismus« schildern. Wer aber wirklich so schwach und nichtig ist, der bringt doch wahrlich nicht in dieser Weise ganze Koalitionen gegen sich zusammen!

Man stelle sich nur vor, Europa sollte genaue Kenntnis von dieser Kraft unseres Geistes, unseres Gefühls haben, von dem unerschütterlichen Glauben unseres Volkes an die Gerechtigkeit der großen Tat, für die sein Zar jetzt das Schwert gezogen hat, und an den unfehlbaren Sieg dieser Idee, wenn auch nicht sofort, dann doch in der Zukunft! Man stelle sich nur vor, Europa könnte endlich begreifen, was dieser im höchsten Grade nationale Krieg für Rußland bedeutet, und daß unser Volk keineswegs eine tote, seelenlose Masse ist, wie sie es sich dort immer vorstellen, sondern ein mächtiger und sich seiner Macht bewußter Organismus, der als Ganzes wie ein einziger Mann fest zusammengefügt dasteht und eines Herzens und eines Willens mit seinem Heere ist. Welch einen Schreck und welch eine Aufregung würde dieses Wissen dort überall hervorrufen! Und das würde natürlich schon eher zu einer offenen Koalition Europas gegen uns führen als die so gern gelesenen Berichte über unsere Kraftlosigkeit und Dekadenz. Nein, da ist es denn doch besser, wenn wir sie ruhig an die „Volksverschwörung in der Wyborger Vorstadt" glauben lassen – ihnen zum Trost und uns zur Erheiterung.

Daß man in Europa jetzt an die Türken glaubt, ist ja schließlich ganz begreiflich; wir wissen doch, warum man es dort tut. Wie aber kann man bei uns sich deswegen aufregen und sogar an irgendwelche neuen, plötzlich aufgetauchten Lebenskräfte der türkischen Nation glauben? Wodurch hat die Türkei diese Kräfte bewiesen? Durch den Fanatismus? »Fanatismus ist nicht Kraft«, haben bei uns schon hundertmal diese selben Leute verkündet, die jetzt plötzlich an die türkischen Kräfte glauben. Man spricht von den türkischen Siegen. Die Türken haben nur ein- oder zweimal unseren Angriffen standgehalten, und das sind, wie man weiß, nur negative, nicht positive Siege. Jedoch, als wir in Sebastopol einen Angriff der Franzosen und Engländer mit furchtbaren Verlusten der letzteren zurückschlugen, da sprach Europa kein Wort von einem russischen „Siege". Wir haben während der ganzen zwei letzten Monate bedeutend weniger Truppen gehabt als die Türken: Warum haben sie das nicht ausgenutzt, warum uns nicht über den Balkan zurückgedrängt, warum nicht über die Donau zurückgeworfen? Dagegen haben wir überall unsere wichtigsten Stellungen behauptet und überall die Türken zurückgeschlagen. Zuweilen haben sieben oder acht unserer Bataillone zwanzig der ihrigen geschlagen, wie zum Beispiel noch vor kurzem bei Zerkównaja. Die von der Kraft der Türken überzeugten Pessimisten weisen auf das Gewehr und die Artillerie der Türken hin, die, wie es heißt, besser sein sollen als unser Gewehr und unsere Artillerie. Trotzdem wollen sie nicht zugeben, daß wir im Grunde genommen nicht nur mit den Türken, sondern mit den europäischen Mächten kämpfen, da unzählige fremde Offiziere im türkischen Heer dienen und letzteres mit europäischem Geld ausgerüstet ist, da die europäische Diplomatie seit dem Ausbruch des Krieges uns überall Stangen in die Räder schiebt, wie zum Beispiel, wenn sie uns der Hilfe unserer natürlichen Verbündeten beraubt und uns sogar das Recht entzieht, auf dem einzigen direkten Wege in die Türkei einzudringen. Außerdem hat Europa durch seinen Haß auf uns zweifellos den Fanatismus der Türken angefacht. (In Europa wurde ja noch kürzlich eine Verschwörung ganzer Horden aufgedeckt, die, organisiert und mit Geld und Gewehren versehen, uns plötzlich in den Rücken fallen sollten.) Und zum Überfluß hat Europa den Türken auch noch eine riesige Anleihe gewährt – zum großen Nachteil für den eigenen Beutel. Und all dieses Unmögliche ist doch nur möglich gewesen, weil man in Europa die Illusion, daß die Türkei kein Molluskenreich sei, sondern ein Organismus von Fleisch und Blut wie alle anderen europäischen Reiche, so liebgewonnen hat! Dabei geschah dies zu derselben Zeit, als in mehreren Provinzen der Türkei das Blut in Strömen floß, als unter den Machthabern der Türkei eine regelrechte Verschwörung aufgedeckt wurde, die die Bulgaren bis auf den letzten Mann ausrotten wollte! Jetzt aber erhalten die Türken ihr Heer in den bulgarischen Provinzen mit solchen Requisitionen von Lebensmitteln, Pferden und Vieh, daß sie sicher sein können, ihr Ziel zu erreichen, nämlich: ihre reichste Provinz von Grund auf zu verwüsten. Und diesen Zerstörern des eigenen Landes leihen die gebildeten, zivilisierten Engländer noch Geld und glauben sogar an die türkische Zahlungsfähigkeit! Doch schön, schön, mag das alles in Europa geglaubt werden; dort ist das doch immerhin verständlich. Aber bei uns, wie kann man nur bei uns die Türken für eine Kraft halten!? Die Zerstörung ihres eigenen Landes und die Ausrottung der ganzen christlichen Bevölkerung: ist denn das eine Kraft? Die wird ja nicht einmal bis zum Ende des Krieges ausreichen. Die erste Wendung zu unseren Gunsten, und dieses ganze phantastische Gebäude ihrer Militärmacht und Nationalkraft wird im Augenblick zusammenstürzen und vergehen, wie eine richtige Schimäre – sogar samt ihrem Fanatismus, der wie stickiger Rauch durch eine geöffnete Tür entfliehen wird.

Viele klugen Leute verwünschen jetzt einfach diese ganze Orientfrage. »Wer hat uns eigentlich«, fragen sie, »diese Slawen und dieses Hirngespinst von einer Vereinigung aller blutsverwandten Stämme auf den Hals geladen und wozu überhaupt? Zu ewigem Streit mit Europa, zu ewigem Mißtrauen uns gegenüber, damit nur ja der Haß des Westens auf uns nicht abnehme! Daß sie der Teufel hole, diese Slawophilen!« usw., usw. Diese klugen Leute haben jedoch, wie es scheint, vollkommen falsche Vorstellungen wie von den Slawophilen so auch von der Orientfrage. Ja, wie sollte es auch anders sein! Haben sich doch viele von ihnen bis zur jüngsten Zeit überhaupt nicht für diese Sache interessiert. Deshalb kann man mit ihnen auch nicht streiten. Sie wissen es ja tatsächlich nicht, daß diese Orientfrage – und mit ihr die Slawenfrage – keineswegs von den Slawophilen heraufbeschworen oder ausgedacht worden ist (so etwas kann man sich doch nicht ausdenken), sondern, daß diese Frage von selbst entstanden ist, und das schon vor sehr langer Zeit: längst vor den Slawophilen, längst vor uns, ja sogar vor Peter dem Großen und dem russischen Staat. Entstanden ist sie mit der ersten Kristallisierung der großrussischen Rasse zu einem einzigen russischen Reich, das heißt also, zusammen mit dem Zarentum Moskau.

Die Lösung des Orientproblems ist eine Aufgabe, die das moskowitische Zarentum fast schon am Tage seiner Entstehung auf sich nahm, und die Peter der Große durchaus anerkannte und deshalb auch, als er Moskau verließ, keineswegs abschüttelte, sondern nach Petersburg mitnahm. Peter begriff die organische Verbindung dieser Idee mit dem Russischen Reich und der russischen Seele. Darum ist sie auch in Petersburg nicht nur nicht untergegangen, sondern von allen Nachfolgern Peters geradezu als *russische Bestimmung* angesehen worden. Darum können wir sie auch jetzt nicht aufgeben: das wäre ein Verrat an uns selbst. Die slawische Idee nicht mehr zu tragen und das Problem einer Schicksalsentscheidung des östlichen Christentums – das Wesen der Orientfrage – ungelöst aufgeben, dies wäre dasselbe wie ganz Rußland zerbrechen, in Splitter zerhauen und an seiner Stelle sich irgend etwas Anderes und Neues ausdenken, was dann aber nichts mehr mit Rußland zu tun hätte. Das wäre sogar nicht einmal Revolution, sondern einfach Vernichtung, und darum ganz undenkbar: denn wie sollte man solch ein Ganzes vernichten und es in einen von Grund auf neuen Organismus verwandeln können? So sind es denn auch nur noch die auf beiden Augen blinden russischen „Europäer", die diese Idee nicht einsehen können und sie daher verleugnen, und mit ihnen höchstens noch die Börsenspekulanten,

– so nenne ich nun einmal grundsätzlich alle Russen, die keine andere Sorge haben als die um ihren Geldbeutel, und die infolgedessen auf Rußland nur vom Blickpunkt ihrer Tasche aus sehen. Jetzt klagen sie alle im Chor über die Stockung des Handels, über die Börsenkrisis und das Sinken des Rubels. Wären aber diese Börsenspekulanten nur so weit aufgeklärt, daß sie irgend etwas auch außerhalb ihrer Sphäre verstünden, dann würde ihnen wohl aufgehen, daß sie weit schlimmer daran wären, wenn Rußland diesen Krieg nicht begonnen hätte. Damit es ein „Steigen" gibt – selbst ein Steigen des Rubels an der Börse –, muß die Nation auch wirklich leben, muß sie ein lebendiges Leben führen und ihre natürliche Bestimmung erfüllen, nicht aber wie eine galvanisierte Leiche in den Händen der Juden und Börsianer liegen. Wenn wir nach allen zynischen, beleidigenden Herausforderungen unserer Feinde diesen Krieg nicht begonnen hätten und den erschöpften Märtyrern nicht zu Hilfe gekommen wären, so würden wir uns jetzt selbst verachten müssen. Selbstverachtung aber und moralischer Verfall wie nach ihm Zynismus sind sogar für die Geschäfte der Börsianer nicht günstig. Die Nationen leben durch große Gefühle, durch große, alle vereinende und alles erhellende, Gedanken, und endlich durch die Einheit des ganzen Volkes, die dann entsteht, wenn das Volk unwillkürlich seine führende Intelligenz als mit ihm übereinstimmend anerkennt, woraus dann die stärkste Nationalkraft strömt. Das ist es, wodurch die Nationen leben, nicht aber durch Börsenspekulationen und die Sorge um den Wert des Rubels! Je geistig reicher eine Nation ist, desto materiell reicher wird sie sein ... Übrigens, was sind das doch wieder für alte Worte, die ich da rede!

III

Ein leichter Hinweis auf den zukünftigen gebildeten russischen Menschen. Der unbestreitbare Anteil der russischen Frau an unserem zukünftigen Aufbau

Man macht sich jetzt seltsame Sorgen. Es gibt tatsächlich russische Menschen, die heute die russischen Erfolge und die russischen Siege sogar *fürchten.* Sie fürchten sie nicht, weil sie den Russen etwas Böses wünschen, nein, im Gegenteil, sie trauern aufrichtig über jeden russischen Mißerfolg, aber sie fürchten die russischen Erfolge und Siege, »weil«, so sagen sie, »nach einem siegreichen Kriege Selbstvertrauen, Selbstlob, Chauvinismus und Stillstand die Folgen wären«.

Aber der ganze Fehler dieser guten Leute liegt darin, daß sie den russischen Fortschritt von jeher einzig in der Selbstkritik bis zur Selbstbespeiung gesehen haben. Vielleicht aber ist *Selbstvertrauen* gerade das, was wir jetzt am notwendigsten brauchen. Wir brauchen schließlich Selbstachtung und nicht Mißachtung. Seien Sie unbesorgt: Einen Stillstand wird es nicht geben. Der Krieg wird so viel Neues beleuchten und uns zwingen, so viel Altes zu ändern, was man niemals mit Selbstbespeiung und Selbstverspottung erreichen würde, die ja in letzter Zeit schon zu einem gewöhnlichen Zeitvertreib geworden sind. Dafür aber wird sich auch vieles offenbaren, was früher selbst von unseren klugen Anklägern bloß als Bagatelle, ja als lächerlicher Unsinn und sogar als nicht der Rede wert angesehen wurde, was jedoch gerade unser Allerwesentlichstes in allen Dingen ausmacht. Und nicht wir, nicht wir sind so beschaffen, daß wir uns dem Chauvinismus und der Selbstüberhebung hingeben könnten! Wo und wann ist das in der russischen Gesellschaft vorgekommen? Die das behaupten, kennen einfach die russische Geschichte nicht. Von unserer Selbstüberhebung wurde viel nach Sebastopol geredet: unser Selbstvertrauen hätte uns damals die Niederlage eingebracht. Aber noch nie hat unsere gebildete Gesellschaft weniger Selbstvertrauen gehabt und sich sogar in solcher Zersetzung befunden wie gerade in der Epoche vor Sebastopol.[44]

Hierzu möchte ich folgendes bemerken: Unter denen, die nach Sebastopol über unsere Selbstberauschung schrieben und uns deswegen verspotteten, gab es auch einige junge Schriftsteller, die damals große Aufmerksamkeit erregten und in der Gesellschaft lebhafte Zustimmung zu ihren Anklagen weckten. Aber zu diesen Anklägern, die uns aufrichtig Gutes wünschten, gesellten sich damals sofort so viele freche und schmierige Leute, Tagediebe und Müßiggänger, die überhaupt nicht begriffen, um was es sich handelte, sich aber als Erretter Rußlands aufspielten, und unter all diesen Leuten tauchten sogar so viele offene Feinde Rußlands auf, daß sie schließlich der Sache schadeten, der sie sich angeschlossen hatten und die von begabten Leuten begonnen worden war. Anfangs hatten jedoch auch sie Erfolge, einzig aus dem Grunde, weil die herzensreinen russischen Menschen, die damals tatsächlich überall nach Erneuerung und nach einem neuen Wort lechzten, sie nicht als Schurken, als Menschen ohne Begabung und Überzeugungen, als sogar käufliche Individuen erkannten. Im Gegenteil, alle glaubten, daß sie für Rußland, für seine Interessen, für die Erneuerung, für das Volk und die Gesellschaft einträten. Es endete damit, daß eine gewaltige Mehrheit der Russen sich in ihnen getäuscht sah und sich von ihnen abwandte – erst danach kamen die Börsianer und Eisenbahnkonzessionäre ... Eine Wiederholung dieses Fehlers scheint jetzt unmöglich zu sein, weil nun schon zweifellos überall neue Menschen mit neuen Gedanken und neuer Kraft aufkommen.

Diese neuen Menschen werden die Selbstachtung nicht fürchten, sich aber auch nicht scheuen, dem Alten nicht mehr zu folgen. Sie werden bescheiden sein, aber aus Erfahrung und Praxis vieles wissen, was sich unsere Weisen niemals haben träumen lassen. Sie werden aus Erfahrung und im Tätigsein lernen, den russischen Menschen und das russische Volk zu achten. Diese Erkenntnis werden sie sicher mitbringen, und sie wird ihr wichtigster Stützpunkt sein. Sie werden nicht alle unsere Mißerfolge und alle unsere *Ungeschicklichkeiten* auf die Eigenschaften des russischen Menschen und des russischen Charakters abwälzen, was bei unseren Klugen schon längst zu einer Schablone geworden ist, weil es so bequem ist und keinen Verstand erfordert. Sie werden als die ersten durch ihr eigenes Beispiel bezeugen, daß der russische Geist und der russische Mensch die Hunderttausende der gegen sie erhobenen Anklagen in keiner Weise verdienen und daß der russische Mensch überall, wo er bloß zugelassen wird, seine Sache nicht schlechter macht als jeder andere. Oh, diese neuen Menschen werden schließlich, trotz ihrer ganzen Bescheidenheit, begreifen, wie oft unsere Klugen, selbst die herzensreinen unter ihnen, die aufrichtig unseren Nutzen wollten, sich zwischen zwei Stühle gesetzt haben, auf der Suche nach der Wurzel des Bösen. Zu diesen neuen Menschen, die nach dem jetzigen Kriege erst recht aufkommen werden, werden sich viele lebendige Kräfte aus dem Volk und aus der russischen Jugend gesellen. Sie haben sich auch schon vor dem Kriege gemeldet, wir haben sie aber damals noch nicht erkennen können. Doch als wir alle ein Schauspiel von Zynismus und Verderbnis erwarteten, boten sie uns das Beispiel einer so bewußten Selbstaufopferung, eines so aufrichtigen Gefühls und eines so vollkommenen Glaubens an die Sache, für die sie sich aufopferten, daß wir uns bloß wunderten: Wo kommt das alles plötzlich her? Gewisse Berichterstatter ausländischer Zeitungen warfen damals gewissen russischen Offizieren vor, daß sie allzu ehrgeizig wären, den Auszeichnungen und Beförderungen nachliefen und dabei ihr Hauptziel vergäßen: die Liebe zur Heimat und zu der Sache, der sie dienen wollen. Wenn es aber bei uns solche Offiziere auch wirklich gibt, so würde es diesen Berichterstattern gar nicht schaden, auch von den jungen Leuten, von den in bescheidenem Range stehenden Offizieren, den bescheidenen Dienern des Vaterlandes und der gerechten Sache zu erfahren, die heldenmütig, mit voller

Selbstaufopferung zugleich mit ihren Soldaten starben, durchaus nicht einer Belohnung, einer schönen Pose oder einer Karriere wegen, sondern nur, weil sie eine große Seele hatten, große Christen und *unscheinbare* große russische Menschen waren, deren es in unserem Heer so viele gibt, abwärts bis zum letzten Soldaten. Man beachte auch, daß ich, als ich vom kommenden neuen Menschen sprach, durchaus nicht auf unsere Krieger hinwies, in der Erwartung, daß sie zurückkehren. Es tauchten auch zahllose andere auf, *lauter Menschen, die früher so sehr nach dem Glauben an den russischen Menschen lechzten*, sich aber nicht äußern und gegen die allgemeine Strömung der überall herrschenden pessimistischen Verneinung angehen konnten. Wenn sie aber jetzt sehen, mit welchem *Glauben* an seine Kräfte sich der russische Mensch *dort* betätigt, werden sie daraus unwillkürlich Mut schöpfen und glauben, daß es auch hier russische Kräfte gibt: woher sollen sie dort aufgetaucht sein, wenn es sie hier nicht gäbe? Und wenn sie einmal Mut gefaßt haben, werden sie sich zusammenschließen und sich bescheiden, aber fest an die wahre Sache machen, ohne irgendwelche hochtönenden Worte, von wem es auch sei, zu fürchten. Dabei sind diese hochtönenden Worte so furchtbar alte Worte! Unsere klugen Greise sind aber noch immer überzeugt, daß sie die neuesten *jungen* Menschen seien und die neuesten Worte sprächen.

Die Aufgabe der wichtigsten und heilsamsten Erneuerung der russischen Gesellschaft wird aber zweifellos der russischen Frau zufallen. Nach dem jetzigen Krieg, in dem sich unsere russische Frau als ein so hochstehendes, lichtes und heiliges Wesen gezeigt hat, darf man nicht mehr an dem hohen Anteil zweifeln, der ihr unbestreitbar unter uns zukommt. Die jahrhundertealten Vorurteile werden endlich fallen, und das „barbarische" Rußland wird zeigen, welchen Platz es dem „Mutterl" und dem „Schwesterl" des russischen Soldaten, den sich für den zukünftigen russischen Menschen aufopfernden Märtyrerinnen einräumen wird. Kann man denn dieser

Frau, die ihren Heldenmut so klar bewiesen hat, noch immer die volle Gleichberechtigung mit dem Manne in Bezug auf die Bildungsmöglichkeiten, Beschäftigungen und Ämter versagen, wo wir doch jetzt gerade auf sie, nach den von ihr in der geistigen Erneuerung und sittlichen Erhöhung unserer Gesellschaft vollbrachten Taten, wohl alle unsere Hoffnungen setzen! Das wäre schon beschämend und unvernünftig, um so mehr, als es nicht mehr von uns abhängen wird, da doch die russische Frau selbst den ihr gebührenden Platz eingenommen und die Stufen überschritten hat, die bisher als Schranken für sie galten. Sie hat bewiesen, welche Höhe sie zu erreichen vermag und was sie vollbringen kann. Wenn ich so spreche, meine ich übrigens *die russische Frau,* und nicht die empfindsamen Damen, die die gefangenen Türken auf der Durchreise mit Bonbons gefüttert haben. Die Güte gegen die Türken ist natürlich nichts Schlimmes, aber es ist doch etwas ganz Anderes, als was *jene Frauen* dort vollbracht haben; darum sind *diese* bloß alte russische Damen, jene aber *neue* russische Frauen. Aber ich spreche nicht nur von den Frauen, die dort für die Sache Gottes im Dienste der Menschen wirken; sie haben uns nur bewiesen, daß es in Rußland viele großmütige Frauen gibt, die der Arbeit für die Allgemeinheit und der Selbstaufopferung fähig sind, – denn ich frage wiederum: Woher sind sie gekommen, wenn nicht von hier? Aber über die russische Frau und ihren unbestreitbaren künftigen Anteil in unserer Gesellschaft möchte ich einmal ausführlicher sprechen und werde darum auf dieses Thema in späteren Heften meines „Tagebuches“ zurückkommen.

DEZEMBER

ZWEITES KAPITEL

I

Nekrássoffs Tod
Was an seinem Grabe gesagt wurde

Nekrássoff ist gestorben. Einen Monat vor seinem Tode sah ich ihn zum letztenmal. Schon damals sah er wie eine Leiche aus, und es berührte einen sonderbar, daß diese Leiche noch sprach, noch die Lippen bewegte. Er konnte aber nicht nur sprechen, sondern war auch noch bei vollkommen klarem Geist. Anscheinend hat er bis zuletzt an die Möglichkeit eines so nahen Todes nicht geglaubt. Am 28. morgens erfuhr ich, daß Nekrássoff am Vorabend gestorben war. Ich ging noch am gleichen Tage hin. Sein schrecklich abgezehrtes und fast entstelltes Gesicht machte einen bedrückenden Eindruck. Beim Hinausgehen hörte ich, wie der Psalmenleser bei der Leiche deutlich und langsam die Worte las:

„Es gibt keinen Menschen, der nicht sündigt."

Nach Hause zurückgekehrt, konnte ich mich nicht mehr an die Arbeit setzen; ich nahm alle drei Bände Nekrassoffs vor und begann sie von der ersten Seite an zu lesen. So saß ich die ganze Nacht bis sechs Uhr morgens und durchlebte die ganzen letzten dreißig Jahre gleichsam von neuem. Die ersten vier Gedichte, mit denen der Erste Band seiner Verse beginnt, erschienen seinerzeit im gleichen Petersburger Sammelband, in dem auch meine erste Erzählung veröffentlicht wurde. Während ich las (ich las alle seine Gedichte der Reihe nach), zog an mir mein ganzes Leben vorüber. Ich erkannte die Gedichte wieder, die ich zuerst in Sibirien gelesen hatte, als ich, nach den vier Jahren im Zuchthaus, endlich das Recht erhielt, ein Buch in die Hand zu nehmen. Ich erinnerte mich auch meines damaligen Eindrucks. Kurz, ich las in dieser Nacht fast zwei Drittel von allem, was Nekrassoff geschrieben hat, und ich legte mir buchstäblich zum erstenmal Rechenschaft darüber ab, wieviel Raum Nekrássoff als Dichter in diesen dreißig Jahren in meinem Leben eingenommen hatte. Natürlich nur als Dichter. Persönlich waren wir nur kurz und selten zusammengetroffen, und nur einmal waren wir uns ganz ungehemmt in einem glühenden Gefühl wirklich nahegekommen, ganz am Anfang unserer Bekanntschaft, im Jahre 1845, in der Zeit meiner „Armen Leute". Aber davon habe ich schon erzählt.[45] Es gab damals zwischen uns ein paar Augenblicke, wo dieser rätselhafte Mensch sich von der wesentlichsten und verborgensten Seite seines Geistes vor mir auftat und ein für allemal einen Eindruck in mir hinterließ. Es war, wie ich damals sofort fühlte, ein schon früh, schon beim Eintritt ins Leben verwundetes Herz, und eben diese seine *nie verheilende Wunde* war der Anfang und die Quelle seiner leidenschaftlichen und schmerzvollen Dichtung während seines ganzen nachfolgenden Lebens. Er sprach zu mir unter Tränen von seiner Kindheit, von dem häßlichen Leben, das ihn im Elternhaus so gequält hatte, von seiner Mutter; die Ergriffenheit, mit der er ihrer gedachte, ließ mich damals bereits gleich ahnen, daß, wenn es in seinem Leben etwas Heiliges gab, das ihn retten, ihn wie ein Leuchtfeuer, wie ein wegweisender Stern, selbst in den finstersten und entscheidendsten Augenblicken seines Lebens lenken konnte, dies nur jene frühesten Erinnerungen an die Kindheit waren, an die Tränen, die er zusammen mit seiner Mutter, dieser Märtyrerin, die ihn so liebte, heimlich weinte, damit es niemand sehe ... Ich erinnere mich, daß wir unseren Verkehr bald darauf einstellten, sogar ziemlich bald, so daß unsere Freundschaft im ganzen nur ein paar Monate gedauert hat. Dazu hatten auch Mißverständnisse, äußere Umstände und andere Menschen allerhand beigetragen. Als ich dann nach vielen Jahren aus Sibirien zurückkehrte, sahen wir uns nur selten, sagten aber einander, wenn wir uns trafen, trotz aller Verschiedenheit unsere Ansichten, merkwürdige Dinge, ganz als dauerte etwas zwischen uns immer noch fort, was in unserer Jugend, im Jahre 1845, begonnen hatte und nicht abbrechen wollte, selbst wenn wir jahrelang nicht mehr zusammenkamen. So gab er mir einmal, ich glaube im Jahre 1863, einen Band seiner Gedichte, machte mich auf das Gedicht „Die Unglücklichen“ aufmerksam und sagte eindringlich bedeutsam: »Hierbei habe ich an Sie gedacht, als ich das schrieb ...« (das heißt: an mich in Sibirien). »Das Gedicht ist auf Sie gemünzt.« Erst in der letzten Zeit sahen wir uns wieder ab und zu, als ich in seiner Zeitschrift meinen Roman „Der Jüngling“ veröffentlichte.

Zur Beisetzung Nekrassoffs hatten sich auf dem Friedhof mehrere Tausend seiner Verehrer eingefunden. Es war viel studierende Jugend dabei: Der Leichenzug hatte sich schon um 9 Uhr morgens in Bewegung gesetzt. Als man aber den Friedhof verließ, begann schon die Abenddämmerung. An seinem Grabe wurden viele Reden gehalten; es sprachen aber nur wenige Literaten. Unter anderem wurde ein schönes Gedicht rezitiert. Ich war tief bewegt von den Eindrükken, und so trat ich denn vor an das noch offene Grab, in das man unzählige Blumen und Sträuße dem Sarg nachgeworfen hatte, fast bis oben hin, und sprach mit meiner schwachen Stimme nach den anderen noch einige Worte. Ich begann gerade damit, daß er ein fürs ganze Leben verwundetes Herz gehabt hätte, und daß diese immer offene Wunde die Quelle seiner ganzen Poesie gewesen sei, einer bis zur Qual leidenschaftlichen Liebe dieses Menschen zu allem, was unter der Gewaltsamkeit bis zur Grausamkeit eines ungezügelten Willens zu leiden hat, was unsere russische Frau, unser Kind in der russischen Familie, unseren einfachen Mann niederen Standes in seinem oft so bitteren Leben schier erdrückt. Ich sprach auch meine Überzeugung aus, daß Nekrassoff in unserer Dichtkunst die Reihe jener Dichter abgeschlossen habe, die mit ihrem „neuen Wort“

aufgetreten waren. Ja, in der Tat, Nekrassoff war (wenn man die Frage der künstlerischen Kraft seiner Poesie und ihrer Ausmaße ganz beiseite läßt) – war durchaus eigenartig und war wirklich mit einem „neuen Wort“ aufgetreten. Es gab zum Beispiel seinerzeit den Dichter Tjutscheff[46], der als Dichter viel umfassender und künstlerisch genialer war als er, und dennoch wird Tjutscheff in unserer Literatur niemals einen so sichtbaren und denkwürdigen Platz einnehmen, wie ihn Nekrassoff zweifellos behalten wird. In diesem Sinne müsse er in der Reihe der Dichter (das heißt: solcher, die mit einem „neuen Wort“ aufgetreten sind) zweifellos gleich nach Puschkin und Lérmontoff genannt werden. Kaum hatte ich diesen Gedanken laut ausgesprochen, als es zu einem kleinen Zwischenfall kam: Eine Stimme aus der Menge rief, Nekrassoff stehe *höher* als Puschkin und Lérmontoff; diese seien bloß „Byronianer“ gewesen. Einige Stimmen fielen ein und riefen: »Ja, höher!« Ich hatte übrigens gar nicht vorgehabt, mich über die Höhe und die Größenverhältnisse der drei Dichter zu äußern. Nachher aber ist nun folgendes geschehen: Die „Börsennachrichten“ veröffentlichten ein an die Jugend gerichtetes Sendschreiben von Herrn Skabitschéwskij über die Bedeutung Nekrassoffs, in dem berichtet wurde: Als am Grabe Nekrassoffs *jemand* (damit war ich gemeint) »sich einfallen ließ, seinen Namen mit denen von Puschkin und Lermontoff zu vergleichen«, hätten sie alle, das heißt die ganze dort anwesende studierende Jugend, *einstimmig* im Chor ausgerufen: »Er stand höher, höher als sie.« Ich erlaube mir, Herrn Skabitschéwskij zu versichern, daß ihm falsch berichtet worden ist, und daß ich mich aufs bestimmteste erinnere (hoffentlich täusche ich mich nicht), daß zuerst nur eine einzelne Stimme rief: »Er stand höher als sie«, worauf dieselbe Stimme noch hinzufügte, Puschkin und Lermontoff seien „Byronianer“ gewesen – ein Zusatz, der als Ansichtsäußerung eines einzelnen Menschen und einer einzelnen Stimme viel natürlicher und glaubhafter erscheint als ein im gleichen Augenblick einsetzender Chor von tausend Stimmen. So dürfte schon diese Tatsache doch mehr für die Richtigkeit meiner Darstellung des Sachverhalts sprechen. Erst *nach* jener ersten Stimme riefen noch ein paar Stimmen dasselbe, aber das waren wirklich nur ein paar Stimmen; einen tausendstimmigen Chor aber habe ich, wie gesagt, nicht gehört und hoffe, daß ich mich nicht täusche.

Ich möchte nur aus dem Grunde auf dieser Richtigstellung bestehen, weil es für mich doch sehr schmerzlich wäre, zu sehen, daß unsere *ganze* Jugend einem solchen Fehler verfällt. Das Gefühl der Dankbarkeit für die Namen der großen Hingeschiedenen ist doch wohl jedem jungen Herzen angeboren. Zweifellos waren auch der ironische Zwischenruf von den Byronianern und die Rufe »Er stand höher!« keineswegs dem Wunsch entsprungen, hier am offenen Grabe des teuren Toten einen literarischen Streit vom Zaune zu brechen, was doch sehr unpassend gewesen wäre; es war aber einfach der heiße Drang, das ganze im Herzen angesammelte Gefühl der Ergriffenheit, der Dankbarkeit und Ekstase für den großen Dichter sofort und unmittelbar und möglichst stark zum Ausdruck zu bringen! – für den Dichter, der uns so tief erregte und uns auch hier im Sarge noch so nahe war (während jene – ach! – die früheren großen Alten uns doch schon so fernegerückt sind!).

Diese ganze Episode entzündete in mir schon gleich dort den Entschluß, im nächsten Heft meines „Tagebuchs" meinen Gedanken deutlicher auszusprechen: ausführlicher zu erläutern, wie ich eine so merkwürdige und außergewöhnliche Erscheinung in unserem Leben und unserer Dichtung wie Nekrassoff sehe und worin eigentlich, meiner Ansicht nach, das Wesentliche und der Sinn dieser Erscheinung liegt.

II

Puschkin, Lérmontoff und Nekrássoff

Zunächst und vor allem: die Bezeichnung „Byronianer“ darf nicht so betont werden, als wäre sie ein Schmähwort.

Der Byronismus war, wenn auch nur vorübergehend, fast nur momentan, doch eine große, heilige und notwendige Erscheinung im Leben der europäischen und vielleicht sogar der ganzen Menschheit. Er erschien in einer Zeit schrecklicher Schwermut der Menschen, im Augenblick einer großen Enttäuschung und fast sogar Verzweiflung. Nach der überschwenglichen Begeisterung für die neuen Ideale des neuen Glaubens, der gegen Ende des vorigen Jahrhunderts in Frankreich, der damals führenden Nation der europäischen Menschheit, verkündet worden war, begannen die Dinge eine Wendung zu nehmen, die so wenig den großen Erwartungen entsprach und die Menschen in ihrem hoffnungsvollen Glauben so tief enttäuschte, daß es vielleicht in der Geschichte Westeuropas noch nie eine so traurige Zeit gegeben hatte. Und nicht nur aus äußeren (politischen) Gründen stürzten die für einen Augenblick errichteten Götzenbilder, sondern auch infolge ihrer inneren Hohlheit, was alle einsichtigen Herzen und die führenden Geister auch klar erkannten. Der neue Ausgang war noch nicht erkennbar, das neue Ventil öffnete sich noch nicht; so rang man mit dem Ersticken, rang unterhalb des entsetzlich tief auf die Menschheit herabgesunkenen früheren Himmels, innerhalb eines geschrumpften Horizonts. Die alten Götzenbilder lagen in Trümmern. Und da geschah es, daß in eben dieser Zeit ein großer und machtvoller Genius erschien, ein leidenschaftlicher Dichter. In seinen Tönen erklang die damalige kummervolle Sehnsucht der Menschheit und ihre düstere Enttäuschung, ja, ihr Irrewerden an ihrer Bestimmung auf Erden und an ihren Idealen, von denen sie sich betrogen sah. Byrons Muse war eine ganz neue, damals noch nie gehörte Muse der Rache und der Trauer, der Verfluchung und Verzweiflung. Und dieser Geist, der aus Byron sprach, sprach plötzlich aus der ganzen Menschheit: aus allen Ländern kam gleichsam ein Widerhall seiner Stimme. Es war, wie wenn ein Ventil aufgemacht worden wäre; jedenfalls war er unter dem allgemeinen dumpfen, zum größten Teil sogar unbewußten Stöhnen der gewaltige Schrei, in dem sich alle Schreie und Seufzer der Menschheit übereinstimmend vereinten. Wie hätte er da nicht auch bei uns ein Echo finden sollen, und noch dazu in einem so großen, genialen und führenden Geist wie Puschkin? Denn dem Byronismus konnten sich bei uns damals kein starker Geist und kein großes Herz verschließen. Und das war durchaus natürlich und geschah nicht etwa nur aus Mitgefühl mit Europa und der europäischen Menschheit nur so „von ferne", sondern weil sich auch bei uns in Rußland gerade um jene Zeit gar zu viele neue, ungelöste und quälende Fragen angesammelt hatten, und auch noch gar zu viele alte Enttäuschungen zu verwinden waren ... Aber die Größe Puschkins, als führendes Genie, besteht ja gerade darin, daß er so schnell und als einziger in einer fast vollkommen verständnislosen Umgebung den festen Weg gefunden, *den großen und ersehnten Ausweg für uns Russen gewiesen hat.* Dieser Ausweg, diese Rettung war: *die Anerkennung der Eigenart des russischen Volksgeistes und die Einsicht, daß wir uns ihm anschließen müssen.*

„Puschkin war eine gewaltige und außergewöhnliche Erscheinung." Puschkin war „nicht nur ein russischer Mensch, sondern war der erste russische Mensch", hat Gogol gesagt. Wenn ein Russe Puschkin nicht versteht, hat er kein Recht, sich Russe zu nennen. Puschkin verstand das russische Volk und begriff dessen Bestimmung so tief und so klar auch in ihrer Tragweite, wie das vor ihm noch niemals und von keinem anderen je geschehen ist. Ich rede schon gar nicht von der Allmenschlichkeit seines Genies und seiner Fähigkeit, auf alle die verschiedenartigen geistigen Äußerungen der europäischen Menschheit einzugehen und sich selbst fast in die Genien der anderen Völker und Nationalitäten zu verwandeln, sondern davon, daß er damit zugleich die Allmenschlichkeit und Umfassungsfähigkeit des russischen Genius innerhalb der Menschheit bezeugt und dadurch gleichsam auch die zukünftige Mission des Russentums als allverbindenden, allversöhnenden und alles neu erweckenden Elements angekündigt hat. Ich möchte hier noch nicht einmal darauf eingehen, daß Puschkin als erster bei uns in prophetischer Voraussicht ausgerufen hat:

„Erleb ich's noch, wie eines Zaren Wort
die Knechtschaft hier vom Volke abstreift ..."

Ich will jetzt nur von Puschkins Liebe zum russischen Volk sprechen. Das war nun einmal wirklich eine allumfassende Liebe, eine, wie sie vor ihm noch niemand geäußert hat. „Liebe du nicht mich, aber gewinne das Meine lieb" – so sagt es immer das Volk, wenn es sich von der Aufrichtigkeit Ihrer Liebe zu ihm überzeugen will.

Das Volk lieben, das heißt: es wegen seiner Armut, seiner Not, seiner Leiden bemitleiden; das kann ja auch jeder Herr, besonders wenn er ein humaner und europäisch gebildeter Herr ist. Was aber das Volk *braucht,* das ist, daß man es nicht nur wegen seiner Leiden liebe, sondern daß man auch *es selbst* liebgewinne. Was heißt nun: *es selbst liebhaben?* „Liebe das, was ich liebe, und verehre das, was ich verehre", – so antwortet darauf das Volk; anders wird es Sie niemals als den Seinen anerkennen, wie groß auch Ihr Mitleid mit ihm sein möge. Es wird auch jede Lüge und Unaufrichtigkeit erkennen, wie sehr man es auch durch rührende Worte verlocken wollte. Puschkin liebte das Volk gerade so, wie das Volk geliebt sein will; dabei suchte er gar nicht zu erraten, wie man das Volk lieben müsse; er machte keine Vorbereitungen dazu und brauchte es nicht zu lernen: er erwies sich plötzlich selbst als Volk. Er beugte sich vor der Wahrheit des Volkes, und erkannte diese Wahrheit als seine eigene Wahrheit. Trotz aller Laster und abscheulicher Unsitten des Volkes verstand er, zu einer Zeit, als noch niemand das Volk so ansah, den Kern seines großen Geistes zu erkennen, und nahm diesen Kern des Volkstums in seine Seele als sein eigenes Ideal auf. Und das zu einer Zeit, als selbst die humansten und europäisch aufgeklärtesten Freunde des russischen Volkes laut ihr Bedauern darüber äußerten, daß unser Volk auf einer so tiefen Stufe stehe und sich nicht zum Niveau des Pariser Straßenpöbels erheben könne. Diese sogenannten Volksfreunde hatten das Volk eigentlich immer verachtet. Sie glaubten vor allem, das es sklavisch sei. Mit der Sklaverei entschuldigten sie die tiefe Stufe, auf der es stand, aber einen Sklaven konnten sie doch nicht lieben; ein Sklave ist immer abstoßend. Puschkin hat nun als der erste erklärt, daß der russische Mensch *kein Sklave* ist und, trotz der jahrhundertelangen Sklaverei, niemals ein solcher gewesen ist. Es gab wohl eine Sklaverei, aber keine Sklaven (natürlich im großen ganzen, von Einzelfällen abgesehen) – das war die These Puschkins. Er erkannte sogar am Aussehen, am Gang des russischen Bauern, daß er kein Sklave ist und kein Sklave sein kann (obwohl er in der Sklaverei schmachtete), und dieser Zug zeugt von der tiefen, unmittelbaren Liebe Puschkins zum Volk. Er anerkannte in unserem Volk (wiederum im großen ganzen, abgesehen von den unvermeidlichen Ausnahmen) ein hohes Gefühl für eigene Würde; er sah auch die ruhige Würde voraus, mit der unser Volk später seine Befreiung von der Leibeigenschaft hinnahm – was viele hervorragend gebildete russische Europäer, die von unserem Volk etwas ganz Anderes erwarteten, auch Jahrzehnte nach Puschkin nicht haben begreifen können. Gewiß, sie liebten das Volk aufrichtig und heiß, aber auf ihre, das heißt: auf europäische Art. Sie schrien Zeter über den tierischen Zustand des Volkes in der Leibeigenschaft und glaubten dabei mit ganzer Seele, daß unser Volk wirklich ein Tier sei. Als aber unser Volk die Freiheit erlangte, zeigte es eine so mannhafte Würde und äußerte nicht das geringste Bedürfnis, seinen früheren Herren etwas zuleide zu tun. „Lebe du für dich, und ich lebe für mich; wenn du willst, komm zu mir; für dein Gutes werde ich dir immer Ehre erweisen." Ja, vielen erschien unser Bauer nach der Befreiung als ein merkwürdiges Rätsel. Viele meinten sogar, es käme von seiner Unbildung und Stumpfheit, den Überresten der einstigen Sklaverei. Das sagen die Leute jetzt; was sagten sie aber nicht alles in den Tagen Puschkins! Habe ich doch selbst in meiner Jugend von fortschrittlichen und „kompetenten" Leuten gehört, daß die Gestalt des Ssawéljitsch in Puschkins „Hauptmannstochter", des Leibeigenen der Grinjóffs, der dem Pugatschóff zu Füßen stürzt und ihn bittet, den jungen Leutnant, den Sohn seines Herrn, zu verschonen und doch lieber ihn selbst, den Alten, „als Beispiel und zur Abschreckung für die anderen aufzuhängen", – daß diese Gestalt nicht nur die Gestalt eines Sklaven, sondern auch die Apotheose der russischen Sklaverei sei!

Puschkin liebte das Volk nicht nur seiner ausgestandenen Leiden wegen. Leiden wecken nur Mitleid, und Mitleid geht oft mit Verachtung Hand in Hand. Puschkin liebte alles, was das Volk liebte, und verehrte alles, was das Volk verehrte. Er liebte die russische Natur und das russische Dorf mit Leidenschaft und Rührung. Er war kein gütiger und humaner Gutsbesitzer, der den Bauern wegen seines bitteren Loses bemitleidet, sondern ein Mensch, der mit seinem Herzen selbst zu einem Manne des Volkes geworden ist und dessen Gestalt angenommen hat. Die Herabsetzung Puschkins als eines Dichters, der dem Volke mehr historisch und archaistisch als in Wirklichkeit ergeben gewesen sei, ist falsch und sogar sinnlos. In seinen historischen und archaistischen Motiven klingt eine solche Liebe und eine solche *Schätzung des Volkes,* wie sie dem Volke *ewig,* jetzt und immer und in der Zukunft, zukommt und nicht nur in einer längst vergangenen geschichtlichen Periode zukam. Unser Volk liebt seine Geschichte vor allem aus dem Grunde, weil es in ihr dasselbe Heiligtum unerschütterlich stehen sieht, an das es trotz aller seiner Leiden auch heute noch glaubt. Bei Puschkin ist alles, von der gewaltigen, majestätischen Gestalt des

Chronisten im „Boris Godunow“ angefangen, bis zur Darstellung der Genossen Pugatschoffs – das Volk in seinen tiefsten Äußerungen, und das alles ist dem Volke so begreiflich wie sein ureigenes Wesen. Das ist aber noch nicht alles. Der russische Geist lebt in allen Schöpfungen Puschkins, und überall schlägt in ihnen die russische Ader. In den großen, unnachahmlichen, unvergleichlichen Liedern, die er den Westslawen zuschreibt, die aber zweifellos vom großen russischen Geiste gezeugt sind, äußert sich das Verhältnis des Russen zu seinen slawischen Brüdern, kommt das ganze russische Herz zum Ausdruck, die ganze Weltanschauung des Volkes, die auch heute noch in seinen Liedern, Heldengesängen, Legenden und Sagen fortlebt; es kommt alles zum Ausdruck, was das Volk liebt und verehrt, die Ideale seiner Helden und Zaren, der Verteidiger und Fürsprecher des Volkes, Gestalten der Tapferkeit, der Demut, der Liebe und der Aufopferung. Wie entzückend sind die Scherze Puschkins, wie zum Beispiel das Geschwätz der beiden betrunkenen Bauern oder die Sage vom Bären, dessen Bärin man getötet hat! Es ist immer etwas so Liebevolles und Rührendes in seinem Verhältnis zum Volk. Hätte Puschkin länger gelebt, so hätte er uns wohl noch viele künstlerische Schätze zum Verständnis des Volkes hinterlassen, unter deren Einfluß die Zeiten und Fristen für den Übertritt unserer ganzen gebildeten Gesellschaft, die sich in ihrem europäischen Dünkel so sehr über das Volk erhebt, zur Wahrheit und Kraft des Volkes und zur Erkenntnis der Bestimmung Rußlands abgekürzt worden wären.

Dieses Bekenntnis zur Wahrheit des Volkes sehe ich (vielleicht als der einzige unter seinen Verehrern) zum Teil auch in Nekrassoff, wenigstens in seinen stärksten Werken. Ich schätze es sehr hoch, daß er „ein Fürsprecher des leidenden Volkes“ ist und so viel und so leidenschaftlich von den Leiden des Volkes spricht; aber noch mehr schätze ich an ihm, daß er in den großen qualvollen und verzückten Augenblikken seines Lebens, trotz aller entgegengesetzten Einflüsse und sogar trotz seiner eigenen Überzeugungen, sich in seinem ganzen Wesen vor der Wahrheit des Volkes beugte, wovon seine besten Werke zeugen. In *diesem* Sinne stellte ich ihn neben Puschkin und Lérmontoff, als einen, der mit dem gleichen neuen Wort gekommen ist wie sie (denn das „Wort" Puschkins ist für uns noch immer ein neues Wort; es ist nicht nur neu, sondern überhaupt noch nicht erkannt und verstanden und wird von vielen als altes Gerümpel angesehen).

Bevor ich auf Nekrassoff zurückkomme, will ich einige Worte auch über Lermontoff sagen, um zu rechtfertigen, daß ich auch ihn als einen, der an die Wahrheit des Volkes glaubte, hingestellt habe. Lermontoff war natürlich Byronianer, aber infolge seiner eigenartigen poetischen Kraft ein eigenartiger, spöttischer, launischer und ewig unzufriedener Byronianer, der sogar an seine Begeisterung und an seinen eigenen Byronismus nicht glaubte. Hätte er aber aufgehört, sich mit der krankhaften Persönlichkeit des gebildeten Russen, der von seinem eigenen Europäismus gepeinigt wird, abzugeben, so hätte er schließlich sicher ebenso wie Puschkin den Ausweg darin gefunden, daß er sich vor der Wahrheit des Volkes beugte; dafür sprechen gewichtige und sichere Gründe. Aber auch ihn hinderte der Tod daran. Und in der Tat: in allen seinen Gedichten ist er düster, launisch, will zwar die Wahrheit sagen, lügt aber meistens, was er auch selbst weiß und worunter er leidet; kommt er aber auf das Volk zu sprechen, so wird er sofort klar und heiter. Er liebt den russischen Soldaten, den Kosaken, er verehrt das russische Volk. So schreibt er das unsterbliche Lied vom jungen Kaufmann Kaláschnikoff, der wegen der Verletzung seiner Ehre den Schergen des Zaren, Kiribéjewitsch, erschlagen hat und, vom Zaren Iwan dem Grausamen zur Verantwortung gezogen, ihm antwortet, daß er den Kiribéjewitsch „mit Absicht und Willen" erschlagen habe. Erinnert ihr euch noch, meine Herren, an den „Knecht Schibánoff"? Schibanoff war ein Knecht des Fürsten Kúrbskij, eines russischen Emigranten des XVI. Jahrhunderts, der an den gleichen Zaren Iwan den Grausamen aus dem Ausland, wo er in Sicherheit lebte, eine Reihe von Briefen voller Vorwürfe und fast Beschimpfungen richtete. Nachdem er einen solchen Brief geschrieben, rief er seinen Knecht Schibanoff herbei und befahl ihm, den Brief nach Moskau zu bringen und dem Zaren persönlich zu übergeben. Der Knecht Schibanoff führte den Befehl aus. Er stellte auf dem Kremlplatze den Zaren, der gerade mit seinem Gefolge aus der Kirche kam, und übergab ihm die Epistel seines Herrn, des Fürsten Kurbskij. Der Zar erhob seinen Stock, bohrte dessen eiserne Spitze mit aller Kraft in Schibanoffs Fuß, stützte sich auf den Griff und fing an, die Epistel zu lesen. Schibanoff mit dem durchbohrten Fuße regte sich nicht. Als der Zar später den Brief des Fürsten Kurbskij beantwortete, schrieb er ihm unter anderem: „Schäme dich doch vor deinem Knecht Schibanoff." Das bedeutete, daß er sich selbst vor dem Knechte Schibanoff schämte[47] ... Sein Kalaschnikoff sagt dem Zaren, ohne ihm die Tat des Kiribéjewitsch vorzuwerfen, obwohl ihm der sichere Tod droht, „ die reinste Wahrheit", daß er den Liebling des Zaren „mit Willen und mit Absicht" erschlagen habe. Ich wiederhole: Wäre Lermontoff länger am Leben geblieben, so hätten wir in ihm einen großen Dichter, der sich gleichfalls vor der Wahrheit des Volkes gebeugt hätte, ja, vielleicht auch einen wahren „Fürsprecher des leidenden Volkes" gewonnen. Aber dieser Titel fiel Nekrassoff zu.

Ich will wiederum Nekrassoff nicht mit Puschkin vergleichen; ich messe nicht mit einer Elle, wer größer und wer kleiner ist, denn ein Vergleich ist hier unmöglich, und es kann darüber überhaupt kein Zweifel bestehen. Puschkin ist, was die Tiefe und Weite seines Talentes betrifft, noch immer gleichsam eine Sonne über unserer ganzen russischen gebildeten Weltanschauung. Er ist ein großer Verkünder. Nekrassoff ist im Vergleich mit ihm nur ein kleiner Punkt, ein kleiner Planet, der aber der gleichen großen Sonne entstammt. Abgesehen davon, wer größer und wer kleiner ist, bleibt Nekrassoff die von ihm verdiente Unsterblichkeit, und ich sagte schon, womit er sie verdient hat: damit, daß er sich vor der Wahrheit des Volkes beugte, und zwar nicht aus Nachahmungstrieb, sogar nicht einmal ganz bewußt, sondern aus einem unüberwindlichen Bedürfnis. Das ist bei Nekrássoff um so auffallender, als er sich sein ganzes Leben lang unter dem Einfluß von Menschen befand, die zwar das Volk liebten und vielleicht sogar vollkommen aufrichtig mit ihm trauerten, die aber niemals die Wahrheit dieses Volkes anerkennen wollten und ihre eigene europäische Aufklärung stets über die Wahrheit des Volksgeistes setzten. Ohne in die russische Seele einzudringen und ohne ihre Erwartungen und Bedürfnisse zu kennen, wünschten sie unserem Volk, trotz ihrer ganzen Liebe zu ihm, oft Dinge, die für dieses Volk ein großes Unglück bedeutet hätten. So haben sie auch in der russischen Volksbewegung der beiden letzten Jahre für die Balkanslawen fast gar nicht den hohen Aufschwung des Geistes erkannt, den es vielleicht zum erstenmal mit solcher Kraft und Fülle äußerte, und mit dem es von der mächtigen und bisher unerschütterlichen lebendigen Einigkeit im gleichgroßen Gedanken zeugt und seine künftige Bestimmung beinahe vorausahnt. Sie wollen nicht nur die Wahrheit der Volksbewegung nicht anerkennen, sondern halten sie fast für rückschrittlich, als etwas, was von der grenzenlosen Stumpfheit und der seit Jahrhunderten erstarrten Unbildung des russischen Volkes zeugt. Nekrássoff besaß aber, trotz seines hervorragenden Verstandes, keine ernsthafte Bildung, jedenfalls war seine Bildung nicht sonderlich groß. Sein Leben lang konnte er sich von gewissen Einflüssen nicht befreien und hatte auch nicht die Kraft dazu. Aber er hatte in seiner Seele eine andere Kraft, die ihn niemals verließ: das war seine aufrichtige, leidenschaftliche und, vor allem, ganz unmittelbare Liebe zum Volk. Er fühlte die Leiden des Volkes mit ganzer Seele nach, sah aber in ihm nicht nur ein durch die Sklaverei entstelltes Antlitz, nicht ein Abbild des Tieres, sondern vermochte durch die Kraft seiner Liebe, fast unbewußt, auch die Schönheit des Volkes, seine

Kraft, seinen Verstand und seine schmerzvolle Milde zu erfassen, und zum Teil sogar an seine zukünftige Bestimmung zu glauben. Bewußt hat sich Nekrassoff natürlich in vielem geirrt. So brachte er es fertig, in seiner kürzlich zum erstenmal veröffentlichten Improvisation beim Anblick des von der Leibeigenschaft schon befreiten Volkes mit bangem Vorwurf auszurufen:

„Ist aber dieses Volk nun auch glücklich?"

Der Instinkt seines Herzens ließ ihn den großen Schmerz des Volkes mitfühlen; wenn man ihn aber fragte: »Was soll man nun diesem Volke wünschen und wie ist ihm zu helfen?«, so hätte er vielleicht eine sehr falsche und sogar verderbliche Antwort gegeben. Natürlich darf man ihn nicht anklagen. Nekrassoff hatte erstaunlich wenig Sinn für Politik und stand, wie gesagt, sein Leben lang unter fremden Einflüssen. Doch mit seinem Herzen, mit seiner großen poetischen Inspiration berührte er in manchem seiner bedeutenden Gedichte aufs engste das tiefste Wesen des Volkes. In diesem Sinne war er ein Volksdichter. Ein jeder, der aus dem Volke stammt, wird, wie gering auch seine Bildung sei, bei Nekrassoff sehr vieles verstehen. Aber einige Bildung ist dazu doch notwendig. Die Frage, ob das ganze russische Volk jetzt Nekrassoff verstehen würde, ist zweifellos zu verneinen. Was kann das „gemeine Volk" von seinen Meisterwerken wie „Der Ritter für eine Stunde", „Die Stille", „Russische Frauen" verstehen? Selbst in seinem großen „Wlaß", der dem Volke verständlich sein mag (es aber unmöglich begeistern kann, weil dies alles eine Poesie ist, die schon längst jeden Zusammenhang mit dem Leben verloren hat), wird das Volk sicher zwei oder drei falsche Töne erkennen. Was kann das Volk von seinem stärksten und verlockendsten Gedicht „Auf der Wolga" verstehen? Es ist der echte Ton und Geist Byrons. Nein, Nekrassoff ist vorläufig nur der Dichter der gebildeten russischen Gesellschaft, der dieser gebildeten Gesellschaft mit Liebe und Leidenschaft vom Volk und seinen Leiden erzählt. Von der Zukunft spreche ich nicht; in der Zukunft wird das Volk wohl auf Nekrassoff aufmerksam werden. Es wird dann verstehen, daß es einmal einen guten russischen Herrn gegeben hat, der bittere Tränen über die Leiden des Volkes vergoß und sich nichts Besseres ausdenken konnte, als in manchen schweren Augenblicken vor seinem Reichtum und den sündhaften Verlockungen seines Herrenlebens ins Volk zu fliehen und in der unaufhaltsamen Liebe zu ihm sein müdegequältes Herz zu läutern, denn die Liebe zum Volke war bei Nekrassoff nur ein *Ausdruck seiner eigenen Trauer um sich selbst . . .*

Bevor ich aber erkläre, wie ich diese „Trauer um sich selbst" des teuren verblichenen Dichters auffasse, kann ich nicht umhin, auf eine charakteristische und interessante Erscheinung aufmerksam zu machen, die sich fast in unserer ganzen Presse gleich nach dem Tode Nekrassoffs, in allen ihm gewidmeten Artikeln, zeigte.

III

Dichter und Bürger
Die allgemeine Meinung über Nekrássoff als Menschen

Alle unsere Zeitungen, die über Nekrássoff anläßlich seines Todes und seiner Beerdigung schrieben und seine Bedeutung zu bestimmen versuchten, deuteten auch auf den „praktischen Sinn" Nekrassoffs hin, auf irgendwelche seiner Mängel und sogar Laster, auf die Zwiespältigkeit des Bildes, das er hinterlassen hat. Einige Zeitungen machten darüber nur ganz leise Andeutungen in wenigen Zeilen; wichtig ist aber, daß sie dennoch darauf hinwiesen, gleichsam unter einem gewissen Zwang, dem sie nicht entrinnen konnten. In anderen Blättern, die Nekrassoff ausführlichere Artikel widmeten, machte das sogar einen noch merkwürdigeren Eindruck. Und in der Tat: Ohne die Anklagen genauer zu formulieren, was sie sogar aus tiefer und aufrichtiger Verehrung für den Toten geflissentlich vermieden, begannen sie jedoch ... ihn zu rechtfertigen, was noch unverständlicher erschien. Man fragte sich unwillkürlich: »Von welchem Verdacht wollt ihr ihn denn reinwaschen? Wenn ihr etwas wißt, so braucht ihr es nicht zu verheimlichen; wir aber wollen wissen, ob er euerer Rechtfertigung bedarf!« Diese Frage entbrannte in jedem Herzen. Man wollte die Vorwürfe nicht formulieren, beeilte sich aber, alles zu seiner Rechtfertigung vorzubringen, als gelte es, jemand zuvorzukommen, und so entstand wiederum der Eindruck, als könnten sie das gar nicht vermeiden, selbst wenn sie es wollten. Es ist überhaupt ein sehr interessanter Fall; wenn man aber tiefer einzudringen versucht, so kommt man bei einigem Nachdenken zweifellos zu dem Schluß, daß der Fall dennoch vollkommen normal ist und daß man, wenn man von Nekrassoff als Dichter spricht, nicht umhin kann, von ihm auch als Menschen zu sprechen. Denn in Nekrassoff waren der Dichter und der Bürger so eng miteinander verquickt, daß der eine ohne den anderen nicht verständlich ist; so muß man, wenn man von ihm als Dichter spricht, unwillkürlich auch auf den Bürger zu sprechen kommen; man fühlt, daß man es tun muß und daß es sich gar nicht vermeiden läßt.

Aber was können wir darüber sagen, was sehen wir an ihm? Man erwähnt den „praktischen Sinn", das heißt: die Fähigkeit, seine persönlichen Geschäfte zu besorgen, und kommt unmittelbar darauf mit den Rechtfertigungen: er hätte „viel leiden müssen", „sei schon als Kind das Opfer seiner Umgebung gewesen", er hätte als obdachloser und verlassener Jüngling in Petersburg viel Leid zu erdulden gehabt und sei aus dem Grunde „praktisch" geworden (als ob er es unbedingt hätte werden müssen!). Andere gehen noch weiter und machen Andeutungen, daß Nekrassoff ohne diesen „praktischen Sinn" die vielen für die Allgemeinheit so zweifellos nützlichen Dinge vielleicht gar nicht geleistet haben würde, daß er zum Beispiel die Arbeit an seiner Zeitschrift nicht hätte bewältigen können usw. Soll man also die schlechten Mittel rechtfertigen, wenn sie einem guten Zweck dienen? Das alles wird von Nekrassoff gesagt, von dem Menschen, der mit seinen Gedichten die Herzen erschütterte, der Entzücken und Rührung über all das Gute und Schöne weckte! Natürlich bringt man das alles vor, um ihn zu rechtfertigen, aber mir scheint, daß Nekrassoff dieser Rechtfertigung gar nicht bedarf. In solchen Rechtfertigungen steckt immer etwas Erniedrigendes, denn sie verdunkeln und verkleinern das Bild dessen, den man rechtfertigen will, in einer ungeheuerlichen Weise. Und in der Tat: wenn ich nur anfange, „die Zwiespältigkeit und den praktischen Sinn" eines Menschen zu rechtfertigen, so bestehe ich gleichsam darauf, daß diese Zwiespältigkeit unter gewissen Bedingungen sogar natürlich und fast unvermeidlich sei. Wenn dem so wäre, müßte man einen Menschen rechtfertigen, der heute, krampfhaft mit der Stirn gegen die Stufen seines heimatlichen Tempels stoßend, in Versen von unsterblicher Schönheit schreit: „Ich bin gefallen, ich bin gefallen!", diese Verse in der gleichen Nacht aufschreibt, am nächsten Morgen aber, sobald seine Tränen getrocknet sind, sich wieder an seine „praktische Betätigung" macht, weil sie neben allem anderen auch *unvermeidlich* sein soll. Was für eine Bedeutung haben dann noch die in Verse gekleideten Schreie und Klagen? Sie bedeuten dann doch nur „Kunst um der Kunst willen", im gemeinsten Sinne dieses Wortes, denn er lobt diese Gedichte selbst, er bewundert sie, ist mit ihnen überaus zufrieden, läßt sie drucken und spekuliert: Sie werden der Zeitschrift einen Glanz verleihen, sie werden die jungen Herzen erregen. Nein, wenn wir dies alles rechtfertigen, ohne es näher zu erklären, so riskieren wir, in einen großen Fehler zu verfallen und Zweifel zu wecken. Auf die Frage: »Wen beerdigt ihr da?« müßten wir, die wir den Toten zu Grabe geleiteten, antworten, daß wir »den hervorragendsten Vertreter der reinen Kunst um der Kunst willen« beerdigen. War das aber wirklich der Fall? Nein, es war *wirklich nicht so*, wir beerdigten den wahrhaften »Fürsprecher für das leidende Volk«, den ewigen und unermüdlichen Märtyrer in ihm selbst, der sich niemals beruhigen konnte und mit Abscheu und Selbstkasteiung jede billige Versöhnung ablehnte.

Man muß die Sache aufklären, man muß sie aufrichtig und leidenschaftslos aufklären und das, was sich dabei ergibt, so, wie es ist, hinnehmen, ohne Ansehen der Person und ohne auf irgend etwas Rücksicht zu nehmen. Man muß nach Möglichkeit das tiefste Wesen der Sache aufklären, um ein möglichst genaues Bild des Verstorbenen zu gewinnen; das verlangen unsere Herzen, die unwillkürlich das Bild des Verstorbenen getrübt und an der erhabenen Gestalt einen unwürdigen Schatten sehen könnten.

Ich selbst habe „das praktische Leben" des Verstorbenen wenig gekannt und kann darum nichts zum Tatsachenmaterial beitragen; aber selbst wenn ich es könnte, täte ich es nicht, weil ich mich dann in etwas, was ich für Klatsch halte, stürzen würde. Denn ich bin fest davon überzeugt (und war es auch immer), daß mindestens die Hälfte, vielleicht auch drei Viertel von dem, was über den Verstorbenen erzählt wurde, Lüge ist. Lüge, Unsinn, Klatsch. Ein so ausgeprägter Charakter und ein so hervorragender Mensch wie Nekrassoff mußte doch Feinde haben. Und Dinge, die wirklich vorgekommen sein könnten, müssen einfach übertrieben worden sein. Aber selbst wenn wir das annehmen, bleibt doch noch etwas übrig. Was ist es denn? Etwas Düsteres, etwas zweifellos Dunkles und Qualvolles, denn welchen Sinn hätten sonst diese Schreie und Tränen, diese Geständnisse, daß er „gefallen" sei, diese leidenschaftliche Beichte vor dem Schatten der Mutter? Ist es Selbstkasteiung? Ich will die Tatsache wiederum nicht berühren, aber ich glaube, daß diese dunkle und qualvolle Hälfte des Lebens unseres Dichters im wesentlichen schon von ihm selbst, am Morgen seiner Tage gleichsam vorausgesagt worden ist, in einem seiner ursprünglichen Gedichte, das er, wie ich glaube, noch vor der Bekanntschaft mit Belinskij entworfen (und erst viel später in die Form gekleidet hat, in der es veröffentlicht worden ist). Hier ist dieses Gedicht:

„Die Straßenlaternen flammten schon auf,
es war windig und regnerisch,
als ich aus dem Gouvernement Poltáwa
in die Hauptstadt einzog.

In der Hand hatt' ich einen Stock,
an dem hing ein leerer Reisesack,
um die Schultern trug ich einen Schafspelz,
und in der Tasche hatt' ich fünfzehn Kopeken.

Hatte weder Geld noch einen Namen,
war klein von Wuchs und lächerlich anzuschaun.
Heute sind vierzig Jahre vergangen,
und ich hab' in der Tasche eine Million."

Die Million – das ist der Dämon Nekrassoffs! Liebte er denn so das Gold, den Luxus, den Genuß, um sich auf „praktische Dinge" einzulassen? Nein, es war eher ein Dämon anderer Art, der düsterste und erniedrigendste von allen Teufeln. Es war der Dämon des Hochmuts, des Strebens nach dem Versorgtsein, des Bedürfnisses, sich von den Menschen durch eine mächtige Mauer zu scheiden und ruhig und unabhängig ihre Bosheit und ihre Drohungen hinzunehmen. Ich glaube, daß dieser Dämon sich schon im Herzen des fünfzehnjährigen Knaben festgesetzt hat, der seinem Vater fast durchgebrannt war und sich plötzlich auf dem Petersburger Straßenpflaster befand. Die noch scheue und stolze junge Seele war schwer verwundet; sie wollte keine Beschützer suchen, wollte mit dieser fremden Menschenmenge keine Kompromisse eingehen. Es war weniger ein Unglauben an die Menschen, der sich so früh in sein Herz eingeschlichen hat, als ein allzu frühes (und darum verkehrtes) skeptisches Verhalten ihnen gegenüber. Mögen sie gar nicht so böse, mögen sie gar nicht so schrecklich sein, wie man von ihnen sagt (dachte er sich sicher), aber sie sind alle dennoch ein schwaches und feiges Gesindel und können deshalb einen Menschen auch ohne Bosheit zugrunde richten, wenn ihre Interessen im Spiele sind. Damals begann wohl die Phantasie Nekrassoffs in dieser Richtung zu spielen, und vielleicht entstand auch damals auf der Straße das Gedicht: „Ich hab' in der Tasche eine Million."

Es war ein düsteres, finsteres Lechzen nach dem Versorgtsein, um von keinem Menschen abzuhängen. Ich glaube, daß ich mich nicht irre; ich besinne mich auf manche Einzelheiten aus der Zeit meiner ersten Bekanntschaft mit ihm. Jedenfalls hatte ich mein ganzes Leben lang diesen Eindruck. Dieser Dämon war aber immerhin ein niedriger Dämon. Konnte denn die Seele Nekrássoffs, die die Fähigkeit hatte, auf alles Heilige zu reagieren, und die den Glauben daran niemals verlor, nach einem solchen „Versorgtsein" lechzen? Schützen sich denn so begabte Seelen durch ein solches „Versorgtsein"? Solche Menschen ziehen ihren Weg barfuß, mit leeren Händen, und in ihren Herzen ist es dabei licht und heiter. Ihr Versorgtsein liegt nicht im Golde, Gold ist Roheit, Gewalt, Despotismus! Gold kann nur jener schwachen und feigen Menge ein Versorgtsein bieten, die Nekrássoff doch selbst verachtete. Konnte denn eine rohe Gewalt und nachher der Durst nach Wollust und Laster in einem solchen Herzen wohnen, im Herzen eines Menschen, der selbst einem andern zurufen könnte: „Laß alles, nimm deinen Stab und folge mir nach ... Führ' mich ins Lager der Märtyrer, die dem Werk der Liebe sich weihn ..."

Aber der Dämon siegte, und der Mensch blieb auf seinem Platz und ging nirgends hin.

Das bezahlte er auch mit der Qual seines ganzen Lebens. Wir kennen ja nur seine Verse, aber was wissen wir von seinem inneren Kampf mit dem Dämon, von diesem zweifellos qualvollen Kampf, der sein ganzes Leben lang andauerte? Ich spreche schon gar nicht von den guten Werken Nekrassoffs: er hat sie nicht bekanntgegeben, aber sie waren zweifellos vorhanden; man hört schon von manchen Menschen Zeugnisse über die Humanität und Zartheit dieser

„praktischen" Seele. Herr Ssuwórin hat schon einiges veröffentlicht, und ich bin überzeugt, daß noch viele andere gute Zeugnisse folgen werden, und es kann auch gar nicht anders sein. »Oh«, wird man mir sagen, »Sie rechtfertigen ihn ja auch und tun es sogar billiger als wir.« Nein, ich rechtfertige nicht, ich kläre nur auf und habe nun erreicht, daß ich die endgültige, alles entscheidende Frage aufwerfen darf.

IV

Ein Zeuge zugunsten Nekrássoffs

Schon Hamlet wunderte sich über die Tränen eines Schauspielers, der nur seine Rolle deklamierte und dabei eine ihn nichts angehende Hekuba beweinte: „Was ist ihm Hekuba?" fragte Hamlet. Nun stelle ich die Frage: War unser Nekrássoff der gleiche Schauspieler, das heißt: einer, der fähig ist, *aufrichtig* über sich selbst und das geistige Heiligtum zu weinen, dessen er sich selbst beraubt hat, dann seine Trauer (eine echte Trauer!) in Verse von unsterblicher Schönheit zu ergießen und gleich am nächsten Tage . . . in der Schönheit dieser Verse Trost zu finden? Nur in der Schönheit der Verse? Und noch mehr als das: diese Schönheit der Verse als etwas „Praktisches" anzusehen, was ihm Gewinn, Geld und Ruhm einbringen kann, und es in diesem Sinne auszunützen? Oder blieb die Trauer des Dichters auch nach diesen Versen bestehen und ließ sich durch sie nicht befriedigen? Bedrückte und quälte ihre Schönheit und Kraft ihn selbst, und wenn er nicht die Kraft hatte, seinen ewigen Dämon und die Leidenschaften, die ihn für sein ganzes Leben besiegt hatten, niederzuringen, und er wieder fiel, nahm er dann sein Fallen ruhig hin? Wurden dann seine Schreie in den heimlichen heiligen Augenblicken der Buße nicht noch lauter, wiederholten sie sich in seinem Herzen nicht jedesmal mit erneuter Kraft, sodaß er schließlich selbst klar sehen konnte, was ihn dieser Dämon kostete und wie teuer er für die Güter, die er von ihm erhielt, bezahlte? Mit einem Wort: Wenn er auch imstande war, sich vorübergehend mit seinem Dämon zu *versöhnen* und sogar seinen „praktischen Sinn“ in Gesprächen mit anderen Menschen zu rechtfertigen, blieb dann diese Versöhnung und Beruhigung für ewig bestehen, oder verließ sie sofort wieder sein Herz, in ihm einen noch brennenderen Schmerz, Scham und Gewissensbisse zurücklassend? Wenn man diese Frage lösen könnte, was bliebe uns dann noch zu tun übrig? Es bliebe uns nur, ihn zu verurteilen, weil er, außerstande, seinen Versuchungen zu widerstehen, seinem Leben nicht ein freiwilliges Ende gemacht hat, gleich jenem Märtyrer von Petschórsk, der, gleichfalls außerstande, die Schlange der Leidenschaft, die ihn verzehrte, zu bezwingen, sich bis zu den Lenden in die Erde eingrub und starb, nachdem er seinen Dämon, wenn auch nicht vertrieben, so doch jedenfalls besiegt hatte. In diesem Falle wären wir selbst, das heißt: jeder von uns, in eine erniedrigende und lächerliche Lage geraten, wenn wir das Amt von Richtern zu übernehmen wagten, die solche Urteile fällen dürfen. Nichtsdestoweniger hat ein Dichter, der über sich selbst schrieb:

„Dichter brauchst du nicht zu sein,
Doch Bürger zu sein, ist eine Pflicht“,

damit auch das Gericht der Menschen über sich als „Bürger“ anerkannt. Als Einzelpersonen müßten wir uns natürlich schämen, ihn zu richten. Wie ist denn ein jeder von uns? Wir sprechen nur nicht laut über uns selbst, wir verbergen unsere Gemeinheit, mit der wir uns innerlich vollkommen versöhnen. Der Dichter weinte vielleicht über solche seiner Handlungen, die wir, ohne mit der Wimper zu zucken, ruhig verübt hätten. Wir wissen ja von seinem Fallen und von seinem Dämon nur aus seinen eigenen Gedichten. Wären diese Gedichte, in denen er sich nicht gescheut hat, mit der Aufrichtigkeit eines Büßers alles auszusprechen, nicht vorhanden, so wäre auch alles, was über ihn als Menschen, über seinen „praktischen Sinn“ und das übrige erzählt wurde, von selbst gestorben und dem Gedächtnis der Menschen entschwunden; es wäre zur Bedeutung eines leeren Klatsches herabgesunken, so daß er keinerlei Rechtfertigung brauchte. Ich will übrigens bemerken, daß es für einen praktischen und auf seine Vorteile so sehr bedachten Menschen gar nicht vorteilhaft wäre, seine Büßerschreie zu veröffentlichen; folglich war er vielleicht gar nicht so praktisch, wie manche behaupten. Nichtsdestoweniger darf er sich, wie gesagt, dem Gericht der Bürger nicht entziehen, da er doch dieses Gericht selbst anerkannt hat. Wenn also die Frage, die ich oben aufgeworfen habe: Ob der Dichter sich mit seinen Versen, in die er seine Tränen kleidete, begnügte und sich mit sich selbst bis zu einer solchen Beruhigung aussöhnte, die ihm gestattete, sich wieder leichten Herzens den „praktischen Dingen“ zu widmen, oder ob diese Beruhigung vielmehr nur vorübergehend gewesen ist, so daß er sich selbst ihretwegen verachtete und sich dann noch mehr und bitterer quälte, und das sein Leben lang? – wenn diese Frage im Sinne der zweiten Annahme entschieden werden könnte, so müßten wir uns natürlich sofort auch mit dem „Bürger“ Nekrassoff versöhnen, da doch seine eigenen Leiden sein Bild in unserer Erinnerung gereinigt haben würden. Natürlich kann man mir darauf einwenden: Wenn Sie nicht imstande sind, eine solche Frage zu entscheiden (und wer könnte sie entscheiden?), so hätten Sie sie auch nicht stellen sollen. Die Sache ist aber die, daß man sie wohl entscheiden kann. Es gibt einen Zeugen, der es tun kann. Dieser Zeuge ist das Volk.

Das heißt: seine Liebe zum Volk! Was brauchte der „praktische“ Mensch sich von der Liebe zum Volke auch so hinreißen zu lassen? Ein jeder ist mit dem Seinen beschäftigt: der eine mit praktischen Dingen, der andere mit der Trauer um das Volk. Nehmen wir an, daß es bloß eine Laune gewesen sei; diese Laune hätte er doch bald aufgegeben. Aber Nekrassoff blieb dem sein ganzes Leben lang treu. Man wird mir einwenden: das Volk ist für ihn nur eine „Hekuba“ gewesen, ein Thema für die Tränen, die er in Verse kleidete und die ihm Gewinn brachten. Aber ich spreche schon gar nicht davon, wie schwer es ist, eine so aufrichtige Liebe, wie man sie aus den Gedichten Nekrassoffs heraushört, zu fälschen (darüber kann man unendlich lange streiten), – ich will nur sagen, daß es mir vollkommen klar ist, warum Nekrassoff das Volk so sehr liebte, warum er sich zu ihm in den schwersten Augenblicken seines Lebens so sehr hingezogen fühlte, warum er zum Volke ging und was er bei ihm fand. Denn die Liebe zum Volk war bei Nekrassoff, wie ich schon oben sagte, gleichsam ein *Ausdruck seiner eigenen Trauer um sich selbst.* Wenn Sie das annehmen, so wird Ihnen der ganze Nekrassoff als Dichter und auch als Bürger sofort verständlich. Darin, daß er mit seinem Herzen und seinem Talent dem Volke diente, fand er seine Läuterung vor sich selbst. Das Volk war ihm ein echtes inneres Bedürfnis, nicht nur der Verse wegen. In der Liebe zu ihm fand er seine Rechtfertigung. Das Wichtigste ist aber, daß er unter den Menschen, die ihn umgaben, oder darin, was diese Menschen verehrten, keinen Gegenstand für seine Liebe finden konnte. Er riß sich vielmehr von diesen Menschen los und ging, wenn ihn ein Ekel vor dem Leben überfiel, dem er sich zeitweise kleinmütig und lasterhaft hingab, zu den Beleidigten, zu den Duldenden, zu den Einfältigen, zu den Erniedrigten. Er ging hin, schlug mit der Stirn gegen die Stufen der armen heimatlichen Dorfkirche und fand darin seine Heilung. Er hätte einen solchen Ausweg nicht gewählt, *wenn er an ihn nicht glaubte.* In seiner Liebe zum Volke fand er etwas Unerschütterliches, einen heiligen Ausweg für alles, was ihn peinigte. Und wenn dem so ist, so wußte er doch nichts Heiligeres, Unerschütterlicheres und Wahreres, vor dem er sich beugen konnte. Er konnte doch nicht seine ganze Rechtfertigung nur in den Versen über das Volk finden. Und wenn dem so ist, so beugte er sich auch vor der *Wahrheit des Volkes.* Wenn er in seinem ganzen Leben nichts fand, was seiner Liebe würdiger wäre als das Volk, so anerkannte er doch auch die *Wahrheit* des Volkes und daß die Wahrheit nur im Volke erhalten ist. Selbst wenn er es nicht ganz bewußt und überzeugt tat, so anerkannte er es doch unaufhaltsam mit seinem Herzen. Also sah er in diesem lasterhaften Bauern, dessen erniedrigtes und erniedrigendes Bild ihn so quälte, auch etwas Wahres und Heiliges, was er verehren und worauf er mit seinem ganzen Herzen reagieren mußte. In *diesem* Sinne setzte ich ihn, als ich oben von seiner literarischen Bedeutung sprach, neben diejenigen, die die Wahrheit des Volkes anerkannten. Die ewige Suche nach dieser Wahrheit, das ewige Lechzen und Streben nach ihr zeugen aber, ich wiederhole es, davon, daß ihn zum Volk ein inneres Bedürfnis hinzog, ein Bedürfnis, das höher war als alles und das folglich unbedingt auch von seiner ständigen, ewigen inneren Sehnsucht zeugt, einer Sehnsucht, die niemals aufhörte und sich durch keinerlei listige Gründe der Versuchung, durch keinerlei Paradoxe und praktische Rechtfertigungen stillen ließ. Und wenn dem so ist, so hat er sein Leben lang gelitten ... Was sind wir nach alledem für Richter? Selbst wenn wir Richter sind, sind wir jedenfalls keine Ankläger.

Nekrassoff ist ein russischer historischer Typus, eines der großen Beispiele dafür, bis zu welchen Widersprüchen und bis zu welchem Zwiespalt auf dem Gebiet der Moral und der Überzeugungen der russische Mensch in unserer traurigen Übergangszeit gehen kann. Aber dieser Mensch blieb in unserem Herzen. Die Liebesäußerungen dieses Menschen waren so oft aufrichtig, rein und herzlich! Seine Sehnsucht nach dem Volke war aber so erhaben, daß sie ihn als Dichter auf die höchste Stelle setzt. Und was den Menschen und Bürger betrifft, so hat er sich doch durch seine Liebe zum Volke und seine Trauer um das Volk gerechtfertigt und vieles gebüßt, wenn überhaupt etwas zu büßen war ...

Jahrgang 1880

AUGUST

ERSTES KAPITEL

Ein Vorwort zu der weiter unten abgedruckten Rede zur Puschkinfeier

Meine Rede über Puschkin und seine Bedeutung habe ich am 8. Juni dieses Jahres in einer feierlichen Versammlung der „Freunde russischer Literatur" vor zahlreicher Zuhörerschaft gehalten; sie hat einen nicht geringen Eindruck gemacht. Iwán Ssergéjewitsch Akssákoff, der bei dieser Gelegenheit von sich sagte, daß man in ihm allgemein den Führer der Slawophilen sehe, erklärte in seiner darauf folgenden Ansprache geradezu, meine Rede sei „ein Ereignis" gewesen. Ich erwähne dies nicht, um damit zu prahlen, sonder einzig und allein, um folgendes zu erklären: Wenn meine Rede tatsächlich ein Ereignis gewesen ist, so war sie das nur von dem einen Gesichtspunkt aus, den ich hier sogleich klarlegen möchte. Nur zu diesem Zweck schreibe ich dieses Vorwort. – Was jedoch meine Rede selbst betrifft, so wollte ich lediglich in den folgenden vier Punkten die Bedeutung Puschkins für Rußland hervorheben:

Erstens: daß Puschkin der erste gewesen ist, der mit seinem genialen Scharfblick und seinem echt russischen Herzen die wichtigste und krankhafte Erscheinung an unserer gebildeten, doch von ihrem Erdboden historisch losgerissenen Gesellschaft, die sich hoch über dem Volk stehend dünkt, herausgefunden und vermerkt hat. Er hat diesen unseren negativen Typ erkannt und ihn plastisch darzustellen vermocht, diesen beunruhigten Menschen, der sich nicht zufriedengibt, der an die Heimat und ihre autochthonen Kräfte nicht glaubt, der Rußland und sich selbst (das heißt: seine eigene Gesellschaft, die eigene Bildungsschicht, die auf unserem Heimatboden entstanden ist) letzten Endes ablehnt, mit den anderen nicht mitmachen will und darunter selbst aufrichtig leidet. Puschkins Darstellung solcher Gestalten wie Aléko und Onégin hat in unserer Schönen Literatur eine Menge ähnlicher Gestalten gezeugt. Ihnen folgten die Petschórins, Tschítschikoffs, Rúdins und Lawrétzkijs, die Bolkónskijs (in „Krieg und Frieden" von Leo Tolstoi)[1] und unzählige andere, die allein schon durch ihr Erscheinen die Richtigkeit der zuerst von Puschkin erfaßten Tatsache bestätigten. Ihm, Puschkin, und seinem großen Scharfsinn und Genie gebührt daher die Ehre und der Ruhm, die schlimmste Wunde der bei uns nach Peters großer Reform entstandenen Gesellschaft aufgedeckt zu haben. Seiner treffsicheren Diagnose verdanken wir die Erkenntnis und Untersuchung unserer Krankheit, und wiederum *er* war es, der uns als erster auch den Trost gegeben hat oder die große Hoffnung, daß diese Krankheit nicht tödlich ist und daß unsere russische Oberschicht geheilt werden kann und die Möglichkeit hat, sich zu erneuern und aufzuerstehen, wenn sie sich dem Rechtsempfinden der Erdkraft des Volkes anschließt, denn

Zweitens: er, Puschkin, hat uns als erster (gerade als erster, und vor ihm niemand) künstlerische Typen russischer Schönheit aufgezeigt, unmittelbar aus dem russischen Geist hervorgegangene, einer Schönheit, die tief im Volksempfinden, unserem Erdboden, ruhte und die er dort gesucht und gefunden hat. Das bezeugen die Gestalten der Tatjána, dieser durch und durch russischen Frau, die sich vor der importierten Lüge zu bewahren gewußt hat, wie die historischen Gestalten, zum Beispiel der Mönch Pímen und andere in seinem Drama „Borís Godunóff", die Volkstypen in der „Hauptmannstochter" und unzählige andere Gestalten, die in seinen Gedichten, seinen Erzählungen, seinen Aufzeichnungen und selbst in seiner „Geschichte des Pugatschóffschen Aufstandes" an uns vorüberziehen. Die Hauptsache aber ist hierbei, und das muß besonders unterstrichen werden, daß alle diese Typen der positiven Schönheit des russischen Menschen und seiner Seele ganz und ausschließlich unserem *Volks*geist entnommen sind. Hier muß man schon die ganze Wahrheit sagen: nicht in unserer gegenwärtigen Zivilisation, nicht in unserer sogenannten „europäischen" Bildung (die es bei uns, nebenbei bemerkt, noch nie gegeben hat), nicht in den Verballhornungen äußerlich angeeigneter europäischer Ideen und Formen hat Puschkin uns diese Schönheit gezeigt, sondern einzig im russischen Volk hat er sie gefunden, nur *in ihm allein*. So hat er uns denn, ich wiederhole es, nach seiner Feststellung der Krankheit auch die große Zuversicht geben dürfen, die man in die Worte zusammenfassen kann: „Glaubt an den Geist eures eigenen Volkes, erwartet von ihm allein eure Rettung, und ihr werdet gerettet werden." Puschkin verstehen wollen und nicht zu diesem Ergebnis gelangen, ist unmöglich. –

Der *dritte* Punkt, den ich hinsichtlich der Bedeutung Puschkins feststellen möchte, ist jene besondere, allercharakteristischste und bei keinem anderen Dichter außer ihm vorhandene Eigenschaft künstlerischer Schöpfermöglichkeit: ich meine die Fähigkeit, sich in den Geist fremder Nationen hineinzuversetzen, sich nahezu vollkommen in deren Genien zu verwandeln. Ich sagte in meiner Rede, daß es in Europa die größten künstlerischen Weltgenies gegeben hat, Dichter wie Shakespeare, wie Cervantes, wie Schiller, daß wir aber bei keinem einzigen von ihnen allen diese Fähigkeit feststellen können, sondern nur bei Puschkin. Und nicht etwa nur das Sichhineinversetzen, das bloße Verstehen der anderen ist hier das Bedeutungsvolle, sondern gerade die erstaunliche Vollkommenheit der Verwandlung. Diese Fähigkeit konnte ich in meiner Rede über die Bedeutung Puschkins natürlich nicht außer acht lassen, denn sie ist nun einmal die charakteristische Eigenheit seines Genies, eine Eigenart, die von allen Künstlern der Welt nur er allein hat, und durch die er sich denn auch von ihnen allen unterscheidet.

Wenn ich dies sage, dann geschieht es natürlich nicht, um solche Größen unter den europäischen Genies, wie etwa einen Shakespeare, einen Schiller, herabzusetzen; einen so lächerlich dummen Schluß könnte aus meiner Rede wirklich nur ein Dummkopf ziehen. Die weltweite Geltung, die *Allgemeinverständlichkeit* und die unerforschliche Tiefe der Typen des Menschen arischer Rasse, die Shakespeare für alle Zeiten gegeben hat, sind von mir nicht einen Augenblick in Frage gestellt worden. Und wenn Shakespeare in seinem Othello wirklich einen *venezianischen* Mohren und nicht einen Engländer dargestellt hätte, dann würde er ihm nur den Nimbus einer örtlichen nationalen Charakteristik verliehen haben, die Weltbedeutung dieses Typs jedoch wäre ganz dieselbe geblieben, denn auch im Italiener hätte er das, was er ausdrücken wollte, ebenso und mit derselben Kraft ausgedrückt. Wie gesagt: nicht die Weltbedeutung solcher Dichter wie Shakespeare und Schiller habe ich herabsetzen wollen, indem ich die geniale Fähigkeit Puschkins, sich in den Geist fremder Nationen zu versetzen, hervorhob, sondern ich tat es bloß in dem Wunsch, den gerade in dieser Fähigkeit und ihrer Vollkommenheit enthaltenen großen und prophetischen Hinweis für uns Russen festzustellen, denn –

Viertens: diese Fähigkeit ist ganz entschieden eine russische Nationaleigenschaft: Puschkin teilt sie nur mit unserem ganzen Volk und er ist als vollendeter Künstler zugleich derjenige, der am vollendetsten diese Fähigkeit zum Ausdruck bringt, wenigstens in seinem Werk, seinem künstlerischen Schaffen. Unser ganzes Volk trägt diese Neigung, sich in den Geist anderer Völker zu versetzen, und somit die Neigung zur Allversöhnung in seiner Seele und hat das in den zwei Jahrhunderten nach der Reform Peters auch schon mehr als einmal bewiesen. Da ich nun aber auf diese Fähigkeit unseres Volkes hinwies, wie sollte ich da nicht auch auf die in ihr enthaltene große Beruhigung hinweisen, die sie uns auf unsere Frage nach unserer Zukunft zur Antwort gibt, auf diese große und vielleicht größte aller Volkshoffnungen, die leuchtend vor uns steht! So sprach ich es denn aus, daß unser Streben nach Europa, mit allen seinen Übertreibungen und Ausartungen, in seinem letzten Grunde nicht nur berechtigt, sondern auch volkstümlich ist, und daß es sich mit dem Trieb des Volksgeistes vollkommen deckt und zweifellos auch etwas in sich birgt, das einen höheren Zweck verfolgt. In meiner kurzen, allzu kurzen Rede konnte ich diesen Gedanken natürlich nicht genügend entwickeln, doch glaube ich trotzdem, daß das, was ich gesagt habe, nicht mißzuverstehen war. Und wozu, ja: wozu sich darüber empören, daß, wie ich sagte, »unser bettelarmes Land vielleicht zu guter Letzt der ganzen Welt ein neues Wort sagen wird«? Und wie lächerlich, darauf hinzuweisen, daß wir uns, bevor wir der Welt ein neues Wort sagen könnten, doch zuerst »selbst ökonomisch, wissenschaftlich und staatsbürgerlich entwickeln müßten«, dann erst könnten wir daran denken, »neue Worte« solchen (angeblich) vollendeten Organismen, wie es die Völker Europas seien, von uns aus zu sagen. Ich habe ja in meiner Rede ausdrücklich betont, daß mir nichts ferner liegt, als das russische Volk in Dingen seiner ökonomischen oder wissenschaftlichen Errungenschaften mit den Völkern des Westens auch nur vergleichen zu wollen. Ich sage nur ganz einfach, daß von allen Völkern Europas die Seele oder der Genius des russischen Volkes vielleicht am fähigsten ist, die Idee der allmenschlichen Vereinigung, der brüderlichen Liebe in sich aufzunehmen, die Idee der nüchternen Auffassung, die das Feindliche verzeiht, das Ungleiche unterscheidet und entschuldigt und die Widersprüche aufhebt. Das ist kein ökonomischer oder wirtschaftlicher oder sonst ein Zug, sondern ist bloß ein rein *ethischer* Zug, und wer könnte bestreiten oder verneinen, daß dieser Zug im russischen Volk vorhanden ist? Oder wer dürfte sagen, daß das russische Volk nur eine passive Masse sei, dazu verurteilt, nur *wirtschaftlich* dem Gedeihen und der Entwicklung unserer europäisierten Intelligenz zu dienen, die sich hoch über das Volk erhoben hat, daß sie aber sonst nur tote Passivität in sich schließe, von der man nichts zu erwarten habe, weshalb denn auch gar kein Grund vorhanden sei, irgendwelche Hoffnungen auf diese passive Masse zu setzen? Leider wird das von vielen behauptet; ich aber habe es gewagt, etwas anderes zu erklären.

Ich wiederhole, daß ich »diese meine Phantasie«, wie ich mich ausdrückte, nicht eingehender, nicht mit der notwendigen Ausführlichkeit habe erklären können, und doch konnte ich es nicht unterlassen, auf sie hinzuweisen. Dagegen zu behaupten, daß unser armes und ungeordnetes Land nichts von derartig hohen Trieben in sich schließen könne, bevor es sich nicht ökonomisch und bürgerlich dem Westen angeglichen habe, das ist doch einfach unsinnig. Die fundamentalen ethischen und geistigen Schätze hängen, wenigstens in ihrer Tiefe, nicht von der wirtschaftlichen Leistungsfähigkeit ab. Unser armes und noch ungeordnetes Land ist, abgesehen von seiner obersten Schicht, einmütig wie *ein* Mann. Alle achtzig Millionen seiner Bevölkerung stellen eine solche geistige Einheit dar, wie sie in Europa nirgends zu finden ist und natürlich auch gar nicht zu finden sein kann. Schon aus diesem einen Grunde darf man nicht sagen, unser Land sei unbedeutend, ja, im strengen Sinn des Wortes darf man es nicht einmal arm nennen. Im Gegenteil, in Europa, in diesem Europa, wo so viele Reichtümer aufgespeichert sind, ist die staatliche Struktur aller europäischen Nationen schon überall untergraben und wird vielleicht morgen schon einstürzen und spurlos verschwunden sein für immer und wird an seiner Stelle etwas unerhört Neues entstehen, das an nichts früher Dagewesenes gemahnt. Und alle Reichtümer, die Europa aufgespeichert hat, werden es nicht vor dem Sturz bewahren können, denn »in einem einzigen Augenblick wird auch aller Reichtum dahin sein«. Derweil wird dieser, eben dieser ihr bereits untergrabener, sittlich verderbter bürgerlicher Ordnungsbau unserem Volk als einzig erstrebenswertes Ideal vor Augen gehalten, und erst wenn es dieses Ideal erreicht haben werde, dürfte es wagen, daran zu denken, diesem Europa irgendein sogenannt eigenes Wort zu stammeln. Dagegen behaupten wir, daß man die Kraft eines liebenden und allverbindenden Geistes auch bei unserer gegenwärtigen wirtschaftlichen Armut in sich tragen und erhalten könne, ja, sogar bei noch viel schlimmerer Armut als es die heutige ist: geschah das doch auch in den Zeiten nach dem Einfall der Tataren ins Land und später in der wüsten Zeit des Interregnums[2], als Rußland einzig und allein durch den alle verbindenden eigenen Volksgeist gerettet wurde. Und schließlich, selbst wenn es wirklich so unbedingt notwendig sein sollte zur Erlangung des Rechts, die Menschheit zu lieben und eine allumfassende Seele zu haben, die nicht fremde Völker haßt, bloß weil diese nicht so sind wie wir, und den Wunsch zu haben, sich nicht in der eigenen Nationalität von allen anderen abzuschließen und sich gegen sie zu verschanzen, damit nur das eigene Volk alles bekäme, während man in den anderen Völkern nur so etwas wie Zitronen sieht, die man auspressen kann (und Völker solchen Geistes gibt es doch tatsächlich in Europa!) – wenn es nun wirklich, sage ich, zur Erlangung alles dessen notwendig sein sollte, zuvor ein reiches Volk zu werden und die europäische bürgerliche Ordnung bei uns einzuführen, muß dann deshalb, so fragt es sich, wirklich alles, was es dort an europäischer Ordnung gibt (und die in Europa selbst morgen schon zusammenstürzen wird), sklavisch von uns kopiert werden? Will man denn wirklich auch hierbei dem russischen Organismus nicht gestatten, sich national zu entwickeln, durch die eigene organische Kraft, oder muß es wirklich unbedingt ein ganz unpersönliches und lakaienhaftes Kopieren Europas sein? Aber was soll man denn mit dem russischen Organismus anfangen? Begreifen denn diese Herrschaften überhaupt, was ein lebendiger Organismus ist? Und dabei reden sie doch so viel von den Naturwissenchaften! – »Das wird das Volk nicht zulassen«, sagte vor etwa zwei Jahren jemand gesprächsweise zu einem überzeugten Westler. »Dann wird man das Volk eben kassieren müssen!« antwortete darauf der Westler ruhig und überlegen. Und das war nicht irgend jemand, sondern einer der Repräsentanten unserer Intelligenz. Diese Geschichte ist nicht erfunden, sondern erlebt.

Mit diesen angeführten *vier* Punkten habe ich die Bedeutung Puschkins für uns kennzeichnen wollen, und meine Rede hat, wie erwähnt, Eindruck gemacht. Nicht durch irgendwelche besonderen Vorzüge (ich betone das ausdrücklich) und nicht durch talentvollen Vortrag (darin gebe ich allen meinen Gegnern vollkommen recht, denn ich will wirklich nicht prahlen), sondern durch ihre Aufrichtigkeit hat sie den Eindruck gemacht und ich darf wohl sagen: durch eine gewisse Unwiderlegbarkeit der von mir hervorgehobenen Tatsachen, die eben überzeugen mußten, ungeachtet der Kürze und Unvollständigkeit meiner Rede.

Aber worin, fragt es sich, bestand denn das „Ereignis", wie Iwán Ssergéjewitsch Akssákoff es nannte? – Nun, das war wohl die Tatsache, daß von den Slawophilen oder der sogenannten Russischen Partei (Gott, es gibt bei uns eine „Russische Partei"!) ein großer und vielleicht entscheidender Schritt zur Versöhnung mit den Westlern gemacht wurde, denn die Slawophilen haben damit die Berechtigung des Strebens der Westler nach Europa anerkannt, haben sogar die Berechtigung aller Übertreibungen und ihrer unsinnigsten theoretischen Folgerungen anerkannt, und haben diese Berechtigung mit dem echt russischen, unserem Volk so eigentümlichen Trieb erklärt, der unserer ganzen geistigen Veranlagung nur zu sehr entspricht; selbst die Übertreibungen haben sie als historische Notwendigkeiten angesehen und als ein Fatum gelten lassen, so daß, wenn man einmal die Summe ziehen sollte, es sich herausstellen würde, daß die Westler in demselben Maß ihrem Vaterlande und der Richtung seines Geistes gedient haben wie alle jene echt russischen Leute, die aufrichtig ihre Heimat lieben und sie vielleicht nur gar zu eifersüchtig vor der Europa-Begeisterung aller »russischen Ausländer« zu bewahren suchen. Und zum

Schluß wurde in dieser Rede erklärt, daß alle Gegensätze, aller Widerstreit und alle Feindseligkeiten zwischen den beiden Parteien bisher überhaupt nur ein großes Mißverständnis gewesen sind. Diese Erklärungen in ihrer Gesamtheit dürften nun wohl das gewesen sein, was man meinetwegen „ein Ereignis" nennen kann, denn die Vertreter des Slawophilentums waren nach meiner Rede mit allen ihren Folgerungen durchaus einverstanden. Ich möchte jetzt nur noch darauf hinweisen – was übrigens auch schon in meiner Rede geschehen ist –, daß die Ehre, diesen ersten Schritt getan zu haben (wenn der aufrichtige Wunsch, eine Versöhnung herbeizuführen, zur Ehre gereicht), daß das Verdienst, dieses neue Wort, wenn man es so bezeichnen will, verkündet zu haben, durchaus nicht mir allein zukommt, sondern dem ganzen Slawophilentum, dem Geist und der Richtung unserer ganzen „Partei", daß ferner das Gesagte von jeher allen jenen klar gewesen ist, die unparteiisch den Slawophilismus zu erfassen suchten, und daß der Gedanke, den ich ausgesprochen, von ihnen schon früher, wenn auch nicht gerade wörtlich in dieser Weise ausgedrückt, so doch dem Sinne nach mehrfach angedeutet worden ist. Ich aber habe nichts weiter getan als daß ich ihn im richtigen Moment aussprach.

Und nun der Schluß: Sollten die Westler unsere Folgerung jetzt annehmen und sich mit ihr einverstanden erklären, so würden ja alle Mißverständnisse zwischen den beiden Parteien tatsächlich beseitigt sein, und die Westler und Slawophilen hätten »ja gar keinen Anlaß mehr zum Streit«, wie sich Iwán Ssergéjewitsch Akssákoff ausdrückte, »da jetzt alles erklärt ist«. Unter diesem Gesichtspunkt wäre meine Rede freilich „ein Ereignis" gewesen. Aber das Wort „Ereignis" ist doch wohl nur in der ersten Begeisterung von der einen Partei ausgesprochen worden, ob aber auch die andere Partei es anerkennen oder ob dies nur ein Ideal bleiben wird, das ist eine ganz andere Frage. Neben den Slawophilen, die mich dort in ihre Arme schlossen und mir die Hände schüttelten, kaum daß ich die Rednertribüne verlassen hatte, kamen auch Westler auf mich zu, um mir auch ihrerseits fest die Hand zu drücken, und zwar waren es nicht so irgendwelche, sondern gerade die Führer der Partei, oder doch diejenigen, welche gerade jetzt die nahezu entscheidende Rolle in ihr spielen. Und ihr Händedruck war ebenso heiß und sprach von ebenso aufrichtigem Beifall wie der der Slawophilen, und sie nannten meine Rede genial, taten das sogar mehr als einmal und hoben immer wieder ihre Bedeutung hervor. Aber ich fürchte, ich fürchte aufrichtig: geschah das alles nicht nur im ersten Überschwang des Mitgerissenseins? Oh, nicht das fürchte ich, daß sie nachträglich ihre Meinung, meine Rede sei genial gewesen, ändern könnten! Ich weiß es ja selbst, daß sie nicht genial war, und ich fühlte mich auch durch ihr Lob keineswegs geschmeichelt, weshalb ich ihnen von ganzem Herzen ihre diesbezügliche Meinungsänderung verzeihen würde. Es ist etwas anderes, was ich befürchte. Es wäre nämlich möglich, daß die Westler (ich meine nicht jene, die mir dort die Hand drückten, sondern die Westler im allgemeinen, was vorausgeschickt sei), daß die Westler also, wenn sie erst einmal über das dort Ausgesprochene nachdenken, ungefähr folgendes sagen könnten: »Aha!« werden sie vielleicht sagen (übrigens sage ich ausdrücklich nur »vielleicht«, nichts Bestimmteres), »da haben sie nun nach langem Streit und Hader endlich doch zugegeben, daß unser Streben nach Europa berechtigt und natürlich gewesen ist. Sie haben eingesehen, daß auf unserer Seite dasselbe Recht besteht, das sie bis jetzt nur für sich in Anspruch nahmen, und haben nun ihre Fahnen endlich vor uns gesenkt. Nun, wir nehmen Ihre Anerkennung bereitwillig an, meine Herrschaften, und beeilen uns, Ihnen zu erklären, daß das Ihrerseits sogar recht geschickt ist: es verrät wenigstens einen gewissen Verstand, den wir Ihnen übrigens auch nie abgesprochen haben, mit Ausnahme vielleicht der Stumpfsinnigsten unter unseren Parteigängern, für die wir natürlich nicht einstehen können und auch nicht wollen, aber . . . ja, sehen Sie mal, hier sitzt nun wieder ein gewisser neuer Haken, weshalb man denn diesen Punkt möglichst schnell klarlegen müßte. Die Sache ist nämlich die, daß Ihre These, unser Zug nach Europa stimme durchaus mit dem Volksgeist überein, ja, sei sogar mysteriös von ihm inspiriert worden, daß diese Ihre Behauptung für uns doch von mehr als fragwürdiger Richtigkeit bleibt, weshalb denn die Möglichkeit einer Versöhnung zwischen uns wiederum ausgeschlossen ist. Lassen Sie es sich darum gesagt sein, daß wir uns allerdings von Europa, von der europäischen Wissenschaft und von der Reform Peters haben lenken lassen, keineswegs aber vom Geist unseres Volkes, zumal wir diesem Geist auf unserem Wege nie begegnet sind, noch ihn gerochen haben, und was von ihm eventuell irgendwo vorhanden sein sollte, das haben wir hinter uns liegen lassen und sind schleunigst von ihm fortgeeilt. Wir sind von Anfang an selbständig unseren Weg gegangen und haben uns durchaus nicht von irgendeinem angeblichen Trieb des russischen Volkes, seiner universalen Aufnahmefähigkeit oder seiner Neigung zur Versöhnung aller nationalen Gegensätze treiben lassen. Kurz, es ist nichts von dem geschehen, worüber Sie jetzt so viele Worte verloren haben. Im russischen Volk – da es nun einmal zur Sprache gekommen ist, wollen wir es ganz aufrichtig aussprechen – sehen wir nach wie vor nur eine passive Masse, von der wir nichts zu lernen haben, die vielmehr nur die Entwicklung Rußlands im fortschrittlichen Sinne hemmt und die man vollkommen umgestalten und umschaffen muß, wenn nicht organisch, was leider nicht möglich ist, so doch wenigstens mechanisch, das heißt: indem man sie einfach zwingt, ein für allemal uns zu gehorchen. Um aber diesen Gehorsam zu erreichen, ist es eben erforderlich, bei uns genau dieselbe bürgerliche Ordnung einzuführen, wie sie in den europäischen Ländern bereits vorhanden ist, wovon ja gerade die Rede war. An und für sich ist unser Volk arm und übelriechend, wie es das von jeher gewesen ist, und kann weder ein eigenes Antlitz, noch eine eigene Idee haben. Die ganze Geschichte unseres Volkes ist eine Absurdität, aus der sie aber bisher weiß der Teufel was für Schlüsse gezogen haben; wir dagegen haben uns den nüchternen Blick bewahrt und das Volk richtig eingeschätzt. Ein Volk wie das unsrige darf keine Geschichte haben, und das, was es bis jetzt für seine Geschichte hält, muß von ihm mit Abscheu vergessen werden, jawohl, restlos vergessen werden. Eine Geschichte haben – das dürfen nur wir, die Intelligenz, der das Volk einzig mit seiner physischen Arbeit und Kraft zu dienen hat.«

»Übrigens erlauben Sie, regen Sie sich wegen unserer Einwände nicht auf und unterbrechen Sie uns nicht: nicht zu unseren Leibeigenen wollen wir unser Volk machen, wenn wir von seinem Gehorsam sprechen, o nein, natürlich nicht! Ziehen Sie, bitte, nicht so falsche Schlüsse! Wir sind human, wir sind Europäer, und das wissen Sie ja selbst nur zu gut. Im Gegenteil, wir wollen unser Volk allmählich bilden, regelrecht bilden, und unser Werk damit krönen, daß wir das Volk allmählich bis zu uns erheben und seine Eigenart in eine andere verwandeln, in irgendeine, die sich dann schon von selbst einstellen wird, wenn die Nation nur erst einmal richtig gebildet ist. Seine Bildung aber werden wir darauf gründen und damit beginnen, womit wir selber begonnen haben: mit der Verleugnung unserer Vergangenheit und einem Fluch auf unsere ganze Geschichte. Haben wir einem Mann aus dem Volk erst das Lesen und Schreiben beigebracht, so geben wir ihm gleich darauf Europa zu riechen, und dann umstricken wir ihn vollends mit – nun, sagen wir, mit den feinen Sitten, den Kleidern, Getränken und französischen Tänzen. Mit einem Wort, wir werden ihn zwingen, sich seines früheren Bastschuhs und seines selbstgebrauten Dünnbiers zu schämen, desgleichen seiner alten Lieder; wenn es auch unter letzteren einzelne musikalisch sehr schöne geben mag, was wir ja gar nicht in Abrede stellen wollen, dann werden wir ihn doch zwingen, Couplets zu singen, wie sehr Sie sich darüber auch ärgern sollten. Kurz, um den guten Zweck zu erreichen, werden wir mit allen nur möglichen Mitteln zunächst die schwachen Seiten seines Charakters beeinflussen, ganz wie das ja auch mit uns geschehen ist, und schließlich wird dann das Volk – unser sein. Es wird sich seiner Vergangenheit selbst schämen und sie verfluchen. Wer das hinter ihm Liegende verflucht, der gehört bereits zu uns. Das ist unsere Formel! Und nach dieser Formel werden wir vorgehen, wenn wir uns daranmachen, das Volk zu uns zu erheben. Sollte das Volk sich aber als unfähig zur Bildung erweisen, dann, ja dann muß man es eben beseitigen. In dem Fall wäre ja der Beweis dafür erbracht, daß unser Volk nur eine unwürdige, barbarische Herde ist, mit der man wirklich nichts anderes anfangen kann als daß man sie zum Gehorsam zwingt. Denn was sollte man sonst mit ihm anfangen? – ist doch nur bei unserer Intelligenz und in Europa die Wahrheit! Wenn es bei uns auch achtzig Millionen Volk gibt (womit Sie übrigens offenbar doch ein wenig zu prahlen belieben), so haben alle diese Millionen doch nur dann einen Lebenszweck, wenn sie dieser europäischen Wahrheit dienen, außer der es eine andere Wahrheit nun einmal nicht gibt und auch gar nicht geben kann. Mit der Menge aber, mit diesen achtzig Millionen, werden Sie uns nicht einschüchtern. So: damit hätten wir Ihnen einmal gründlich unsere Meinung gesagt, diesmal in ganzer Nacktheit. Wir aber bleiben bei dem, was wir gesagt haben. Wir können doch nicht, wenn wir Ihre Folgerung annehmen, mit Ihnen – nun, zum Beispiel über so seltsame Dinge philosophieren, wie die Pravoslavié[3] und deren angeblich ganz besondere Bedeutung! Wir hoffen, daß Sie uns wenigstens dies nicht zumuten werden, namentlich nicht jetzt, wo das letzte Wort Europas und das allgemeine Ergebnis der europäischen Wissenschaft doch der Atheismus ist, ein aufgeklärter und humaner Atheismus! Wir aber – wir können doch nicht Europa etwas *nicht* nachsprechen. So sind wir denn meinetwegen bereit, jene Hälfte der bewußten Rede, in der Sie uns Beifall zollen, mit gewissen Einschränkungen gelten zu lassen – also gut, wir erweisen Ihnen diese

Gefälligkeit! Was aber die andere Hälfte betrifft, die, auf die Sie sich und alle diese Ihre „Grundlagen“ beziehen – ja: da verzeihen Sie schon, davon können wir nun nichts mehr annehmen und billigen!«

Eine so traurige Antwort auf meine Rede ist durchaus möglich. Doch wie gesagt: ich wage sie nicht nur nicht in den Mund jener Westler zu legen, die mir die Hand drückten, sondern nicht einmal in den Mund der vielen, sehr vielen Aufgeklärten, die trotz ihrer Theorien prächtige Russen sind und für ihr Vaterland arbeiten und als russische Bürger alle Achtung verdienen. Dafür aber wird die Masse, die Masse der Abtrünnigen, der von ihrem Erdboden Losgerissenen, die Masse der Westler, der Durchschnitt, die Straße, auf der man die Idee weiterschleift – dieser ganze Pöbel der „Richtung“ (und der ist ja immer zahlreich wie der Sand am Meer) – oh, dieser Schlag Menschen wird unbedingt in ähnlicher Weise antworten, wenn er es nicht schon getan hat. (Notabene: Hinsichtlich des Glaubens zum Beispiel ist schon in einer Broschüre mit dem ganzen ihnen eigenen Scharfsinn erklärt worden, das Ziel der Slawophilen sei: ganz Europa zur Orthodoxie zu bekehren.) Doch verscheuchen wir diese schwarzen Gedanken und hoffen wir zunächst auf die Führer unseres Europäertums. Wenn sie auch nur die Hälfte unserer Schlüsse und der von uns auf sie gesetzten Hoffnungen annehmen, so sei ihnen auch hierfür Ehre und Ruhm, und wir werden sie mit Begeisterung begrüßen. Ja, selbst wenn sie nur die eine Hälfte annehmen, das heißt: wenn sie wenigstens die Selbständigkeit und Eigenart des russischen Geistes anerkennen, sowie die Berechtigung seines Daseins und seinen Trieb zu menschenfreundlicher Allversöhnung, so wird es schon fast nichts mehr geben, worüber wir noch zu streiten hätten, wenigstens nichts Grundsätzliches. Dann würde meine Rede allerdings so etwas wie die Basis zu einem neuen Ereignis gelegt haben. Nicht sie selbst – ich wiederhole es zum letztenmal – wäre das Ereignis gewesen (sie ist eine solche Bezeichnung nicht wert), sondern der große Triumph Puschkins, der die Veranlassung zu unserer Einigung gewesen wäre – einer Einigung aller wahrhaft gebildeten und aufrichtigen Russen für eine zukünftige wunderbare Aufgabe.

ZWEITES KAPITEL

PUSCHKIN

Eine Skizze

Vorgetragen am 8. Juni 1880 in der Versammlung des Vereins der „Freunde russischer Literatur“

„Puschkin ist eine außergewöhnliche Erscheinung und vielleicht die bisher einzige Äußerung des russischen Geistes“, sagt Gogol. Ich füge von mir aus hinzu: und zwar eine prophetische Äußerung. Ja, in Puschkins Erscheinen liegt für uns alle, uns Russen, etwas zweifellos Prophetisches. Puschkin erschien bei uns zu einer Zeit, als sich zum erstenmal so etwas wie Selbsterkenntnis in unserer Gesellschaft hervorzuwagen begann, ein ganzes Jahrhundert nach der Reform Peters[1]; sein Erscheinen wirkte wie eine Beleuchtung unseres dunklen Weges mit neuem und bahnweisendem Licht. In diesem Sinne ist Puschkin in der Tat eine Prophezeiung und ein Hinweis zugleich.

Ich unterscheide im Werk unseres großen Dichters drei Perioden. Ich sage das nicht als Literaturkritiker: wenn ich von der schöpferischen Tätigkeit Puschkins rede, will ich nur meinen Satz von seiner prophetischen Bedeutung für Rußland klarlegen und was ich unter diesem Ausdruck verstehe. Übrigens möchte ich hier vorausschicken, daß zwischen besagten drei Abschnitten seiner Entwicklung, wie mir scheint, keine festen Grenzen bestehen. Der Anfang des „Onégin“ zum Beispiel gehört meiner Ansicht nach noch in die erste Periode seines Schaffens, das Ende dagegen in die zweite, in der Puschkin seine Ideale in seinem eigenen Lande bereits gefunden, konzipiert und liebevoll in seine große, ganz und gar hellseherische Seele aufgenommen hatte. Ferner: Es ist üblich, zu sagen, daß Puschkin in der ersten Periode seines Schaffens europäische Dichter nachgeahmt habe, wie Parny, André Chénier und besonders Byron. Und es ist wahr: diese und andere Dichter Europas haben zweifellos einen großen Einfluß auf die Entwicklung seines Genies gehabt und haben diesen Einfluß wohl auch zeit seines Lebens behalten. Nichtsdestoweniger waren schon die ersten Dichtungen Puschkins keineswegs nur Nachahmungen, vielmehr verrät sich auch in ihnen schon die ungewöhnliche Selbständigkeit seines Genies. Aus Nachahmungen spricht nie ein so echter Schmerz, nie eine so tiefe Selbsterkenntnis, wie Puschkin sie zum Beispiel in den „Zigeunern" hat, in einem Poem, das ich durchaus noch zu seiner ersten Schaffensperiode rechne. Von seiner schöpferischen Kraft und von der mitreißenden Gewalt seiner Sprache ganz zu schweigen – nein, die hätte er wahrlich nicht gehabt, wenn er nur ein Nachahmer gewesen wäre. Die Gestalt des Aleko, des Helden dieses Poems, vertritt bereits einen großen und tiefen, einen echt russischen Gedanken, denselben, der später in so harmonischer Vollendung im „Onegin" ausgedrückt ist, wo uns fast der gleiche Aleko entgegentritt, nur mit dem Unterschied, daß er hier nicht mehr in einer phantastischen Umgebung und in phantastischem Licht erscheint, sondern in greifbar wirklicher und verständlicher Gestalt auftritt. Schon in Aleko hat Puschkin jenen Unglücklichen, der in seinem ganzen großen Vaterland nirgendwo seßhaft zu werden vermag, jenen historischen russischen Märtyrer, dessen Erscheinen in unserer vom Volk losgerissenen Gesellschaft, historisch betrachtet, so unvermeidlich war, in einer genialen Skizze festgehalten. Entdeckt aber hat er ihn wahrlich nicht nur in Byrons Werken. Dieser Typ ist fehlerlos erfaßt, ist eine von unseren stehenden Figuren und hat sich bei uns, in unserem russischen Vaterland, seit langem und auf lange Zeit eingebürgert. Dieser russische „Ruhelose" aus den höheren Gesellschaftskreisen setzt auch heute noch sein Leben fort, und ich glaube, er wird so bald nicht aussterben. Und wenn diese Naturen heutzutage nicht mehr Zigeunerlager aufsuchen, um in der ungebundenen Lebensweise der Nomaden ihr Weltideal und im Schoße der Natur Ruhe und Erlösung von dem sinnlosen, verwirrenden Leben unserer russischen Gesellschaft zu finden, so werfen sie sich jetzt dem Sozialismus in die Arme, den es zu Alekos Lebzeiten noch nicht gab. Das heißt: sie gehen mit ihrem neuen Glauben nur auf einen fremden Acker, um dort mit Eifer auf ihre Weise zu arbeiten, geradeso überzeugt, wie Aleko es war, daß sie auf diesem ihrem phantastischen Arbeitsfeld das Glück nicht nur für sich selbst, sondern zugleich für die ganze Welt erlangen werden. Denn dieser russische Ruhelose bedarf nun einmal des Glücks aller Menschen, um mit sich zur Ruhe kommen zu können: sonst, o nein, sonst gibt er sich nicht zufrieden – das heißt so lange tut er es nicht, wie es sich in der Sache nur um die Theorie handelt. Der „Ruhelose“ von heute wie der von damals sind noch ganz dieselben Russen, nur daß sie zu verschiedenen Zeiten geboren wurden. Dieser Menschenschlag ist, ich wiederhole es, gerade zu Anfang des zweiten Jahrhunderts nach der großen Reform Peters in unserer vom Volk und von der Volkskraft losgelösten Gesellschaft entstanden. Gewiß, die riesige Mehrzahl der gebildeten Russen hat damals, zu Puschkins Zeiten, ebenso ihr Leben im Staatsdienst zugebracht, wie sie in unserer Zeit friedlich als Beamte weiterdient, sei es im Fiskus, sei es an der Eisenbahn und in den Banken, oder sie verdient sich ihr Geld durch andere Mittel; sie beschäftigt sich sogar mit der Wissenschaft, hält Vorlesungen und verrichtet alles regelmäßig, träge, friedlich, lebt von monatlichem Gehalt und kleinen Kartenpartien, ohne jede innere Anfechtung oder Neigung zur Flucht in ein Zigeunerlager, oder gleichviel wohin und in welches Lager, das sich in unserer Zeit eben mehr dazu eignet. Viel, sehr viel ist es schon, wenn sie ein wenig die Liberalen spielt, mit einem »Hauch von europäischem Sozialismus«, dem aber ein gewisser russisch gutmütiger Charakterzug beigemischt ist. Aber das ist ja alles nur eine Frage der Zeit. Was liegt daran, daß der eine noch nicht angefangen hat, unruhig zu sein, während der andere schon bei der verschlossenen Tür angelangt und mit dem Kopf bereits an sie angerannt ist. Dasselbe erwartet sie alle, jeden zu seiner Zeit, wenn sie nicht den rettenden Weg betreten und sich bescheiden mit dem Volk vereinigen. Oder nicht einmal alle mag dasselbe erwarten: es genügen auch die „Auserwählten", es genügt auch der zehnte Teil aus der Ruhe Geratener, und die übrige große Mehrheit wird dank ihrer Unruhe bald gleichfalls keine Ruhe mehr finden. Aleko freilich versteht es noch nicht, seine Sehnsucht richtig in Worte zu fassen: bei ihm ist alles gleichsam noch abstrakt. Er sehnt sich nach der Natur und klagt über die Gesellschaft, verspürt einen Drang, der sich irgendwie auf die ganze Welt bezieht, und trauert ob der vermeintlich irgendwo, irgendwann, durch irgendwen verlorenen Wahrheit, die er nun nirgends zu finden vermag. Hier ist, ersichtlich, ein bißchen Jean Jacques Rousseau zu spüren. Worin diese Wahrheit bestanden, wo und wie man sie wiederfinden könnte und wann sie verlorengegangen, das weiß er allerdings nicht zu sagen, aber er leidet aufrichtig. Vorläufig sehnt sich denn auch der phantastische, unduldsame Mensch nur nach Erlösung von vornehmlich äußeren Erscheinungen. So muß es ja auch sein! Die Wahrheit ist für ihn irgendwo außerhalb seiner Person, vielleicht irgendwo in anderen Ländern, zum Beispiel in den europäischen, die alle ihren geschichtlich festgefügten Bau und eine bestimmte Ordnung in ihrem staatlichen wie gesellschaftlichen Leben besitzen. Und niemals wird er begreifen, daß die Wahrheit vor allen Dingen in ihm selbst sein muß, ganz innerlich, nur in ihm selbst. Aber wie sollte er das auch verstehen?! Er ist doch in seinem eigenen Land ein Fremder, schon seit einem ganzen Jahrhundert hat er das Arbeiten verlernt, besitzt er nichts mehr von lebendiger Kultur, ist er wie ein Institutszögling in vier Wänden aufgewachsen.

Die Pflichten, die er mechanisch erfüllt hat, waren willkürlich, je nach seiner Zugehörigkeit zu einer der vierzehn Rangklassen der Beamtenschaft, in die unsere gebildete russische Gesellschaft eingeteilt ist. Er ist vorläufig nur ein losgerissenes und in der Luft schwebendes Etwas. Er fühlt das auch selbst und leidet darunter, oft sogar qualvoll! Nun, und schließlich – was hat es auch auf sich, daß er, der vielleicht zum russischen Geburtsadel gehört und sogar, was höchst wahrscheinlich ist, Leibeigene besitzt, mit der ganzen Freiheit seines Standes sich den kleinen phantastischen Einfall gestattet, an Menschen Gefallen zu finden, die „ohne Gesetz" leben, um zeitweilig, wenn es sich so fügt, im Zigeunerlager den Bärenführer zu spielen? Am ehesten konnte ihm noch das Weib, „das Naturweib", wie ein Dichter sich ausdrückt, die Hoffnung auf eine Erlösung von seiner Lebensqual verheißen; nichts ist infolgedessen selbstverständlicher, als daß er sich in leichtsinnigem, jedoch leidenschaftlichem Glauben in die junge Zigeunerin Semfira verliebt. Das hieß soviel wie: „Hier, nur hier finde ich den Ausweg, hier werde ich auch mein Glück finden, hier im Schoße der Natur, fern von aller Welt, hier unter diesen Menschen, die keine Zivilisation und keine Gesetze haben!" Und was ist das Ergebnis? – schon bei seinem ersten Zusammenstoß mit den Bedingungen dieses freien Lebens hält er nicht stand und befleckt seine Hände mit Blut. Der unselige Schwärmer von einer Weltharmonie taugt ja nicht einmal zu einem Zusammenleben mit einer Zigeunerbande, und so jagen sie ihn dann auch einfach fort, ohne Rache, ohne Zorn, schlicht und nicht ohne Würde. Der Alte sagt nur:

„Verlaß uns, stolzer Mensch.
Wir sind Zigeuner, fremd sind uns Gesetze,
Wie ihr sie habt. Wir pflegen nicht zu martern
Und auch nicht hinzurichten."

Das ist natürlich alles recht phantastisch, aber der „stolze Mensch" ist realistisch und treffend erfaßt. Und das hat bei uns zum erstenmal Puschkin getan, das müssen wir uns merken. Ja, genau, genau so pflegt es zu geschehen: kaum ist ihm etwas wider den Strich, da bringt er auch schon wütend zwei Menschen um und rächt sich sofort für die ihm widerfahrene Kränkung; oder, was sogar noch bequemer ist, er besinnt sich auf seine Zugehörigkeit zu einer der vierzehn Rangklassen der russischen Gesellschaft und ruft vielleicht selber (denn auch dies ist vorgekommen) das marternde und hinrichtende Gesetz an, damit nur ja seine persönliche Kränkung gerächt werde. Nein, diese geniale Dichtung ist keine Nachahmung! Und hier ist auch schon die russische Lösung der Frage, der „verdammten Frage" im Sinne des russischen Volksglaubens und der Volkswahrheit angedeutet: „Bezähme dich, stolzer Mensch, und zerbrich erst einmal deinen Hochmut. Demütige dich, müßiger Mensch, und arbeite erst einmal auf deinem heimatlichen Acker!" Das wäre die Entscheidung nach dem Rechtsempfinden und der Vernunft des Volkes. „Die Wahrheit ist nicht außerhalb deiner, sondern in dir, finde sie dort, unterwirf dich dir selbst, bemächtige dich deiner und du wirst die Wahrheit erleben. Nicht in den Dingen ist diese Wahrheit, nicht außerhalb deiner und nicht irgendwo fern jenseits des Meeres, sondern zuerst und vor allem in deiner eigenen Arbeit an dir selbst. Wenn du dich selbst besiegst, wirst du dich besänftigen, und wirst dann so frei sein, wie du es dir noch nie erträumt hast, und wirst damit zugleich ein großes Werk beginnen und auch andere frei machen und das Glück kosten; denn dein Leben wird sich mit Inhalt füllen, und du wirst endlich dein Volk und seine heilige Wahrheit verstehen. Die Harmonie der Welt gibt es weder bei Zigeunern noch sonstwo, wenn du selbst als erster ihrer nicht wert bist, böse und hochmütig bist und das Leben umsonst verlangst, sogar ohne überhaupt darauf zu verfallen, daß man dafür bezahlen muß."

Diese Lösung der Frage ist bereits in jener frühen Dichtung Puschkins stark angedeutet. Noch viel klarer aber ist sie im „Eugen Onegin" ausgesprochen, in diesem nicht mehr phantastischen, sondern greifbar realistischen Werk, in dem das wirkliche russische Leben mit einer solchen schöpferischen Kraft und in einer künstlerischen Vollendung wiedergegeben ist, wie es vor Puschkin noch keine Dichtung bei uns gegeben hat und wie auch nach ihm vielleicht keine erschienen ist.

Onegin kommt aus Petersburg – unbedingt aus Petersburg, das ist zweifellos die erste Bedingung, und einen so wichtigen Umstand in der Lebensgeschichte seines Helden konnte Puschkin natürlich nicht übergehen. Und ich wiederhole, dieser Held ist der gleiche Aleko, namentlich später, wenn er verdrossen ausruft:

„Warum lieg' ich nicht gelähmt,
Wie in Tula der Assessor?"

Vorläufig jedoch, am Anfang der Dichtung, ist er zur Hälfte noch Dandy und Salonkavalier und hat noch viel zu wenig gelebt, um vom Leben schon ganz und gar enttäuscht zu sein. Aber auch ihn beginnt bereits heimzusuchen und zu beunruhigen

„Der vornehme Dämon heimlicher Langweil'."

In der ländlichen Einsamkeit auf seinem Gut, im Herzen seiner Heimat fühlt er sich nicht heimisch. Er weiß nicht, was er dort anfangen soll, und es ist ihm, als wäre er bei sich selbst zu Gast. Später, wenn er in seiner Unzufriedenheit und inneren Unruhe im Vaterland und in fremden Ländern von Ort zu Ort reist, fühlt er sich – als fraglos kluger und fraglos aufrichtiger Mensch – auch unter den Fremden sich selber fremd. Freilich liebt auch er sein Land, aber er traut ihm nicht. Natürlich hat er von den einheimischen Idealen gehört, aber er glaubt nicht an diese Ideale. Er glaubt nur an die vollkommene Unmöglichkeit gleichviel welch einer Arbeit auf dem Heimatboden und blickt auf die, die an diese Möglichkeit glauben, und von denen es damals, wie auch jetzt, nur wenige gab, mit einem traurigen Spottlächeln herab. Lenskij, sein junger Freund, wird von ihm aus Langeweile im Duell erschossen, vielleicht gerade infolge seiner Sehnsucht nach dem idealen Frieden! Das wäre uns nur zu ähnlich, weshalb diese Erklärung denn auch die wahrscheinlich richtige ist. Wie anders dagegen Tatjana! Die ist ein starker Mensch, die steht fest und sicher auf ihrem Boden. Sie ist tiefer als Onegin und natürlich auch klüger als er. Sie ahnt schon allein durch ihren edlen Instinkt, wo die Wahrheit ist und worin sie besteht, was dann der Schluß des Romans bezeugt. Vielleicht wäre es besser gewesen, Puschkin hätte seinen Roman nach ihr benannt, und nicht nach ihm, denn *sie*, nicht er, ist der eigentliche Held. Sie ist ein positiver Typ, nicht ein negativer, wie er; sie ist ein Typ wahrhafter Schönheit, ist die Apotheose der russischen Frau, und sie ist es denn auch, die der Dichter den Grundgedanken seiner Dichtung in der berühmten Szene der letzten Begegnung Tatjanas mit Onegin aussprechen läßt. Ja, man kann sogar sagen, daß ein solches Urbild der russischen Frau, eine Heldin von solcher Schönheit in unserem ganzen Schrifttum nicht wieder geschaffen worden ist – ausgenommen höchstens die Gestalt der Lisa in Turgenjeffs „Adelsnest". – Die Angewohnheit, auf alles hochmütig hinabzuschauen, hat zur Folge, daß Onegin bei der ersten Begegnung auf dem weltfernen Gut ihrer Eltern überhaupt nicht sieht, wen er in der schüchternen Gestalt des reinen unschuldigen Mädchens vor sich hat, während sie sich schon bei dem ersten Blick auf ihn so seltsam bangewerden fühlt. Er verstand eben nicht, in dem armen Mädchen die harmonische Vollkommenheit ihrer Anlagen zu erkennen, und hat sie vielleicht wirklich für einen „moralischen Embryo" gehalten, wie man sie später genannt hat. Sie – ein Embryo! und das noch nach ihrem Brief an ihn! Wenn in diesem Roman jemand ein moralischer Embryo ist, dann ist das doch wahrhaftig niemand anderes als Onegin selbst! Freilich, er konnte sie ja gar nicht erkennen: kennt er denn überhaupt die Menschenseele? Er ist doch ein abstrakter Mensch, ein ruheloser Träumer sein Leben lang. Auch später in Petersburg, wo er sie als vornehme Dame wiedersieht, erkennt er sie nicht, obschon er ihr schreibt, mit seiner Seele erahne er „alle ihre Vollkommenheiten". Aber das sind ja nur Worte: sie ist in seinem Leben an ihm vorübergegangen, ohne von ihm erkannt und ihrem Wert nach geschätzt worden zu sein; eben darin liegt das Tragische ihres Romans. Oh, wäre dagegen damals, bei der ersten Begegnung mit ihr, Childe Harold oder gar Lord Byron in eigener Person geradenwegs aus England auf ihrem Gut eingetroffen, und hätte dieser ihn auf den eigenartigen Reiz des schüchternen jungen Mädchens aufmerksam gemacht, – oh, dann wäre Onegin sogleich betroffen und entzückt gewesen, denn in diesen Weltschmerzmärtyrern steckt doch mitunter so viel geistiges Lakaientum! Das geschah aber nicht, und Onegin, der Sucher der Weltharmonie, begibt sich, nachdem er Tatjana als Antwort auf ihren Brief eine Predigt gehalten und sich dabei immerhin noch sehr anständig benommen hat, mitsamt seinem Weltschmerz und dem aus albernem Ärger vergossenen Blut Lenskijs auf dem Gewissen, auf Reisen, zunächst in Rußland, doch offenbar ohne es zu beachten. Und im Überschwang seiner Gesundheit und Kraft, ruft er dennoch knirschend aus:

„Jung bin ich, voller Lebenskraft,
Und doch: was soll's? ..."

Denn er weiß es selbst nicht, worauf er wartet, was er ersehnt! Und so bleibt ihm nichts als sein ruheloser Weltschmerz, den er verwünscht und trotzdem nicht loswird.

Das begriff Tatjana. In den unsterblichen Strophen des Romans erzählt uns der Dichter, wie sie das Haus dieses für sie immer noch so wunderbaren und rätselhaften Menschen besucht. Ich will hier nicht weiter von der künstlerischen Vollendung, der unnachahmlichen Schönheit und Tiefe dieser Strophen reden. Da steht sie nun in seinem Kabinett, betrachtet seine Bücher, die Möbel, alle Gegenstände, bemüht sich, aus ihnen seine Seele zu erraten, ihr Rätsel zu lösen, und der „moralische Embryo“ bleibt schließlich mit einem seltsamen Lächeln auf den Lippen nachdenklich stehen, wie in einer Vorahnung der Lösung des Problems, und ihre Lippen flüstern leise:

„Oder sollt' er gar ... nur eine Parodie sein?“

Ja, das mußte sie sich flüsternd fragen; sie hatte es erraten. In Petersburg, lange Zeit nachher, nach der neuen Begegnung, da kennt sie ihn bereits vollkommen. Übrigens, wer hat das eigentlich gesagt, daß das Leben im höchsten Gesellschaftskreis bei Hofe ihre Seele verderblich beeinflußt habe und daß gerade die Würde der hochgestellten Dame und die neuen gesellschaftlichen Begriffe zum Teil der Grund ihrer Absage an Onegin gewesen seien? Nein, so verhielt es sich nicht. Nein, sie ist auch als Fürstin dieselbe Tanja, dieselbe, die sie dort auf dem Land als adeliges Gutsfräulein war! Sie ist nicht verdorben, im Gegenteil, sie fühlt sich bedrückt durch dieses prunkvolle Petersburger Leben; es ist für sie eine Last und ein Zwang, unter dem sie leidet; sie verabscheut ihre gesellschaftliche Stellung, und wer sie anders beurteilt, der begreift überhaupt nicht, was Puschkin ausdrücken wollte. Fest und ruhig sagt sie zu Onegin, sie sei nun einmal

„... Einem andren angetraut
Und werd' dem ewig treu sein.“

Das sagt sie gerade als russische Frau, und darin besteht deren Apotheose, die uns Puschkin mit ihrer Gestalt gegeben hat. Sie spricht die innere Wahrheit dieser Dichtung aus. Oh, ich sage kein Wort über ihre religiösen Ansichten, über ihre Auffassung von der Heiligkeit der Ehe – nein, das werde ich nicht berühren. Aber wie denn: weigert sie sich deshalb, ihm zu folgen, obgleich sie ihm gesteht, daß sie ihn immer noch liebe, – deshalb etwa, weil sie „als russische Frau“ (und nicht als Südländerin oder irgendeine Französin) unfähig wäre zu einem mutigen Schritt, etwa weil sie nicht die Kraft hätte, ihre Fesseln zu zerreißen, und nicht stark genug wäre, das Gefeiertwerden, ihre gesellschaftliche Rolle, den Reichtum, den Ruf der Tugend zu opfern? Nein, die russische Frau ist mutig. Die russische Frau handelt furchtlos danach, was sie für richtig hält, das hat sie bewiesen. Aber Tatjana ist „einem anderen angetraut", und diesem werde sie „ewig treu sein". Aber wem denn, wem denn treu? Welchen Pflichten? Treu diesem alten General, den sie doch nicht lieben kann, da sie ja Onegin liebt, und den sie nur geheiratet hat, weil „die Mutter sie unter Tränen beschworen"? In ihrer gekränkten und wunden Seele war damals nichts als Verzweiflung, keine Hoffnung, kein Lichtblick. Also treu diesem alten General? Ja, treu diesem alten General, ihrem Mann, dem ehrlichen Menschen, der sie liebt, der sie achtet und stolz auf sie ist. Mag auch die Mutter sie beschworen und angefleht haben, aber sie, Tatjana selbst und keine andere hat das Jawort gegeben, sie, sie selbst hat ihm Treue geschworen. Mag sie ihn auch aus Verzweiflung genommen haben, jetzt ist er ihr Gatte, und ihr Treubruch würde ihn mit Schimpf und Schande bedecken, würde sein Leben zerstören. Und kann denn ein Mensch sein Glück auf dem Unglück eines anderen aufbauen? Das Glück liegt nicht allein in den Genüssen der Liebe, sondern auch in der höheren Harmonie des Geistes. Womit sollte man aber den Geist beruhigen, wenn hinter einem ein unehrenhafter, mitleidloser, fast unmenschlicher Schritt liegt? Sollte sie nur deshalb von ihm fliehen, weil es sich um ihr Glück handelte? Aber was kann denn das für ein Glück sein, das auf fremdem Unglück beruht? Nehmen wir an, daß Sie den Bau der Geschicke des Menschengeschlechts aufzuführen hätten, mit dem Ziel, die Menschen zu beglücken, ihnen zum Schluß Frieden und Ruhe zu geben. Nehmen Sie an, zu dem Zweck wäre es unbedingt erforderlich, im ganzen nur ein einziges menschliches Wesen zu Tode zu quälen – ja, sagen wir, nicht einmal ein gar so wertvolles, meinetwegen sogar irgendein ganz lächerliches Wesen, also nicht etwa einen Shakespeare, sondern – nun, sagen wir einfach, nur einen ehrenwerten alten Mann, den Gatten einer jungen Frau, an deren Liebe er in blindem Vertrauen glaubt, obgleich er ihr Herz gar nicht kennt, der sie aber ehrt und achtet, stolz auf sie ist, glücklich durch sie und ruhig. Und nur dieser eine Mensch muß entehrt und der Schmach ausgesetzt und gequält werden, um auf den Tränen dieses Mannes den Glücksbau aufzuführen! Würden Sie da wohl einwilligen, der Baumeister dieses Gebäudes unter dieser einen Bedingung zu sein? Das ist die Frage. Vermöchten Sie auch nur einen Augenblick die Ansicht zu vertreten, daß die Menschen, für die Sie diesen Bau aufführen, einwilligen würden, dieses Glück von Ihnen anzunehmen, wenn Sie in das Fundament den Schmerz eines zwar unbedeutenden, doch unverdientermaßen unbarmherzig zu Tode gequälten Menschen einmauern müßten, und daß die Menschen in diesem Glück ewig zufrieden sein könnten? Deshalb frage ich: Konnte Tatjana in ihrer Reinheit und Vornehmheit und mit ihrem von eigenem Leid wehen Herzen sich überhaupt anders entschließen? Nein; denn eine reine russische Seele sagt sich in diesem Fall: »Mag ich allein das Glück entbehren, mag auch mein Unglück unvergleichlich größer sein als das Unglück dieses alten Mannes, mag auch niemand jemals erfahren, auch mein Mann nicht, daß ich mich geopfert habe, mag auch niemand mein Opfer schätzen, ich will doch nicht auf Kosten eines anderen glücklich sein!« Das ist der Kern der Tragödie. Hier handelt es sich um ein Entweder-Oder, für ein Drittes ist es zu spät, und danach fällt denn die Antwort aus, die sie Onegin gibt. Nun wird man vielleicht einwenden: »Ja, aber auch Onegin ist doch unglücklich, den einen macht sie glücklich, den alten Mann, an den anderen aber, an den jungen und an sein Unglück denkt sie nicht!« Erlauben Sie, hier handelt es sich noch um eine andere Frage, vielleicht sogar um die wichtigste im Roman. Übrigens hat die Frage, warum Tatjana Onegin nicht folgt, bei uns, oder wenigstens in unserer Literaturkritik, eine besondere Geschichte, die sogar recht charakteristisch ist, nur deshalb habe ich mir auch erlaubt, mich über diese Frage so ausführlich zu verbreiten.[4] Das Charakteristischste dürfte wohl sein, daß die moralische Lösung dieser Frage bei uns so lange allen Zweifeln ausgesetzt gewesen ist. Ich denke: selbst wenn Tatjana frei gewesen, wenn ihr alter Mann schon gestorben wäre, daß sie auch dann nicht Onegins Werbung angenommen hätte. Man muß doch die ganze Wesensart dieses Charakters begreifen. Sie sieht doch, wer er ist: Er, der ewig unstete Mensch, findet plötzlich die Frau, die er als junges Mädchen verschmäht hat, findet sie in einer neuen glänzenden Umgebung – und diese Umgebung ist für ihn auch das Ausschlaggebende, ihre gesellschaftliche Rolle ist es, die ihn bestrickt. Vor diesem ehemaligen jungen Mädchen, auf das er beinahe mit Verachtung herabsah oder doch mit Geringschätzung, beugt sich jetzt die Gesellschaft – die Gesellschaft, diese ungeheure Autorität in den Augen Onegins, ungeachtet aller seiner Weltschmerzen und Weltideale. Deshalb also, nur deshalb wirft er sich wie geblendet ihr zu Füßen! Endlich glaubt er, sein Ideal gefunden zu haben, seine Rettung, die Erlösung von seiner Sehnsucht, die er früher nicht zu erkennen verstanden, und „das Glück war doch so möglich, so nah!“ ruft er aus. Wie Aleko zur jungen Zigeunerin Semfira, so strebt Onegin jetzt zu Tatjana, indem er in seinem neuen launischen Einfall alle Lösungen seiner Probleme sucht. Und das sieht doch Tatjana, hat sie ihn nicht schon längst durchschaut? Sie weiß doch ganz genau, daß er im Grunde nur seine neue Einbildung liebt, und nicht sie, die ja dieselbe stille Tatjana geblieben ist, die sie früher war. Sie weiß, daß er sie für etwas ganz Anderes hält, als was sie ist, daß er sie nicht nur nicht liebt, sondern daß er sogar überhaupt nicht fähig ist, gleichviel wen zu lieben, wenn er auch noch so sehr leidet! Er liebt seinen Einfall, seine Phantasie, aber er selbst ist ja auch nur ein Trugbild seiner Phantasie. Würde er doch, wenn sie ihm folgte, schon am nächsten Tage wieder gleichgültig werden und an seinen Überschwang mit spöttischem Lächeln zurückdenken. Er hat überhaupt keinen Boden unter sich, auf dem er stehen könnte; er ist wie ein Stäubchen, das vom Wind getragen wird. Wie anders dagegen Tatjana! Sie hat sogar in der Verzweiflung und in dem schmerzhaften Bewußtsein, daß ihr Leben verfehlt ist, etwas Festes und Unerschütterliches, worauf sich ihre Seele stützen kann. Das sind ihre Erinnerungen an ihre Kindheit, an ihre Heimat, an die Landeinsamkeit, in der ihr stilles, reines Leben begann, oder auch nur „das Kreuz und der Schatten der Zweige über dem Grabe ihrer alten Kinderfrau". Oh, diese Erinnerungen an ihre Jugend sind ihr jetzt das Teuerste, was sie hat, diese Erinnerungen allein sind ihr geblieben, aber sie genügen, um ihre Seele vor der letzten Verzweiflung zu bewahren. Und das ist nicht wenig, nein, das ist schon viel, sehr viel, denn das ist der feste Boden der Wirklichkeit, es ist etwas, worauf man bauen kann. Hierin liegt die Verbindung mit dem eigenen Volk, mit seinen Heiligtümern, liegt das, was das Vaterland zur wahren Heimatscholle macht. Was aber hat er, Onegin, und was ist er überhaupt? Hätte sie ihm denn bloß aus Mitleid folgen sollen, nur um ihm eine Abwechslung zu bieten, um ihm aus unendlich liebevollem Erbarmen nur für einige Zeit das Phantom eines Glückes zu schenken, während sie doch mit Sicherheit wußte, daß er sich schon am nächsten Tage skeptisch und spöttisch zu diesem seinem neuen Glück verhalten werde! Nein, es gibt tiefe und starke Seelen, die ihr Heiligstes nicht bewußt der Schmähung preisgeben können, und wär's auch nur aus unendlichem Erbarmen. Nein, Tatjana konnte nicht Onegin folgen. So hat sich denn Puschkin in diesem seinem unsterblichen Roman „Onegin" als ein großer Volksdichter offenbart, wie wir vor ihm keinen gehabt haben. Er hat darin mit einem einzigen Griff, in der treffendsten Weise, mit dem scharfsichtigsten Blick die Tiefe unserer Wesensart erfaßt und dargestellt. – In derselben Schaffensperiode aber, in der er uns den Typ des russischen Ruhelosen schuf, den es heute noch ganz so wie damals gibt und der für unser zukünftiges Schicksal von größter Bedeutung ist, während er neben ihm die wahre Vertreterin unendlicher Schönheit in der Gestalt der russischen Frau zeigte, prägte er gleichzeitig in anderen Werken – und wiederum als erster – eine ganze Reihe der prächtigsten russischen Volkstypen. Die Schönheit auch dieser Typen besteht vor allem in ihrer Echtheit, die so groß ist, daß man sie ordentlich wie lebende Menschen vor sich zu sehen meint: so unverkennbar sind sie, so wahr und leibhaft stehen sie vor einem da. Ich möchte nochmals betonen, daß ich nicht als Literaturkritiker rede, deshalb werde ich meinen Gedanken auch nicht durch eingehende Untersuchungen der genialen Werke unseres Dichters zu erklären versuchen. Über seinen russischen Chronisten[5] zum Beispiel müßte man allein schon ein ganzes Buch schreiben, wollte man die volle Bedeutung dieser Gestalt erschöpfen, die Puschkin uns in ihrer ruhigen Geistesgröße wie ein Wahrzeichen und einen ewigen Zeugen unseres kraftvollen Volksgeistes vor Augen gestellt hat. Diesen Typ gibt es wirklich, von dem kann niemand sagen, er sei vom Dichter frei erfunden, sei bloß eine Idealgestalt. Wenn man aber zugesteht (und das muß man), daß es solche Menschen im russischen Volk gibt, dann muß man auch zugeben, daß es notwendig einen Volksgeist, der sie hervorbringt, geben muß, und weiter, daß dieser Geist auch die erforderliche Lebenskraft haben wird. Überall tritt bei Puschkin der Glaube an den russischen Charakter hervor, der Glaube an eine geistige Kraft des Volkes; wo aber Glaube ist, da ist Zuversicht, und die besitzt er denn auch – eine große Hoffnung und ein großes Vertrauen auf den russischen Menschen. Daß er „im Vertrauen auf den Sieg des Guten furchtlos der Zukunft entgegenschaue", sagt Puschkin einmal bei einem anderen Anlaß, doch könnte sich dieser Ausspruch auf seine ganze in nationalem Geist schöpferische Tätigkeit beziehen. Und niemals, weder vor noch nach ihm, hat ein russischer Schriftsteller sich so herzlich und so vertraut mit seinem Volk verbunden gefühlt wie Puschkin.

Gewiß, wir haben unter unseren Schriftstellern viele Kenner des einfachen Volkes, die es treffend und sogar liebevoll zu schildern verstehen. Vergleicht man sie aber mit Puschkin, so muß man sich gestehen, daß bis jetzt, außer einem, höchstens zweien von seinen jüngsten Nachfolgern, alle diese Schriftsteller nur das Volk schildernde *Herrschaften* sind. Selbst bei den begabtesten von ihnen, ja, sogar bei diesen zwei Ausnahmen, die ich soeben erwähnte, bricht doch – bricht irgendwo doch ein gewisses Herabsehen auf dieses Volk hervor, ein Etwas, das wie aus einem ganz anderen Leben, einer anderen Welt kommt, etwas wie ein Wunsch, dieses Volk zu sich emporzuziehen und dadurch glücklich zu machen. In Puschkin dagegen hat sich eine wirkliche Vereinigung mit dem Volke vollzogen, die in ihm selbst gleichsam eine echte und innige Rührung auslöst. Man denke nur an seine Geschichte vom Bären, dessen Bärenfrau der Bauer erschlagen hat, oder an sein Gedicht:

„Freund Iwán, wenn wir jetzt trinken,
Müssen wir vorerst einmal . . .“

und Sie werden ohne weiteres verstehen, was ich meine.

Alle diese Schätze der Kunst und des schöpferischen Erfassens sind von Puschkin, unserem größten Dichter, geradezu in der Art eines Hinweises für alle nach ihm kommenden russischen Künstler, für alle nachfolgenden Arbeiter auf dem gleichen Acker, hinterlassen worden. Man kann sogar ohne Zögern behaupten: hätte es keinen Puschkin gegeben, so gäbe es auch die nach ihm gekommenen Dichter nicht. Wenigstens hätten sie sich nicht mit solcher Kraft und Deutlichkeit zu äußern vermocht, ungeachtet ihres unzweifelhaften Talentes, wie ihnen das nach Puschkin in unserer Zeit tatsächlich gelungen ist. Und dies gilt nicht bloß von der Dichtung, vom künstlerischen Schaffen: ohne Puschkin hätte sich vielleicht auch unser Glaube an unsere russische Selbständigkeit, hätte sich unsere uns jetzt bereits bewußt gewordene Hoffnung auf unsere Volkskräfte und damit auch der Glaube an unsere Zukunft und Bestimmung, an unsere selbständige Rolle in der Reihenfolge der europäischen Völker nicht so nachdrücklich und unverrückbar festgesetzt, wie das nach Puschkin geschehen ist (wenn auch freilich noch immer nicht bei allen, vielmehr erst bei verhältnismäßig wenigen).

Diese Tat Puschkins nun tritt eigentlich erst dann plastisch hervor, wenn man voll und ganz erfaßt, was ich unter der dritten Periode seines künstlerischen Schaffens verstehe.

Ich sage nochmals: diese drei Perioden haben keine festen Grenzen zwischen sich. So könnten zum Beispiel einzelne seiner Werke, die er in der dritten geschrieben, sogar ganz am Anfang entstanden sein, denn Puschkin war immer ein ganzer, sagen wir: ein in sich vollendeter Organismus, der von Hause aus alle Keime in sich trug und sie nicht etwa von außen nach und nach in sich aufgenommen hat. Die äußeren Anregungen haben in ihm nur die Keime zum Treiben gebracht, haben das Wachstum gefördert, oder haben, wenn man will, nur das tief in ihm Schlummernde wachgerufen. Aber dieser Organismus mußte sich naturgemäß entwickeln, und die Stufen oder, wie ich sie nannte, Perioden dieser Entwicklung lassen sich in der Tat unterscheiden. Ja, es läßt sich sogar nachweisen, daß eine jede ihren besonderen Charakter hat, und man kann verfolgen, wie eine jede sich allmählich aus der vorhergehenden entwickelt hat. So kann man zur dritten Periode denjenigen Teil seiner Werke rechnen, in denen vornehmlich universale Ideen ausgedrückt sind, in denen sich die poetischen Gestalten anderer Völker finden und die den Geist dieser Völker widerspiegeln. Von diesen Werken sind einige erst nach dem Tode des Dichters veröffentlicht worden. In dieser Periode aber hat das Schaffen Puschkins in seiner Art sogar etwas Wunderbares, es ist eine Erscheinung, die außerhalb alles bisher Dagewesenen zu stehen scheint, und es liegt etwas in ihr, dessen sich vor ihm noch niemand hat rühmen können.

Es ist wahr, die europäische Literatur hat Genies von ungeheurer Größe aufzuweisen – hat Männer wie Shakespeare, wie Cervantes, wie Schiller. Aber man nenne mir doch nur einen von diesen Großen, der eine solche Fähigkeit, das Wesen fremder Nationalitäten wiederzugeben, besessen hätte, wie unser Puschkin. Gerade diese Fähigkeit, diese wichtigste Fähigkeit unseres Volkstums, teilt Puschkin mit unserem ganzen Volk, und gerade sie macht ihn zu unserem ureigensten Volksdichter.

Selbst die größten europäischen Genies haben niemals vermocht, den Geist und das Wesen eines anderen Volkes, ja, nicht einmal eines Nachbarvolkes, seine Seele, die ganze heimliche Tiefe dieser Seele und das Innerste dessen, wozu jedes Volk berufen ist, mit solcher persönlichen Schöpferkraft aus sich selbst heraus zu gestalten, wie es Puschkin gelang. Die europäischen Genies haben im Gegenteil, wenn sie sich anderen Völkern zuwandten, die fremde Nationalität gewöhnlich in ihre eigene verwandelt und nach den Begriffen ihrer Nation aufgefaßt. Sogar bei Shakespeare sind zum Beispiel die Italiener fast ohne Unterschied – Engländer. Nur Puschkin besitzt vor allen Dichtern der Welt die Fähigkeit, sich vollständig in den Geist einer fremden Nation zu versetzen. Nehmen Sie seine Faustszenen, nehmen Sie sein Poem „Der geizige Ritter“ und die Ballade vom „Armen Ritter“. Lesen Sie seinen „Don Juan“, und wenn Sie nicht wüßten, daß er von Puschkin ist, würden Sie gewiß nicht erraten, daß ihn kein Spanier gedichtet hat. Und was sind das für tiefe, unheimliche Stellen in seinem Poem „Das Gastmahl während der Pest“! Aus diesen phantastischen Gestalten spricht das Genie Englands. Dieses prachtvolle Pestlied des Helden, und dieses Lied der Mary – das sind englische Lieder, das ist der Schauer des britischen Genies, seine Klage, seine quälende Vorahnung dessen, was seiner harrt. Erinnern Sie sich der Verse:

„Einst kam ich durch ein wildes Tal ...“

Es ist eine fast wörtliche Übertragung der drei ersten Seiten eines seltsamen mystischen Buches, das ein altenglischer Sektierer in Prosa geschrieben hat,[6] aber ist es nun wirklich nur eine Übertragung? Aus der traurigen und gleichsam schwärmerischen Musik dieser Verse fühlt man förmlich die Seele des nordischen Protestantismus, die Seele des angelländischen Ketzers, dieses uferlosen Mystikers mit dem stumpfen, finsteren und unbändigen Trieb zu schrankenloser mystischer Träumerei. Beim Lesen dieser seltsamen Verse ist es einem, als spüre man den Geist der Reformationszeit, dieses kriegerische Feuer des frühesten Protestantismus, und begreiflich wird einem schließlich auch die Geschichte selbst, und zwar nicht nur durch ein gedankliches Verstehen, sondern es ist, als wäre man selbst dabeigewesen, als wäre man soeben am Lager der bewaffneten Sektierer vorübergegangen, als hätte man mit ihnen ihre Hymnen gesungen, mit ihnen Tränen der Begeisterung vergossen, mit ihnen an dasselbe geglaubt, woran sie glaubten. Übrigens: neben diesem religiösen Mystizismus stehen gleichfalls religiöse Verse: aus dem Koran, die „Nachdichtungen aus dem Koran". Und wiederum: spricht aus diesem nicht ein Mohammedaner, nicht der Geist des Korans selber und seines Schwertes, der in Einfalt erhabene Glaube und seine grausig blutige Kraft? Dann wieder haben wir die antike Welt, haben die „Ägyptischen Nächte", diese irdischen Götter, die über ihrem Volk thronen, die das Genie ihres Volkes und sein Streben bereits verachten, die an ihr Volk nicht mehr glauben und darüber einsame Götter geworden sind, in ihrer Vereinsamung irrsinnig werden und sich in ihrer dem Tode vorangehenden Langweile und Trübsal mit fanatischen, tierischen Roheiten, mit der Wollust von Insekten, der Wollust einer Spinne, die ihr Männchen auffrißt, die Zeit vertreiben. Nein, ich sage in allem Ernst: es hat noch keinen Dichter gegeben, der so wie Puschkin die ganze Welt in sich aufgenommen hätte. Doch nicht die Aufnahmefähigkeit im allgemeinen ist hier das Erstaunliche, sondern ihre ganz unglaubliche

Tiefe, das vollständige Sichhineinversetzen seines Geistes in den Geist fremder Völker, die fast vollkommene und deshalb so erstaunliche *Verwandlung* des Dichters, eine Erscheinung, die sich bei keinem einzigen anderen Dichter wiederholt hat. In der Tat finden wir sie nur bei Puschkin, und in diesem Sinne ist er, wie ich bereits sagte, eine noch nie dagewesene und unserer Meinung nach auch eine prophetische Erscheinung, denn ... denn eben darin hat sich am stärksten seine nationalrussische Kraft geäußert, gerade das spezifisch Russische an seiner Dichtung, das Volkstümliche in unserer gesamten weiteren Entwicklung, das in der Gegenwart noch nicht an den Tag getreten ist, und das sich, wie gesagt, hier zum ersten Mal prophetisch geäußert hat. Denn wo läge sonst die Kraft des russischen Volksgeistes, wenn nicht in seinem Streben zur Universalität und nach Allmenschlichkeit? Als Puschkin zum Dichter, zum Ausdruck seines Volkes wurde, da begann er, sobald er nur mit dem Volksgeist in Berührung kam, sofort die große Bestimmung dieser Kraft zu ahnen. Hierin ist er ein Enträtsler und hierin ist er auch ein Prophet.

In der Tat, was bedeutet für uns die Reform Peters? Nicht nur im Hinblick auf unsere Zukunft, sondern auch für unser Verhältnis zur Vergangenheit, zu allem, was bereits geschehen ist, was sich vor unseren Augen schon vollzogen hat? Was war sie für uns? Sie war doch nicht nur eine Aneignung europäischer Kleider, Sitten, Erfindungen und der europäischen Wissenschaft. Erfassen wir recht, was sie war und wie sie war, betrachten wir sie aufmerksamer. Ja, es ist sehr leicht möglich, daß Peter sie anfänglich nur in diesem Sinne einführte, ich meine, in eng utilitaristischem Sinne; aber in der Folge, bei der weiteren Entwicklung seiner Idee, hat Peter sich fraglos von einem gewissen unbewußten Spürsinn leiten lassen, der ihn zu zukünftigen und selbstverständlich großen Zielen trieb. Ebenso hat auch das russische Volk nicht etwa nur aus Utilitarismus die Reform angenommen, sondern mit einer gewissen Vorahnung, ein viel weiteres, ein unvergleichlich höheres Ziel erreichen zu müssen als es der nächstliegende Utilitarismus je sein könnte, das hat es herausgefühlt – natürlich gleichfalls unbewußt, aber doch unmittelbar und tief lebendig. Da setzte denn mit einem Mal dieses Streben ein: zur lebendigen Wiedervereinigung der Menschen, zu einer, sagen wir, universalen Einigung! Nicht feindselig (wie man es hätte erwarten können), sondern freundschaftlich, mit ganzer Liebe nahmen wir die Genien der anderen Nationen in unsere Seele auf, aller Völker, so viel es ihrer nur gab, ohne Unterschiede zu machen und das eine Volk dem anderen vorzuziehen, da unser Instinkt fast schon vom ersten Schritt an die Widersprüche zu unterscheiden und aufzuheben und die Verschiedenheiten zu entschuldigen verstand; allein damit haben wir unsere Fähigkeit und Neigung (die uns selbst noch neu und unbewußt waren) zur Wiedervereinigung aller Völker der großen arischen Rasse bezeugt. Ja, die Bestimmung des russischen Menschen ist unstreitig alleuropäisch und universal. Ein echter, ein ganzer Russe werden, heißt vielleicht nur (das heißt: im letzten Grunde, vergessen Sie das nicht) – ein Bruder aller Menschen werden, ein *Allmensch*, wenn Sie wollen. Oh, unsere ganze Spaltung in Slawophile und Westler ist ja nichts als ein einziges großes Mißverständnis, wenn auch ein historisch notwendiges. Einem echten Russen ist Europa und das Geschick der ganzen großen arischen Rasse ebenso teuer wie Rußland selbst, wie das Geschick des eigenen Landes, eben weil unsere Bestimmung die Verwirklichung der Einheitsidee auf Erden ist, und zwar nicht einer durch das Schwert errungenen, sondern durch die Macht der brüderlichen Liebe und unseres brüderlichen Strebens zur Wiedervereinigung der Menschen verwirklichten Einheit. Verfolgen Sie unsere Entwicklungsgeschichte nach der Reform Peters und Sie werden bereits Spuren und Andeutungen dieses Gedankens, meines Traumes, wenn Sie wollen, in der Art unseres Umgangs mit den europäischen Nationen, ja, sogar in unserer auswärtigen Politik finden. Denn was hat

Rußland in diesen ganzen zwei Jahrhunderten seit Peter mit seiner Politik anderes getan als Europa gedient, und das vielleicht in einem noch weit höheren Maße als sich selbst? Ich glaube nicht, daß dies nur infolge der Talentlosigkeit unserer Diplomaten geschehen ist. Die Völker Europas wissen ja nicht einmal, wie teuer sie uns sind! Und ich baue fest darauf, daß wir in Zukunft, das heißt natürlich nicht wir, sondern die zukünftigen russischen Menschen, bereits alle ohne Ausnahme begreifen werden, daß ein echter Russe sein nichts anderes bedeutet als sich bemühen, die europäischen Widersprüche in sich endgültig zu versöhnen, der europäischen Sehnsucht in der russischen allmenschlichen und allvereinenden Seele den Ausweg zu zeigen, in dieser Seele sie alle in brüderlicher Liebe aufzunehmen und so vielleicht das letzte Wort der großen, allgemeinen Harmonie, des brüderlichen Einvernehmens aller Völker nach dem evangelischen Gesetz Christi auszusprechen. Ich weiß, ich weiß nur zu gut, daß meine Worte, in der Begeisterung gesprochen, wie sie sind, ekstatisch, übertrieben und phantastisch erscheinen können. Nun wohl, mögen sie es sein, aber ich bereue nicht, sie ausgesprochen zu haben. Sie mußten einmal ausgesprochen werden, und besonders gerade jetzt, in dem Augenblick, wo wir unseren großen genialen Toten ehren, der gerade diesen Gedanken mit seiner ganzen künstlerischen Kraft verkörpert hat.

Übrigens ist dieser Gedanke schon mehr als einmal geäußert worden. Ich habe daher gar nichts Neues gesagt. – Am meisten wird man freilich daran Anstoß nehmen, daß er allzu selbstbewußt scheinen könnte: »Was, uns, unserem bettelarmen, unkultivierten Lande fiele eine solche Aufgabe zu? Uns wäre es bestimmt, der ganzen Welt ein neues Wort zu sagen?« Ja, rede ich denn von ökonomischen Erfolgen, von Erfolgen des Schwertes und der Wissenschaft? Ich rede doch nur von der Brüderlichkeit der Menschen und davon, daß zur universalen brüderlichen Vereinigung das russische Herz vielleicht mehr als die Herzen aller anderen Völker veranlagt und vorbestimmt ist, und daß ich in unserer Geschichte, in unseren begabten Menschen und im künstlerischen Genie Puschkins die Hinweise darauf sehe. Mag unser Land arm sein, aber dieses arme Land hat „Christus in Bettlergestalt durchwandert und dabei gesegnet". Ja, warum sollten wir nicht trotz unserer Armut sein letztes Wort in uns tragen können? Ist nicht auch er in einer Krippe zur Welt gekommen?

So wiederhole ich: Wir können wenigstens schon auf Puschkin, auf die Universalität und Allmenschlichkeit seines Genies hinweisen. Vermochte er doch das Genie jedes fremden Volkes wie ein ihm völlig vertrautes in seine Seele aufzunehmen. Und in der Kunst, im künstlerischen Schaffen hat er dieses Streben des russischen Geistes zur Universalität unstreitig bewiesen; darin aber liegt schon ein großer Hinweis für uns. Sollte unser Gedanke auch nur ein phantastischer Glaube sein, so haben wir in Puschkin doch wenigstens etwas, woraus dieser Glaube entstehen, worauf er fußen könnte. Wäre Puschkin nicht so jung gestorben, hätte er uns vielleicht noch große und unsterbliche Gestalten der russischen Seele offenbart, die unseren europäischen Brüdern bereits verständlicher sein, die sie uns näher bringen würden als sie uns jetzt stehen. Er hätte ihnen vielleicht die ganze Wahrheit unserer Bestrebungen erklärt, und sie würden uns jetzt besser verstehen, hätten es leichter, unser Wesen zu deuten, und sie würden eher aufhören, so mißtrauisch und hochmütig auf uns herabzusehen, wie sie es jetzt tun und noch lange tun werden. Hätte Puschkin länger gelebt, dann gäbe es vielleicht auch zwischen uns Russen weniger Mißverständnisse und Streitigkeiten als es ihrer jetzt zwischen uns gibt. Aber Gottes Ratschluß war anders. Puschkin starb in der Blüte seiner Jahre und seines Könnens und hat fraglos ein großes Geheimnis ins Grab mitgenommen, so daß wir jetzt versuchen müssen, dieses Geheimnis ohne ihn zu enträtseln.

DRITTES KAPITEL

Dank gebotener Gelegenheit: Vier Lektionen über verschiedene Themen anläßlich einer Lektion, die mir Herr A. Gradówskij gehalten hat. Mit einer Wendung an Herrn Gradówskij[7]

I

Etwas von größter Bedeutung

Ich hatte die Arbeit an der neuen Nummer meines „Tagebuchs“ bereits abgeschlossen, indem ich ihren Inhalt auf meine am 8. Juni in Moskau gehaltene „Rede“ und ein Vorwort zu derselben beschränkte. Dieses Vorwort schrieb ich in der Vorahnung des Lärms, den man schlagen werde und der denn auch richtig nach dem Erscheinen meiner Rede in den „Moskauer Nachrichten“ nicht lange auf sich hat warten lassen. Als ich aber Ihre Kritik las, Herr Gradówskij, ließ ich den Druck des „Tagebuchs“ bis auf weiteres einstellen, um in derselben Nummer noch meine Antwort auf Ihre Angriffe veröffentlichen zu können.

Oh, meine Vorahnungen sind alle in Erfüllung gegangen; das Geschrei, das sich erhoben hat, ist fürchterlich: stolz sei ich und feig sei ich, und eingebildet, ein Maníloff[8] und ein Dichter! und die Polizei hätte man requirieren sollen, um die Gefühlsausbrüche des Publikums einzudämmen, natürlich nur eine moralische Polizei, eine liberale Polizei. Aber warum denn nicht die vorhandene? Ist doch auch diese bei uns jetzt liberal, sogar durchaus nicht weniger liberal als die liberalen Herren, die dieses Geschrei über mich erhoben haben. Es fehlte ja auch nicht viel, und die gewöhnliche Polizei hätte eingegriffen! Doch lassen wir das vorläufig beiseite, ich will lieber gleich zur Antwort auf Ihre Angriffe übergehen. Vorher möchte ich nur noch bemerken, daß ich mit Ihnen persönlich weder etwas zu schaffen noch mich über etwas auseinanderzusetzen habe. Wir werden uns nie verstehen; deshalb habe ich auch nicht im geringsten die Absicht, Sie zu überzeugen oder gar von ihrer Ansicht abzubringen. Auch früher schon habe ich mich, wenn ich manche Ihrer Artikel las, stets über diese Gedankengänge gewundert. Wenn ich Ihnen aber trotzdem jetzt antworte, so geschieht das ausschließlich um der anderen willen; ich meine, aus Rücksicht auf unsere Leser, die dann über uns urteilen können. Also nur für diese schreibe ich. Ich fühle, ich ahne, ja, ich sehe sogar, daß neue Elemente erstanden sind und erstehen, die sich nach einem neuen Wort sehnen, die angewidert sind von dem alten liberalen Gespött über Rußland, über jedes Wort der Hoffnung auf Rußland, die müde sind dieses liberal-zahnlosen Skeptizismus der alten Leichen, die man zu beerdigen vergessen hat, und die denn auch nur deshalb noch unter uns wandeln, dabei freilich sich immer noch für die junge Generation halten. Jawohl: müde der alten liberalen Führer und Retter Rußlands, die sich in den ganzen fünfundzwanzig Jahren ihrer Anwesenheit bei uns nur als „sinnlose Marktschreier" erwiesen haben, wie das Volk solche Typen zu nennen pflegt. Kurz, ich möchte außer meiner Antwort auf Ihre Bemerkungen noch *vieles* sagen, so daß ich, wenn ich antworte, eigentlich nur die gebotene Gelegenheit ergreife, um mich auszusprechen.

Zunächst stellen Sie die Frage und machen mir damit sogar einen Vorwurf, warum ich nicht deutlicher erklärt habe, woher sich diese ruhelosen Menschen, von denen ich in meiner „Rede" sprach, bei uns eingefunden haben? Nun, die Geschichte ihrer Herkunft ist lang, da müßte man weit ausholen. Überdies würden Sie mir ja doch nicht beistimmen, gleichviel was ich Ihnen hierauf antworten wollte, denn Sie haben schon eine eigene Antwort auf die Frage, wie sie unter uns möglich geworden sind, in Bereitschaft, und die lautet ganz einfach: „Infolge des Jammers, mit solchen rohen Leuten wie Skwosník-Dmuchánowskij[9] zusammenleben zu müssen, und außerdem natürlich vor Kummer über die damals noch nicht befreiten Bauern" – eine Folgerung, die im allgemeinen eines zeitgenössischen russischen Liberalen würdig ist, eines von diesen Leuten, für die alles, was Rußland betrifft, bereits längst – ungeachtet unserer Probleme, die jetzt erst aufkommen – gelöst und unterschrieben ist. Das geschieht nämlich bei ihnen mit einer ungeheuren, nur dem russischen Liberalen möglichen Leichtfertigkeit. Nichtsdestoweniger ist diese Frage viel komplizierter als Sie denken; jawohl, bedeutend komplizierter, und zwar trotz Ihrer vermeintlich endgültigen Lösung des Problems. Was nun die Leute wie Skwosnik-Dmuchanowskij und den Kummer wegen der Leibeigenschaft der Bauern betrifft, so werde ich noch darauf zurückkommen. Doch zunächst gestatten Sie, daß ich mich zu einem von Ihnen gebrauchten überaus bezeichnenden Wort äußere, das Sie wiederum mit einer Leichtfertigkeit, die fast an Mutwillen grenzt, ausgesprochen haben und das ich nicht übergehen darf.

Sie schreiben:

„... Wie dem auch sei, jedenfalls befinden wir uns schon seit zweihundert Jahren unter dem Einfluß der europäischen Aufklärung, die auf uns überaus stark einwirkt – wohl dank des ‚universalen Verständnisses' der Russen, welches Herr Dostojewski für unsere nationale Eigentümlichkeit erklärt hat. Vor dieser Aufklärung können wir nicht so einfach etwa irgendwohin flüchten, – wir wüßten auch nicht warum? Es ist das eine Tatsache, an der wir nichts zu ändern vermögen, aus dem einfachen Grund nicht, weil jeder Russe, dem es um seine Aufklärung zu tun ist, sich diese Aufklärung *unbedingt* aus einer westeuropäischen Quelle holen muß, eben infolge absoluten Nichtvorhandenseins russischer Quellen ..."

Dies ist natürlich flott und scherzhaft ausgedrückt. Aber Sie haben da unter anderem ein großes Wort gebraucht: „Aufklärung“. Erlauben Sie, daß ich Sie frage, was Sie unter diesem Wort verstehen: die Wissenschaft des Westens, die Technik, die handwerklichen Fertigkeiten oder die – Aufklärung des Geistes? Was die ersteren betrifft, das heißt: die Wissenschaften und die Techniken, so müssen wir die allerdings vom Westen übernehmen; uns in dieser Beziehung von Europa abzuwenden, dazu haben wir gar keinen Grund, ganz abgesehen davon, daß es keine anderen Lehrmeister gibt als die westeuropäischen, wofür Europa von uns Dank und Preis sei ewiglich. Aber unter Aufklärung verstehe ich (und ich denke, daß niemand sie anders auffassen kann), verstehe ich – das, was das Wort buchstäblich besagt: Erhellung, also das geistige Licht, das die Seele erhellt, im Herzen Klarheit schafft, den Geist lenkt und ihm den Weg des Lebens weist. Wenn das Wort aber dies bedeutet, so gestatten Sie mir die Bemerkung, daß wir durchaus keine Veranlassung haben, eine solche Aufklärung aus westeuropäischen Quellen zu beziehen, eben infolge des vollkommenen Vorhandenseins (und keineswegs Nichtvorhandenseins) russischer Quellen. Sie sind überrascht? Ja, sehen Sie: in solchen Streitfragen fange ich gern mit dem Wesentlichen der Sache an, gleich unmittelbar mit dem strittigen Punkt.

Ich behaupte, daß unser Volk schon seit langem aufgeklärt ist, da es Christus und die Lehre Christi in sein Wesen aufgenommen hat. Man wird mir hierauf entgegnen, das Volk kenne die Lehre Christi ja gar nicht und Predigten würden in seinen Kirchen nicht gehalten. Das ist aber nur ein leerer Einwand: Es kennt alles, alles worauf es ankommt, obschon es ein Examen in der Religion nicht bestehen würde. Gelernt aber hat es das, was es weiß, in seinen Kirchen, wo es im Laufe von Jahrhunderten die Gebete und Hymnen hört, die besser sind als Predigten. Es hat sie für sich wiederholt und gesungen in den Wäldern, wenn es vor den ins Land einfallenden Feinden flüchtete, und vielleicht hat es schon zu Batyjs Zeiten, als die Tatarenhorden durchs Land zogen, gesungen: „Herr der Kraft, sei mit uns!“ Vielleicht ist diese Hymne damals entstanden, denn außer Christus hatten die Horden uns alles geraubt; es blieb uns nichts als Christus. In dieser Hymne aber ist bereits die ganze Wahrheit Christi enthalten. Und was will es besagen, daß dem Volk nur hin und wieder Predigten gehalten werden, und daß die Diakone die Heilige Schrift unverständlich murmelnd vortragen – die größte Anklage, die gegen unsere Kirche erhoben wird, von unseren Liberalen natürlich, von denselben, die auch die Behauptung ersonnen haben, die kirchenslawische Sprache sei schon als solche unbequem und dazu dem Volk unverständlich?! (Man denke nur an die altertümliche Sprache der Altgläubigen!) Dafür tritt der Priester zu ihm hinaus und spricht das Gebet „Herr meines Lebens“ – in diesem Gebet aber *ist das ganze Wesen des Christentums enthalten*, sein ganzer Katechismus, und dieses Gebet kennt das Volk auswendig, so wie es auch viele Lebensgeschichten der Heiligen kennt, sie gern wiedergibt, und nie müde wird, ergriffen zuzuhören, wenn jemand sie erzählt. Doch die Hauptschule des Christentums, die das Volk durchgemacht hat, das sind die Jahrhunderte der zahllosen Bedrückungen und Heimsuchungen, von denen seine Geschichte berichtet, die Jahrhunderte, in denen es von allen verlassen und niedergetreten war, dabei für alle und alles arbeitete, in Christus aber seinen einzigen Tröster behielt, den es denn auch auf ewig in sein Herz schloß und der dafür seine Seele vor der Verzweiflung bewahrte. Übrigens, wozu sage ich Ihnen dies alles? Will ich Sie denn etwa überzeugen? Meine Worte werden Ihnen natürlich kindisch, wenn nicht ganz überflüssig erscheinen. Doch ich wiederhole zum drittenmal: nicht um Ihretwillen schreibe ich. Dies Thema ist von großer Wichtigkeit, darüber muß noch vieles gesagt werden – und das werde ich auch tun, solange ich noch die Feder in der Hand halte. Jetzt aber will ich meinen Gedanken nur als These aussprechen: Wenn unser Volk schon seit langer Zeit aufgeklärt ist, weil es in sein Wesen Christus und dessen Lehre aufgenommen, so hat es mit ihm zugleich natürlich auch die wahre *Aufklärung* angenommen. Bei diesem eigenen Vorrat an Aufklärung können ihm die Wissenschaften des Westens selbstverständlich zu einer unschätzbaren Wohltat werden, und wir brauchen nicht zu befürchten, daß das Bild Christi durch die Wissenschaften auch bei uns so getrübt werden könnte wie im Westen. Übrigens ist das auch dort nicht durch die Wissenschaften geschehen, wie die Liberalen behaupten, sondern schon viel früher, als die Kirche des Westens selbst die Erscheinung Christi entstellte, indem sie sich aus einer Kirche in einen neuen römischen Staat verwandelte und in der Gestalt des Papsttums verkörperte. Ja, im Westen gibt es wahrlich kein Christentum mehr und ebensowenig eine christliche Kirche, obschon es dort noch viele Christen gibt, die ja wohl nie ganz aussterben werden. Der Katholizismus ist wahrhaftig nicht mehr Christentum und geht schon in Götzendienst über, der Protestantismus aber nähert sich mit Riesenschritten dem Atheismus und wird zu einer schwankenden, fließenden, veränderlichen (und nicht ewigen) Sittenlehre.

Oh, versteht sich, Sie werden mir hierauf sogleich erwidern, daß das Christentum und die Verehrung Christi keineswegs den ganzen Zyklus der Aufklärung enthielten, sie seien nur eine Stufe derselben; zur Aufklärung gehörten im Gegenteil die Wissenschaften, Staatsideen, die allgemeine Entwicklung usw. Darauf kann ich Ihnen freilich nichts antworten, und eine Antwort wäre wohl auch nicht angebracht, denn wenn Sie zum Teil auch recht haben mögen, zum Beispiel hinsichtlich der Wissenschaften, so werden Sie doch niemals zugeben, daß das Christentum die hauptsächlichste und lebendigste Grundlage der Aufklärung unseres Volkes ist und *ewig bleiben muß!* In meiner Rede sagte ich, daß Tatjana, indem sie sich weigerte, Onegin zu folgen, in russischem Geist gehandelt habe, nach der Auffassung des russischen Volkes von Wahrheit und Recht. Einer meiner Kritiker jedoch, den es offenbar kränkt, daß das russische Volk eine eigene Wahrheit haben soll, widerspricht mir plötzlich mit der Frage: »Aber wie steht es mit der Versündigung gegen das siebente Gebot?« Kann man solchen Kritikern überhaupt antworten? Hauptsächlich kränkt es sie ja wohl, daß das russische Volk seine eigene Wahrheit haben und somit wirklich aufgeklärt sein könnte. Ja, wird denn der Ehebruch von unserem ganzen Volk betrieben, und existiert er denn als Recht und Rechtschaffenheit? Hält ihn denn das ganze Volk für eine Wahrheit? Gewiß, unser Volk ist noch roh, wenn auch längst nicht das ganze Volk, o nein, bei weitem nicht das ganze Volk, das schwöre ich, und ich darf es schwören, denn ich kenne unser Volk, ich habe mit ihm jahrelang zusammengelebt, habe mit ihm gegessen und geschlafen und ward selbst »zu den Verbrechern gezählt«; ich habe gemeinsam mit ihm im Schweiße des Angesichtes die Arbeit schwieliger Hände verrichtet, während die anderen, die ihre Hände »in Blut getaucht«, die Liberalen spielten und über das Volk spotteten und in Vorträgen und Aufsätzen zu dem Ergebnis kamen, daß unser Volk »von Tiergestalt sei und auch geistig den Stempel des Tieres trage«. Also sagen Sie mir nicht, daß ich das Volk nicht kennte! Ich kenne es: von ihm habe ich Christum wieder in meine Seele aufgenommen, den ich als Kind im Elternhause kennengelernt, dann aber verloren hatte, als auch ich mich in einen „europäischen Liberalen“ verwandelte. Doch gut, mag unser Volk sündig und roh sein, und tierisch seine Gestalt und seine Art: „Der Sohn ritt auf der Mutter, sein Weibchen mußt' als Beipferd traben“, usw. Sie kennen doch das Lied? – aus irgendeinem Anlaß muß es doch entstanden sein! Alle russischen Volkslieder sind nach einem Geschehnis entstanden, nach etwas wirklich Erlebtem, – ist Ihnen das noch nicht aufgefallen? Aber so seid doch wenigstens einmal gerecht, ihr Liberalen: bedenkt, was das Volk in all den vergangenen Jahrhunderten durchgemacht hat! Fragen Sie sich zunächst, wer an seiner Roheit am meisten schuld ist, verurteilen Sie es nur nicht so blindlings! Es ist doch mehr als lächerlich, einem Bauern vorzuwerfen, daß er nicht von einem französischen Coiffeur auf der Großen Morskája zurechtgestutzt ist – denn bis zu solchen Albernheiten versteigen sich ja unsere europäischen Liberalen, wenn sie gegen unser Volk reden, da sie sich nun einmal darin gefallen, ihm alles Positive abzusprechen: Es soll in sich weder eine Persönlichkeit ausgearbeitet haben, noch eine Nationalität! Mein Gott, im Westen aber, gleichviel bei welchem Volk, – gibt es denn dort weniger Trunksucht und Diebstahl, und etwa nicht ebensolche Roheit, dabei noch eine Verstockung des Herzens und eine Erbitterung (die es in unserem Volk nicht gibt), die schon wirkliche, echte Unwissenheit sind, das wahre *Gegenteil* der Aufklärung. Denn diese ist bisweilen mit einer solchen Gesetzlosigkeit verbunden, wie man es nicht für möglich halten sollte, wird aber dort nicht mehr für Sünde gehalten, sondern gerade für Wahrheit. Mag immerhin unserem Volk Tierisches und Sündhaftes anhaften, eines aber hat es zweifellos: das ist, daß es wenigstens, als Ganzes genommen (und nicht nur im Ideal, sondern in der wirklichsten Wirklichkeit), seine Sünde niemals für das Richtige gehalten hat, hält oder halten wird, auch niemals den Wunsch empfinden wird, sie dafür zu halten! Es sündigt, aber früher oder später sagt es doch: ich habe gefehlt. Sagt es nicht der Sündige selbst, so sagt es ein anderer für ihn, und die Wahrheit bleibt bestehen. Die Sünde ist wie Gestank, und der wird sich verflüchtigen, sobald die Sonne vollends aufgeht. Die Sünde ist etwas Vergängliches, Christus aber ist ewig. Das Volk sündigt und beschmutzt sich jeden Tag, aber in besseren Stunden, in den Stunden Christi verwechselt es nie Recht mit Unrecht. Das eben ist das Wichtige: woran ein Volk glaubt, worin es die Wahrheit sieht, wie es sich dieselbe denkt, was sein höchster Wunsch ist, was es liebt und um was es zu Gott betet. Dieses Ideal ist in unserem Volk Christus. Mit Christus aber besitzt es natürlich auch Aufklärung, und in wichtigen, entscheidenden Augenblicken hat denn auch unser Volk alles, was es volklich anging, stets im christlichen Sinne entschieden. Sie werden spöttisch einwenden: »Weinen, das ist wenig, seufzen gleichfalls, man muß auch handeln, man muß auch sein.« Aber unter Ihnen, meine Herren, die Sie doch aufgeklärte Europäer zu sein glauben, gibt es denn unter Ihnen viele Gerechte? Nennen Sie mir doch Ihre Gerechten, die Christus ersetzen könnten! Im Volk aber gibt es Gerechte. Es kommen in ihm Charaktere von unendlicher Schönheit und Kraft vor, die freilich von Ihnen noch nicht bemerkt worden sind. Aber es gibt im Volk tatsächlich diese Gerechten und Märtyrer für die Wahrheit, gleichviel ob wir sie sehen oder nicht sehen. Ich weiß nicht, wem es gegeben ist, sie zu sehen, der wird sie natürlich sehen und verstehen; wer aber in ihnen nur Tiere sieht, der wird selbstverständlich nichts sehen als das Tierische. Aber das Volk weiß, daß es diese Gerechten unter ihm gibt, schenkt ihnen sein volles Vertrauen, ist stark gefestigt in diesem Gedanken an sie und in der Hoffnung, daß sie es immer im nötigen, alle bedrängenden Augenblick retten werden. Und wie oft schon hat unser Volk das Vaterland gerettet! Und noch vor kurzem hat es sich, als es vor Sünde, Trunksucht und Unzucht fast schon zu verfaulen schien, in neuer geistiger Freude und Frische erhoben und den letzten Krieg für den Christenglauben, den die Muselmänner mit Füßen traten, ausgefochten. Es nahm den Krieg, es griff gleichsam nach ihm, wie nach einer Möglichkeit, sich durch Opfer von den Sünden und der Unzucht zu reinigen; es sandte seine Söhne hin, zu kämpfen und, wenn es sein mußte, zu fallen für die heilige Sache, und es schrie nicht, daß der Rubel sinke und der Preis der Lebensmittel steige. Es hörte voll Spannung zu, wenn jemand vom Krieg erzählte, es forschte gierig weiter und las selbst in den Zeitungen, soviel es nur lesen konnte; dessen sind wir Zeugen, und solcher Zeugen gibt es viele. Ich weiß: die Erhebung des Volksgeistes während des letzten Krieges und um so mehr noch der Grund dieser Erhebung werden von unseren Liberalen nicht anerkannt, sie lachen über diese „Idee". »Wie, in diesen Knechten soll eine sie alle vereinende Idee stekken, sie sollen staatsbürgerliches Gefühl, einen politischen Gedanken haben! – wie kann man so etwas auch nur dulden?« Und warum, warum ist unser europäischer Liberaler so oft ein Feind des russischen Volkes? Warum stehen in Europa diejenigen, die sich Demokraten nennen, immer für das Volk ein oder stützen sich wenigstens auf das Volk, indes unser Demokrat sich so oft als Aristokrat entpuppt und zu guter Letzt fast immer dem dient, was die Volkskraft unterdrückt, um als richtiger Autokrat sein Leben zu beschließen? Oh, ich behaupte ja nicht, daß sie bewußt Feinde des Volkes seien; aber gerade in der Unbewußtheit liegt ja das Tragische. Sie sind ungehalten über meine Fragen? Das ändert nichts an der Sache. Für mich sind das lauter Axiome, und ganz gewiß werde ich nicht aufhören, sie zu erklären und zu beweisen, solange ich noch schreiben und sprechen kann.

Doch kommen wir zum Schluß: mit den „Wissenschaften" verhält es sich so wie ich sagte, aber „Aufklärung" brauchen wir gewiß nicht aus westeuropäischen Quellen zu beziehen. Täten wir es, so könnten wir womöglich auch solche sozialen Formeln einschleppen, wie zum Beispiel: „Chacun pour soi et Dieu pour tous" oder „Après moi le léluge." Oh, gewiß wird man nun gleich zetern: »Gibt es denn bei uns nicht auch solche Aussprüche, sagt man nicht bei uns zum Beispiel: »Der verzehrten Gaben gedenkt man nicht", und Hunderte von ähnlichen Sprichwörtern?« Ja, der Sprichwörter gibt es viele im Volk: Das Volk hat offene Augen und einen weiten Verstand, und sein Humor und die zunehmende Erkenntnis flüstern ihm immer allerlei pessimistische Betrachtungen ein. Aber das sind bei uns doch alles nur Redensarten, und dem Volk fällt es gar nicht ein, an ihre moralische Wahrheit zu glauben, es scherzt über sie und verneint sie selbst. Werden Sie es aber wagen, zu behaupten, daß „Chacun pour soi et Dieu pour tous" im

Westen nur eine Redensart sei und nicht eine gesellschaftliche Formel, die dort von allen angenommen ist und der alle dienen und an deren Richtigkeit alle glauben? Wenigstens alle diejenigen, die über dem Volk stehen und das Volk im Zaum halten, die Land und Arbeiter besitzen und wie Schildwachen schützend vor der „europäischen Aufklärung“ aufgepflanzt sind. Wozu bedürften wir wohl einer solchen Aufklärung? Was sollten wir mit einer solchen anfangen? Nein, suchen wir lieber bei uns nach etwas anderem. Die Wissenschaften sind eine Sache für sich, die Aufklärung ist gleichfalls eine Sache für sich. In der Hoffnung auf das Volk und im Vertrauen auf seine Kräfte werden wir vielleicht noch irgendeinmal diese unsere christliche Aufklärung in vollem Glanz und in ihrer ganzen Schönheit entfalten. Sie werden mir nun freilich sagen, das sei ein langes Hin und Her als Antwort auf Ihre Kritik. Mag sein! Ich betrachte diese Ausführungen selbst nur als ein Vorwort, jedoch als ein notwendiges. Ganz wie Sie in meiner „Rede“ solche Punkte, in denen Sie nicht mit mir übereinstimmen, hervorheben und diese für das Wichtigste halten, so habe auch ich jetzt einen solchen Punkt aus Ihrer Kritik hervorgehoben, einen, in dem ich den Kern unserer Meinungsverschiedenheit sehe und der uns am meisten hindert, zu einer Übereinstimmung zu gelangen. Nun ist das Vorwort beendet, befassen wir uns jetzt mit Ihrer Kritik, und zwar von nun an ohne Abschweifungen.

II

Aléko und Dershimórda
Alékos Kummer um den leibeigenen Bauer
Einige Anekdoten

Sie schreiben in Ihrer Kritik meiner Rede:

„... doch hat Puschkin, als er Aléko und Onegin in ihrer Verneinung darstellte, nicht gezeigt, was sie denn eigentlich ‚verneinten', und es dürfte doch sehr gewagt sein zu behaupten, daß sie gerade die ‚Volkswahrheit', diese Grundlage der russischen Weltanschauung, verneint hätten. Das ist bei ihm nirgendwo gesagt."

Nun, ob es von ihm gesagt oder nicht gesagt wurde, und wie groß das Wagnis einer solchen Behauptung auch sei – darauf werden wir sogleich zu sprechen kommen. Zunächst wenden wir uns dem Passus zu, in dem Sie von Gogols Skwosník-Dmuchánowskijs sprechen, bei denen Puschkins Aleko es nicht ausgehalten haben soll, weshalb er das Weite suchte – angeblich suchen mußte – und zu den Zigeunern lief. Sie schreiben:

„In der Tat, die Welt des damaligen ‚Ruhelosen' war eine Welt, die eine andere Welt verneinte. Zur Erklärung dieser Typen sind die anderen Typen erforderlich, die Puschkin niemals dargestellt hat, obschon er sich hin und wieder in heftigem Unmut gegen sie wandte. Die Natur seines Talents hinderte ihn daran, in diese Finsternis hinabzusteigen und in die ‚Perle der Schöpfung' Eulen und Fledermäuse mit aufzunehmen, dieses lichtscheue Nachtvolk, das die Kellerräume in den unteren Stockwerken des russischen Gebäudes bevölkert." (Sollten es nicht die oberen Stockwerke sein?) „Das hat erst Gogol getan, die große Kehrseite Puschkins. Er ist es denn auch, der der Welt die Erklärung gibt, weshalb Aleko zu den Zigeunern flüchtete, weshalb Onegin sich langweilte und quälte, weshalb alle diese ‚überflüssigen Menschen'[10] entstanden.

Die Koróbotschka, die Ssobakéwitschs, die Skwosník-Dmuchánowskijs, die Dershimórdas und Tjäpkin-Ljäpkins bei Gogol sind die Gegenstücke zu Puschkins Aléko, Beltoff, Rúdin und den vielen anderen: sie bilden den Hintergrund, ohne den diese Gestalten unverständlich wären.[11] Aber die Gogolschen Helden waren doch auch Russen – Gott, und wie echte noch dazu! Die Koróbotschka kannte keinen Weltschmerz. Skwosník-Dmuchánowskij verstand es vortrefflich, mit den Kaufleuten umzugehen. Ssobakéwitsch durchschaute vollkommen seine Bauern, und sie durchschauten ihn gleichfalls. Aleko und Rudin sahen das alles natürlich nicht und sie begriffen es auch nicht; sie liefen einfach davon, wohin ein jeder nur konnte: Aleko zu den Zigeunern, Rudin nach Paris, um dort auf den Barrikaden für eine Sache zu sterben, die ihn gar nichts anging."

Also sehen Sie mal, sie liefen *einfach* davon. Oh, welch eine Feuilletonistenleichtfertigkeit im Urteil! Und *wie* einfach das alles bei *Ihnen* ist, wie klipp und klar und von vornherein schon entschieden! Sie reden ja wahrlich in *fertigen Worten,* wie man zu sagen pflegt. Übrigens, weshalb heben Sie es so nachdrücklich hervor, daß Gogols Helden Russen waren – »und wie echte noch dazu!« Das hat ja nichts mit unserer Meinungsverschiedenheit zu schaffen! Wer weiß es denn nicht, daß sie Russen waren? Auch Aleko und Onegin waren Russen, auch wir, Sie und ich, sind Russen, und ein Russe, ein echter Russe, war doch auch Rudin, der nach Paris „davonlief", um dort für eine Sache zu sterben, die ihn nach Ihrer Ansicht gar nichts anging. Aber gerade deshalb ist er doch ein so echter Russe, eben weil diese Sache ihn keineswegs so „gar nichts anging", wie etwa einen Engländer oder einen Deutschen, denn eine europäische, eine universale, eine allmenschliche Angelegenheit ist für einen Russen niemals gleichgültig. Und das ist doch auch der Zug, der Rudin auszeichnet. Seine Tragödie bestand doch hauptsächlich darin, daß er auf seinem eigenen Felde keine Arbeit für sich fand und deshalb auf ein anderes Feld ging und dort starb, nur war dieses Feld ihm durchaus nicht so fremd, wie Sie annehmen. Um was es sich aber hierbei eigentlich handelt, ist folgendes: alle diese Menschen Gogols, wie Skwosník-Dmuchánowskij und Ssobakéwitsch, sind zwar Russen, das läßt sich nicht leugnen, aber sie sind entartete, vom Volksboden getrennte Russen, die, wenn sie das Volk auch von der einen Seite kennen, von der anderen Seite des

Volkes dagegen nichts ahnen, ja, sie vermuten nicht einmal, daß es eine solche andere Seite gibt – und das ist die ganze Ursache des Unglücks dieser Menschen. Von der Seele des Volkes, von alldem, wonach das Volk sich sehnt, und um was es betet – von alldem wußten sie nichts, denn sie verachteten das Volk über alle Maßen. Ja, sie sprachen ihm die Seele einfach ab – außer im Moment der „Seelenrevision"[12] natürlich. „Ssobakewitsch durchschaute vollkommen seine Bauern", behaupten Sie. Das ist nicht möglich. Ssobakewitsch sah in seinem Leibeigenen Proschka nur dessen Marktwert, den er an Tschítschikoff verkaufen konnte. Sie behaupten, Skwosnik-Dmuchanowskij habe es vortrefflich verstanden, mit den Kaufleuten umzugehen. Aber ich bitte Sie! Lesen Sie doch nur die Rede dieses Skwosnik an die Kaufleute im Fünften Akt: so kann man allenfalls zu Hunden reden, aber nicht zu Menschen – Sie jedoch nennen das „vortrefflich" mit einem russischen Menschen umgehen? Ist es möglich, daß Sie das wirklich „vortrefflich" finden? Da wär's doch besser, einfach Ohrfeigen auszuteilen und die Menschen an den Haaren zu zerren.

In meiner Kindheit sah ich einmal auf der Landstraße einen Kurier der Regierung, einen sogenannten Feldjäger, vorübersausen – in einem prächtigen Uniformrock, einen Dreimaster mit Federbusch auf dem Kopf –, der den Postkutscher während der rasenden Fahrt unausgesetzt und ganz fürchterlich mit der Faust ins Genick und auf den Rücken schlug, der Postkutscher aber peitschte wiederum wie wahnsinnig die in gestrecktem Galopp jagende Troika. Dieser Feldjäger war natürlich von Geburt ein Russe, aber doch so verblendet und dem Volk entfremdet, daß er sich mit einem einfachen Russen anders gar nicht mehr verständigen konnte als mittels seiner riesigen Faust. Und doch hat er sein Leben lang mit solchen Postkutschern und anderen Leuten aus dem Volk zu tun gehabt. Aber die Frackschöße seines Uniformrocks und der Hut mit dem Federbusch, sein Offiziersrang und seine blankgewichsten Petersburger Stiefel waren ihm teurer, seelisch und geistig teurer nicht nur als der russische Bauer, sondern vielleicht sogar teurer als ganz Rußland, das er kreuz und quer durchfahren und in dem er doch aller Wahrscheinlichkeit nach so gut wie nichts Bemerkenswertes gefunden hatte, nichts, das mehr wert gewesen wäre als einen Hieb seiner Faust oder einen Fußtritt mit seinem blankgewichsten Stiefel. Seine Vorstellung von ganz Rußland beschränkte sich nur auf seine Vorgesetzten; alles andere, was es außer dieser vorgesetzten Behörde noch gab, schien ihm einer Existenz überhaupt nicht wert zu sein. Wie könnte nun wohl ein solcher Mensch das Wesen des Volkes und seine Seele begreifen! Er war zwar ein Russe, aber doch schon ein „europäisierter" Russe, nur mit dem Unterschied, daß sein „Europäertum" nicht etwa mit der Aufklärung begonnen hatte, sondern mit der Ausschweifung, wie das ja bei vielen, sehr vielen der Fall ist. Ja, diese Verderbnis ist bei uns schon mehr als einmal für das richtigste Mittel zur Verwandlung des Russen in einen Europäer gehalten worden. Der Sohn eines solchen Feldjägers wird vielleicht ein Professor, also bereits ein patentierter Europäer geworden sein. Also reden Sie doch nicht von ihrem Verständnis des Volkswesens! Da taten Männer not wie Puschkin, Chomjåkóff, Ssamárin, Akssákoff[13], die ja die ersten waren, die über das eigentliche Wesen des Volkes nachzudenken und zu debattieren begannen. (Vor ihnen hatte man zwar auch schon darüber debattiert; aber das hatte immer irgendwie klassisch oder theatralisch geklungen.) Als nun diese Männer gar von einer „Wahrheit des Volkes" zu sprechen anfingen, da sah man sie erstaunt an und hielt sie allgemein für Epileptiker und Idioten; man glaubte, ihr Ideal sei: „Rettich zu essen und Denunziationen zu schreiben". Jawohl! Denunziationen! Sie setzten in der ersten Zeit alle Welt dermaßen in Erstaunen mit ihrem Auftreten und ihren Ansichten, daß die Liberalen schon nicht mehr wußten, was sie von ihnen denken sollten, und sich fragten, ob sie sie nicht denunzieren wollten? Nun urteilen Sie selbst: sind von unseren heutigen Liberalen etwa viele schon abgekommen von einer so lächerlich dummen Auffassung von den Slawophilen?

Doch zur Sache! Sie behaupten, Aléko sei von Dershimórda zu den Zigeunern geflohen. Nehmen wir an, daß es so war. Das Schlimme dabei ist nur, daß Sie selbst, Herr Gradowskij, vollkommen überzeugt sind von Alekos Recht auf diesen Ekel vor Dershimorda. Sie sagen doch zwischen den Zeilen ungefähr: »Es war ihm eben unmöglich, *nicht* zu den Zigeunern davonzulaufen, denn Dershimorda war doch gar zu widerlich.« Ich dagegen behaupte, daß Aleko und Onegin in ihrer Art gleichfalls Dershimordas waren, und in mancher Hinsicht sogar noch ein wenig schlimmere als jener. Nur tue ich das mit dem Unterschied, daß ich sie deswegen nicht anklage, da ich die Tragik ihres Schicksals vollkommen begreife, während Sie sie dafür noch loben, daß sie davonliefen, sozusagen: »Wie hätten sich denn so große und interessante Menschen mit solchen Ungeheuern einleben sollen?« Sie irren sich aber sehr. Da behaupten Sie auch gleich, Aleko und Onegin hätten sich keineswegs vom Heimatboden losgerissen und hätten auch durchaus nicht die Wahrheit des eigenen Volkes verneint. Und überdies behaupten Sie noch: »Sie waren auch gar nicht hochmütig.« Aber hier ist doch der Hochmut die unmittelbare, logische und unvermeidliche Folge ihrer Abstraktheit und Losgerissenheit vom Heimatboden. Sie können doch nicht leugnen, daß sie ihr Land gar nicht gekannt haben, daß sie in Instituten aufgewachsen und erzogen worden sind, daß sie Rußland nur in den Petersburger Kanzleien kennen gelernt haben und ihr Verhältnis zum Volk immer nur das des Gutsherrn zu seinem Leibeigenen gewesen ist. Selbst wenn sie auf ihren Gütern in nächster Nähe der Bauern lebten, kannten sie sie doch nicht. Mein „Feldjäger", der Kurier, hatte auch sein Leben lang mit Postkutschern zu tun gehabt und sah dennoch nichts anderes in ihnen als gerade nur etwas, das Schläge seiner Faust zu empfangen wert war. Aleko und Onegin verhielten sich Rußland gegenüber wie erhaben über alles, waren hochmütig, anmaßend und unduldsam, wie alle, die in einer vom Volk getrennten engen Schicht leben, unter Bedingungen, die man mit „alles fertig hergerichtet vorgesetzt bekommen“ bezeichnen muß, sowohl das Essen von der Bauernarbeit, wie auch die europäische Aufklärung, von der sie ja gleichfalls ohne eigene Mühe die Nutznießung gratis hatten. Gerade daraus aber, daß sich alle unsere intelligenten Leute der gebildeten Schicht – infolge einer gewissen historischen Entwicklung fast im Lauf der ganzen letzten zwei Jahrhunderte unserer Geschichte – in arbeitsscheue Müßiggänger verwandelt haben, läßt sich ihre Abstraktion, ihre Losgelöstheit vom Heimatboden erklären. Nicht an Dershimorda scheiterte Aleko, sondern an sich selbst, weil er sich Dershimorda und dessen Herkunft nicht zu erklären verstand. Dazu war er viel zu stolz. Aus diesem Grunde fand er auch keine Möglichkeit, auf dem eigenen Felde zu arbeiten. Die anderen aber, die an diese Möglichkeit glaubten, hielt er für Dummköpfe oder gleichfalls für Dershimordas. Und nicht nur in seinem Verhalten zu Dershimorda war unser „Ruheloser“ stolz, er war es auch ganz Rußland gegenüber, denn nach seiner endgültigen Überzeugung bestand Rußland nur aus Sklaven und Dershimordas. Wenn es aber noch etwas Edleres enthielt, so waren allein sie dieses Edlere, sie, die Alekos und Onegins, sonst aber niemand außer ihnen. Daraus folgte die Überhebung ganz von selbst. Indem sie in ihrer Absonderung vom Volk verblieben, mußten sie sich natürlich wundern, wie hoch sie in ihrer Bildung über den gemeinen Dershimordas standen, selbstverständlich ohne auch nur das Geringste von diesen zu begreifen. Wären sie nicht stolz gewesen, so hätten sie begriffen, daß auch sie selbst Dershimordas waren, nach dieser Einsicht aber hätten sie dann – und zwar gerade durch diese Einsicht – vielleicht auch den Weg zur Versöhnung gefunden. Dem Volk gegenüber aber empfanden sie eigentlich nicht einmal so sehr Stolz als einfach Ekel, und zwar alle ausnahmslos. Sie werden das freilich nicht glauben wollen, im Gegenteil, Sie geben nur oberflächlich zu, daß einzelne Charakterzüge der Alekos und der Onegins allerdings nicht gerade schön seien, um mir gleich darauf den Text zu lesen und anmaßend zu behaupten, ich hätte einen beschränkten Blick, und es wäre wohl kaum vernünftig, »die Symptome zu kurieren, die Wurzel der Krankheit aber unangerührt zu lassen«. Sie glauben, daß ich, wenn ich sage: „Demütige dich, stolzer Mensch" – damit Aleko nur seine persönlichen Eigenschaften, seine Privatfehler zum Vorwurf mache, den eigentlichen Grund des Übels jedoch vollständig übersehe, »als läge das ganze Wesen der Sache nur in den persönlichen Eigenschaften der Stolzen, die sich nicht demütigen wollen«, wie Sie meinen. »Es ist ja noch gar nicht festgestellt«, sagen Sie, »wem gegenüber der Ruhelose denn nun eigentlich so stolz war, und damit ist auch die Frage noch offen, wovor er sich denn hätte demütigen sollen.« Das ist mir denn doch ein gar zu hochmütiger Einwurf von Ihnen! Ich glaube, ausdrücklich gesagt zu haben, daß der Ruhelose ein Produkt der historischen Entstehung unserer Gesellschaft ist; folglich wälze ich doch nicht die ganze Schuld nur auf seine Person, auf seine persönlichen Eigenschaften. Sie haben das gelesen, denn ich habe es geschrieben und es steht gedruckt da, weshalb übergehen Sie es also? Sie zitieren meinen ganzen Passus über das „Demütige dich" und schreiben dann von sich aus:

> „Mit diesen Worten hat Herr Dostojewski das ‚Allerheiligste' seiner Überzeugungen ausgesprochen, das, was zugleich die Stärke und Schwäche des Autors der „Brüder Karamasoff" ausmacht. In diesen Worten ist ein großes *religiöses* Ideal enthalten, eine mächtige Predigt *persönlicher* Ethik, aber es fehlt jede Andeutung von *sozialen* Idealen."

Und darauf beginnen Sie sogleich, die Idee der „persönlichen Vervollkommnung im Geiste der christlichen Liebe" zu kritisieren. Auf Ihre diesbezügliche Meinung werde ich noch zu sprechen kommen. Zunächst will ich Ihnen Ihre ganze Unterlage, die Sie, wie es scheint, zu verbergen wünschen, aufdecken und sie Ihnen zeigen, und zwar folgendermaßen: Sie ärgern sich über mich nicht nur deshalb, weil ich dem Ruhelosen manches zum Vorwurf mache, sondern weil ich in ihm nicht wie Sie die Idealgestalt sittlicher Vervollkommnung sehe und ihn nicht für den gesunden Russen halte, wie er nur sein kann und sein soll. Daß Sie trotzdem zugeben, Aleko und Onegin hätten freilich einige »nicht gerade schöne Charakterzüge«, ist nur eine Finte von Ihnen. Ihrer inneren Auffassung nach, die Sie aus irgendeinem Grund nicht ganz aussprechen wollen, ist der Ruhelose der Typ des normalen und ästhetischen Menschen, letzteres schon deshalb, weil er vor Dershimorda davonläuft. Sie sind sogar höchst ungehalten, wenn jemand es wagt, in diesem Typ auch nur einen Fehler zu finden. Sie sagten bereits unumwunden: »Es ist doch sinnlos, zu behaupten, daß sie an ihrem Stolz gescheitert seien und sich nicht vor der Wahrheit des Volkes hätten demütigen wollen.« Und zum Schluß behaupten Sie noch mit Eifer, daß gerade diese unsere Menschenklasse die Bauern befreit habe. Sie schreiben:

„Sagen wir mehr: wenn in der Seele der besten dieser Ruhelosen aus der ersten Hälfte unseres Jahrhunderts ein Gedanke lebte, so war das gerade der Gedanke an das Volk, und ihr glühendster Haß galt gerade der Sklaverei, die dieses Volk bedrückte. Gewiß haben sie auf ihre Art das Volk geliebt und die Leibeigenschaft gehaßt, meinetwegen ‚als Europäer', wenn man will. Aber wer war es denn, wenn nicht sie, die unsere Gesellschaft zur Aufhebung der Leibeigenschaft vorbereiteten? Wo sie konnten, haben auch sie auf dem ‚eigenen Acker' gearbeitet, anfangs als Verbreiter der Befreiungsidee, dann aber als Friedensvermittler[14], als welche sie in erster Reihe wirkten."

Das ist es eben, daß die Ruhelosen die Leibeigenschaft auf ihre Art haßten, eben „europäisch" haßten, darin liegt ja der ganze Kern der Sache! Das ist es eben, daß sie die

Leibeigenschaft nicht um der russischen Bauern willen haßten, um des Russen willen, der für sie arbeitete, als ihr Leibeigener, dessen Arbeit sie ernährte und der folglich auch von ihnen – wenn sie es auch in Gemeinschaft mit anderen taten, so doch immerhin auch von ihnen – geknechtet wurde. Wer verbot ihnen denn, wenn sie schon so sehr unter dieser Beleidigung ihres staatsbürgerlichen Gefühls litten, daß sie zu den Zigeunern liefen oder auf die Barrikaden nach Paris; wer hinderte sie denn, ganz einfach wenigstens ihre eigenen Bauern zu befreien und einen Teil des eigenen Landes unter ihnen zu verteilen, um damit wenigstens das eigene Gewissen von diesem Unrecht und sich selbst von der persönlichen Verantwortung freizumachen? Aber von solchen Befreiungen hat man seltsamerweise nicht viel gehört, staatsbürgerliches Wehgeschrei dagegen ertönte doch genug und allerorten. »Das Milieu«, heißt es ja wohl, »das Milieu war die Fessel, und wie hätte er sich denn selbst seines Vermögens berauben sollen?« Aber weshalb denn nicht, wenn die Bauern ihm schon so leid taten, daß er auf die Barrikaden lief? Ja, sehen Sie, das war es nun wieder, daß man in diesem gewissen „Städtchen Paris" nicht ohne Geld auskam, selbst wenn man an den Barrikadenkämpfen teilnahm, die Leibeigenen aber – schickten den Zins. Oder man machte es noch einfacher: man verpfändete oder verkaufte die Bauern, oder tauschte sie ein (war das nicht ganz gleich?), und hatte man das Kapital flüssig gemacht, dann fuhr man nach Paris, um dort behilflich zu sein, französische radikale Journale und Revuen herauszugeben, jetzt schon zum Heil der *ganzen* Menschheit, und nicht nur des russischen Bauern. Sie versichern, Herr Gradowskij, daß der Kummer um den leibeigenen Bauer sie alle gepeinigt habe? Nun, es war wohl nicht gerade der Kummer wegen der Leibeigenschaft der russischen Bauern, sondern der ganz abstrakte Kummer wegen der Knechtschaft des Menschengeschlechts im allgemeinen: »Die sollte es doch überhaupt nicht mehr geben, sie ist rückständig, sie verträgt sich nicht mit der Aufklärung!

Liberté, Egalité et Fraternité!« – nur daran dachten sie. Was jedoch den russischen Bauern persönlich anbelangt, so hat der Kummer um ihn diese großen Herren ganz gewiß nicht allzusehr geplagt. Ich habe eine Menge vertraulicher Meinungsäußerungen sehr, sogar sehr „gebildeter“ Herren der guten alten Zeit gehört und genau im Gedächtnis behalten. Zum Beispiel: »Die Sklaverei ist ja freilich ein fürchterliches Übel, das steht außer Frage«, äußerten sie, wenn sie unter sich waren, »aber wenn man es genau betrachtet, so ist doch unser Volk – ja, ist denn das überhaupt ein Volk? Kann man es denn auch nur entfernt zum Beispiel mit dem Pariser Volk von 1793 vergleichen? Es hat sich ja doch schon an die Sklaverei gewöhnt, sein Gesicht, seine ganze Gestalt drückt schon den Sklaven aus, ja, und wenn Sie wollen – die Rute zum Beispiel ist ja natürlich eine schreckliche Gemeinheit, im allgemeinen gesprochen, aber beim russischen Bauern ist sie doch, bei Gott, ganz unentbehrlich. Unser Bäuerlein muß die Rute zu fühlen bekommen, sonst wird's trübselig. Da ist nichts zu machen, aber so ist es nun einmal, unser Volk.« – Das habe ich seinerzeit mit eigenen Ohren gehört, ich schwöre es, und sogar von sehr gebildeten Leuten. Das ist die sogenannte „nüchterne Wahrheit“.

Onegin wird seine Leibeigenen wahrscheinlich nicht geprügelt haben, obschon es schwerhält, hierüber mit Bestimmtheit etwas auszusagen; aber Aleko – nun, was diesen betrifft, so bin ich überzeugt, daß er seine Leibeigenen mitunter hat prügeln lassen, allerdings nicht aus Herzenshärte, sondern fast sogar aus Mitleid, fast sogar um des Guten willen, in dem Sinne etwa wie: »Das ist doch für ihn eine Notwendigkeit, ohne sie hält er es ja gar nicht aus, er kommt doch selber und bittet: ‚Straf mich, Herr, mach mich wieder zum Menschen, bin ganz aus der Zucht geraten!‘ Was soll man denn mit einer solchen Natur anfangen, sagen Sie doch gefälligst? Nun, und so tut man ihm denn den Gefallen!«

Ich wiederhole, ihr Gefühl für den Bauern grenzte oft an Ekel vor ihm. Und wieviel schmutzige Anekdoten wurden unter ihnen vom Bauern, von seiner Sklavenseele, seinem „Götzendienst", seinem Popen und seinem Weibe erzählt, und zwar ganz leichten Herzens, zuweilen von Leuten, deren eigenes Familienleben fast einem Bordelleben glich. Oh, versteht sich, das geschah ja nicht immer in irgendeiner bösen Absicht, sondern nur aus übermäßigem Eifer bei der Aneignung der letzten europäischen Ideen (à la Lucrezia Floriani zum Beispiel), die nach unserer Art aufgefaßt wurden, und geschah gleich mit der ganzen russischen Leidenschaftlichkeit. Sie waren eben in allem echte Russen! Oh, die russischen sich grämenden „Ruhelosen" waren bisweilen große Schelme, Herr Gradowskij, und gerade diese kleinen Anekdoten vom russischen Bauern und die Geringschätzung für ihn (wenn nicht Verachtung) haben in den Herzen dieser Herren ihrem Kummer ob der Leibeigenschaft immer die Spitze dadurch abgebrochen, daß er einen gewissen abstrakt universalen Charakter annahm. Mit einem solchen Kummer aber läßt es sich noch ganz gut, sogar sehr gut leben, namentlich, wenn man sich dabei geistig von der Betrachtung seiner eigenen moralischen Schönheit und der Erhabenheit nährte, die man im Fluge seiner staatsbürgerlichen Ideen entwickelte, und körperlich, nun – körperlich immerhin vom Zins dieser selben Bauern (und sogar wie noch nährte!). Da fällt mir soeben eine Geschichte ein, die vor kurzem ein alter Herr in einer Zeitschrift zum besten gab. Es war im Sommer 1845 auf einem in der Nähe von Moskau gelegenen entzückenden Landgut, dessen Besitzer, nach den Worten dieses alten Herrn, „grandiose Diners" zu geben pflegte. So hatten sich dort wieder einmal die humansten Professoren, die hervorragendsten Liebhaber und Kenner der schönen Künste und noch manches anderen, die berühmtesten Demokraten, die sich in der Folge sogar als Staatsmänner ausgezeichnet und fast Weltruf erworben haben, ferner Kritiker, Schriftsteller und die reizendsten Damen eingefunden, sie alle Menschen von höchster geistiger Entwicklung. Und nach einem Diner mit Champagner, getrüffelten Pasteten und meinetwegen

Vogelmilch (es muß doch etwas Besonderes gegeben haben, wenn man die Diners „grandios“ nennt), bricht die ganze Gesellschaft auf, um einen Spaziergang zu machen. Auf dem Feld im reifen Roggen treffen sie eine Schnitterin. Nun, die Feldarbeit ist doch wohl nichts weniger als leicht: die Bauern stehen um 4 Uhr morgens auf, um dann bis zum Abend das Korn zu schneiden – zwölf Stunden gebückt unter sengender Sonne. Und dort im Roggen findet nun unsere Gesellschaft die Schnitterin in – können Sie sich das vorstellen! – in „primitivster Kleidung“ (das heißt wohl einfach im Hemd?)! Wie entsetzlich! Alle Friedensgefühle und Humanitätsbegriffe sind vor den Kopf gestoßen, und sogleich läßt sich eine beleidigte Stimme vernehmen: »Von allen Weibern ist es nur das russische Weib, das kein Schamgefühl kennt!« Und daraus wird natürlich sofort der Schluß gezogen: »Nur das russische Weib ist von allen das einzige, vor dem sich niemand schämt« (das heißt wohl: nicht zu schämen brauche, etwa?) Es kam zum Streit. Einige verteidigten die Bäuerin, aber was waren das für Verteidiger und mit welchen Entgegnungen hatten sie zu kämpfen! Und so etwas war möglich in einer Gesellschaft von diesen zum Gutsbesitzerstand gehörenden „Ruhlosen“, die sich soeben lukullisch sattgegessen, Champagner und Austern geschlürft hatten und zwar für wessen Geld? Für ein Geld, das eben diese Bauernarbeit einbrachte! Für Sie, meine Herren Weltschmerzleidende, arbeitet diese Bäuerin doch, für das aus ihrer Arbeit gewonnene Geld haben Sie sich doch sattgegessen! Weil sie im hohen Korn, wo niemand sie sehen konnte, gequält von Hitze und Schweiß, ihren Rock ausgezogen und im Hemd arbeitet – deshalb soll sie schamlos sein, soll sie Ihr Schamgefühl verletzt haben: »von allen Weibern das einzige, das kein Schamgefühl hat!« – ach, Sie Keuschheitsapostel! Aber Ihre Pariser Zerstreuungen und Ihre Streiche im „Städtchen Paris“ und der Cancan im Jardin Mabille, vor dem unsere russischen Herren hinschmelzen, selbst wenn von ihm nur die Rede ist, und das nette Liedchen –

„Ma commère, quand je danse,
Comment va mon cotillon?“

mit dem graziösen Raffen des Röckchens und dem Ruck mit dem Hinterteilchen dazu – das alles empört unsere schamhaften Herren keineswegs, im Gegenteil, es zieht sie sogar ungeheuer an!

»Aber ich bitte Sie, das ist bei ihnen doch alles so graziös, dieses Cancanchen, dieses Röckchen und ... na ja! Das sind doch in ihrer Art die elegantesten Articles de Paris, hier aber – wie kann man das überhaupt vergleichen: hier ist's doch nur ein Weib, ein russisches Bauernweib, ein Klotz, ein unbehauener Klotz!«

Nein, das war sogar nicht einmal bloßes Überzeugtsein von der Gemeinheit unseres Bauern und Volkes, da war die Ansicht schon ins Gefühl übergegangen, schon zum Gefühl geworden, da verriet sich bereits eine physische Empfindung des Ekels vor unserem Bauern – oh, natürlich nur eine unwillkürliche, fast unbewußte Empfindung, die sie selbst vielleicht gar nicht bemerkten. Und ich muß gestehen, ich kann mit Ihrem kapitalen Streitsatz keineswegs übereinstimmen, Herr Gradowskij: daß diese „Ruhelosen“ es gewesen seien, die in unserer Gesellschaft für die Befreiung der Leibeigenen vorgearbeitet hätten. Vielleicht mit abstraktem Geschwätz, indem sie ihren sozialen Kummer nach allen Regeln überall hervorkehrten – oh, natürlich kam schließlich alles der Sache zugute. Bewirkt aber haben die Befreiung der Bauern, geholfen haben denen, die die Befreiung durchführen wollten, eher solche Männer wie zum Beispiel Ssamarin, nicht aber Ihre ... Streuner. Jener anderen dagegen, jener vom Schlage eines Ssamarin, die wohl in keiner Beziehung den Alekos und Onegins glichen, gab es doch damals gar nicht so wenige, und die halfen alle bei der großen Arbeit mit, Herr Gradowskij, von ihnen aber reden Sie natürlich kein Wort. Ihren Leuten jedoch ist die Geschichte, nach allen Anzeichen zu urteilen, sehr bald langweilig geworden, und sie begannen wieder blasiert zu schmollen. Sie wären auch keine Dandies gewesen, wenn sie sich anders verhalten hätten. Als sie dann nach der Aufhebung der Leibeigenschaft erst das Geld für ihre losgekauften Bauern erhalten hatten, da verkauften sie auch ihr übriges Land an Aufkäufer zum Aussaugen und ihre Wälder zum Abholzen. Sie selbst siedelten ins Ausland über und führten bei uns den Absentismus ein ... Sie werden mit mir darin natürlich nicht übereinstimmen, Herr Professor, aber was soll ich denn tun: Es ist mir nun einmal absolut unmöglich, den Ihnen so teuren, der oberen Schicht entstammenden liberalen Russen als das Ideal des normalen, echten Russen anzuerkennen, als den besten Typ, der der Russe angeblich jemals wirklich war, ist und sogar in Zukunft sein soll. Ich sehe nur, daß dieser Typ in den letzten Dezennien wenig auf dem Arbeitsfeld seines Volkes geleistet hat. Und diese Auffassung halte ich für etwas richtiger und begründeter als Ihre Dithyrambe zum Ruhm dieser ehemaligen Herren.

III

Zwei Hälften

Ich komme jetzt zu Ihren Ansichten über die „persönliche Vervollkommnung im Geist der christlichen Liebe“ und Ihrer Behauptung, daß dieselbe durchaus unzureichend sei im Vergleich mit „sozialen Idealen“ und vor allem mit „sozialen Institutionen“. Ja, auch Sie weisen darauf hin, daß dies der wichtigste Punkt in unserer Meinungsverschiedenheit ist. Sie schreiben:

> „Indem Herr Dostojewski Demut vor der Wahrheit und den Idealen des Volkes verlangt, scheint er diese ‚Wahrheit‘ und diese Ideale für etwas bereits Fertiges, unerschütterlich Feststehendes und Ewiges zu halten. Wir erlauben uns, dieser Annahme zu widersprechen. Die *sozialen* Ideale unseres Volkes sind noch im Stadium des *Entstehens,* sie fangen erst an sich zu entwickeln. Das Volk

muß noch viel an sich arbeiten, um den Namen eines großen Volkes zu verdienen."

In Bezug auf die „Wahrheit" und die Ideale des Volkes habe ich Ihnen zum Teil schon geantwortet. Diese Wahrheit und diese Ideale des Volkes halten Sie direkt für ungenügend zur Entwicklung der sozialen Ideale Rußlands. Das heißt also: Religion ist ein Ding für sich, und alles Soziale, Gesellschaftliche ist etwas ganz Anderes, das heißt: wiederum ein Ding für sich. Sie schneiden den lebendigen Organismus mit Ihrem Gelehrtenmesser in zwei Hälften und behaupten, daß diese von einander ganz unabhängig sein müssen. Betrachten wir sie näher, untersuchen wir jede dieser Hälften für sich, vielleicht können wir dann irgendwelche Schlüsse ziehen. Betrachten wir zunächst die Hälfte der „persönlichen Vervollkommnung im Geiste der christlichen Liebe".

Sie schreiben:

„Herr Dostojewski ruft uns zur Arbeit auf, zur Arbeit an uns selbst. Die persönliche Vervollkommnung im Geist der christlichen Liebe ist natürlich die erste Voraussetzung jeder Tätigkeit, gleichviel ob sie groß oder klein ist! Aber daraus folgt noch nicht, daß Menschen, die im *christlichen Sinne persönlich vollkommen* sind, *unbedingt* einen vollendeten Staat bilden (?!). Nehmen wir ein Beispiel:

Der Apostel Paulus erklärt Sklaven und deren Herren ihr Verhältnis zueinander. Sowohl diese wie jene konnten die Lehre des Apostels befolgen und taten es meist auch wirklich, sie waren *persönlich* gute Christen, aber die *Sklaverei* wurde damit nicht geheiligt und blieb eine unmoralische Einrichtung. So wird auch Herr Dostojewski, wie ein jeder von uns, vortreffliche Christen gekannt haben, sowohl unter Gutsbesitzern wie unter Bauern. Aber die Leibeigenschaft blieb trotzdem ein Greuel vor dem Herrn, und der Zar-Befreier erfüllte nicht nur die Forderungen der *persönlichen,* sondern auch der *sozialen* Sittlichkeit, von der man in der alten Zeit keine richtige Vorstellung hatte, obschon es ‚gute Menschen' damals nicht weniger gab als heutzutage. Persönliche und soziale Sittlichkeit ist nicht ein und dasselbe. Daraus folgt, daß eine *soziale* Vervollkommnung nicht *lediglich* durch die Besserung der persönlichen Eigenschaften der Menschen erreicht werden kann. Ein Beispiel:

Nehmen wir an, daß seit dem Jahre 1800 eine Reihe von Predigern der christlichen Liebe und Demut sich vorgenommen hätten, die Sittlichkeit solcher Menschen, wie Gogols Gutsbesitzerin Frau Korobotschka und Ssobakewitsch zu heben. Wäre es auch nur denkbar, daß sie die Aufhebung der Leibeigenschaft durchgesetzt hätten und daß es keines Machtwortes mehr bedurft hätte? Im Gegenteil, die Korobotschka hätte zu beweisen angefangen, daß sie eine wahre Christin und ‚Mutter' ihrer Bauern sei und wäre trotz aller gegenteiligen Versicherungen des Predigers bei ihrer Ansicht verblieben.

Eine Verbesserung der Menschen in einem sozialen Sinn kann nicht lediglich durch Arbeit nur an der eigenen Person und durch persönliche Demut erreicht werden. An sich selbst arbeiten und sich zur Demut erziehen, das kann man auch in der Wüste oder auf einer unbewohnten Insel. Aber als Angehörige einer Gesellschaft, eines Staates, entwickeln und verbessern sich die Menschen erst in der Arbeit *nebeneinander, füreinander* und *miteinander*. Das ist auch der Grund, weshalb die soziale Vollkommenheit der Menschen in einem so hohen Grade von der Vollkommenheit der *sozialen Institutionen* abhängt, die im Menschen wenn nicht christliche, so doch bürgerliche Tugenden erziehen."

Sehen Sie, wieviel ich aus Ihrem Artikel abgeschrieben habe! Das klingt alles sehr selbstbewußt und die „persönliche Vervollkommnung im Geiste der christlichen Liebe" hat gründlich die Wahrheit zu hören bekommen. Das heißt soviel wie: in bürgerlich-staatlichen Dingen taugt sie zu nichts. Kurios, fürwahr, fassen Sie demnach das Christentum auf! Allein schon die Vorstellung, daß die Koróbotschka und Ssobakéwitsch wahre Christen werden könnten, sogar vollkommene, und darauf die Frage: Könnte man sie dann dazu bringen, auf die Leibeigenschaft zu verzichten? ist bemerkenswert. Mir scheint es eine recht verfängliche Frage zu sein, die Sie da aufwerfen, und Ihre eigene Antwort lautet natürlich: »Nein, die Koróbotschka wäre selbst als wahre Christin nicht dazu zu bewegen.«

Darauf antworte ich ohne weiteres: Wenn die Korobotschka überhaupt eine wahre und vollkommene Christin hätte werden können oder geworden wäre, so hätte die Leibeigenschaft auf ihrem Gut auch schon zu existieren aufgehört, weshalb man sich dann um nichts weiter zu bemühen brauchte, wenn auch alle Aktenstücke und Kaufbriefe in ihrem Besitz verblieben.

Erlauben Sie: die Korobotschka war doch auch früher schon Christin, schon von Geburt an, seit ihrer Taufe, nicht wahr? Folglich verstehen Sie unter der Lehre der neuen Prediger des Christentums dem Wesen nach wohl dasselbe alte Christentum, nur erhöht, gesteigert, also ein vollendetes oder vollkommenes, das sozusagen schon sein Ideal erreicht hat? Aber was kann es dann noch für Sklaven geben, ich bitte Sie! Man muß doch das Christentum wenigstens annähernd begreifen! Und was würde es dann die Korobotschka, die *wahre* Christin, noch angehen, ob ihre Bauern Leibeigene sind oder nicht? Sie wäre ihnen „Mutter", eine richtige Mutter, und die „Mutter" in ihr hätte sogleich die frühere „Herrin" in ihr einfach ausgeschaltet, und das wäre ganz von selbst geschehen. Das frühere Verhältnis – dasjenige der Herrin zum Sklaven – wäre in dem Fall wie Nebel vor der Sonne verschwunden und die alten Menschen wären von anderen verdrängt worden, die in einem ganz neuen, vordem undenkbar gewesenen Verhältnis zueinander gestanden hätten. Und überhaupt wäre damit etwas schier Unglaubliches geschehen: es wären eben *überall* vollkommene Christen erstanden, solche, wie es ihrer bisher auch als einzelne freilich so wenige gegeben hat, daß man diese kaum zu entdecken vermöchte. Übrigens sind ja Sie es, Herr Gradowskij, der diese phantastische Möglichkeit in Erwägung zieht, nicht ich, folglich dürfen Sie sich auch den Folgerungen nicht entziehen. Ich versichere Ihnen, Herr Gradowskij, daß die Bauern der Korobotschka dann freiwillig bei ihr geblieben wären, und zwar aus dem einfachen Grunde, weil ein jeder sieht, wo es ihm am besten geht. Oder meinen Sie, daß die Bauern es mit Ihren Institutionen besser hätten als bei der sie liebenden, wie eine leibliche Mutter für sie sorgenden Gutsbesitzerin? Desgleichen erlaube ich mir, Ihnen zu versichern, daß die Sklaverei zu Lebzeiten des Apostels Paulus nur deshalb auch in christlichen Gemeinden bestehen blieb, weil die damaligen, eben erst entstehenden Gemeinden noch nicht in dem Maß christlich waren, daß sie ein vollkommenes Christentum hätten darstellen können (was wir aus den Sendschreiben des Apostels ersehen). Aber die einzelnen Mitglieder der Gemeinden, die damals persönlich die Vollkommenheit erreichten, hatten auch keine Sklaven mehr und konnten sie ja gar nicht mehr haben, denn diese wurden sogleich zu ihren Brüdern; ein Bruder aber, ein wirklicher Bruder, kann nicht seinen Bruder als Sklaven bei sich halten. Nach Ihren Worten müßte man dagegen annehmen, daß die Predigt der christlichen Lehre machtlos gewesen sei. Wenigstens schreiben Sie, daß durch die Predigt des Apostels die Sklaverei noch nicht geheiligt worden wäre. Andere Gelehrte aber, namentlich europäische Professoren der Geschichte, haben schon unzählige Male dem Christentum gerade das vorgeworfen, daß es angeblich die Sklaverei heilige. Das heißt aber, das Wesen der Sache nicht begreifen. Man stelle sich vor: die Madonna hätte Leibeigene und wollte diesen nicht die Freiheit geben. Welch ein Absurdum! Im Christentum, im wirklichen Christentum, wird es Herren und Diener geben, aber ein Sklave ist undenkbar. Ich rede vom wahren, vollkommenen Christentum. Diener sind nicht Sklaven. Der Jünger Timotheus diente dem Apostel Paulus, als sie gemeinsam umherzogen, aber lesen Sie doch die Briefe Pauli an Timotheum: schreibt er an einen Sklaven, ja überhaupt an seinen Diener? Ich bitte Sie! – Das sind doch Briefe an seinen „Sohn Timotheus“ – an seinen „geliebten Sohn“! Ja, in einem solchen, gerade in einem solchen Verhältnis werden die Herren zu den Dienern stehen, wenn diese wie jene vollkommene Christen sind. Herren und Diener wird es geben, aber die Herren werden nicht Tyrannen sein, und die ihnen Dienenden nicht von ihnen Tyrannisierte. Stellen Sie sich vor, daß es in der zukünftigen Gesellschaft einen Kepler, einen Kant, einen Shakespeare gibt: sie leisten die große geistige Arbeit für alle, und alle wissen das und verehren und schätzen sie. Natürlich hat Shakespeare keine Zeit, um sagen wir, sein Zimmer aufzuräumen. Glauben Sie mir, unter solchen Voraussetzungen wird unbedingt ein anderer Bürger zu ihm kommen, um ihm zu dienen; er wird es freiwillig tun, wird ungebeten die geringe Arbeit bei Shakespeare verrichten: sein Zimmer aufräumen usw. Wird er deshalb erniedrigt oder ein Sklave sein? Keineswegs. Er weiß, daß Shakespeare unvergleichlich wertvoller ist als er, und er sagt sich oder ihm: »Dafür sei dir Ruhm und Ehre, und mir ist es eine Freude, dir dienen zu können. Soviel ich kann, trage ich auch meinen Teil zur großen Tat bei, indem ich dir Stunden des Schaffens erhalte, doch bin ich deshalb noch kein Sklave. Gerade durch diese meine Erkenntnis, daß du, Shakespeare, dank deinem Genie höher stehst als ich, habe ich bewiesen, indem ich zu dir kam, um dir zu dienen, daß ich an sittlicher Menschenwürde dir keineswegs nachstehe, sondern *als Mensch* dir ebenbürtig bin.« Oder vielmehr, er wird das nicht zu sagen brauchen. Es wäre schon allzu selbstverständlich. Solche Fragen sind ganz ausgeschlossen, ja, undenkbar. Denn die Menschen werdenn dann wirklich neue Menschen sein, Kinder Christi, und werden das ehemalige Tier in sich überwunden haben.

Sie werden hierauf freilich erwidern, dies sei eine phantastische Zukunftsillusion. Aber mit dem Phantasieren habe ja nicht ich den Anfang gemacht, sondern Sie, und Sie verstiegen sich sogar so weit, daß Sie sich die Korobotschka als eine vollkommene Christin denken konnten, die jedoch ihren „leibeigenen Kindern“ die Freiheit vorenthält. Das ist wohl phantastischer als alles von mir Geschriebene.

Nun werden vielleicht die klugen Leute lachend einwenden: »Ja, wozu sich dann noch um die Vervollkommnung im Geiste der christlichen Liebe bemühen, wenn wirkliches Christentum, wie aus alledem hervorgeht, auf Erden überhaupt nicht vorhanden ist, oder falls doch, dann nur so selten, daß man diese vereinzelten Fälle kaum wahrnehmen kann, anderenfalls (wie wiederum aus meinen eigenen Worten hervorgeht) wäre ja sofort alles beigelegt, jegliche Sklaverei aufgehoben, die Typen vom Schlag der Korobotschka würden sich in lichte Genien verwandeln und den Menschen bliebe nichts weiter übrig, als Gott dem Herrn eine Hymne zu singen!« Ja, natürlich, meine Herren Spötter, wirkliche Christen gibt es noch entsetzlich wenige (aber immerhin gibt es doch schon einige!). Woher aber wissen Sie, wievieler es bedarf, damit das Ideal des Christentums im Herzen des Volkes nicht stirbt und mit diesem Ideal auch seine große Hoffnung erhalten bleibt? Ins Weltliche übersetzt: wievieler unverfälschter treuer Bürger bedarf es, damit in der Gemeinschaft der Menschen die Idealgestalt eines Bürgers nicht vergessen wird? Auch diese Frage werden Sie schwerlich beantworten können. Hier handelt es sich um eine Sozialökonomie von eigener Art, von einer ganz besonderen Art, die uns noch unbekannt ist und die selbst Sie, Herr Gradowskij, noch nicht kennen.

Wieder wird man einwenden: Wenn die große Idee nur so wenige Anhänger hat, von welchem Nutzen kann sie dann sein? Aber wer vermag denn jetzt schon zu sagen, von welchem Nutzen sie schließlich sein, was sie zu guter Letzt bewirken wird? Offenbar ist bisher nur das Eine nötig gewesen: daß der große Gedanke nicht sterbe. Ganz etwas Anderes ist es dagegen jetzt, wo überall in der Welt etwas

Neues im Anzug ist und man bereit sein muß ... Und übrigens handelt es sich hier gar nicht um den Nutzen, sondern um die Wahrheit. Denn wenn ich felsenfest daran glaube, daß die Wahrheit hierin liegt, gerade hierin, woran ich glaube, was geht es mich dann an, daß die ganze Welt an meine Wahrheit nicht glaubt, mich verspottet und einen anderen Weg geht? Gerade darin liegt doch die Macht eines großen ethischen Gedankens, gerade dadurch vereint er die Menschen zum stärksten Verband, daß er sich nicht nach seinem sofortigen Nutzen bewerten läßt, sondern die Menschen in die Zukunft leitet, zu ewigen Zielen, zu absoluter Freude lenkt. Wodurch wollten Sie sonst die Menschen zur Verwirklichung Ihrer sozialen Ideale vereinigen, wenn Sie keine Grundlage in einer ursprünglichen großen sittlichen Idee haben? Diese sittlichen Ideen haben aber alle das eine gemeinsam: daß sie ausnahmslos auf der Idee der persönlichen absoluten Vervollkommnung in Zukunft, im Ideal, beruhen, denn diese Vervollkommnung enthält alles in sich, alles Streben, alles unendliche Verlangen, und folglich ist sie, gerade sie der Mutterschoß aller unserer sozialen, bürgerlichen Ideale. Versuchen Sie es doch einmal, die Menschen zu einer bürgerlichen Gesellschaft nur zu dem einzigen Zweck, ihr nacktes Leben zu retten, zu vereinigen. Die Antwort auf Ihren Versuch wäre die sittliche Formel: „Chacun pour soi et Dieu pour tous." Unter dieser Formel wird aber keine einzige bürgerliche Einrichtung lange bestehen, Herr Gradowskij!

Ich gehe aber noch weiter und beabsichtige, Sie in Erstaunen zu setzen.

So hören Sie denn, gelehrter Herr Professor, daß es speziell soziale Ideale, die mit ethischen Idealen in keiner organischen Verbindung stehen, die vielmehr für sich ganz allein bestehen, also vom Ganzen abgeteilte Ideale, wie Sie sie mit Ihrem gelehrten Messerchen abteilen zu können meinen, gar nicht gibt, ferner, daß solche sozialen Ideale, die äußerlich übernommen und an den beliebigen neuen Ort verpflanzt werden könnten und daselbst zu gedeihen vermöchten, als „Institutionen", wie Sie sich ausdrücken, – daß es solche Ideale, sage ich, überhaupt nicht gibt, noch je gegeben hat und auch gar nicht geben kann! Ja, und was ist denn eigentlich ein soziales Ideal, wie ist dieses Wort überhaupt zu verstehen?

Sein Wesen liegt natürlich in dem Bestreben der Menschen, eine Formel für ihre soziale Organisation zu finden, eine möglichst fehlerlose und alle zufriedenstellende Formel – nicht wahr? Aber diese Formel ist den Menschen unbekannt, sie suchen sie schon seit Tausenden von Jahren, seit dem Anfang ihrer geschichtlichen Entwicklung, und können sie nicht finden. Die Ameise kennt die Formel ihres Ameisenbaues, die Biene die ihres Stockes (wenn sie sie auch nicht nach Menschenart kennen, so kennen sie sie doch in ihrer eigenen Art und mehr ist ja nicht nötig), aber der Mensch kennt seine Formel nicht. Wenn das aber der Fall ist, woher sollte dann wohl das Ideal einer sozialen Organisation in die menschliche Gesellschaft gekommen sein? Verfolgen Sie die Geschichte und Sie werden sogleich sehen, woher das Ideal kommt. Sie werden sehen, daß es einzig und allein ein Erzeugnis der sittlichen Vervollkommnung der einzelnen Menschen ist: damit fängt es an, und so ist es von jeher gewesen und so wird es ewig bleiben. Als erstes sehen wir in der Geschichte jedes Volkes, jeder Nationalität, daß die sittliche Idee der Entstehung der betreffenden Nationalität immer vorangegangen ist, *denn gerade sie ist das, was die nationale Besonderheit bildet*, sie erst erschafft die Nationalität. Hervorgegangen aber ist diese sittliche Idee immer aus mystischen Ideen, aus Überzeugungen, daß der Mensch ewig sei, unsterblich, daß er nicht wie ein gewöhnliches Erdentier nur sein Leben friste, sondern mit anderen Welten und der Ewigkeit verbunden sei. Diese Überzeugungen sind immer und überall zur Religion geworden, zum Bekenntnis der neuen Idee, und stets hat sich dann, kaum daß die neue Religion entstanden war, sogleich auch staatlich eine neue Nation gebildet. Nehmen Sie zum Beispiel die Juden oder die Muselmänner: bei ersteren bildete sich die Nation erst nach der Gesetzgebung durch Moses, obschon sie bereits mit dem Gesetz Abrahams begonnen hatte; ebenso sind die mohammedanischen Nationen erst nach dem Koran entstanden. Um den empfangenen geistigen Schatz zu erhalten, beginnen die Menschen sogleich, sich zusammenzuschließen, und dann erst, in eifriger gemeinsamer »Arbeit nebeneinander, füreinander und miteinander« (wie Sie sich beredt ausdrücken) — dann erst fangen die Menschen an, auch danach zu suchen, wie sie sich wohl so einrichten könnten, daß von dem erhaltenen Schatz nichts verloren gehe. Dann suchen sie nach einer sozialen Formel des gemeinschaftlichen Lebens, nach einer Staatsform, die ihnen am ehesten helfen könnte, suchen jenen sittlichen Schatz, den sie erhalten haben, womöglich über die ganze Welt hin zu seinem vollsten Glanz zu entfalten und zu seinem größten Ruhm zu erheben. Und wohlgemerkt, sobald nach Ablauf der Zeiten und Jahre (denn auch hierin waltet ein Gesetz, das wir freilich nicht kennen) in der betreffenden Nation das geistige Ideal zu verfallen anfing, da begann zugleich auch die Nation zu verfallen und mit ihr auch ihr ganzer Staatsbau, und es verblich auch das soziale Ideal, das sich inzwischen in ihr gebildet hatte. Von welcher Art der Charakter der Religion eines Volkes ist, von diesem Charakter sind auch die sozialen Formen dieses Volkes. Folglich sind die sozialen Ideale mit den sittlichen Idealen stets unmittelbar und organisch verbunden, doch die Hauptsache ist, daß sie einzig und allein aus diesen hervorgehen. *Ganz für sich allein* aber entstehen sie nie, denn indem sie entstehen, ist ihr Zweck nur die Befriedigung des sittlichen Strebens der betreffenden Nation, je nachdem wie und inwieweit dieses sittliche Streben in ihr entstanden und vorhanden ist. Folglich aber ist die „persönliche Vervollkommnung im religiösen Geiste", wie wir sehen, im Leben der Völker die Grundlage alles weiteren, denn die persönliche Vervollkommnung ist *nichts anderes als die Ausübung der empfangenen Religion.* Die „sozialen Ideale" aber entstehen nie ohne dieses Streben nach Selbstvervollkommnung und können auch gar nicht ohne dasselbe entstehen. Sie werden vielleicht bemerken, auch Sie hätten ja gesagt, daß die „persönliche Vervollkommnung der Anfang alles weiteren" sei und daß Sie nichts mit einem Messer geteilt hätten. Das aber ist es ja gerade, daß Sie dies doch getan haben, daß Sie einen lebendigen Organismus zerschnitten und somit in zwei getrennte Hälften geteilt haben. Die persönliche Vervollkommnung ist nicht nur „der *Anfang* alles weiteren", sondern auch die Fortsetzung des Ganzen, und sogar den Ausgang begreift sie in sich. Sie umfaßt, erschafft und erhält den Organismus der Nation, und zwar nur sie allein. Nur für sie lebt die soziale Formel der Nation, da sie doch nur zu dem Zweck gesucht wird, um den ursprünglichen ersten Schatz zu erhalten. Wenn aber in der Nation das Bedürfnis nach allgemeiner einzelner Vervollkommnung *in dem Geist, der dies Bedürfnis hervorgerufen,* erlischt, dann verschwinden allmählich auch alle „bürgerlichen Einrichtungen", da es dann nichts mehr zu erhalten gibt. Deshalb kann man unter keinen Umständen dem zustimmen, was Sie in folgenden Worten ausdrücken:

> „Dies ist auch der Grund, weshalb die soziale Vollkommenheit der Menschen in so hohem Maß von der Vollkommenheit der *sozialen Institutionen* abhängt, die im Menschen wenn nicht christliche, so doch bürgerliche Tugenden heranbilden."

„Wenn nicht christliche, so doch bürgerliche"! Sieht man hier nicht das Messer des Gelehrten, das Unteilbares trennt, das den ganzen, in sich abgeschlossenen lebendigen Organismus in zwei getrennte tote Hälften teilt, in eine sittliche und eine bürgerliche?

Sie werden vielleicht sagen, daß sowohl in den „sozialen Institutionen" wie in der Rolle des „Bürgers" die größte sittliche Idee enthalten sein kann, daß in bereits ausgereiften, entwickelten Nationen die „bürgerliche Idee“ stets an die Stelle der anfänglichen religiösen Idee tritt, die sich also gewissermaßen zu jener entwickle und der jene daher durchaus rechtmäßig folge.

Ja, das behaupten allerdings viele, wir aber können für die Richtigkeit dieser Auffassung kein einziges historisches Beispiel finden. Wenn sich die sittlich-religiöse Idee in der Nation überlebt hatte, dann setzte immer nur ein panisch verängstigtes Vereinigungsbedürfnis ein, nämlich zu dem Zweck, um für den Fall, daß etwas geschehen sollte, „das nackte Leben zu retten“ – andere Ziele kennt die bürgerliche Vereinigung dann nicht mehr. Da vereinigt sich gerade jetzt die französische Bourgeoisie, und vereinigt sich nur zu diesem Zweck: das eigene Leben sicherzustellen vor dem Vierten Stand, der schon die Tür, die zu ihr führt, zu zertrümmern droht. Aber das „Retten des eigenen Lebens“ ist von allen Ideen, die die Menschen zu vereinigen suchen, die schwächste und letzte, in jeder Beziehung. Sie ist schon der Anfang vom Ende, ist die Vorahnung des Endes. Sie vereinigen sich, und dabei spitzen doch alle die Ohren und äugen ängstlich, um bei der ersten Gefahr möglichst schnell auseinanderzustieben. Und was könnte dann die „Institution“ als solche, als etwas für sich allein Genommenes, wohl noch retten? Gäbe es Brüder, so gäbe es auch eine Brüderlichkeit. Wenn es aber keine Brüder gibt, so können Sie durch keine einzige „Institution“ Brüderlichkeit erzielen. Was für einen Sinn hat es, überhaupt eine „Institution“ zu schaffen und mit der Aufschrift „Liberté, Egalité, Fraternité“ zu versehen? Erreichen werden Sie mit einer solchen Institution entschieden nichts, so daß man dann wohl – oder vielmehr unfehlbar, oder sogar unbedingt – zu den drei Worten noch etwas als viertes hinzufügen müßte, nämlich: „ou la mort“. „Fraternité ou la mort“ – und die Brüder werden den Brüdern die Köpfe einschlagen, um durch eine „bürgerliche Institution“ Brüderlichkeit einzuführen. Das ist nur ein Beispiel, aber ein gutes. Sie, Herr Gradowskij, suchen, wie auch Aleko es tut, die Rettung in Äußerlichkeiten. Sie meinen: Mag es auch bei uns in Rußland auf Schritt und Tritt nur Dummköpfe und Spitzbuben geben (vielleicht hat es auch wirklich den Anschein, natürlich je nach dem Standpunkt), aber da brauchte man nur irgendeine europäische »Einrichtung« aus Europa nach Rußland zu verpflanzen, und es wäre, Ihrer Ansicht nach, alles gerettet. Die mechanische Übernahme europäischer Formen (Formen, die dort vielleicht morgen schon zusammenbrechen werden), die unserem Volk fremd und seiner Art nicht angepaßt sind, ist bekanntlich der Hauptgedanke der russischen Westler. Übrigens belieben Sie, Herr Gradowskij, indem Sie Rußland seine schlechte Organisation vorwerfen und ihm Europa vorhalten, sich wörtlich wie folgt auszudrücken:

„Vorläufig aber können wir uns nicht einmal in jenen Fragen und Widersprüchen zurechtfinden, mit denen Europa bereits längst fertig geworden ist."

Wie, Europa und bereits fertiggeworden? Wer hat Ihnen nur so etwas sagen können? Dieses Europa ist doch schon am Vorabend seines Zusammenbruchs angelangt, eines Zusammenbruchs, der ausnahmslos allgemein und furchtbar sein wird. Der Ameisenbau ohne Kirche und ohne Christum (denn die Kirche, die ihr Ideal getrübt hat, hat sich dort allerorten schon längst in den Staat verwandelt) mit seinem bis auf den Grund erschütterten sittlichen Prinzip, dieser Ameisenbau, der alles Gemeinsame und alles Absolute eingebüßt hat – dieser Ameisenbau ist, behaupte ich, bereits so gut wie untergraben. Der Vierte Stand fängt an sich zu erheben, schon pocht er an die Tür und begehrt Einlaß, und wenn man ihm den nicht gewährt, wird er die Tür zertrümmern. Er will nicht mehr die früheren Ideale gelten lassen; er verwirft jedes bisherige Gesetz. Auf Kompromisse und kleine Zugeständnisse läßt er sich nicht mehr ein, mit schwachen Stützen und kleinen Hilfen werden Sie das Gebäude nicht retten. Nachgiebigkeit im Kleinen feuert nur an, und der Vierte Stand will alles haben. Es wird etwas einsetzen, was bisher noch niemand für möglich gehalten hat. Alle diese parlamentarischen Regierungssysteme, alle gegenwärtig herrschenden sozialen Theorien, alle zusammengescharrten Reichtümer, alle Banken, Wissenschaften und Juden, alles das wird in einem Nu zusammenstürzen und spurlos verschwinden – höchstens mit Ausnahme der Juden, die auch dann den Kopf nicht verlieren und wieder obenauf sein werden, so daß der Krach ihnen sogar zugute kommen dürfte. Alles das „steht nahe vor der Tür". Sie belieben zu lachen? Selig sind die Lachenden. Gebe Gott Ihnen langes Leben, damit Sie alles mit eigenen Augen schauen. Dann werden Sie sich wundern. Oder Sie erwidern mir hierauf lachend: »Da muß ja Ihre Liebe zu Europa von recht absonderlicher Art sein, wenn Sie Europa einen solchen Ausgang prophezeien!« Ja, freue ich mich denn? Ich sage es ja nur in der Vorahnung, daß das Fazit schon gezogen wird. Die endgültige Abrechnung aber und das Bezahlen kann sogar viel früher erfolgen als selbst die stärkste Phantasie annehmen könnte. Die Symptome sind furchtbar. Allein schon die ewig alte, unnatürliche politische Lage der europäischen Staaten könnte den Anfang bilden. Aber wie sollte sie auch natürlich sein, wenn das Unnatürliche schon in ihren Grundlagen festgelegt ist und sich im Laufe von Jahrhunderten weiterentwickelt hat. Es kann nicht ein kleiner Teil der Menschheit die ganze übrige Menschheit wie einen Sklaven beherrschen, einzig zu diesem Zweck aber sind bisher alle bürgerlichen (schon lange nicht mehr christlichen) Einrichtungen im jetzt vollkommen heidnischen Europa entstanden. Diese Unnatürlichkeit und diese „unlösbaren" politischen Probleme (die übrigens allen bekannt sind) müssen unfehlbar zum großen, endgültigen und abrechnenden politischen Kriege führen, in den alle hineingezogen werden und der noch in diesem Jahrhundert, vielleicht sogar schon in diesem Jahrzehnt, ausbrechen wird. Was meinen nun Sie: Vermag die Gesellschaft dort einem langen politischen Krieg *jetzt* noch standzuhalten? Der Fabrikant ist ängstlich und leicht zu erschrecken, der Jude gleichfalls; sie würden, sobald der Krieg sich etwas in die Länge zieht, oder nur droht, sich in die Länge zu ziehen, sogleich alle ihre Fabriken und Banken schließen, und die Millionen hungriger entlassener Proletarier werden auf die Straße gesetzt sein. Oder hoffen Sie etwa auf die Vernunft der Staatsmänner und darauf, daß diese es nicht zum Krieg kommen lassen werden? Aber wann hat man denn jemals auf diese Vernunft bauen können? Oder hoffen Sie vielleicht auf die Parlamente? – daß diese nicht die Mittel zum Krieg bewilligen werden, weil sie etwa die Folgen voraussähen? Ja, aber wann haben denn die Parlamente jemals irgendwelche Folgen vorausgesehen und einem auch nur ein wenig energischen oder wenigstens beharrlichen Staatsmann die Mittel verweigert? Und so setzt der Krieg den Proletarier auf die Straße. Was meinen Sie, wird er auch jetzt wieder nach alter Art geduldig warten und hungern? – jetzt, nach den Siegen des politischen Sozialismus, nach der „Internationale", den Kongressen der Sozialisten und der Pariser Kommune? Nein, jetzt wird es anders sein: die Proletarier werden sich auf Europa stürzen und alles Alte auf ewig zerstören. Erst an unserem russischen Ufer werden die Wogen zerschellen, denn dann erst wird es sich allen sichtbar offenbaren, in welchem Maße sich unser nationaler Organismus von den europäischen Organismen unterscheidet. Dann werden auch Sie, meine Herren Doktrinäre, sich vielleicht besinnen und bei uns die „volklichen Grundelemente" zu suchen anfangen, über die Sie jetzt nur zu lachen verstehen. Und dabei, meine Herren, weisen Sie jetzt, gerade jetzt auf dieses Europa hin und empfehlen es uns als Vorbild und fordern uns auf, bei uns jene selben „Einrichtungen" einzuführen, die dort morgen schon stürzen werden als das überlebte Absurdum, das sie sind, jene „Einrichtungen", an die auch in Europa klügere Leute schon längst nicht mehr glauben, und die sich nur nach den Gesetzen des Beharrungsvermögens bis jetzt noch erhalten haben. Ja, und wer könnte denn überhaupt – außer einem Doktrinär – die Komödie dieser bourgeoisen Vereinigung, die wir in Europa sich abspielen sehen, für die normale Formel menschlicher Vereinigung auf Erden halten? Und diese Leute, sagen Sie, hätten bei sich zu Hause ihre Probleme schon längst gelöst! Etwa nach den zwanzig Konstitutionen binnen weniger als einem Jahrhundert und nach wenig weniger als zehn Revolutionen? Oh, vielleicht – nur werden wir uns dann, für einen Augenblick von Europa befreit, bereits selbständig, ohne europäische Vormundschaft, mit *unseren* eigenen sozialen Idealen befassen, die unbedingt in Christo und der Idee der persönlichen Vervollkommnung wurzeln, Herr Gradówskij. Sie werden nun wieder fragen: Was für eigene, von Europa unabhängige soziale Ideale kann es denn bei uns geben? Jawohl, soziale Ideale, – und bessere als Ihre europäischen, stärkere als Ihre europäischen, festere und sogar – o Entsetzen! – freisinnigere als es die Ihrigen sind! Jawohl, freisinnigere, denn sie kommen unmittelbar aus dem Organismus unseres Volkes und sind nicht lakaienhaft unpersönliche Kopien europäischer Vorbilder. Hier kann ich natürlich nicht näher darauf eingehen, wenn auch nur deshalb nicht, weil der Artikel ohnehin lang geworden ist. Übrigens – erinnern Sie sich: was war und was wollte die älteste christliche Kirche sein? Sie bildete sich sogleich nach Christo, damals nur aus einigen wenigen Menschen, und sogleich, fast schon in den ersten Tagen nach Christo, war sie bestrebt, ihre „soziale Formel" zu finden, die restlos auf der sittlichen Hoffnung der Wiedergeburt und Erneuerung des Geistes auf Grund der persönlichen Vervollkommnung beruht. Es entstanden christliche Gemeinden, Kirchen, und dann begann schnell eine neue, bis dahin noch nie gesehene Nationalität zu entstehen – eine allbrüderliche, allmenschliche in der Form der gemeinsamen ökumenischen Kirche. Sie wurde jedoch verfolgt, ihr Ideal entstand gleichsam unter der Erde; über ihm aber, auf der Erde, entstand gleichfalls etwas Großes, ein riesenhaftes

Gebäude, ein ungeheurer Ameisenbau: das alte Römische Kaiserreich, das gleichfalls als so etwas wie ein Ideal erschien und als Ergebnis des sittlichen Schöpfertriebes der gesamten antiken Welt: es offenbarte sich der Menschgott, das Reich selbst verkörperte sich wie eine religiöse Idee, die in sich und durch sich zum Ausdruck aller sittlichen Triebe der ganzen antiken Welt wurde. Allein, der Ameisenbau erreichte nicht seine Vollendung; er ward von der Kirche untergraben. Es kam zu einem Zusammenstoß der beiden entgegengesetztesten Ideen, die es auf Erden überhaupt geben kann: der Menschgott stieß auf den Gottmenschen, Apollo von Belvedere auf Christum. Es kam zu einem Kompromiß: das Römische Kaiserreich nahm das Christentum an, und die Kirche übernahm das römische Recht und den römischen Staat. Ein kleiner Teil der Kirche zog sich zurück von der Welt und begann in der Abgeschiedenheit die frühere Arbeit fortzusetzen: Es entstanden wieder christliche Gemeinschaften, danach Klöster, — lauter Versuche nur, selbst bis auf den heutigen Tag. Der übrige Großteil der Kirche dagegen spaltete sich später bekanntlich auf in zwei Hälften. In der westlichen Hälfte überwältigte zu guter Letzt der Staat vollkommen die Kirche. Die Kirche wurde kassiert und ging schließlich endgültig im Staat auf. Es entstand das Papsttum, die Fortsetzung des alten Römischen Kaiserreichs in neuer Verkörperung. In der östlichen Hälfte aber wurde der Staat vom Schwerte Mohammeds besiegt und zerstört; so verblieb ihr nur Christus allein, ein vom Staat bereits getrennter Christus. Jener Staat aber, der Christum danach von neuem aufnahm und erhob, hat so schreckliche jahrhundertelange Heimsuchungen seitens feindlicher Einfälle ins Land, unter dem Tatarenjoch, unter Unordnung und Rechtlosigkeit, hernach unter der Leibeigenschaft, von Europa und der Europäisierung zu erleiden gehabt und erträgt auch jetzt noch so viel Schweres, daß seine eigene soziale Formel im Sinne des Geistes der Liebe und der christlichen Selbstvervollkommnung sich in ihm allerdings noch nicht hat ausarbeiten können. Nur haben Sie, Herr Gradowskij, deshalb noch nicht das Recht, ihm daraus einen Vorwurf zu machen. Vorläufig ist unser Volk erst nur ein Träger Christi, auf den allein es denn auch seine ganze Hoffnung setzt. Es nennt sich der Mann aus dem Volk, „Krestjánin", das heißt soviel wie „Christianin"[15], und das ist nicht nur eine zufällige Bezeichnung, nur ein Wort, sondern hierin liegt eine Idee, die seine ganze Zukunft ausfüllen wird.

Sie, Herr Gradowskij, werfen Rußland erbarmungslos seine Unordnung vor. Wer aber hat denn in diesen ganzen zwei Jahrhunderten und namentlich in den letzten fünfzig Jahren eine bessere innere Organisation am meisten verhindert? Das waren doch immer die Leute Ihres Schlags, Herr Gradowskij, die sogenannten russischen Europäer, die in den ganzen zwei Jahrhunderten nicht ausgestorben sind und sich jetzt besonders in der Rolle unserer Antreiber gefallen. Wer ist denn der größte Feind einer organischen und selbständigen Entwicklung Rußlands auf seines eigenen Volkes Grundlagen? Wer ist es denn, der spöttisch nicht einmal das Vorhandensein dieser Grundlagen zugeben will und der sie einfach nicht sehen mag! Wer ist es, der unser Volk ummodeln will, was sie phantastisch „zu sich emporheben" nennen, um sie alle zu ebensolchen Menschlein zu machen, wie sie selber sind, zu liberalen Pseudoeuropäern, indem sie von der Masse des Volkes immer wieder ein Menschlein abreißen und es zu einem Europäer verderben, sei es auch nur insoweit, als man das mit europäisch zugeschnittenen Frackschößen der Uniform erreichen kann? Damit will ich nicht sagen, daß der Europäer verderbt sei; ich sage nur, daß einen Russen auf diese Weise in einen Europäer umzuwandeln, wie es die Liberalen tun, öfters nichts anderes als ihn einfach demoralisieren bedeutet. Gerade darin aber besteht ja das ganze Ideal ihres Vorhabens: eben in der Abtrennung jeweils eines einzelnen Menschleins von der gemeinsamen Masse – so was Absurdes! Und gerade so wollen sie alle achtzig Millionen unseres Volkes abklauben und ummodeln? Ja, glauben Sie denn wirklich im Ernst, daß unser Volk als Ganzes, die ganze einheitliche Masse des Volkes jemals einwilligen werde, etwas ebenso Unpersönliches zu werden, wie es diese russischen Herren Europäer sind?

IV

Dem einen wird gesagt: Demütige dich, dem anderen: Sei stolz. Der Sturm im Wasserglas

Bisher habe ich Sie nur widerlegt, Herr Gradówskij, jetzt aber möchte ich Ihnen absichtliche Entstellung meines Gedankens, des Hauptpunktes meiner Rede, vorwerfen. Sie schreiben:

„Es stecken in ihm (das heißt in unserem Volk) noch zuviel falsche Vorstellungen, zuviel Überreste seiner jahrhundertelangen Sklaverei, als daß es *Verehrung fordern* dürfte und überdies noch beanspruchen könnte, ganz Europa auf den rechten Weg zu führen, wie es Herr Dostojewski prophezeit.

Merkwürdig! Ein Mensch, der den Hochmut der einzelnen ‚Ruhelosen' verdammt, ruft seinerseits das ganze Volk zu Hochmut auf, da er in ihm eine Art Weltapostel sieht. Dem einen sagt er: ‚Demütige dich!' Dem anderen sagt er: ‚Erhöhe dich!'"

Und weiter unten schreiben Sie:

„Und noch bevor wir, wie es sich gehört, eine regelrechte Nationalität geworden sind, sollen wir plötzlich schon an eine allmenschliche Rolle denken! Ist das nicht ein bißchen zu früh? Herr Dostojewski ist stolz darauf, daß wir zwei Jahrhunderte lang Europa gedient haben. Wir müssen jedoch gestehen, daß dieses Gedienthaben in uns kein frohes Gefühl erweckt. Soll etwa die Zeit des Wiener Kongresses und überhaupt die Epoche der Kongresse der Gegenstand unseres ‚Stolzes' sein? Oder die

Zeit, als wir im Dienste Metternichs die nationale Bewegung in Italien und in Deutschland unterdrückten und sogar unsere griechischen Glaubensgenossen scheel ansahen? Und was für einen Haß haben wir uns in Europa eben durch dieses ‚Dienen‘ zugezogen!“

Ich will zunächst bei dieser letzten kleinen, fast harmlosen Entstellung verweilen. Habe ich denn, als ich sagte, wir hätten in den letzten zwei Jahrhunderten seit Peter Europa vielleicht mehr gedient als uns selbst, – habe ich denn damit auch schon die Art gelobt, *wie* wir Europa dienten? Ich wollte nur die Tatsache feststellen, und diese Tatsache ist wahr. Aber die Tatsache der Dienstleistungen und die Art, *wie* wir dienten, sind zwei ganz verschiedene Dinge. Wir mögen viele politische Fehler begangen haben, auch die Europäer begehen sie ja in jedem Augenblick und in Mengen, aber ich wollte ja nicht unsere Fehlschläge rühmen, sondern, wie gesagt, nur die Tatsache unseres (fast immer uneigennützigen) Dienens feststellen. Sollten Sie wirklich diesen Unterschied nicht begreifen? »Herr Dostojewski ist stolz darauf, daß wir Europa gedient haben«, sagen Sie. Ich habe das aber gar nicht aus Stolz gesagt; ich wollte doch nur einen bestimmten Charakterzug unseres Volksgeistes hervorheben, einen überaus vielsagenden. Also bedeutet Ihrer Ansicht nach das Finden einer schönen, gesunden Charaktereigenschaft in der geistigen Veranlagung seiner Nation bereits unbedingt damit Großtun? Und was Sie da über Metternich und die Kongresse vorbringen, wollen etwa *Sie* mich hierüber belehren? Als Sie noch Student waren, habe ich schon meine Meinung über unseren Dienst an der Politik Metternichs geäußert, und zwar in sehr viel schärferen Worten als Sie, und gerade für diese meine Worte über unser verfehltes Dienen an der dortigen reaktionären Politik habe ich (natürlich unter anderen Worten) vor dreißig Jahren auf die bekannte Weise einstehen müssen. Wozu entstellen Sie das? Etwa um darzulegen: »Seht, wie liberal ich bin, und hört doch bloß, was dieser Dichter, dieser begeisterte Volksfreund, für rückständige Ansichten daherschwätzt, sich mit unseren Dienstleistungen für einen Metternich brüstend!« – Ja, die Eitelkeit, Herr Gradowskij.

Freilich sind das nur Bagatellen, allein, folgendes ist schon keine Bagatelle mehr:

Wenn ich dem Volk sage: „Erhöhe dich geistig“, so bedeute das Ihrer Ansicht nach, daß ich es auffordere, „stolz“ zu sein, daß ich es hochmütig machen wolle. Stellen Sie sich vor, Herr Gradowskij, daß Sie zu Ihren leiblichen Kindern sagen: »Kinder erhebt euren Geist; Kinder, seid edelmütig!« soll das dann wirklich bedeuten, daß Sie sie zum Stolzsein erziehen oder daß Sie hierbei nur Ihren eigenen Stolz bekunden wollen? Was habe ich denn nun gesagt? Ich sprach von der Hoffnung, »zu guter Letzt ein Bruder aller Menschen« zu werden, und ich bat, dieses „zu guter Letzt“ zu unterstreichen. Ist es denn möglich, daß die lichte Hoffnung, in unserer leidenden Welt werde ich wenigstens irgendeinmal die Brüderlichkeit verwirklichen, und daß vielleicht auch uns *erlaubt sein werde, Brüder aller Menschen zu werden*, – sollte diese Hoffnung schon Stolz und Aufforderung zu Hochmut bedeuten? Ich habe doch im Schlußteil meiner Rede ausdrücklich gesagt, daß ich nicht von wirtschaftlichem Erfolg, vom Ruhm des Schwertes oder der Wissenschaft redete, sondern nur von der Verbrüderung der Völker und davon, daß das russische Herz vielleicht mehr als die Herzen aller anderen Völker zu einer solchen allmenschlich-brüderlichen Vereinigung vorbestimmt sei ... Das war es, was ich sagte. Sollte darin nun wirklich ein Aufruf zum Stolzsein enthalten sein? Und gleich danach schloß ich mit den Worten Tjutscheffs in seinem bekannten Gedicht, daß dieses Land, mag es auch arm sein, doch „Christus selbst in Knechtsgestalt durchwandert und dabei gesegnet“ habe. Warum sollte es nicht möglich sein, daß vielleicht gerade *wir* sein letztes Wort in uns trügen? – Wie kann man nur die Hoffnung auf dieses letzte Wort Christi so mißverstehen? Sie schreiben in Ihrem Unwillen, es sei für uns noch zu früh, von den anderen Völkern Verehrung zu verlangen. – Aber ich bitte Sie, wo fordere ich denn Verehrung? Dieser Wunsch, allen zu dienen, Diener und Brüder aller zu werden und allen mit seiner Liebe zu helfen, soll demnach bedeuten, von allen Verehrung zu fordern? Wenn es so wäre, dann würde der heilige, uneigennützige Wunsch, allen zu dienen, sofort zu einer Ungereimtheit, würde absurd! Diener werden nicht angebetet, und ein Bruder wird vom Bruder kein Niederknien verlangen.

Stellen Sie sich vor, Herr Gradówskij, daß Sie irgendein gutes Werk getan haben oder erst hingehen, um es zu tun, und da denken Sie nun unterwegs in ihrer gutmütigen Rührung und stellen sich das so vor: ‚Wie wird sich doch dieser Unglückliche über die unerwartete Hilfe, die ich ihm bringe, freuen; wie wird er sich geistig wieder aufrichten, wieder auferstehen zu neuem Leben, wie wird er allen Hausgenossen und seinen Kindern von seiner Freude erzählen und mit ihnen vor Freude weinen ...' Wenn Sie das denken und sich das vorstellen, werden Sie selbst eine gewisse Rührung empfinden, vielleicht werden Ihnen sogar die Augen feucht werden (oder sollte Ihnen das noch nie passiert sein?); aber da raunt Ihnen plötzlich eine kluge Stimme ins Ohr: ‚Du prahlst ja, wenn du dir das vorstellst! Es ist Stolz, wenn dir hierbei Tränen in die Augen treten!' Ich bitte Sie: Schon die Hoffnung allein, daß auch wir, wir Russen, einmal wenigstens irgendeine Bedeutung für die Menschheit haben werden und, sei es auch zu guter Letzt, die Ehre haben könnten, ihr brüderlich zu helfen, – schon diese Hoffnung allein rief in der tausendköpfigen Versammlung der Zuhörer Entzücken und Tränen des Entzückens hervor. Ich erinnere daran nicht aus Stolz, nicht um damit zu prahlen, ich will nur daran erinnern, wie ernst der Augenblick war. Es war nur die lichte Hoffnung ausgesprochen worden, daß auch wir etwas sein könnten für die Menschheit, wäre es auch *nur* als Brüder anderer Menschen, und siehe da, schon diese einmalige glühende Andeutung verband im Nu alle

Anwesenden zu einem einzigen Gedanken und einem einzigen Gefühl. Selbst Unbekannte umarmten einander und schworen sich, hinfort bessere Menschen zu sein. Zwei alte Herren traten auf mich zu und sagten mir: »Wir waren zwanzig Jahre lang verfeindet und haben einander geschadet, aber nach Ihren Worten haben wir uns jetzt versöhnt.« In einer Zeitung beeilte man sich zu bemerken, diese ganze Begeisterung hätte gar nichts zu bedeuten, sei keineswegs ein Ausdruck von etwas Besonderem; es hätte eben schon so eine Stimmung »der Abküsserei« dort geherrscht, und ganz nebensächlich wäre es gewesen, daß die Redner das Podium betraten, ihre Reden hielten und beendeten ... Mit anderen Worten: »Was immer sie gesagt hätten, es hätte alles das gleiche Entzücken hervorgerufen, denn Moskau befand sich nun einmal in so gehobener Stimmung.« Wäre aber dieser Journalist selbst hingefahren und hätte er seinerseits etwas gesagt, – hätte man ihm dann auch so zugejubelt wie mir? In den ganzen drei Tagen vorher waren schon Reden gehalten und waren den Rednern die größten Ovationen dargebracht worden; warum aber war das, was nach meiner Rede geschah, nach keiner einzigen anderen Rede geschehen? Dies war ein einmaliges Geschehen während der ganzen Puschkinfeier, und es wiederholte sich nicht mehr. Gott ist mein Zeuge, daß ich dies nicht sage, um mich herauszustreichen, aber dieses Geschehen war doch von gar zu ernster Bedeutung und deshalb darf ich nicht mit Schweigen darüber hinweggehen. Der Ernst dieses Ereignisses bestand eben darin, daß sich in unserer Gesellschaft klar und deutlich neue Elemente kundtaten, Menschen, die nach einer großen Aufgabe lechzen, nach einem tröstenden Gedanken, nach einem Gelübde, eine Tat zu vollbringen. Das bedeutet doch wohl, daß die Gesellschaft sich nicht mehr mit dem ewigen liberalen Spötteln und Kichern über Rußland begnügen mag, daß die alte Lehre von der Bestimmung Rußlands zu ewiger Ohnmacht sie bereits anekelt! Es genügte ein Wort der Hoffnung, nur eine Andeutung, und die Herzen flammten auf in heiligem Dürsten nach einer allmenschlichen Tat, einem allbrüderlichen Dienen, einer Aufgabe für Helden. Geschah das aus Stolz? Wurden die Tränen aus Hochmut vergossen? Habe ich sie zu fadem Dünkel aufgerufen? Ach, Sie!

Sehen Sie, Herr Gradowskij: der Ernst dieses Augenblicks erschreckte plötzlich viele in unserem liberalen Wassergläschen, um so mehr, als das alles so unerwartet kam. »Wie? Bisher haben wir doch so angenehm und vorteilhaft für uns gekichert und alles bespien, und nun plötzlich ... aber, das ist ja Rebellion! Wo bleibt die Polizei!« Einige erschrockene Herren sprangen auf: »Und wie steht es jetzt mit uns? Wir haben doch auch geschrieben ... wo wird man uns jetzt hintun? Man muß das alles schleunigst vertuschen, so schnell wie möglich vertuschen, damit auch keine Spur davon übrigbleibt, muß schnellstens ganz Rußland erklären, daß das nur so eine großmütige Aufwallung im gastfreien Moskau gewesen sei, ein netter kleiner Augenblick nach einer Reihe von Gastmählern und nichts weiter, nun, und die Rebellion ist mit Hilfe der Polizei zu unterdrücken!« Und im Handumdrehen fing man an: ein Feigling sei ich und ein Dichter, und unbedeutend, und der Wert meiner Rede sei gleich Null – mit einem Wort, vor Eifer wurden sie sogar unvorsichtig: das Publikum hätte ihnen auch nicht glauben können. Man hätte das, im Gegenteil, viel geschickter machen, viel kaltblütiger an die Sache herangehen können; ja, man hätte manches an meiner Rede sogar loben können, sozusagen: »Immerhin ist da ein gewisser Gedankengang vorhanden«, und dann erst peu à peu, ganz allmählich eins nach dem anderen bespeien und schließlich alles verwischen und vertuschen können, zur allgemeinen Genugtuung. Kurz, Sie haben es nicht ganz geschickt angefaßt. Eine Lücke tat sich auf und die mußte schnellstens ausgefüllt werden, und da fand sich dann auch unverzüglich ein solider, bereits erfahrener Kritiker, der die Unverantwortlichkeit der Angriffe mit dem gebührenden Anstand zu verbinden verstand.

Dieser Kritiker waren Sie, Herr Gradowskij: Sie schrieben Ihren Artikel, man las ihn und alle haben sich beruhigt. Sie haben der allgemeinen und schönen Sache gedient, jedenfalls hat man Sie überall nachgedruckt. Das Ergebnis: »Diese Rede des Dichters hält sozusagen einer strengen Kritik doch nicht stand; Dichter hin, Dichter her, aber wie man sieht, stehen kluge Menschen Wache und sorgen dafür, daß Träumer rechtzeitig mit kaltem Wasser begossen werden.« Am Schluß Ihres Artikels bitten Sie mich, die Ausdrücke zu verzeihen, die ich in Ihrer Kritik für zu scharf halten könnte. Ich dagegen bitte Sie, Herr Gradowskij, indem ich meinen Artikel beschließe, nicht um Entschuldigung für die Schärfen, falls sich solche in meiner Antwort finden sollten. Ich habe nicht Herrn A. D. Gradowskij persönlich geantwortet, sondern dem Publizisten A. Gradowskij. Persönlich habe ich nicht den geringsten Grund, Sie nicht zu achten. Wenn ich aber Ihre Ansichten nicht achte und bei meiner Ansicht bleibe, so würde ich damit doch nichts mildern, wenn ich Sie um Entschuldigung bäte. Es hat mich aber sehr bedrückt, zu sehen, daß ein sehr ernster und bedeutsamer Augenblick im Leben unserer Gesellschaft entstellt wiedergegeben und falsch erklärt worden ist. Es bedrückt, zu sehen, wie die Idee, der ich diene, durch die Straße geschleift wird. Und eben Sie haben sie durch die Straße geschleift.

Ich weiß, man wird mir von allen Seiten sagen, es lohnte sich nicht und wäre lächerlich, eine so lange Entgegnung auf Ihren vergleichsweise ziemlich kurzen Artikel zu schreiben. Ich wiederhole aber, Ihr Artikel diente mir nur als Vorwand: ich wollte manches überhaupt deutlicher aussprechen. Ich habe die Absicht, im nächsten Jahr mein „Tagebuch eines Schriftstellers" wieder herauszugeben. So mag denn die vorliegende einzelne Nummer des „Tagebuchs" als meine profession de foi für die Zukunft, gewissermaßen als eine „Probenummer" dienen.

Vielleicht wird man mir auch noch sagen, ich hätte mit dieser meiner Antwort an Sie den ganzen Sinn meiner in

Moskau gehaltenen Rede widerrufen, in der ich ja selbst die beiden russischen Parteien zur Vereinigung und Versöhnung aufrief und die Rechtmäßigkeit der einen wie der anderen anerkannte. Nein, so ist es nicht. Der Sinn meiner Rede ist durchaus nicht widerrufen, sondern noch mehr gefestigt; denn in meiner Antwort an Sie zeige ich ja gerade auf, daß die beiden Parteien in ihrer Entfremdung voneinander, in ihrer Feindschaft gegen einander sich selbst und ihre Tätigkeit in eine unnormale Lage bringen, während sie bei einer Vereinigung und Übereinstimmung miteinander vielleicht alles erhöhen, alles retten, unendliche Kräfte erwecken und Rußland zu einem neuen, gesunden, großen Leben aufrufen könnten, wie es bisher noch nie gelebt worden ist!

Jahrgang 1881

JANUAR

ERSTES KAPITEL

I

Die Finanzen. Der in Thersites sich auf einmal beleidigt fühlende Staatsbürger. Die Bekrönung des Gebäudes von unten und die Musikanten. Die Schwatzanstalt und die Schwätzer.

Mein Gott, ist es denn möglich, daß auch ich, nach drei Jahren des Schweigens, in meinem wiederaufgenommenen „Tagebuch" mit einem wirtschaftspolitischen Artikel auftrete? Bin ich denn ein Nationalökonom, ein Finanzmann? Das bin ich doch nie gewesen. Trotz der gegenwärtig herrschenden Epidemie, habe ich mich doch von der ökonomischen Anschauungsweise weiß Gott nicht anstecken lassen, und nun trete auch ich, nach allen anderen, mit einem volkswirtschaftlichen Artikel auf? Daß aber das sogenannte wirtschaftliche Denken heute schon zu einer Art Epidemie geworden ist, daran ist gewiß nicht zu zweifeln.

Heute sind alle Volkswirtschaftler. Jede neue Zeitschrift spielt sich so auf und empfiehlt sich in diesem Sinne. Und wie sollte man jetzt auch nicht Nationalökonom sein, wie dürfte man das: die Entwertung des Rubels, das Defizit! Diese allgemeine ökonomische Tendenz hat sich bei uns besonders in den letzten Jahren eingestellt, nach unserem Balkanfeldzug. Oh, gewiß, es wurde bei uns auch früher viel über die Finanzen debattiert, aber seit dem Kriege, und besonders nach dem Kriege, stürzten sich alle mit Vorliebe auf die Finanzfragen, und das war ja auch ganz natürlich, bei dem Sturz des Rubelkurses, den Kriegsanleihen u. a. m. Doch abgesehen vom Rubel usw. war hierbei noch eine gewisse Rachelust im Spiel, die auch heute noch andauert, Rache für den Krieg, sozusagen: »Wir haben es euch doch gleich gesagt, wir haben es ja vorausgesehen!« Und ganz besonderen Eifer in nationalökonomischen Debatten bekundeten nun diejenigen, die in den Jahren 1876 und 77 gesagt hatten, daß Bargeld besser als Großmut sei, daß die Orientfrage nichts als eine Ungezogenheit und eine Fiktion bedeute, daß es nicht nur keinen Aufschwung des Volksgeistes gebe und der Krieg gar nicht volkstümlich sei; überdies noch: daß dieses vielgepriesene „Volk" überhaupt nicht vorhanden sei; es gebe dort nach wie vor immer nur dieselbe träge Masse, die taub und stumm bleibe wie von jeher, und deshalb nur dazu vorbestimmt, die Abgaben zu zahlen und die gebildete Gesellschaft zu erhalten – eine Masse, die in den Kirchen zwar ihre Kopeken spende, aber das doch nur deshalb tue, weil der Geistliche und die Obrigkeit es so befehlen. Alle russischen Thersitesse (und die haben sich jetzt in unserer gebildeten Gesellschaft furchtbar vermehrt) waren damals in ihren besten Gefühlen schrecklich verletzt. Wohlgemerkt: Thersites spielt sich plötzlich als Staatsbürger auf und fühlt sich verletzt. Und da begann man denn, sich zu rächen, indem man immer wieder auf die Verschlechterung der Finanzlage hinwies. Nach und nach schlossen sich diesen Stimmen nicht nur die Thersitesse an, sondern auch noch die früheren „Helden" selbst. Alle bliesen sich nun mehr und mehr auf, manche sogar sehr. Allerdings trug auch der für uns unvorteilhafte Friedensschluß dazu bei, der Berliner Kongreß. (Ein NB zu diesem Berliner Kongreß: Damals fragte mich einmal mitten in der abgelegensten Einöde der Provinz die Inhaberin eines kleinen Einkehrhauses an der Landstraße, ein ganz einfaches Weib: »Ach, bester Herr, könnt Ihr mir nicht sagen, wie man nun dort im Ausland mit uns übereingekommen ist; habt ihr nichts davon gehört?« Ich wunderte mich damals nur über dieses Weib. Aber davon später, das heißt: über den damaligen Aufschwung des Volksgeistes). Ich will jetzt nur sagen, daß, wenn alle heute über den Rubel und das Defizit schreiben, hierbei natürlich auch der Herdentrieb eine Rolle spielt: Alle schreiben, alle sind besorgt, wie soll auch ich nicht besorgt sein? – man wird womöglich noch denken, ich sei kein Staatsbürger und kümmerte mich nicht darum. Übrigens gibt es hie und da auch echte staatsbürgerliche Besorgnis; es gibt Schmerz, schmerzhafte Zweifel wegen der Zukunft, – das will ich nicht verschweigen. Indessen, die staatsbürgerlichen Sorgen sind zwar echt, aber doch fast immer auf das Thema gerichtet: Warum ist bei uns nicht alles so wie in Europa? »In Europa steht der Taler gut, bei uns aber der Rubel schlecht. Warum ist es hier anders als in Europa? Warum sind wir kein Europa?« Da dachten sich die klugen Leute eine Antwort auf diese Fragen aus, und diese Antwort lautet: »Weil das Gebäude noch nicht bekrönt ist.«[1] Und so fingen sie denn alle an, nach der Bekrönung des Gebäudes zu schreien, vergaßen aber, daß doch das Gebäude selbst noch gar nicht errichtet ist, daß es folglich auch noch nichts zu bekrönen gibt, und daß wir statt des Gebäudes vorerst nur ein paar weiße Westen haben, die sich einbilden, das Gebäude zu sein; andere dagegen meinen, wenn schon mit der Bekrönung begonnen werden soll, so wäre es doch viel zweckentsprechender, mit dieser von unten zu beginnen, mit dem Bauernkittel und dem Bastschuh, und nicht mit den weißen Westen.

Hier sei eine notwendige Bemerkung eingeschaltet: eine Bekrönung von unten erscheint auf den ersten Blick natürlich widersinnig, auch schon im architektonischen Sinne, und widerspricht allem, was es von derartigem in Europa gibt und gegeben hat. Da aber bei uns alles eigenartig, alles nicht so wie in Europa, ja mitunter sogar vollkommen entgegengesetzt ist, so könnte bei uns auch eine so wichtige Sache wie die Bekrönung des Gebäudes ganz anders als in Europa geschehen, zum Erstaunen und zur Entrüstung unserer russischen europäisierten Geister. Denn zur Verwunderung Europas hat gerade unsere unterste Schicht, unser Bauernkittel und

Bastschuh, tatsächlich schon eine Art Gebäude, nicht bloß ein Fundament, sondern buchstäblich ein Gebäude, das zwar noch nicht vollendet, aber von Jahrhunderten fest und unerschütterlich gefügt worden ist. Und an diesem Bauwerk ist auch schon die ganze, wahrhaft eigenständige Idee unseres zukünftigen Gebäudes zu erkennen, zwar noch nicht in seiner vollendeten Entwicklung, aber doch wie in einer Vorahnung seiner späteren architektonischen Vollendung. Übrigens hat dieses ganze Gezeter unserer Europäer um die Bekrönung des Gebäudes, wenn die ganze Wahrheit gesagt werden soll, wie wir schon oben bemerkt haben, mehr einen herdentriebhaften und mechanisch-beruhigenden als einen vernünftigen und wirklich staatsbürgerlichen, einen sittlich-staatsbürgerlichen Charakter. Eben deshalb haben sich auch alle so sehr auf diesen neuen Trost gestürzt, weil doch alle diese äußerlichen, gerade *mechanisch*-beruhigenden Trostmittel immer leicht, angenehm und überaus bequem sind: »Man braucht ja nur die europäische Formel anzuwenden, und alles ist sofort gerettet; man holt sie aus dem Koffer, so fertig wie sie da ist, wendet sie an, und Rußland wird sofort zu Europa und der Rubel zum Taler.«

An solchen mechanischen Beruhigungsmitteln ist vor allem dies so angenehm, daß man dabei gar nicht zu denken braucht, geschweige denn sich zu quälen, gegen Zweifel anzukämpfen und sich aufzuregen. Ich spreche nur von der Herde, die Gerechten rühre ich nicht an. Gerechte gibt es überall, selbst unter den russischen Europäern, und ich achte sie. Aber geben Sie doch zu, daß dies alles bei uns in der Mehrzahl der Fälle gleichsam tanzend gemacht wird. Wozu nachdenken, wozu sich den Kopf zerbrechen, das kann ihm ja noch wehtun: da nehme man doch lieber das Fertige von Fremden, und sofort kann bei uns die Musik einsetzen, das harmonische Konzert:

„Wir werden's doch gewiß schon schaffen,
wenn wir erst in der Reihe sitzen."[2]

Nun aber was dann, wenn Sie zu Musikanten noch gar nicht taugen, und das noch in Ihrer größten, riesigsten Mehrheit, meine Herren? Was dann, wenn aus der Versammlung der weißen Westen nur eine Schwatzanstalt entsteht? Was dann, wenn man die riesige Mehrheit der weißen Westen in das bekrönte Gebäude (vorerst, natürlich) gar nicht hineinzulassen brauchte, angenommen, es geschähe irgendeinmal, daß das Gebäude bekrönt werde? Das heißt: hineinlassen könnte man sie schon, und man müßte es sogar, denn sie sind doch immerhin russische Menschen (und viele von ihnen auch noch gute Menschen), wenn sie nur gemeinsam mit dem ganzen Lande in mancher allgemeinen großen Sache bescheiden ihren Rat geben wollten. Aber sie werden doch nicht gemeinsam mit dem ganzen Lande ihren Rat geben wollen, dazu werden sie doch zu stolz sein. Bisher, ganze zwei Jahrhunderte lang, waren sie abgesondert, nur unter sich, und nun sollen sie sich plötzlich mit den anderen vereinigen! Das ist doch kein Vaudeville, das setzt doch Geschichte und Kultur voraus, Kultur aber haben wir nicht und haben sie auch nicht gehabt. Beobachten Sie nur einmal, mit welcher Verwegenheit manch ein europäisierter Russe, persönlich dabei mitunter der harmloseste und liebenswürdigste Charakter, sich für seine heiligen Ideen einsetzt, mit welchem unsinnigen, giftigen, welchem nahezu frevelhaften Eifer, bis zu Schaum vor dem Munde, – für Ideen, die ausgerechnet am allerwenigsten mit der Art der volklichen russischen Weltauffassung, den heiligsten Hoffnungen und Instinkten des Volkes vereinbar sind! Bedenken Sie doch nur, worauf alles so ein verwöhnter Herr mit gepflegten Händen verzichten müßte, um sich mit dem nach Schafspelz und Bastschuhen stinkenden Lande verbinden zu können, was er alles aufgeben müßte an für ihn heiligsten Büchern und europäischen Überzeugungen! Er wird eben gar nichts aufgeben wollen, denn vor dem Volk kennt er doch nichts als das übliche Mäkeln, und dem russischen Land gegenüber ist er schon unwillkürlich anmaßend. »Nur wir allein sind es doch, die einen Rat geben können«, werden sie sagen, »jene anderen aber, die übrigen (das heißt: das ganze Land) mögen sich zunächst damit zufrieden geben, daß wir sie, indem wir sie bilden, allmählich bis zu uns emporheben und ihnen, dem Volk, seine Rechte und Pflichten beibringen.« (Jawohl, sie, sie wollen dem Volk seine Rechte und vor allem seine Pflichten beibringen! Ach, diese Spaßvögel!) »Die russische Gesellschaft kann doch nicht im gleichen Arrestlokal der Kreispolizei sitzen: zusammen mit dem Lumpenpack in nationalen Bastschuhen!« Bei einer solchen Einstellung kann man es ja (und das ist sogar unvermeidlich) wieder zu Leibeigenen machen, wenn auch nicht auf die frühere Weise, so doch durch eine Vormundschaft der Intelligenz und deren politische Folgen.

„Und das Volk kommt wieder
In die Sklaverei!"

wie es in einem Spottvers heißt.

Nun ja, und natürlich werden sie damit enden, daß sie für sich allein eine Schwatzanstalt einrichten. Sie werden sie einrichten und von Stund an sowohl sich selbst wie auch einander weder verstehen noch wiedererkennen. Und bestimmt wird es so kommen. Sie werden im Finstern nur mit den Stirnen gegeneinander prallen. Seien Sie nicht gekränkt, meine Herren: so etwas pflegt vorzukommen, und noch dazu in ganz anderen Gesellschaften, nicht etwa nur in so einer, die ganze zwei Jahrhunderte von jeder Betätigung isoliert war und keinerlei originäre Kultur hervorgebracht hat, wie Ihre Gesellschaft. Wenn es galt, zum erstenmal ihren Rat zu geben, dann geschah dasselbe auch bei den kultiviertesten Völkern. Da aber jene immerhin eine alte Kultur hinter sich hatten und sich – dies vor allem – immer mehr oder weniger auf das Volk stützten, so erholten sie sich schnell und kamen alsbald auf einen tragfähigen Weg, aber natürlich auch nicht, ohne sich vorher einige Beulen an der Stirn geholt zu haben. Nun aber Sie, unsere

Herren Europäer, worauf wollen Sie sich stützen, wie zu einem harmonischen Zusammenspiel gelangen? Nur dadurch, daß Sie sich in eine Reihe setzen? Und wie haben sich bei uns jetzt die Schwätzer vermehrt! Es sieht wirklich ganz danach aus, als ob sie sich tatsächlich darauf vorbereiteten. Da setzt sich vor Ihnen manch ein führender und belehrender Herr hin und beginnt zu reden: ohne Ende und übrigens auch ohne einen Anfang, alles wird wie ein Faden zu einem Knäuel kreuz und quer aufgewickelt. So redet er an die anderthalb Stunden, und es klingt so süß und flüssig, als wenn ein Vogel sänge. Man fragt sich, was mag er sein: klug oder sonst was? – und man kommt nicht dahinter. Jedes Wort ist an sich klar und verständlich, aber im Ganzen kommt nichts dabei heraus. Ob hinfort die Eier die Henne belehren werden, oder ob die Henne wie bisher auf den Eiern sitzen wird, das ist aus der Rede nicht zu ersehen; man sieht nur, daß die redegewandte Henne, statt Eier zu legen, Unsinn von sich gibt. Schließlich stehen einem die Augen zum Kopf heraus, man fühlt sich wie benebelt. Es ist ein neuer, erst vor kurzem aufgetauchter Typ; die künstlerische Literatur hat sich mit ihm noch nicht befaßt. Es gibt vielerlei neue Erscheinungen in unserer gegenwärtigen, laufenden Zeit, die unsere künstlerische Literatur noch nicht aufgegriffen hat; vieles hat sie ganz übersehen und ist furchtbar zurückgeblieben. Sie begnügt sich zunehmend mit den Typen der vierziger, allenfalls noch der fünfziger Jahre. Vielleicht verlegt sie sich jetzt auch nur deshalb auf den historischen Roman, weil sie das Verständnis für das Geschehen in der Gegenwart verloren hat.

II

Kann man denn von uns europäische Finanzen verlangen?

»Aber wie steht es nun mit den Finanzen? Wo bleibt Ihr Artikel über dieses Thema?« wird man mich fragen. Ich wage es ja gar nicht, über die Finanzen zu schreiben! Wieso habe ich es dann gewagt, einen solchen Artikel anzukündigen? – Aber doch nur, weil ich im voraus überzeugt bin, daß ich von den Finanzen her sogleich auf etwas ganz Anderes übergehen werde. Das gibt mir dann andererseits freilich wieder den Mut zu einer solchen Überschrift; denn ich weiß es ja selbst, daß ich über unsere Finanzen eigentlich gar nicht schreiben darf, da ich sie nun einmal nicht vom europäischen Standpunkt aus sehe, und nicht einmal daran glaube, daß man diesen europäischen Standpunkt bei uns anwenden kann, und zwar aus dem Grunde, weil wir nun einmal nicht Europa sind, weil bei uns alles dermaßen anders ist, daß wir im Vergleich zu Europa fast wie auf dem Monde leben.

In Europa zum Beispiel veränderten sich die Beziehungen der niederen Stände zu den höheren, feudalen, im Laufe von Jahrhunderten, und erst zu guter Letzt kam die Revolution; alles vollzog sich, kurz gesagt, historisch und zivilisiert. Bei uns dagegen wurde die Leibeigenschaft mit allen ihren Folgen in einem einzigen Augenblick abgeschafft, und das geschah, Gott sei Dank, ohne die geringste Revolution. Aber warum mußte das gleichwohl eine so ungeheuere finanzielle Erschütterung verursachen? Allerdings ist es ja wahr, daß das, was plötzlich fällt, immer gefährlich fällt, das heißt: mit einer großen Erschütterung. Selbstverständlich werde nicht ich es bedauern, daß die Leibeigenschaft plötzlich gefallen ist, im Gegenteil, groß und herrlich war es, daß diese unsere abscheuliche historische Sünde mit einem Schlag durch das machtvolle Wort des Zar-Befreiers abgeschafft worden ist. Nichtsdestoweniger kann man sich dem Naturgesetz nicht entziehen, und die Erschütterung war groß. Nun gut, mochte sie groß sein, aber warum war sie denn dermaßen groß? Natürlich hat jede politische Umwälzung ihre historischen Gesetze, wie alles, und zweifellos gibt es sehr viele, die auch heute schon klar erkennen, warum das alles so gekommen ist. Doch ohne dieses Thema weiter zu entwickeln (es ist so groß und umfassend, daß es allenfalls von einem Historiker des nächsten Jahrhunderts bewältigt werden könnte), will ich hier nur auf gewisse Einzelheiten hinweisen, die vor allen anderen auffallen und zu denken geben.

Sehen wir uns die Sache näher an. Die Leibeigenschaft wurde aufgehoben, da sie alles behinderte, selbst die notwendige Entwicklung der Landwirtschaft. Jetzt, so meint man, mußte der Bauer seine Lage verbessern können, mußte es ihm möglich sein, sich emporzuarbeiten. Doch nichts von dem geschah: in der Landwirtschaft ist der Bauer gerade auf das Minimum von dem gelangt, was ihm der Boden geben könnte. Und das Unglück besteht gerade darin, daß es noch unbekannt ist, ob sich in Zukunft eine Kraft finden und worin sie bestehen wird, durch die der Bauer über das Minimum hinauskommen und seine Erde zum Maximum des Ertrages bringen könnte. Die Klugen werden sagen, das sei eine müßige Frage und allen klar; ich aber bin fest überzeugt, daß diese Frage noch längst nicht beantwortet ist und viel tiefer greift und unvergleichlich bedeutsamer ist, als man von ihr annimmt.

Ferner beachte man dies: Die ganze frühere herrschaftliche Landwirtschaft ist bis auf ein klägliches Niveau herabgesunken und gleichzeitig mit diesem Vorgang hat offenkundig eine Verwandlung des ganzen früheren Besitzerstandes in etwas anderes, als was er früher war, begonnen, eine Verwandlung in Volk, in gebildetes Volk – denn in was sonst könnte er sich auch verwandeln? Nun, das wäre ja herrlich, und etwas Besseres hätte man sich doch gar nicht wünschen können, denn eine gebildete Führerschicht hat das Volk dringend nötig; es dürstet förmlich nach ihr und sucht sie selbst. Doch bedauerlicherweise ist auch das bei uns erst nur ein Ideal, vergleichbar einem herrlichen Kranich, der am Himmel vorüberzieht; die Wirklichkeit sieht ganz anders aus. Wird sich denn der grundherrschaftliche Stand, der frühere Gutsbesitzer, überhaupt in gebildetes *Volk* verwandeln wollen? Das ist die Frage, und wissen Sie auch, daß das die allerwichtigste und die allervordringlichste Frage ist, die es zur Zeit bei uns gibt, und von der vielleicht unsere ganze Zukunft abhängt? Dabei ist aber diese Frage noch längst nicht gelöst, und es ist noch nicht einmal vorstellbar, wie sie zu lösen wäre. Wird nicht, im Gegenteil, jener Stand sich wieder stolz aufrichten und das Volk wieder mit der Macht der Überlegenheit beherrschen wollen, zwar nicht mehr wie zur Zeit der Leibeigenschaft, versteht sich, aber immerhin: Wird er nicht zum Beispiel, statt eine Einheit mit dem Volk anzustreben, aus Stolz auf seine Bildung eine neue und trennende Macht errichten und das Volk mit einer Aristokratie der Intelligenz bevormunden wollen? Wird er das Volk aufrichtig als seinen Bruder im Blute wie im Geiste anerkennen, für alle Zeiten, das achten, was unser Volk achtet, und einwilligen zu lieben, was unser Volk mehr liebt als sich selbst? Sonst wird er sich nie mit ihm vereinigen können. Denn das, was das Volk verehrt und liebt, das sitzt in ihm fest, das wird es nicht abtreten, auch nicht um den Preis der Bildung, selbst wenn es noch so sehr nach Bildung dürstet. Alles das ist bei uns jetzt furchtbar dringend und noch furchtbar unentschieden. Und überhaupt haben wir jetzt lauter Fragen vor uns. Vor allem aber erfordert die Beantwortung dieser Fragen Zeit, Geschichte, Kultur und Generationen; bei uns aber soll das alles wieder in einem einzigen Augenblick geschafft werden. Darin besteht ja auch unser wichtigster Unterschied von Europa, daß bei uns so vieles sich nicht mit der Zeit historisch und kulturell entwickelt, sondern plötzlich und sogar gleichsam unverhofft geschieht, manchmal sogar auf Grund einer von keinem erwarteten Vorschrift der Obrigkeit. Natürlich geschah und geschieht das alles nicht nach der Willkür irgendeines einzelnen Menschen, und wenn man will, kann man es sogar einen historischen Verlauf nennen, aber Sie müssen doch auch dies zugeben, daß Europa eine solche Geschichte nicht kennt. Wie kann man da von uns europäische Art und gar noch ein europäisches Finanzsystem verlangen? Ich glaube zum Beispiel wie an ein volkswirtschaftliches Axiom, daß in einem Staat nicht die Eisenbahnkonzessionäre, nicht die Händler, nicht die Millionäre, nicht die Banken und die Juden das *Ausschlaggebende* sind, sondern allen voran und ganz allein die Landwirte; denn nur wer den Boden bestellt, der lenkt auch alles andere nach sich und so ist denn der Landmann der Kern des Staates, sein Herzstück, sein Mark. Wie ist es aber bei uns, ist es hier nicht gerade umgekehrt? Wo ist jetzt unser Kern, wer vertritt ihn im Augenblick? Sind es nicht gerade der Eisenbahnspekulant und der Jude, die jetzt unsere ökonomischen Kräfte beherrschen? Da werden nun bei uns die Eisenbahnen gebaut, und hier haben wir wieder eine Tatsache, wie sonst nirgendwo: Europa hat für sein Eisenbahnnetz fast ein halbes Jahrhundert gebraucht, und das bei seinem Reichtum! Bei uns dagegen wurden die letzten fünfzehn- bis achtzehntausend Werst Eisenbahn in zehn Jahren gebaut, und das bei unserer Armut und in einer wirtschaftlich so erschütterten Zeit, gleich nach der Aufhebung der Leibeigenschaft! Und so wurde natürlich alles Kapital vom Eisenbahnbau aufgesogen, und das in einer Zeit, als die Landwirtschaft es am dringendsten brauchte. Die Eisenbahn wurde sozusagen auf Kosten der zerrütteten Landwirtschaft gebaut. Und ist denn die Frage des persönlichen, privaten Landbesitzes bei uns überhaupt schon beantwortet? Wird der Einzelbesitz sich neben dem Bauernland halten können und seine notwendige Arbeitskraft finden, aber eine gesunde und beständige, und nicht auf das Proletariat und die Schenke angewiesen sein? Was kann da Gutes herauskommen, solange nicht eine vernünftige Lösung dieses Problems gefunden ist? Wir haben gesunde Entschlüsse nötig;

früher werden wir nicht zur Ruhe kommen. Und nur die Ruhe ist die Quelle jeder großen Kraft. Wie kann man bei uns jetzt europäische Budgets und geordnete Finanzen verlangen, wo es doch noch ein Rätsel ist, wie wir überhaupt all dem haben standhalten können, was auf uns einstürmt? – Nur mit der großen, zusammenhaltenden Volkskraft haben wir standzuhalten vermocht!

Ruhe aber haben wir wenig, besonders geistige Ruhe fehlt uns, und gerade diese wäre die Hauptsache, denn ohne geistige Ruhe gibt es auch keine andere. Dem schenkt man aber bei uns gar keine Aufmerksamkeit, denn man strebt nur nach zeitlicher, materieller Glätte. In den Köpfen ist keine Ruhe, und zwar in allen Schichten, und so haben wir auch keine Festigkeit, weder in unseren Überzeugungen, noch in unseren Ansichten, unseren Nerven, und zu guter Letzt auch nicht in unseren Ansprüchen. Arbeit und die Erkenntnis, daß du nur durch Arbeit „erlöst wirst" – fehlt bei uns sogar ganz. Das Pflichtgefühl geht uns völlig ab, ja, und woher sollten wir es auch haben, da wir doch anderthalb Jahrhunderte lang eine falsche Kultur bei uns hatten, oder, besser gesagt, gar keine?! »Warum soll ich mich mühen, wenn ich durch eben diese meine Kultur dahin gekommen bin, alles um mich herum zu verneinen? Und wenn es Dummköpfe gibt, die das Gebäude durch irgendwelche europäische Formen zu retten glauben, so verneine ich die Dummköpfe und behaupte: ‚Je schlechter desto besser!' Das ist meine ganze Philosophie!« – Ich versichere Sie, daß bei uns viele so denken, die einen laut, die anderen still für sich. Die Leute mit solchen Aphorismen sind indessen selbst durchaus von Fleisch und Bein. „Je schlechter desto besser", sagen sie, aber wünschen tun sie das doch nur für die anderen. »Ich selbst möchte es aber am besten haben!« So wird man wohl ihre Philosophie verstehen müssen. Denn er hat ja einen Wolfshunger, dieser Russe. Groß ist er wie ein Bär, aber Nerven hat er wie eine Frau; verweichlicht und verwöhnt, grausam und leidenschaftlich ist er, ertragen kann er nichts,

»ja, und wozu sich abmühen und aushalten?« Ist es zu Ende mit den Diners im Restaurant, ist es zu Ende mit den Kokotten, wozu lohnt's sich dann noch zu leben, denkt er und – krach, schießt er sich eine Kugel vor den Kopf! Und gut ist es noch, wenn er sich eine Kugel vor den Kopf schießt, sonst geht er hin und bestiehlt einen anderen, und das noch auf eine vollkommen gesetzliche Weise. Aber diese Entwicklung ist nicht mehr aufzuhalten, und die allgemeine Verarmung wächst bei ständig zunehmendem Appetit ...

Unter anderem möchte ich noch bemerken, daß der Gogol'sche Typ des Hauptmanns Kopeikin[3] sich in zahllosen Varianten, von den einfachsten bis zu den vornehmsten und parfümiertesten hinauf, bei uns erschreckend vermehrt hat. Alle fletschen sie nach den Staatsgeldern und öffentlichen Mitteln die Zähne; alle verwandeln sie sich, wenn auch nicht gerade in Räuber auf der offenen Landstraße, wie der wirkliche Kopeikin, so doch in Taschendiebe, einige in staatlich konzessionierte, andere sogar in ganz gewöhnliche Taschendiebe, ohne sich um eine Beschönigung zu bemühen. Manch einer von ihnen erklärt sogar stolz: »Ich bin darum so, weil ich alles leugne und jede Verneinung fördere.« Oh, gibt es denn nicht auch liberale Kopeikins? Die haben nur zu gut verstanden, daß der Liberalismus Mode ist und daß man mit ihm Karriere machen kann. Wer hat diesen Typus noch nicht gesehen: diese Allerweltsliberalen und billigen Atheisten, die mit ihrer Fünfkopekenbildung vor dem Volke großtun! Dies ist die abgeschmackteste unter allen abgeschmackten Erscheinungen unseres Pseudoliberalismus, doch sein Appetit ist bis zur Unstillbarkeit entwickelt und deshalb ist er gefährlich. Gerade diese Leute sind die ersten, die sofort beistimmen, wenn es sich darum handelt, ob aus der Fremde etwas Fertiges übernommen werden soll, um es bei uns anzupflanzen, also um mechanische Heilmethoden von außen zur Gesundung unserer Wurzeln zu übernehmen; sie gruppieren sich sofort und bilden eine Menge, die sogar sehr oft von sehr anständigen Menschen angeführt wird, die im

Grunde nicht schuld daran sind, daß zu ihrem Gefolge auch ein solches Kontingent gehört. »Jede Veränderung ist recht, wenn sie nur ohne Mühe und fix und fertig übernommen werden kann«, sagt so ein liberaler Kopeikin, »jedenfalls werde ich es bei jeder äußerlichen Veränderung, gleichviel welcher Art, besser haben als jetzt, denn ich werde doch in der Übergangszeit bestimmt etwas finden, was vorteilhaft für mich ist.« Und von dieser Seite ist er am gefährlichsten, wenn er auch sonst nur ein Kopeikin ist. Doch nun wollen wir uns nicht weiter mit ihm beschäftigen. Alles bisher Gesagte ist ja nur ein winziger Beitrag zu dem Thema, daß wir jetzt keine Ruhe haben. Ich sehe selbst, daß mein Vorwort schon gar zu lang geraten ist. Doch nun zu den Finanzen, den Finanzen!

ZWEITES KAPITEL

I

Ein scharfsinniger Bürokrat
Seine Meinung über unsere Liberalen und Europäer

Nachdem ich mit meinem Ersten Kapitel schon die Hälfte dieses Heftes ausgefüllt habe, will ich die Betrachtungen über die Finanzen vorläufig abbrechen, zumal ich ja auch selbst fühle, daß ich sehr langweilig schreibe. Ich unterbreche sie aber nur vorläufig. Ich möchte nämlich noch von anderen Wurzeln reden, von anderen Grundsätzen, die, wie mir scheint, gleichfalls der Gesundung bedürfen. Außerdem wäre ich auf den restlichen Druckbogen dieses Heftes sowieso nicht mit dem ganzen Artikel über die Finanzen zu Rande gekommen, weshalb ich die Fortsetzung ohnehin für die nächsten Nummern aufschieben muß. Ich habe mich nun freilich wieder einmal hinreißen lassen, und man könnte mich sofort daran erinnern, daß ich mich bis jetzt, nachdem ich doch schon so viel zusammengeschrieben, noch nicht dazu bequemt habe, zu erklären: was ich speziell mit dem laufend Gegenwärtigen meine und was ich diesem als zukunftträchtig vorziehe. Eben dies aber will ich ja in den folgenden Heften meines „Tagebuchs“ unermüdlich zu erklären versuchen ...

Zuvor aber möchte ich von einer Begegnung erzählen, die ich mit einem ziemlich scharfsinnigen Bürokraten gehabt habe, der mir gegenüber einen ziemlich interessanten Standpunkt vertrat, und zwar gerade hinsichtlich einiger Grundsätze, die mögliche Änderungen an dem heute eingespielten Verwaltungsapparat betreffen.

Das Gespräch fand in einer Gesellschaft statt, in der man hauptsächlich über die Finanzsorgen debattierte und über die möglichen Sparmaßnahmen, damit hinfort auch nicht eine Kopeke für phantastische Pläne zum Fenster hinausgeworfen werde. Über Sparsamkeit in diesem Sinne wird doch jetzt bei uns überall gesprochen, und die Regierung befaßt sich auch unausgesetzt mit diesem Problem. Es ist auch so etwas wie eine neue Kontrolle eingeführt worden, und man will alljährlich eine bestimmte Summe in den Etats einzusparen suchen. Zuletzt sprach man sogar von einer Verringerung der Heeresausgaben. Manche meinten, man könnte das Stehende Heer auf die Hälfte der Truppen herabsetzen; das würde doch nichts ändern. Nun, das wäre ja wunderbar, aber trotzdem gibt es dabei etwas, was sich einem unwillkürlich in die Gedanken einschleicht. Gut, wir reduzieren die Armee, wie manche Zeitungen vorschlugen, vorläufig um fünfzigtausend Mann, das hierbei ersparte Geld aber wird uns doch durch die Finger davonfließen, natürlich für Staatsausgaben, vielleicht aber doch für Dinge, die dermaßen radikale Opfer nicht wert sind. Die eingesparten fünfzigtausend Mann jedoch werden wir kaum wieder einstellen können, oder nur mit größten Schwierigkeiten. Soldaten aber brauchen wir mehr als je und besonders jetzt, wo in Europa alle einen Stein für uns bereit halten. Es ist gefährlich, diesen Weg zu betreten, doch nur in der *gegenwärtigen* Zeit. Wir würden nur dann uns überzeugen lassen, daß dieses heilige Geld wirklich für etwas Notwendiges ausgegeben wird, wenn wir zum Beispiel den Entschluß faßten, unerbittliche Ökonomie zu treiben, so wie etwa Peter sie durchgeführt haben würde, wenn er sich vorgenommen hätte, zu sparen. Sind wir nun aber dazu fähig, bei den „schreienden" Nöten unserer gegenwärtigen Lage, in der wir nun einmal stecken? Ich bemerke hierzu, daß dies einer der ersten Schritte wäre zu einer Umkehr vom alten phantastischen Gegenwärtigen zum neuen realen und für uns notwendigen Zukünftigen. Wir reduzieren ziemlich oft die Etats, das

Beamtenpersonal usw., doch das Ergebnis ist immer dasselbe: daß die Etats ganz von selbst sich wieder vergrößern und die Beamten sich vermehren. Ja, sind wir denn überhaupt fähig zu einer richtigen Reduzierung, fähig, zum Beispiel, von vierzig Beamten mit einem Mal auf vier herunterzugehen? Daß vier Beamte ohne Ausnahme dasselbe leisten könnten, was jetzt vierzig leisten, das wird natürlich niemand bezweifeln, besonders bei einer Vereinfachung des Eingaben- und Verordnungswesens mit all seinen Schreibereien, und überhaupt bei einer radikalen Veränderung der jetzigen Formen der Beamtenarbeit.

Auf dieses Thema kamen wir, wie gesagt, an jenem Abend zu sprechen. Einige bemerkten, daß eine derartige Reform jedenfalls ein großer Bruch mit dem Alten wäre. Andere entgegneten, daß bei uns schon viel kapitalere Reformen als diese durchgeführt worden seien. Die dritten fügten hinzu, daß man den neuen Beamten, also diesen vier, die die vierzig ersetzen sollen, das Gehalt sogar verdreifachen könnte, und daß diese dann gewiß treffliche Arbeiter abgeben würden. Und selbst wenn man das Gehalt für diese vier auch verdreifachte, so würde ihr Gehalt doch nur dem der jetzigen zwölf entsprechen; folglich wären die Ausgaben immer noch um fast drei Viertel der heutigen vermindert.

Hier aber geschah es, daß mein Bürokrat uns unterbrach. Ich bemerke noch, daß auch er zu meiner größten Verwunderung gegen die Möglichkeit, vierzig durch vier zu ersetzen, nichts einzuwenden hatte: »Auch mit vieren wird es sich machen lassen.« Doch was er angriff, war etwas ganz Anderes: Er wies auf das Grundsätzliche hin, auf die Fehlerhaftigkeit und das Verderbliche dieses neuen „Prinzips". Ich kann seine Entgegnung nicht wörtlich wiedergeben, und ich führe sie nur an, weil mir seine Meinung in ihrer Art bemerkenswert erschien und so etwas wie eine pikante Idee enthielt. Er hat sich natürlich nicht herabgelassen, auf Einzelheiten einzugehen, da ich in diesen Dingen nicht Spezialist bin und zu wenig davon verstehe (was vorauszuschicken ich mich beeile), aber sein „Prinzip", so hoffte er, würde mir doch einleuchten.

»Die Reduzierung der Beamtenschaft von vierzig auf vier«, begann er streng und in überzeugtem Ton, »ist für die Sache nicht nur unnütz, sondern allein schon ihrer Tendenz nach direkt schädlich, trotz der tatsächlich beträchtlichen Verringerung der Staatsausgaben. Unmöglich und schädlich wäre nicht nur, von vierzig auf vier zu reduzieren, sondern selbst von vierzig auf achtunddreißig. Und das aus folgendem Grunde: Es wäre ein verderblicher Anschlag auf das Grundprinzip. Jetzt ist es fast zweihundert Jahre her, das heißt: seit Peter, daß wir, die Bürokraten, im Reiche *alles* sind; ja, im Grunde genommen sind *wir* das Reich und überhaupt *alles; das Übrige* – ist nur Anhängsel. Wenigstens ist es bis vor kurzem, bis zur Aufhebung der Leibeigenschaft noch so gewesen. Alle früheren, als da sind zum Beispiel die Vertreter des Adels und so weiter, haben ganz von selbst, sozusagen infolge einer gewissen Anziehungskraft, unseren Geist und Sinn angenommen. Und wir haben uns deswegen, als wir das einsahen, keineswegs beunruhigt; denn das Prinzip, das vor zweihundert Jahren aufgestellt worden ist, wurde dadurch nicht im geringsten angegriffen. Nach der Bauernreform schien allerdings etwas Neues kommen zu wollen: es kam die Selbstverwaltung, es kam das Semstwo und anderes mehr . . . Jetzt hat es sich aber deutlich erwiesen, daß auch all dieses Neue sofort und ganz von selbst unsere Form, unsere Seele und unsere Gestalt annimmt, sich sozusagen in unsere Form verwandelt. Und das ist nicht etwa durch Zwang geschehen (das wäre eine durchaus irrige Annahme), sondern gerade ganz von selbst; denn es ist schwer, jahrhundertealte Gewohnheiten abzulegen. Und wenn Sie wollen, soll man das auch nicht, besonders nicht in einer so fundamentalen und großen nationalen Frage. Sie können mir das, wenn Sie wollen, nicht glauben; doch wenn Sie fähig sind, tiefer darüber nachzudenken, werden Sie die Richtigkeit des Gesagten, dessen bin ich gewiß, zugeben.

Denn: was sind wir? Wir sind *alles*, sind bis jetzt *alles* gewesen und werden fortfahren, alles zu sein, – und wiederum ohne uns darum selber sonderlich zu bemühen, einfach durch den natürlichen Gang der Dinge, also ganz unwillkürlich. Es ist schon lange her, daß man sagt, unsere Arbeit sei tote, papierene Kanzleiarbeit, und Rußland wäre all dem entwachsen. Vielleicht ist es dem entwachsen, aber vorläufig sind wir immer noch die einzigen, die Rußland festhalten, erbauen und es davor bewahren, zusammenzufallen. Denn das, was Sie erstarrten Kanzleigeist nennen, das heißt also: wir, als Einrichtung, und dann auch unsere ganze Tätigkeit, das ist, wenn man sich eines Beispiels bedienen will, wie das Skelett in einem lebendigen Organismus. Zerstören Sie das Skelett, lassen Sie die Knochen auseinanderfallen – und der ganze lebendige Körper geht dann zugrunde. Schön, mag die Sache auch noch so tot betrieben werden, dafür aber wird es nach einem System, nach einem Prinzip, einem großen Grundsatz gemacht, – erlauben Sie, daß ich Ihnen das sage. Mag es auch auf Kanzleimanier geschehen, meinetwegen sogar schlecht, unvollkommen, aber es wird immerhin irgendwie doch gemacht, und die Hauptsache: Rußland steht noch und fällt nicht! Das ist es ja, daß es noch immer nicht einstürzt. Ich bin bereit, Ihnen das zuzugeben, daß wir im Grunde meinetwegen auch nicht gerade *alles* sind, – oh, wir sind klug genug, um einzusehen, daß wir in Rußland nicht *alles* sind, und besonders jetzt nicht; dafür aber sind wir immerhin *etwas*, das heißt: etwas bereits Reales, wirklich Vorhandenes, wenn auch vielleicht teilweise Körperloses. Nun aber, was habt ihr denn hier, womit ihr uns ersetzen könntet? Woraufhin könnten wir uns mit der Überzeugung zurückziehen, daß auch bei euch ein *Etwas* entstanden ist, das uns wirklich ersetzen kann, – ohne daß alles zusammenbricht? All diese Selbstverwaltungen und Semstwos – das ist doch vorläufig immer noch ein Kranich in den Wolken, meinetwegen ein prachtvoller, der unter dem Himmel herumfliegt, jedoch immerhin einer, der sich noch nie auf die Erde herabgelassen hat. Folglich ist er trotz seiner Schönheit als Wert für uns eine Null; wir aber, wenn wir auch durchaus nicht prachtvoll sind und man unser sogar sehr überdrüssig geworden ist, wir aber sind dafür wenigstens *etwas*, und zwar nichts weniger als eine Null. Ihr nun werft uns vor und beschuldigt uns: wir seien daran schuld, daß der Vogel sich bis jetzt noch nicht auf die Erde herabgelassen hat, und wir bemühten uns, ihn, den prachtvollen Kranich, in unsere Gestalt, in unseren Geist zu verwandeln. Es wäre natürlich sehr nett von uns, wenn das wirklich der Fall wäre; denn damit würden wir beweisen, daß wir für das ewige, grundlegende und edelste Prinzip einstehen und eine nutzlose Null in ein nützliches Etwas verwandeln. Doch glauben Sie mir, hierbei tragen wir nicht die geringste Schuld, das heißt: es ist fast nicht unsere Schuld, daß der herrliche Vogel selber noch unschlüssig ist und nicht weiß, was er eigentlich werden soll – das, was wir sind? oder wirklich etwas Selbständiges? Wie gesagt, er ist doch selber unschlüssig, glaubt manchmal kaum noch an sich, ist sogar fast ratlos. Ich versichere Sie, er ist aus eigenen freien Stücken zu uns gekommen, und wir haben ihn nicht im geringsten zu beeinflussen gesucht. So stellt es sich heraus, daß wir sozusagen ein natürlicher Magnet sind, zu dem in Rußland bis heute noch alles hingezogen wird, und das kann noch lange so fortdauern. Sie glauben mir wieder nicht? Es erscheint Ihnen vielleicht lächerlich? Und doch bin ich bereit, um gleichviel was zu wetten: Versuchen Sie es, lösen Sie Ihrem herrlichen Vögelchen die Flügel, gestatten Sie ihm alle Freiheiten, befehlen Sie zum Beispiel Ihrem Semstwo mit aller Strenge: „Von jetzt ab hast du ein selbständiger und nicht mehr ein bürokratischer Vogel zu sein!" – und, glauben Sie mir, daß alle Vögel, wie sie da sind, ohne eine Ausnahme, sich von selbst noch viel mehr zu uns drängen und schließlich damit enden werden, daß sie sich in echte, rechte Beamte verwandeln, unseren Geist und unsere Gestalt annehmen, alles von uns kopieren! Sogar der Bauer wird zu uns kommen, denn es würde ihm doch gar zu schmeichelhaft sein, uns ähnlich zu werden! Nicht umsonst hat man den Gefallen, den sie an uns Beamten gefunden haben, zweihundert Jahre lang gezüchtet. Und nun verlangen Sie, daß wir, das einzig Reale und fest auf seinen Füßen Stehende in Rußland, uns selber gegen dieses Rätsel eintauschen sollen, gegen diese Scharade, gegen diesen Ihren schönen Kranich in den Wolken? Nein, lieber behalten wir unsere Meise in der Hand. Lieber verbessern wir uns selber irgendwie, nun, sagen wir, indem wir etwas Neues einführen, etwas mehr, wie Sie es nennen, Fortschrittliches, dem Geiste der Zeit Entsprechenderes: wir werden, sagen wir, etwas wohltätiger werden oder sonst irgend etwas von der Art ... Aber gegen das Hirngespinst, den plötzlich erschienenen Traum, tauschen wir nicht unser einziges reales *Etwas* ein; denn es ist klar, daß wir vorläufig niemanden haben, der uns ersetzen könnte! Wir widersetzen uns der Vernichtung sozusagen durch unseren mächtigen passiven Widerstand. Dieser passive Widerstand ist es gerade, der an uns wertvoll bleibt, denn nur durch ihn allein hält sich noch alles in unserer Zeit. Darum aber wäre der Versuch, uns von vierzig auf achtunddreißig zu reduzieren (geschweige denn von vierzig auf vier) grundschädlich, ja, wäre sogar unmoralisch! Man würde Kopeken sparen, dafür aber das Prinzip zerstören. Vernichten Sie, verändern Sie jetzt noch unsere Formel, wenn Sie nur das Gewissen dazu haben! Es würde ein Verrat an unserem ganzen russischen Europäismus, an unserer ganzen Bildung sein! – wissen Sie das auch? Das wäre die Verneinung dessen, daß auch wir ein Reich, auch wir Europäer sind, das wäre Verrat an Peter! Und wissen Sie, Ihre Liberalen (übrigens die unsrigen gleichfalls), die in den Zeitungen so heftig für die Semstwos gegen das Beamtentum eintreten, widersprechen sich, im Grunde genommen, alle selbst. Denn diese Semstwos, alle diese Neuheiten „im volklichen Geiste“ – das sind doch dieselben „Volksgrundsätze“, oder die beginnende Formulierung dieser Grundsätze, über die jene Partei zetert, die unseren europäisierenden Russen so verhaßt ist, eben die „Russische Partei". (Vielleicht haben Sie schon gehört, daß man sie in Berlin so benannt hat?). Das sind diese selben „Grundsätze", die unser russischer Liberalismus und Europäismus so wütend leugnet, die er verlacht und sogar nicht einmal als vorhanden anerkennen will! Oh, er fürchtet sie sehr: Nun, wie, wenn sie tatsächlich vorhanden sind und sich verwirklichen – dann ist's doch in gewissem Sinne eine unangenehme Überraschung! Also sind alle ihre Europäer genau genommen mit uns und wir mit ihnen ... was sie eigentlich schon längst hätten einsehen und sich merken sollen. Wenn Sie wollen, sind wir nicht nur mit ihnen, sondern sogar *wir sind sie*, denn wir sind ein und dasselbe: In ihnen, in ihnen selber ist unser Geist enthalten und sogar unsere Gestalt, gerade in diesen Ihren Westlern. Ja, das ist tatsächlich so! Und ich werde Ihnen noch etwas sagen: Europa, das heißt: das russische Europa oder dieses Europa in Rußland – das sind ja nur wir allein! Wir sind die Verkörperung der ganzen Formel des russischen Europäismus und enthalten sie restlos in uns. Wir allein sind ihre Ausleger. Ich begreife nicht, warum man diesen unseren Europäern nicht für ihren Europäismus gewisse Kennzeichen verleiht, wenn wir mit ihnen doch nun einmal sündlos zusammenfließen? Mit Vergnügen würden sie sie tragen, und damit könnte man auch noch viele anlocken. Aber bei uns versteht man das nicht. Nichtsdestoweniger schimpfen sie auf uns. „Die Eigenen erkennen eben die Eigenen nicht", wie das Sprichwort sagt. Doch, um mit Ihren Semstwos und all diesen Neuheiten endlich abzuschließen, sage ich Ihnen ein für allemal: Nein! Denn dieses ist eine langwierige Sache und keineswegs so schnell durchzuführen, wie Sie vielleicht annehmen. Dazu bedarf es einer eigenen vorhergehenden Kultur, einer eigenen neuen, vielleicht noch einmal zweihundertjährigen Geschichte. Oder sagen wir: einer hundertjährigen, oder meinetwegen auch fünfzigjährigen, da wir ja jetzt das Jahrhundert der Telegraphen und Eisenbahnen haben. Also immerhin doch eine fünfzigjährige Entwicklung; somit geht es nicht sofort. Augenblicklich jedenfalls wird nichts anderes entstehen als unseresgleichen. Und so wird es noch lange bleiben.«

Damit verstummte mein Bürokrat stolz und würdevoll, und wissen Sie, ich habe ihm auch nichts entgegnet, denn in seinen Worten war gerade solch ein *„Etwas"*, irgendeine traurige Wahrheit, die wirklich, wirklich da ist. Selbstverständlich war ich innerlich nicht mit ihm einverstanden. Und zudem – in *solchem* Ton sprechen doch nur Leute, die sich überlebt haben. Aber trotzdem war in seinen Worten „etwas"...

II

Krylóffs alte Fabel von der Eiche und dem Schwein

Doch um nun mit alldem endgültig abzuschließen, will ich noch eine kleine, sehr nette Fabel von Krylóff anführen, die heute offenbar von allen vergessen ist; denn wer kümmert sich in unserer geschäftigen und zerfahrenen Zeit noch um Krylóff? An diese kleine Fabel habe ich schon damals unwillkürlich denken müssen, als ich erst noch den Plan erwog, einen Artikel über die Finanzen und die Gesundung der Wurzeln zu schreiben. Bei Kryloff hat diese Fabel eine prachtvoll anschauliche Moral. Sein Thema sind zwar andere Wurzeln, aber das macht nichts, die Fabel kann auch uns zustatten kommen. Ich führe sie hier wortwörtlich an:

„Im Schatten einer ururalten Eiche
fraß sich ein Schwein an Eicheln satt und voll.
Dann legt' es sich dortselbst mal wieder
zum Mittagsschlaf im Schatten nieder.
Aufwachend aus dem Schlummer
rieb sich das Schwein die Augen,
wälzte sich im Gras,
und drauf begann's zum Spaß

für sich mit seiner Rüsselschnauze
die Erde aufzuwühlen
rings um den ururalten Stamm.
Da rief ein Rabe ihm vom Baum herab
klug warnend zu:
»Gib acht! Wenn du die Wurzeln bloßlegst,
verdorrt uns noch der ganze Baum!«
»Ach, mag er doch!« sprach da das Schwein,
»das schiert mich wenig,
denn nützen tut er mir ja kaum.
Ja, wenn auf ihm doch Eicheln reiften,
das wär' was andres,
denn diese freß ich gern
und werde fett davon.«
»Wie undankbar du bist!«
brummt' zu ihm hin die ururalte Eiche.
»Wenn du nur deine Schnauze heben
und zu mir aufschaun könntest,
dann würdest du wohl sehn,
daß ich es bin, die diese Eicheln trägt,
die du so gerne frißt.«"

Die Fabel ist doch gut? Sollte es möglich sein, daß wir diesem Porträt Ähnlichkeit mit uns zugestehen wollen?

III

Geok-Tepe. Was ist Asien für uns?

Geok-Tepe, die Festung der Achal Teke, ist erstürmt,[4] die Tekinzen sind geschlagen, und wenn sie sich uns auch noch nicht ganz unterworfen haben, so ist doch unser Sieg gewiß!

Die Gesellschaft und die Presse sind wieder einmal stolz. Wie lange aber ist es denn her, daß sich die Gesellschaft wie auch ein Teil der Presse noch vollkommen gleichgültig zu unseren transkaspischen Angelegenheiten verhielten? War das nicht, wenn ich mich recht erinnere, noch vor kurzem, noch nach dem ersten Mißerfolge General Lomákins, und sogar noch zu Anfang der Vorbereitungen zum zweiten Angriff?

»Was haben wir dort zu suchen, was schert uns dieses Asien?« hieß es damals. »Wieviel Geld ist dafür verschwendet worden, während bei uns Hungersnot und Diphtheritis herrschen und Schulen gebaut werden müßten« usw., usw ...

Natürlich waren längst nicht alle derselben Meinung, oh nein! Doch trotzdem läßt es sich nicht leugnen, daß es eine Zeit gab, in der sich sogar sehr viele zu unserer Offensivpolitik in Asien feindselig verhielten. Allerdings trug die Geheimhaltung der unternommenen Expedition manches zu dieser Feindseligkeit bei. Aber trotz alledem kann man nicht sagen, daß unsere Gesellschaft sich unserer Mission in Asien klar bewußt wäre, noch dessen, was Asien überhaupt für uns bedeutet und in Zukunft bedeuten könnte. Die meisten europäischen Russen sehen auf unser russisches Asien, auch Sibirien einbegriffen, immer noch wie auf irgendein Anhängsel, an das man am liebsten überhaupt nicht denkt. »Wir sind Europa«, hieß es, »was sollen wir in Asien machen?« oder: »Ach, dieses ewige Asien! Wir können ja nicht einmal hier in unserem Europa Ordnung schaffen, da lädt man uns nun zum Überfluß auch noch Asien auf den Hals! Ach, was – schütteln wir es einfach ab!« Diese Auffassung wird selbst jetzt noch von manchen unserer Klugen geteilt – die haben sie natürlich nur von ihrem allzu großen Verstand.

Der Sieg Skóbeleffs wird in ganz Asien, selbst bis zu seinen entferntesten Grenzen, Widerhall finden. »Da hat sich wieder ein wildes und stolzes mohammedanisches Volk dem Weißen Zaren unterworfen«, werden jetzt die asiatischen Völker denken. Möge das Echo unseres Sieges über ganz Asien hallen, bis nach Indien hin! Möge es in diesen Millionen von Menschen den Glauben an die Unbesiegbarkeit des

Weißen Zaren verstärken. Denn nach dem Mißerfolg des Generals Lomákin wird in ganz Asien ein Zweifel an der Unüberwindlichkeit unseres Schwertes aufgekommen und das russische Prestige beeinträchtigt worden sein. Schon aus diesem Grunde können wir auf unserem Wege nicht stehenbleiben. Diese Völker können ihre Chans und Emire behalten, in ihrer Vorstellung und Phantasie mag England, dessen Macht sie bewundern, bedrohlich erscheinen. Aber der Name des Weißen Zaren muß über den Chans und Emiren stehen, auch über dem Namen der Kaiserin von Indien, ja, sogar über dem des Kalifen. Der Kalif mag Kalif bleiben, aber der Weiße Zar soll Zar auch für den Kalifen sein. Diese und keine andere Überzeugung muß sich dort festsetzen! Und das geschieht ja auch mit jedem Jahr mehr und mehr, und das ist notwendig für uns, denn es gewöhnt diese Völkerschaften an das Kommende.

»Wozu denn das, und an was für ein Kommendes? Woher die Notwendigkeit, uns Asien in Zukunft einzuverleiben? Was sollen wir dort anfangen?«

Es ist eine Notwendigkeit, weil Rußland nicht nur in Europa liegt, sondern auch in Asien; weil der Russe nicht nur Europäer, sondern auch Asiate ist. Und außerdem: weil in Asien vielleicht noch mehr unserer Hoffnungen liegen als in Europa. Und überdies: weil in unserem zukünftigen Schicksal vielleicht gerade Asien unser wichtigster Ausweg sein wird!

Ich fühle schon im voraus den Unwillen, mit dem manche diese meine reaktionäre Annahme lesen werden (für mich aber ist sie ein Axiom). Jawohl, wenn es eine der wichtigsten Wurzeln zu heilen gilt, so ist das die Gesundung unserer Auffassung von Asien. Wir müssen die knechtische Furcht, Europa könnte uns asiatische Barbaren nennen und von uns sagen, wir seien doch mehr Asiaten als Europäer, endlich zum Teufel jagen. Diese Furcht vor der Schande, Europa könnte uns für Asiaten halten, verfolgt uns ja fast schon zweihundert Jahre. Und in unserem neunzehnten Jahrhundert hat diese Scham sich in uns noch ganz besonders verstärkt, ist beinahe schon in Panik ausgeartet, fast zu der abergläubischen Angst der Moskauer Kaufmannsfrauen vor den Fremdwörtern „Metall“ und vor dem kirchenslawischen Wort für „brennenden Schwefel“. Diese unsere andere falsche Scham, diese unsere falsche Selbstbeurteilung, wenn wir uns ausschließlich nur für Europäer halten und nicht auch für Asiaten (die zu sein wir nie aufgehört haben), sind uns in diesen letzten zwei Jahrhunderten teuer, sehr teuer zu stehen gekommen: Wir haben sie mit dem Verlust unserer geistigen Selbständigkeit, mit unserer mißlungenen europäischen Politik bezahlt, und schließlich auch mit Geld und Geld, von dem Gott weiß wieviel draufgegangen ist, nur um Europa zu beweisen, daß wir nur Europäer und keine Asiaten seien. Aber der Stoß, mit dem Peter uns nach Europa hineingedrängt hat, ist, wenn er auch notwendig und anfangs erlösend war, denn doch zu stark gewesen, und das ist zum Teil schon nicht unsere Schuld. Und was haben wir nicht alles getan, damit Europa uns als die *Seinigen* anerkenne, als Europäer, als *Nur-Europäer,* und nicht als Tataren! Allstündlich und unermüdlich sind wir hingelaufen und haben uns ungebeten in alle seine Angelegenheiten und seinen Kleinkram eingemischt. Bald haben wir es mit unserer Kraft erschreckt, haben unsere Heere hingeschickt, um ihre „Könige zu retten“; bald wiederum beugten wir uns vor ihm, wie es gar nicht nötig gewesen wäre, und versicherten, unsere einzige Aufgabe sei, ihm zu dienen und es glücklich zu machen. Als wir 1812 Napoleon aus Rußland vertrieben hatten, schlossen wir nicht Frieden mit ihm, wie es einige wenige einsichtige Russen rieten und wünschten, sondern rückten in geschlossener Front vor, um Europa zu beglücken und es von dem Thronräuber zu befreien. Das gab natürlich ein schönes Bild ab: Auf der einen Seite stand der Despot und Räuber, auf der anderen der Friedensstifter und Erwecker zu neuem Leben. Doch unser politisches Glück wäre keineswegs in einem schönen Bilde, sondern ganz anderswo zu finden gewesen. Dieser Usurpator war nämlich gerade damals in einer solchen Lage, und zwar zum erstenmal während seiner ganzen Laufbahn, daß er sich mit uns aufrichtig und fest, und für lange, vielleicht sogar für immer verbündet haben würde. Unter der Bedingung, ihn in Europa nicht zu stören, hätte er uns den Osten überlassen, und unsere heutige Orientfrage, die Bedrohung und Sorge unserer Gegenwart und Zukunft, wäre jetzt schon längst abgetan. Der Usurpator hat das später selbst gesagt und hat bestimmt nicht nachträglich gelogen, als er das sagte, denn er hätte wahrlich nichts Besseres tun können, als auch hinfort mit uns verbündet zu bleiben – unter der Bedingung, wie gesagt, daß wir für den Osten ihm den Westen überließen. Mit den europäischen Völkern wäre er dann sicher schon fertiggeworden. Diese aber waren damals noch viel zu schwach, selbst England, um uns im Orient zu stören. Napoleon wäre vielleicht später gestürzt worden, oder nach seinem Tode seine Dynastie, der Orient aber wäre uns verblieben. (Wir hätten dann das Meer und könnten England auch zur See entgegentreten.) Wir aber gaben alles hin für das hübsche Bildchen. Und was war die Folge? Alle diese von uns mitbefreiten Völker begannen sofort, noch bevor sie Napoleon endgültig geschlagen hatten, uns mit deutlichster Mißgunst und den gehässigsten Verdächtigungen anzusehen. Auf den Kongressen verbündeten sie sich alle in geschlossener Front gegen uns und rafften alles an sich, uns aber ließen sie nicht nur nichts, sondern erlegten uns auch noch Verpflichtungen auf, die wir allerdings freiwillig übernahmen, die uns aber, wie sich später herausstellte, die größten Unkosten aufluden. Und ungeachtet dieser erhaltenen Lehre, – was haben wir in all den folgenden Jahren dieses Jahrhunderts und sogar bis auf den heutigen Tag getan? Haben wir nicht die Erstarkung der deutschen Staaten begünstigt, haben wir nicht selbst zur Vergrößerung ihrer Macht so viel beigetragen, daß sie jetzt vielleicht sogar stärker sind als wir? Tatsächlich, es ist keine Übertreibung, wenn ich sage, daß wir ihr Wachstum und Erstarken gefördert haben. Sind wir etwa nicht hingezogen auf ihren Ruf, um ihren Bürgerkrieg niederzuschlagen; haben wir nicht ihren Rücken gedeckt, als ihnen Gefahr drohen konnte? Und siehe da: sind nicht gerade sie, zum Dank dafür, in unserem Rükken aufmarschiert, als wir der Gefahr gegenüberstanden, und haben sie nicht gedroht, uns in den Rücken zu fallen, als eine andere Gefahr sich uns näherte? Und das Endergebnis ist, daß jetzt jedermann in Europa, jeder Stamm, jede Nation dort einen Stein für uns in der Tasche bereithält und nur auf den ersten Zusammenstoß wartet, um ihn auf uns zu schleudern. Was haben wir also in Europa gewonnen, indem wir ihm so eifrig dienten? Nur seinen Haß! ...

Warum aber haßt es uns denn so? Warum können die Menschen dort nicht ein für allemal Zutrauen zu uns fassen, sich von unserer Unschädlichkeit überzeugen und uns glauben, daß wir ihre Freunde und Diener sind, ihre guten treuen Diener, und daß sogar unsere ganze europäische Bestimmung nur darin besteht, Europa und seinem Wohlergehen zu dienen? (Wieso denn nicht! Haben wir denn dieses ganze letzte Jahrhundert etwas anderes getan als das, haben wir denn etwas für uns getan, für uns etwas erreicht? Alles geschah doch nur für Europa!) Nein, sie können kein Vertrauen zu uns fassen! Warum nicht? Weil es ihnen unmöglich ist, uns als *ihresgleichen* anzuerkennen.

Niemals und um nichts in der Welt werden sie es glauben, daß wir fähig seien, zusammen mit ihnen und auf gleicher Höhe mit ihnen an der ferneren Entwicklung ihrer Zivilisation mitzuwirken. Sie halten uns für wesensfremd in ihrer Kultur, halten uns für Fremdlinge, für Namensusurpatoren. Sie halten uns für Diebe, die ihnen ihre Bildung gestohlen haben, sich mit ihren Kleidern kostümieren. Türken und Semiten stehen ihnen geistig näher als wir Arier. Dies alles hat nun natürlich einen gewichtigen Grund: wir tragen eine ganz andere Idee als sie in die Menschheit – das ist der Grund! Und das tun wir trotz aller krampfhaften Versicherungen unserer „russischen Europäer“ in Europa, daß wir überhaupt keine eigene Idee hätten, daß Rußland auch gar nicht fähig wäre, eine zu haben, noch in Zukunft eine hervorzubringen, sondern nur nachahmen könne, und dabei würde es ewig bleiben, also beim Nachahmen, und daß wir keineswegs Asiaten und keine Barbaren wären, sondern durchaus die gleichen Europäer wie sie. Europa aber will unseren russischen Europäern wenigstens dieses eine nicht glauben. Im Gegenteil, in dieser Hinsicht stimmt es sozusagen mit unseren Slawophilen überein, obschon es diese überhaupt nicht kennt oder höchstens vom Hörensagen.

Diese Übereinstimmung besteht darin, daß auch Europa glaubt, ganz wie unsere Slawophilen, daß wir eine eigene „Idee“ haben, eine besondere, keine europäische Idee, daß Rußland durchaus dazu befähigt ist, eine Idee hervorzubringen. Vom Wesen dieser unserer Idee weiß Europa natürlich noch nichts; denn wenn es etwas davon wüßte, würde es sich sofort beruhigen, ja, sogar freuen. Einmal aber wird es unser Land bestimmt kennenlernen, und zwar gerade dann, wenn seine kritische Zeit anbricht. Jetzt jedoch traut uns Europa noch nicht; indem es uns aber eine Idee zutraut, fürchtet es sie bereits. Und schließlich: Wir erregen in Europäern doch nur Ekel, sogar persönlichen Ekel, obgleich man dort zuweilen auch höflich gegen uns ist. Man gibt dort zum Beispiel gern zu, daß die russische Wissenschaft, so jung sie auch sei, doch schon mehrere bemerkenswerte Vertreter aufzuweisen hat, sowie mehrere gute Arbeiten, die sogar ihrer europäischen Wissenschaft zustatten gekommen sind. Doch um nichts in der Welt würde uns Europa jetzt glauben, daß Rußland nicht nur wissenschaftliche Arbeiter (wenn auch sehr begabte), sondern auch Genies, Führer der Menschheit von der Bedeutung eines Aristoteles, Bacon, Kant hervorzubringen vermag. Das werden sie niemals glauben, denn wie sollten sie uns kulturelle Schöpferkraft zugestehen, unsere zukünftige Idee aber kennen sie ja noch nicht. Im Grunde genommen haben sie ja auch recht: denn wir werden auch wirklich weder einen Bacon, noch einen Newton, noch Aristoteles hervorbringen, so lange wir uns nicht richtig auf den Weg stellen und geistig selbständig werden. Was das übrige betrifft, so ist es dasselbe, in der Kunst wie im Gewerbe: Europa ist bereit, uns zu loben, uns wie einem braven Jungen den Kopf zu streicheln, doch als seinesgleichen erkennt es uns nicht an; es verachtet uns heimlich und offen, hält uns als Menschen für eine niedrigere Rasse, und zuweilen flößen wir ihm sogar Ekel ein, ganz allgemein, besonders aber wenn wir ihm mit brüderlichen Küssen um den Hals fallen.

Es ist aber schwer, sich von dem Fenster nach Europa, das Peter für uns in die trennende Mauer gehauen hat, abzuwenden; das ist eben unser Fatum. Dabei könnte aber Asien ... aber das könnte doch wahrhaftig unser Ausweg in Zukunft sein, rufe ich wieder aus! Und wenn wir uns diese Idee wenigstens zum Teil aneignen wollten – oh, was für eine wichtige Wurzel würde dann gesunden! Asien, unser asiatisches Rußland – das ist doch auch eine von unseren kranken Wurzeln, die nicht nur erfrischt, sondern ganz ausgegraben und in geistig neues Erdreich gebettet werden müßte! Ein Prinzip, ein neues Prinzip, eine neue Auffassung von der Aufgabe, das ist es, was uns not tut!

IV

Fragen und Antworten

»Aber wozu denn, wozu?« höre ich nun schon gereizte Stimmen fragen. »Unsere asiatischen Angelegenheiten erfordern von uns sowieso schon dauernd dort stationiertes Militär und unproduktive Ausgaben. Und wo ist denn dort Industrie? Und wo gibt es denn dort Abnehmer für unsere Waren? Und da fordern Sie uns nun noch auf, aus unbekannten Gründen, uns Asien zuzuwenden und Europa aufzugeben!

»Nein, nicht aufzugeben«, fahre ich fort, meine Ansicht zu verteidigen. »Ganz abgesehen davon, daß wir uns ja gar nicht losreißen könnten, selbst wenn wir wollten. Wir dürfen Europa nicht gänzlich verlassen. Aber das ist auch durchaus nicht nötig. Europa ist und bleibt „das Land der heiligen Wunder", wie es der eifrigste Slawophile, Chomjakóff, benannt hat. Europa ist uns gleichfalls eine Mutter; wir haben viel von ihr genommen und werden noch vieles von ihr nehmen, und wir wollen doch nicht undankbar sein. Ich habe einmal über die zukünftige große Bedeutung des russischen Volkes in Europa (an die ich glaube) einige Worte im vorigen Jahr zur Puschkinfeier in Moskau gesagt; man hat mich dafür später mit Schmutz und Schimpf beworfen, und sogar diejenigen haben es getan, die mich damals für meine Worte umarmten – als hätte ich etwas Schmutziges, Gemeines begangen, als ich mein Wort sagte.

Aber vielleicht wird dieses Wort doch nicht in Vergessenheit geraten. Übrigens, lassen wir das ruhen. Wir haben nichtsdestoweniger das Recht, für unseren Auszug aus Ägypten Sorge zu tragen; denn wir selbst haben uns aus Europa gewissermaßen ein geistiges Ägypten gemacht.«

»Erlauben Sie mal!« unterbricht man mich. »Wodurch kann uns denn Asien selbständig machen? Wir können dort höchstens asiatisch einschlafen, nicht aber selbständig werden!«

»Sehen Sie, durch die Wendung nach Asien und durch unsere neue Auffassung dieses Landes kann mit uns vielleicht dasselbe geschehen, was zum Beispiel mit Europa geschah, als Amerika entdeckt wurde. Denn genau genommen ist doch Asien für uns dieses selbe, von uns bisher noch nicht entdeckte damalige Amerika. Mit der Strömung nach Asien wird sich unser Geist wieder erheben und werden sich unsere Kräfte wieder stärken. Sind wir erst selbständiger geworden, so werden wir auch sofort wissen, was wir zu tun haben; in und mit Europa aber haben wir uns in zweihundert Jahren nur von jeglicher Arbeit entwöhnt und sind zu Schwätzern und Faulenzern geworden.«

»Na, wie wollen Sie uns dann bis nach Asien bringen, wenn wir Faulenzer sind? Und wer wird denn von uns hingehen, selbst wenn man es so sicher wie zweimal zwei beweisen könnte, daß dort unser Glück liegt?«

»In Europa waren wir nur Gnadenbrotesser und Sklaven, nach Asien aber kommen wir als Herren. In Europa waren wir Tataren, in Asien aber sind auch wir Europäer. Unsere Mission, unsere zivilisatorische Mission in Asien, wird unseren Geist verlocken und uns dorthin ziehen, wenn nur erst einmal die Bewegung angefangen hat. Baut nur zwei Eisenbahnen, beginnt nur mit dem Bau – eine nach Sibirien und die andere nach Mittelasien, und ihr werdet euch von den Folgen überzeugen können.«

»Sie verlangen wirklich wenig!« ist die Antwort, und man lacht mich aus. »Woher die Mittel dazu nehmen, und was bringt uns das ein: Unkosten und Verlust und weiter nichts.«

»Wenn wir in den letzten fünfundzwanzig Jahren alljährlich nur drei Millionen für diese Bahnen zurückgelegt hätten (und drei Millionen jährlich gleiten uns so manches Mal für nichts und wieder nichts durch die Finger), so wäre jetzt schon für fünfundsiebzig Millionen Eisenbahn in Asien gebaut, also ungefähr tausend Werst, mindestens! Sie sprechen von Verlust. Oh, wenn in Rußland an unserer Stelle Engländer oder Amerikaner lebten: die würden Ihnen diesen „Verlust" schon beweisen! Die hätten schon längst unser Amerika entdeckt! Wissen Sie auch, daß es dort Länder gibt, die uns weniger bekannt sind als das innere Afrika? Und wissen wir denn, was für Reichtümer im Schoße dieser unermeßlichen Länder liegen? Oh, die Engländer und Amerikaner, die würden schon alles hervorkratzen, Metalle und Mineralien und unzählige Steinkohlenlager – alles würden sie finden, alles entdecken! Und die würden auch schon wissen, wie das Material zu gebrauchen ist, und wozu es sich verwenden läßt. Sie würden die Wissenschaft hinrufen und die Erde zwingen, fünfzigfache Frucht zu tragen, diese selbe Erde, von der wir hier glauben, daß sie eine wie unsere

Handfläche nackte Steppe sei. Zu dem dort geernteten Getreide würden Menschen hinziehen und Gewerbe und Industrie mitbringen. Und um Abnehmer und den Weg zu ihnen braucht man sich nicht zu beunruhigen! – die würden sie auch dort in den Eingeweiden Asiens finden, wo sie jetzt noch zu Millionen schlafen! – und sie würden neue Wege zu ihnen bauen!«

»Wie, Sie singen das Lob der Wissenschaft und reden uns doch zugleich zu zur Abwendung von der Wissenschaft und Bildung, indem Sie uns auffordern, Asiaten zu werden!?«

»Aber dort wird ja noch mehr Wissenschaft nötig sein!« rufe auch ich aus. »Was sind wir jetzt in der Wissenschaft anderes als Laien und Dilettanten? Dort aber werden wir Schöpfer sein. Die Not wird uns zwingen, zu schaffen, und wird uns zu allem geschickt machen, sobald erst nur ein wenig selbständiger Unternehmungsgeist erwacht! So werden wir auch in der Wissenschaft Meister sein und nicht nur Nachahmer, wie wir es bis jetzt sind. Doch das Wichtigste: unsere zivilisatorische Mission in Asien wird (das unterliegt keinem Zweifel) vom ersten Schritt an von uns verstanden werden, und sie wird uns begeistern. Sie wird unseren Geist anfeuern, sie wird uns Würde und Selbstbewußtsein verleihen; die aber hat jetzt keiner von uns, oder höchstens wenige nur ein wenig. Der Zug nach Asien würde außerdem, wenn er bei uns erst einmal anfangen wollte, für unzählige unruhige Geister ein Ausweg sein, für alle Sehnsüchtigen, alle Gelangweilten, alle grundlos Faulen, alle grundlos Müden. Baut nur einen Abzug für das Wasser, und der Schimmel und Gestank werden von selbst verschwinden. Ist aber die Sache erst einmal in Gang, dann wird sich schon niemand mehr langweilen, alle werden sich dann verändern. Sogar mancher hier Unfähige mit verletztem, quälendem Ehrgeiz würde dort seine Erlösung finden. Wie oft haben wir es erlebt – besonders in den europäischen Kolonien –, daß Menschen, die an einem Ort die Unfähigkeit selber waren, an einem anderen sich womöglich als Genies erwiesen.

Rußland wird deshalb nicht menschenleer werden, das braucht ihr wahrlich nicht zu fürchten. Zuerst werden nur wenige hingehen, doch bald werden Nachrichten von ihnen zurückkommen und wieder neue Menschen hinziehen. Im großen russischen Meer aber wird man das kaum merken. Zieht die Fliege nur aus dem Sirup und richtet ihr ein wenig die Flügel zurecht, soweit das möglich ist! Es wird ja auch nur ein ganz geringer Prozentsatz der Bevölkerung hinziehen; man wird es hier, wie gesagt, kaum merken, daß wir Asien bevölkern. Dort aber, – Gott, wie man es dort merken wird! Wo sich in Asien ein Russe niederläßt, dort wird auch das Land gleich russisch. Es würde ein neues Rußland entstehen, ein Rußland, das mit der Zeit das alte erneuern, ihm seinen Weg weisen und die Aufgabe erklären könnte. Zu all dem gehört aber eine neue Einstellung und der Entschluß zur Umkehr. Und am allerwenigsten braucht man dazu etwas Altes abzubrechen oder auch nur zu erschüttern. Möge man nur ein wenig begreifen (aber auch wirklich begreifen), daß in Zukunft wohl Asien unser Ausweg sein wird, daß dort unsere Reichtümer liegen, daß wir dort an den offenen Ozean grenzen; daß, wenn in Europa schon vor lauter Enge der unvermeidliche, den Europäern selbst widerliche und sie erniedrigende Kommunismus eingeführt sein wird, wenn die Menschen sich in ganzen Scharen um einen einzigen gemeinsamen Herd drängen werden, die einzelnen Haushaltungen nach und nach in Verfall geraten, die Familien ihre Heime aufgeben und gemeinsam in Kommunen leben werden; wenn man die Kinder (drei Viertel von ihnen Ausgesetzte) in Erziehungsanstalten großziehen wird, dann – dann wird bei uns noch überall Weite und Licht sein, Wiesen und Wälder und ein großer Horizont, und unsere Kinder werden bei ihren Eltern aufwachsen, nicht in steinernen Säcken, sondern inmitten von Gärten und bestellten Feldern, unter einem hohen, klaren Himmel. Ja, viele unserer Hoffnungen liegen dort und viele Möglichkeiten, von deren ganzem Umfang wir uns hier überhaupt noch keinen Begriff machen können! Nicht nur Gold allein liegt dort im Boden verborgen. Doch zuerst tut uns eine neue Einstellung not! Haben wir erst die, dann werden wir auch das zur Sache nötige Geld haben. Wozu brauchen wir (und besonders jetzt) in Europa, sagen wir, so viel Gesandtschaften mit so teurem Aufwand, mit ihrem feinen Esprit und ihren noch feineren Diners, mit so zahlreichem, überflüssigem Personal zu unterhalten? Und was gehen uns denn (und besonders jetzt) alle diese Gambettas an und der Papst samt dem ihn erwartenden Schicksal, und ob er auch noch so sehr von Bismarck bedrängt wird? Wäre es nicht besser, zeitweilig sich diesem Europa ärmer zu zeigen, sich an den Wegrand zu setzen und die Kopeken in die Mütze zu sammeln („La Russie se recueille" würde es dann heißen), und währenddessen sich zu Hause zu sammeln, sich innerlich vorzubereiten? . . .«

»Wozu sich denn so erniedrigen?« wird man fragen.

»Das täten wir ja gar nicht, ich habe das mit der Mütze doch nur allegorisch gemeint. Nein, wir würden uns da nicht erniedrigen, sondern uns mit einem Schlag erhöhen, ja, so würde es sein! Europa ist schlau und klug; es würde uns sofort durchschauen und, glaubt mir, würde uns sofort auch achten! Unsere Selbständigkeit würde zuerst natürlich stutzig machen, doch würde sie teilweise auch gefallen. Wenn Europa jedoch sieht, daß wir uns entschlossen haben, uns nach der Decke zu strecken, und daß auch wir sparsam zu sein verstehen und unseren Rubel selbst hüten und schätzen und ihn nicht mehr aus Papier machen, so wird auch Europa unseren Rubel auf seinen Märkten sofort höher bewerten. Und wenn die Europäer gar sehen, daß wir selbst Defizite und Bankerotte nicht fürchten, vielmehr unentwegt auf unser festes Ziel zuschreiten, so werden sie von selbst zu uns kommen, um uns ihr Geld anzubieten – und sie werden es uns dann wie ernsten Menschen anbieten, wie Leuten, die ihre Sache gelernt haben und schon wissen, wie man so etwas anpacken muß . . .«

»Erlauben Sie . . .«, unterbricht mich eine Stimme, »Sie

sprachen da von Gambetta. Wir können doch unmöglich dort alles im Stich lassen! Nehmen wir allein die Orientfrage: die bleibt doch bestehen, und wie sollen wir sie denn nun plötzlich aufgeben?«

»Im Hinblick auf die Orientfrage würde ich jetzt folgendes sagen: So, wie die Dinge nun einmal liegen, findet sich in den politischen Sphären vielleicht kein einziger Diplomat, der es als selbstverständlich zugeben würde, daß Konstantinopel unser werden muß (außer vielleicht in ferner, noch dunkler Zukunft einmal). Worauf sollen wir also noch warten? Die ganze Orientfrage hängt augenblicklich vom Bündnis Deutschlands mit Österreich ab, und außerdem noch von den Annexionen auf der Balkanhalbinsel, die Österreich mit Fürst Bismarcks Genehmigung behalten möchte. Wir können und werden natürlich dagegen protestieren, in irgendeinem, sagen wir, äußersten Fall; doch so lange, wie diese beiden Nationen zusammenhalten, – was können wir da ohne große Erschütterungen für uns tun? Und eines nicht zu vergessen: die Verbündeten warten vielleicht nur darauf, daß wir endlich in Zorn geraten. Die slawischen Völker können wir wie immer fördern und lieben, und wenn es not tut, können wir ihnen auch nach Möglichkeit helfen. Zudem werden sie in nächster Zeit wohl nicht allzu große Gefahr laufen, unterzugehen. Und wer weiß, ob diesem Zustand nicht sowieso bald ein Ende bereitet wird? Wenn wir zeigen, daß wir nicht mehr Lust haben, uns wie früher in Europa einzumischen, so werden sie sich dort, ohne uns, alle wahrscheinlich noch früher in den Haaren liegen. Denn nie und nimmer wird Österreich glauben, daß Deutschland es einzig wegen seiner schönen Augen dermaßen liebgewonnen habe. Es weiß sogar ganz genau, daß Deutschland zu guter Letzt doch die österreichischen Deutschen in seine deutsche Einigung hereinziehen will. Österreich jedoch wird um nichts in der Welt auf seine Deutschen verzichten wollen, bewahre! – selbst dann nicht, wenn man ihm als Ersatz für sie Konstantinopel geben würde, – dermaßen hoch schätzt es sie!

Somit wäre Grund zum Streit bereits genügend vorhanden. Und dann haben unsere Nachbarn immer noch diese unentschiedene französische Frage zu bewältigen, welche jetzt für Deutschland vielleicht schon zur ewigen geworden ist. Und dann kann es noch geschehen, daß sich plötzlich selbst die ganze Einigung Deutschlands als nicht nur unvollendet erweist, sondern tatsächlich ins Wanken gerät. Und schließlich könnte es sich womöglich noch erweisen, daß der europäische Sozialismus immer bedrohlicher wird. Kurz, wir brauchen nur abzuwarten und uns nicht einzumischen, auch nicht, wenn sie uns rufen, und dann – wenn dort der Streit ausbricht und ihr „politisches Gleichgewicht" erzittert – dann mit einem Schlag auch unsere ganze Orientfrage erledigen, derart den richtigen Augenblick abwarten und einfach erklären: „Wir wollen die österreichischen Annexionen in der Türkei nicht anerkennen", und die Annexionen werden verschwinden, vielleicht sogar mit Österreich zusammen. Und dann werden wir schon wieder einholen, was wir zeitweilig scheinbar versäumt haben ...«

»Aber England? Sie vergessen England! Unser Zug nach Asien würde es fraglos sofort beunruhigen.«

»„Wer England fürchtet, der bleibe zu Haus", könnte auch ein Sprichwort sein. Und was würde denn England so besonders beunruhigen? Was unsere Absichten für die Zukunft betrifft, so erwartet es von uns doch sowieso das Allerschlimmste. Wenn es dagegen den wahren Charakter unserer Absichten in Asien begriffe, würde es wahrscheinlich viele seiner Befürchtungen aufgeben ... Übrigens, ich gebe zu, daß es sie nicht aufgeben würde. Doch wie gesagt: „Wer England fürchtet, der bleibe zu Haus!" Und darum nochmals: Es lebe der Sieg von Geok-Tepe! Hoch Skóbeleff und seine Soldaten! Und ewiger Ruhm den Helden, deren „Namen aus den Listen gestrichen sind"! Wir werden sie in die Listen unserer Geschichte eintragen.

Notierte Gedanken

aus den Jahren 1880 und 1881

Nur das ist stark

Nur das ist stark, wofür Blut vergossen wird!« – bloß vergessen die Schufte, daß es sich nicht bei denen als stark erweist, die das Blut vergießen, sondern bei denen, deren Blut vergossen wird. Und das, gerade das ist das Gesetz des Blutes auf Erden.

Kirche und Staat

Als Staat konnte der Staat M. und N. nicht begnadigen (der Wille des Monarchen ausgenommen). Denn was ist eine Hinrichtung? – Im Staat: ein Opfer für eine Idee. Stünde aber anstelle des Staates die Kirche – dann gäbe es keine Hinrichtungen. Kirche und Staat darf man nicht verwechseln. Daß man sie noch verwechselt, ist ein gutes Zeichen, denn daraus folgt, daß bei uns eine Neigung zur Kirche vorhanden ist. In England und Frankreich hätte man keine Bedenken getragen, sie zu erhängen.

Die Frauenfrage

Der ganze Fehler der „Frauenfrage" besteht darin, daß man Unteilbares trennt, Mann und Weib einzeln betrachtet, während sie doch ein einziger geschlossener Organismus sind. („Und er schuf sie, Mann und Weib ...") Ja, sogar mit den Kindern, mit den Nachfahren und Vorfahren und mit der ganzen Menschheit ist der Mensch ein einziger unteilbarer Organismus. Die Gesetze aber teilen und lösen alles womöglich in die Urbestandteile auf. Die Kirche dagegen teilt nicht.

In der Natur ist alles für das Normale berechnet, alles nach dem Muster des Heiligen und Sündlosen zugeschnitten. (Der Mann 30 Jahre alt, die Frau 30 Jahre.) Die Schönheit ist dem Weibe zu Anfang gegeben, um den Mann zu fesseln, denn das sittliche Band ist noch schwach. Später ist die Schönheit nicht mehr nötig, man liebt das Weib, weil man seelisch zusammenwächst (organische Verbindung).

Unsere öffentliche Meinung

Unsere öffentliche Meinung ist deshalb nicht viel wert, weil sie bisher erst im Entstehen begriffen war, sich erst zu bilden begann. Bilden aber kann sie sich nur im langen Lauf der Geschichte, durch viele Generationen.

Liberalismus und Tat

Unsere ganze liberale Partei steht abseits vom tätigen Leben, sie nimmt an der Tat nicht teil, sie ist mit ihr überhaupt nicht in Berührung gekommen. Sie hat nur verneint und gespöttelt.

Sozialismus und Christentum

Man versuche doch zu teilen, versuche doch einmal festzusetzen, wo die eigene Persönlichkeit aufhört und die andere anfängt! Das stelle man einmal durch die Wissenschaft fest! Die Wissenschaft macht sich jetzt daran. Und der Sozialismus stützt sich ja gerade auf die Wissenschaft. Im Christentum ist schon die Frage undenkbar. Welches sind die Chancen dieser und jener Lösung? Es wird ein neuer, unvorhergesehener Geist aufkommen.

Reichtum

Reichtum ist eine Stärkung des Einzelnen, eine mechanische und geistige Befriedigung, folglich eine Loslösung des Einzelnen vom Ganzen.

Das Volk

Im Volk ist das Bedürfnis nach etwas *Neuem,* einem neuen Wort, einem neuen Gefühl vorhanden, das Bedürfnis nach einer neuen Ordnung. Die sorglose Zeit der Trunkenheit nach der Bauernbefreiung geht vorüber. Noch nie ist das Volk für gewisse Einflüsse so empfänglich gewesen (und schutzlos ihnen preisgegeben) wie gerade jetzt. Zum Beispiel die Sekte der Stundisten.[1] Sogar die nihilistische Propaganda wird ihren Weg machen. Sie hat ihn bisher nur wegen ihrer Dummheit, Unerfahrenheit und Naivität noch nicht gefunden. Man muß auf der Hut sein. Man muß das Volk beschützen. Unsere Kirche aber verharrt seit Peter dem Großen in einem Zustand der Lähmung. Es ist eine furchtbare Zeit, und dazu nun noch diese Trunksucht. Und die Stundisten. Währenddessen ist unser Volk fast ganz sich selbst überlassen, nur auf die eigenen Kräfte angewiesen. Unsere Intelligenz – alles geht daran vorüber.

Rußland und die Korporationen

Deutsche, Polen, Juden – lauter Korporationen, und helfen sich gegenseitig. Nur in Rußland gibt es keine Korporationen, nur Rußland allein ist nicht so gebündelt. Und außer diesen Korporationen noch die mächtigste: die alte administrative Routine. Man sagt: unsere Gesellschaft sei nicht konservativ. Allerdings; die historische Entwicklung der Dinge (seit Peter) hat sie ja selber dazu gemacht. Und vor allem: sie sieht nicht, was es zu konservieren, zu erhalten gäbe. Alles ist ihr genommen, sogar die gesetzliche Initiative. Alle Rechte des russischen Menschen sind negativ. Gebt ihm etwas Positives und ihr werdet sehen, daß er gleichfalls konservativ sein wird. Dann hätte er doch etwas, was zu erhalten wäre. *Nicht konservativ ist er bloß deshalb, weil es bei uns nichts zu erhalten gibt.* „Je schlimmer, desto besser" – das ist doch bei uns nicht etwa eine leere Redensart, sondern zum Unglück die Sache selbst.

Frankreich

„Nówoje Wrémja", Nr. 1667, v. 28. Oktober 1880: Baron Hübner prophezeit die nächsten sozialistischen Bewegungen in Frankreich und in Europa. Rußland wird zum Bündnis aufgefordert. (*Rußland soll nicht darauf eingehen!* Es soll seine eigenen Vorteile wahrnehmen! Der Sozialismus wird an Rußland zerschellen.) In Frankreich werden sich den Sozialisten unfehlbar die Jesuiten anschließen und überhaupt alle Katholiken, die dank Gambettas Dummheit aus Paris ausgewiesen sind, alle Legitimisten und Bonapartisten werden sich dem Sozialismus zuwenden. Freilich ist das konservative Frankreich noch stark, trotz der Dummheit der Regierenden und der Dummheit der Republik. Aber das ist der Anfang vom Ende. Das Ende der Welt naht. Das Ende des Jahrhunderts wird sich in einer Erschütterung kundtun, wie noch nie zuvor. Rußland muß bereit sein, soll sich nicht bewegen, soll aufpassen und abwarten. Wenn es sich nur nicht zu einem Bündnis verleiten läßt! Das wäre furchtbar! Dann ist es aus mit Rußland, endgültig aus. Bei uns gibt es keinen Sozialismus, absolut keinen. Der ganze gesunde Teil des russischen Volkes aber wird sich nicht rühren, und der ist unzählbar groß.

Die Juden

Und wenn auch alle Juden in corpore, wenn auch das ganze Kahal wie eine Verschwörung über Rußland steht und den russischen Bauern aussaugt – oh, wir haben nichts dawider, wir sagen kein Wort, kein Wort! Sonst könnten wir ja am Ende gar den Vorwurf der „*Unliberalität*" einheimsen: man würde schließlich von uns denken, wir hielten unsere Religion für besser als die jüdische und bedrängten die Juden aus „religiöser Unduldsamkeit" – um Himmels willen, was dann! Man denke nur und frage sich: was dann?

Die besseren Menschen

Wer sind bei uns die besseren Menschen? Der Adel ist zerstört. In Frankreich ward er gleichfalls zerstört. Die Ehrenlegion wurde aufgepfropft, aber sie hat ihre Aufgabe nicht gelöst. (In Europa werden die besseren Menschen von der Obrigkeit bestimmt.) Bei uns führte Peter der Große, um die Aristokratie der Bojaren zu unterdrücken, vierzehn Rangklassen ein. Eine Analogie mit der Ehrenlegion. Sie wurden aufgepfropft, aber sie haben nicht einmal angefangen, die Aufgabe zu lösen, sind vor allem vom Volksgeist nicht anerkannt, und selbst bei den Beamten gehen sie dem Bankrott entgegen. (Beamte für Sold, die Affäristen, Advokaten, Banken werden die Aristokratie überspielen.) Indessen geht es doch nicht ohne bessere Menschen. Peter handelte im europäischen Geiste, als er die vierzehn Klassen schuf, denn die „Besseren" wurden nun gleichfalls von der Obrigkeit geschaffen und gingen nicht aus dem Volksgeist hervor. Die Besseren müssen aber vom Volk bezeichnet werden und werden es auch. Diese neue Einteilung wird sich bei uns eher als sonstwo verwirklichen. Noch ist das Volk stumm, das ist wahr, doch nennt es schon außer Alexei, dem Gottesknecht, zum Beispiel Suwóroff, Kutúsoff. Aber es hat ja noch keine Stimme. Die Stimme der Intelligenz ist zu unklar und dem Volk zu unverständlich, übrigens auch gar nicht vernehmbar. Gott weiß, wen die Intelligenz für die Besseren erklärt. Die Pariser Kommune und der westliche Sozialismus wollen keine Besseren; sie wollen Gleichheit und würden Shakespeare köpfen. Unserem Volk ist Neid vollkommen fremd. Vollbringt für das Volk eine gute Tat, und es wird euch als seine Helden verehren. (Nur müßt ihr das Volk lieben, nicht indem ihr es zu euch emporzuheben trachtet, sondern indem ihr euch selber vor ihm beugt ...)

Ehrfurcht

Die Höhe einer Menschenseele ist zum Teil danach zu ermessen, wie weit und vor wem sie fähig ist, Ehrfurcht und Verehrung zu bezeugen (oder Andacht zu empfinden).

Der Jude

Alle die Bismarck, Beaconsfield, die Französische Republik und Gambetta usw. – alle diese sind, als Macht, für mich nur eine Vorspiegelung. Und je länger, desto mehr. Ihr Herr, wie der Herr aller, der Herr ganz Europas ist doch nur der Jude und seine Bank. Wir werden es ja erleben, daß er plötzlich sein Veto einlegt und Bismarck wie ein Stäubchen von seinem Platz gefegt wird. Der Jude und die Bank beherrschen jetzt alles: sowohl Europa wie auch die Aufklärung, die ganze Zivilisation und den Sozialismus – besonders den Sozialismus, denn durch ihn wird er das Christentum mit der Wurzel ausrotten und die christliche Kultur zerstören. Und wenn dann nichts als Anarchie übrigbleibt, dann wird der Jude an der Spitze des Ganzen stehen. Denn indem er den Sozialismus predigt, bleibt er als Jude mit seinen Stammesgenossen doch außerhalb, und wenn der ganze Reichtum Europas vertan ist, bleibt die Bank des Juden. Dann mag der Antichrist kommen und die Anarchie herrschen.

Das Ideal …

Das Ideal menschlicher Schönheit – ist das russische Volk. Ich muß unbedingt auf diese Schönheit aufmerksam machen, den aristokratischen Typus zeigen usw. Unwillkürlich fühlst du, daß er menschlich nicht unter dir steht; bald werdet ihr fühlen, daß er höher steht als ihr.

Katerina Iwanowna („Brüder Karamasoff“)

Ein Mensch, der in seinem ganzen Leben nicht lebt, sondern sich selbst ausdenkt.

Eine Konstitution

Unsere Intellektuellen werden dem Volk doch nichts Vernünftiges zu sagen verstehen. Sie werden das Volk nur in Erstaunen setzen und es zu guter Letzt, und zwar sehr bald, um seine Geduld bringen – und damit wird die Sache enden.

Väter und Söhne ...

„Väter und Söhne"[2] – die Eigenen erkennen die Eigenen nicht.

Volk ...

Die Behörden und alle diese Beamten, die sind doch in ihrem Verhalten zum Volk ungefähr: „A quelle sauce voulez vous qu'on vous mange, mais nous ne voulons pas", usw. Dumpfe Verzweiflung.

Das Volk – dort ist alles. Das ist doch ein Meer, das wir bloß nicht sehen, da wir uns vom Volk im finnischen Sumpf abgesondert haben.

„Ich liebe dich, du Schöpfung Peters ..."

Pardon, nein, ich liebe sie nicht.

... Fenster, Löcher – und Monumente.

Niemand traut uns, alle hassen uns, – warum? Weil Europa instinktiv etwas Neues, ihm nicht im geringsten Ähnliches in uns spürt. In diesem Punkt stimmt Europa ganz mit unseren Westlern überein: die hassen Rußland gleichfalls, weil sie in ihm etwas Neues, noch nie Dagewesenes wittern.

Der Osten, Asien, Eisenbahnen! Wir aber leben für Europa. Sparen sollten wir, 4 statt 10 ausgeben (Peter der Große hätte es getan). Und nicht zu vergessen: Rußland liegt zwar in Europa, aber in der Hauptsache doch in Asien. Nach Asien! nach Asien!

Formel

Das russische Volk lebt ganz in der Orthodoxie und in ihrer Idee. Außer dieser ist in ihm nichts und hat es nichts – und braucht es auch nichts, denn die Orthodoxie ist alles; sie ist Kirche, und Kirche ist die Krönung des Gebäudes, und zwar auf ewig. Sie denken, ich werde das jetzt zu erklären anfangen? – keineswegs! Alles später und unermüdlich. Vorläufig aber stelle ich nur die Formel auf und füge noch eine andere hinzu: Wer die Orthodoxie nicht versteht, der wird auch nie und nimmer das russische Volk verstehen. Ja, nicht nur das: der kann das russische Volk nicht einmal lieben, sondern wird höchstens ein imaginäres Volk lieben, wie er das russische Volk in Wirklichkeit zu sehen wünscht. Und andererseits wird auch das Volk einen solchen Menschen nicht als zu ihm gehörig anerkennen: Liebst du nicht das, was ich liebe, glaubst du nicht daran, woran ich glaube und achtest du nicht mein Heiligtum, so bist du nicht mein Bruder. Oh, das Volk wird ihm deshalb nicht zu nahe treten, wird ihn weder überfallen, noch berauben, noch verprügeln, es wird ihm nicht einmal ein böses Wort sagen. Es ist zu großmütig dazu, es kann viel aushalten und ist in Glaubenssachen duldsam. Das Volk wird den, der es anders sehen wollte, ruhig anhören (wenn er gescheit ist und zu reden versteht), wird ihm für Ratschläge sogar danken, für die Wissenschaft, die man ihm bringt, wird sogar manchen Rat befolgen, denn das russische Volk ist großzügig und versteht, die Dinge auseinanderzuhalten. Aber als seinesgleichen wird es ihn doch nicht ansehen, seine Hand wird es ihm nicht geben und sein Herz ebensowenig. Unsere Intelligenz aber, im finnischen Sumpf, sieht an ihm vorbei und ärgert sich, wenn man ihr sagt, daß sie das Volk nicht kenne.

Die Lage des Bauern

Grund zum Verzweifeln. Wozu soll er sich ausnutzen lassen, auch er wird zum Exploiteur. *Höchstens ein Heiliger* bleibt standhaft.

Konstitutionelle, Reaktionäre

Sie werden doch nur die Interessen Ihrer Gesellschaft vertreten, nicht aber die des Volkes. Das Volk werden Sie wieder zu Leibeigenen machen. Kanonen gegen das Volk werden Sie verlangen! Und die Presse – die Presse werden Sie nach Sibirien verbannen, sobald sie nur im geringsten Ihr Mißfallen erregt. Nicht nur gegen Sie etwas zu sagen, wird verboten sein, nicht einmal atmen wird man in Ihrer Gegenwart dürfen!

Grundbesitz

Der Hauptgrund, weshalb unsere Gutsbesitzer sich mit dem Volk nicht verstehen und keine Arbeiter finden können, ist der, daß sie selber nicht Russen, sondern vom Boden losgelöste Europäer sind.

Klassischer Unterricht

... Wenn man ihn allmählich einführt, nicht plötzlich in unverhältnismäßiger Weise die Bildung erweitert, sondern vorläufig nur den Boden vorbereitet – dann bekämen wir nach und nach ein Kontingent junger Leute mit klassischer Bildung. Und diese würden den Grundstock, den Anfang des Weiteren bilden. Ferner könnte man alle fünf Jahre, oder alle vier Jahre einmal die Unterrichtsstunden der klassischen Sprachen vermehren ... Das dauerte länger, aber es wäre richtiger. Bei uns aber hat man eine Vorliebe fürs Plötzliche (sic) ... Zwanzigtausend Werst Eisenbahn wurden bei uns in zehn Jahren gebaut, obschon das alles freie Kapital von der Landwirtschaft und der Industrie abzog.

So berief man die tschechischen Lehrer der alten Sprachen – diese kalten, teilnahmslosen, der Jugend feindlich gesinnten, die die russische Sprache nicht verstehen und als minderwertig erachten! Sie wurden gehaßt, verachtet, verspottet. Mitunter war sogar das Nationalgefühl im Schüler verletzt ... bei uns aber ist davon ohnehin schon erschreckend wenig übriggeblieben ...

Wie man ...

Wie man bei uns glaubt, alles Unglück Rußlands würde durch eine Konstitution beseitigt werden, so ist man in Europa übereingekommen (bewußt und unbewußt), daß man zunächst mit Rußland ein Ende machen müsse, denn Rußland halte die Völker Europas von der inneren Arbeit ab, zwinge sie, ihre großen Heere zu erhalten und den Sultan zu beschützen, so daß sie ihn nicht aus Europa hinausjagen und seinen Besitz unter sich teilen können! An allem, heißt es, ist Rußland schuld ...

Wir können uns ihrem Haß nicht entziehen, und einmal werden sie sich auf uns stürzen und uns zerreißen.

Ein Projekt

Nein, wir wissen noch nicht einmal, wie sie uns hassen. Nein, es ist nicht nur das, daß es nicht ihre Zivilisation ist und wir nicht Europäer sind. Nein, sie wittern die Idee, die zukünftige, selbständige, russische, obschon sie bei uns noch nicht geboren, nur die Erde unheimlich schwanger mit ihr ist und sich schon anschickt, sie unter furchtbaren Qualen zu gebären. Wir glauben es bloß nicht und lachen. Nun, die Europäer aber ahnen sie schon. Sie ahnen mehr als wir selbst, das heißt als die russische Intelligenz. Was soll uns die Idee, wir bringen sie selber um. Wir leben für Europa, heißt es doch, alle nur zum Zeitvertreib für Europa, alle und alles – und für unsere Unschuld.

Dann wird man's glauben.

Staat und Kirche. Virchow (Sehr wichtig)
Der Unterschied zwischen uns und Europa

Der Staat ist eine vorwiegend christliche Gesellschaft und hat die Tendenz, Kirche zu werden. *In Europa ist es umgekehrt* (einer der tiefen Unterschiede zwischen uns und Europa). Siehe die Rede Virchows („Nowoje Wremja", Nr. 1745 vom 6. Januar 1881). Virchow erklärt, der Staat sei vorwiegend eine von Religion und Christentum freie Gesellschaft. So ist es in Frankreich (Gambetta). Unsere kleinen Dummköpfe haben die Formel des Westens sogleich aufgegriffen und in ihren Katechismus eingetragen. Bei *uns* aber, im russischen Volk, – uns ist sie bis ins Herz hinein fremd. Virchow fürchtet ganz einfach, die Christen könnten die Nichtchristen sogleich zu vernichten suchen. Im Gegenteil: der Geist des wahren Christentums ist: vollständige Glaubensfreiheit. *Glaube freiwillig!* – das ist unsere Formel. Der Heiland ist vom Kreuz nicht herabgestiegen, weil er nicht *gewaltsam* durch ein äußeres Wunder bekehren, sondern gerade die *Glaubensfreiheit* wollte. Das ist der Geist des Christentums und auch unseres Volkes! Wenn es aber Abweichungen gibt, so bedauern wir es.

Meinen Kritikern

Ich suche keine Ehren und werde nichts annehmen, und wahrlich ist es nicht meine Absicht, für meine Richtung mir Sterne zu erraffen.

Ich

Ich bin wie Puschkin ein Diener des Zaren, weil seine Kinder, sein Volk, den Diener des Zaren nicht verachten werden. Ich werde noch mehr sein Diener sein, wenn er wirklich glauben lernte, daß das Volk sich als seine Kinder fühlt. Ich weiß nicht, weshalb er es noch immer nicht recht glauben zu wollen scheint.

Volksschulen

Zwei Kategorien von Volksschulen: in der ersten nur lesen; so gut es geht, auch schreiben (erlernen sie es – können sie Schreiber werden, sehr wenige werden es ganz verlernen), und die drei Gebete, und dann die zweite Kategorie – gleichfalls für die Bauern – mit etwas größerem Lehrplan. Von dieser zweiten Kategorie vorläufig nur sehr wenige Schulen, denn wenn wir wenigstens die von der ersten ins Leben riefen, so wäre schon eine Kraft erzeugt. Wer lesen und schreiben kann, der vermag sich schon zu bewegen, der kann schon vorwärtskommen, der ist schon ausgerüstet und bewaffnet. Und Sie werden sehen, wie dann nach wenigen Jahren ganz von selbst die höheren Volksschulen entstehen werden: Zunächst gilt es, die Lust zum Lernen hervorzurufen, dann wird das Verlangen nach weiterem Lernen und das Entstehen höherer Schulen nicht auf sich warten lassen. Bei uns aber soll alles auf Anhieb entstehen.

Der deutsche Junge (Pflicht), der russische Junge (zerfallende Familie).

Geschichte würde bei uns geistige Ideen wachrufen. Die geistigen Ideen des deutschen Jungen sind andere: seine Ordnung, seine Lebensweise, seine Nationalität. Bei uns aber, in unseren Familien, ist nichts als Fäulnis. Hier könnte der Geschichtsunterricht rettend eingreifen und den Sinn des Jünglings wenigstens auf die historische Welt richten und somit von den abstrakten Phantastereien und dem ideellen Mischmasch, der die geistige Welt unserer Gesellschaft ausmacht, ablenken. Mit einem Wort: man hat nicht in nationalem Sinn gehandelt (der russische Junge ist entwicklungsfähiger als der deutsche). Nur die Lehrer der Literatur könnte man kontrollieren, damit sie nicht liberale Absurditäten predigen.

Entwicklung der Kinder

Zwei Bälle werden über dem Kinderbett angebracht, ein roter und ein blauer, und zwar zur Beschleunigung der Entwicklung, um Gedanken zu erwecken. Als wollte man die Natur beseitigen! Der Eindruck der Harmonie des Ganzen in der Natur wird dadurch aufgehoben. Die werden ihr Lebtag im Ganzen nur Details, grelle Punkte, Einzelheiten suchen.

Erziehung

Der unkultivierte russische Vater hat entweder seine Beamtenwelt und sein Kartenspiel, oder wenn er sich mit irgend etwas befaßt – geht er in Abstraktheit auf, in Weltfragen, in Sehnsucht nach der äußeren Form einer Konstitution oder im Materialismus. Bei der geringsten praktischen Betätigung quält er sich mit ewiger Unentschiedenheit über das, was Ehre und Gewissen ist (was seinem Sohn doch nicht entgehen kann); das Auffallendste an ihm ist sein vollständiges Nichtverstehen alles dessen, was vor seiner Nase ist, der Widerwille gegen alles, was vor ihm liegt. Und dasselbe findet sich beim Sohn. Schade, daß ich mich kurz fassen muß und nicht das ganze Thema entwickeln kann. Aber der Geschichtsunterricht, die allgemeine Geschichte würde wenigstens Achtung vor den historischen Formen des Menschenlebens einflößen, würde wenigstens in den Erscheinungen einen Sinn zu sehen lehren. „Ideen sind nicht nötig", heißt es. Dann werden sie eben selber Ideen erfinden.

Von den Vorzügen der Naturwissenschaften haben doch nur diejenigen so viel geredet, die nichts von ihnen verstehen. Wie viele von unseren Redakteuren und Zeitungsverlegern wissen denn etwas von ihnen? Um die Wahrheit zu sagen: unsere Gelehrten sind (und mancher ist sogar in Europa als Fachmann bekannt) – sind größtenteils vortreffliche Spezialisten, sagen wir meinetwegen sogar große Spezialisten, nur sind sie nichtsdestoweniger größtenteils ungebildete Leute, die über das klassische Unterrichtssystem natürlich kein Urteil haben können. Und über diesen stehen dann die Ausführenden, die sich von ihnen Rat holen, an und für sich zumeist die unschuldigsten Leute (mit einem Schimmer von Europäertum), die sich in ihrer Unschuld für glänzende Europäer halten, aus Unschuld, wie gesagt, und die auch aus purer Unschuld meist so gut wie überhaupt nichts von Rußland wissen – nun, und was kommt dabei heraus? Nichts, ganz wie bisher noch nichts herausgekommen ist ... Eine Kultur fehlt.

An die „Vaterländischen Annalen"

Die ganze Literatur zittert vor ihnen, besonders vor dem „Satirischen Alten".[3] Niemand wagt es, gegen ihn aufzutreten. Er ist doch ein Liberaler, ist doch durch und durch liberal! – Nein, meine Herren, seien Sie erst einmal liberal, wenn das *unvorteilhaft* ist, dann würde ich Sie gern sehen wollen!

Mit abgedroschenen alten Gedanken schlagen Sie sich durch.

Die Presse

Die Presse sichert jedem Schurken das Wort, wenn er auf dem Papier zu schimpfen versteht, jedem, den man in anständiger Gesellschaft unter keinen Umständen reden ließe. In der Presse finden alle diese Menschen ihr Asyl – komm, schimpf soviel du willst – und er wird sogar mit Ehrerbietung aufgenommen.

Die Brüder Karamasoff

Die Schufte foppen mich mit meinem angeblich *ungebildeten* und rückständigen Glauben an Gott. Diese Tölpel haben sich eine solche Gottesleugnung noch nicht einmal träumen lassen, wie sie in meinem „Großinquisitor" und dem vorhergehenden Kapitel ausgedrückt ist und auf die das *ganze Buch* die Antwort gibt. Wenn ich an Gott glaube, so tue ich es doch nicht wie ein Dummkopf (wie ein Fanatiker). Diese da wollen mich belehren und lachen über meine Beschränktheit! Ihre dumme Kreatur hat sich ja nicht einmal träumen lassen von einer solchen Gewalt der Verneinung, wie ich sie durchgemacht habe. Und die wollen mich belehren!

Der Teufel

(Eine psychologische und *ausführliche* kritische Erklärung Iwan Karamasoffs und der Erscheinung des Teufels.) Iwan ist tief, nicht einer der zeitgenössischen Atheisten, die mit ihrem Unglauben nur die Beschränktheit ihrer Weltanschauung und die Stumpfheit ihres kleinen Gehirns beweisen.

Belinskij

Ein ungewöhnlicher Eifer in der Aufnahme neuer Ideen, mit dem größten Verlangen, jedesmal bei der Aufnahme von etwas Neuem alles Alte zu zertrampeln, mit Haß und Schimpf und Spott zu vernichten. Eine Art Rachegelüst ... „und ich verbrannte alles, was ich einst anbetete".

Das Geschimpfe meiner Feinde

Wenn physische Verrichtungen auf der Straße verboten sind, ebenso nackt einherspazierende Menschen, warum dann nicht auch dieses verbieten? – Ist es doch dieselbe physische Verrichtung, schändlich und gemein! Die Staatsanwaltschaft müßte sie ohne weiteres wegen Unmäßigkeit zur Rechenschaft ziehen.

Leóntjeff[4]: „Es lohnt nicht, der Welt Gutes zu wünschen, denn es steht geschrieben, daß sie vergehen werde."

In dieser Auffassung liegt etwas Unvernünftiges und Ruchloses.

Überdies ist es eine ungemein bequeme Anschauung, so für den Hausgebrauch: denn wenn es schon geschrieben steht, daß alle verurteilt sind, wozu soll man sich dann noch anstrengen, wozu anderen Gutes tun? Lebe für dich! Es lebe hinfort ein jeder ruhig nur für seinen Wanst.

Nach dem Erscheinen der Augustnummer meines „Tagebuchs" und meiner Rede in Moskau

Hier sprach außer der Meinungsverschiedenheit mit mir noch eine Art Neid mit. Ja, vielleicht war es überhaupt nur Neid, der da sprach. Natürlich kann man von Herrn Leontjeff nicht verlangen, daß er das schriftlich eingesteht. Aber möge dieser Publizist seinem Gewissen die Frage vorlegen und sich selbst die Wahrheit gestehen; auch das würde genügen. (Für einen anständigen Menschen genügt das.)

Gelehrtheit

Es gibt gewisse Dinge, lebendige Dinge, die zu begreifen vor übermäßiger Gelehrtheit sehr schwer ist. Die Gelehrtheit, die ja selbst im Übermaß immer noch eine schöne Sache ist, kann sich aber bei der Berührung mit manchen *lebendigen* Dingen sogar in eine äußerst schädliche Sache verwandeln. Es sind eben nicht alle lebendigen Dinge leicht zu begreifen. Das ist ein Axiom. Übermäßige Gelehrtheit hat bisweilen etwas Ertötendes in sich. Gelehrtheit ist ein Material, dem manche nicht gewachsen sind.

Auch ist die übermäßige Gelehrtheit nicht immer die wahre oder richtige Gelehrtheit. Die wahre Gelehrtheit ist nicht etwa feindlich dem Leben gegenüber, sondern stimmt schließlich mit dem Leben immer überein, dem sie *neue Offenbarungen* gibt, die sie im Leben selbst entdeckt. Das ist das wesentliche und großartige Kennzeichen der wahren Gelehrtheit. Die unwahre Gelehrtheit dagegen ist, und mag sie auch noch so groß sein, dem Leben doch immer irgendwie feindlich und geht womöglich bis zur Verneinung des Lebens. – Bei uns ist von Gelehrten der ersten Kategorie seltsamerweise wenig zu hören, dafür aber genug von solchen der zweiten Art, ja, anscheinend sogar nur von solchen. Es kann selbst die übermäßigste Gelehrtheit keine Gewähr dafür bieten, daß der Gelehrte nicht doch nur zur zweiten Kategorie gehört. Wir brauchen aber die Zuversicht nicht aufzugeben, daß es bei uns auch solche von der ersten geben wird. Irgend einmal werden wir sie doch haben. Wozu denn jede Hoffnung verlieren?

Wie viele Menschen denken nicht selbst, sondern leben mit Gedanken, die andere bereits fertiggedacht haben! Bei uns aber lebt man nicht nur mit fertigen Gedanken, sondern lebt sogar mit fertigem Leid (und dabei ohne Kultur).

Der Nihilismus

Der Nihilismus ist bei uns aufgetreten, weil *wir alle Nihilisten sind.* Uns hat nur die neue, originelle Form seiner Erscheinung erschreckt. (Alle sind ohne Ausnahme Fjódor Páwlowitsch Karamásoff.)

Komisch war die Bestürzung und die Sorge unserer Klugen, die zu erforschen suchen, woher die Nihilisten kämen. Sie sind eben nirgendwoher gekommen, sondern sind die ganze Zeit mit uns, in uns und bei uns gewesen. (Die Dämonen.) „Aber nein, wieso, wir sind nicht Nihilisten!“ behaupteten die Klugen, „wir wollen nur durch die Verneinung Rußlands Rußland retten (das heißt: indem wir in der Art einer besonderen Sphäre, etwa als Aristokraten, über dem Volk stehen, das wir zu unserer Nichtigkeit emporheben wollen).“ Der Nihilismus ließe sich mit unserer Kirchenspaltung vergleichen. Ja, aber die Kirchenspaltung war für uns von großem Nutzen.

Nicht aus Ekel vor der Welt haben sich die Heiligen in die Einsamkeit zurückgezogen, sondern zu ihrer sittlichen Vervollkommnung. Unsere früheren Mönche lebten sogar fast auf dem Marktplatz. Zum Beispiel der Mönch Parfeni. Allein schon das Verlangen nach geistiger Erleuchtung ist bereits geistige Erleuchtung.

Gewissen ohne Gott ist etwas Entsetzliches, es kann sich bis zur größten Unsittlichkeit verirren.

Es ist unzureichend, Sittlichkeit als Überzeugungstreue zu definieren. Man muß sich auch noch fortwährend fragen: Sind meine Überzeugungen richtig? Ihr Prüfstein aber ist – Christus. Doch hier kommt nicht mehr Philosophie in Frage, sondern Glaube. Glaube jedoch ist wie eine Farbe.

Tatmenschen seien nur Leute von fragwürdiger Sittlichkeit. – Wie man wohl auf diesen Gedanken gekommen sein mag?

Einen Menschen, der Ketzer verbrennt, kann ich nicht für sittlich erklären, denn ich erkenne eure These nicht an, nach welcher Sittlichkeit Übereinstimmung mit den inneren Überzeugungen sei. Das ist nur Ehrlichkeit, nicht aber Sittlichkeit. Für mich ist das Beispiel und Ideal der Sittlichkeit Christus. Ich frage: Hätte er Ketzer verbrannt? – Nein. Also ist es eine unsittliche Handlung.

Der Großinquisitor ist allein schon deshalb unsittlich, weil sich in seinem Herzen und Gewissen die Idee festsetzen konnte, Menschen zu verbrennen sei notwendig.

Gut – das Nützliche. Schlecht – das Nichtnützliche. Nein, gut ist das, was wir lieben. Alle Ideen Christi sind vom Menschenverstande verdorben worden und scheinen unerfüllbar zu sein. Die linke Backe ... mehr als sich selbst lieben ... Aber ich bitte, wozu das, wozu? Ich bin hier für einen Augenblick, Unsterblichkeit gibt es nicht, da lebe ich lieber wie ich will. Das sei keine Berechnung (sagt ein englischer Priester). Erlauben Sie mir, selber zu wissen, was für mich eine Berechnung oder keine Berechnung ist.

Der Staat

Der Staat wurde für die Mittelmäßigen geschaffen. – Wann hat denn der Staat bei seinem Entstehen gesagt: ich erschaffe mich für die Mittelmäßigen? Sie sagen, so habe es die Geschichte gemacht. Nein, immer haben Auserwählte geführt! Aber nach diesen, das ist allerdings wahr, hat sogleich die Mittelmäßigkeit auf den Ideen der höheren Menschen ihren kleinen mittelmäßigen Kodex aufgebaut. Bis dann wieder ein großer oder ursprünglicher Mensch kam und den Kodex zerstörte. Sie halten, scheint es, den Staat für etwas Absolutes? Glauben Sie mir, wir haben nicht nur keinen absoluten, sondern noch nicht einmal einen mehr oder weniger vollendeten Staat gesehen. Lauter Embryos.

Die Gesellschaften seien entstanden aus dem Bedürfnis, sich einzurichten? – Das ist nicht wahr, sondern immer infolge einer großen Idee.

Ethik

Die andere Backe hinhalten, den Nächsten mehr lieben als sich selbst – nicht deshalb, weil es vorteilhaft ist, sondern weil es einem gefällt, bis zum brennenden Gefühl, bis zur Leidenschaft. Christus habe sich geirrt – das sei erwiesen! Doch dieses brennende Gefühl sagt: Lieber bleibe ich bei meinem Irrtum mit Christus als bei euch.

Sie sagen: Europa habe doch viel Christliches auch ohne den Papst und den Protestantismus getan. Oh, selbstverständlich, das Christentum ist dort doch nicht in einem Augenblick gestorben, es brauchte doch zum Sterben eine lange Zeit, es hinterließ doch Spuren. Es gibt doch auch jetzt noch Christen, aber auch schrecklich viel falsche Auffassung vom Christentum.

Ihre Handlung ist sittlich, aber nicht ihre Idee.

Sittlich ist nur das, was mit unserem Schönheitsgefühl übereinstimmt und mit dem Ideal, in welchem dieses sich verkörpert.

Sein Verhalten mag ehrlich sein, aber seine Handlung ist nicht sittlich. Denn, wenn die Handlung eines Menschen bloß mit seinen Überzeugungen übereinstimmt, so braucht sie deshalb noch nicht sittlich zu sein. Es ist bisweilen sittlicher, nicht nach seiner Überzeugung zu handeln, wie es mancher tut, der dabei seiner Überzeugung durchaus treu bleibt, doch infolge eines Gefühls die Handlung nicht ausführt. Mit seinem Verstand schilt und verachtet er sich deshalb, aber sein Gefühl, das heißt: sein Gewissen läßt ihn doch nicht die Tat ausführen (und schließlich weiß er auch, daß er sie nicht aus Feigheit unterläßt). Er unterläßt die Befolgung seiner Überzeugung nur deshalb, weil er dies als sittlicher erkannt hat als es eine Befolgung wäre.

Rußland

Es gibt bei uns allerdings Kulturmenschen, aber sie entstanden, indem sie das Ganze verneinten, und nur der kleinste Teil kehrte zum Volk zurück. Die übrigen sind alle negativ kultiviert. (Übrigens: weshalb mußte Peter das Volk zu Leibeigenen machen, um einen gebildeten Stand zu erhalten?!) Die Befreiung der Bauern geschah ganz abstrakt, ohne Verständnis für den russischen Bauern und sogar: indem man ihn verneinte; man bemitleidete ihn als Sklaven, aber man sprach ihm seine Persönlichkeit, seine Selbständigkeit, seinen ganzen Geist dabei ab.

Ich

Bei vollständigem Realismus im Menschen den Menschen finden. Das ist ein durchaus russischer Zug, und in diesem Sinne bin ich natürlich volklich (denn meine Richtung entspringt der Tiefe des christlichen Volksgeistes), obschon ich dem gegenwärtigen russischen Volk unbekannt bin – doch das zukünftige wird mich kennen.

Man nennt mich einen Psychologen. Das ist nicht richtig. Ich bin nur ein Realist im höheren Sinne, das heißt: ich zeige alle Tiefen der Menschenseele.

Christus

... Ich frage: weshalb ist es unsittlich, Blut zu vergießen? Wenn ich das Gegenteil behaupte, werden Sie meine Behauptung natürlich auf keine Weise widerlegen können.

Wenn wir nicht im Glauben und in Christus eine Autorität hätten, würden wir uns in allem verirren.

Es gibt sittliche Ideen. Sie erwachsen aus dem religiösen Gefühl, aber mit der Logik allein sind sie niemals zu rechtfertigen.

Es wäre nicht mehr möglich, zu leben.

Ein Beispiel: Der Jesuit lügt und ist überzeugt, daß lügen um eines guten Zweckes willen nützlich und gut sei. Sie loben es, daß er seiner Überzeugung gemäß handelt, das heißt: er lügt, und das ist schlecht, da er aber aus Überzeugung lügt, so ist das gut. Also einerseits ist lügen gut, andererseits schlecht. Wunderbar!

Auf dem Boden, auf dem Sie stehen, werden Sie immer geschlagen werden. Das werden Sie nur dann nicht, wenn Sie anerkennen, daß es sittliche Ideen *gibt* (aus dem Gefühl, von Christus), beweisen aber, daß sie sittlich sind, ist unmöglich (Berührung mit anderen Welten).

... Natürlich ist das nicht wissenschaftlich, obschon – warum schließlich nicht? Die gewaltige Tatsache der Erscheinung Christi auf Erden und alles dessen, was darauf folgte, verlangt meiner Ansicht nach auch wissenschaftliche Ausarbeitung. Die Wissenschaft kann es doch nicht für unter ihrer Würde halten, die Bedeutung der Religion in der Menschheit zu untersuchen, und wäre es auch nur im Hinblick auf die historische Tatsache, die durch ihre Ununterbrochenheit und Beharrlichkeit frappiert. Die Überzeugung aber der Menschen von der *Berührung mit anderen Welten* – diese unausrottbare Überzeugung ist doch gleichfalls sehr bedeutsam. So etwas läßt sich doch nicht mit einem Federstrich lösen.

Der Großinquisitor und das Kapitel von den Kindern. Angesichts dieser beiden Kapitel hätten Sie über mich, vielleicht wissenschaftlich, aber nicht in philosophischer Hinsicht so geringschätzig zu urteilen brauchen, obschon Philosophie nicht meine Spezialität ist. Auch in Europa gibt es keinen atheistischen *Ausdruck* von solcher Gewalt und hat es *nie gegeben.* Folglich glaube ich an Christus und bekenne ich mich zu diesem Glauben nicht wie ein Kind, sondern mein Hosianna ist durch das große *Fegefeuer der Zweifel* hindurchgegangen, wie in meinem letzten Roman der Teufel von sich sagt.

ANMERKUNGEN

[1] Seite 11: Fürst Wladímir Petrówitsch Meschtschérskij (1839–1914), Sohn eines Großgrundbesitzers, Romanschriftsteller und Publizist, gab von 1872–87 in Petersburg die erste konservative literarisch-politische Zeitschrift heraus, das Wochenblatt „Grashdanín" („Der Staatsbürger"), dessen Redaktion Dostojewski nur etwas über ein Jahr lang leitete, von 1873 bis zum März 1874. Die Zusammenarbeit erwies sich bald als unmöglich, da der junge Fürst geistig tonangebend bleiben wollte.

[2] Seite 13: Die zahlreichen Romane, die Meschtschérskij in seinem Blatt veröffentlichte, unter Titeln wie „Einer von unseren Bismarcks" oder „Einer von unseren Moltkes" und dergleichen, waren Schilderungen nach dem Leben der Petersburger Aristokratie, nicht ganz ohne satirischen Unterton. Nach Dostojewskis Rücktritt übernahm Meschtschérskij selbst die Redaktion, geriet immer mehr unter den Einfluß der reaktionären Elemente der Hofkreise, gab später mit staatlicher Unterstützung sein Wochenblatt als Tageszeitung heraus, von 1887 bis 1914, und vertrat schließlich die extremreaktionäre Richtung, die sogar die Aufhebung der Leibeigenschaft rückgängig machen wollte.

[3] Seite 13: Gemeint sind die Leitartikel von dem ehemaligen Professor der Geschichte an der Moskauer Universität, M. N. Katkóff (1820–1887), der nach der Abschaffung des Lehrstuhls für Geschichte konservativer Publizist geworden war. Als Besitzer der politisch wichtigen Tageszeitung „Moskauer Nachrichten" und der Monatshefte „Russischer Bote", in denen Turgénjeffs, Tolstois und Dostojewskis Werke im Vorabdruck erschienen, gewann er nach dem Aufstand der Polen von 1863 wachsenden Einfluß als Patriot und Panslawist, so daß man den Krieg von 1877/78 gegen die Türkei, den Alexander II. unbedingt vermeiden wollte, geradezu „Katkóffs Krieg" nannte. Nach dem Attentat auf

Alexander II., am 1. März 1881 (einen Monat nach dem Tode Dostojewskis), wurde Katkóff in der nun folgenden Zeit der Reaktion unter Alexander III. zum einflußreichsten Ratgeber des Zaren und seiner slawophilen Regierung.

[4] Seite 16: a) Alexander Iwánowitsch Herzen wurde 1812 in Moskau geboren, als Sohn des reichen Aristokraten Iwan A. Jákowleff und der schönen Stuttgarterin Luise Haag. Die in Deutschland geschlossene Ehe seiner Eltern wurde in Rußland nicht als legitim anerkannt, weshalb der Sohn nicht den Namen seines Vaters tragen durfte. Nach dem Kosenamen der Mutter, „Mein Herz", erhielt das Kind den Namen Herzen. Er veröffentlichte seine gewagt scharfen und geistreichen Kritiken an russischen Zuständen unter dem Pseudonym Iskander, wurde schon als Student mehrfach verbannt, emigrierte 1847, erlebte das Scheitern der Revolution von 1848 in Paris und den Staatsstreich Napoleons III., ging 1850 nach London, wo sein Buch „Vom anderen Ufer" erschien: eine Abrechnung mit seinen revolutionären Illusionen, die auch in Deutschland Aufsehen erregte. Dank dem vom Vater geerbten Reichtum konnte er im freien London eine russische Buchdruckerei gründen für Werke, die in Rußland nicht veröffentlicht werden durften. Ideell war Herzen der Fortsetzer des Kampfes der Dekabristen oder der „adeligen Revolution", wie Lenin den Aufstand der Elite Rußlands von 1825 nennt (*für* die Bauernbefreiung, *für* eine republikanische Verfassung und einen allmählichen Übergang zum Staatskapitalismus im Laufe von 10 Jahren, *gegen* die erbliche Autokratie u. a. m.). Der Einfluß seiner in London 1857–67 herausgegebenen politischen Monatshefte „Die Glocke" (mit dem Epigraph „Vivos voco!") war von unschätzbarem Einfluß auf die geistige Entwicklung Rußlands. Dostojewski besuchte Herzen im Sommer 1862 in London auf seiner ersten Auslandsreise, über die er in den „Winteraufzeichnungen" (im Band „Aus einem Totenhaus", S. 738–833) berichtet, und ließ sich von ihm seinen Eindruck von Westeuropa bestätigen: daß »hier alle Besitzer

seien oder Besitzer werden wollten«. Nur war Herzen weder Imperialist noch orthodoxer Chauvinist, wie die Slawophilen, und Dostojewski findet erst ein halbes Jahr vor seinem Tode (in der Puschkin-Rede) volles Verständnis für Herzens dekabristische Einstellung. Herzen war unter seinen russischen Zeitgenossen der beste Kenner der deutschen Philosophen, besonders Hegels, dessen Philosophie er aber die „Algebra der Revolution" nannte. Er starb im Januar 1870 in Paris.

b) Pogódin, Michael Petrówitsch (1800–1875), Historiker und Archäologe, wurde als reaktionärer Chauvinist 1835 zum Professor der Geschichte an der Moskauer Universität ernannt, gab die Zeitschrift „Der Moskowiter" heraus, zu deren Mitarbeitern auch Apollón Grigórjeff gehört hatte, bevor er 1961 zum Mitarbeiter an Dostojewskis Monatsblatt „Die Zeit" wurde.

c) Belínskij, Wissarión Grigórjewitsch (1810–48), Bahnbrecher der russischen literarischen Kritik; „Entdecker" der damals noch unbekannten Dichter Púschkin, Lérmontoff, Gógol, Turgénjeff, Dostojewski u. a. m.; anfangs Hegelianer, wie sein Freund A. Herzen, dann Schellingianer, worauf er zum leidenschaftlichen Anhänger der französischen sozialen Denker wurde. Der Zauber seiner Persönlichkeit ist von Turgénjeff (im Roman „Rudin") in der Gestalt des Pokrówskij skizziert worden: »Wenn man auf ihn (Belínskij) einmal zu sprechen kam, mochte man von nichts anderem mehr reden. Diese hohe, reine Seele, ihre Poesie und Wahrhaftigkeit zog alle an; bei klarstem, weitestem Verstand war er lieb wie ein Kind, – dieser arme Student, der sich mühsam mit Privatstunden durchquälte.«

[5] Seite 23: Madame Goegg: Gattin des deutschen, 1848 nach der Schweiz geflohenen revolutionären Politikers, Gründers der internationalen Freiheits- und Friedensliga.

[6] Seite 23: Über die Frauen der Dekabristen schreibt Alexander Amfiteátroff: »Nein, die Frauen der Dekabristen folgten nicht nur ihren Männern nach Sibirien, sondern sie

folgten auch der Sache ihrer Männer. Sie sind nicht nur liebende, treue Gattinnen: sie sind Gesinnungsgenossinnen und moralische Mitschuldige ihrer Männer ... Von den 7000 Leibeigenen, die unter Nikolaus I. von den Gutsbesitzern nach Sibirien verbannt wurden, waren zwei Drittel Frauen ... 1819 standen in dem Tschugújeffschen Aufstand die Frauen an der Spitze der revoltierenden Kosaken ... Die Nowgorodsche Revolte in den militärischen Kolonien wurde ebenfalls von Frauen entfacht. In den Prozessen wegen Ungehorsams der Leibeigenen gegen die gutsherrliche Gewalt gab es 25% Frauen.« Außer den Gattinnen zogen auch Schwestern und Mütter mit den verbannten Dekabristen nach Sibirien.

[7] Seite 45: Der Büßer („Wlaß"): Dostojewski hört die Geschichte eines Sünders, eines namenlosen russischen Menschen, der sich eine merkwürdige Freveltat nicht verzeihen kann, und er erinnert sich aus diesem Anlaß an ein Gedicht von Nekrássoff, das von einem Büßer namens Wlaß berichtet. Dieser soll früher ein Geizhals, Erpresser und Hehler von Diebesgut gewesen sein, dann aber, von Krankheit heimgesucht, ein Gelübde abgelegt, seine Habgier aufgegeben, sein ganzes Vermögen verteilt und als frommer Pilger Spenden für einen Kirchenbau gesammelt haben, sich selbst von den Almosen ernährend, die für ihn dabei abfielen. Und so kannten ihn, den alten Pilger Wlaß, die Leute in den Dörfern und Städten schon seit dreißig Jahren. – Von diesem Büßer Wlaß übernimmt Dostojewski den Namen für den neuen Büßer, dessen Name ihm nicht genannt worden ist.

[8] Seite 59: A. N. Ostrówskij (1823–86): Verfasser vieler Bühnenstücke, die fast ausschließlich Gestalten aus dem russischen Kaufmannsstande anprangern.

[9] Seite 59: Am 19. Februar 1861 erschien der Kaiserliche Erlaß, der die Leibeigenschaft aufhob. Damit wurden über 22 Millionen leibeigener Gutsbauern aus der absoluten Hörigkeit befreit.

[10] Seite 61: Ssergei G. Netschájeff (1847–83): Schüler und Freund des Revolutionärs und Mystikers M. A. Bakúnin, dessen revolutionäre Forderung er übernahm und machiavellistisch ausarbeitete. Näheres über ihn im Anhang zu dem Roman „Die Dämonen", S. 1025–26.

[11] Seite 61: „Die Russische Welt" war eine liberale, unbedeutende Zeitung.

[12] Seite 63: Eine Redensart, wie „Blinder Eifer schadet nur", – wenn der Betende sich bei der Berührung des Fußbodens mit der Stirn vor Eifer die Stirn verletzt.

[13] Seite 79: Kélssijeff: als Emigrant von A. Herzen in London als Setzer in der russischen Druckerei angestellt, kehrte später nach Rußland zurück und schilderte seine Erlebnisse in London mit anderen russischen Emigranten, die alle von Herzen Rat und Hilfe erbaten.

[14] Seite 79: Die Geschichte dieser 20 000 Rbl des ausgewanderten Kadetten hat auch Herzen selbst erzählt (in seinen „Erinnerungen und Gedanken").

Jahrgang 1876

[1] Seite 83: Chlestakóff: in Gogols Komödie „Der Revisor" ein junger Geck, der auf der Heimreise von Petersburg sein Reisegeld verspielt hat und nun mit seinem Diener im Gasthaus einer Kleinstadt in der Klemme sitzt. Die Beamten aber halten ihn für den (angeblich anonym reisenden) schon angekündigten Revisor. Chlestakóff wird zunächst ängstlich, doch nach Erfassung des Mißverständnisses spielt er seine Rolle als Revisor mit Vergnügen, borgt von allen diesen (bestechlichen) Beamten Geld und reist weiter. Danach trifft der richtige Revisor ein.

[2] Seite 87: Nikolai Alexéjewitsch Nekrássoff (1827 – Dezember 1877): namhafter Lyriker. Vgl. im vorliegenden Band das Dezemberheft des Jahrgangs 1877: Zweites Kapitel, I bis IV.

[3] Seite 87: Der Roman „Der Jüngling“ wurde von Dostojewski nach der Niederlegung der Arbeit am „Staatsbürger“ begonnen und konnte, dank dem Vorschuß von Nekrássoff, 1875 beendet und in den „Vaterländischen Annalen“ veröffentlicht werden.

[4] Seite 92: Skwosník-Dmuchánowskij ist in Gogols Komödie „Der Revisor“ das Stadthaupt (Bürgermeister), Dershimórda (Haltsmaul) der Schutzmann in der Provinzstadt, in der Chlestakóff auf der Durchreise abgestiegen ist. – Tschítschikoff ist der Aufkäufer der Papiere leibeigener Bauern („Seelen“ genannt), die nach der letzten „Seelenrevision“ gestorben, aber aus den Listen der Gutsbesitzer noch nicht gestrichen worden waren. Diese „Seelenrevisionen“ fanden nur alle 10 Jahre statt und die Besitzer hatten inzwischen die Steuern für die Verstorbenen weiterzuzahlen, weshalb sie diese Papiere billig oder umsonst an Tschítschikoff abtraten, der sie in einer anderen Stadt als Ausweise lebender Bauern beleihen konnte. Tschítschikoff ist die Hauptperson in Gogols Roman „Die toten Seelen“, der 1842 erschien und in Rußland einen Sturm der Entrüstung hervorrief. (Vgl. Nachwort zu dem Sammelband der Jugendwerke Dostojewskis in: „Der Doppelgänger“, S. 889–893.)

[5] Seite 110: Potúgin: in Turgénjeffs Novelle „Rauch“ die Gestalt eines der Europa-Verehrer und Rußland-Verächter, wie Turgénjeff sie mit Vorliebe zeichnet.

[6] Seite 121: Von den Dekabristen, den adeligen Rebellen von 1825, wurden die fünf Hauptschuldigen gehenkt, dreiunddreißig zu lebenslänglicher Zwangsarbeit in sibirischen Bergwerken verurteilt, andere nur zu befristetem Zuchthaus, zu Deportation, Vermögenskonfiskation, Verlust des Adels usw. Unter Nikolaus I. war es strengstens verboten, die Dekabristen auch nur zu erwähnen.

[7] Seite 128: D. J. Mendeléjeff (1834–1907): bekannter russischer Chemiker. William Crookes (1832–1919), gleichfalls Chemiker, Entdecker u. a. des Thalliums, begann sich für den Spiritismus zu interessieren.

[8] Seite 129: Iwán Filíppowitsch: einer der vielen Sektengründer in Rußland.

[9] Seite 129: J. P. Polónskij (1820–1898): talentvoller Lyriker, Freund von Dostojewkis Freund Apollón Maikoff, Diener der reinen Kunst, schuf formvollendete Gedichte.

[10] Seite 137: Tíchon Sadónskij: russischer Bischof, Zeitgenosse Peters des Großen, dessen Reformen er billigte. Verfasser von Predigten, die im russischen Volk sehr beliebt waren. Feodóssij Petscherskij: lebte als Mönch im 12. Jahrh. in Kiew, Begründer des russischen Mönchtums, Verfasser von Predigten.

[11] Seite 143: Als Dostojewski nach seiner Rückkehr aus Sibirien seine „Aufzeichnungen aus einem Totenhaus“ 1861 zu veröffentlichen begann, wäre es noch zu gewagt gewesen, von sich als einem gewesenen „politischen Sträfling“ zu sprechen. So schrieb er vorsichtshalber eine acht Seiten lange „Einleitung“, in der er berichtet, wie er in den Besitz dieser Aufzeichnungen eines angeblich verstorbenen Gutsbesitzers gekommen sei, eines Sträflings, der aus Eifersucht seine Frau ermordet hätte. Nikolaus I. war zwar schon seit sechs Jahren tot, aber die Zensoren hatten sich noch nicht umgestellt auf die liberalere Regierung Alexanders II.

[12] Seite 147: Konstantin Akssákoff (1817–1860): slawophiler Schriftsteller; unter seiner Anleitung lernten Joseph de Maistre, Custine und Baron Haxthausen den russischen „Mir“ (richtiger „Mirr“) kennen, den dörflichen Gemeinbesitz, und andere alte Einrichtungen, von denen sie nachher in ihren Büchern über Rußland berichteten, zur Verwunderung der Westeuropäer. Sein jüngerer Bruder Iwan Akssákoff war 1880 das Haupt der Slawophilen.

[13] Seite 154: Das widerfuhr Dostojewski im Jahre 1873, als er Redakteur der konservativen Wochenschrift „Der Staatsbürger“ war.

[14] Seite 157: »Ob tief im Wald ein Schrei von einem Tier erschallt . . .«: die erste Zeile eines Gedichts von Puschkin an das „Echo“, das auf jeden Laut in der Natur mit einem

Widerhall antwortet.

[15] Seite 180: Wie Herkules mit seinen Schultern das Himmelsgewölbe stützte, so stütze die Familie den Staat, die Gesellschaft, das ganze Leben. Diese sprichwörtlichen „Herkulessäulen" wurden von den jungen Realisten, die den ganzen Gesellschaftsbau ändern wollten, öfter bespöttelt.

[16] Seite 189: Von Dostojewski im April 1876 geschrieben, als die Möglichkeit eines neuen Russisch-Türkischen Krieges zum erstenmal festere Gestalt annahm. Bis dahin hatte es schon oft russisch-türkische Kriege gegeben, und zwar: 1711, 1738–39, 1768–74, 1789–92, 1827–29, 1853–56. Der nächste sollte von April 1877–März 1878 stattfinden.

[17] Seite 193: In den siebziger Jahren des vorigen Jahrhunderts sah man in der ungeschickt ergänzten Statue des Apollo von Belvedere eine Art Schönheitsideal. Dostojewski spricht hier nur nach, was die damalige Kunstbegeisterung diesem süßlichen Torso angedichtet hatte.

[18] Seite 194: Während des letzten polnischen Aufstands gegen Rußland 1863 verlangte England, Rußland solle den Polen Freiheiten gewähren, die es in seinem eigenen Staat den Iren in Irland nicht gewährte.

[19] Seite 199: W. Shukówskij (1783–1852): Dichter, Romantiker, dessen Übersetzungen, besonders der Balladen von Schiller, Goethe, Bürger, Byron den Originalen fast gleichkommen. – Unter seinem Einfluß lernte der Thronfolger, Alexander II., dessen Erzieher Shukowskij war, liberale Ideen kennen.

[20] Seite 201: Während der ganzen Regierungszeit Nikolaus' I. (1825–55) wurde die Zensur in Rußland schon sehr streng gehandhabt; aber nach dem Revolutionsjahr 1848 in Europa wurde die Polizeiaufsicht in Rußland zur schlimmsten Tyrannei.

[21] Seite 201: Denis Dawýdoff (1784–1839): Kosakengeneral und Dichter, von Puschkin als Freund sehr geliebt. Liberaler Aristokrat. Die angeführten Zeilen stammen aus einem schwungvollen Gedicht, das auf Peter Tschaadájeff

gemünzt war, den Verfasser der „Philosophischen Briefe“, die 1836 Kritik an Rußland zu üben wagten, worauf der Kaiser den Verfasser als Wahnsinnigen unter die Aufsicht von Ärzten stellte.

[22] Seite 202: Magnitzkij: berüchtigter Zensor, bereits unter Alexander I. im streng reaktionären Sinne tätig. – Staatsrat Liprándi zeichnete sich als Beamter des Polizeidepartements durch rücksichtslose Härte aus und erfreute sich der besonderen Gunst seines Gönners Dubbelt.

[23] Seite 202: Ssenkówskij und Bulgárin: banale Schriftsteller und Herausgeber von Zeitschriften für den Mittelstand. – Bulgárin, ein Expole, ist von Puschkin als Polizeispitzel erkannt worden. Beide waren übelbeleumundete Journalisten im ersten Drittel des 19. Jahrhunderts.

[24] Seite 202: A. A. Ledru-Rollin (1808–1874): radikaler französischer Staatsmann, 1848 Mitglied der Provisorischen Regierung und Minister des Innern, führte das allgemeine Stimmrecht ein, lebte 1849–1870 in England, kehrte 1871 nach Paris zurück, war dann Mitglied der Nationalversammlung.

[25] Seite 210: George Sand: Pseudonym der Baronin Aurore de Dudevant (1804–1876), stammte mütterlicherseits von einer französischen Schauspielerin und dem Maréchal Maurice de Saxe ab (dem natürlichen Sohn Augusts des Starken und der Gräfin Aurora von Königsmark). Ihre Werke sind 1847–1855 auch deutsch, in 35 Bänden, erschienen.

[26] Seite 219: Apollón Grigórjeff (1822–1864): slawophiler Publizist, Begründer der „organischen“ Kritik im Gegensatz zu der „ästhetisierenden“ und zu der „historischen“; er betrachtet das Kunstwerk als „organisches Produkt des Volkstums und des historischen Moments“. Den Byzantinismus der Slawophilen und ihre Träume von der künftigen Weltrolle Rußlands lehnte er ab, gab aber den Anstoß zu der Lehre der „Bodenständigen“, Dostojewskis, Stráchoffs, Daniléwskijs. Wegen der Sonderbarkeit seiner Terminologie wurde er von den Zeitgenossen oft nicht ganz

ernst genommen, war aber von entscheidendem Einfluß auf Dostojewski.

[27] Seite 222: Baschi-Bozuks: irreguläre türkische Infanterie.

[28] Seite 231: Iwan III., Großfürst von Moskau (1462–1505), heiratete als Witwer 1472 Zoë (Sophie) Paläolog, die letzte byzantinische Prinzessin und Nichte des letzten oströmischen Kaisers Konstantin XII. Paläologus, die, seit der Eroberung Konstantinopels 1453 durch die Türken, in Rom gelebt hatte. Der Papst vermittelte die Heirat in der Annahme, Rußland durch diese neue Bindung an den Westen in den Schoß der Römischen Kirche zurückführen zu können.

[29] Seite 247: Was Dostojewski hier als die „Geradlinigkeit“ halbgebildeter Menschen anprangert („wenn die Idee auf die Straße gerät . . .“), hat Jakob Burckhardt fast gleichzeitig als die „terribles simplificateurs“ abgelehnt.

[30] Seite 247: Hierher gehört auch der Ausspruch, ein Paar Stiefel sei nützlicher als Puschkin. Es war die Zeit der Reaktion auf zuviel Mystik und Vertröstung aufs Jenseits, aber auch auf zuviel irdische Romantik: jetzt war Realismus Trumpf.

[31] Seite 251: In Gribojédoffs Lustspiel (1793–1829) „Weh dem, der Geist hat“ (es durfte erst nach dem Tode des Dichters stark verstümmelt aufgeführt werden) ist Moltschálin der Sekretär eines angesehenen Moskowiters, dessen Tochter sich in den Dummkopf verliebt zu haben glaubt und der ihre Liebe aus Berechnung zu erwidern vorgibt: ein Subalternbeamter, dessen Vorzüge er selbst mit „Mäßigkeit und Akkuratesse“ angibt, deren Seltenheit im damaligen Moskau ihm die besten Aussichten auf Erfolg im Dienst verheißen.

[32] Seite 270: Anmerkung von Dostojewski: »Ich erhalte sehr viele Briefe mit Beschreibungen von Selbstmorden und Fragen, wie ich über diese Selbstmorde denke und wie ich sie mir erkläre.«

[33] Seite 284: Gemeint ist offenbar der Pariser Friedens-

vertrag vom 30. März 1856, nach dem Krimkrieg, mit den verschiedenen Einschränkungen für Rußland.

[34] Seite 295: M. G. Tschernjájeff (1828–1893): russischer General, einer der tätigsten Führer der panslawistischen Partei, kämpfte mit den Serben 1886 unglücklich gegen die Türken. Später Generalgouverneur von Turkestan.

[35] Seite 306: Nach dem alten russischen Volksglauben ruht die Erde auf drei riesigen Walfischen.

[36] Seite 310: N. M. Karamsín (1765–1826): russischer Historiker, reiste um 1789 in Europa und berichtete in seinen „Briefen eines russischen Reisenden" überschwenglich von allem Gesehenen und Erlebten.

[37] Seite 311: Rudin: Held in Turgénjeffs Roman gleichen Namens.

[38] Seite 319: Coeurbuben: Deckname einer damaligen Gaunerbande, unter der auch Taschendiebe waren.

[39] Seite 325: Wlaß: vgl. Anm. 7, S. 647

[40] Seite 365: Papst Pius IX. ist erst am 7. Februar 1878 gestorben, als Dostojewski sein „Tagebuch" nicht mehr schrieb.

[41] Seite 392: Nach dem Vorbild der „Pléiade" der Franzosen, die im 16. Jahrh. sieben Dichter, von denen Ronsard der bedeutendste war, vereinte, wurde auch in Rußland ein Kreis junger Dichter „Die Plejaden" genannt. Es waren nicht immer volle sieben, sondern manchmal auch nur sechs oder fünf, wie damals: Turgénjeff, Dostojewski, Tolstoi, Gontscharóff, Ssaltykoff ...

[42] Seite 409: Denis Vonwisin (1744–1792): der erste russische Lustspieldichter, schon damals objektiver Kritiker Frankreichs.

[43] Seite 412: Pugatschóff: Führer im großen Bauernaufstand von 1773, gab sich für den ermordeten Zaren Peter III. aus, wurde besiegt und 1775 hingerichtet.

[44] Seite 437: Die Epoche vor Sebastopol war vor dem Krimkrieg (1853–1856) das Endstadium der despotischen Regierungszeit Nikolaus' I., der nach außen hin den bewun-

derten „Schirmherrn der legitimen Ordnung Europas“ spielte, besonders nach dem Revolutionsjahr 1848, nach innen aber absoluten geistigen Stillstand befahl. Als die russische Militärmacht im Krimkrieg von England, Frankreich und der Türkei besiegt wurde, starb Nikolaus am 2. März 1855. Sein Sohn Alexander II. schloß am 30. März 1856 den für Rußland ungünstigen Frieden von Paris und ließ die so notwendigen Reformen vorbereiten.

45 Seite 442: „Arme Leute“: Vgl. den Band „Der Doppelgänger“; im Nachwort S. 889 und 890 zitiert.

46 Seite 444: Der Dichter Tjútscheff (1803–1873) war zweifellos bedeutender als Nekrássoff, aber nie so populär wie dieser.

47 Seite 453: Das hier erwähnte Gedicht „Wassílij Schibánoff“ stammt vom Dichter Alexei K. Tolstoi, nicht von Lérmontoff, klingt aber an Lérmontoffs „Lied vom jungen Kaufmann Kaláschnikoff“ an; daher Dostojewskis Irrtum.

Jahrgang 1880

1 Seite 470: Nach Puschkins „Aléko“ und „Onégin“ (1823–1830) folgten Lérmontoffs Petschórin in seinem Roman „Der Held unserer Zeit“ (1839), Gógols Tschítschikoff in seinem Roman „Die toten Seelen“ (1842), Turgénjeffs „Rúdin“ (1855), Lawrétzkij in seinem „Adelsnest“ und Fürst Andrei Wolkónskij und sein Vater in Tolstois „Krieg und Frieden“ (beendet 1869).

2 Seite 475: Die Zeit des Interregnums: 1598 starb die Dynastie Ruriks im Mannesstamm aus; es folgten auf dem Thron der Schwager des letzten Zaren, Borís Godunóff, dann 1605 elf Monate lang der Falsche Demetrius, nach diesem Fürst Schuiskij (1606–10), bis schließlich Michail Románoff 1613 zum Zaren gewählt wurde und mit ihm die neue Dynastie ihren Anfang nahm.

3 Seite 481: Pravoslavié: das russische Wort für Recht-

gläubigkeit, d. h. das orthodoxe griechisch-katholische Glaubensbekenntnis.

[4] Seite 496: Schon zu Belinskijs Lebzeiten hatte man über Tatjánas Verhalten zu debattieren begonnen. In den sechziger Jahren hatten die „denkenden Realisten" aus revolutionärer Gesinnung gegen jede „alte Sitte" Sturm zu laufen begonnen, ohne das menschliche Problem überhaupt wahrzunehmen. Erst Dostojewski hat im Roman „Der Jüngling" dasselbe Problem in der Liebe Werssíloffs zu Katerina Áchmakowa und deren Ablehnung der Werbung tiefer erfaßt.

[5] Seite 498: Die Gestalt des alten Mönchs Pimen, der gelassen seine Chronik schreibt, in Puschkins Drama „Boris Godunóff".

[6] Seite 502: John Bunÿan: engl. Erbauungsschriftsteller (1628–1688), von Beruf Kesselflicker, trat 1653 in die Baptistengemeinde ein, war 12 Jahre lang als Gegner der Staatskirche in Gefangenschaft, verfaßte in dieser Zeit „The Pilgrims Progress", eine Erbauungsschrift von kindlicher Frömmigkeit, die nach der Bibel das verbreitetste Buch der Erde sein soll; außerdem u. a. „The holy war". (Bilder aus der Pilgerreise; deutsch 1905.)

[7] Seite 507: Alexander D. Gradówskij (1841–1889): Prof. an der Petersburger Universität, Jurist, Staatsrechtslehrer, typischer Vertreter des russischen bürgerlichen Liberalismus, haßte die Revolution und den Sozialismus, idealisierte die Autokratie, trat dafür ein, daß der Staat sich nicht in die wirtschaftlichen Unternehmungen der Privatpersonen einmischen solle. (Nicht zu verwechseln mit Timofei N. Granowskij (1813–1855), dem allgemein beliebten Geschichtsprofessor an der Moskauer Universität.)

[8] Seite 507: In Gogols Roman „Die toten Seelen" ist Maníloff ein gebildeterer Gutsbesitzer von versöhnlichem Charakter, der alles nach Möglichkeit zu beschönigen sucht, weshalb die Realisten ihn einen „süßlichen Idealisten" nannten.

[9] Seite 509: Skwosník-Dmuchánowskij ist in Gogols „Revisor“ der selbstherrlich regierende Bürgermeister, brutal, bestechlich und geschickt.

Aleko, der junge Romantiker, der von den faden Gesellschaftsmenschen zu den „wilden“, das heißt vermeintlich freien Zigeunern flüchtet, verliebt sich dort in die Zigeunerin Semfira, doch als er sich von ihr betrogen sieht, ersticht er sie und ihren Geliebten.

[10] Seite 518: Die Bezeichnung „überflüssige Menschen“ für diese jungen Schwärmer, die in der Heimat keine Betätigungsmöglichkeit fanden, die sie hätte reizen können, stammt von Turgénjeff.

[11] Seite 518: Die aufgezählten Gestalten aus Gogols Werken sind lauter engstirnige, nur auf ihren Vorteil bedachte Spießer, mit denen die jungen Dichter freilich kein Gespräch führen konnten.

[12] Seite 520: Die leibeigenen Gutsbauern wurden „Seelen“ genannt und die Listen mit ihren Namen wurden nur alle zehn Jahre revidiert; nach Streichung der inzwischen Verstorbenen wurde für den Gutsherrn die Steuer für die nächsten zehn Jahre festgesetzt.

[13] Seite 521: Chomjåkoff und Iwán Akssákoff waren die führenden Persönlichkeiten der Partei der Slawophilen; als Dichter waren beide Lyriker, hochgebildet und begabt, aber »ihr Gefühl war durchdringender als ihr Verstand ... und hätten sie die Macht, sie würden die Dritte Abteilung (die Geheimpolizei) noch übertrumpfen«, sagte Herzen von ihnen. Jurij Ssamárin war der schlimmste Scharfmacher gegen die Fremdvölker, die russifiziert werden sollten. Die Slawophilen in einem Atem mit Puschkin zu nennen, ist wohl mehr als gewagt.

[14] Seite 525: Nach der Aufhebung der Leibeigenschaft der Gutsbauern wurden zur Regelung der strittigen Fragen zwischen den Gutsherren und den Bauern ehrenamtliche Friedensvermittler ernannt, keine Juristen, sondern meist Gutsbesitzer, die als klare Köpfe und lautere Charaktere

bekannt waren und sich in den örtlichen Verhältnissen auskannten. Sie sollen sich ausgezeichnet bewährt haben.

[15] Seite 548: „Krestjanin“ (krest-Kreuz) heißt russisch „Bauer“ und „Christjanin“ heißt russisch „Christ“.

Jahrgang 1881

[1] Seite 561: Nach dem verlorenen Krieg von 1877/78 und dem „verlorenen Frieden“ (auf dem Berliner Kongreß vom 13. Juni – 13. Juli 1878) verlangten die Fortschrittlichen bzw. Liberalen als „Bekrönung des Reformwerks“, das Alexander II. nach 1861 aufzubauen begonnen hatte, auch noch die Schaffung eines Parlaments. (Die Duma wurde erst 1905 gewährt, nach dem Russisch-Japanischen Kriege von 1904/05 und den revolutionären Aufständen im ganzen Land.)

[2] Seite 562: Zitat aus der Fabel „Das Quartett“ von J. A. Krylóff (1768–1844). Affe, Esel, Ziegenbock und Bär wollten musizieren, so schön, daß Wald und Berg vor Entzücken zu tanzen anfingen. Sie verschafften sich Musikinstrumente, auch Noten, und fingen an zu fiedeln und zu blasen. Aber was da erklang, war nur eine Kakophonie. Da meinte der Affe, sie säßen wohl falsch; sie müßten sich anders hinsetzen. Das taten sie, aber das Ergebnis war nicht besser. Der Esel meinte, wenn sie sich brav in eine Reihe setzten, usw. usw. Schließlich fragten sie eine Nachtigall um Rat. Die sagte: Musizieren müsse man *können,* und dazu brauche man „zartere Ohren, als ihr sie habt. Ihr aber, wie ihr euch auch setzet, taugt eben doch nicht zu Musikanten“.

[3] Seite 571: Hauptmann Kopeikin – eine Gestalt in Gogols „Toten Seelen“ – hat 1812 im Kriege ein Bein verloren; dafür stünde ihm als Kriegsinvaliden eine Unterstützung zu, die er aber, ungeachtet aller Bittschreiben, nicht erhält. Da rät man ihm, nach Petersburg zu fahren und dort persönlich auf dem Amt vorstellig zu werden. Das tut er

denn auch, aber man schickt ihn immer nur von einem Amt zum anderen, bis es ihm zu dumm wird. Er verläßt Petersburg und sammelt eine Räuberbande um sich, die nun von den Reisenden auf den Landstraßen einen Tribut einkassiert.

[4] Seite 582: Die turkmenische Festung in Transkaspien, Geok Tepe, wurde am 12. Januar 1881 von den Russen erstürmt unter General Skóbeleff (1841–1882), dem Sieger vom Schipka-Paß 1878, einem Panslawisten und erbitterten Deutschlandfeind nach dem Berliner Kongreß.

Notierte Gedanken aus den Jahren 1880 und 1881

[1] Seite 601: Im Süden Rußlands hatten die Pastoren der deutschen Kolonisten auch Russen zu ihren Bibelstunden zugelassen. Auf deren Drängen hin richteten sie auch in russischer Sprache solche Bibelstunden ein. Die zum Protestantismus übergetretenen Russen wurden „Stundisten" genannt.

[2] Seite 605: Turgénjeffs Roman „Väter und Söhne" erschien 1862 und erregte leidenschaftliche Debatten um den sogenannten Nihilismus. Als Freund des einzigen Sohnes führt Turgénjeff hier den Typus des neuen Realisten ein: den nichtadeligen Arzt und Naturwissenschaftler Basároff, den man als den ersten Nihilisten bezeichnete, da er sich um das Christentum und den Himmel gar nicht kümmerte und das auch ganz offen zu sagen wagte. (Aber schon die adeligen Väter waren ja Voltairianer gewesen: darauf bezieht sich hier Dostojewskis Bemerkung.)

[3] Seite 612: Mit dem „Satirischen Alten" ist Michael Ssaltykóff (1826–1889) gemeint, der „galligste aller Satiriker", der „russische Swift" u. a. m. 1884 wurde die Zeitschrift „Vaterländische Annalen", die er seit 1867 mit Nekrássoff herausgegeben hatte, für immer verboten. Er schrieb unter dem Pseudonym Schtschédrin. Von seinen belletri-

stisch erstrangigen Werken sind nur zwei auch deutsch erschienen.

[4] Seite 613: M. J. Leóntjeff (1831–1891): slawophiler Publizist und „bizarrer" Geschichtsphilosoph. Verlebte fünfzehn Jahre als Laie im Kloster Optina Pustynj, das auch von vielen anderen Russen besucht worden war, u. a. auch von Dostojewski und Tolstoi.

ANHANG

ZUR TEXTGESTALTUNG

Dostojewski hat sein *Tagebuch eines Schriftstellers* in den Jahren 1873 und 1876/77 und dann noch je ein Heft im August 1880 und im Januar 1881 geschrieben.

Die *Notierten Gedanken* aus seinem Notizbuch, die hier den Tagebuchschriften als Abschluß hinzugefügt sind, stammen aus dem letzten Lebensjahr des Dichters. Sie wurden erst fünfundzwanzig Jahre nach seinem Tode in der Jubiläumsausgabe seiner Werke 1906 veröffentlicht.

Dostojewski starb am 28. Januar 1881 im Alter von 59 Jahren und drei Monaten.

Eine Auswahl aus dem gesamten Tagebuchmaterial ist deutsch bereits in der alten Dostojewski-Ausgabe des Piper Verlags in drei Bänden erschienen, nach den Themen zusammengefaßt als *Politische Schriften* (1907), *Literarische Schriften* (1913) und *Autobiographische Schriften* (1919).

Wenn nun in diesem letzten Band der neuen Dostojewski-Ausgabe des Piper Verlags die Auswahl aus dem Tagebuchmaterial nach neuen Gesichtspunkten getroffen worden ist, so hatte das naheliegende Gründe: Es galt vor allem, Wiederholungen zu vermeiden und von jedem der Themen, auf die der Dichter immer wieder zu sprechen kommt, die beste und erschöpfendste oder für seinen Standpunkt kennzeichnendste Fassung auszuwählen. Dies war besonders geboten bei den vielen Artikeln über die Orientfrage und die Balkanslawen, die in den Jahren 1876/77 im Brennpunkt der Politik standen.

Außerdem hat Dostojewski auch drei kleinere Dichtungen, die in dieser Zeit entstanden, zugleich mit den politischen Essays im Tagebuch veröffentlicht, natürlich nur aus praktischen Erwägungen. Diese drei berühmten Meisterwerke mußten in den Sammelband der späten Novellen und kleinen Romane aufgenommen werden. Es sind dies: der Totentanz *Bobók* (1873), die Novelle *Die Sanfte* (aus dem November-Heft 1876) und *Der Traum eines lächerlichen Menschen* (aus dem April-Heft 1877), die nun in der neuen Ausgabe im Sammelband *Der Spieler* erschienen sind.

Von den privaten Prozessen jener Zeit vor dem neuen Geschworenengericht, die Dostojewski im Tagebuch erörtert, wurden in den vorliegenden Auswahlband nur seine Ausführungen zum Prozeß Kroneberg aufgenommen, und zwar ungekürzt, da sie am deutlichsten seine Stellungnahme darlegen.

Ferner kamen Berichte über Theateraufführungen heute längst vergessener Stücke, über Kunstausstellungen, mehrere Berichtigungen in privaten Angelegenheiten für die engere Auswahl dieses Bandes nicht in Frage. Deshalb sei hier gleich darauf hingewiesen, daß der Münchener Musarion Verlag in den Jahren 1921–23 eine ungekürzte vierbändige Ausgabe aller Tagebuchschriften, einschließlich der erwähnten drei Dichtungen Dostojewskis, in der Übersetzung von Alexander Eliasberg herausgegeben hat. Aus dieser Ausgabe sind auch folgende Abschnitte in den vorliegenden Band übernommen worden: aus dem Januar-Heft des Jahrgangs 1876 die Seiten 97–130; aus dem Februar-Heft die Seiten 149–188; aus dem Juli/August-Heft die Seiten 235–246; aus dem Oktober-Heft die Seiten 247–254 und 270–278; aus dem Dezember-Heft des Jahrgangs 1877 die Seiten 448–466.

E. K. Rahsin

NACHWORT

Die Texte, die wir unter dem Titel *Tagebuch eines Schriftstellers* kennen, sind schon ihrer Herkunft nach verschiedener Art, obwohl sie eine gewisse Grundform bewahren. Der erste Anlaß zur Veröffentlichung solcher *Miscellanea* kam aus dem Kreis des Fürsten W.P. Meschtscherski, eines konservativen Publizisten, der später auch als Autor mehrerer Trivialromane aus dem Petersburger Adelsmilieu sowie einiger sogenannter antinihilistischer Romane (zu denen man auch Dostojewskis *Dämonen*, 1871–1873, zählte) bekannt wurde. Der Fürst pflegte enge Beziehungen zum Zarenhof und zu den Staatsbehörden, die ihm auch manche finanzielle Begünstigung für seine verlegerische Arbeit brachten. Nachdem sein Wunschkandidat als Herausgeber seiner Zeitschrift *Graždanin* (*Der Staatsbürger*), ein junger Publizist namens G.K. Gradowski, sich weigerte, an dem Unternehmen teilzunehmen, wurde Dostojewski im Jahre 1873 zum Schriftleiter der von Anfang an unpopulären Zeitschrift ernannt. In dieser Zeitschrift erschienen die ersten Texte der *Tagebücher*, einer neuen Textgattung, die bald ihren Leser fand, aber gelegentlich von der Kritik der liberalen Öffentlichkeit angegriffen wurde. Dostojewskis Arbeit in der Zeitschrift stand unter der Obhut des einflußreichen Mitglieds des Staatsrats und späteren Oberstaatsanwalts Konstantin Pobedonoszew, dennoch konnten die Zensurbehörden Dostojewski vor Gericht bringen, so daß der Schriftleiter zwei Tage »auf der Hauptwache absaß« (vgl. seine ironischen Bemerkungen S. 154). Danach wurden Dostojewskis Arbeitsbedingungen erheblich erschwert, und er verließ im März 1874 Meschtscherskis *Staatsbürger*. Damit war das erste Experiment mit der neuen Gattung abgeschlossen, und Dostojewski widmete sich seinem Roman *Der Jüngling* (1875 erschienen), den er im Januar 1876 in seinem wiederaufgenommenen *Tagebuch* (S. 87–88) besprach.

Daß aber die Arbeit am *Tagebuch* 1873 nicht allein durch

die Pragmatik des Zeitungswesens und damit verbundener Honorare bedingt war, erwies sich schon nach drei Jahren, als Dostojewski die Herausgabe neuer *Tagebücher* selbständig unternahm und so sein Interesse für diese ungewöhnliche Gattung als sein *eigenes* schriftstellerisches Interesse unzweideutig bekundete. Als selbständige Schriften wurden die Texte auch anders rezipiert. Obwohl das *Tagebuch* 1873 die Auflage des *Staatsbürgers* erhöht hatte und damit das Interesse des Publikums an Dostojewskis Schriften belegte, erschienen die *Feuilletons* in einem Kontext, der auf diese Publizistik ein unerwünschtes Licht warf, auch ohne daß sich Dostojewski der konservativen Richtlinie des Fürsten Meschtscherski angepaßt hätte. Erst die im Jahre 1876 unternommene Dekontextualisierung des *Tagebuches* führte zu einem allgemeinen Erfolg: Dostojewski erweiterte seine Korrespondenz, er empfing viele Besucher, hörte die Klagen und »Beichten« verschiedener Menschen an, belehrte die Leute und wurde als provozierender Einzelgänger (so hatte er seine Rolle auch verstanden) zur Institution des öffentlichen russischen Lebens. Ende 1877 wurde Dostojewski zum Korrespondierenden Mitglied der Akademie der Wissenschaften gewählt, und den Höhepunkt seiner gesellschaftlichen Wirkung erreichte der Tagebuch-Autor durch seine Rede zur Puschkin-Feier im Jahre 1880, die dann im *Tagebuch* abgedruckt wurde und die, durch die Apologie des seit den 60er Jahren marginalisierten Dichters, eine neue Periode der russischen Literatur ankündigte. In den von der Zeitung »befreiten« Folgen des *Tagebuches* konnte Dostojewski seine besten literaturkritischen Texte zum Schaffen George Sands, Nekrassows oder Puschkins veröffentlichen, und hier konnten auch jene für die damalige Zeit »fantastischen« Erzählungen erscheinen, wie etwa *Die Sanfte* (November 1876), die auch im Kontext der gesamteuropäischen Literatur bahnbrechende Verfahren zeigt (etwa die Verwendung des inneren Monologs im »Bewußtseinsstrom« der Hauptfigur, und zwar vor Dujardin oder dem Russen Garschin), oder der *Traum eines lächerlichen Menschen* (April

1877), eine wirklich fantastische Auseinandersetzung mit der sozialistischen Utopie in belletristischer Form.

Die Selbständigkeit dieser beiden Erzählungen, wie auch der Erzählung *Bobok* (1873) oder der vielübersetzten »Weihnachtserzählung« *Ein Knabe bei Christus am Tannenbaum* (Januar 1876), kann man nicht leugnen (*Die Sanfte* erschien bald als Sonderheft), aber all diese »Fantastik« ist doch von der allgemeinen publizistischen Orientierung der *Tagebücher* nicht zu trennen. Die selbständigen Erzählungen verhalten sich nämlich entweder wie Allegorien zu den in publizistischen Texten angebotenen Ideen (so *Bobok* oder *Traum eines lächerlichen Menschen*), oder sie sind Fortführung der realitätsbezogenen Motivik aus der Gerichtschronik (vgl. *Die Sanfte*, November 1876, mit *Zwei Selbstmorde*, Oktober 1876) und den alltäglichen Beobachtungen (so erscheint *Ein Knabe bei Christus am Tannenbaum* als eine fiktionalisierte Realisierung eines Motivs des *Knaben mit dem Händchen* und schließt sich an frühere »Weihnachtserzählungen« Dostojewskis und damit auch an »den großen Christen Dickens« an, vgl. S. 210).

Dostojewskis Neigung zum Zeitungswesen und zu den damit verbundenen literarischen Formen kann man bereits in seinem früheren Schaffen erkennen. Schon die allgemeine Orientierung des russischen Frührealismus und dessen »Natürlicher Schule« (*natural' naja škola*) an den nichtfiktionalen Formen der Skizze (russ. *očerk*), die die »Physiologie« der Stadt in ihren Substandardsegmenten bearbeiten und damit die frühen »Petersburger Texte« der russischen Literatur bilden, war für die Ursprünge der Prosa Dostojewskis bedeutsam; man darf nicht vergessen, daß sein Roman *Die Erniedrigten und Beleidigten* (1861) in Fortsetzungen gedruckt wurde und daß der Autor seine Form als »Roman-Feuilleton« bezeichnete. Als einen der Gattung des Feuilletons nahestehenden Text kann man auch die in der Zeitschrift *Die Zeit* erschienenen *Aufzeichnungen aus einem Totenhaus* (1860–62) lesen, die feuilletonartig von den Beschreibungen des Alltags in einem Zuchthaus ausgehen, Porträts der Sträflinge darbieten, die zuweilen in kleine Krimi-Geschichten übergehen, und die Gattung des Feuilletons schon wieder verlassen, da hier der Übergang zu den zu dieser Gattung nicht zugehörigen *carmen horrendum* (Bezeichnung Herzens) vollzogen wird. Für dieselbe *Zeit* hat Dostojewski auch die *Winteraufzeichnungen über Sommereindrücke* (1863) geschrieben, einen in fragmentarischer Form verfaßten Bericht über eine Europareise. Schon vor dem Erscheinen dieser Texte finden wir Dostojewskis Überlegungen zur Form des Feuilletons in seinen *Petersburger Traumgesichtern in Vers und Prosa* (1860). In diesem Text lobt er einerseits das Feuilleton als »beinahe die Hauptsache« des Jahrhunderts, andererseits lehnt er aber das traditionelle Feuilleton als eine bloße Aufzählung von Stadtneuheiten ab. Die Gattung solle statt dessen eine Schreibweise sein, in der man zu einem Geschehen eine eigene Stellungnahme abgibt und ein eigenes *»neues Wort«* (kursiv bei Dostojewski) ausspricht. So lehnt Dostojewski die »Leichtigkeit« der sonst so unverbindlichen Gattung ab und hebt die »niedrige«, überwiegend triviale Form auf eine »höhere« Ebene, indem er zwar von alltäglichen Erscheinungen des städtischen Lebens ausgeht, aber den Diskurs bis hin zu philosophischen und weltanschaulichen Gedanken steigert. Zur Frage der gewünschten Form des Feuilletons äußert sich in den *Dämonen* auch eine seiner bedeutsamen Figuren. Lisa Tuschina denkt in diesem Roman an ein Buch, das aus Zeitungsfakten und Artikeln zusammengestellt sein sollte, wobei aber die Auswahl der Texte das »ethische und persönliche Leben des Volkes, sozusagen die Persönlichkeit des russischen Volkes im angegebenen Zeitraum« darbieten könnte. Diesem Plan, ein solches Buch mit »der ganzen Charakteristik des russischen Lebens im Laufe dieses Jahres« (*Die Dämonen*, SP 403, S. 171) herauszugeben, stimmt auch Schatow zu. *Die Dämonen* werden 1873 als komplette Buchausgabe veröffentlicht, und im selben Jahr beginnt Dostojewskis *Tagebuch* im *Staatsbürger* zu erscheinen.

Das ethische und persönliche Leben des Volkes« mit der Betonung des nationalen Attributs – des *russischen* Volkes –, besprochen aufgrund verschiedener Zeitungsnachrichten und feuilletonartiger Überlegungen des erzählenden Schriftstellers wird zum Hauptgegenstand der Texte, die den Namen eines *Tagebuchs* tragen.

Die 70er Jahre, also die geschichtliche Zeit, in der die drei Jahrgänge des *Tagebuchs* entstehen, stehen durchgehend im zentralen Blickfeld des Beobachters, der sich ziemlich oft auch der Vorgeschichte dieses Jahrzehntes, insbesondere der intellektuellen Bewegung der 40er Jahre entsinnt. Die 70er Jahre bedeuten für Dostojewski eine Übergangsperiode, deren Anfang er im Jahre der Aufhebung der Leibeigenschaft 1861 sieht und dessen gesetzliche und soziale Folgen er analysiert, um später in seinen eigenen *Tagebüchern* 1876 und 1877 seine Zukunftsvisionen (im Rahmen einer Suche nach einer neuen Identität des russischen Volkes und der russischen Nation) als Projekt vorzustellen.

»Aber mit dem 19. Februar ist doch die petrinische Periode der russischen Geschichte praktisch zu Ende gegangen, so daß wir uns schon lange in einer Zeit vollkommener Ungewißheit befinden«, schreibt der Autor 1873, nachdem er eine »unglaubliche« Erzählung wiedergegeben hat (S. 60). Die »petrinische Periode« bedeutet die von Peter I. gewollte Europäisierung Rußlands, die nach der Meinung der Slawophilen und teilweise auch Dostojewskis zur Identitätskrise des russischen Volkes führte, der »19. Februar« ist hingegen das Datum der Bauernbefreiung, mit der viele Erwartungen verbunden waren und die für die meisten russischen Ideologen den russischen Bauern zum Subjekt der weiteren Entwickung Rußlands von unten erhoben hat. Für Dostojewski ist das Jahr 1861 der Anfang einer neuen geschichtlichen Periode, in der das Volk zu Wort kommen soll, und die Aufgabe des Schriftstellers sei es, »im russischen Menschen, im Volk [...] eben die Schönheit dieser Barbarei zu sehen verstehen« (S. 136).

Es sei dabei auch zu bemerken, daß sich der Begriff »Volk« im Russischen (*narod*) mehr als eine soziale denn als eine ethnische Bezeichnung durchgesetzt hat und daß dieser Begriff im 19. Jahrhundert meistens die unteren Gesellschaftsschichten, besonders die Bauernschaft bezeichnete. Und es sind gerade die unteren sozialen Schichten, die Armut in den Städten (St. Petersburg) und bei den Bauern, denen die Überlegungen des Schriftstellers gewidmet sind.

Die Ursprünge seiner Überlegungen und seiner literarischen Tätigkeit leugnet Dostojewski in seinen *Tagebüchern* nicht. Er beruft sich immer wieder auf die 40er Jahre, in denen Belinski die philosophischen Grundlagen des russischen Realismus schuf, und auf die Ideen des »französischen Sozialismus«, nicht nur um seine Reue wegen seiner früheren revolutionären Einstellung noch einmal auszudrücken, sondern auch um seine Herkunft und die Folie für sein gegenwärtiges Denken zu bekräftigen. Und da greift der Autor des *Tagebuches* zu Fragmenten seiner möglichen Memoiren: auf den Erinnerungen sind das Kapitel *Menschen von damals*, sowie Teile des Kapitels *Eine der zeitgemäßen Fälschungen* (1873) und des George-Sand-Kapitels (Juni 1876) aufgebaut. Diese Bruchstücke gewähren uns tiefe Einblicke in die Entstehungsgeschichte des Weltbildes Dostojewskis und sind auch für die Deutung mancher seiner Werke (z. B. der *Dämonen*) äußerst wichtig. Obwohl die Fragmente der *Tagebücher* im Grunde genommen verschiedenen Gattungen zuzuordnen sind: Zeitungsfeuilleton, Memoiren, kleinen sozialpsychologischen Studien, Reportagen (z. B. *Die Kolonie der minderjährigen Verbrecher*, 1876), innen- oder außenpolitischen Kommentaren (besonders in den Heften 1876 und 1877), weltanschaulichen Traktaten (2. Kapitel, Februar 1877), auch abgeschlossenen Erzählungen (*Die Sanfte* u. a.), verbinden sie sich doch zu einer Ganzheit, zuerst durch zahlreiche formale Verflechtungen, die schon am Anfang des *Tagebuches* 1873 gleich bemerkbar sind (vgl. den Abschluß der *Einführung* mit einer Anekdote Herzens über Belinski und den Anfang des Kapitels *Menschen von damals*, wo diese Anekdote wiederaufgenommen wird), besonders aber durch die Persönlichkeit des Schriftstellers, der sein Gespräch mit seinem Leser weiterführt und auf seine vorherigen Überlegungen immer wieder hinweist. Der Schriftsteller entblößt sich in seinem *Tagebuch* keineswegs als Privatmensch; in dieser Hinsicht ist Dostojewski von jeglicher Romantik weit entfernt, seine »Seele« bleibt außerhalb des Textes und seine Intimität ist verborgen. Auch wenn er zu Erinnerungen greift, sind es immer zugleich ideologische »Beichten«: Manchmal sind es Bruchstücke der Erinnerungen an das Zuchthaus (vgl. den ersten Teil des *Bauern Marei*) oder an seine Kindheit (z. B. der zweite Teil derselben »Geschichte«, Februar 1876), aber diese sind kurze Einleitungen zu seinen Überlegungen oder Parabeln innerhalb eines weltanschaulichen Traktats. So wird im *Bauern Marei* deutlich gemacht, daß es vornehmlich darum geht, zu zeigen, »daß wir alle gute Menschen sind«; um die »Liebe zum Volk« und die »Geschichte« spielt die Rolle eines Gleichnisses – wie in der Bibel. Die Fragen, die meistens in Tagebüchern vorzufinden sind (Liebesgefühle, Fragen des Familienlebens, Beziehungen zu Freunden, ja auch Reisebeschreibungen im engen Sinne – die Erinnerungen an Bad Ems im Juli/August 1876 sind den Überlegungen zum »Geist der Deutschen« völlig untergeordnet – oder Landschaftsschilderungen, die seit der Romantik immer wieder die Beziehung des Autors zur Natur markierten), findet man bei Dostojewski kaum. Der Schriftsteller sorgt sich um so mehr um soziale Angelegenheiten, um das Gerichtswesen und seine Ethik (vgl. *Das Milieu*, 1873; ausführliche Kommentare zum »Prozeß Kroneberg« im Februar-Heft 1876), um Fragen der Außenpolitik Rußlands (seit April 1876), um die moralischen und ethischen Grundprinzipien des russischen Volkes, und stellt den Leser vor Fragen seiner ideologischen Einstellung in der Übergangszeit, ja versucht ihn für seine eigenen »Lösungen« zu gewinnen.

Oft greift der Schriftsteller solche Fragen anhand gefundener oder gehörter Anekdoten auf: Beispiele aus seiner Zeitungslektüre und insbesondere Berichte aus dem Gerichtssaal bzw. der »schwarzen Chronik«, die in manchen Fällen ganze Geschichten eines Verbrechens oder Selbstmordes bieten, und somit zum Material der schriftstellerischen Vorstellungen, d. h. der Fiktionalisierung werden (vgl. Formulierungen wie: »Ich kann sie mir gut vorstellen: vermutlich war sie...« mit nachfolgenden Porträts des nie gesehenen Angeklagten und seines Opfers, S. 38–39). Auch anonyme oder kollektive Gerüchte (vgl. »wie man hört«, S. 45) dienen manchmal als unnachprüfbare Materialien der Erzählungen eines doch zur Fiktion neigenden Schriftstellers.

Ein wesentliches Merkmal der Persönlichkeit des »tagebuchführenden« Schriftstellers ist seine Orientierung auf den Rezipienten, die ja der Gattung eines »Tagebuches« kaum entspricht. Der Autor wendet sich immer wieder seinem Leser zu; hinsichtlich des dargebotenen Materials will er glaubwürdig sein, er betont deshalb: »Das ist tatsächlich geschehen...« (S. 43) oder daß die Geschichte über den *Büßer* »nicht von einem Dichter erdacht, sondern eine ›wahre Geschichte‹ ist« (S. 59), und er zeigt auf, daß das gesammelte »Studienmaterial« (S. 58) dem Schriftsteller dient, um den Leser zu *überzeugen*, ihn in ein dialogisches Verhältnis mit dem Autor zu bringen, um ihn in ein *Pro und Kontra*-Spiel einzubeziehen und somit eigenen Argumenten anzunähern.

Schon in der Einführung 1873 ist dem Schriftsteller bewußt, »daß man eine Unterhaltung zu führen verstehen und stets wissen muß, mit wem und wie man spricht«; gleich danach führt er eine »Fabel« und ein »kleines Erlebnis« an, um dann das grundsätzliche und nicht mehr aus der Gattung des Feuilletons stammende Prinzip hervorzuheben: »Dieses Buch ist in der Form eines Gesprächs zwischen dem Autor und seinem Widerpart geschrieben.« (S. 15–16)

Dieses Prinzip wird in einer ganzen Reihe der Tagebuchkapitel durchgeführt. Daher auch häufig erscheinende Redewendungen wie »sage ich Ihnen«, »wissen Sie, meine Herrschaften«, »Warten Sie, ich werde Ihnen noch eine Anekdote erzählen« (*Das Milieu*, S. 36, 41–42), »Aber Sie werden wohl zugeben« (*Ein Büßer*, S. 53) und mit dem ungewöhnlichen Inhalt verbundene Befürchtungen, daß man über seine Meinungen lachen könnte: »Lachen Sie nicht darüber« (S. 38), »man lache nicht darüber, daß ich eine solche schmutzige Tatsache zu solchen Dimensionen aufblähe« (S. 99) usf. In manchen Fällen tritt der Schriftsteller in ein richtiges dialogisches Verhältnis mit seinem faktischen oder erdachten Opponenten ein, und es kommt zur Zweistimmigkeit oder Mehrstimmigkeit, die, nach Bachtin, auch für seine »polyphonischen« Romanstrukturen kennzeichnend sei. So wird der Leser in die *pro et contra* (Titel eines dialogischen Kapitels im Roman *Die Brüder Karamasoff*, in welchem die Brüder sich in einer Kneipe über die Existenz Gottes streiten und als Argumente auch manche Anekdoten benützen) Denkweise eingeführt, er erlebt die Niederlage des Opponenten, aber doch nicht ohne die Möglichkeit, sein eigenes Urteil zu bewahren. Die Opponenten werden auf verschiedene Weise benannt. Manchmal sind es »Stimmen« (auch mehrere!), die anonym bleiben, manchmal werden diesen Stimmen ideologische Merkmale zugeschrieben (»Das ist eine teilweise slawophile Stimme«, S. 29), manchmal werden sie verurteilt (»Die gehässige Stimme lacht noch lauter, aber es klingt doch irgendwie gezwungen«, S. 32), manchmal polemisiert der Schriftsteller mit den Zeilen eines Zeitungsartikels (die Zeitungen werden auch genannt), mit »einigen von unseren Kritikern«, und wendet sich nicht ohne Ironie mit rhetorischen Fragen an diese (»Meine Herren Verteidiger unserer Jugend«) oder zitiert manche Nachrichten aus der Tagespresse, um die Kritiker zu verhöhnen (so in *Eine der zeitgemäßen Fälschungen*, S. 72–78). Der Schriftsteller wendet sich ständig gegen die Tagesjournalisten, er stellt die Behauptungen der Zeitungskorrespondenten bzw. der Zeitungsberichte in Frage, beugt sich aber manchmal den Autoritäten der Presse, um dann aus dem

Zitat eines »Fürsten A. A. Ssuworow« kaum dem Sinn des Zitats entsprechende Überlegungen abzuleiten und eigene Schlußfolgerungen zu ziehen (*Der Russische Tierschutzverein*, S. 111–113).

Wenn aber der Schriftsteller aus dem Bereich des Konkreten, des Zeitungswesens und seiner eigenen Erinnerungen und Beobachtungen in den Bereich des Abstrakten, der weltanschaulichen Spekulation sich selbst erhöht, so verwandelt er sich aus einem um den russischen Menschen besorgten Feuilletonisten in einen *Prediger*. So geschieht es mit den Überlegungen, die mit dem fünftem Teil der *Anna Karenina* (Februar 1877) verbunden sind, als sich Dostojewski in das Gespräch der Charaktere im Roman einmischt und ihre Aussagen beurteilt, um dann zu allgemeinen Tagesfragen Europas überzugehen. Im Abschnitt *Die russische Lösung des Problems* wendet er sich direkt einem breiteren Auditorium zu: »Wenn ihr fühlt, daß es euer Gewissen drückt...«, »wenn du fühlst, daß du als Gelehrter allen nützlich sein kannst...«, »Eure Belohnung aber sei – Liebe... Solltet ihr aber keiner Liebe bedürfen, so tut ihr doch eine Liebestat«, und schon im letzten Absatz erwähnt er das Predigtmodell selbst: »Bevor ihr den Menschen predigt, wie sie sein sollen, zeigt es ihnen an euch selbst. Erfüllt selbst, was ihr verkündet, und alle werden euch folgen« (S. 332–337).

Obwohl Dostojewski oft eine »volksnahe« Literatur vertritt, ist als Rezipient der *Tagebücher* wohl doch eher der gebildete Russe gedacht. Im Gespräch mit solch einem Leser weist der Schriftsteller auf die Formeigenschaften seiner »neuen« Gattung hin, die einerseits frei sei, andererseits aber manche Gattungsgrenzen nicht überschreiten dürfe: Er muß ja zu seinen Texten Vorworte schreiben, »denn ganz ohne Vorwort geht es doch nicht« (S. 85), die »Geschichte der Wandlung« seiner Überzeugungen kann er auch nicht ausführlicher erzählen, denn sie paßt »auch irgendwie nicht zu einem Feuilletonartikel« (S. 77), und wenn der »Schriftsteller« sagt, er schreibe sein »Tagebuch« (Dostojewskis Anführungszeichen!) »für sich selbst« (S. 152), so ist es nur eine Ausrede, die die Inkompetenz des Schriftstellers im Prozeß Kroneberg unterstreichen soll. Gerade zu dieser Zeit schreibt ja Dostojewski in einem Brief an Ch. D. Altschewskaja, daß ein wahres Tagebuch fast unmöglich sei, denn man schreibt ja immer »für das Publikum«!

Dostojewskis Tagebuch ist allerdings für einen Leser bestimmt, der zugleich ein Kenner der russischen und übersetzten Literatur ist. Der Autor greift oft auf bekannte Figuren der russischen Literatur als Metaphern verschiedener Haltungsweisen zurück. Auf den Seiten der *Tagebücher* erscheinen als repräsentative und unvergängliche Figuren der russischen Gesellschaft die im Werk Gogols dargestellten Typen, und besondere Aufmerksamkeit schenkt Dostojewski Tolstois *Anna Karenina*, zuerst zustimmend bezüglich des erwähnten Dialogs aus dem fünften Teil, dann aber mit den Aussagen der Figuren im achten Teil polemisierend. Mehrmals wird Puschkin im Text zitiert, der Autor beruft sich auf allgemein bekannte Fabeln Krylows, Goethes *Werther* wird in Frage gestellt, Shakespeare zitiert, als eine Metapher erscheint Don Quijote, und im *Tagebuch* 1873 spielt in einer Bauerngeschichte Mephistopheles eine Rolle. Die enge Verbundenheit der literarischen Themen mit den weltanschaulichen erreichte ihren Höhepunkt in Dostojewskis Auseinandersetzung mit George Sand (1876), dann mit Nekrassow (1877) und zuletzt in der berühmten, bereits erwähnten Puschkin-Rede (1880). Dostojewski bedient sich der Charaktere und der Motivik der russischen Literatur, er lobt einzelne Texte, aber im allgemeinen wird zuerst die russische Literatur beschuldigt, nicht ausreichend volksnah zu sein – auch in den Fällen, wo sie sich auf das Volk ausrichtet: »Weder Puschkin, noch die Sebastopoler Erzählungen von Tolstoi, noch die ›Abende auf dem Vorwerke‹ von Gogol, noch das ›Lied von Kalaschnikow‹ von Lermontow, noch Kolzoff [...] sind dem Volk verständlich« (S. 106).

Die Erzählungen Gogols und das Poem Lermontows sind ja

auf Motiven der ukrainischen oder russischen Folklore aufgebaut, Tolstois genannte Erzählungen waren Skizzen der Kriegserlebnisse einfacher Soldaten, und Kolzoff war der erste Dichter aus dem Volk! Gerade diese volksnahen Texte treffen bei Dostojewski auf Widerstand. Einerseits dem Volk unverständliche, nur scheinbar dem Volk nahestehende Texte, andererseits, seit Puschkins *Der Schuß* und dem *Helden unserer Zeit* Lermontows, »böse Menschen«, die »größtenteils der ausländischen Literatur entlehnt worden sind« (Hinweis auf den russischen Byronismus, vgl. S. 131): Zwischen diesen zwei Polen bewege sich, nach Dostojewski, die russische Literatur.

In seinen *Tagebüchern* erscheint aber Dostojewski vor dem Leser am wenigsten als Schriftsteller, der über rein literarische Fragen schreibt. Er ist in erster Linie ein Publizist, der sich meistenteils mit den Fragen des russischen, mehr städtischen als ländlichen Alltags beschäftigt – meistens von seiner »schwarzen« Seite gesehen – und seine Anekdoten, Geschichten und Erzählungen mit Motiven der »schwarzen Chronik« gestaltet. Vor uns erscheint so das Volk im Zuchthaus, in der *Kolonie der minderjährigen Verbrecher*, vor dem Gericht, vor den Geschworenen stehend, von Advokaten verteidigt, vom Gericht verurteilt, seitens des Schriftstellers selten freigesprochen, aber durch sein Leiden dem Leser nähergebracht. Meistens kommen ja, wie in seinen Romanen dieser Zeit: *Der Jüngling*, *Die Brüder Karamasoff*, bei Dostojewski – »lauter Fehlgeburten der Gesellschaft, ›zufällige‹ Mitglieder ›zufälliger‹ Familien« (S. 88) vor, deren Autor ein erbarmungsloser, aber mitleidender Schriftsteller ist. So erscheinen vor dem Leser vorwiegend Verbrecher, Trunksüchtige, ungebildete, grausame und grobe Menschen und ihre Opfer, sehr oft Frauen und Kinder; die seltenen »hellen« Figuren, die sich in den russischen literarischen Kontext (Turgenjew, Tolstoi) leicht einreihen, und das russische Volk mit seiner ursprünglichen, unverdorbenen Seele, wie *Der Bauer Marei* (1876), fallen aber dafür um so deutlicher auf.

Der *Bauer Marei* steht im allgemeinen Zusammenhang des *Tagebuches* 1876 als ein symbolisches *clair* gegenüber dem allgemeinen *obscur* des ganzen Textes, und gerade deshalb gehört der Erinnerung an ihn ein bei Dostojewski vereinsamtes *plein-air*:

»Es war am zweiten Osterfeiertag. Die Luft warm, der Himmel blau, die Sonne stand hoch und schien grell.« Aber gleich danach kehrt der Schriftsteller zum *obscur* zurück: »In meiner Seele aber war es sehr finster« (S. 141) – bis auf die kurze, fast Turgenjewsche Landschaftsschilderung des Birkenwaldes und die Erscheinung Mareis mit »nahezu weiblicher Zärtlichkeit [...] eines tierisch unwissenden leibeigenen russischen Bauern« (S. 147), der das russische Volk allegorisch in Dostojewskis Plädoyer für »den notwendigen Vertrag der Gesellschaft mit dem Volk« (S. 136) vertritt.

Eigentlich ist das russische Volk in einer Polyphonie seiner leidenden Stimmen und Antlitze der Held des Tagebuchgefüges, besonders in den Jahren 1873 und 1876. Inmitten eines Wirbels »konvulsivischer Selbstverneinung und Selbstzerstörung, die dem russischen Volkscharakter seit jeher zu seinem Verhängnis eigen ist«, inmitten des Volkes mit seinem »Bedürfnis zu leiden« (S. 49), inmitten einer Galerie der Mörder und grausamen Täter, erscheint auf einmal ein anderer, ein neuer »Wlaß« (sein Name ist dem Nekrassowschen Bauerngedicht entnommen), ein »Bauer Marei«, ein »Sanfter«, ja auch ein Märtyrer für den Volksglauben (vgl. *Foma Danilow*), der den »lächerlichen Menschen« und ihren utopischen Träumen gegenübersteht, und auf dem die Eschatologie des Schriftstellers beruht.

Das russische Volk hat bei Dostojewski messianische Züge. Es ist ein leidendes Volk, das seinen Leidensweg gehen muß, bis es dann in der Zukunft »aufwachen und das Gotteswerk in Angriff nehmen« wird, denn diesem »heiligen« Volk gehört »das letzte Wort« (*Ein Büßer*, 1873, S. 59, 47). Das Tragische in der russischen Geschichte liegt deshalb in der »Entzweiung mit dem Heimatboden und dessen Idealen« seitens der ganzen russischen »Herrenschicht«, die durch die »gebildete Schicht« (S. 17) die Ideen des »theoretischen Sozialismus«

und (westlichen) Liberalismus aufgenommen und somit sich vom Volk entfernt hat. Damit ist auch die Selbstschilderung des Schriftstellers als eines weiteren russischen »Büßers«, der seine immerhin sozialistischen Jugendträume bereut und mit dem Volk mitleidet, verbunden.

Das Thema Rußlands, der russischen Gesellschaft im allgemeinen, und damit nicht zuletzt der russischen Nation interessiert Dostojewski schon in der *Einführung* zum *Tagebuch* 1873, im Vergleich zwischen China, wo »alles so klar« sei, und Rußland am »Übergang« von der »petrinischen Periode« in eine neue noch undefinierbare Periode stehe, wo das russische Volk als Erlöser zu Wort kommen soll. Das Thema der Nation bleibt dann aber aus, und das *Tagebuch* 1873 und teilweise auch 1876 ist den Fragen des russischen Volkes gewidmet. Erst seit April 1876, also seit dem herzegowinischen Aufstand gegen die ottomanische Herrschaft, beginnt sich der Schriftsteller für die »aktuellen politischen Fragen« zu »interessieren« (S. 189) und entfaltet danach das Thema des russischen Volkes, der »russischen Seele« (S. 214), und Rußlands in seinem Verhältnis zu der »*nationalen* Frage« (S. 217) und der »*nationalen* Bewegung« (S. 249). Zum Brennpunkt dieser schriftstellerischen Überlegungen zur (außen)politischen Problematik wird dann, nach einem damit verbundenen Intermezzo zum Tode George Sands, die »endlose Orientfrage« (S. 217), nachdem sich »der Fürst Milan von Serbien und Fürst Nikita von Montenegro« »gegen den Sultan erhoben« (S. 222) und somit den Krieg gegen die Türkei ausgelöst haben. Bald nahm auch Rußland teil an diesem Krieg, und seit Oktober 1876 beginnt Dostojewski über Rußlands »Hilfe für die Slawen«, als einer Volksbewegung (S. 249/250) zu schreiben und diese angesichts des geweckten Mißtrauens zu verteidigen. Es handelte sich ja damals um eine panslawistische Propaganda-Aktion, die zur Bildung eines Freiwilligen-Korps führte, das unter General Tschernjajew im Zeichen der »brüderlichen Hilfe« entsandt wurde. Dieser Krieg erweckte ein recht großes Interesse in der gebildeten Schicht Rußlands und forderte klare Stellungnah-

men. Auch die russischen Literaten kamen zu Wort; die Meinungsäußerungen waren aber verschiedener Färbung. So ging selbst der »Volkstümler« und Gesellschaftsanalytiker Gleb Uspenski an die Front, kam aber zurück mit der Überzeugung, daß der russische »Freiwillige« umsonst für die Serbischen »Schweinshändler« kämpfe (*Briefe aus Serbien*, 1876–1877), der berühmte Satiriker Michail Saltykow-Schtschedrin veröffentlichte im Rahmen eines satirischen Zyklus sein Fragment *Anklänge* (*Otgoloski*), eine erbitterte groteske Vision der Volksbewegung, und unter dem Namen Rededja verspottete er den Befehlshaber der »Freiwilligen«, dem die Kriegswucherer folgten. Auch der ehemalige Arbeitgeber Dostojewskis und jetziger Beobachter des serbischen Krieges, Fürst Meschtscherski, war wegen der serbischen Kleinbauern enttäuscht, die reicher als russische waren und keinen Kriegsenthusiasmus zeigten; besonders fremd war ihm der westliche Liberalismus der serbischen gebildeten Schicht (*Wahrheit über Serbien*, 1877).

Dostojewskis Zorn erweckte aber Leo Tolstoi, der in der in einem Sonderband erschienenen Fortsetzung (VIII. Teil) seiner *Anna Karenina* den Offizier Wronski nach Serbien entsandte und in diesem Zusammenhang kritische Thesen zur »Volksbewegung« zum Ausdruck brachte. Für Tolstois um die Figur Lewin versammelte Gesellschaft war die »slawische Frage« nur ein modischer Zeitvertreib, eine Beschäftigung mit egoistischen, eitlen Zielsetzungen; Rußland war außerdem aus dieser Sicht nicht imstande, einen solchen Krieg zu führen. Dostojewski las und kommentierte begeistert den in Fortsetzungen erscheinenden Roman, den er auch im Kontext der Weltliteratur sehr hoch schätzte, ja aufgrund dessen er das russische Modell den europäischen Modellen gegenüberstellte und sich dabei beim Leser entschuldigte, daß er sich mit »literarischer Kritik befasse« (S. 386). Danach aber griff er, sein Bekenntnis zum Slawophilentum betonend, die entsprechenden Kapitel des Romans an, wegen Lewins und damit auch Tolstois Verleugnung der »Seele des Volkes in der eigenmächtigsten Weise« (S. 407).

In den der Orientfrage gewidmeten Fragmenten seiner *Tagebücher* 1876 und 1877 erwies sich der Autor als ein Nachfolger der Slawophilen, die das Erwachen des russischen nationalen Geistes und die damit verbundene Idee der allslawischen Vereinigung unter russischer Führung im Zeichen der Orthodoxie förderten. Er erklärte zum höchsten Ziel, das (orthodoxe) Kreuz auf der Hagia Sophia zu Konstantinopel zu erheben und machte sich somit den russischen Imperialismus mit seinem Drang zu den »Meerengen« (vgl. S. 280) zu eigen. In seinen *Tagebüchern* 1876 und 1877 entwickelte er seinen »völkischen« Messianismus. Er verteidigte polemisch gegen seine unbenannten und benannten (u.a. Tolstoi) Gegner Rußlands Sendung bei den slawischen Völkern am Balkan (die katholischen Slawen bleiben freilich völlig unberücksichtigt); er fand den Willen zur Eroberung Konstantinopels in der russischen vorpetrinischen und petrinischen Tradition und er idealisierte die Volksbewegung zugunsten der orthodoxen Balkanslawen als eine Offenbarung des unegoistischen Selbstaufopferns des russischen Volkes für andere Völker und für die Einheit der russischen Nation unter dem Zaren – »die geistige Unteilbarkeit unseres Volkes und dessen engste Einheit mit dem Monarchen« (S. 294). In der Volksbewegung sah Dostojewski eine Möglichkeit zur Aufhebung des Zwiespaltes zwischen der gebildeten Schicht und dem Volk, über die er seit dem *Tagebuch* 1873 ständig schrieb. Gerade deshalb warf er dem Gutsbesitzer Lewin bei Tolstoi Skeptizismus gegenüber der Volksbewegung vor.

In der gesamteuropäischen Politik, für die in diesen Jahren Dostojewski lebhaftes Interesse zeigt und über die er spekuliert (vgl. das Deutschland-Kapitel im Mai/Juni-Heft 1877), wird Rußland auch die Rolle einer »Sendung« zugeteilt. Die »russische Idee« wird im allgemein-europäischen politischen Kontext als eine universalistische Idee bekräftigt. Als Beispiel des russischen Universalismus dient dabei schon im *Anna Karenina*-Kapitel Puschkin, »als der grellste, stärkste und unwiderlegbarste Beweis für die Selbständigkeit des russischen

Genies und sein Anrecht auf die größte universale, allmenschliche und allvereinende Bedeutung in der Zukunft« (S. 395).

Diese hohe Einschätzung Puschkins sollte hier als Bekräftigung der »Allmenschlichkeit« der russischen Politik in der Orientfrage dienen, sie wird sich beim Puschkin-Jubiläum 1880 verselbständigen und unabhängig von jeder politischen Pragmatik angesprochen werden.

Die *Tagebücher* 1876 und 1877 zeichnen sich ebenfalls durch häufige Überlegungen zur Frage »Rußland und Europa« aus. Daß das materialistische und sozialistische Übel aus Europa in Rußland übernommen worden sei, war schon in Dostojewskis memoirenhaften Fragmenten aus dem Jahre 1873 angedeutet, wenn auch noch nicht so klar ausgelegt wie im späteren *Tagebuch*. Jetzt, in Dostojewskis politisierten Äußerungen, wird die »Seele« des russischen Volkes als tragende Kraft der Befreiung vom »Joch des Materialismus« (S. 299) bezeichnet, er spricht bereits über die Internationale als eine »Vereinigung aller Armen dieser Welt« (S. 359) und greift deren Internationalismus an sowie die Neigung, sich des Zwekkes wegen auch unter die »allerdespotischste Fahne« (S. 369) zu stellen. Den sozialistischen Glauben »an den menschlichen Ameisenhaufen« (ständige Metapher Dostojewskis, vgl. z. B. S. 370) könnte nach den Phantasien des Schriftstellers, der doch seine Inkompetenz in der Politik hie und da einräumt (vgl. S. 381), auch der Katholizismus (Papst) in seinen Dienst stellen, und gerade deshalb stimmt Dostojewski der Politik Bismarcks zu, denn sie richtet sich gegen den Sozialismus und das Papsttum zugleich!

Das eingeschobene George Sand-Kapitel scheint weit von solchen politischen Überlegungen entfernt zu stehen. Doch auch hier wird die Idee des russischen Universalismus, der »Allmenschheit« ausgearbeitet. Am Grabe der in der russischen Literatur sehr einflußreichen Schriftstellerin, deren sittliche Hoffnungen und Ideale er hervorhebt und die er als »größte Christin« unter den französischen Schriftstellern bezeichnet, betont Dostojewski ihre Unfähigkeit, sich bewußt zu der Hauptidee der Orthodoxie zu bekennen, nämlich daß es »in der ganzen Welt keinen Namen außer dem Seinen gibt, durch den man selig werden kann« (S. 209). Das Kapitel über die sittlichen, keuschen und sich opfernden Heldinnen, die die französische Schriftstellerin geschaffen habe, ist im Grunde genommen zwischen zwei politische Fragmente gestellt: das zweite Kapitel des April-Heftes für das Jahr 1876 enthält gleich nach der kurzen Einführung über politische Fragen (also einer Motivierung des Wechsels zu einem neuen Diskurs) ein Fragment mit dem Titel *Der Paradoxist*, und das Juni-Heft dieses Jahres beginnt mit dem George-Sand-Kapitel, dem das Fragment unter dem Titel *Mein Paradox* unmittelbar folgt. Obwohl diese Kapitel ziemlich weit auseinander liegen, sind sie nicht nur dem Titel nach verwandt. Der erste »Paradoxist« bleibt anonym, er wird zitiert, durch den Schriftsteller befragt, und, seine Fragen beantwortend, verteidigt – es handelt sich um den Krieg. Die Verteidigung gilt dem Krieg als solchem, als einer Lösung von der »gewöhnlichen Apathie«, als ein Mittel gegen die *Entartung* (der Begriff erscheint hier spontan vor dem auch in Rußland berühmt gewordenen Buch Max Nordaus!) der Kunst (»zu all dem entartet die Kunst in einem langen Frieden«, S. 193), als eine Lösung der sozialen Konflikte (»Der Krieg [...] versöhnt den Herrn mit dem Knecht«, vgl. S. 195–196) und als Möglichkeit der Aufopferung »für die gemeinsame Sache«. Der Schriftsteller widerspricht diesem Gedanken nicht – »mit Träumern kann man nicht streiten« (S. 196) –, er fragt nur und hält sich zurück. Es sei hier bemerkt, daß sich der Autor der *Tagebücher* dem Leser mehrmals als Träumer vorstellt und daß manche dieser träumerischen Gedanken später in die paradoxe Denkweise des Schriftstellers integriert werden. Das zweite »Paradox« ist ja schon dem Subjekt des Textes zugeschrieben. Jetzt handelt es sich um das Verhältnis Europas zu Rußland und Rußlands zu Europa. Paradox erscheint zuerst, daß gerade die Westler (russische Sozialisten und Anarchisten) Rußland in Europa vertreten und daß gerade diese Ideologen die europäische (bürgerliche) Zivilisation radikal verneinen. Diesem Paradox folgend entwickelt Dostojewski, indem er sich auf die Orientfrage beruft, seine eigenen Gedanken zur stufenartigen Expansion der»russischen Idee«. Diese Idee wiederum knüpft an die russische orthodoxe Tradition an, integriert Europas Denken und soll dem »rechtgläubigen« Allslawentum zur »Allmenschheit« verhelfen. Dies sei die Weltbestimmung Rußlands, seine »Prädestination oder Sendung«. Diese Auffassung wird zwar als eine utopische Geschichtsauffassung bezeichnet, aber mit dieser »Utopie« wird als »heiliges Ziel«, als ihre »positive Folgerung«, die Forderung nach der Eroberung Konstantinopels begründet (S. 227–228). Von dieser Auffassung ausgehend wird Dostojewski »sein Paradox« mit dem des »Paradoxisten« verbinden, gleich nach der Kriegserklärung Rußlands, im April-Heft 1877. Jetzt begrüßt Dostojewski unmittelbar den Krieg in einer Polemik mit den »Klugen« seines Landes und mit Argumenten, die denen des »Paradoxisten« ziemlich nahestehen: »Wir brauchen diesen Krieg auch für uns selbst: nicht nur für unsere von den Türken gequälten ›slawischen Brüder‹ erheben wir uns, sondern auch zur eigenen Rettung. Der Krieg wird die Luft, die wir atmen, erfrischen, die Luft, in der wir in der Ohnmacht unserer Verwesung und geistigen Beengtheit bald zu ersticken drohten« (S. 340–341).

Diese Gedanken verbinden sich mit der mehrmals ausgesprochenen Idee des russischen Märtyrertums als eines Weges zur »allmenschlichen« Erlösung: »Nein, wie man sieht, läßt sich die Wahrheit doch nur durch Märtyrertum erkaufen« (S. 341). Das Gleichnis des russischen Märtyrertums war schon im Januar-Heft 1877 vorgezeichnet. Im Jahre 1876 wurde uns der »helle« *Bauer Marei* als ein Vertreter der russischen Seele gezeigt, diesmal dient als eine Parabel für diese Seele der Fall *Foma Danilows, eines zu Tode gemarterten russischen Helden*, eines Unteroffiziers des 2. Turkistanischen Schützenbataillons, der nicht »zum Mohammedanismus hatte übertreten wollen« (S. 294) und unter Qualen starb.

Dieser für den Glauben im weit entfernten Mittelasien gestorbene Soldat, kein »Freiwilliger« im Aufmarsch der Armee zugunsten der »slawischen Brüder«, wird für Dostojewski zum »Symbol des russischen Volkes« (S. 299). Mit seinem Beispiel ist die spätere Apologie des russischen Eroberungskrieges in Asien am Ende der Tagebuchfolge verbunden: »Und darum nochmals: Es lebe der Sieg von Geok-Tepe! Hoch Skobeleff und seine Soldaten! Und ewiger Ruhm den Helden, deren ›Namen aus den Listen gestrichen sind‹! Wir werden sie in Listen unserer Geschichte eintragen« (S. 596).

Durchgehend bekennt sich Dostojewski in seinen *Tagebüchern* zum Christentum. Bis 1876 ist es ein Christentum des Mitleides mit den Erniedrigten und Beleidigten, mit den Opfern, die aber keine Opfer des Milieus (siehe hier die Polemik mit dem Positivismus im Kapitel *Das Milieu* 1873) seien, sondern dem Bösen in der menschlichen Seele gehorchen, um dann zu büßen. Sein Mitleid gilt besonders den Schwachen – Kindern und Frauen (besonders die Frauengestalten sind bei ihm überzeugend!). Es treten bei Dostojewski die Motive der Sünde und der Buße hervor, es gibt mehrere Auseinandersetzungen mit der als verlogen dargestellten institutionalisierten Familie, die in der Geschichte des Prozesses Kroneberg ausführlich zur Sprache kommen und mit den Überlegungen über *Die Familie und unsere Heiligentümer* (1876) enden. Auch die literarischen Werke werden nach ihrem christlichen Sinn beurteilt (vgl. z. B. seine Äußerungen zu George Sand), Dostojewskis Kritik am materialistischen Sozialismus scheint ebenfalls christlich begründet zu sein. Im Zeichen des Evangeliums wird auch ein neuer Mythos Rußlands aufgebaut: Das russische Volk ist ein leidendes Volk, es muß seinen Leidensweg gehen und dulden, indem es sich für andere Völker aufopfert. Durch dieses Opfer wird das russische Volk die »Allmenschheit« erreichen und seine »Sendung« erfüllen. Es ist ein »heiliges« Volk.

Dazu sollte man anmerken, daß Dostojewskis »Träumer« dem Christentum die Anerkennung des Krieges zuschrieb, da der Krieg die Menschen einander näherbringe und so die »Bruderliebe« entwickle und die Völker verbinde (S. 194). Desgleichen beurteilte auch der Schriftsteller selbst den Krieg, als sich dieser entfaltete. Der Publizist Dostojewski ist auch innerhalb der politischen Gegebenheit der Orientfrage intolerant: Sein Christentum beschränkt sich auf die »Rechtgläubigen«, d. h. die russischen und slawischen Orthodoxen, er ironisiert die theoretische Möglichkeit einer »brüderlichen Hilfe« für die (protestantischen) Skandinavier, er läßt sich zu Haßausbrüchen gegenüber dem Islam und wiederholten boshaften, ja antisemitischen Bemerkungen über die Juden und das Judentum (vgl. dazu: F. Ph. Ingold, *Dostojewski und das Judentum*. Frankfurt am Main, 1981) hinreißen, die im »volkstümlichen« Krieg die Russen nicht besiegen könne, ungeachtet der »Millionen [ihres] Goldes« (S. 345). Nein, ökumenisch ist Dostojewskis Christentum nicht, obwohl man heute Dostojewski auch ökumenisch zu deuten versucht (beim letzten Dostojewski-Kongreß in Laibach, Slowenien, im Jahre 1989, wurde für Dostojewski eine Messe in einer katholischen Kirche unter Teilnahme von katholischen, protestantischen und orthodoxen Priestern abgehalten, und seine Rede über Dostojewski hielt der Laibacher Bischof in deutscher Sprache!).

An einer Stelle des *Tagebuchs* 1876 erinnert sich Dostojewski, daß in der Literatur vor »guten dreißig Jahren«, also um 1846, nur Romane in der Literatur »erlaubt waren« – »alles übrige, fast jeder Gedanke [...] war strengstens verboten« (S. 201). Mit seinem *Tagebuch* bricht er nochmals, nach den *Aufzeichnungen aus einem Totenhaus* (1860–1862), den *Winteraufzeichnungen über Sommereindrücke* (1863), den *Aufzeichnungen aus dem Untergrund* (1864) dieses (ästhetische) »Verbot« des russischen Realismus. Aber schon zwei Jahre nach diesen Bemerkungen stellt Dostojewski seine Tagebuchausgaben ein und beginnt wieder an einem großen Roman zu arbeiten. *Die Brüder Karamasoff* (1880) werden sein letzter und größter Roman sein, neben Tolstois *Krieg und Frieden* wahrscheinlich der größte je geschriebene Roman der russischen Literatur, dessen Konstruktion aber schon den Prinzipien des realistischen Romans widerspricht und dessen Polyphonie, diese »Mehrstimmigkeit« der drei Mitglieder einer »zufälligen Familie«, nicht nur stilistisch, sondern in erster Linie ideologisch begründet ist. Zur organischen, ja klassischen Einheit der Handlung, der Zeit und des Raumes, wie im Roman *Schuld und Sühne*, ist Dostojewski nicht mehr zurückgekommen. Übrigens bemerkte schon der junge Georg Lukács in seiner *Theorie des Romans* (1916), daß Dostojewskis Romane keine Romane mehr wären, nicht in dem Sinne, in dem der Gattungsbegriff im 19. Jahrhundert verstanden wurde.

In den 80er Jahren kommt es nach dem Tode Dostojewskis und nach der Absage Tolstois an die *belles lettres* (die seien ja dem Volke unverständlich!) zum Zerfall des russischen Romans, und zu diesem Zerfall hat Dostojewski als Publizist in seinen *Tagebüchern* mit beigetragen. Eine neue Periode der russischen Literatur war auch mit der Puschkin-Rede Dostojewskis angekündigt. Anfang 1876 bezichtigte Dostojewski die russische Literatur der Unverständlichkeit einerseits und der übermäßigen Anlehnung an andere europäische Literaturen andererseits. Auch Puschkin wurde damals als ein Nachahmer Byrons erwähnt! Im Jahre 1880 kommt es zur Revision dieser Urteile. Puschkin wird auf das Piedestal der russischen Literatur, ja der Weltliteratur gehoben, er steht vor dem Leser als eine monumentale Figur und als Stellvertreter des Volksgeistes Rußlands; auch seine Anlehnungen an die europäische Tradition werden jetzt positiv bewertet. Und dieses Lob für Puschkin entfaltet sich aus der Gegenüberstellung Puschkins (und Lermontows) mit dem 1877 verstorbenen, in den 60er und 70er Jahren hochgeschätzten Dichter Nekrassow. Gerade im Nekrassow-Kapitel des Jahres 1877 kündigt Dostojewski seine Umwertung der russischen Literaturgeschichte an. Vor dem Hintergrund der damaligen russischen Kritik, die seit den 60er Jahren Puschkins Bedeutung in der russischen Literatur herabsetzte, den Dichter als einen zwar geschickten, aber adeligen und volksfremden Versmacher einstufte und ihm die tendenziöse Dichtung Nekrassows gegenüberstellte, stellte Dostojewski Puschkin *neben* Nekrassow und sprach sich für eine Umwertung aus, »denn das Wort Puschkins ist für uns noch immer ein neues Wort; es ist nicht nur neu, sondern überhaupt noch nicht erkannt und verstanden und wird von vielen als altes Gerümpel angesehen« (S. 452).

Durch die Rede Dostojewskis wurde Puschkin für die russische Literatur neu entdeckt. Gerade er, der kein sozial tendenziöser Dichter gewesen ist, habe den negativen Typ des volksfremden Adeligen in *Eugen Onegin* erkannt, gerade er, der die »Fähigkeit, sich in den Geist fremder Nationen hineinzuversetzen« bewiesen habe (vgl. S. 471), konnte dem Volksgeist näher stehen als jene Schriftsteller, die sich an die volkstümliche mündliche Überlieferung angelehnt haben! Mit diesen Thesen sprach sich Dostojewski eigentlich gegen die Vorherrschaft der bewußten sozialen Tendenz aus, gegen die Nachahmungen der natürlichen Volkssprache, gegen dessen Idiomatik und Motivik und für die hohen ästhetischen Werte der Literatur, die nicht unmittelbar im Dienste des Volkes stehen und doch den Volksgeist ausdrücken können. Nicht ein Realist, nicht ein Romanschriftsteller, nicht ein ausgesprochener Sozialanalytiker wurde auf das allerhöchste Piedestal der russischen Literatur gestellt, und gerade das war für die russische Literaturkritik neu. Das »neue Wort« wurde einem Romantiker zugeschrieben, der von vielen als »altes Gerümpel« angesehen wurde. Literaturgeschichtlich gesehen ist dies von kapitaler Wichtigkeit, denn ungeachtet allen anderen Zielsetzungen in seiner Rede hat Dostojewski den Weg für das silberne Zeitalter der russischen Dichtung der 90er Jahre geebnet. Die große Periode des russischen Realismus war damit zugleich abgeschlossen.

Aleksandar Flaker

AUSWAHLBIBLIOGRAPHIE*

Denisova, R., *Publičnost' v tvorčestve F. M. Dostoevskogo. 1870-ch godov. »Dnevnik pisatelja« i »Brat'ja Karamazovy«*, Diss. Leningrad 1986.

Evdokimova, O., »Problema dostovernosti v russkoj literature poslednej treti XIX v. i ›Dnevnik pisatelja‹ F. M. Dostoevskogo«. In: *Dostoevskij. Materialy i issledovanija*, Bd. 8, 1988, S. 177–191.

Fridlender, G., » ›Reč' o Puškine kak vyraženie ėstetičeskogo samosoznanija Dostoevskogo«. In: *Russkaja literatura*, 1981, 1, S. 52–64.

Grišin, D., *»Dnevnik pisatelja« Fëdora Michajloviča Dostoevskogo*, Melbourne 1966; ²1971.

Kelly, A., »Irony and Utopia in Herzen and Dostoevsky: *From the Other Shore* and *Diary of a Writer*«. In: *The Russian Review*, 50, 1991, H. 4, S. 397–417.

Kjetsaa, Geir, *Dostojewskij. Sträfling – Spieler – Dichterfürst*, Gernsbach 1986, S. 365–435.

Morson, G. S., »Reading Between the Genres. Dostoevsky's ›Diary of a Writer‹ as Metafiction«. In: *Yale Review*, 68, 1970, S. 224–234.

Ders., »Dostoevsky's ›Writer's Diary‹ as Literature of Process«. In: *Russian Literature*, 1976, 4, S. 1–14.

Ders., *The Boundaries of Genre. Dostoevsky's »Diary of a Writer« and the Traditions of Literary Utopia*, Austin/Texas 1981.

Perlina, N., »Vozdejstvie gercenovskogo žurnalizma na architektoniku i polifoničeskoe stroenie ›Dnevnika pisatelja‹ Dostoevskogo«. In: *Dostoevsky Studies*, 5, 1984, S. 141–155.

Rozenbljum, L., *Tvorčeskie dnevniki Dostoevskogo*, Moskau 1981.

Tunimanov, V., »Publicistika Dostoevskogo, ›Dnevnik pisatelja‹«. In: *Dostoevskij. Chudožnik i myslitel'*, Moskau 1972, S. 165–209.

Vinogradov, V. *O chudožestvennoj proze*, Moskau/Leningrad 1930, S. 145–176.
Volgin, I., »Dostoevskij i carskaja cenzura: k istorii izdanija ›Dnevnika pisatelja‹«. In: *Russkaja literatura*, 1970, 4, S. 106–120.
Ders., »Nravstvennye osnovy publicistiki Dostoevskogo (Vostočnyj vopros v ›Dnevnike pisatelja‹)«. In: *Izvestija AN SSSR. Serija literatury i jazyka*, 1971, 4, S. 312–324.
Ders., »Redakcionnyj archiv ›Dnevnika pisatelja‹«. In: *Russkaja literatura*, 1974, 1, S. 147–161.
Ders., »Dostoevskij i russkoe obščestvo«. In: *Russkaja literatura*, 1976, 3, S. 123–143.
Ders., »›Dnevnik pisatelja‹. Tekst i kontekst«. In: *Dostoevskij: Materialy i issledovanija*, Bd. 3, Leningrad 1978, S. 151–158.

* Die in der Bibliographie verwendete Schreibweise ist die wissenschaftliche slawistische Umschrift, weicht also von der des übrigen Textes ab.

BIOGRAPHISCHE DATEN

1821 Fjodor Michailowitsch Dostojewski als Sohn des Militärarztes und Sozialmediziners Michail Andrejewitsch Dostojewski (* 1789) in Moskau geboren (30. Oktober alten Stils, 11. November neuen Stils); Mutter: Maria Fjodorowna, geb. Netschajewa (* 1800); älterer Bruder: Michail Michailowitsch Dostojewski (* 1820).

1837 Tod der Mutter, F. M. und M. M. Dostojewski übersiedeln nach St. Petersburg, um sich auf das Bauingenieurstudium vorzubereiten; Jugendfreundschaft mit den Literaten Dmitri Grigorowitsch und Iwan Schidlowski.

1838 Neben seinen technischen Studien an der Ingenieurschule der Militärakademie in St. Petersburg widmet sich Dostojewski während mehrerer Jahre ausgedehnten Lektüren (Homer, Shakespeare, Racine, Corneille, Pascal, Schiller, Hoffmann, Hugo, Balzac, George Sand u. a.).

1839 Ermordung des Vaters durch leibeigene Bauern auf seinem Landgut.

1843 Studienabschluß und Brevetierung als Offizier; Übersetzung von Honoré de Balzacs *Eugénie Grandet*.

1844 Dostojewski nimmt seinen Abschied, um freier Schriftsteller zu werden; Beginn der Arbeit am Roman *Arme Leute*; Übersetzungen und Übersetzungsprojekte (Sand, Sue).

1845 Bekanntschaft mit Iwan Turgenjew, Nikolai Nekrassow und dem Literurkritiker Wissarion Belinski.

1846 *Arme Leute, Der Doppelgänger*. Bekanntschaft mit Michail Petraschewski und Alexander Herzen, Beginn der Freundschaft mit Apollon Maikow.

1847 *Roman in neun Briefen*. Dostojewski wird Mitglied des revolutionären Petraschewski-Kreises, liest Fourier, Cabet, Halvétius, Saint-Simon, schreibt und veröffentlicht *Die Wirtin*.

1848 Mehrere Erzählungen sowie der Kurzroman *Helle*

Nächte im Druck. Enger Kontakt mit Petraschewski und Nikolai Speschnjow.

1849 Dostojewski wegen angeblich staatsfeindlicher Aktivitäten im Petraschewski-Kreis (Vorlesung eines »kriminellen Schreibens« von Belinski) aufgrund einer Denunziation verhaftet, zum Tode verurteilt, schließlich durch den Zar Nikolaus I. begnadigt zu vier Jahren Verbannung (mit Zwangsarbeit) und anschließender Militärdienstpflicht als »gemeiner Soldat«. Deportation nach Tobolsk (24. Dezember).

1850 Ab 23. Januar (bis Mitte Februar 1854) Festungshaft in Omsk; private Aufzeichnungen im *Sibirischen Heft*; Dostojewskis epileptische Erkrankung erstmals ärztlich diagnostiziert und offiziell registriert.

1856 Dostojewski arbeitet in Semipalatinsk, wohin er Anfang 1854 als Soldat des 7. Grenzbataillons abkommandiert wurde, an den *Aufzeichnungen aus einem Totenhaus*; dank obrigkeitlicher und privater Protektion sowie aufgrund einiger von ihm verfaßter patriotischer Verse wird Dostojewski zum Offizier befördert (1856).

1857 Heirat mit Maria Dmitrijewna Issajewa (6. Februar); schwere epileptische Krisen. Aus gesundheitlichen Gründen beantragt Dostojewski seine Entlassung aus der Armee und eine Aufenthaltsbewilligung für Moskau.

1859 Dostojewski wird als Unteroffizier aus der Armee entlassen; er kehrt über Twer nach St. Petersburg zurück und steht von nun an bis zu seinem Lebensende fast permanent unter geheimpolizeilicher Aufsicht; *Onkelchens Traum, Das Gut Stepantschikowo und seine Bewohner* erscheinen im Druck.

1860 Werksausgabe in zwei Bänden; die *Aufzeichnungen aus einem Totenhaus* beginnen zu erscheinen (1860–62).

1861 Erste Lieferung der von F. M. und M. M. Dostojewski gemeinsam redigierten Zeitschrift »Die Zeit«; hier beginnt der Roman *Die Erniedrigten und Beleidigten* im Druck zu erscheinen; Bekanntschaft mit Alexander Ostrowski,

Iwan Gontscharow, Michail Saltykow-Schtschedrin und Apollon Grigorjew. Bekanntschaft mit Apollinaria (Polina) Suslowa, einer Mitarbeiterin der »Zeit« und typischen Vertreterin der Frauenemanzipation der sechziger Jahre.

1862 Erste Auslandsreise: Berlin, Dresden, Köln, Paris, von dort aus Besuch der Weltausstellung in London, Zusammentreffen mit Herzen, zurück nach Paris, dann nach Genf (Treffen mit Nikolai Strachow), von dort nach Italien (Florenz) und über Wien zurück nach Rußland (Juni–September).

1863 In der »Zeit« erscheinen die *Winteraufzeichnungen über Sommereindrücke*, ein sarkastischer Reisebericht, der allerdings nicht Westeuropa, sondern den westeuropäischen Spießer – den »Kapitalisten« ebenso wie den »Sozialisten« – zum Gegenstand hat. »Die Zeit« wird wegen eines »antipatriotischen« Beitrags von Strachow verboten. Ab August (bis Ende Oktober) zweite Auslandsreise, teilweise in Begleitung Apollinaria Suslowas: Frankreich, Deutschland, Italien; Beginn von Dostojewskis Spielleidenschaft (Baden-Baden, Bad Homburg).

1864 Erstes Heft der von F. M. und M. M. Dostojewski neu gegründeten Zeitschrift »Die Epoche« ausgeliefert (enthält u. a. den 1. Teil der *Aufzeichnungen aus dem Untergrund*, deren 2. Teil in Heft IV erscheint). In Moskau stirbt Dostojewskis erste Frau (14. April); in kurzer Folge verliert Dostojewski auch seinen Bruder Michail (10. Juli) sowie seinen Mitarbeiter und Freund Apollon Grigorjew (22. Juli).

1865 Aus finanziellen Gründen muß Dostojewski auf die weitere Herausgabe der »Epoche« verzichten; dreibändige Werkausgabe bei Stellowski (1866 abgeschlossen); erste Entwürfe zu *Schuld und Sühne*. Zwei Heiratsanträge Dostojewskis (an Apollinaria Suslowa und die Nihilistin Anna Korwin-Krukowskaja) werden abgewiesen. Dritte Auslandsreise (Juli–Oktober): Wiesbaden (wo sich

Dostojewski beim Roulettespiel ruiniert), Rückkehr über Kopenhagen.

1866 *Schuld und Sühne*. Dostojewski diktiert einer jungen Stenographin, Anna Grigorjewna Snitkina, in sechsundzwanzig Tagen den Kurzroman *Der Spieler* (Oktober).

1867 Heirat mit Anna Snitkina (Dostojewskaja) am 15. Februar; wegen hoher Verschuldung fluchtartige Abreise ins Ausland (14. April). Dresden, Bad Homburg, Baden-Baden. Besuch bei Turgenjew (endet mit Zerwürfnis). Basel (Ende August), wo Hans Holbeins Gemälde »Der tote Christus« im Kunstmuseum einen großen Eindruck bei ihm hinterläßt. Am 25. August Ankunft in Genf. Entwürfe zum Roman *Der Idiot* und Niederschrift der Kapitel I–VII.

1868 Beginn der Drucklegung des Romans *Der Idiot* in Michail Katkows konservativer Zeitschrift »Der Russische Bote«. Reger Briefwechsel mit Maikow; Invektiven gegen die westlichen Sozialisten und gegen die ganze »neue, progressive, liberale« Richtung innerhalb der russischen Intelligenz (Saltykow-Schtschedrin, Turgenjew, Nikolai Tschernyschewski). Geburt und Tod der Tochter Sofija (Sonja) in Genf (22. Februar–12. Mai). Anfang April dritter und letzter Ausflug nach Saxon-les-Bains, wo Dostojewski im Spielkasino alles verspielt. Anfang Juni Übersiedlung von Genf nach Vevey. Weiterarbeit am Roman *Der Idiot*. Im September Ausreise nach Italien (Mailand, dann Florenz).

1869 *Der Idiot* abgeschlossen und erschienen. Abreise der Dostojewskis aus Italien (über Prag nach Dresden); in Dresden Geburt der Tochter Ljubow (14. September). Entwurf eines fünfteiligen Romanzyklus (»Das Leben eines großen Sünders«).

1870 *Der ewige Gatte*; Entwürfe zu dem Roman *Die Dämonen* und »Das Leben eines großen Sünders«.

1871 Vor seiner Rückkehr nach Rußland verbrennt Dostojewski aus Furcht vor Zollkalamitäten mehrere seiner Manuskripte, darunter jenes zum Roman *Der Idiot*. Ankunft der Dostojewskis in St. Petersburg (8. Juli) und Geburt des Sohnes Fjodor (16. Juli). *Die Dämonen* (Teile I–II) als Vorabdruck im »Russischen Boten«.

1872 Kontaktaufnahme mit konservativen Regierungskreisen. Arbeit an Teil III der *Dämonen* in Staraja Russa. Bekanntschaft mit Nikolai Leskow.

1873 *Die Dämonen* als Einzelausgabe in drei Bänden; Dostojewski nimmt seine Tätigkeit als Redakteur des konservativen »Staatsbürgers« auf; erste Lieferungen des *Tagebuchs eines Schriftstellers* (als Beiträge zum »Staatsbürger«).

1874 Dostojewski gibt seine Stellung als Redakteur beim »Staatsbürger« auf, um sich wieder vermehrt seinen eigenen literarischen Projekten widmen zu können. Aufenthalt in Staraja Russa (Mai), Reise nach Bad Ems (Juni). Kurzbesuch in Genf (August), um das Grab Sonjas zu sehen.

1875 *Der Jüngling* (Publikationsbeginn). Kuraufenthalt in Bad Ems (Mai–Juli). Staraja Russa. *Der Jüngling* abgeschlossen. Geburt des zweiten Sohnes, Aljoscha (10. August).

1876 Das *Tagebuch eines Schriftstellers* erscheint fortan im Selbstverlag; in der Juni-Ausgabe Nekrolog auf George Sand. Kur in Bad Ems (Juli). *Die Sanfte* (November, als Reaktion auf den Selbstmord von Herzens Tochter Lisa).

1877 Fortsetzung des *Tagebuchs eines Schriftstellers*; zunehmendes politisches Engagement (Panslawismus, Orientfrage, Imperialismusgedanke).

1878 Arbeit am *Tagebuch eines Schriftstellers* vorübergehend eingestellt. Arbeit am Roman *Die Brüder Karamasow* (bis 1880). Bekanntschaft mit dem Philosophen Wladimir Solowjow, mit dem Dostojewski nach dem Tod seines Sohnes Aljoscha (16. Mai) in das Kloster Optina Pustyn fährt.

1879 Fortsetzung der Arbeit an den *Brüdern Karamasow*. Vortragstätigkeit, Lesungen. Kur in Bad Ems (Juli–September). Drucklegung der *Brüder Karamasow* (bis 1880).

1880 *Die Brüder Karamasow* (Einzelausgabe). Lesungen. Rede zur Puschkin-Feier (8. Juni); Sonderheft des *Tagebuchs eines Schriftstellers* (Puschkin-Rede, mit Einleitung, Ergänzungen und gegenkritischen Erwiderungen).

1881 Vorbereitung des *Tagebuchs eines Schriftstellers* für das laufende Jahr. Erkrankung Dostojewskis (25./26. Januar, Blutsturz infolge eines Lungenemphysems); Tod (28. Januar/9. Februar); öffentliche Trauerfeier unter Teilnahme von 50000 bis 60000 Trauergästen (31. Januar); Grabreden von Alexander Palm, Maikow, Solowjow (1. Februar).

Ilma Rakusa

Im Nachwort und in den biographischen Daten wurde bei den russischen Namen die heute übliche Schreibweise verwendet.

INHALT

Ralf Bönt
Icks

Roman. 170 Seiten. Geb.

Von Berlin an das Ende der Welt: Ralf Bönts junger Held Icks reist zurück in seine Heimat, ein tristes ostwestfälisches Kaff. Seit fast zehn Jahren hat er sich dort nicht mehr blicken lassen, und geplant war auch nur eine unverbindliche Stippvisite. Aber schon auf dem Bahnhofsvorplatz ist Icks mittendrin in seiner Vergangenheit, verfolgen ihn die Erinnerungen an seine erste Liebe, an die monströse Skulptur vor der Kunsthalle und den nicht gegebenen Elfmeter damals. Am Ende seines Besuchs wartet das Treffen mit den Eltern, dessen Ausgang ihm schon Stunden vorher gespenstisch deutlich vor Augen gestanden hat.
In einem rasanten Monolog und mit virtuosen erzählerischen Mitteln stellt uns Ralf Bönt den gepeinigten Icks vor. Und in dessen atemloser Rhapsodie über Jimi Hendrix, Konrad Adenauer, Gott und die Welt finden sich die Ideale und zerstörten Illusionen einer ganzen Generation wieder. »Icks« ist ein furioser Roman über das Erwachsenwerden und zugleich eine lakonische Abrechnung mit der deutschen Provinz.

Alessandro Baricco
Land aus Glas

Roman. Aus dem Italienischen von Karin Krieger.
272 Seiten. Geb.

Irgendwann im 19. Jahrhundert, irgendwo in Europa, in dem Städtchen Quinnipak, das es eigentlich gar nicht gibt, spielt die Geschichte dieses Romans. Sie handelt von Jun, deren Lippen jeden, der sie ansieht, verrückt machen. Von ihrem Mann Mr. Rail, Direktor einer Glasfabrik, der davon träumt, eine schnurgerade, unendliche Eisenbahnlinie zu bauen. Von Pekisch, dem Erfinder und Komponisten des Ortes, der alle Töne in sich trägt und ein menschliches Musikinstrument entwickelt, das aus den Bewohnern von Quinnipak besteht. Zu diesen skurrilen Gestalten gesellt sich eines Tages noch Horace, ein genialer Architekt aus Paris, der ausgerechnet in Quinnipak einen Glaspalast von noch nie dagewesenen Ausmaßen errichten will. Doch nicht nur er muß schließlich erkennen, daß das Leben nicht nur aus Luftschlössern bestehen kann.
Ein Buch voll Poesie, Witz und Weisheit. Ein Buch über die Liebe und das Verlangen, über Zeit und Geschwindigkeit, über Musik und Gefühle, über Technik und Fortschritt, über Genies, Spinner und Erfinder.

Alessandro Baricco
Novecento

Die Legende vom Ozeanpianisten. Aus dem Italienischen von Erika Cristiani. 83 Seiten. Geb.

Auf dem luxuriösen Ozeandampfer Virginian, der zu Beginn des Jahrhunderts zwischen der Alten und Neuen Welt hin- und herpendelt, wird ein ausgesetztes Baby gefunden, dem die Matrosen den Namen seines Geburtsjahres geben: Novecento, Neunzehnhundert. Noch ahnt keiner, welch seltsames Schicksal dieses Findelkind haben wird. Novecento wird nämlich zeit seines Lebens nicht mehr von Bord gehen: Er wird der sagenhafte Ozeanpianist, ein Vorläufer des Jazz, eine lebende Legende.
Die poetische Sprache von »Seide« und die Phantasie von »Land aus Glas« verbinden sich in dieser wundervollen Geschichte um Musik, Leidenschaft und die Macht der Freundschaft. Der heimatlose Pianist Novecento ist ein Emblem unserer Epoche, sein Schicksal eine Metapher für eine Reise ohne Ende. Der Ozeandampfer zieht durch die Geschichte unseres Jahrhunderts, doch im Hintergrund swingt und summt es dazu im Rhythmus des Jazz, daß es eine Lust ist.